ブッダが謎解く三世の物語

『ディヴィヤ・アヴァダーナ』全訳

上

平岡　聡

大蔵出版

はじめに

『ディヴィヤ・アヴァダーナ』、この不思議な文献と関わって二十年以上になる。この文献に関する研究で学位を取り、それを『説話の考古学』という形で公表した。本来ならば、その学位取得の際に副論としてこの翻訳も提出すべきであったが、諸般の事情で研究の方を先行させ、研究から遅れること五年、ようやくその翻訳出版にこぎつけた。

この文献は実に不思議である。その体裁から、「特別な方針なしに三十八の話を集めたインドの仏教説話集」という共通認識はあったが、その詳細については謎のままで、誰一人本格的な研究をした者はいなかった。にもかかわらず、インド仏教を研究する際にはたびたび引用される。またその部分訳はあっても全訳はまだ世界に一つも存在しない。インドの仏典には『ジャータカ』や『マハーヴァストゥ』など、分量的には『ディヴィヤ・アヴァダーナ』を遥かに凌ぐものもあるが、これらに翻訳が存在することを考えれば、『ディヴィヤ・アヴァダーナ』に今まで全訳がなかったのも奇妙な話だ。

だからこそと言うべきか。この不思議な文献に取り憑かれ、無謀にも本格的に関わってみようという気になった。二年間のアメリカ留学という幸運にも恵まれ、異国で必死にこの文献と格闘し、その結果、疑問符だらけではあったが、曲がりなりにも全訳を完了した。しかしそれから、この出版に至るまで十五年余り。その経緯は「おわりに」に譲るとして、とにかく世界初の『ディヴィヤ・アヴァダーナ』全訳をここに公表できることは大きな喜びである。

では『説話の考古学』に基づき、この奇怪な文献を簡単に紹介しておこう。仏教の典籍は経蔵・律蔵・論蔵という三蔵に分類されるが、このうち律蔵は出家者や僧団の生活を規定する戒律を集成した文献である。出家者や僧団の遵守すべき規則は最初から決まっていたのではなく、何か問題がおこった時、それにどう対処するかを巡って制定された。したがって、規則制定の背景には出家者の様々な問題行動がある。換言すれば、規則制定に至った因縁譚が必ず存在するのだ。律蔵は無味乾燥な規則の羅列かと思いきや、実はそこから当時の出家者の赤裸々な行動を読みとることができる。つまり説話の宝庫なのである。

さて和合を保っていた僧団も、教祖ブッダ亡きあと、分裂することになった。そして分裂に次ぐ分裂で、最終的には十八乃至二十の部派に分裂したと言われている。そしてこの部派分裂とともに、三蔵もそれぞれの部派で伝持され、各部派が部派特有の三蔵を持つに至り、そこで部派独自の増広改変を被ることになる。といっても元は同じであるから、まったく異種の三蔵が存在しているわけではない。また十八乃至二十の部派の三蔵がすべて現存するわけではなく、その数は限られている。

そんな中で、律蔵に関しては六種類の広律が生き残ったが、『ディヴィヤ・アヴァダーナ』を考える上で重要なのは、説一切有部という部派が伝持してきた根本説一切有部律である。他の律蔵と比較すれば一目瞭然であるが、とにかく因縁譚の量が桁違いに多い。内容も多種多様であり、ブッダの本生を説くジャータカタイプの話もあれば、教訓比喩的なアヴァダーナタイプの話もあり、なかには戒律制定の因縁譚という枠を超え、それ自身で独立した内容を持つに至った話も多い。つまり、その話自身が戒律制定の因縁譚になっていないものもあるのだ。

この説話の宝庫とも言うべき律蔵の最高峰が根本説一切有部律であり、そこに目を付けたのが『ディヴィヤ・アヴァダーナ』の編纂者である。彼らは根本説一切有部律を中心に幾つかの説話を抜き出し、また他からも説話を借用してこの文献を編んだ。集められた説話を見ると、確かに種々雑多であるから、一見「特別な編集方針なしに」集められた感は否めないが、しかし「黒白業」を意識して編纂されたことは間違いない。

黒業（悪業）を犯すと苦果があり、白業（善業）を行うと楽果があるというのは、因果論を説く仏教において何ら特別なことではない。しかし人間はその生涯において黒業のみ、あるいは白業のみを行うわけではない。その両方を行って死んでいくのが現実の人間だ。大多数の人間は聖人君主でもなければ極悪非道の罪人でもない。そこで黒白業が問題になる。黒業と白業の両方をやってしまった場合はどうなるのか。引き算して、多い方の業の果報を享受すればいいのか、あるいは両方の果報をそれぞれ別個に享受しなければならないのか。答えは本書を読んで確かめていただきたい。

この説話集は十世紀前後、西北インドにおいて編纂されたと推定される。十世紀といえば、インドで仏教が滅びる寸前の時期であり、インド仏教史においてはかなり後代に編纂された文献と言わざるを得ないが、しかし編纂時期と個々の説話の成立時期とは峻別して考えなければならない。正直言って、『ディヴィヤ・アヴァダーナ』という「単体の文献」としての存在価値は決して高くないが、しかしそこに収められた個々の説話は古代インドの仏教事情を考察する上で貴重な手がかりを提供してくれるのであり、だからこそ、古代インドの仏教を考察する上で、たびたび引用され続けてきたのである。

刊本の『ディヴィヤ・アヴァダーナ』は三十八の説話を載せている。しかし最後の第38章 Maitrakanyakāvadāna は本来『ディヴィヤ・アヴァダーナ』に含まれておらず、他からの竄入であることをミヒャエル・ハーンは指摘しているので、この章はここでは翻訳の対象としない。また第33章 Śārdūlakarṇāvadāna は、校訂者が指摘しているように、写本の欠損が酷く、他の章と同じようには校訂できていないので、刊本では巻末の Appendix A に付されている。過去物語が大半を占めるが、それはインド天文学の専門的知識がなければ読みこなせない内容である。生半可な知識でこれを訳すことは許されないし、また充分な知識を得てから訳そうとすれば、私の場合、今生では果たせそうもない。よってこの部分も和訳を断念した。ただし最初の現在物語は説話として面白いので、和訳を試みた。

なお、『ディヴィヤ・アヴァダーナ』の翻訳を一通り終えた今でも、手つかずのまま残った課題が幾つかある。まずは表現の統一である。これだけ大部のテキストであるから、同じ表現が章をまたがって複数回使われることがある。定型表現に関しては訳の統一を試みたが、そうでないものに関しては、訳の統一がとれていないことがある。これと同様に、同じ単語でも章によっては違う訳語を用いていることがあるが、さすがにここまでは統一することができなかった。また、細心の注意を払ってサンスクリット原典からの和訳を試みたが、確認作業は一人の人間がやったことなので、ひょっとしたら見落としている単語や文があるかも知れない。したがって、研究者はこの訳を参考程度に留め、必ず原典に当たってその内容を確認されたい。

また韻文に関しては、その読みに問題のある場合に限り韻律をチェックしたが、そうでない場合にはそこまで確認できていない。それから、引用や原典の訂正の仕方など、注の作成に当たっては首尾一貫していない点があるかも知れないが、この点も御容赦願いたい。なにせ大部のテキストであるから、訳しているうちに、基本方針が変わってしまい、私自身は気づいていないが、それまでとは違う方法を採った可能性もある。

このように多くの課題を残してはいるが、ストーリーの展開を大幅に逸脱した訳にはなっていないと思うので、それなりに仏教研究に資するところがあるだろう。世界初訳ということで上述の課題点に関しては御寛恕を乞うが、本書をお読みいただき、私が誤解している箇所や気づかなかった点等に関して御指摘を頂戴できれば幸甚である。

（本書は二〇〇七年度京都文教大学出版助成金を受けて出版された）

二〇〇七年四月七日（花祭りの前日）

著　者

ブッダが謎解く三世の物語　上

『ディヴィヤ・アヴァダーナ』全訳

目次

はじめに　i
凡例　viii
略号表　xi
第1章　餓鬼界を遍歴したコーティーカルナ　1
第2章　伝道に命を燃やすプールナ　57
第3章　未来仏マイトレーヤ出現の因縁譚　118
第4章　「如来（tathāgata）」の語源解釈　142
第5章　ブッダを賞賛するバラモン　154
第6章　バラモンの帰依と仏塔崇拝の功徳　160
第7章　成仏を予言された町の洗濯婦　172
第8章　隊商主スプリヤの大冒険　195

第9-10章　超能力を持った六人家族……235
第11章　ブッダに救いを求めた牛の過去と未来……257
第12章　ブッダと外道との神変対決……265
第13章　猛龍を倒すも、一滴の酒に倒れた阿羅漢……302
第14章　豚への再生を免れた天子……352
第15章　転輪王への再生を予言された比丘……359
第16章　三帰依で天に再生した二羽の鸚鵡……363
第17章　後宮に金の雨を降らせたマーンダータ王……368
第18章　母と通じ、阿羅漢を殺し、両親を殺したダルマルチ……424
第19章　波瀾万丈のジョーティシュカ……470
第20章　極限状態での布施……519
第21章　五趣輪廻図を縁として……537
第22章　自らの頭を布施する王……573

凡例

〈本文〉

(1)底本として用いたのは、*Divyāvadāna : A Collection of Early Buddhist legends*, ed. E. B. COWELL and R. A. NEIL, Cambridge, 1886 (Reprint : Amsterdam, 1970) である。そのページ数を上部の余白に付す。

(2)和訳はなるべく原典に忠実なることを心がけたが、扱う内容が説話であるため、慣用的な言い回しが適切と判断した場合は、それを優先させる。ただし、その場合は注にその直訳を記す。

(3)和訳を始めた頃は、訳からなるべくSkt. が想定されるような工夫をした。たとえば、sa kathayati は「彼は言う」、kathayati は「〔彼〕は言う」とした。しかし扱う文献が説話であることに思い至ったとき、〔 〕の多用は読み難く煩わしいので、使用を最小限度に留めることにした。すなわち、kathayati も「彼は言う」と訳す。同様に、uktaḥ も sa uktaḥ もともに「彼は言われた」と訳す。

(4)tena sa uktaḥ のように、直訳すれば「彼は彼に言われた」となって人間関係が分かり難くなる場合は、文脈から固有名詞等を〔 〕に補い、「彼は〔王〕に言われた」あるいは「〔プールナ〕は彼に言われた」等とする。ただしこの場合、助詞の「は／に」は〔 〕の外に出す。一方、「彼は〔王に〕言われた」というように、助詞が〔 〕の中にある場合、それは原文が sa uktaḥ となっており、〔 〕内の「王に」は、訳の文体を重視し、原文にはない語を私が文脈から丸々補ったことを意味する。また、会話文等で指示代名詞をそのまま残した方がよりリアルに感じられる箇所は、たとえば「さあ、ここ（腹）を射抜け！」のように処理する。

(5)訳の流れを重視し、原典が sa gataḥ/ sa kathayati とあるような場合は、「彼は行った。彼は話した」ではなく「彼は行くと、話した」と続けて訳し、必ずしも指示代名詞を二回訳してはいないことがある。

(6)名詞に指示代名詞が付いていても、文脈からそれが誰か分かるとき、あるいは日本語のリズムを乱すときは、指示代名詞を訳していないことがある。たとえば、sa rājovaca は「その王は言った」ではなく、「王は言った」と訳すことがある。

(7)本文には会話文中の会話文、さらにその中の会話文が散見するが、通常の会話文は「 」で括り、その中の会話文は『 』で、さらにその中の会話文は〃 〃で括ることにする。また、心中で考えたことは〈 〉で括ることにする。

(8)「―行・住・坐・臥―」や「―前に同じ。乃至―」等、前後を―で囲んである部分も原文にある語句をそのまま訳している。したがって後者の場合、相当する箇所が必ずしも同じ章内の前の箇所に見出せないこともある。また、原文にないが、最小限の説明や言い替えが必要と思われる部分には、「シャチーの夫（インドラ）」のように、（　）内にそれを付す。

(9)和訳の文体やリズムを重視し、日本語の「～と」に当たる iti はあっても訳していない場合があるし、なくても訳していることがある。また原則として、「　」や〈　〉で囲まれた会話文等を改行して出す場合は末尾に「～と。」は付けず、前の文から続けて出す場合は付けることにする。

(10)現在物語から過去物語に入ると、物語の話者がブッダに変わるので、本来なら過去物語全体をブッダの会話文として「　」に括り、その「　」の中で進行する会話文を『　』で括らなければならないが、これをすると、『　』が多出し読み難い。よって、現在物語と過去物語の間を一行空け、過去物語をブッダが語り手となる新たな物語として処理し、これを「　」で括らない。

(11)Skt. の意味は「言う・話す・語る」であっても、疑問を呈している会話やその疑問に答えている会話は、文体に変化を付ける意味で「訊く」「答える」等と訳すことがある。

(12)現代の社会では適切でないと見なされる用語・表現はできるだけ避けたが、約千年前にそれ以前の素材をもとに成立した歴史的説話文献を原文に忠実に翻訳するという本書の性格上、ごく一部ではあるが、伝統的な訳語をそのまま用いた。この点については御容赦いただきたい。

〈注記〉

(1)Divy. と MSV との間に異読がある場合は、基本的に MSV の読みを注記する。ただし、MSV の読みと GBM の読みとで意味が異なる場合には、GBM の読みを注記する。

(2)注記で原文を引用する場合は、連声する前の形を載せることを原則とする。たとえば、原典に kriyata iti とあっても、下線部を引用するときは kriyate とする。ただし、原文を訂正する場合などは、連声した形を載せる方が分かり易いので、この原則には従わない。

(3)注の前に掲げた文献情報欄の内容は次のとおり。

❶Skt. のパラレル. Cf. 部分的にパラレルをなす、あるいは内容的に対応する Skt. あるいは Pāli の関連文献［部分的に対応している Divy. の箇所］　❷Tib. のパラレル（北京版；デルゲ版（Taipei Edition））　❸漢訳のパラレル. Cf. 部分的にパラレルをなす、あるいは内容的に対応する漢訳文献［部分的に対応している Divy. の箇所］　❹その章内で用いる略号.

なお、❹で挙げた略号は、この後の「略号表」には載せない。

(4)各章の終わりに文献情報を載せているので、その文献を注で引用する際は最小限度の情報しか載せていない。たとえば、「文献」欄に『根本説一切有部毘奈耶』（T. 1442, xxiii 873b29-882a13）と表記してある場合、注での引用は「昔二人大臣」（878a29）とする。

(5) 注における Tib. の引用の際、原文そのものの引用が必要と判断した場合にのみこれを載せる。一方、漢訳はその和訳ではなく、常に原文を載せる。

(6) Tib. の出典は（北京版；デルゲ版）の順で示すが、原文の引用はデルゲ版を用いる。しかし、両者の間に大きな相違がある場合は、両方の原文を挙げている。

(7) BAILEY と SPEYER（次の「略号表」参照）は Divy. 全般に亘って Skt. の訂正を行っているので、ここでもこれを大いに参照する。ただし、出典に関しては、両者の研究ともに Divy. の頁数や行数が明記されている（つまりこれらの論文を見れば、Divy. の訂正該当箇所がすぐ分かる）ので、BAILEY と SPEYER の論文の頁数はここでは割愛する。また、訂正箇所をローマ数字の I から XCIX に分け、さらに頁数と行数を記している SPEYER は、当該箇所でないところで他の箇所の訂正に言及することがあるので、この場合はその箇所のローマ数字を明記する。

(8) 固有名詞は基本的にすべて注記し、対応する Tib. 名と漢訳名を出し、「Sanskrit；Tibetan；漢訳。」の順で表記する。ただし、「アーナンダ」や「ラージャグリハ」など、極めて一般的なものは注記しない。

(9) 注記で Divy. の Skt. 原文を引用する際、その Skt. を訂正する場合には刊本の脚注にある異読も併記し、そうでない場合は異読があっても、それには言及しないことを原則とする。

(10) 注記で Divy. の原文の Skt. を引用する際、その頁数や行数は省略する。ただし、その引用が一行以上の場合で、その途中を ..... で省略する場合は頁数と行数を明記する。

(11) 定型句の情報については、拙著『説話の考古学』（Tokyo, 2002, 153-187）第3章と同じ記号で表示してあるので、その該当項を参照されたい。

略号表

AKBh : *Abhidharmakośabhāṣyam* of Vasubandhu (Tibetan Sanskrit Works Series 8), ed. P. PRADHAN, Revised with Introduction And Indices by A. HALDAR, Patna, 1975.

AKV : *Sphuṭārthā Abhidharmakośavyākhyā*, ed. U. WOGIWARA, Tokyo, 1932–1936.

AMg : Ardha-Māgadhī.

AN : *Aṅguttara-nikāya*, 6 vols., PTS.

Ap : *Apadāna*, PTS.

APS : *Āyuḥparyantasūtra*, ed. H. MATSUMURA, in F. ENOMOTO, J-U. HARTMANN, and H. MATSUMURA, *Sanskrit-Texte aus dem buddhistischen Kanon: Neuentdeckungen und Neueditionen* 1 (*Sanskrit-Wörterbuch der buddhistischen Texte aus den Turfan-Funden*, Beiheft 2), Göttingen, 1989, 69–100.

Aś : *Avadānaśataka* (Bibliotheca Buddhica 3), ed. J. S. SPEYER, 2 vols., St-Petersburg, 1906–1909.

AṣP : *Aṣṭasāhasrikāprajñāpāramitā: with Haribhadra's Commentary Called Ālokā* (Buddhist Sanskrit Texts 4), ed. P. L. VAIDYA, Darbhanga, 1960.

AvK : *Avadānakalpalatā* (Buddhist Sanskrit Texts 22–23), ed. P. L. VAIDYA, 2 vols., Darbhanga, 1989.

AVS : *Arthaviniścayasūtra and its Commentary* (*Nibandhana*) (Tibetan Sanskrit Works Series 13), ed. N. H. SAMTANI, Patna, 1971.

BAILEY : D. R. Shackleton BAILEY, "Notes on the Divyāvadāna (Part I and II)," *Journal of the Royal Asiatic Society*, Part 3 & 4, 1950, 166–184, and Part 1 & 2, 1951, 82–102.

BCAP : *Bodhicaryāvatārapañjikā : Prajñākaramati's Commentary to the Bodhicaryāvatāra of Śāntideva, edited with Indices*, *Bibliotheca Indica* n. s. Nos. 983, 1031, 1090, 1126, 1139, 1305, 1399, ed. L. de LA VALLÉE POUSSIN, Calcutta, 1901–1914.

BHSD : *Buddhist Hybrid Sanskrit Dictionary*, F. EDGERTON, New Haven, 1953.

BHSG : *Buddhist Hybrid Sanskrit Grammar*, F. EDGERTON, New Haven, 1953.

BKA : *Bhadrakalpāvadāna*, ed. S. F. OLDENBURG, St-Petersburg, 1894.

D. : Derge.

Dhp : *Dhammapada*, PTS.

Dhp-a : *Dhammapadaṭṭhakathā*, 4 vols., PTS.

Divy. : *Divyāvadāna: A Collection of Early Buddhist legends*, ed. E. B. COWELL and R. A. NEIL, Cambridge, 1886 (Reprint : Amsterdam, 1970).

DN : *Dīgha-nikāya*, 3 vols., PTS.

DPPN : *Dictionary of Pāli Proper Names*, 2 vols., G. P. MALALASEKERA, London, 1937-1938.

EPU : *Eighteen Principal Upaniṣads* (*Gandhi Memorial Edition*) *Vol. 1*, ed. V. P. LIMAYE and R. D. VADEKAR, Poona, 1958.

GBM : *Gilgit Buddhist Manuscripts: Facsimile Edition* (Śata-Piṭaka Series 10), ed. R. VIRA and L. CHANDRA, part 1-10, New Delhi, 1959-1974.

GDhp : *Gāndhārī Dharmapada* (London Oriental Series 7), ed. J. BROUGH, London, 1962.

GM : Gilgit Manuscripts, ed. N. DUTT, 4 vols., Srinagar and Calcutta, 1939-1959.

Gv : *Gaṇḍavyūha*, ed. D. T. SUZUKI and H. IDZUMI, Kyoto, 1949.

Hit. : *Hitopadeśa of Nārāyaṇa*, ed. M. R. KALE, Bombay, 1924.

HJM : *Haribhaṭṭa and Gopadatta: Two Authors in the Succession of Āryaśūra on the Rediscovery of Parts of Their Jātakamālās* (Studia Philologica Buddhica Occasional Paper Series 1) : Second Edition Thoroughly Revised and Enlarged, ed. M. HAHN, Tokyo, 1992.

It : *Itivuttaka*, PTS.

Ja : *Jātaka*, 6 vols., PTS.

Jm : *Jātakamālā or Bodhisattvāvadānamālā by Āryaśūra*, ed. H. KERN, Boston, 1891.

KSS : *Kathāsaritsāgara of Somadevabhatta*, ed. P. DURGAPRASAD and K. P. PARAB, Bombay 1889 (Reprint : Bombay, 1915).

Kv : *Mahākarmavibhaṅga*, ed. S. LÉVI, Paris, 1932.

Kvu : *Kathāvatthu*, PTS.

LV : *Lalitavistara*, ed. S. LEFMANN, Halle, 1902.

Manu. : *Mānava Dharma-śāstra: The Code of Manu*, ed. J. JOLLY, London, 1887.

Mil : *Milindapañha*, PTS.

MJM : *Der Grosse Legendenkranz (Mahajjātakamālā) Eine mittelalterliche buddhistische Legendensammlung aus Nepal: Asiatische Forschungen; Monographienreihe zur Geschichte Kultur und Sprache der Völker Ost-und Zentralasiens, herausgegeben für das Seminar für Sprach- und Kulturwissenschaft Zentralasiens der Universität Bonn von Walther Heissig unter Mitwirkung von Herbert Franke und Nikolaus Poppe, Band 88*, ed. M. HAHN, Wiesbaden, 1985.

MN : *Majjhima-nikāya*, 4 vols., PTS.

MPS : *Mahāparinirvāṇasūtra*, ed. E. WALDSCHMIDT, 3 vols., Berlin, 1950-1951.

MSS : Manuscripts.

MSV i-iv : *Mūlasarvāstivādavinaya* (GM vol. 3, part 1-4), ed. N. DUTT, Srinagar and Calcutta, 1942-1950.

MSV v : *The Gilgit Manuscript of the Śayanāsanavastu and the Adhikaraṇavastu*, ed. R. GNOLI, Roma, 1978.

MSV vi : *The Gilgit Manuscript of the Saṅghabhedavastu* (Part 1), ed. R. GNOLI, Roma, 1977.

MSV vii : *The Gilgit Manuscript of the Saṅghabhedavastu* (Part 2), ed. R. GNOLI, Roma, 1978.

Mv. : *Mahāvastu*, ed. É. SENART, 3 vols., Paris, 1882-1897.

Mvy. : Mahāvyutpatti.

Nidd : *Niddesa*, PTS.

P. : Peking.

Pj : *Paramatthajotikā I*, PTS.

PTS : Pāli Text Society.

Pv-a : *Petavatthuaṭṭhakathā*, PTS.

Śikṣ. : *Śikṣāsamuccaya*, ed. C. BENDALL, St-Petersburg, 1897-1902.

Skt. : Sanskrit.

Sm. Sukh. : *Smaller Sukhāvatīvyūha*, ed. M. MÜLLER and B. NANJIO, Oxford, 1883.

Sn : *Suttanipāta*, PTS.

SN : *Saṃyutta-nikāya*, 6 vols., PTS.

SPEYER : J. S. SPEYER, "Critical Remarks on the Text of the Divyāvadāna," *Wiener Zeitschrift für die Kunde des Morgenlandes 16*, 1902, 103-130 and 340-361.

T. : *Taishō Shinshū Daizōkyō*, ed. J. TAKAKUSU and K. WATANABE et al., 55 vols., Tokyo, 1924-1929.

Th : *Theragāthā*, PTS.

Tib. : Tibetan.

TSD : *Tibetan-Sanskrit Dictionary*, L. CHANDRA, New Delhi, 1959.

Udv : *Udānavarga*, ed. F. BERNHARD, Göttingen, 1965.

V-Divy. : *Divyāvadāna* (Buddhist Sanskrit Texts 20), ed. P. L. VAIDYA, Darbhanga, 1959.

Vin. : *Vinayapiṭaka*, 5 vols., PTS.

第1章　餓鬼界を遍歴したコーティーカルナ

これは、長者の息子として生まれた主人公のシュローナ・コーティーカルナが隊商主として旅に出るが、途中で他の商人達とはぐれて餓鬼の世界に迷い込み、そこで様々な業の異熟を目の当たりにした後、この世に戻ってきてから出家して阿羅漢となる、という物語である。この説話の後半は律典的記述が中心となるが、説話全体の核はコーティーカルナが餓鬼界で目の当たりにする業果の必然性・不可避性にあり、この部分が他の説話と一線を画する特徴となっている。「アヴァダーナ」は概ね「業報思想」を扱い、善因楽果・悪因苦果という業の因果関係を強調するが、特にこの説話は業と業果とが一対一の対応関係にあることを示しており、他のアヴァダーナよりもさらに業果の必然性・不可避性がクローズ・アップされているようである。この説話がDivy. の最初に置かれているのも、その辺りに理由がありそうである。

1

オーム、吉祥なる一切の諸仏・諸菩薩に帰命し奉る。

仏・世尊は、シュラーヴァスティー郊外にあるジェータ林[1]・アナータピンダダの園林で時を過ごしておられた。〔その時〕アシュマ国[2]の西端にあるヴァーサヴァ村[3]には、バラセーナ[4]と呼ばれる長者が住んでいた。彼は裕福で巨額の財産と巨大な資産とを有し、広大で多大な富を具え、毘沙門天の財に匹敵するほどであった[5]。彼は〔自分の家柄に〕相応しい家から妻を迎えた。彼は妻と共に遊び、戯れ、快楽に耽っていた[6]。息子のなかった彼は息子を望んで、シヴァ・ヴァルナ・クヴェーラ・シャクラ・ブラフマン等〔の神々〕に祈願し、園林の神・森林の神・四辻の神・供物を受ける神、そして〔生まれた時から〕常に〔人間の体に〕結びつき、〔その人間と〕同じ運命を辿る倶生神にも祈願した。[7]

――世間では祈願を因として息子や娘が生まれるとよく言うが、それはそうではない。もしそうならば、転輪王のように、各人が千人の子供を持つことになってしまう。そうではなく、三つの条件が合致することで息子や娘が生まれるのである。三つとは何か。(1)父と母が愛し合って交わること、(2)母が健康であり、妊娠に適した周期にあること、(3)ガンダルヴァが近くにいること、この三つの条件が合致することで息子や娘が生まれるのである。[8]――

ところが、彼は相変わらず〔そのような〕祈願に夢中になったままであった。[9]すると〔この世で〕最後の生涯を送ろうとしていたある有情が、行を志し、解脱道の核心を摑み、涅槃に顔を向け、輪廻からは顔を背け、〔三〕有〔五〕趣のいずれにも生まれ変わることを望まず、〔この世での〕最後の体を持して、ある有情の集団より死没する[10]と、その〔長者〕婦人の胎内に宿った。

――賢明な女性には五つの特別な性質がある。五つとは何か。(1)夫が欲情しているかいないかを知る。(2)〔受胎に〕適した時を知り、〔妊娠に〕都合のよい時期を知る。(3)妊娠したことを知る。(4)誰から受胎したかを知る。[11](5)〔胎児が〕男児であるか女児であるかを知る。もし男児であれば右の脇腹に依りかかっているし、もし女児であれば左の脇腹に依りかかっている。[12]――

彼女は大喜びで夫に告げた。

「あなた、喜んで！ 私、妊娠したみたい。〔胎児〕は私の右の脇腹に依りかかっているから、きっと男児よ」

彼もまた大喜びで歓声を上げた。

「この私は、長い間、待ち望んでいた息子の顔がようやく見られるぞ。我が子が五体満足で生まれてくるように。[13]彼が私の仕事を継ぎ、養育した代わりに〔我々を〕扶養してくれるように。遺産を相続してくれるように。〔そうすれば〕私の家系は永続するだろう。そして我々が死んだら、多少の布施をして功徳を積み、布施〔の功徳〕を[14]〔我々の名前で〕[15]廻向してくれるように。『この〔功徳〕は、両親が生まれ変わって行く先々について行くように』[16]と[17]」

彼は彼女が妊娠したのを知ると、彼女を楼閣の平屋根の上で気儘に暮らさせた。冬には冬用の器具を、夏には夏用の器具を〔与え〕、医者が処方した、苦すぎず、酸っぱすぎず、塩辛すぎず、甘すぎず、渋すぎず、辛すぎない食物、〔すなわち〕苦味・酸味・塩味[18]・甘味・渋味・辛味を取り去った食物で〔彼女を養った〕。瓔珞・半瓔珞で身を飾った彼女は、ナンダナ園をそぞろ歩く天女の如く、台座から台座へ、椅子から椅子へと、下の地面を踏むことがなかった。[19]そして胎児が充分に成長するまで、彼女には不快な音を聞かせないようにした。[20]

〔こうして〕八、九ヶ月が過ぎると、彼女は出産した。生まれた男児は、男前で、見目麗しく、愛らしく、輝き、[21]〔肌は〕金色で、頭は天蓋の形をし、腕は長く、額は広く、眉は濃く、[22]鼻は高く、宝石を散りばめた耳飾りが〔耳に〕付いていたが、〔それは彼の体を〕美しく飾っていた。[23]バラセーナ長者は、宝石の鑑定士達を呼んで言った。[24]

「お前達、この宝石の価値を決めてくれ」

「この宝石の価値[25]を決めることはできません」

――一般に、価値を付けられない〔宝石〕に対しては、その価値を一千万金とすることになっている。[26]――

「長者よ、この宝石には一千万金の価値がありますよ」と彼らは言った。彼の親族の者達が寄り集まり、三七・二十一日の間、一日も欠かさず、赤子のために誕生の儀式をやり終えると、名前を付けることになった。「子供の名前は何がよいであろうか」と。

[27]「この子は一千万金もの価値がある宝石を散りばめた[28]〔飾り〕を〔耳に〕付けて、シュラヴァナの星宿に生まれてきたのだ。子供の名前はシュローナ・コーティーカルナがよい[29]」

シュローナ・コーティーカルナが生まれたのとまったく同じ日に、バラセーナ長者の二人の雇い人に〔もそれぞれ〕男の子が生まれた。〔長者〕は一人をダーサカ[30]、もう一人をパーラカ[31]と命名した。

シュローナ・コーティーカルナは八人の乳母に預けられた。二人はおんぶし、二人は遊び相手をし、二人は襁褓の世話をし、二人は乳を与えた。彼は八人の乳母に養われ、育てられ、ミルク・サワーミルク・バター・チーズ・ヨーグルト、その他にも充分に火を通した[32]特別な食材により、池に生える蓮の如く、すくすくと成長した[33]。大きくなって、文字・初等算数・算術一般・筆算[34]・ウッダーラ算・ニアーサ算・ニクシェーパ算[35]、〔それに〕物品・衣料・宝石・象・馬・少年・少女・材木の鑑定という八種の鑑定術に関する教育を受けると[36]、彼は〔それらを〕明らかにし、解説し、教授し、巧みに活用する者となったのである[37]。

彼の父は冬・夏・雨期用の三つの住居を建てさせ、冬・夏・雨期用の三つの園林も造らせ、老年・中年・若年の女性がいる三つの後宮を置いた。彼は楼閣の平屋根の上に住み、女達だけが奏でる楽器[38]〔の演奏を聞き〕ながら、〔待女達と〕遊び、戯れ、快楽に耽っていた。

バラセーナ長者はいつもいつも農耕に勤しんでいた。コーティーカルナは自分の父がいつも農耕に勤しんでいるのを見た。「父さん、あなたは何のために、いつもいつも農耕に勤しんでいるのですか」と彼が言うと、「倅よ、お前は
4
楼閣の平屋根の上で女達だけが奏でる楽器〔の演奏を聞き〕ながら、〔待女達と〕遊び、戯れ、快楽に耽っているが、もし私も〔お前と〕まったく同じように〔待女達と〕遊び、戯れ、快楽に耽っていたら、間もなく我々の財産は少なくなり、すっかり尽きて、なくなってしまうであろう」と〔父〕は答えた。彼は考えた。〈これは〔父さんが〕この私を諫めているのだ[39]〉と。

「父さん、もしもそうなら、私は大海を渡りましょう[40]」と彼が言うと、父は「倅よ、たとえお前が湯水のように[41]宝石を浪費したとしても、それでも私の宝石が尽きないほど、私には沢山の宝石があるのだ」と言った。彼が「父さん、

私が商品を携えて大海を渡ることをお許し下さい」と言うと、バラセーナは、彼が必ずやしつこくせがんでくるに決まっていると分かっていたので、許した。[42] バラセーナ長者は、ヴァーサヴァ村に鐘を鳴らして布告した。「汝等の中で、隊商主シュローナ・コーティーカルナと共に大海を渡る気概のある者は、通行税・〔関税・〕船賃も只(ただ)にするから、[43] 海外に持ち出す商品を用意せよ！」と。

五百人の商人が、海外に持ち出す商品を用意した。[44] バラセーナ長者は考えた。〈シュローナ・コーティーカルナは、どんな乗り物で行くつもりなのだろうか〉と。

〔また〕彼は〈もし象によってであれば、象は繊細すぎて[45]養い難いし、馬もまた繊細すぎて養い難い。〔だが〕驢馬は記憶力がいいし、養い易い。[46] 驢馬で行くのがよい〉と考えた。父は彼を呼んで言った。

「倅よ、お前は隊商[47]の先頭を行ってはならないし、後方も駄目だ。もし盗賊が強力ならば隊商の先頭から攻めてくるであろうし、貧弱ならば後方から攻めてくるからだ。お前は隊商の真ん中を行け。隊商主が殺されてしまったら、〔その〕隊商〔全体〕は死んだ〔も同然〕と言わねばならぬ[48]」

〔長者は〕ダーサカとパーラカにも「お前達よ、お前達はどんなことがあってもシュローナ・コーティーカルナから離れてはならないぞ」と言った。

さて次の日、シュローナ・コーティーカルナは厳粛な儀式によって厄除けを済ませると、母のもとへ行き、足元に跪いて、「母さん、行ってきます。御機嫌よろしゅう。大海を渡ってきます[49]」と言うと、母が泣き出すので、彼が「母さん、どうして泣くのですか」と言うと、母は涙で顔を曇らせて、「倅よ、私が息子の無事な姿をまた再び見ることができるのは、〔一体〕いつのことやら」と呟いた。彼は考えた。〈私は厳粛な儀式を済ませて出発しようとしているのに、〔母さん〕はこんなにも不吉なことを言ったぞ！〉と。

彼は怒って、「母さん、私は厳粛な儀式によって厄除けを済ませ、大海に乗り出そうとしているのに、母さんはそのような不吉な事を言うなんて、きっと悪趣を見ることになりますよ[50]」と言うと、彼女は「倅よ、お前の発した言葉は乱暴です。罪を罪として懺悔しなさい。そうすれば、その業は減少し、尽き果て、消滅するでしょう」と諭した。彼は罪を罪として〔懺悔し、母に〕謝ったのである。[51]

さて、[52]厳粛な儀式によって厄除けを済ませたシュローナ・コーティーカルナは、海外に持ち出す多くの商品を荷車に積み、荷造りし、袋に詰め、箱に入れて、駱駝・牛・驢馬に載せると、大海に向けて出発した。彼は、村・都城・町・集落・市街を次第に通過して海岸に到達した。彼は海を渡る船を巧みに[53]手に入れると、金を稼ぐべく大海を渡ったのである。

順風に乗って、彼はラトナドゥヴィーパ（宝島）に到着した。彼がそこで吟味[54]に吟味を重ねて宝石をその船に満載する様は、あたかも胡麻・米粒・胡椒・豆を〔積み込む〕如くであった。彼は順風に乗ると航海を成功させて閻浮提に戻り、隊商は〔出発した時と〕同じ海岸で〔一夜を〕過ごした。さて隊商主シュローナ・コーティーカルナはダーサカとパーラカとを連れて隊商の中央から[55]人気のないところへ身を潜めて、収支を計算し始めた。〔計算が終わった〕後で、彼はダーサカに「ダーサカよ、隊商が何をしているか見てこい」と言った。彼が行って、隊商が眠っているのを見ると、彼もその同じ場所で眠り込んでしまった。〈ダーサカの帰りが遅い〉と考えて〔シュローナは〕パーラカに「パーラカよ、隊商が何をしているか見てこい」と命じた。彼が行って、隊商が荷物を陸揚げしているのを見ると、彼もまた荷物を陸揚げし始めた。ダーサカは〈パーラカが隊商主に声をかけるであろう〉と考え、パーラカも〈ダーサカが隊商主に声をかけるであろう〉と考えた。その同じ夜、[56]かの隊商は荷物を積んで出発してしまった。一方、シュローナは熟睡したまま寝込んでいた。かの隊商は、夜が明けるまで進んでいった。彼らが言った。

「おい、皆、隊商主はどこだ」

「前の方を行っているんじゃないか」

前方に行って、「隊商主はどこだ」と尋ねると、「後ろから来ているんじゃないか」〔と言うので〕後ろに行って、「隊商主はどこだ」と尋ねると、〔今度は〕「真ん中あたりを行っているんだろう」〔と言う〕。真ん中へ行って尋ねてみたが、そこにもいなかった。ダーサカは「私は、パーラカが隊商主に声をかけるであろうと思ったのだ」と言うし、パーラカも「私は、ダーサカが隊商主に声をかけるであろうと思ったのだ」と言った。〔ある者達は言った。〕

「皆、隊商主を見捨ててきたなんて、我々はえらいことをしてしまったぞ！　さあ、来るんだ。〔隊商主を探しに〕引き返そう[57]」

〔別の〕者達は言った。

「皆、もし〔今〕引き返せば、我々は全員一人残らず、不運にも命を落とすことになる。さあ、我々は先ず『商品が売りさばけるまでは、誰も〔このことを〕シュローナ・コーティーカルナの両親に言ってはならない』と約束しようではないか」

彼らは〔こう〕約束して出発した。

シュローナ・コーティーカルナの両親は、シュローナ・コーティーカルナが戻ってきたと聞くと、二人は出迎えにいった。

「隊商主はどこですか」

「真ん中あたりを進んでますよ」

二人は真ん中あたりに行って「隊商主はどこですか」と尋ねると、人々が「後ろから来ているんじゃぁないかなぁ」と言うので、後ろに行って尋ねた。

「隊商主はどこですか」

「前方を進んでいるのでしょう」

〔こうして〕商品を売りさばいている間、彼らは二人を誤魔化していた。後になって彼らは「お母さん、[58]〔実は〕我々は隊商主を置き去りにしてしまいました」と言った。ある者は二人のもとへやって来て、「[59]あのシュローナ・コーティーカルナが戻ってきましたよ」と言うので、二人は彼に褒美を与え、出迎えにいったが、〔彼の姿は〕見えなかった。別の男がやって来て、「お母さん、[60]喜んで下さい。[61]あのシュローナ・コーティーカルナが戻ってきましたよ」と言うので、二人は彼に褒美を与え、出迎えにいったが、〔彼の姿は〕見えなかった。二人はもう誰の言うことも信用しなくなったのである。

二人は園林や自分達の集会場や神殿に[62]傘・鈴・払子を[63]献じ供えると、「シュローナ・コーティーカルナがまだ生きているのなら、すぐに戻ってきますように。直ちに帰ってきますように。[64]また死んで亡くなっているのであれば、彼が[65]〔現在の〕境界よりも優れた他の境界に〔生まれていますように[66]〕」と文字を刻んだ。二人は憂いのために嘆き悲しみ、[67]盲目になってしまったのである。

一方、[68]隊商主シュローナ・コーティーカルナは太陽光線に照らされ、熱せられて目を覚ますと、どこにも隊商は見えず、驢馬の車だけがあった。彼はその驢馬の車に乗って出発した。さて夜になると、風が吹いてきたために、砂が道を破壊し、塞いでしまったが、その驢馬達は記憶力が良かったので、匂いを[69]嗅ぎ嗅ぎ、ゆっくり、のろのろと進んでいった。隊商主は〈どうしてこいつらは、ゆっくり、のろのろと〔しか〕進まないのであろうか〉と考え、鞭や棒で[70]叩くと、彼らは吃驚して取り乱し、記憶を失って、間違った道を進んでいった結果、あるサーラ樹の森に[71]迷い込んでしまった。[72]彼らは渇きに苛（さいな）まれ、顔は窶（やつ）れ、[73]舌を出しながら進んだ。それを見ると、彼に哀れみの情が湧いてきた。彼は考えた。〈もし彼らを放さなければ、[74]不運にも私は命を落とすことになろう。誰[75]が来世をも省みず、残忍な心で彼らの体に鞭や棒を加えることができようか〉と。彼は〔驢馬達〕を放してやった。「今日からは、〔穂〕先の刈り取られておらず、踏み荒らされていない〔新鮮な〕草を食べ、澄んだ水を飲むんだよ。四方には、涼しい風が吹きますように」と彼らを放してやると、彼は徒歩で進んだ。

やがて[76]彼は高く聳え立つ鉄の都城を見た。その門には、色黒で、残忍かつ凶暴そうで[77]、目は赤く、筋肉の隆々とした男が、手に鉄の棍棒を持って立っていた。〔シュローナ〕は彼のもとに近づいた。近づくと、その男に「おい、君、ここに水はあるかね」と尋ねた。〔男〕は黙ったままであった。もう一度、彼は「この都城には水があるのかね」と尋ねたが、またしても〔男〕は黙ったままであった。隊商主はその中に入り、「水だ、水だ」と声を張り上げた。すると、焼けた杭[78]さながらで、骸骨のようにひょろ高く、自分の髪や体毛に覆われ、腹は山の如く〔出っ張り〕[79]、針の孔のような〔小さな〕口をした五千人ほどの餓鬼達が[80]、シュローナ・コーティーカルナをぐるりと取り囲んだ。彼らは言った[81]。

「隊商主よ[82]、慈悲深いあなたは、渇きに苦しむ我々に水を恵んで下され」

彼が「諸君、私もまた、その同じ水を探しているのに、どうして私がお前達に水を上げられようか」と言うと、彼らは「隊商主よ、ここは餓鬼の都城じゃ。なんでここに水があろうか。今日、我々は十二年ぶりにあなたから『水だ[83]、水だ』という言葉を、聞いたのだ」と言った。彼は言った[84]。

「一体お前達は誰なんだ。また、どのような業によってここに生まれ変わったのだ」

「シュローナよ、閻浮提の人達は〔人の言うことを〕信用しない。あなた〔も〕信用しないだろう」

「諸君、私は現にこの目で見ているんだぞ。どうして信用しないことがあろうか」

彼らは、詩頌を唱えた。

「我等は口荒く、怒りに身を任す。我等は吝嗇（りんしょく）で、財を惜しむ。また僅かな物も布施せざるにより、我等は餓鬼の世間に到来せり。

行け、シュローナよ。あなたは福徳で誉れ高いお方だ[85]。餓鬼の都城に入りながら、何事もなく安全に[86]出ていった者

10

を、あなたは見たことがあるか」

〔そこを〕出ると、彼は間もなく男を見た。〔シュローナ〕は彼に「おい、お前、お前が[87]〔最初に〕『ここは餓鬼の都城である』と私に言ってくれたなら、私はここに入りはしなかったのに」と言うと、彼は〔シュローナ〕に言った[88]。

「行け、シュローナよ。あなたは福徳で誉れ高いお方だ。だからあなたは餓鬼の都城に入りながら、何事もなく安全に出てこられたのだ[89]」

彼[90]は進んでいくと、やがて高く聳え立つ別の鉄の都城が見えてきた。その城門にも、色黒で、凶暴そうで、目が赤く、筋肉の隆々とした男が、手に鉄の棍棒を持って立っていた。彼はその男のもとに近づいた。近づくと、その男に「おい、君、ここに水はあるかね」と尋ねたが、〔男〕は黙ったままであった。もう一度、彼は「この都城には水があるのかね」と尋ねると、またしても〔男〕は黙ったままであった。隊商主はその中に入り、「水だ、水だ」と声を張り上げると、焼けた杭さながらで、骸骨のようにひょろ高く、自分の髪や体毛に覆われ、腹は山の如く〔出っ張り〕[91]、針の孔のような〔小さな〕口をした何千人もの餓鬼達が、シュローナ・コーティーカルナをぐるりと取り囲んだ。彼らが「シュローナよ、慈悲深いあなたは、渇きに苦しむ我々に水を恵んで下され」と言うと、彼は「諸君、私もまた、その同じ水を探しているのに、どうして私がお前達に水を上げられようか」と答えた。彼らは言った。

「シュローナよ、ここは餓鬼の都城じゃ。なんでここに水があろうか。今日我々は十二年ぶりに『水だ、水だ』という言葉を、あなたたから聞いたのだ」

そこで彼は「一体お前達は誰なんだ。また、どのような業によってここに生まれ変わったのだ」と尋ねると、彼らは「シュローナよ、閻浮提の人達は〔人の言うことを〕なかなか信用しない。あなた〔も〕信用しないだろう」と言った。そこで彼が「諸君、私は現にこの目で見ているんだぞ。どうして信用しないことがあろうか」と言うと、彼らは詩頌を唱えた。

9

「我等は健康の驕りに酔い、若さ[92]の享受という驕りに酔いしれて、僅かな物も布施せざるにより、我等は餓鬼の世に到来せり。

行け、シュローナよ、あなたは福業をお持ちだ[93]。餓鬼の都城に入りながら、何事もなく安全に生きて[94]出ていった者を、あなたは見聞きした[95]ことがあるか」

〔そこを〕出ると、彼は間もなく男を見た。〔シュローナ〕が彼に「おい、お前、もしもお前が〔最初に〕『ここは餓鬼の都城である』と私に言ってくれたなら、私はここには入らなかったのに」と言うと、彼は言った。

「行け、シュローナよ。あなたは福徳で誉れ高いお方だ。餓鬼の都城に入りながら、何事もなく安全に生きて出ていった者を、あなたは見聞きしたことがあるか[96]」

彼は進んでいくと、やがて太陽が沈みかけた頃に、宮殿が見えてきた。〔そこには〕[97]美しくて、愛らしく、見目麗しい、四人の天女がおり、腕輪・耳輪・極彩色の花鬘・瓔珞[98]を付け、〔体に〕香油を塗った、男前で、見目麗しく、端正な一人の男がいて、彼女らと遊び、戯れ、快楽に耽っていた。彼らは遠くから〔シュローナ〕を見ると、彼に「シュローナよ、善く来られた。喉が乾いたり、腹が減ったりしていないか」と話しかけた。彼は〈こいつはきっと、神か、龍か、はたまた夜叉に違いない〉と考え、「友よ[99]、私は喉が乾き、腹が減っている」と言った。彼らは彼を沐浴させ、食事を食べさせた。

彼は日の出の時間までその宮殿にいたが、男は彼に「シュローナよ、〔この宮殿を〕降りるがいい。ここで世にも恐ろしいことが起こるぞ」と言うので、彼は降りると、一隅[100]に身を潜めた。その後、日の出の時間になると、その宮殿は消えてしまい、またその天女達も姿を消すと、黒い[101]斑点のある四匹の犬が現れ、その男をうつ伏せにすると、太陽が沈む頃まで、〔その男の〕背肉[102]を砕きに砕いては貪り食べた。その後〔太陽が沈むと〕、再びまたかの宮殿が現れ、あの天女達も姿を現した。そしてかの男は〔再び〕彼女らと遊び、戯れ、快楽に耽っていた。彼は彼らのもとに近づ

10

いて言った。[103]

「[104]一体お前達は誰なんだ。また、どのような業によってここに生まれ変わったのだ」

彼らは言った。[105]

「シュローナよ、閻浮提の人達は〔人の言うことを〕信用しない。あなた〔も〕信用しないだろう」

すると彼は言った。[106]

「私は現にこの目で見ているんだぞ。どうして信用しないことがあろうか」

「シュローナよ、私はヴァーサヴァ村で羊飼いをしていた。羊達を次から次へと殺し、肉を売っては生計を立てていたのだ。するとマハーカーティヤーヤナが私を憐れんでやって来られ、『君、その業の果が熟することは望ましくない。君はこの罪深き非行を止めなさい』と言われたのだが、私は彼の言葉〔を聞い〕ても止めなかった。彼は『君、その業の果が熟することは望ましくない。あなたはこの罪深き非行を止めなさい』と何度も何度も私を説得されたが、それでも私は止めなかった。彼は私に『君、君はこれらの羊を昼間に殺すのかね、それとも夜にかね』と尋ねられたので、私は『聖者よ、昼間に殺すのです』[107]と答えた。彼は『君、[108]夜間〔だけでも〕戒を守ったらどうかね』と言われたので、私は彼のもとで〔戒を授かり〕夜間〔だけ〕戒を守ったのである。夜間に戒を守ったという[109]業の異熟として、[110]夜にはこのような天界[111]の快楽を享受するのであるが、昼間、私が羊を殺した業の異熟として、昼にはこのような苦しみを受けるのだ」[112]

そして彼は詩頌を唱えた。

「昼には他の命を奪い、夜には〔持〕戒の徳を具えたれば、その業果として、実にかくの如き快楽と苦しみとを
〔交互に〕享受せり。
シュローナよ、あなたはヴァーサヴァ村に行くつもりであろう」

12

「行くつもりだ[113]」

「そこには私の倅が住んでおり、彼も羊達を次から次へと殺しては生計を立てている。あなたは彼に伝えてくれ[114]。『私はお前の父に会ったが、彼は〝その業の果が熟することは望ましくない。お前はこの罪深き非行を止めなさい〟と言っていたよ』と」

「おい君、君は『閻浮提の人達は〔人の言うことを〕信用しない』と言ったではないか。彼〔も〕信用しはしないさ」

「シュローナよ、もし彼が信用しなければ、『お前の父は〝〔私は〕瓶に黄金を満たし、屠殺台の下に[115]置いておいた。それを取り出して、自分は自分で思う存分楽しくやればよいが、時には聖者マハーカーティヤーヤナに握り飯を差し上げもしなさい。そして我々の名前で〔その〕布施〔の果報〕を廻向してくれ。そうすれば、きっとその〔悪〕業は少なくなり、完全に尽きて、消滅するだろう〟と言っていた』と伝えてくれ」

彼は〔さらに〕進んでいくと、やがて太陽が昇る頃に別の宮殿が見えてきた。そこには美しくて、見目麗しく、愛らしい一人の天女と、腕輪・耳輪・極彩色の花鬘・瓔珞を付け、〔体に〕香油を塗った、男前で、見目麗しく、端正な一人の男がいた。彼は彼女と遊び、戯れ、快楽に耽っていた。彼は遠くから〔シュローナ〕を見ると、「シュローナよ、善く来られた。あなたは喉が渇いたり、腹が減ったりしていないか」と話しかけた。彼は〈あの人は、きっと神か、龍か、はたまた夜叉に違いない〉と考え、「私は、喉が渇き、腹が減っている」と答えた。

彼は〔シュローナ〕を沐浴させ、食事を食べさせた。〔シュローナ〕は日没の時間までその宮殿にいたが、彼は〔シュローナ〕に「〔この宮殿を〕降りるがいい。ここで世にも恐ろしい事が起こるぞ」と言った。〔以前にも〕恐ろしいことを目撃した彼は下に降りると、一隅に身を潜めた。その後、日没の時間になると、その宮殿は消えてしまい、その天女も姿を消すと、巨大な百足（むかで）[116]が現れ、その男の体を〔自分の〕体で七回巻きつけて、日の出の時間までずっと、上から〔男の〕頭を貪り食っていた。[117] その後〔太陽が昇ると〕再びまたその宮殿が現れ、その天女も姿を現した。そ 14
して男前で、見目麗しく、優しそうな男は、〔再び〕彼女と遊び、戯れ、快楽に耽っていた。〔シュローナ〕は彼に近づいて尋ねた。[118]

「[119]一体お前は誰なんだ。また、どのような業によってここに生まれ変わったのだ」

彼はこう言った。

「シュローナよ、閻浮提の人達は〔人の言うことを〕信用しない。あなた〔も〕信用しないだろう」

〔シュローナ〕は言った。

「私は現にこの目で見ているんだぞ。どうして信用しないことがあろうか」

彼は言った。

「もしそうならば[120]〔お話ししよう〕。私はヴァーサヴァ村でバラモンをしていたが、人妻と浮気をしていた。すると、聖者マハーカーティヤーヤナが私を憐れんでやって来られ、『君、その業の果が熟することは望ましくない。君はこの罪深き非行を止めなさい』と言われたのだが、私は彼の言葉〔を聞い〕ても止めなかった。彼は〔『君、その業の果が熟することは望ましくない。あなたはこの罪深き非行を止めなさい』と[121]〕何度も何度も私を説得されたが、それでも[122]私はその罪深い非行を止めなかった。彼は私に『君、君は人妻と昼間に浮気をしているのかね。それとも夜にかね』と尋ねられたので、私は『聖者よ、夜にです』と彼に答えた。彼は『君、昼間〔だけでも〕戒を守ったらどうかね』と言われたので、私は彼のもとで[123]〔戒を授かり〕昼間〔だけ〕戒を守ったのである。私は聖者カーティヤーヤナのもとで〔戒を授かり〕昼間に戒を守ったというこの業の異熟として、昼間にはこのような天界[124]の快楽を享受するのであるが、夜間、私が人妻と浮気した業の異熟として、夜にはこのような苦しみを受けるのだ[125]」

そして彼は詩頌を唱えた。

「夜は人妻に現を抜かし、昼は〔持〕戒の徳を具えたり。その業果として、実にかくの如き快楽と苦しみを〔交互に〕享受せり。

シュローナよ、あなたは、ヴァーサヴァ村に行くだろうが、そこではバラモンである私の息子が人妻と浮気している。あなたは彼に『私はお前の父に会ったが、彼は〝その業の果が熟する[126]ことは望ましくない。お前はこの罪深き非行を止めなさい〟と言っていた』と伝えてくれ」

[127]「おい君、君は『閻浮提の人達は〔人の言うことを〕信用しない』と言ったではないか。彼〔も〕信用しはしないさ[128]」

「シュローナよ、もし彼[129]が信用しなければ、『お前の父は[130]〝瓶に黄金を満たし、祭火壇の下に置いておいた。それを取り出して、自分は自分で思う存分楽しくやればよいが、時には聖者マハーカーティヤーヤナに握り飯を差し上げもしなさい。そして我々の名前で〔その〕布施〔の果報〕を廻向してくれ。〔そうすれば〕きっとその〔悪〕業は少なくなり、完全に尽きて、消滅するだろう〟と言っていた』と伝えてくれ」

彼は出発すると、やがて宮殿が見えてきた。そこには、腕輪・耳輪・極彩色の花鬘・瓔珞を付け、〔体に〕香油を塗った、美しく、見目麗しく、愛らしい一人の女がおり、彼女の坐っている椅子の四脚には四人の餓鬼が〔一人ずつ〕縛りつけられていた。彼女は遠くから彼を見ると、話しかけた。

「シュローナよ、善く来られました[131]。あなたは喉が渇いたり、腹が減ったりしていませんか」

彼は〈あの人は、きっと女神か、龍女か、はたまた夜叉女に違いない〉と考えると、「御婦人よ[132]、私は喉が渇き、腹が減っている」と答えた。彼女は彼に香水をつけ[133]、沐浴させ、食事を与え[134]、そして「シュローナよ、たとえ彼らが何かを欲しがっても、与えないで下さいね」と言った。こう言うと、彼女はこれらの有情達が〔過去世において〕各自どのような業を為したかということを自分の目で確かめようとして、宮殿の中に入っていった。彼らは〔食物を〕

13

欲しがり始めた。

「シュローナよ、あなたは慈悲深いお方だ。我々は腹が減っている。我々にお恵みを！」

彼が一人目に〔食物を〕投げ与えてやると、〔それは〕籾殻に変わった。二人目に投げ与えてやると、鉄の玉〔に変わり、餓鬼はそれ〕を食べ始めた。三人目に投げ与えてやると、自分の肉〔に変わり、餓鬼はそれ〕を食べ始めた。四人目に投げ与えてやると、膿血に変わった。生臭い臭いがしたので、彼女が出てきた[135]。

「シュローナよ、私はあなたを止めたのに[136]、どうしてあなたは彼らに〔食物を〕与えたのですか。慈悲深さという点では、私よりもあなたの方がずっと慈悲深いのでしょうかね[137]」

「御婦人よ、この者達は一体あなたの誰に当たるのだ」と彼が尋ねると、彼女は「これは私の夫、これは私の息子、これは私の息子の嫁、これは私の女中です」と答えた。彼が「あなた方は、一体誰なのだ。また、どのような業によってここに生まれ変わったのだ」と尋ねると、彼女は言った。

「シュローナよ、閻浮提の人達は〔人の言うことを〕信用しません。あなた〔も〕信用しないでしょう」

「私は現にこの目で見ているんだぞ。どうして信用しないことがあろうか」

彼女は言った。

「私は、ヴァーサヴァ村のバラモンの妻でした。星宿の夜が近づいたので、私は御馳走を用意すると、聖者マハーカーティヤーヤナが私のことを憐れんで、乞食しにヴァーサヴァ村に入られました。私は、心身ともに〔人々を〕浄らかにさせる彼を見たのです。見ると心が[138]静まり、浄信を起こした私は、彼に握り飯を差し上げました。この私は思いました。〈私は夫に喜んでもらえる。彼は喜んでくれるでしょう〉と。彼が沐浴して帰ってきたので、私が『あなた、喜んで下さい。私は聖者マハーカーティヤーヤナに、握り飯を差し上げましたのよ』と言うと、彼は腹を立て、『バラモンや親戚の者達に対して〔御馳走〕を出さず、親戚の者達に対する供養もしない間に、お前はあの禿頭の沙門に最初の握り飯をやったのか』と〔言い〕、彼はかっとなって、『あの禿頭の沙門には籾殻でも食わせておけばよかったものを[139]！』と言ったのです。その業の異熟により、彼は籾殻を食べているのです。

私は思いました。〈[140]私は息子に喜んでもらえる。彼なら喜んでくれるでしょう〉と。私は彼にも『倅よ、喜んでちょうだい。私は聖者マハーカーティヤーヤナに、握り飯を差し上げたのよ』と言うと、彼も腹を立て、『バラモンや親戚の者達に対して〔御馳走〕を出さず、親戚の者達に対する供養もしない間に、[141]〔母さん〕はあの禿頭の沙門に最初の握り飯をやったのか』と〔言い〕、彼もまたかっとなり、『あの禿頭の沙門には鉄の玉でも食わせておけばよかったものを！』と言ったのです。その業の異熟により、彼は鉄の玉を食べているのです。

[142]星宿の夜が近づくと、親戚の者達が、私に食物を贈ってくれましたので、私はそれを息子の嫁に取りに行かせましたが、彼女は美味しい[143]食物〔だけ〕を食べ、私には〔残りの〕不味(まず)い物をくれたのです。私はその親戚の者達のもとへ遣いを送り、『〔こんなに〕不味い食物を贈ってくるほど、あなた方は〔生活に〕困っているのですか』と〔言わせると〕、彼らは私に遣いをよこし、『我々は不味い物を贈った覚えはありません。それどころか、美味しい食物を贈ったのですよ』と〔言うのです〕。私が嫁に『ねえ、お前、あんたは美味しい食物〔だけ〕を食べて、〔残りの〕不味い物を我々にくれたんじゃないの』と言うと、彼女は言いました。『私があなたの御馳走を食べたのであれば、私は自分の肉を食べてもいいですわ[144]！』と。この業の異熟により、彼女は自分の肉を食べているのです。

星宿の夜が近づくと、〔私は女中に〕美味しい御馳走を〔手〕[145]渡し、親戚の者達のもとへ届けさせたのですが、その少女はその[146]美味しい御馳走を道の途中で食べてしまい、不味い物〔だけ〕を〔彼らに〕与えたのでした。彼らは私のところへ遣いをよこし、『〔こんなに〕不味い食物を我々のところへ贈ってくるほど、あなたは〔生活に〕困っているのですか！』と〔言ってきたので〕、私は彼らのところへ遣いを送り、『私は不味い〔食物〕を贈った覚えはありません。それどころか、美味しい〔食物〕を贈ったのですよ』と〔言いました〕。私は少女に『ねえ、お前、お前は美味しい食物を食べて、彼らには不味い〔食物〕を持っていかなかったかい』と言うと、彼女は言いました。『私があなたの御馳走を食べたのであれば、私は膿血を食べてもいいですわ！』と。この業の異熟により、彼女は膿血を食べているのです。[147]

私は思いました。〈彼ら全員が、それぞれ自分の業の報いを受けているのを見ることができる所に生まれ変わりたいものだ〉と。私は聖者マハーカーティヤーヤナに握り飯を差し上げましたので、麗しき三十三天衆[148]に生まれ変わるはずでしたが、邪な誓願のせいで私は大神通力を持つ餓鬼女になってしまったのです。シュローナよ、あなたは、ヴァーサヴァ村に行かれるでしょう。そこでは、私の娘が売春宿を営んでいますが、あなたから彼女に伝えて下さい。『私はお前の両親・兄夫婦・女中と出会ってきたが、彼らは〝その業の果が熟することは望ましくない。お前はこの罪深き非行を止めなさい〟と言っていたよ』と」

「御婦人よ、『閻浮提の人達は信用しない。〔人の言うことなど〕信用しない』と言ったのは、他ならぬあなたじゃないか」

「シュローナよ、もしも彼女が信用しなければ、『彼らは〝すでに他界したお前の祖先が眠っている部屋に、黄金の詰まった四つの銅の箱[149]が置いてある。そして中には黄金の杖と水瓶とがある。それを取り出して、自分は自分で思う存分楽しくやればよいが、時には聖者マハーカーティヤーヤナに握り飯を差し上げもしなさい。そして我々の名前で〔その〕布施〔の果報〕を廻向するように。そうすれば、きっとその〔悪〕業は少なくなり、完全に尽きて、消滅するだろう〟と言っていた』とあなたから伝えて下さい」

彼は彼女に約束した。こうして彼が〔餓鬼界を〕彷徨(さまよ)っている間に、十二年が過ぎた。彼女は彼に言った。

「シュローナよ、あなたはヴァーサヴァ村に行かれるおつもりでしょう」

「御婦人よ、そのつもりだ」

彼がその同じ宮殿で〔夜を〕過ごすと、彼女はその同じ餓鬼達に命令した。

「さあ、お前達、シュローナ・コーティーカルナが眠っている間に、ヴァーサヴァ村の霊園に置いて戻ってきなさい」

彼らは彼をヴァーサヴァ村の霊園に置いてきた。彼は目を覚ますと、「シュローナ・コーティーカルナがまだ生きているのなら、すぐに戻ってきますように。直ちに帰ってきますように。また死んで亡くなっているのであれば、〔彼が現在の〕境界よりも優れた他の境界に〔生まれていますように〕」と刻まれた文字や、〔供物の〕鈴・傘[150]・払子[151]を見て考えた。〈もしも私が死んでしまったと両親が考えているのなら、今更どうして私は家に帰れようか。いざ私は聖者マハーカーティヤーヤナのもとで出家しよう〉と。

こうしてシュローナ・コーティーカルナは、同志マハーカーティヤーヤナのもとに近づいた。同志マハーカーティヤーヤナは、遠くからシュローナ・コーティーカルナを見た。そして見ると、シュローナ・コーティーカルナにこう言った。

「シュローナよ、〔こちらに〕おいで。[152]お前は善く来た。シュローナよ、お前はこの世とあの世とを見てきたのだな」

彼は言った。[153]

「大徳マハーカーティヤーヤナよ、見てまいりました。大徳マハーカーティヤーヤナよ、私は見事に説かれた法と律とに従って出家し、具足戒を受けて比丘になりとうございます。[154]私はあなたのもとで[155]梵行を修したいのです[156]」

聖者は彼に言った。[157]

「シュローナよ、お前は先ず以前に取り交わした約束を果たしなさい。[158]頼まれたとおりに伝言を伝えてくるのだぞ」

彼はその羊飼いのもとに近づいた。

「君、私は君の父さんに会ったが、彼は『その業の果が熟することは望ましくない。その非行を止めよ』と言っていた」

「ねえ、旦那、私の親父が死んでから、今日で十二年になるんですよ。あの世から再び帰ってきた人を誰か見たことがありますか」

「君、この私は[159]帰ってきたのだ」

彼は信じなかった。

「君、もし君が信じないのなら〔申し上げよう〕。お前の父さんは言っていたよ。『屠殺台の下に、黄金の詰まった瓶が置いてある。それを取り出して、自分は自分で思う存分楽しくやればよいが、時には聖者マハーカーティヤーヤナに握り飯を差し上げもしなさい。そして我々の名前で〔その〕布施〔の果報〕を廻向してくれ。そうすれば、きっとその〔悪〕業は少なくなり、完全に尽きて、消滅するだろう』とね」

彼は考えた。〈私はいまだかつてそんな事を聞いたことがない。調べてみて、[160]もしも本当ならば、すべては真実に違いない〉と。彼は行って掘ってみると、すべてはまさしくそのとおりであることが分かったので、[161]彼は信用した。

その後、彼は人妻と浮気している男の[162]もとに近づいた。近づくと言った。

「君、私は〔あの世で〕君の父さんに会ったが、彼は『その業の果が熟することは望ましくない。その非行を止めよ』と言っていた」

彼は言った。

「ねえ、旦那、私の親父が死んでから、今日で十二年になるんですよ。あなたは、あの世へ行って再び帰ってきた人を誰か見たことがありますか」

「君、この私は帰ってきたのだ」

彼は信じなかったので、彼は言った。

「君、もし信じないのなら〔申し上げよう〕。お前の父さんは、瓶に黄金を満たして祭火壇の下に置いている。彼は言っていたよ。『それを取り出して、自分は自分で思う存分楽しくやればよいが、時には聖者マハーカーティヤーヤナに握り飯を差し上げもしなさい。そして我々の名前で〔その〕布施〔の果報〕を廻向してくれ。そうすれば、きっとその〔悪〕業は少なくなり、完全に尽きて、消滅するだろう』とね」

彼は考えた。〈私はいまだかつてそんな事を聞いたことがない。調べてみて、[163]もしも本当ならば、すべては真実に違いない〉と。彼は行って掘ってみると、すべてはまさしくそのとおりであることが分かったので、[164]彼は信用した。

彼は遊女の[165]もとへ近づいた。近づくと言った。[166]

「姉さん、私は〔あの世で〕あなたの両親・兄夫婦・召使の女に会ったが、彼らは『その業の果が熟することは望ましくない。その非行を止めよ』と言っていた」

彼女は言った。

「ねえ、旦那様、私の両親が死んでから、十二年になるんですよ。あなたは、あの世へ行って再び帰ってきた人を誰か見たことがありますか」

「この私は帰ってきたのだ」と彼は言ったが、彼女は信じなかったので、彼は言った。

「姉さん、もし信じないのなら〔申し上げよう〕。お前の古(いにしえ)の祖先を祀る部屋に、黄金の詰まった[167]四つの銅の箱が置いてある。そして中には黄金の杖と水瓶とがある。彼らは言ってたよ。[168]『それを取り出して、自分は自分で思う存分楽しくやればよいが、時には聖者マハーカーティヤーヤナに握り飯を差し上げもしなさい。そして我々の名前で〔その〕布施〔の果報〕を廻向するように。〔そうすれば〕必ずその〔悪〕業は少なくなり、完全に尽きて、消滅するだろう』〔とね〕」

彼女は考えた。〈私はいまだかつてそんな事を聞いたことがない。調べてみて、もしも本当ならば、すべては真実に違いないわ〉と。彼女は行って掘ってみると、すべてはまさしくそのとおりであることが分かったので[169]、彼女は信用した。シュローナ・コーティーカルナは〈この世の者達は皆、黄金は信じるけれども、誰一人として私の言うことは信用しないんだな〉と考え、ニヤッと笑った。〔彼は〕子供の時、歯に金を被せていたので、彼女は彼〔がシュローナ〕であることに気づいた。

「あなたはシュローナ・コーティーカルナさんでしょう」

「姉さん、人は私のことをそのように認識しているよ[170]」

彼女は彼の両親のもとへ行って、「おばさん、おじさん、コーティーカルナさんが戻ってきましたよ！」と告げた。何度も彼らに告げたが、彼らは誰の言うことも信用しなかった[171]。彼らは「娘さんや、お前まで我々をかつぐのかい」と言った[172]。

そうこうしているうちに彼は自らやって来て、玄関口に立つと咳払いをした[173]。この人格者は黄金の声の持ち主だったので、彼の声は家全体に響き渡った[174]。二人が〔その〕声に気づき[175]、首もとに抱きついて泣き始めると、二人の〔目を覆っていた〕膜が涙で破れて目が見えてきた。彼は言った。

「父さん、母さん、私が真摯な気持ちで[176]家から家なき状態へと首尾よく出家することをお許し下さい」

二人は言った。

「息子よ、私達はお前の事を心配して泣いてばかりいたために盲目になっちまったが、今、そのお前のお蔭で目が見えるようになったんだ[177]。私達が生きている間は出家しないでおくれ。私達が死んだ後で出家すればいいじゃないか」

彼は同志マハーカーティヤーヤナのもとで法を聞いて、預流果を証得した。そして両親を〔三〕帰依させ、学処に従って生活させた。〔さらに彼は〕四阿含を学び、一来果を証得して、両親を〔四〕諦〔の教え〕に安住させた。しばらくして彼の両親が死んだ。彼は多大な財産を[178]、貧しい者・主を失った者・生活に困った者達に[179]分け与え、貧しい者達を貧しさから救済すると、同志マハーカーティヤーヤナのもとに近づいた。近づくと、同志マハーカーティヤーヤナの両足を頭に頂いて礼拝し、一隅に坐った。一隅に坐ったシュローナ・コーティーカルナは、同志マハーカーティヤーヤナにこう言った。

「聖者マハーカーティヤーヤナよ、私は見事に説かれた法と律とに従って出家し、―乃至― 世尊のもとで梵行を修したいのです[180]」

同志マハーカーティヤーヤナは彼を出家させた。彼は出家すると、〔波羅提木叉の〕項目[181]を学んで不還果を証得した。

〔当時〕アシュマ国の西端にある地方では、比丘が少なく、やっとのことで十人を〔一〕組とする〔比丘の〕集団が組織される程度であったため、三ヶ月間、彼は沙弥のままで据え置かれた。

――諸仏・諸世尊の声聞達は〔年に〕二回集結することになっている。[182]アーシャーダ月の雨安居前とカールッティカ月[183]の満月の時とである。そのうち、アーシャーダ月の雨安居前に来集せる者達は、それぞれ特別な誦経・瞑想・作意〔の行〕を取り[184]、修して、あちこちの村・都城・町・王国・王都で雨安居に入る。〔一方〕カールッティカ月の満月の時に来集せる者達は、〔自分が〕理解したとおりのことを〔師匠に〕報告し、また経・律・論に関して[185]、目上の者に質問をする。偉大な弟子達についても同様である。[186]――

さて、同志マハーカーティヤーヤナと共に生活している侍者の比丘達は、それぞれ特別な誦経・瞑想・作意〔の行〕を取り[187]、修して、あちこちの村・都城・町・王国・王都で雨安居に入ったが、彼らは雨期の三ヶ月が過ぎると、衣を作り、衣を整えて、衣鉢を持つと、同志マハーカーティヤーヤナのもとに近づいた。近づくと、同志マハーカーティヤーヤナの両足を頭に頂いて礼拝し、一隅に坐った。一隅に坐ると、[188]〔自分達が〕理解したとおりのことを報告し、〔理解できなかったことは〕目上の者に尋ねた。〔こうして〕十人を〔一〕組とする〔比丘の〕集団ができ上がったので、〔シュローナ〕は彼から具足戒を授かり、第三蔵（アビダルマ）を学んで[189]、一切の煩悩を断ずると阿羅漢性を証得し、阿羅漢となった。彼は三界の貪欲を離れ、―乃至[190]― 礼拝される人となったのである[191]。

さて、同志マハーカーティヤーヤナと共住していた侍者の比丘達は同志マハーカーティヤーヤナを囲むと、同志マハーカーティヤーヤナにこう言った。

「我々は師匠にお目見えし、お仕えしてまいりましたが、我々は世尊にお仕えしたいのです」

すると、彼は言った[192]。

「愛し子達よ、そうせよ。如来・阿羅漢・正等覚者達は実に拝見されるべきであり[193]、お仕えされるべきである」

またちょうどその時、シュローナ・コーティーカルナもその同じ衆会の中に坐り、参加していた。そこで同志シュローナ・コーティーカルナは座から立つと、一方の肩に上衣を懸け、右膝を大地につけると、同志マハーカーティヤーヤナに向かって合掌礼拝し[194]、同志マハーカーティヤーヤナにこう言った。

「私は師の威神力により[195]、かの世尊を法身として拝見しましたが、色身としてではありません[196]。師よ、私は行きます。かの世尊を色身としても拝見したいのです[197]」

彼は言った[198]。

「愛し子よ、そうせよ。愛し子よ[199]、如来・阿羅漢・正等覚者達は、ウドゥンバラの花の如く、そうそうお目にかかれるものではない。そこでお前は世尊の足を頭に頂いて礼拝し、我々の言葉として『お体の具合は悪くありませんか[200]。―乃至― 恙なくお暮らしでしょうか』と〔お伺いしなさい〕。そして五つの質問をせよ。『大徳よ、(1)アシュマ国の西端にある地方[201]は比丘が少なく、やっとのことで十人〔二〕組の〔比丘〕集団が組織できるほどです。この場合、我々はいかに対処すべきでしょうか。(2)[202]〔その地方の〕大地は牛の足跡で荒れ果て、ごつごつしています[203]。〔この場合、我々は履物に関していかに対処すべきでしょうか。〕(3)アシュマ国の西端にある地方では、羊の皮・牛の皮・

鹿の皮・山羊の皮の敷物や座具があります。その他の地方では、草・樹皮・絹・綿の敷物や座具があるように、アシュマ国の西端にある地方では羊の皮等の敷物や座具があるのです。〔この場合、我々は敷物や座具に関していかに対処すべきでしょうか。〕(4)〔アシュマ国の西端にある地方の〕人々は必要以上に水〔中での沐浴〕を大切にし、[204] 沐浴に気を配っています〔が、どうしたらよいでしょうか〕。(5)比丘Aが比丘Bに衣を譲与しようとして〔十日間が〕過ぎても〔相手の比丘に〕届かなかった場合、その衣は一体誰の捨堕となるのでしょうか』」とな」

同志シュローナ・コーティーカルナは、同志マハーカーティヤーヤナに沈黙を以て承諾したのである。[205]

さてその夜が過ぎて朝になると、同志シュローナ・コーティーカルナは、衣を身に着け衣鉢を持って、乞食しにヴァーサヴァ村に入り、―乃至― 次第してシュラーヴァスティーに到着した。そこで同志シュローナ・コーティーカルナは衣鉢を片づけ、両足を洗い、世尊のもとに近づいた。近づくと、〔世尊の両足を頭に頂いて礼拝し、[206]〕一隅に坐った。そこで世尊は同志アーナンダに「さあ、アーナンダよ。如来とシュローナ・コーティーカルナの座を同じ精舎に設(しつら)えよ」と告げられた。「大徳よ、畏まりました」と同志アーナンダは世尊に同意すると、[207] 如来とシュローナ・コーティーカルナの〔座を〕設え、世尊のもとに近づいた。近づくと、世尊にこう申し上げた。

「大徳よ、如来とシュローナ・コーティーカルナの座を同じ精舎に設えました。世尊は、今がその時であるとお考え下さい」

すると、世尊とシュローナ・コーティーカルナは精舎に近づかれた。[208] ―乃至[209]― 〔まず世尊が〕精舎に入って坐り、念を面前に定めて観想された。その時、同志シュローナ・コーティーカルナも精舎の外で両足を洗い、精舎に入って坐り終えると、結跏趺坐し、―乃至[210]― 念を面前に定めた。ちょうどその夜、世尊と同志シュローナ・コーティーカルナとは、聖なる沈黙を以て一夜を明かされたのである。

さて夜明け時、世尊は同志シュローナ・コーティーカルナに「シュローナよ、私が自ら理解し、正しく悟り、説き明かした法が、汝に顕現するように」と言われた。その時、世尊に機会を譲ってもらった同志シュローナは、アシュマ国の西端の方言で、ウダーナ、パーラーヤナ、サッティヤドゥリシュ、シャイラ・ガーター、ムニ・ガーター、[211]そしてアルタヴァルギーヤ・スートラを、全文、声を出して誦した。一方、シュローナ・コーティーカルナが説き終えたのを知ると、世尊は同志シュローナ・コーティーカルナにこう言われた。

「見事である、見事である、[212]シュローナよ。汝の説いた法は甘美である。そして私が自ら理解し、正しく悟り、説き明かした法は、卓越している」

その時、同志シュローナ・コーティーカルナは〈今こそ私が世尊に師匠の言葉として〔五つの質問を〕告げるべき時だ〉と考えた。こう考えると、座から立ち上がり、―乃至―[213] 世尊に向かって礼拝し、[214]こう申し上げた。

「[215]アシュマ国の西端にあるヴァーサヴァ村には、大徳よ、[216]私の師匠であるマハーカーティヤーヤナが住んでおりますが、彼〔になりかわって私〕が世尊の両足を頭に頂いて礼拝し、[217]『お体の具合は悪くありませんか。―乃至―[218] 恙なくお暮らしでしょうか』と〔御挨拶した後〕、五つの質問をいたします。詳しくお答え下さい[219]」

そこで世尊はシュローナ・コーティーカルナにこう言われた。

「シュローナよ、〔今は〕汝の質問に答える時ではない。〔明日〕僧伽の会合があるが、そこで質問に答える時を設けよう[220]」

さて世尊は、朝早く起き上がり、比丘の僧伽の前に[221]設えられた座に坐られた。その時、[222]同志シュローナ・コーティーカルナは世尊のもとに近づき、世尊の両足を頭に頂いて礼拝すると、一隅に坐った。一隅に坐ると、世尊にこう申し上げた。

「[223]アシュマ国の西端にあるヴァーサヴァ村には、大徳よ、[224]私の師匠であるマハーカーティヤーヤナが住んでおりますが、彼〔になりかわって私〕が世尊の両足を頭に頂いて礼拝し、『お体の具合は悪くありませんか、―乃至―[225] 恙なくお暮らしでしょうか』と〔御挨拶した後〕、五つの質問をいたします。詳しくお答え下さい。以前も申し上げましたように、〔⑴比丘の少ないことに対する配慮〕—乃至—⑸〔衣の譲与に関して、その衣は〕誰の捨堕となるのでしょうか」

世尊は言われた。

「では、〔汝の申し出を〕聞き入れよう。辺境の地方においては、⑴持律者を五番目とする[226]〔集団〕によって具足戒を〔授けてよい〕。⑵〔そこに住む者〕は常に沐浴〔してよい〕。⑶一枚のパーラーシャ樹の葉で作られた草履を所有してもよいが、二重・三重のものはいけない[227]。もしそれが[228]擦り減ってしまったら、それを捨てて、また新しいのを持ってよい[229]。⑷〔敷物に関しては〕皮のものを持つべきである[230]。⑸比丘Aが比丘Bに衣を譲与しようとして、それから〔十日間が〕過ぎても〔その比丘に〕届かなかった場合は、誰の捨堕にもならない[231]」

同志ウパーリンは仏・世尊に尋ねた。

「大徳よ、世尊は『辺境の地方においては、持律者を第五番目とする〔集団〕によって具足戒を〔授けてよい〕』と言われましたが、その場合、どこが境目となり、どこが辺境地となるのでしょうか」

「ウパーリンよ、東方にはプンダヴァルダナ[232]という都城があり、その東方にはプンダカクシャ[233]という山があるが、そこが境目となり[234]、そこより向こう側が辺境地となる。南方にはサラーヴァティー[235]という都城があり、その向こう側にサラーヴァティー[236]という川があるが、そこが境目となり、そこより向こう側が辺境地となる。西方にはストゥーナ[237]とウパストゥーナ[238]というバラモンの村があるが、そこが境目となり、そこより向こう側が辺境地となる。北方にはウシーラ[239]という山があるが、そこが境目となり、そこより向こう側が辺境地となる」

「大徳よ、長老シュローナ・コーティーカルナはいかなる業を為したのですか」云々と詳細に[240]〔説かれるべきである〕」。

世尊は言われた。[241]

[242]かつて、[243]カーシャパと呼ばれる如来・阿羅漢・正等覚者・世尊・〔天人〕師が世に現れた。[244] ちょうどその時、ヴァーラーナシーには夫婦が二人して〔住んで〕いたが、彼ら二人は正等覚者カーシャパのもとで〔三〕帰依し、学処を授かった。正等覚者カーシャパは、仏としての仕事をすべて[245]なし終えると、無余なる涅槃界に般涅槃した。クリキン[246]王は彼のために四宝より成る塔を建立したが、周囲は一ヨージャナ、高さは半ヨージャナであった。[247]〔後に王〕は、その〔塔の〕欠損やひび割れの修繕に充てるために、東の城門で徴収される税や年貢をその塔に寄進した。クリキン王が死ぬと、スジャータ[248]と呼ばれる彼の息子が王位に就いたが、彼の大臣達が奉じた税や年貢は少なかった。彼は大臣達に告げた。[249]

「なぜ、お前達が我々に奉ずる税や年貢は少ないのだ。我々の領土では税や年貢を徴収しておらんのか」

彼らは言った。

「王よ、どうして〔多くの〕税や年貢が徴収されましょうか。王よ、東門で〔徴収される〕税や年貢は、老王が、塔の欠損やひび割れの修繕に充てると決められたのです。もし王がお許し下さるのであれば、我々は〔塔の修繕費に〕税や年貢〔を充てる制度〕を打ち切りたいのであります」

彼は言った。

「汝等よ、我が父によってなされたことは、そのままインドラによってなされたことであり、それはブラフマンによってなされたことでもあるのだぞ[250]」

彼らは〈もし王が許して下さるのなら、我々はその税や年貢が自ずと集まらないようにしてしまおう〉と考えた。彼らはその門に鍵を掛けたままにしておいたので、それ以上、税や年貢が徴収されることはなかったのである。

〔しばらくすると〕その塔に〔再び〕亀裂が生じた。〔その時すでに〕年老いていたその夫婦がちょうどその塔に参詣していると、北路より[251]隊商主が商品を携えてヴァーラーナシーに到着した。彼はその塔を見ると、亀裂やひび割れが入っていた。彼は見終わって、「おばさん、おじさん、これはどなたの塔なのですか」と尋ねると、「正等覚者カーシャパのですよ」と二人は答えた。

「誰が建立なさったのですか」

「クリキン王ですよ」

「その王は、この塔の欠損やひび割れを修繕するために、なにも〔策を〕講じなかったのですか」

二人は言った。

「講じられたさ。その塔の欠損やひび割れを修繕するために城門の前で〔徴収された〕税や年貢が〔それに〕充てられたのじゃ。〔だが〕クリキン王が死んでスジャータと呼ばれる彼の息子が王位に就くと、彼がその税や年貢を打ち切ってしまった。そのせいで、この塔には亀裂やひび割れが入ってしまったのじゃよ」

彼の耳には宝の耳飾りが付いていた。彼はその宝の耳飾りをはずして[252]二人に与えた。

「おばさん、おじさん、私が商品を売りさばいて戻ってくるまで、この耳飾り〔を売った金〕で[253]、この塔の欠損やひび割れを修繕して下さい。その後でさらにまた布施しますからね」

二人はそれを売って、その塔の欠損やひび割れを修繕したが、まだ〔お金〕は余っていた。さて別の時、隊商主は商品を売りさばいて戻ってくると、その塔が美しく様変わりしているのを見た。そして見終わると、一層〔心が〕浄らかになった。浄信を起こした彼は「おばさん、おじさん、あなた方はいくらか借金されましたか」と尋ねると、二人は「お前さん、我々は少しも借金などしておらんよ。それどころか、まだ余っているくらいだ」と答えた。浄信を起こした彼は〔自分が商売で〕残してきた〔金〕と〔塔の修繕で〕余った〔金〕とを〔塔〕

に布施し、盛大なる供養[254]をすると、誓願を立てた。「この善根により、私は巨額の財産と巨大な資産とを有する裕福な家に生まれますように。そして、〔あなた〕のような諸徳を得た者となりますように。〔また〕ちょうど〔あなた〕のような師を喜ばせ、不快にさせることがありませんように」と。

「比丘達よ、どう思うか。その隊商主こそ、このシュローナ・コーティーカルナである。彼は正等覚者カーシャパの塔を供養して誓願を立てたが、その業の異熟として巨額の財産と巨大な資産とを有する裕福な家に生まれたのである。〔そして〕[255]私の教えに従って出家すると、一切の煩悩を断じて、阿羅漢性を証得したのだ。彼は正等覚者カーシャパと同じ速さ・同じ力[256]・同じ〔仏としての〕義務・同じ普遍性を獲得した[257]師である私を喜ばせ、不快にさせることがなかったのである。こういうわけで比丘達よ、完全に黒い〔業〕には完全に黒い異熟があり、完全に白い業には完全に白い異熟があり[258]、〔黒白〕斑の〔業〕には〔黒白〕斑の〔異熟〕がある。それゆえ比丘達よ、この場合、完全に黒い業と〔黒白〕斑の〔業〕とを捨て去って、完全に白い業においてのみ心を向けるべきである。以上、このように比丘達よ、お前達は学び知るべきである[259]」

比丘達は言った[260]。

「大徳よ、同志シュローナ・コーティーカルナは、いかなる業を為したがために、その業の異熟として〔彼は〕現世で悪趣を見たのですか」

「彼は母親の前で乱暴な言葉を発したが、その業の異熟として現世で悪趣を見たのだ[261]」と世尊は言われた。世尊がこう言われると、かの比丘達は歓喜し、世尊の説かれたことに満足した。

以上、吉祥なる『ディヴィヤ・アヴァダーナ』における「コーティーカルナ・アヴァダーナ」第一章。

文献

❶ MSV iv 159.4-193.20 (GBM 80b[742]7-88a[758]3). Cf. AvK 19; Vin. i 194.18-198.10; Dhp-a iv 101.5-104.4 ❷1030 Khe 237a4-251b5; 1 Ka 251b4-268a5 ❸『根本説一切有部毘奈耶皮革事』巻上（T. 1447, xxiii 1048c5-1053c5）. Cf.『大荘厳論経』巻四（T. 201, iv 275c12-276b28）;『大智度論』巻三十二（T. 1509, xxv 301b13-15）;『摩訶僧祇律』巻二十三（T. 1425, xxii 415c19-416a23）;『四分律』巻三十九（T. 1428, xxii 845b5-846a14）;『五分律』巻二十一（T. 1421, xxii 144a13-c4）;『十誦律』巻二十五（T. 1435, xxiii 178a17-182a21）;『大毘婆沙論』巻三十（T. 1545, xxvii 153c4-28） ❹榊＝榊亮三郎「ディヴアーヴァダーナの研究並びに翻訳」『六条学報』(134-138 and 140-162, 1912-1915, 11-61).

注

（1） śrāvastyām. Tib. のみこの訳を欠く。

（2） aśma [← asmāt]; rdo can; 阿湿。先ず問題になるのが、この話の舞台となる場所である。Divy. には asmāt parāntake (1.5) ['pasmārāntake ABCD]、asmāt parāntakeṣu (18.6-7) [asyāparāntakeṣu MSS]、asmāt parāntakeṣu (19.16-17) [asmāparāntakeṣu AB; asyāp- CD]、asmākam aparāntakeṣu (19.19)、asmāt parāntakeṣu (19.23) [asmāparāntakeṣu ABCD] とあり、Divy. の校訂者はこれを固有名詞とは解釈せずに、「ここから西の外れに」としているが、GBM は一貫して「アシュマ国の西端に (aśmāparāntakeṣu)」(86b2$^{\times 2}$, 86b3) とする。Tib. は「アシュマ国の外れに (rdo can zhes bya (*or* bgyi) ba'i yul gyi mtha' na)」(237a4, 248b3, 4, 5; 251b4, 264b2, 3, 5) とし、GBM と同じ解釈をする。漢訳には「阿湿婆蘭徳伽国」(1052c8) とあり、「アシュマ・パラーンタカという国」とする。また、この物語は他の漢訳諸律にも見られ、そこでは『四分律』「阿湿婆阿槃提国」(845b24)、『五分律』「阿湿波阿雲頭国」(144a13-14)、『十誦律』「阿湿摩伽阿槃提国」(178a17) とし、いずれも「アシュマカ・アヴァンティー国」と理解している。したがって、この語は固有名詞として理解すべきであり、パーリ名では「アッサカー (assakā)」として知られる、当時の十六大国の一つと考えられる。よって、Divy. の 'smāt parāntake を 'śmāparāntake に改める。

（3） vāsava; gnas pa; 婆索迦。 （4） balasena; stobs kyi sde; 力軍。 （5） 定型句 2A（富者）。

（6） 定型句 3B（不妊の悩み）。 （7） 定型句 3C（子宝祈願）。 （8） 定型句 3D（受胎の条件）。

（9） anyatamaś ca sattvaś caramabhavikaś <u>ca hitaiṣī</u> • gṛhītamokṣamārgāntonmukho [-mārgānte sukho A; -mārgānte mukho

D〕• na nirvāṇe bahirmukhaḥ • saṃsārād anarthikaḥ • sarvabhavagativyupapattiparāṅmukho • 'ntimadehadhārī 〔-vyupapatte 'ntimadehe A ; -vyupapattye 'ntimadehadhārī D〕..... kukṣim avakrāntaḥ (1.19-2.3). 以下、このまま訳すと「さて、ある最後生の有情が〔有情の〕利益を望み、一度決めた解脱道の究極に向かい、涅槃からは顔を背けず、輪廻は望まず、〔三〕有〔五〕趣のいずれに生まれ変わることからも顔を背け、最後の体を持して（中略）母胎に入った」となるが、GBM の対応箇所は「さて、ある最後生の有情が行に専念し、解脱の核心を摑み、涅槃に顔を向け、輪廻からは顔を背け、〔三〕有〔五〕趣のいずれにも落ちて生まれ変わることを望まず（anyatamaś ca sattvaś caramabhavikaś caritaiṣī • gṛhītamokṣagarbho • ntarmukho nirvāṇe • bahirmukhaḥ saṃsārād • anarthikaḥ sarvabhavagaticyutyupapattiṣu)」(81a1-2) となっている。下線部を比較すると、Divy. の ca hitaiṣī が GBM では caritaiṣī となっている。Divy. の文脈よりすれば、ここに ca があるのは不自然であり、また Tib. にも spyod pa tshal ba (237b5 ; 252a5) とあるので、Divy. の ca hitaiṣī を caritaiṣī と改めるが、問題はこの後である。Divy. ではこの後、各写本間に混乱が見られ、その内容が把握し難い。これを各成分毎に纏めると、すでに示した如く、• 印の箇所で切れ、落ちつきが悪い。これに対し、GBM も同じく各成分毎に纏めると、上の如く • 印の箇所で切れ、特に ntarmukho nirvāṇe と bahirmukhaḥ saṃsārāt とが対句になり、構文的に自然である。漢訳はこの部分を欠くが、Tib. は srid pa tha ma pa'i sems can spyod pa tshol ba/ thar ba'i snying po bzung ba/ mya ngan las 'das pa la mngon du phyogs pa/ 'khor ba las phyir phyogs pa/ srid pa pa'i 'gro ba thams cad du 'chi 'pho dang skye ba don du mi gnyer ba (237b5-6 ; 252a5-6) とし、GBM と同様の理解を示しているので、ca hitaiṣī 以降の Divy. の読みを caritaiṣī gṛhītamokṣamārgānta unmukho 〔*or* -mārgo 'ntarmukho〕 nirvāṇe bahirmukhaḥ saṃsārād anarthikaḥ sarvabhavagativyupapattiṣu 'ntimadehadhārī に改める。なお BAILEY は gṛhītamokṣasāro 'bhimukho nirvāṇe ..... -gaticyutyupapatti- と読む。

(10) sattvanikāyāt. MSV はこれを「神々の集団から (devanikāyāt)」(160.3) とする。Tib. も同じく lha'i ris shig nas (237b6 ; 252a6) としている。漢訳は「余処命終」(1048c23) とし、どちらの理解に近いか判断できない。文脈からすれば、MSV の読みの方が適切であるように思われる。BAILEY は devanikāyāt と読む。

(11) yasya sakāśād garbham avakrāmati taṃ jānāti. Tib. の支持はないが、BAILEY は下線部を garbho 'vakrāmati と読む方がよいと指摘している。Cf. Divy. 98.24.

(12) 定型句 3E（賢女の五不共法）。なお倶舎論にも男子と女子の場合の胎児の状態が説明され、「もしも男ならば、母の右脇腹に依りかかり、〔母の〕背中に向かって（後向きで）、一方、女の子ならば、その左脇腹に依りかかり、〔母の〕腹に向かって（前向きで）、蹲踞して生まれる」(AKBh 126.27-28) とある。ここでは、傍線で示したように、生まれる時の状態にまで言及している。

(13) jāto me syān nāvajātaḥ. 直訳「我が子が不完全な生まれでないように」。 Tib. はこれを「私に似て生まれ、似ずには生まれてこず」(238a2 ; 252b3) とする。漢訳には対応箇所なし。

(14) dakṣiṇā. 袴谷憲昭『仏教教団史論』(Tokyo, 2002, 343 ff., esp. 348 ff.) 参照。

(15) MSV はここに asmākaṃ nāmnā (160.17-161.1) を置く。Tib. も bdag cag gnyis kyi ming nas (238a3 ; 252b4)、漢訳も「称我名字」(1049a5-6) とする。また、このような廻向は、その異熟を振り向けるべき対象が必要であり、その者の名前に言及するのが普通であるから、ここではこの語を〔 〕に補って訳す。本章注 (16) 参照。

(16) dakṣiṇām ādeśayiṣyati. Divy. では dakṣiṇādeśanā という形も見られる。「廻向」の原語は pari√nam の方が一般的だが、この語も同じ意味で使われていると見てよい。「廻向」とは、施主が施した布施の異熟をその施主以外の者に指示することであるから、まさにこの説話のようなケースを言う。第7章には、プラセーナジット王が供養した食事の異熟を、たまたまその場に居合わせて心を浄らかにした乞食の名前で釈尊が廻向するという話を伝えている。ブッダ在世当時からこのような廻向の作法が行われていたのかはさらに詳細な研究が必要だが、大乗仏教では重要な位置を占める思想であり、興味深い用例と言える。

(17) 定型句 3F (妊娠を報告する妻と喜ぶ夫)。 (18) -lavaṇa-. Tib. はこの訳を欠く。漢訳には対応箇所なし。

(19) apsarasam iva nandanavanavicāriṇīṃ mañcān mañcaṃ pīṭhāt pīṭham avatarantīm uparimāṃ bhūmim. これだと「彼女はナンダナ園をそぞろ歩く天女の如く、台座から台座へ、椅子から椅子へと、上の大地に降りてきた」となり、下線部分が文脈に合わない。Divy. にはこの他にも同じ定型句が三例存在するが、そこには avatarantīm adharimāṃ bhūmim (99.15)、avatarantī [anavatarantī BC] adharimāṃ bhūmiṃ (167.13-14)、avatarantīm adharimāṃ bhūmiṃ (441.5) とあり、統一がない。これに対して GBM は「下の大地には降りることがなかった (anavatarantī adharimāṃ bhūmiṃ)」(81a7) とする。Tib. も shod kyi sa gzhir mi 'bab ste (238a6 ; 252b7)、漢訳も「足不履地」(1049a10) とするので、すべて GBM の読みに一致する。また Aś にも anavatarantīm adharimāṃ [*or* adharāṃ] bhūmim (i 15.6, 197.7-8, ii 74.1-2, 181.3) とあり、またこの方が文脈に合うので、下線部を anavatarantīm adharimāṃ に改める。BAILEY もこの読みを採る。

(20) 定型句 3G (妊婦の保護)。 (21) gauraḥ. Tib. はこの訳を欠く。漢訳には対応箇所なし。

(22) saṃgatabhrūḥ. これを Tib. の D は「密集した眉 (smin ma 'jar ba)」(253a1) とし、Skt. に一致するが、P は「柔らかい眉 (smin ma 'jam pa)」(238a7) とする。漢訳には対応箇所なし。 (23) 定型句 3H (誕生)。

(24) balasenena gṛhapatinā ratnaparīkṣakā āhūyoktāḥ. Tib. はここを「〔その〕宝石〔の価値〕を調べるために、バラセーナ長者はヴァーサヴァという村で宝石の鑑定をしている住人達には誰でもすべて声をかけて言った」(238a7-8 ; 253a1-2) とする。漢訳は

「其父告左右曰。汝可喚別宝之人。既喚来已。告言」(1049a13-14) とする。

(25) ratnānām. BAILEY はこれを ratnasya に改め、この直後の ratnānāṃ も同様に ratnasya とする。

(26) dharmatā yasya na śakyate mūlyaṃ kartuṃ tasya koṭimūlyaṃ kriyate. Cf. Divy. 546.25-27.

(27) ここに MSV は「親戚の者達は言った (jñātayaḥ ūcuḥ)」(162.1) という一文を置き、Tib. も gnyen dag gis smras pa (238b2; 253a4)、漢訳も「諸親共言」(1049a17) とする。 (28) śroṇa koṭīkarṇa; gro bzhin skyes rna ba bye ba ri; 聞倶胝耳。

(29) 定型句 3 I (命名)。 (30) dāsaka; bran; 奴 (馱索迦)。 (31) pālaka; skyong ba; 擁護 (波洛迦)。

(32) uttaptottaptaiḥ. 直訳すれば「熱しに熱した」となるが、Tib. は「優れに優れた (gtso bo gtso bo)」(238b5; 253a7) とし、これを uttamottamaiḥ で理解している。漢訳はこれを「勝妙甘美」(1049a23) とし、Tib. と同じ理解を示す。

(33) 定型句 3 J (八人の乳母)。

(34) saṃkhyāyāṃ gaṇanāyāṃ mudrāyām. この訳に関しては、林隆夫『インドの数学』(Tokyo, 1993, 99-105) 参照。

(35) uddhāre nyāsae nikṣepe. これに関しては、BHSD を参照しても、その正確な意味が摑めない。前後関係からすれば、計算に関わる用語であることは推察されるので、ここではあえて訳を付けずに、「ウッダーラ算・ニアーサ算・ニクシェーパ算」とする。

(36) vastuparīkṣāyāṃ ratnaparīkṣāyāṃ so 'ṣṭāsu parīkṣāsūdghaṭakaḥ. 八種の鑑定術と言いながら、ここには「物品」と「宝石」の二つしか列挙されていないので、あと六項目を補う必要がある。これも定型句であり、Divy. にも他に四例 (26.12-14, 58.17-19, 100.2-4, 441.28-442.1) あるが、いずれも統一を欠く。そこで GBM を参照してみると、vastuparīkṣāyāṃ vastraparīkṣāyāṃ ratnaparīkṣā[yāṃ hastipa]rīkṣāyāṃ aśvaparīkṣāyāṃ strīparīkṣāyāṃ puruṣaparīkṣāyāṃ dāruparīkṣāyāṃ (81b2-3) とあり、また Tib. も gzhi brtag pa dang/ ras brtag pa dang/ rin po che brtag pa dang/ glang po che brtag pa dang/ rta brtag pa dang/ bud med brtag pa dang/ skyes pa brtag pa dang/ shing brtag pa la (238b6-7; 253b1-2) とし、いずれも八項目あるので、vastu° ratna° を vastu° vastra° ratna° hasti° aśva° strī° puruṣa° dāru° に改める。なお漢訳は「知物価。別衣別木。別宝別象。別男別女」(1049a25-26) とし、「馬の鑑定」を欠く。 (37) 定型句 3K (子供の成長と学習)。

(38) niṣparuṣeṇa [niṣpuruṣeṇa BD]. この語に関しては混乱が見られる。Divy. の A・C 写本は「静かな (niṣparuṣeṇa)」とするのに対し、B・D 写本は「女達だけが奏でる (niṣpuruṣeṇa)」とする。MSV は niṣpuruṣeṇa (162.18) とし、Tib. も skyes pa med par (239a1; 253b3) とするので、ここでは niṣpuruṣeṇa の読みを採る。BAILEY もこの読みを採る。

(39) mamaivārthaṃ codanā kriyate. SPEYER は構文的に見てこの文章は正しくないとし、mamaivārthaṃ を mamaiveyaṃ とする。またネパール写本では -ārtham と -eyam は混同されやすいとも指摘しているが、この部分は漢訳にもその対応箇所が存在せず、またGBMにもこの一節は見出せないので、他の資料からSPEYERの訂正を支持するものはないが、今はこの訂正に従って和訳しておく。

(40) gacchāmi mahāsamudram avatarāmi. MSVはこれを「商品を携えて、外国に行きます（paṇyam ādāya deśāntaraṃ gacchāmi)」(163.6-7) とする。そこでTib.を見てみると、bdag zong thogs te yul gyi mthar mchi'o (239a3-4；253b6) とし、MSVと同じ読みを示すが、漢訳は「我応入海採宝」(1049b4) とし、Divy.に近い理解を示す。ここではDivy.の読みに従う。

(41) tilataṇḍulakolakulatthanyāyena. 直訳「胡麻・米粒・胡椒・豆のように」。Cf. Divy. 524.1.

(42) tātānujānīhi māṃ paṇyam ādāya mahāsamudram avatarāmīti/ balasenena tasyāvaśyaṃ nirbandhaṃ jñātvānujñātaḥ. GBMはこれを「「父さん、私は商品を携えて外国に参ります」。彼はしつこくせがんでくると分かっていたので、許した（tāta ga[cch]āmi paṇyam ādāya deśāntaram/ tena nirbandhaṃ j[ñ]ātvānujñātaḥ)」(81b6) とする。Tib.もyab bdag ni zong thogs la yul gyi mthar mchi'o// des de nges par gal gyis 'chu bar shes nas gnang ngo (239a5；253b7) とし、GBMの読みにほぼ一致する。これに対し、漢訳は「許我入海。父知子意決定不移。即放令去」(1049b8-9) とするので、Divy.の読みに近い。

(43) aśulkenātarapaṇyena. Tib.はこの間にbsel ba'i rngan (239a6；254a2) を置く。同様の表現はDivy.の他の箇所にも見られるが、そこではaśulkenāgulmenātarapaṇyena (34.13, 501.23-24) とし、下線部がこのTib.に相当する。GBM (81b7) もここにこの語を置くので、この語を〔 〕に補う。BAILEYもこの読みを採る。

(44) ここにTib.は、Skt.には存在しない次のような文章を置いている。

バラセーナ長者は五百人の商人達を自分の家での食事に招き、食物を出して言った。「賢明なる商人の皆さんよ、聞いてくれ。シュローナ・コーティーカルナは私の息子であると同時に、お前達の〔息子〕でもあるのだから、お前達は彼を害から守り、利益に結びつけねばならない」。「御主人様、仰せのとおりに」と商人達はバラセーナ長者に同意した。その後、バラセーナ長者はシュローナ・コーティーカルナにこう言った。「息子よ、お前は私からの言いつけを聞けば実践すべきであると思うように、この五百人の商人達の〔言いつけ〕も聞けば実践すべきであると思うのだぞ」(239a7-b2；254a3-5)。

これに対応する文章が漢訳にも存在する。

于時婆羅仙長者。請五百商人。家中設食已。告諸商人曰。如我愛子。亦如汝子。若作不善無利益事。当須勧諫。勿令作悪。時諸商人。並皆敬諾。又告子曰。汝聞我語皆応奉行若商人有教。亦如我言 (1049b12-17)

(45) sukumārāḥ. Tib.はこれを「世話し難い (bskyang dka')」(239b3；254a6) とする。漢訳には対応箇所なし。BAILEYはこのsukumārāḥおよびこの後のsukumārāḥをすべてsudūrakṣyāḥに改めている。

(46) sukumārāś. 「繊細すぎて (sukumāra) 養い難い (durbhara)」という理由で象と馬とは息子の乗物として相応しくないと考えているバラセーナ長者が、驢馬は sukumāra であるから息子の乗物に最適だというのは理に合わない。これに関して榊 (19) は、その Tib. が「養い易い (gso sla)」(239b3 ; 254a6) であることから、原文の sukumāra は subhara の誤りとする。同じような言葉が繰り返し使われていることによる混乱と見るのである。意味から考えると榊の指摘はもっともだが、ではこれが subhara の誤りだとすると、象と馬の時に durbhara の訳として dgang dka' を用いた Tib. がどうして subhara を dgang sla ではなく gso sla と訳したのかという疑問は残る。これに対し、BAILEYは subhara ではなく、supoṣa を想定し、その語順も smṛtimantaḥ sukumārāś を supoṣāḥ smṛtimantaś とする。ここでは語順の入れ替えまではしないが、sukumārāś を supoṣāś に改める。

(47) sārthasya. これを Tib. は「仲間の (grogs kyi)」(239b3 ; 254a7) と訳す。漢訳はこの訳を欠く。

(48) na ca te sārthavāhe [Sic MSS] hataḥ sārtho vaktavyaḥ. 下線部が理解し難い。そこで GBM を見ると、hate sārthavāhe hataḥ sārtho vaktavyaḥ (81b9) とあり、また Tib. も ded dpon bcom pas ni tshong pa rnams bcom zhes bya'o (239b4 ; 254b1)、漢訳も「若商主被損。商衆総損」(1049b19) とするので、下線部を hate ca sārthavāhe に改める。BAILEY は下線部を hate sārthavāhe とし、この後も hataḥ sārtha iti vaktavyam に改めている。またSPEYER はこれを na ca te sārthikebhyaḥ so 'rtho vaktavyaḥ と訂正する。

(49) amba gacchāmi avalokitā bhava mahāsamudram avatarāmi. GBM はこれを「母さん、私は行きます。御機嫌よう (amba gacchāmy aham ābhivādaye)」(81b10) とする。Tib. も yum bdag mchi phyag 'tshal lo (239b6 ; 254b2) とし、GBM に一致する。これに対し、漢訳は「阿母。我今入海採宝」(1049b26) とし、Divy. に近い理解を示す。

(50) シュローナが母に対して発した言葉のうち、Tib. は「どうして悪趣で会わないことがありましょうか (ngan song la ci'i phyir mi gzigs)」(239b7 ; 254b3) とし、apāyān [apāyāt A] kiṃ na paśyasi に相当する部分の訳しかなく、漢訳も Tib. に一致する。ところで、Skt. の apāyān を Tib. は ngan song la とし、また漢訳はこれを「於悪趣中相見」(1049b28) としているから、榊 (20-21) はこの apāyān を apāye の誤りではないかと見ている。

(51) 以上、懺悔滅罪の用例は、Divy. の説話の中に何例か存在し、業果の不可避性と必然性とを強調する Divy. の中に、罪が完全になくならないまでも、「懺悔」によって軽減されるとする用例があるのは興味深い。『説話の考古学』(258 ff.) 参照。

(52) kṛtakautūhala- ..... avatīrṇo dhanahārakaḥ (5.7-12). 以下、同様の表現が Divy. に見られる。Cf. Divy. 332.4 ff., 501.27 ff., 524.15 ff.

(53) nipuṇataḥ. これは明らかに「巧みに／首尾よく」等を意味する副詞であるが、Tib. は「大きくて素晴らしい海用の船 (rgya

mtsho'i gru bo che phun sum tshogs pa zhig)」(240a2；254b6) とあり、この nipuṇataḥ を「船」の形容詞として理解している。なお漢訳には対応箇所がないが、このあたりを「即共五百商人。持五百金錢。用雇船舶及五船師。一人執柁。一人知進。一人知退。一人修補船。一人別水」(1049c4–6) とし、Skt. や Tib. にはない「五船師」に言及する。第35章注(297)参照。

(54) uparīkṣyoparīkṣya ..... kolakulatthānām (5.13–15). 以下、第35章に同様の記述が見られる。Cf. Divy. 503.16–17.

(55) sārthamadhyāt. GBM はこの語を欠き (MSV は [ ] 内にこれを補う (165.13))、Tib. や漢訳も GBM に一致する。

(56) sarātrim eva. GBM はこの語を欠き (MSV は [ ] 内にこれを補う (166.2))、Tib. や漢訳も GBM に一致する。

(57) āgacchata nivartāmaḥ. これを D. は「引き返して、こちらに来い (phyir 'dong gis tshur sheg)」(255a6)、P. は「こちらに来い。引き返すぞ (tshur shog phyir don)」(240b1) と訳す。漢訳は「急須往覔」(1049c20) とする。

(58) amba. Tib. はこれを「父さん、母さん」(240b5；255b2) とするので、BAILEY はこれを amba tāta に改めている。この後も同じ (6.19)。漢訳には対応箇所なし。

(59) Tib. はここに「父さん、母さん」(240b5；255b3) を置く。漢訳には対応箇所なし。

(60) amba. Tib. はこれを「父さん、母さん」(240b6；255b3) とする。漢訳には対応箇所なし。

(61) diṣṭyā vardhasva. Tib. はこの訳を欠く。漢訳には対応箇所なし。

(62) svakasabhādevakuleṣu. MSV はこれを単に「神殿に (devakuleṣu)」(167.6) とする。Tib. は「神殿や集会場に (lha khang dang/ 'dun khang rnams su)」(240b7；255b4) とする。漢訳は「村中秘祠」(1050a5) とする。

(63) chatrāṇi vyajanāni kalaśāny upānahāni. Divy. によれば「傘・払子・瓶・草履」が供えられたことになっているが、MSV はこれを「傘・鈴・払子 (chatrāṇi ghaṇṭāvyajanāni)」(167.6) とし、Tib. も gdugs dang/ dril bu dang/ rnga yab rnams (240b7；255b4) とするので、MSV に一致する。シュローナはこの後、餓鬼の都城に迷い込んだ後、再び人間界に戻ってきて、これらの供物を見るのであるが、Divy. によると、そこで彼が見た供物は「鈴・傘・払子 (ghaṇṭāchattrāṇi vyajanāni)」(15.8) であり、ここでの内容と違っている。MSV も ghaṇṭācchatrāṇi vyajanāni (180.3–4) とし、Tib. も dril bu dang/ gdugs dang/ bsil yab rnams (245b8–246a1；261b1) としているので、前半と後半では「傘」と「鈴」の順番が入れ替わり、Tib. の rnga yab が bsil yab に代わってはいるが、供えられたアイテムは「傘・鈴・払子」の使用頻度が一番多い。同じ場所で同じ物を見ているわけであるから、供物が違っているのは具合が悪い。ここでは統一をとることを最も重視し、原文を chatrāṇi ghaṇṭāvyajanāni と改める。なお漢訳は「子在之日。所有鞋履衣服文書受用之具」(1050a3–4) とし、伝承を異にする。

(64) kṣipram āgamanāya. Tib. にはこれに対応する訳が見られるが (240b7；255b5)、MSV はこの語を欠く。漢訳は「安穩速達」

(1050a6) とし、これがこの訳なのか、あるいはこの前の laghv āgamanāya の訳なのかは判断できない。

(65) tasyaiva. Divy. のみこの語を出す。

(66) gatyupapattisthānāt sthānāntaraviśeṣatāyai. Tib. はこれを「より優れた境涯に生まれていますように」(240b8; 255b5) とし、下線部の訳を欠く。漢訳も「願生勝処」(1050a6) とし、Tib. に一致する。

(67) śokena rudantau. Tib. はこれを「憂いとすすり泣きとによって」(240b8; 255b5-6) とする。漢訳は「為哭多故。其長者及婦。二倶眼盲」(1050a1-2) とするが、秘祠に供物を献じ願い事をする前のこととしている。

(68) 以下、Divy. と MSV との間にはかなり相違が見られる。MSV は「一方、彼は、太陽が昇る頃になり、光りに包まれ、太陽光線で目が覚めると、隊商がいないのに気づいた。二頭の驢馬以外は何もいなかった。彼は二頭〔の驢馬〕を車に繋いで出発した。砂の地面に風が吹きつけ、道が塞がれてしまった。記憶力のよい驢馬は匂いを嗅ぎながら進んだが、〈進むのが遅い〉と鞭や棒で〔驢馬を〕叩くと、サーラ樹の森に入り込んでしまった (so 'pi sūryasyābhyudgamanakālasamaye sūryāṃśubhir ābhānvitaḥ pratibuddho yāvat sārthaṃ na paśyati/ nānyatra tāv eva gardabhāv atiṣṭhataḥ/ sa tau yojayitvā saṃprasthitaḥ/ vālukāsthale vāyunā mārgaḥ pihitaḥ/ smṛtimanto gardabhā jighritvā saṃprasthitāḥ śanair gacchatīti pratodayaṣṭyā spṛṣṭāḥ śālāṭavīṃ praviṣṭāḥ)」(167.9-14) とする。Tib. (240b8-241a2; 255b6-7) は MSV に一致。

(69) gandham. Tib. はこれを「道を (lam)」(241a1; 255b6) とするので、BAILEY はこれを mārgam に改めている。漢訳を見ると「驢省非是旧路。徐徐而行」(1050a8-9) とし、文脈は異なるが、mārgam に相当する訳が見られる。

(70) pratodayaṣṭyā. Tib. はこれを「釘のついた棒 (lcag gzer bu can)」(241a1; 255b7) と訳し、漢訳は「杖」(1050a9) とする。

(71) anyatamāśāṭavī. MSV はこれを śālāṭavīṃ (167.14) とし、Tib. も shing sā la'i dgon pa zhig tu (241a2; 255b7) とするので、anyatamaśālāṭavīṃ に改める。なお BAILEY は anyatamā śā⟨lā⟩ṭavī とする。漢訳には対応箇所なし。

(72) te saṃbhrāntāḥ/ ākulībhūtāḥ smṛtibhraṣṭā unmārgeṇa saṃprasthitā yāvad anyatama-. MSV はこれを欠く。Tib. は dran pa 'khrugs nas (241a2; 255b7) とし、下線部に対応する訳のみを出し、あとは MSV に一致する。漢訳は「驢被打困。更不能行」(1050a10) とする。

(73) vihvalavadanāḥ. GBM はこれを欠くが (MSV は [ ] 内にこれを補う (168.1))、Tib. はこれを「互いに混乱し (phan tshun 'thom pa)」(241a2; 255b7) とするので、BAILEY は Tib. に基づき、vihvalā? という読みを示唆している。漢訳には対応箇所なし。

(74) ここに MSV は「彼らと共に (ebhir eva sārdham)」(168.2-3) を置く。Tib. も 'di dang lhan cig tu (241a3; 256a1) とする。漢訳には対応箇所なし。

(75) ko 'sau ..... vāyavo vāntv iti (7.8-12). 以下がMSVとTib.には見られないが、漢訳は「誰忍見此困苦之事。無慈愍心。更打此驢」(1050a10-11) とし、その一部が見られる。

(76) 以下、シュローナは餓鬼の城に迷い込むことになるが、ではこの餓鬼界はどこに位置すると考えられていたのであろうか。この手がかりを与えてくれるのが倶舎論であり、次の生に生まれ変わる時の中有の状態を「またこのうち、天の中有は座から立ち上がるように上に行く。人と畜生と餓鬼の〔中有〕は人等と同じく〔水平に進み〕、一方、**地獄の〔中有〕は頭を下にする (15d)**」(AKBh 127.20-22) と説明する。この記述からすれば、餓鬼の世界は人間や動物が住むこの世界と同じ平面上にあることが分かる。

(77) raudraś caṇḍaḥ. GBMはcaṇḍaḥを欠き、Tib.はこれを「大きく (che ba)」(241a3; 256a1) と訳す。漢訳も「其身長大」(1050a13) とする。 (78) dagdhasthūṇā-. Cf. Divy. 197.25, 534.24.

(79) parvatodarasaṃnibhaiḥ. MSVはこれをparvatasannibhodaraiḥ (168.11) とする。Tib.はこれを「腹は山の窪みのようであり (lto ri sul ltar 'dug pa)」(241a5; 256a3)、漢訳は「腹如大山」(1050a19-20) とする。今はMSVの読みを採る。なおBAILEYはparvatodarasaṃnibhodaraiḥ ? という読みを示唆する。

(80) pañcamātraiḥ pretasahasraiḥ. GBMはこれを「数百千もの餓鬼が (anekaiḥ pretaśatasahasrair)」(82b5) とし、Tib.もyi dags ..... brgya stong du mas (241a5; 256a3-4) とするので、GBMに一致する。これに対し、漢訳は「五百餓鬼」(1050a18) とするので、上のいずれにも当てはまらないが、「五」という数字を出していることを考えれば、漢訳はDivy.に近いと言えるかも知れない。

(81) te kathayanti. GBMはこれを欠き (MSVは [ ] 内にこれを補う (168.12-13))、Tib.もGBMに一致する。漢訳は「告商主曰」(1050a20) とする。

(82) sārthavāha. GBMはこれをśroṇa (82b5) とする。Tib.もgro bzhin skyes (241a6; 256a4) とし、GBMに一致する。漢訳は「汝」(1050a20) とする。

(83) tvatsakāśāt pānīyam. GBMはこれを欠く。Tib.はtvatsakāśātの訳のみを欠く。漢訳は「我等不聞水名」(1050a23) とする。

(84) sa kathayati. GBMはこれを欠く (MSVは [ ] なしでこれを補っている (169.1-2))。Tib.もこの訳を欠き、GBMに一致する。一方、漢訳は「長者子問曰」(1050a23-24) とし、Divy.に近い。

(85) puṇyamaheśākhyaḥ. GBMはこれをpuṇyakarmā (82b8) とする。Tib.はbsod nams kyi mthu chen po dang ldan (241b1; 256a7) とし、Divy.に一致する。以下、GBMは一貫してpuṇyakarmāを用い、Tib.は一貫してpuṇyamaheśākhyaに相当するbsod nams kyi mthu chen po dang ldanを使う。漢訳には対応箇所なし。

（86） svastikṣemābhyām. GBM はこの代わりに「生きて（jīvam）」（82b8）を使い、Tib. もこれに対応する gson por（241b1；256a7）をその訳として用いている。漢訳には対応箇所なし。

（87） ahovata tvayā. 同様の表現はこの後にも見られるが、そこには ahovata yadi tvayā（9.8）とあるので、SPEYER はここも ahovata yadi tvayā と読むべきであるとする。確かに文脈を考えればあった方がよいが、Skt. はこの語を出さないし、Tib. や漢訳にもこれに相当する訳がない。

（88） sa tenoktaḥ. GBM はこれを「彼は言った（sa kathayati）」（82b8）とする。Tib. は des smras pa（241b3；256b1）とし、GBM に一致する。漢訳は「丈夫答曰」（1050b3）とする。

（89） puṇyamaheśākhyas tvaṃ yena tvaṃ pretanagaraṃ praviśya svastikṣemābhyāṃ nirgataḥ. Divy. は「シュローナが無事に餓鬼の城から出られたのは、彼が福徳を積んでいたためである」とするが、GBM は「あなたは福業を積んだ人です。餓鬼の都城に入りながら、生きて出てきた人をあなたは誰か見たことがありますか（puṇyakarmā tvaṃ asti kaścit tvayā dṛṣṭaḥ pretanagaraṃ praviśya jīvaṃ gacchati）」（82b8）とし、puṇyakarmā tvaṃ とそれ以降の文は独立している。Tib. は yi dags kyi grong khyer du zhugs pa la gson por 'gro ba 'ga' yang khyod kyis mthong ba yod dam（241b3；256b2）とするので、GBM にピッタリ一致するが、漢訳は「商主。汝可見聞入餓鬼城。更有得出者不。為汝有大福威徳。今得重出」（1050b3-4）とし、傍線部は GBM に、また点線部は Divy. に対応するので、漢訳は両方の要素を含む。 （90） 以下、漢訳は二番目の餓鬼の城に関する記述を欠く。

（91） parvatodarasaṃnibhaiḥ. これも本章注（79）に従い、parvatasannibhodaraiḥ に改める。

（92） ārogyamadena mattakā ye dhanabhogamadena mattakāḥ/ dānaṃ ca na dattam aṇv api yena vayaṃ pitṛlokam āgatāḥ//. 詩形は mātrācchandas の vaitalīya であるが、下線の部分に Divy. と MSV とで異同が見られる。すなわち、Divy. の ye dhana- を MSV は yauvana-（170.11）とする。いずれにしてもマートラーの量に変化はないが、Divy. の読みであれば、ye という関係代名詞を d 句の vayaṃ に懸け、「健康の驕りに酔い、富や財の驕りに酔いしれた我等は、僅かの布施もせざるにより、餓鬼の世に到来せり」という訳になるが、この場合、c 句の ca が生きてこない。一方、MSV の読みを採ると、a・b 句と c・d 句とに分けて理解できるから、ca という接続詞も生きてくる。また、ārogya/ yauvana/ jīvita はパーリ経典等で三つの驕り（mada）として列挙されるので、ye dhana- を yauvana- に改める。Tib. も lang tsho longs spyod dregs myos te（242a1；256b7）とし、MSV に一致する。なお BAILEY は下線部を yauvanadhana- とするが、これでは詩形が崩れる。漢訳には対応箇所なし。

（93） puṇyakarmā. Tib. のみ puṇyamaheśākhyas に相当する bsod nams kyi mthu chen po dang ldan（242a1-2；257a1）を用いる。BAILEY はこれを puṇyamaheśākhyas と読むべきであるとする。

(94) 先ほどDivy. はここをsvastikṣemābhyām としていたが、ここではこれにjīvan を加えている。GBMでは前と同じくjīvam (83a3) となっており、Tib. もgson por (242a2；257a1) とし、GBMに一致する。

(95) dṛṣṭaḥ śrutaḥ. GBMはdṛṣṭaḥ のみでśrutaḥ を欠く(83a3)。Tib. もmthong ba (242a2；257a1) のみを用い、GBMに一致する。次の箇所(9.10)も同じ。

(96) puṇyamaheśākhyas tvam asti kaścit tvayā dṛṣṭaḥ śruto vā pretanagaraṃ praviśya svastikṣemābhyāṃ jīvan nirgacchan. これはリフレインであるが、以前のpuṇyamaheśākhyas tvaṃ yena tvaṃ pretanagaraṃ praviśya svastikṣemābhyāṃ nirgataḥ (8.10-11) という表現と異なり、先ほど見たGBM (82b8) の表現に近くなっている。

(97) Tib. はここにde na (242a4；257a3) を置くので、BAILEY はvimānaṃ 〈tatra〉 catasraḥ とすべきであるとする。

(98) -ābharaṇa-. Tib. はこの訳を欠く。漢訳には対応箇所なし。

(99) āha ca/ ārya. Tib. はこの訳を欠く。GBMにはāha ca がない。漢訳は「答言。甚飢渇耳」(1050b8) とし、ārya の訳を欠く。

(100) MSVはここに「近づいて (prakramya)」(171.11) を置く。Tib. もsong ste (242a8；257a7) とし、MSVに一致する。漢訳には対応箇所なし。

(101) śyāma-. Tib. はこの訳を欠く。漢訳は「黧狗」(1050b10) とするが、この「黧」には「くろい」と「まだら」の両方の意味があり、Skt. に一致する。

(102) pṛṣṭhavaṃśān. GBMの対応箇所を見ると、これをpṛṣṭhavarrāṇy (83a7) とし、意味不明である。-āni という語尾変化を取っているので、この語は中性名詞と考えられるが、pṛṣṭhavaṃśa であれば男性名詞であるから、性が合わない。そこでTib. を見ると、「背中の皮肉 (sha lpags)」(242b1；257b1) とし、漢訳も「背肉」(1050b11) とするので、pṛṣṭhamāṃsa という中性のSkt. が予想される。また、Mv. にも「背の肉を引き裂いた (pṛṣṭhimānsaṃ utpāṭetha)」(i 18.3-4) という同類の表現が見られるので、これをpṛṣṭhamāṃsāny に改める。BAILEY はTib. をそのまま還梵し、pṛṣṭha〈tvaṅ〉māṃsān という読みを示すが、これでは性が合わない。SPEYER はpṛṣṭhamāṃsān に改めている。

(103) upasaṃkramya kathayati. GBMはこれをupasaṃkrāntaḥ (83a8) とする。Tib. もsong nas (242b2；257b2) とし、GBMに一致する。漢訳は「即告彼天子曰」(1050b13-14) とする。

(104) Tib. のみここに「お前達 (shes ldan dag)」(242b2；257b2) を置く。

(105) te procuḥ. GBMはこれを欠き(MSVは［ ］内にこれを補う(171.19))、Tib. もこの訳を欠く。一方、漢訳は「時天子答曰」(1050b14) とし、Divy. に近い。

(106) sa cāha. GBM はこれを欠き（MSV は原文としてこれを出す（171.20））、Tib. もこの訳を欠く。一方、漢訳は「長者子曰」（1050b15）とし、Divy. に近い。

(107) praghātayāmi. GBM はこの語を欠き（MSV は［ ］内にこれを補う（172.8））、Tib. もこの訳を欠く。漢訳には対応箇所なし。

(108) bhadramukha. GBM はこの語を欠き（MSV は［ ］内にこれを補う（172.9））、Tib. もこの訳を欠く。漢訳には対応箇所なし。

(109) yat tad rātrau śīlasamādānaṃ gṛhītam. GBM や Tib. はこれを欠くが、漢訳は「為夜持戒」（1050b24）とし、Divy. に一致する。ただ漢訳では詩頌が説かれた後に散文での説明が続き、Skt. や Tib. と順番が異なる。

(110) tasya karmaṇo vipākena. Tib. はこれを「この業の異熟の結果として（'i 'bras bus）」（242b7；257b7）とし、tasya karmaṇo vipākaphalena という Skt. が想定されるが、GBM は tasya karmaṇo vipākanavāte［*or* -nacāte］（83b1）としか読めず、意味不明である。漢訳はこの訳を欠く。

(111) divyam. GBM はこれを欠き（MSV は原文としてこれを出す（172.11））、Tib. および漢訳もこの訳を欠く。

(112) Pv-a にはこれと同様の話がある。そこでは猟師が一日中鹿を撃ちまくって殺していたが、友人の勧めで夜だけ殺生を止めたので、餓鬼となった彼は、昼に苦しみを受け、夜は天界の楽を享受することが説かれる。藤本晃『廻向思想の研究（ラトナ仏教叢書Ｉ）』（Hamamatsu, 2006, 338-339）参照。

(113) gamiṣyāmi. GBM はこの語を欠き（MSV は原文としてこれを出す（172.16））、Tib. および漢訳もこの訳を欠く。

(114) tatra mama putraḥ prativasati/ sa urabhrān praghātya praghātya jīvikāṃ kalpayati/ sa tvayā vaktavyaḥ. GBM は「そこでは私の息子が屠殺を行っているが、彼に言って下さい（tatra putra me aurabhrikaḥ sa vaktavyaḥ）」（83b3）とする。Tib. は de na bdag gi bu shen pa bgyid pa de la ... gsung shig（243a1-2；258a2-3）とし、GBM に一致する。漢訳は「若至彼村見我男女。為我告言」（1050b25-26）とする。

(115) pitā kathayati asisūnādhastāt. GBM はこれを「父は屠殺場の下に（pitrā asisnanām［asisūnāyām？］adhastāt）」（84a4）とする。Tib. は khyod kyi pha de na re ral gris bsad pa'i sa'i 'og na（243a3；258a4）とし、ほぼ Divy. に一致する。漢訳は「其殺羊処地下」（1050b28-29）とし、GBM に近い。

(116) śatapadī. Tib. はこれを「蚰（srin gyi me）」（243a8；258b3）、漢訳は「大蛇」（1050c7）とする。

(117) uparimastikaṃ bhakṣayantī sthitā. Tib. はこれを steng du byung ste/ ..... klad rgyas za bar byed do（243b1；258b3）とする。これに基づき、Bailey は upariṣṭhān mastakam とするので、ここではこの読みに従う。Tib. は upariṣṭhān を sthitā に懸けているが、この sthitā はここでは bhakṣayantī と連動し、動作の継続を表す働きをしていると考えられるので、ここでは「上から

頭を貪り食っていた」と訳す。漢訳は「周匝食脳」(1050c8) とし、問題の訳を欠く。

(118) sa tam upasaṃkramya pṛcchati. GBM は「彼は彼のもとに近づいた (sa tasya sakāśam upasaṃkrāntaḥ)」(83b9) とする。Tib. は de de dag gi drung du song ste song nas smras pa (243b3; 258b5) とし、前半はほぼ GBM に一致するが、後半は GBM には対応箇所がない。一方、漢訳は「其商主怪異。問彼天子曰」(1050c9) とする。

(119) Tib. のみここに「皆さん (shes ldan dag)」(243b3; 258b5) を置く。またこの後、Skt. では主語が bhavān と単数形であるが、Tib. は本章注 (118) の de dag gi drung du に呼応して、この主語を「お前達は (khyed cag)」(243b3; 258b5) と複数形を使う。

(120) yady evam. Divy. のみこれを出す。

(121) MSV はここに bhadramukha aniṣṭo 'sya karmaṇaḥ phalavipākaḥ viramāsmāt pāpakād asaddharmāt (174.14-15) を置く。Tib. もこれに対応し、bzhin bzangs las 'di'i 'bras bu rnam par smin pa ni yid du mi 'ong ba yin gyis dam pam yin pa'i chos sdig pa spong shig (243b6; 258b7-259a1) とする。同様の表現はこの前にも見られたが、そこにはこれと同様の表現があったので (10.6-8)、Divy. の編纂者がこの一文を見落としたものと考えられる。よって、これを〔 〕に補って訳す。漢訳には対応箇所なし。

(122) tathaiva. MSV は「それでも (tathāpy)」(174.15) とし、Tib. も 'on kyang (243b6; 259a1) とする。これも前に同様の表現が見られたが、そこでは tathāpy (10.8) とあったので、これに改める。漢訳には対応箇所なし。

(123) mayāryasya kātyāyanasyāntikāt. GBM はこれを欠き、Tib. や漢訳も GBM に一致する。同様の表現は前にもあり、そこでは yat tad rātrau śīlasamādānaṃ (10.12) とするが、ここもこの一節を省略すれば、yat tan divā śīlasamādānaṃ となり、平行表現となる。 (124) divya-. GBM および Tib. はこの訳を欠くが、漢訳は「受天快楽」(1050c19) とし、Divy. に一致する。

(125) この前の羊飼いと、ここでの婆羅門の受戒の話は倶舎論で「そして、このように〔受戒〕すれば、羊飼いや姦夫が一昼夜の近住〔律儀〕を受けた場合でも、〔それが〕実を結ぶことは理に適っている (prayujyate は本庄良文に従い、yujyate に改める)」(AKBh 213.24-25) と説かれている。また、シャマタデーヴァの倶舎論註はこの億耳アヴァダーナを引用していることを本庄良文 (「書評―舟橋一哉著『倶舎論の原典解明　業品』」『仏教学セミナー』(48, 1988, 99-104)) が指摘している。さて、Pv-a にはこれと同様の話がある。そこでは五百人の妻達が夜に淫行に及び、また夫に嘘をついたので、餓鬼として生まれ、夜には犬に喰われ、昼にはもとの生活に戻ることが説かれる。藤本晃『廻向思想の研究 (ラトナ仏教叢書 I)』(Hamamatsu, 2006, 327-329) 参照。

(126) phala-. Tib. はこの訳を欠く。漢訳には対応箇所なし。

(127) Tib. はここに「彼は言った」(244a3; 259a6) を置く。漢訳も「時長者子言」(1050c22) とする。MSV は [ ] 内に sa cāha を補うが (175.10)、GBM にはない。

(128) etan me kaḥ śraddadhāsyati. これと同じ言い回しは、この箇所の前後に一回ずつあり、そこを見てみると、いずれも nābhiśraddadhāsyati (10.24, 14.24) となっていて、ここだけが違った表現をとる。ここでは繰り返しの表現を尊重して、etan me kaḥ śraddadhāsyati を nābhiśraddadhāsyati に読み代える。なお漢訳は「云何肯受」(1050c23) とする。

(129) yan. MSV はこれを yadi (175.12) とし、Tib. も gal te (244a3; 259a6) とする。これも同じ言い回しがこの箇所の前後に一つずつあるので、そこを参照すると、いずれも yadi (10.24, 14.24) とあるので、ここの yan を yadi に改める。漢訳も「若不信時」(1050c23) とする。

(130) tava pitrā [pitā ABCD]. 写本はすべて下線部を pitā とする。同様の文章はこの前にも見られたが、そこでは tava pitā kathayati (10.25) とするので、GBM の支持はないが、これに改める。なお Tib. も khyod kyi pha na re (244a3; 259a7) とする。

(131) svāgatam. Tib. はこれを 'ongs pa legs s so/ 'ongs pa legs s so (244a6; 259b2-3) とし、二回繰り返す。漢訳は「無病少悩」(1051a2) とする。 (132) ārye. Tib. も漢訳もこの訳を欠く。 (133) udvartitaḥ. Divy. のみこの語を出す。

(134) āhāro dattaḥ. 意味的には同じだが、MSV は bhojitaḥ (176.3) とする。

(135) sā visragandhena nirgatā. GBM は「彼女は臭いを嗅いで外に出てきた (sā paśyati gandhena nirgatāḥ)」(84a9) とする。Tib. は de dri tshor nas byung ste (244b2; 259b6) とし、GBM に一致する。漢訳は「爾時餓鬼呑熱鉄丸者。焼身臭穢。婦人聞気。即出高声告長者子曰」(1051a11-12) とする。

(136) nivāritas tvaṃ mayā. Tib. はこれを「私はあなたに〔食物の施与を〕禁止しませんでしたか (khyod la kho mos ma zlog gam)」(244b2; 259b6) とするので、Bailey は na nivāritas tvaṃ mayā という読みを示唆するが、結局、いずれにしても意味内容は同じである。なお漢訳は「汝所作者甚為非理。不応与彼飲食」(1051a12-13) とする。

(137) kiṃ mama kāruṇikayā tvam eva kāruṇikataraḥ. Tib. はこれを「私の慈悲よりあなたの慈悲の方が大きいのですかね (ci kho mo'i snying rje las khyod kyi snying rje lhag gam)」(244b2; 259b6-7) とするので、Bailey は下線部について me kāruṇikayā あるいは mama kāruṇikāyās という読みを示唆する。漢訳は「我心慈悲。更大於汝」(1051a15) とする。

(138) cittam. Tib. はこの訳を欠く。漢訳には対応箇所なし。

(139) kasmāt sa muṇḍakaḥ śramaṇako busaplāvīṃ na bhakṣayati. 直訳「どうしてあの禿頭の沙門は籾殻を食べないのか」。次に見られる息子の箇所 (13.23-24) も同じように訳す。

(140) Tib. のみここに「夫は喜んでくれなかったので」(244b8-245a1; 260a6) を置く。

(141) jñātīnāṃ vā jñātipūjā na kriyate. GBM はこれを欠き、Tib. もこの訳を欠く。漢訳には対応箇所なし。

(142) Tib. のみここに「シュローナよ」(245a3; 260b1) を置く。

(143) praṇītāni. Tib. はこれを bsod pa bsod pa (245a3; 260b2) とし、同じ訳を二回繰り返す。

(144) kiṃ svamāṃsaṃ na bhakṣayati yā tvadīyāni praheṇakāni bhakṣayati. このままだと「あなたの御馳走を食べた人は、どうして自分の肉を食べないのですか」となり、文脈から見て適切ではない。GBM はこれを「「私があなたの御馳走を食べたのなら、どうして私は自分の肉を食べないことがありましょうか」と (kiṃ svamāṃsaṃ na bhakṣayāmi yāhaṃ tvadīyāni praheṇakāni bhakṣayāmīti)」(84b7) とする。これだと「決して私はあなたの御馳走を食べていません。もしも食べたとしたら、自分の肉を食べてもいいですよ」となり、文脈に合う。Tib. も khyod kyi g-yar gzigs za na bdag rang gi sha ci'i phyir mi za (245a5; 260b4) とし、GBM に一致する。漢訳は「若食。願我自食身肉」(1051b1-2) とし、一番ストレートで分かりやすい訳をしている。今は GBM の読みを採る。次の文中の場合 (14.13-14) もこれに準ずる。

(145) MSV はここに ahaṃ dārikāyā haste (178.11) を置く。Tib. も kho mos bran mo ..... lag tu (245a6; 260b4)、漢訳も「後時我遣一奴送食」(1051a26-27) とするので、これを〔 〕に補う。BAILEY もこの読みを採る。

(146) dārikā tāni. GBM はこれを欠き (MSV は [ ] 内にこれを補う (178.12))、Tib. も GBM に一致する。

(147) Pv-a にはこれと同様の話がある。藤本晃『廻向思想の研究（ラトナ仏教叢書Ⅰ）』(Hamamatsu, 2006, 334-335) 参照。

(148) devanikāye. Tib. はこれを「住処 (gnas)」(245b2; 261a1) とする。漢訳は「帝釈天宮」(1051b6) とし、Skt. に近い。

(149) lohasaṃghāṭāḥ. Tib. はこれを「鉄製の水壺 (lcags zangs)」(245b5; 261a4)、漢訳は「瓶」(1051b12) とする。

(150) ghaṇṭāchatrāṇi. Tib. はこれを dril bu dang/ gdugs dang (245b8; 261b1) とするので、BAILEY は ghaṇṭāś chatrāṇi と切るべきであるとする。 (151) 本章注 (63) 参照。

(152) GBM はここにもう一つ「シュローナよ (śroṇa)」(85a7) を置く。Tib. も gro bzhin skyes (246a4; 261b4) とし、GBM に一致する。漢訳はこの訳を欠く。

(153) sa kathayati. GBM はこれを欠き、Tib. も GBM に一致する。漢訳は「白言」(1051b28) とする。

(154) Tib. のみここに「大徳マハーカーティヤーヤナよ」(246a5; 261b5-6) を置く。

(155) bhavato 'ntike. MSV はこれを「世尊のもとで (bhagavato 'ntike)」(180.15) とし、Tib. も bcom ldan 'das kyi spyan sngar (246a5; 261b6) とするので、BAILEY も bhagavato と読むべきであるとする。しかし、これはカーティヤーヤナに対して言われているから、bhagavat という形容は相応しくない。漢訳は「願与出家供侍聖者」(1051b28-29) とし、Divy. に一致する。

(156) 定型句 7A (出家の表明)。

(157) sa āryeṇoktaḥ.　GBM はこれを欠き，Tib. も GBM に一致する。漢訳は「時具寿迦多演那言」（1051b29-c1）とする。

(158) tāṃ tāvat pūrvikāṃ pratijñāṃ paripūraya.　GBM はこれを「だから，お前は先ず以前に取り交わした約束を思い出して実行せよ（tat tāvad pūrvikāṃ pratijñāṃ smara pūraya）」（85a8）とする。Tib. を見ると，re zhig sngon gyi dam bcas pa dran par byos la（246a6；261b6）とし，smara に相当する訳が見られるが，漢訳は「汝可先伝彼語。然後可来出家」（1051c1）とし，これに当たる訳はない。BAILEY は下線部の tāṃ を smaryatāṃ と読むべきではないかとする。

(159) Tib. はここに「ここに（der）」（246a8；262a1）を置く。漢訳は「我従悪趣中来」（1051c6-7）とする。

(160) paśyāmi.　Tib. は「まずは（re zhig）調べてみて」（246b2；262a3）とするので，BAILEY は paśyāmi tāvat とすべきであるとする。以下，同じ表現が二つあるが（16.17, 17.2），いずれも BAILEY は tāvat を補っている。

(161) yāvat tat sarvaṃ tat tathaiva.　GBM はこれを yāvat paśyati tat tathaiva（85b1）とする。Tib. もこれにほぼ対応し，ji tsam na mthong ba dang de thams cad de kho na bzhin du gyur te（246b2；262a3-4）とするので，BAILEY に従い，yāvat paśyati sarvaṃ tat tathaiva に改める。なお漢訳は「遂得金瓶。乃知証験」（1051c10）とする。

(162) sa pāradārikasya.　GBM はこれを「人妻と浮気しているその男の（tasya pāradārikasya）」（85b1）とする。Tib. も byi bo byed pa de'i（246b2-3；262a4）とし，GBM に一致する。漢訳は単に「婬逸之子」（1051c11）とする。

(163) paśyāmi.　Tib. はこの訳を欠く。漢訳には対応箇所なし。

(164) yāvat tat sarvaṃ tat tathaiva.　本章注（161）に従い，yāvat paśyati sarvaṃ tat tathaiva に改める。ただし GBM は yāvat sarvaṃ tat tathaiva（85b4）とし，paśyati を欠く。

(165) veśyāyāḥ [vaiśyāyāḥ ABCD].　意味は変わらないが，MSV はこれを gaṇikāyāḥ（182.3）とする。

(166) upasaṃkramya kathayati.　GBM はこれを欠く（MSV は［　］内にこれを補う（182.3））。Tib. には smras pa（246b7；262b2）のみ存在し，kathayati の訳は見られる。漢訳は「告言」（1051c20）とする。

(167) suvarṇapūrṇāḥ.　Tib. はこれを「金の粉（phye）が詰まった」（247a1；262b4）とする。漢訳は「金瓶」（1051c24）とし，Skt. に一致する。

(168) te kathayanti.　BAILEY はこの一文を sacen nābhiśraddadhāsi（16.24-25）の直後に移すべきであるとする。

(169) yāvat tat sarvaṃ tat tathaiva.　これも，yāvat paśyati sarvaṃ tat tathaiva に改める。

(170) syād āryaḥ śroṇaḥ koṭīkarṇa eva te bhaginījanaḥ saṃjānate [śroṇaḥ ..... saṃjānate ; sic BD. AC have śroṇaḥ koṭīkarṇaḥ sa janaḥ saṃjānate].　下線部に関しては，Divy. の各写本に混乱が見られる。これは B・D 写本の読みだが，A・C 写本は下線部を

sa janaḥ とする。校訂者はB・D写本の読みを採用し、後注でこれを“This must be Śrona, thy sister’s family (I myself) recognise thee.”（703）と訳している。この解釈に従うと、te bhaginījanaḥ は「あなたの姉妹に当たる人」であるから、遠回しに「私自身（この場合は、その女性）」を意味することになるが、納得できる解釈とは言えない。そこでGBMを見ると、「「シュローナ・コーティーカルナ様でしょう」。「人はそのように私を認識しているよ」（syād ārya śroṇa koṭīkarno evaṃ me janas saṃjānate）」（85b8）とあり、Divy. の読みだと、この文章全体はその女性の発した言葉として取れるが、GBMでは、このようにその女性とシュローナとの会話として理解され、この読みだと、校訂者が試みたような苦しい解釈をしないで済む。Tib. も dpon po gro bzhin skyes rna ba bye ba ri yin nam/ sring mo bdag ni skye bo dag gis de ltar shes so（247a5；262b7-263a1）とし、GBMに一致する。さらに漢訳も「問曰。聖者。仁豈不是婆羅仙子耶。報曰。衆人皆道我是」（1051c29-1052a1）とし、GBMとまったく同じ理解を示している。よって、Divy. の syād āryaḥ śroṇaḥ koṭīkarṇa eva te bhaginījanaḥ saṃjānate を syād āryaḥ śroṇaḥ koṭīkarṇa evaṃ me bhagini janaḥ saṃjānate と改めて翻訳する。BAILEY は syād ..... koṭīkarṇaḥ/ evaṃ māṃ bhaginī janaḥ とし、ほぼ同じ理解を示す。第13章注（76）参照。

(171) te na kasyacid śraddhayā gacchanti. GBMはこれを「二人は信じなかった（na śraddadhataḥ）」（85b8）とする。Tib. も de dag yid ma ches nas（247a6；263a1）としてGBMに一致する。漢訳も「当由未信」（1052a2）とし、GBMや Tib. に近い。

(172) te kathayanti putri tvam apy asmākam utprāsayasi. GBMはこれを欠き、Tib. や漢訳もこの訳を欠く。

(173) tena dvārakoṣṭhake sthitvotkāśanaśabdaḥ kṛtaḥ. GBMはこれを「母さん、父さん、お久しぶりです（amba tāta abhivādaye）」（85b8）とする。Tib. もこれに対応し、yab yum phyag ’tshal lo zhes smras pa dang（247a6；236a1-2）とするので、BAILEY は amba tāta vande iti という読みを示唆する。漢訳は「自往家中。作謦咳声」（1052a3）とし、Divy. に近い訳を出す。

(174) mahātmā tasya śabdena sarvaṃ gṛham āpūritam. これは Divy. のみに見られる表現である。

(175) Tib. はここに「彼の（de’i）」（247a6；263a2）を置くので、BAILEY は kaṇthe の前に tasya を補う。漢訳も「即抱子頭」（1052a4）とし、身体の部位は異なるが、同様の訳が見られる。

(176) śraddhayā. Tib. はこの訳を欠く。漢訳には対応箇所なし。

(177) idānīṃ tvam evāgamya cakṣuḥ pratilabdham. このまま読むと、「今お前が帰ってきてくれて、目が見えるようになった」となる。Tib. も da khyod nyid ’ongs nas（247a8；263b3）とし、同じ理解を示す。しかしこの読みだと、āgamya という連続体を挟んで、tvam と cakṣuḥ という二つの異なった主語が並立することになる。そこで SPEYER は tvam を tvām と読み、āgamya を by means of の意味で理解するが、この方が文法的に適っている。GBMを確かめてみると、SPEYER の指摘どおり、tvām evāgamya

(85b10) となっているので、SPEYER の指摘に従う。漢訳には対応箇所なし。

(178) dhanajātam. Tib. は下線部の訳を欠く。漢訳は「広行布施修諸福業已」(1052a12) とする。

(179) MSV はここに「遊行者 (vanīpaka)」(183.17) を追加する。漢訳には対応箇所なし。 (180) 定型句 7A (出家の表明)。

(181) mātṛkā. 原意は「要目」「要綱」であり、「論の術語」としても「律の術語」としても用いられることがある。前者は「論議の対象となる要語や項目のリスト」を、後者は「波羅提木叉 (prātimokṣa)」を意味することが、櫻部建 (『倶舎論の研究』(Kyoto, 1969, 24-25)) によって指摘されている。ではこの場合、どちらを意味しているのかが問題になるが、本庄良文 (「毘婆沙師の三蔵観と億耳アヴァダーナ」『仏教論叢』(35, 1991, 20-23)) は、ここでの mātṛkā が「律の術語」として用いられていると指摘し、この説話では三蔵の学習が四果との関係において説かれていると言う。つまり預流果は「在家としての聞法」、一来果は「経蔵 (四阿含) の学習」、不還果は「沙弥としての mātṛkā の学習」、そして阿羅漢果は「具足戒を受け、論蔵 (第三蔵) の学習」という対応関係である。経蔵を学習して一来果、論蔵を学習して阿羅漢果を獲得しているのだから、不還果を獲得するのは律蔵の学習でなくてはならない、というのがその根拠となっている。今は彼の説に従って、この mātṛkā を「律の術語」として理解する。

(182) Tib. はここに「大集会は ('dus pa chen po)」(247b6; 263b3) を置く。漢訳は「言三時者」(1052a19) とする。

(183) kārttikyām. Tib. はこれを「アシュヴィニー月の (ston zla 'bring bo'i)」(247b6; 263b3) とする。なお、カールッティカ月に対応する Tib. は ston zla tha chung である。漢訳は「春末及以夏後」(1052a19) とする。

(184) uddeśayogamanasikārān. GBM はこれを manasikāraḥ (86a4) とする。Tib. は yid la byed pa'i khyad par (247b7; 263b4) とし、manasikāraviśeṣān という Skt. が想定される。同じ表現はこの直後にも見られるが、そこには uddeśayogamanasikāraviśeṣān (18.17-18) とあるので、BAILEY はここもこの読みに統一すべきであるとする。今は表現の統一を考え、BAILEY の読みに従う。漢訳には対応箇所なし。 (185) sūtrasya vinayasya mātṛkāyāḥ. これは Divy. のみに見られる表現である。

(186) Cf. Divy. 489.8 ff. このアーシャーダ月とカールッティカ月は「神変月 (prātihāryapakṣa/ pāṭihāriyapakkha)」と言われるが、神変月の解釈には異説がある。平川彰『原始仏教の教団組織II (平川彰著作集第12巻)』(Tokyo, 2000, 142 ff.) 参照。

(187) uddeśayogamanasikāraviśeṣān. GBM は manasikāraviśeṣān (86a5) とする。Tib. は yid la byed pa'i khyad par (248a1; 263b5-6) とし、GBM に一致する。漢訳には対応箇所なし。

(188) ekānte niṣadya. GBM はこれを欠く。Tib. も GBM に一致する。漢訳には対応箇所なし。

(189) tṛtīyapiṭakam. MSV はこれを「三蔵 (piṭakatrayam)」(185.3) とし、Tib. も sde snod gsum (248a3; 264a1) とするので、BAILEY もこれを tripiṭakam に改めている。なお漢訳は「所有律行悉皆教学」(1052a24) とし、これらとも伝承を異にする。

(190) yāvat. MSV (185.4-7) はこれを省略しない。Tib. は MSV に一致するが、漢訳は「如上広説」(1052a25-26) とし、Divy. に一致する。 (191) 定型句 7C (阿羅漢)。

(192) sa cāha. MSV はこれを欠き、Tib. は MSV に一致するが、漢訳は「聖者報言」(1052a28) とし、Divy. に近い。

(193) draṣṭavyā eva. Divy. のみこの語を出す。

(194) yenāyuṣmān mahākātyāyanas tenāñjaliṃ kṛtvā praṇamya. GBM はこれを欠き (MSV は [ ] 内にこれを補う (185.16))、Tib. も GBM に一致する。一方、漢訳は「合掌恭敬」(1052b1) とし、下線部に相当する部分の訳は見られる。

(195) dṛṣṭo mayopādhyāyānubhāvena. 下線部は Divy. のみに見られる表現なので、Bailey はこれを dṛṣṭo mayopādhyāyo (dṛṣṭaś ca bhagavān) と読む。

(196) dṛṣṭo mayopādhyāyānubhāvena sa bhagavān dharmakāyena no tu rūpakāyena. GBM はこれを「師匠よ、私はかの世尊を法身として見ましたが、色身としてではありません (dṛṣṭo mayopādhyāya sa bhagavān dharmakāyena no tu rūpakāyena)」(86a10-b1) とし、anubhāvena はない。また Divy. および GBM では upadhyāya が呼格となっているのに対し、Tib. は「私は師匠も見ましたし、世尊も法身としては見ましたが、色身としては見ておりませんので (bdag gis mkhan po yang mthong/ bcom ldan 'das kyang chos kyi skur ni mthong na/ gzugs kyi sku ma mthong bas)」(248b1-2; 264a7-b1) とするので、dṛṣṭo mayopādhyāyaś ca bhagavāṃś ca dharmakāyena no tu rūpakāyena という Skt. が想定される。漢訳も「我今但見鄔波馱耶。未見世尊。雖見法身。未見色身」(1052b2-4) とし、Tib. と同じ理解を示す。

(197) rūpakāyenāpi tam. Tib. は下線部の訳を欠く。

(198) sa āha. Tib. はこの訳を欠く。GBM はこの部分が破損しており、この語の有無が確認できない。一方、漢訳は「是時聖者迦多演那告億耳曰」(1052b5) とする。 (199) vatsa. Tib. はこの訳を欠く。漢訳には対応箇所なし。

(200) alpābādhatām. Tib. はこの訳を欠く。なお漢訳のみ「少病少悩起居軽利安楽住不」(1052b8-9) とし、省略なしに全文を出す。

(201) asmāt parāntakeṣu. 本章注 (2) に従い、aśmāparāntakeṣu に改める。以下、四箇所 (19.19, 23, 21.2, 12) も同じ。Bailey もこのように改めている。なお、これに先立つ用例 (18.6-7) も同様に訂正した。

(202) GBM はここに bhadanta (86b2) を置き、Tib. も btsun pa (248b4; 264b3) とするが、漢訳はこの訳を出さない。

(203) kharā bhūmī gokaṇṭakā dhānāḥ [dhānā MSS]. この文脈で「穀物 (dhānāḥ)」は相応しくない。Tib. はこれを「牛の足跡で大地は荒れた状態になって」(248b4; 264b3)、漢訳は「其地堅鞕。牛若行時有脚迹。不同諸国地土柔軟」(1052b11-12) とし、「穀物」には言及しない。同様の表現はパーリ律にも見られるが、そこでは gokaṇṭakahatā (Vin. i 195.37-38) とあるので、写本の支持はないが、下線部を gokaṇṭakāhatā に改める。

(204) udakastabdhikā manuṣyāḥ. MSV はこれを「水で〔体を〕浄めたい人々は (udakaśuddhikā manuṣyāḥ)」(187.1) とする。この部分に関しては、パーリ律にその対応箇所が見られるが、そこには「水で〔体を〕浄めたい人々は (manussā udakasuddhikā)」(Vin. i 196.2) とあり、MSV に一致する。BHSD (s.v. stabdhika) はこのパーリを紹介し、Divy. の stabdhika はパーリの suddhika を誤って Skt. 化したものではないかと指摘している。なお、Tib. は「水で〔体を〕浄めたい人達は (chus 'dag par 'tshal ba'i mi rnams)」(248b6 ; 264b5) とし、漢訳も「彼国人常以水澡洗為浄」(1052b10-11) とするので、いずれも MSV に一致するが、今は Divy. の udakastabdhikā manuṣyāḥ という読みに従って訳す。

(205) Tib. はここに「さて同志シュローナ・コーティーカルナは同志マハーカーティヤーヤナの両足を頭に頂いて礼拝すると、同志マハーカーティヤーヤナのもとから退いた」(248b7-8 ; 264b6-7) を置く。漢訳は「既辞師已」(1052b16) とする。

(206) GBM はここに bhagavataḥ pādau sirasā vanditvā (86b5-6) を置く。Tib. も bcom ldan 'das kyi zhabs gnyis la mgo bos phyag byas te (249a1-2 ; 265a2) とし、GBM に一致する。漢訳も「即往頂礼世尊」(1052b20-21) とする。この一節がないと、世尊に対する礼儀を欠くので、これを〔 〕に補って訳す。

(207) GBM はここに bhagavataḥ pratiśrutya (86b6) を置く。Tib. も bcom ldan 'das kyi ltar mnyan nas (249a3 ; 265a3)、漢訳も「阿難奉教」(1052b24) とする。これは定型化した表現であるから、これをここに補う。

(208) bhagavān yena śroṇasya koṭīkarṇasya vihāras tenopasaṃkrānto. これでは「世尊はシュローナ・コーティーカルナの精舎に近づかれた」となる。そこで Tib. を見ると、これを bcom ldan 'das dang gro bzhin skyes rna ba bye ba ri gtsug lag khang gang na ba der gshegs te (249a4-5 ; 265a5) とする。これを以て Bailey は bhagavāñ chroṇaś ca koṭīkarṇo yena vihāras tenopasaṃkrānto と読むべきであるとする。写本の支持はないが、ここでもこれに従う。なお漢訳はこの訳を欠く。

(209) yāvat. Tib. はこれを省略せずに「近づくと、精舎の外で御足を両方洗われて」(249a5 ; 265a5-6) とする。漢訳も「仏既洗足入於房内」(1052b25-26) とする。

(210) yāvat. GBM は省略せずに、「体をまっすぐに伸ばして (ṛjuṃ kāyaṃ praṇidhāya)」(86b8) とする。Tib. も lus bsrang nas (249a6 ; 265a6-7)、漢訳も「直身定意」(1052c1) とする。

(211) MSV はここに「長老偈と長老尼偈 (sthaviragāthāsthavirīgāthā)」(188.9) を置き、Tib. もこれに対応して、gnas brtan gyi tshigs su bcad pa dang/ gnas brtan ma'i tshigs su bcad pa dang (249b1 ; 265b2-3) とする。漢訳は「即教誦経。億耳既誦経已」(1052c3) とし、ここに挙げられている個々の経典名には言及しない。

(212) sādhu sādhu.　Tib. は二つのうちの一つしか訳を出さない。漢訳は「善哉善哉」（1052c4）とし、Skt. に一致する。

(213) yāvat.　Tib. は省略せずに「右肩を肌脱ぐと」（249b3；265b5）とする。漢訳は省略の旨を明記しないこと以外は Skt. に一致する。

(214) bhagavantaṃ praṇamya.　GBM は下線部を欠く。Tib. はこれを bcom ldan ’das ga la ba de logs su thal mo sbyar ba btud de（249b3-4；265b5）とし、yena bhagavāṃs tenāñjaliṃ praṇamya という Skt. が想定される。漢訳は「頂礼仏足」（1052c7）とする。

(215) Tib. はここに「大徳よ」（249b4；265b5）を置く。漢訳もここに「大徳」（1052c7）を置き、Tib. に一致する。

(216) bhadanta mahākātyāyanaḥ.　Tib. は btsun pa kā tyā ya na chen po（249b4；265b6）とし、下線部が呼格でブッダを指すか、主格でカーティヤーヤナを指すかは不明であるが、Tib. ではこの文頭で「大徳よ」という呼称が用いられているので、ここでの btsun pa はカーティヤーヤナを指しているように見える。漢訳はこれを「聖者迦多演那」（1052c9）とするが、有部系の文献で bhadanta という呼称を仏弟子に用いることはあまりないと思われる。確かに本章でシュローナが師匠のカーティヤーヤナに「大徳」（15.17）という呼称を使っているが、ここではブッダを前にした状況であるから、なおさらカーティヤーヤナを「大徳」と呼ぶには違和感がある。よってここでは、呼格でブッダを指す名詞と理解する。　(217) śirasā.　Tib. のみこの訳を欠く。

(218) yāvat.　Tib. は gnod pa chung ngam/ nyam nga ba nyung ngam/ bskyod pa yang ngam/ ’tsho ’am/ stobs dang bde ba dang nyam nga ba ma mchis pas bde ba la reg par spyod dam（249b5；265b6-7）とし、省略せずに alpābādhatām alpātaṅkatāṃ yātrāṃ laghūtthānatāṃ balaṃ ca sukhasparśavihāratāṃ ca に相当する訳を出す。漢訳も「世尊少病少悩起居軽利安楽住不」（1052c10）とし、Tib. に一致する。

(219) pañca ca praśnān pṛcchati vistareṇoccārayitavyāni.　Tib. はこれを「御機嫌をお伺いした。「シュローナよ、比丘カーティヤーヤナが安楽であるように」。「五つの質問に詳しくお答え下さい」」（249b5-6；265b7）とし、Skt. と展開が異なる。漢訳は「并以五事請問世尊。彼国是辺地。十衆近円。極為難得。又彼国人。常以洗浴。以為清浄。彼国地土。極悪堅硬。牛蹋足迹。日曬乾已。人行不得。不同余国。彼国常用如是臥具。毛蓐。羊皮。鹿皮。牛皮。羖羊皮。以為臥具。若苾芻与余苾芻送衣。聞有衣来。而未入手。過十日。恐成犯捨。不知云何」（1052c10-17）とし、質問の具体的内容に触れている。なお、vistareṇoccārayitavyāni という表現は、サブタイトル、つまり「〔五つの質問内容を〕詳細に説くべし」という読誦者に対する指示ともとれる。Tib. の brjod par bya’o（249b6；265b7）という表現も世尊に対する命令形としては相応しくないからである。

(220) saṃghamelakaḥ tatra kālo bhaviṣyati praśnasya vyākaraṇāya.　MSV はこれを「僧伽の中で質問をすべきであろう。そこで質問に答える時間を設けよう（saṅghamadhye praśnaḥ pṛcchyeta/ tatra kālo bhaviṣyati praśnasya vyākaraṇāya)」（189.5-6)

とする。Tib. も dge 'dun gyi nang du zhu ba zhus shig dang der khyod kyi zhu ba lung bstan pa'i dus la bab bo（249b6-7；266a1）、漢訳も「当於衆中問我於大衆之中。為汝決疑」（1052c18-19）とし、MSV に一致する。なお BAILEY は saṃghamelake pṛccha tatra という読みを示唆する。

(221) purastāt.　Tib. は「中に（gung la）」（249b7；266a2）とする。漢訳は「仏即起来衆中」（1052c19-20）とし、Tib. に一致する。

(222) athāyuṣmāñ chroṇaḥ ..... vanditvaikānte 'sthāt（21.9-11）．以下、GBM は athāyuṣmāṃ chroṇaḥ yāvad ekānte sthād（87a4）と yāvat で省略し、Tib. も de nas tshe dang ldan pa gro bzhin skyes zhes bya ba nas phyogs gcig tu 'dug go zhes bya ba'i bar du ste（249b7-8；266a2）とする。漢訳は「時億耳苾芻即従座起。整理衣服合掌頂礼世尊」（1052c20-21）とし、内容は異なるが、省略は見られない。　(223)　Tib. のみここに「大徳よ」（249b8；266a3）を置く。

(224) bhadanta mahākātyāyanaḥ.　Tib. は btsun pa kā tyā ya na chen po（249b8；266a3）とする。本章注(216)参照。

(225) bhagavataḥ pādau śirasā vandate alpābādhatāṃ ca pṛcchati yāvat.　GBM は bhagavata pādau yāvat（87a4-5）とし、下線部も yāvat で省略する。Tib. も de yang bcom ldan 'das kyi zhabs la zhes bya ba nas（250a1；266a3-4）とし、GBM に一致する。漢訳は「頭面礼仏足。問訊世尊。少病少悩。起居軽利。安楽住不」（1052c23-24）とし、省略しない。

(226) vinayadharapañcamena.　これを Tib. は「持律者と五人の集団によって（'dul ba 'dzin pa dang lnga'i tshogs kyis）」（250a2；266a5）とし、また漢訳は「持律苾芻五人」（1053a3）とし、この読みに従えば、持律者は五人必要となり、各資料間でその内容に違いが見られる。そこでパーリ律を見てみると、「持律者を五番目とする集団によって（vinayadharapañcamena gaṇena）」（Vin. i 197.31）とするので、Skt. の読みが本来の形に近いと言える。

(227) パーリ律は「数重の履物を許す（anujānāmi ..... ganaṃgaṇūpāhanaṃ）」（Vin. i 197.33-34）とし、Skt. とは伝承が異なる。また、擦り減った時の規定はパーリ律には見られない。

(228) sā ced.　Tib. が gal te（250a2；266a5）とするので、BAILEY はこれを sācet と読むべきであるとする。

(229) tāṃ tyaktvā punar navā grahītavyā.　GBM はこれを aśaṭakaṃ［or aśaṭākaṃ］cāraitavye［or vārayitavye］（87a6）とし、これを MSV は argalakaṃ dattvā dhārayitavye（189.17）とするが、その根拠は Tib. の「布をあてがって履くべきである（lhan pas btab ste bcang bar bya'o）」（250a3；266a5-6）に基づく。また漢訳も「底若穿破応補」（1053a4-5）とするので、「新しいのを持ってよい」とする Divy. の伝承だけが異なることになる。

(230) Divy. には五つの質問に対し、四つの答えしか用意されていない。すなわち、敷物に関する質問の答えが欠けている。GBM を見ると、ここに「皮を持つべきである（carmā dhārayitavyāṃ）」（87a6）という、敷物に関する質問の答えが存在し、Tib. もこれに対応する文 ko ba bcang bar bya'o (250a3；266a6) が存在するので、今はこれを補って和訳する。

(231) 漢訳は「於辺方国。持律苾芻五人。得為近円。辺方地土悪処。開著一重革屣。不得二重三重。底若穿破応補。若苾芻遣信送衣。与余苾芻。彼未得衣。無犯捨罪」(1053a2-6) とし、沐浴と敷物に関する質問の答えを欠く。

(232) puṇḍavardhana；li kha ra shing 'phel；奔荼。漢訳はこれを林とする。

(233) puṇḍakakṣa；li kha ra tshang tshing；奔荼。MSV はこれを「森 (dāva)」(190.4) とする。Tib. も tshal (250a5；266b1) とし、MSV に一致する。BAILEY はこれを vanaṃ に改めている。また、漢訳はこれを川とする。

(234) MSV はここに so 'ntaḥ (190.4) を置く。Tib. も de ni dbus so (250a5；266b1) とする。Divy. も他の箇所はこの語を出すので (21.27, 22.1, 2)、ここでもこれを補う。漢訳は四箇所すべてにおいてこの訳を欠く。

(235) sarāvatī；'dam bu can；摂伐羅仏底。 (236) sarāvatī；'dam bu can；摂伐羅仏底。 (237) sthūṇa；ka ba；窣吐奴。

(238) upasthūṇa；nye ba'i ka ba；鄔波窣吐奴。 (239) usīragiri；u shi ri'i ri；嗢尸羅。

(240) Divy. は iti vistaraḥ で省略するが、MSV は「疑念を生じた比丘達は、あらゆる疑念を断じて下さる仏・世尊に尋ねた。「大徳よ、同志シュローナ・コーティーカルナはいかなる業を為したがために、その業の異熟として、宝石を散りばめた耳飾りを耳に付けたまま、裕福で巨額の財産と巨大な資産とを有する家に生まれ、世尊の教えに従って出家すると、一切の煩悩を断じて阿羅漢性を証得したのですか」(190.9-13) とし、これに対応する部分は Tib. (250a7-8；266b3-4) にも漢訳 (1053a14-18) にもある。これは過去物語の導入となる大切な部分であって、iti vistaraḥ で省略されるのは異例である。

(241) Tib. はここに「比丘達よ、シュローナ・コーティーカルナ自身が過去における他の生涯で、というところから、体を有する者達に果報をもたらす、というところまで前に同じ」(250a8-b1；266b5) を置く。漢訳は「此億耳苾芻。先所作業。自作自受。因縁会遇。如暴水流。決定須受。今始会遇。合受斯報。亦非地水火風。能令有壊果報。身必自受。如有頌云。仮令経百劫　所作業不亡　因縁会遇時　果報還自受」(1053a18-23) とする。

(242) MSV はここに「比丘達よ (bhikṣavaḥ)」(190.14) を置く。Tib. も dge slong dag (250b1；266b5) とするが、漢訳はこの訳を欠く。

(243) Tib. はここに「人間の寿命が二万歳の時、都城ヴァーラーナシーに」(250b1-2；266b5-6) を置く。漢訳は「於此賢劫中。人寿二万歳時（中略）住波羅痆斯国。仙人堕処。施鹿林中」(1053a24-26) とする。MSV は vārāṇasyāṃ nagaryām (190.14) とし、場所にのみ言及する。

(244) 定型句 5A（過去仏）。原文は kāśyapo nāma tathāgato 'rhan samyaksaṃbuddho bhagavāñ chāstā loka utpannaḥ であるが、

GBM は kāśyapo nāma śāstā loka utpannaḥ tathāgato rhat saṃmyabuddho .....（87a10）とする。Tib. は ston pa 'od srung zhes bya ba de bzhin gshegs pa dgra bcom pa yang dag par rdzogs pa'i sangs rgyas zhes bya ba nas 'jig rten du sgra rnam par grags pa zhes bya ba'i bar 'jig rten du byung ngo（250b2；266b6）とし、GBM に一致する。漢訳は「乃往過去。於此賢劫中。人寿二万歳時。有仏出世。号迦摂波如来。十号具足」（1053a24-26）とする。

(245) sakalaṃ buddhakāryam. Tib. はこれを「仏としての最後の（mtha'）仕事を」（250b3；266b7）とする。漢訳は「化縁既畢」（1053b1）とする。　(246) kṛkin；kṛ kī；訖里伽。

(247) samantād yojanam uccatvena. これで読むと「高さはたっぷり一ヨージャナ」（22.10-11）となるが、MSV はこれを「周囲一ヨージャナ、高さ半ヨージャナ（samantād yojanam ardhayojanam uccatvena）」（191.4-5）とする。Tib. もこれに対応し、kho ra khor yug tu dpag tshad gang tsam la 'phang du dpag tshad phyed pa zhig（250b4；267a1）とする。漢訳は「高一倶盧舎」（1053b4-5）とし、krośa という違った長さの単位を用い、高さにしか言及していない。Divy. の読みに従うと、samantāt は「たっぷり」とか「完全に」という意味になるが、MSV のように「周囲」という意味で取る方が自然なように思われる。よってここでは ardhayojanam を補い、MSV の読みに従って翻訳する。BAILEY もこの語を補っているが、その場所は uccatvena の後とする。

(248) sujāta；legs skyes；善生。

(249) so 'mātyān āmantrayate. MSV は「王は尋ねた（rājā pṛcchati）」（191.9）とするが、Tib. は des blon po rnams la smras pa（250b5；267a3）とし、Divy. に一致する。漢訳には対応箇所なし。

(250) yan mama pitrā kṛtaṃ devakṛtaṃ na tu brahmakṛtaṃ tat. このまま読むと「我が父によってなされたことは神によってなされたことであり、ブラフマンによってなされたことではない」（22.20-21）となり、意味をなさない。GBM を見ると、「私の父によってなされたことはなされたことであり、実にブラフマンによってなされたことである（yan mama pitrā kṛtaṃ tad eva kṛtaṃ brāhmākṛtaṃ）」（87b3）とある。下線部の kṛtaṃ が余分なように思われるが、この方がはるかに自然である。Tib. は「我が父によってなされたことは、そのままブラフマンによってなされたことである。それはそのままインドラによってなされたことで〔も〕あるのだぞ（nga'i yab kyis gang mdzad pa de ni tshangs pas byas pa'o// de ni brgya byin gyis byas pa'o）」（250b7；267a4-5）、漢訳も「我父先王所作之事。如釈梵天王」（1053b9-10）とし、いずれもブラフマンだけでなく、インドラに言及する。これを考慮に入れると、下線を施した GBM の kṛtaṃ の前には śakra か indra という語が本来あったのかも知れない。そうすれば、この GBM の文章は「私の父によってなされたことはインドラによってなされたことであり、実にブラフマンによってなされたことである」と訳せ、インドラとブラフマンとの順番は入れ替わるが、実に自然な文章になる。これに関して榊（59）は、その訳の中で、

Divy. に見られる na tu という語形を尊重し、インドラの別名である śatakratu の誤りではないかと推論している。ここでは GBM の読みを基本にし、Tib. と漢訳とを考慮に入れて、下線部を tad eva indrakṛtaṃ brahmakṛtaṃ tat に改める。なお Bailey は yan mama pitrā kṛtaṃ brahmakṛtaṃ tat śakrakṛtaṃ tat とする。

ただ、この訂正も問題を孕んでいる。というのは、この読みだと「だから、先王の決めたことをみだりに変えてはならず、東門で徴収する税は今までどおり塔の修繕費に充てよ」を含意することになるが、この発言を聞いた大臣達はこの後、〈もし王が許して下さるのなら、我々はその税や年貢が自ずと集まらないようにしてしまおう〉と考えているので、スジャータ王の発言と大臣達が考えたことの間に齟齬が生じる。もしも傍線部が〈もし王が許して下さらないのなら〉であれば、話はスムーズに進行するが、GBM および Tib. には否定辞がなく、Divy. と同じ内容となっている。「もし王が許して下さるのなら」という読みを重視するならば、むしろ Divy. の yan mama pitrā kṛtaṃ devakṛtaṃ na tu brahmakṛtaṃ tat という読みの方が意味をなす。つまり、「我が父によってなされたことは王としてなされたことであるが、それはブラフマンによってなされたことではない」と訳せ、この発言は「神ではなく人間が決めたことだから、この制度を廃止してもかまわぬ」を含意することになり、王が許して下さったのなら、廃止しようと大臣達が考えたことに巧く繋がる。しかし、GBM と Tib. と漢訳とがすべて基本的に同じ理解を示している現状に鑑みると、Divy. の読みの訂正はやむを得ないと思われる。今後の課題としたい。

(251) uttarāpathāt. Tib. はこれを「北方より (byang phyogs nas)」(251a1 ; 267a6) とし、下線部の訳を欠く。漢訳も「北方有一商主」(1053b13-14) とする。

(252) sā ratnakarṇikāvatārya. MSV はこれを sāvatārya (192.10) とする。また Tib. はこれを「宝で飾られた耳飾りを耳から (rna ba las) 外すと」(251a4 ; 267b2) とするので、Bailey はこれを ratnakarṇikā karṇād avatārya とする。なお漢訳は「即脱耳璫」(1053b19) とし、Divy. に一致する。

(253) karṇikayā. MSV はこれを ratnakarṇikayā (192.11) とし、Tib. も rin po che'i rna cha 'dis (251a4 ; 267b3) とするので、Bailey はこれを ratnakarṇikayā と改めている。漢訳には対応箇所なし。

(254) mahatīṃ pūjām. GBM はこれを「盛大な供養と恭敬とを (mahāntaṃ pūjāsatkāraṃ)」(87b9) とする。Tib. は mchod pa dang bkur sti cher (251a7 ; 267b5) とし、GBM に一致する。漢訳は「即便発心。更造宝蓋幢幡。以用供養」(1053b22) とする。

(255) Tib. はここに「宝で飾られた耳飾りを耳に付けて生まれ」(251b1 ; 268a1) を置く。漢訳も「於母胎中。便有宝耳璫珠。自然在耳」(1053b28) とし、Tib. に近い。

(256) samajavaḥ samabalaḥ. MSV は samabalaḥ samajavaḥ (193.11) とし、順番が入れ替わる。Tib. は shugs mnyam pa/ stobs

mnyam pa（251b2；268a2）とし、Divy. に一致する。漢訳には対応箇所なし。

(257) samasāmānyaprāptaḥ. Tib. はこれを「不共と共とを獲得した（mi mnyam pa dang mnyam pa brnyes pa）」（251b2；268a2）とし、これを asamasamaprāptaḥ で理解しているようだ。漢訳には対応箇所なし。

(258) ekāntaśuklānāṃ dharmāṇām ekāntaśuklo vipākaḥ. これは定型表現の一部であり、この dharmāṇām は karmaṇām でなければならない。GBM は ekāntaśuklānām ekāntaśuklo（88a2）とし、問題の語を欠く。Tib. も「完全に白い方の〔異熟〕は白いのであって（gcig tu dkar ba rnams kyi ni dkar ba yin na）」（251b3；268a3）とし、問題の訳が見当たらない。しかし漢訳を見ると、「若作白業。得白果報」（1053c2）とし、これを「業」としているので、dharmāṇām を karmaṇām に改める。

(259) 定型句 6B（黒白業）。

(260) ity evaṃ vo bhikṣavaḥ śikṣitavyam/ bhikṣava ūcuḥ. GBM はこれを欠く（MSV は［　］内にこれを補う（193.16-17））。Tib. は下線部の訳のみを欠く。漢訳は「告諸苾芻。此是我教」（1053c4）とするが、これがこの訳に相当するかどうかは判断できない。

(261) MSV と Tib. はここで話が終わり、この後の経典を締め括る定型句と考えられる idam avocad bhagavān āttamanasas te bhikṣavo bhagavato bhāṣitam abhyanandan は存在しない。MSV と Divy. との前後関係に関しては、Divy. の説話が MSV から抜粋されたと推定されるため、この定型句は Divy. の作者が付加したものと考えられるが、なぜか漢訳にはこれに相当する訳「諸苾芻等聞仏説已。歓喜奉行」（1053c4-5）が見られる。

第2章　伝道に命を燃やすプールナ

長者と奴隷女との間に生まれた主人公のプールナは、商売で出掛けた船上でたまたま同僚の商人が唱えていた仏典の一節を耳にしたことが縁となり、商売から戻るとブッダのもとで出家し、修行した末に阿羅漢となる。阿羅漢となったプールナは自らの伝道の地をシュローナーパラーンタカ国に決めるが、ここでのプールナとブッダとのやり取りが本章における一番の見せ場となっている。ブッダは彼の決意を試すため、その地がいかに野蛮な人間の住む土地であるかを順次説明するが、プールナはそれをことごとくクリアし、命を賭しての熱弁にブッダの方が根負けして、プールナの伝道に対する決意の固さを讃える。また後半では突如としてマウドガリヤーヤナがブッダと共にマリーチカ世界へ行き、母を教導する話が付されている。

世尊は[1]、シュラーヴァスティー郊外にある[2]ジェータ林[3]・アナータピンダダの園林で時を過ごしておられた。ちょうどその時、都城スールパーラカ[4]にはバヴァ[5]と呼ばれる長者が住んでいた。彼は裕福で巨額の財産と巨大な資産とを有し、広大で多大な富を具え、毘沙門天ほどの財を蓄え、毘沙門天の財に匹敵するほどであった[6]。彼は〔自分の家柄に〕相応しい家から妻を迎えた。彼は彼女と遊び、戯れ、快楽に耽っていた。彼が〔妻と〕遊び、戯れ、快楽に耽っていると、妻は妊娠した。八、九ヶ月が過ぎると彼女は出産し、男児が生まれた[7]。三七・二十一日の間、一日も欠かさず、赤子のために誕生の儀式をやり終えると、名前を付けることになった。「子供の名前は何がよいであろうか」

と。

親戚の者達は「この子は長者バヴァの子である。よってバヴィラ[8]がよかろう[9]」と言った。こうして名が付けられた。さらにまた、彼が〔妻と〕遊び、戯れ、快楽に耽っていると、男の子が生まれた。その子はバヴァトラータ[10]と命名された。さらにまた彼に男の子が生まれた。彼はバヴァナンディン[11]と命名された。

さてある時、長者バヴァが病気に罹った。彼は大変乱暴な言葉を発するようになったので、彼は妻や子供達にも見捨てられてしまった。彼には小間使いの少女がいたが、彼女は〈私の御主人様は何百という方法[12]で財産を築き上げてこられたが、今、病気に罹り、妻や子供達にも見捨てられてしまった。私〔まで〕が御主人様を見捨ててしまうことは、私にとって相応しいことではない〉と考えると、医者のもとへ行き、「お医者様、あなたはバヴァ長者を御存知でしょう」と告げた。

「知っているとも。彼がどうかしたのかね」

「彼はこれこれという病気に罹ってしまい、奥様や息子さん達にも見捨てられてしまいました。〔御主人様〕の薬を処方して欲しいのです」

「娘よ、[13]お前は『彼が奥さんや息子さん達にも見捨てられてしまった』と言ったが、では一体誰が彼の看病をするのかね」と彼が言うと、彼女は「私が彼の看病をするのです。でも安い[14]薬を処方して下さいませ」と答えた。彼は「これが彼の薬だよ」と〔薬を〕処方した。

それからというもの、彼女は自分の食事から幾らかを、〔また〕その家自体から幾らか〔の食物〕を取ってきては[15]彼の看病をした。元気を取り戻した彼は〈私は妻と子供達に見捨てられてしまったが、私が一命を取り留めたのも、あの娘のお蔭だ。よって彼女に褒美をやらねば〉と考えると、彼女に言った。

「娘よ、私は妻と子供達に見捨てられてしまったが、私が何とか一命を取り留めたのは、すべてお前のお蔭だ。私はお前に褒美をやろう[16]」

彼女は言った[17]。

「御主人様、もしも私に満足して下さったのでしたら、私はあなた様と懇(ねんご)ろになりとうございます」

彼は言った。

「私がお前と懇ろになってどうする。五百カールシャーパナ[18]をやろう。そして奴隷女の身から解放してやるぞ」

彼女は言った。

「愛しいお方よ[19]、遠くに行っても他〔国〕に逃げても[20]、私は依然として奴隷女のままなのです。しかし、もし愛しいあなたと懇ろになれましたなら、私は奴隷女でなくなるのです」

彼は〔彼女が〕必ずやしつこくせがんでくるに決まっていると分かっていたので、彼女に「[21]妊娠に適した時期になったら、私に告げなさい」と言った。しばらくすると健康な彼女は妊娠に適した時期になったので、彼に告げた。そこで長者バヴァは彼女と交わると、彼女は妊娠した。彼女が妊娠したちょうどその日から、長者バヴァのすべての望みは叶い、あらゆる事業は悉く順調に進んだのである。

さて、八、九ヶ月が過ぎると、彼女は出産した。生まれた男児は、男前で、見目麗しく、愛らしく、輝き[22]、〔肌は〕金色で、頭は天蓋の形をし、腕は長く、額は広く、眉は濃く[23]、鼻は高かった[24]。〔その〕子が生まれたちょうどその日、長者バヴァのすべての望みは叶い、あらゆる事業は前にも増して順調であった。彼の親族の者達が集い集まってきて[25]、三七・二十一日の間、一日も欠かさず、赤子のために誕生の儀式をやり終えると、―前に同じ。乃至―　プールナと[26]命名された[27]。男児プールナは八人の乳母に預けられた。〔すなわち〕二人は〔彼を〕おんぶし[28]、―広説乃至[29]―　池に生(は)える蓮の如く、すくすくと成長した[30]。大きくなって、文字・初等算数・算術一般・筆算・ウッダーラ算・ニアーサ算・ニクシェーパ算、〔それに〕物品・衣料・宝石・材木・象・馬・少年・少女の鑑定という八種の鑑定術に関する

教育を受けると、彼は〔それらを〕明らかにし、解説し、教授し、巧みに活用する者となったのである。(31)

その後、長者バヴァはバヴィラを始めとする息子達に嫁をもらってやったが、彼らは女房達といちゃつき、家業を放棄し、装飾品に現を抜かしていた。(32) そこで長者バヴァは、頬杖をついて考え込んでしまった。子供達は父を見て、「お父さん、どうして頬杖なんかついて考え込んでいるのですか」と尋ねると、彼は答えた。「倅達よ、私には十万金が貯まったので家を建ててやったというのに、お前達ときたら家業を放棄して女房達といちゃつき、装飾品に現を抜かしておる。私が死ねば〔我が〕家は嘆かわしいことになるわい。どうして考え込まずにおられようか」と。

バヴィラは、宝石の耳飾りを付けていたが、彼はそれを外すと木製の耳飾りに付け変えて、「十万金を稼ぐまでは、宝石の耳飾りを付けません」と誓いを立てた。〔次男〕はラックの耳飾りに、〔また三男〕は錫の耳飾りに〔付け変えた〕。彼らに付けられていたバヴィラ、バヴァトラータ、バヴァナンディンという名前は消え、ダールカルニン（木耳）、スタヴァカルニン（ラック耳）、トラプカルニン（錫耳）という名前が〔新たに〕現れた。

彼ら〔三兄弟〕が商品を携えて大海を目指すと、プールナが「父さん、私も大海へと向かいます」と言う。彼は「倅よ、お前は若い。この同じ場所に居なさい。市場で商売でもしなさい」と言ったので、彼はその同じ場所に留まった。一方〔三兄弟〕は船に一杯荷物を積んで戻ってきた。道中の疲れを癒すと、言った。「父さん、我々の手に入れた商品〔の価値〕を計算してみて下さい」と。彼が計算してみると、それぞれの〔利益〕は、十万金に達していた。(33) プールナもその同じ場所に居ながら正当な方法で(34)商売し、十万金以上を稼いでいた。プールナも父の両足に平伏すと、「父さん、私が市場で稼いだ物〔の価値〕も計算してみて下さい」と言った。〔父〕が「倅よ、お前はこの同じ場所にいたのに、一体お前の何を計算しろと言うのだ」と言うと、彼は言った。「父さん、計算してみて下さい。そうすれば分かりますよ」と。計算してみると、正当に儲けた黄金の価値を除いても(35)十万金を越えていた。(36) 歓喜した長者バヴァは〈ここに居ながらにしてこれほどの黄金を儲けたなんて、この子は誉れ高い立派な人物だ！〉と考えた。(37)

しばらくして、長者バヴァは病気に罹った。彼は〈私が死んだら、彼らは仲違いをするに違いない。方策を講じなければ〉と考えた。彼は彼らに「倅達よ、薪を持ってきなさい」と言った。彼らが薪を持ってくると、彼は「火を付けよ」と言った。彼らが火を付けると、長者バヴァは「火の付いた薪を一本ずつ取り除きなさい」と言った。彼らが取り除くと、その火は消えてしまった。彼は言った。

「倅達よ、お前達は見たか」

「父さん、見ました」

彼は詩頌を唱えた。

「寄り集まれる炭は燃え上がる。寄り集まれる兄弟もかくの如し。離れ離れの〔炭火〕は消ゆ。人も炭も同じなり。倅達よ、我が亡き後、汝等は女達の言に耳を貸すなかれ。家庭は女達によりて崩壊し、臆病者は言葉によりて滅ぶ。呪文は乱用することで破られ、喜びは貪欲によりて崩れ去る」

他の者達は退席し[38]、バヴィラがその同じ場所に残ると、父はバヴィラに言った。「倅よ、お前はいかなる時でもプールナを擲(なげう)ってはならぬ。あの子は誉れ高い立派な人物なのだ」と。

「すべて、蓄積は滅尽を以て終わり、堆積は崩壊を以て終わり、結合は分離を以て終わり、命は死を以て終わる[39]」

彼はこう言い残して臨終を迎えた。〔息子〕達は青・黄・赤・白の布で柩を飾り、手厚い葬儀をすると、死体遺棄場に〔柩を〕運んで荼毘に付した。その後、彼らは悲しみを乗り越えると、言った。「我々の父さんが生きていた時、生活は彼に頼りっきりであった。[40]もしも今、[41]我々が家業を放棄したままでいたら、家は落ちぶれるし、それは無様(ぶざま)に違いない[42]。いざ我々は商品を携えて、外国に行くぞ」と。プールナが「それならば、私も行きます」と言うと、彼らは「お前はこの同じ場所に居て、市場で商売をしろ。我々だけが行く」と言い残し、商品を携えると、彼らは外国に出掛けた。一切の〔家庭内の〕仕事を任されて、プールナはその同じ場所に居残ることとなった。

――〔分家の毎〕日の生活費は、本家で支給されることになっている。――

〔兄〕嫁達は生活費を貰うために下女を遣わした。ところがプールナは、資産家、組合長、隊商主、その他の使用人達[43]にぐるりと取り囲まれていたので、彼女達には入り込む余地がなかった。人々が立ち上がって退いた[44]後、彼は彼女達に〔その〕日の生活費を渡した。その下女達は帰りが非常に遅いので叱られた。彼女達は事の次第を事細かに説明すると、[45]〔兄嫁〕達は、「奴隷女の生んだ子が家庭内で権力を自由にすると、〔その下の〕者達はこんな目に遭うのよ」と愚痴った。バヴィラの嫁は下女に言った。[46]「お前は時間を考えて行きなさい」と。

彼女は時間を考えて出掛け、素早く〔生活費を〕手に入れたが、他の〔下女〕達は[47]手間取った。彼女ら二人は彼女に〔わけを〕尋ねた。[48]彼女が説明すると、[49]彼女ら二人も彼女と一緒に行き始めたので、彼女達も素早く手に入れた。[50]〔次男と三男の〕嫁達は〔自分達の下〕女に言った。「ここのところ早く戻ってくるようだけど、一体どういうわけなんだい」と。彼女達は言った。「御長男の奥様に[51]感謝しなければ。彼女の下女が行きますと、〔すぐに生活費〕が手に入るのです。我々は彼女と一緒に行くようになったのですよ」と。彼女達は嫉妬して「奴隷女の生んだ子が家庭内で権力を自由にすると、〔その下の〕者達はこんな目に遭うのよ」と言った。

しばらくすると、バヴィラ、バヴァトラータ、そしてバヴァナンディンは船に荷物を一杯積んで、海からみんな一緒に和気藹々（わきあいあい）と戻ってきた。「おい、お前。プールナはお前をちゃんと護ってくれたかい」とバヴィラが妻に尋ねると、「〔プールナは私の〕兄弟あるいは息子のようでしたよ」と彼女は言った。他の二人も夫に訊かれて、「奴隷女の生んだ子が家庭内で権力を自由にしたので、〔私〕達はこんな目に遭いましたのよ」と答えた。二人〔の夫〕は〈女って奴は、仲のよい者達の間を引き裂くものだなあ〉と考えた。

さてある時、〔プールナは〕絹の衣の店を[52]開いた。その直後、バヴィラの息子がやって来たので、プールナは彼に絹の衣の上下を着せてやった。[53]他の二人〔の弟〕の妻達は〔それを〕見て、自分の息子達を遣った。その時、彼は絹の衣の店を終え、安物の衣の店を開いていたが、偶然[54]〔そこに〕彼らがやって来たので、プールナは、彼らに安物の衣を着せた。〔次男と三男の妻〕は〔それを〕目撃すると、自分たちの夫に告げた。「あなた達は御覧になったでしょう、〔プールナが〕ある者達には絹の衣を与え、別の者達には安物の衣を与えたのを」と。彼ら二人は〔プールナに〕味方した。「どうしてこんな事になってしまったんだ。きっと〔その時プールナは〕絹の衣の店を終え、安物の衣の店を開いていたに違いない」と。[55]

また別の時、〔プールナは〕砂糖菓子の店を開いた。そしてバヴィラの息子がやって来たので、プールナは彼に砂糖菓子を一瓶与えた。[56]他の二人の妻たちはそれを見て、自分の息子達を遣ったが、糖蜜の店を開いている時に偶然彼らがやって来た〔ので、プールナは〕彼らに糖蜜を与えた。[57]二人〔の妻達〕はそれを見ると、〔自分達の夫が〕それぞれ分家するように自分達の夫を〔長男の家から〕離反させた。二人〔の夫〕は互いに話し合った。「〔このままだと〕我々はどう足掻（あが）いても破滅だ。分家しようではないか！」と。一人が「兄を呼ぼう」と言ったが、もう一人は、「我々はどのように〔財産を〕分配するか、じっくり考えよう」と言ったので、二人は、自分勝手な想いで考えた。〈一人は家と土地、一人は店と外国〔貿易の権利〕、そして一人はプールナだ。もし兄貴が家と土地を取るなら、我々は店と外国〔貿易の権利〕で暮らせる。あるいは兄貴が店と外国〔貿易の権利〕を取ったとしても、それでも我々は家と土地で暮らせるし、またプールナを自由に使うこともできよう〉[58]

二人はこのような会話を交わし、バヴィラのもとへ行〔くと言〕った。

「兄貴、〔このままだと〕我々は破滅だ。分家しよう」

彼は言った。

「よく考えろ。分家しようとしているのは女達だな」

二人は言った。

「私達は充分に考えたさ。[59]分〔家〕しよう」

彼は言った。

「もしもそうならば、組合長を[60]呼ばねばならぬ」

二人は言った。

「〔そんなことをしなくても〕予め我々は〔財産の〕分配法を決めている。[61]一人は家と土地、一人は店と外国〔貿易の権利〕、そして一人はプールナだ」

「プールナに分け前をやらないつもりなのか」と彼が言うと、二人は言った。「あいつは奴隷女の子ではないか！誰があいつに分け前などやるものか。それどころかあいつは、我々によって分配される〔物の一部〕なんだぞ。もしも〔兄貴〕さえよければ、彼だけを取るがいいさ」と。

〈私は父さんに「すべてを擲っても、お前はプールナを手放してはならんぞ」と言われたことがある〉と彼は考え、〈プールナを引き取ろう〉と決心すると、「そうしよう。私がプールナを[62]〔引き取る〕」と言った。家と土地を取った者は急いで家に行き、「義姉さん、[63]出ていって下さい」と言った。彼女は〔家から〕出た。

「もう二度と〔この家の〕敷居を跨がないで下さい！」

「どうしてですか」

「私達に家が分配されたからですよ」

〔一方〕店と外国〔貿易の権利〕を取った者は急いで店に行くと、「プールナよ、降りてこい」と言った。彼が降りてくると言われた。

「二度と〔店に〕顔を出すな！」

「どうしてですか」

「我々は〔遺産を〕分配し〔店と外国貿易の権利を手に入れ〕たからだ[64]」

バヴィラの妻がプールナと共に親戚の家に向かっていた時、子供達は腹が減って泣き出した。彼女が「プールナよ、子供達に朝御飯[65]を食べさせてやっておくれ」と言うと、彼は「一カールシャーパナ下さい」と言った。「お前は何十万金という多額のお金を動かして商売していたのに、子供達の朝御飯〔代〕もないのかい」と彼女が言うと、プールナは答えた。

「あなたの家がこんな事態[66]になるなんて、どうして予測できたでしょうか。もしも〔予め〕分かっていたら、私は数十万もの金を用意しておいたのですがね」

――女性は銅銭[67]を衣の裾に縫い込んでおくことになっている。――

彼女[68]は銅銭を渡して、「朝御飯を持ってきてちょうだいな」と言った。彼はそれを手にすると、市場に出掛けていった。するとある男が、海流によって流されてきた木材の荷を担ぎ、寒さに苛(さいな)まれ、震えながらやって来た。彼はその〔男〕を見て、「旦那、どうしてそんなに震えているんだい」と尋ねると、彼は「俺にも分からんのだが、俺はこの荷を担ぐと、こんな症状が俺に起こるのだ」と言った。彼は材木の鑑定に熟達していたので、その材木を調べ始めると、その中に牛頭栴檀があるのが分かった。〔プールナ〕は彼に言った。

「旦那、いくらで売ってくれるかね」

「五百カールシャーパナでだ」

彼はその材木の荷を手に入れて〔そこから〕牛頭栴檀を抜き取り、市場に行くと〔その牛頭栴檀を〕鋸で四つの部分に切った。〔その時に生じた〕粉末[69]のお蔭で千カールシャーパナの商売が成立した。その後、その男に五百カールシャーパナを与えて、「あの家にバヴィラの奥さんがいるから、そこにこの木材の荷を運んでくれ。プールナの遣いで来たと言えばいい」と言った。彼はそれを運び、事の次第を告げた。彼女は胸を叩いて〔悔しがりながら〕言った。「彼は財産を失うと、知恵まで失ってしまったのか！　煮たものを持ってきてと言ったのに、〔ものを〕煮る〔木材〕を届けさせたとは。料理の材料はないのにね」と。

〔その間〕プールナ[70]は残った幾らかの金で奴・婢・牛・水牛・着物・生活必需品、それに煮たものを持って帰り、〔兄〕夫婦に与えた。彼は一家の者を喜ばせた。

その頃、スールパーラカの王は炎症性の熱病に罹り衰弱していた。彼の侍医は牛頭栴檀を処方した。そこで大臣たちは牛頭栴檀を捜し求め始めた。彼らは市場で人づてに聞いていき、プールナのもとへ行って「お前は牛頭栴檀を持っているのか」と尋ねると、彼は「ありますよ」と答えた。「いくらで譲ってくれるかね」と彼らは尋ねると、彼は「千カールシャーパナでです」と答えた。彼らは千カールシャーパナで手に入れると、〔牛頭栴檀を〕王に塗った。元気を取り戻した王は〈自分の家に牛頭栴檀がないとは、何と〔情けない〕王なのだ[71]〉と考え、〔大臣達に〕尋ねた。

「これはどこから〔持ってきた〕？」

「プールナの所からです」

「プールナを呼べ」

使者がやって来て「プールナよ、大王様がお前を呼んでおられる」と彼に言った。彼は〈何の御用で王は私を呼んでおられるのだろうか〉とあれこれ思案し始めたが、〈あの王は牛頭栴檀で元気になられた。それを御所望で私を呼んでおられるのだ。これはどうあっても[72]牛頭栴檀を持っていかねば〉と考え、牛頭栴檀の三片は衣で包み、一片は手に持つと、王のもとに出向いた。王が「プールナよ、幾らか牛頭栴檀はあるのか」と尋ねると、彼は「ここにございますが」と答えた。

「その値はいくらだ」

「大王様よ、十万金でございます」

「他に〔まだ〕あるのか」

「大王様よ、ございます」

彼は〔残りの〕三片を見せると、王は大臣達に「プールナに四十万金を与えよ」と命じた。プールナは言った。「王よ、三〔十万金〕をお与え下されば結構でございます。一片は王に献上いたしましょう」と。こうして彼に三〔十万金〕が与えられた。王は言った。「プールナよ、余は満足じゃ。欲しい物を申してみよ。〔何なりと〕遣わすぞ」と。プールナが「もしも王が私に満足して下さったのであれば、私は王の領土内で侮辱されることなく暮らしたいのですが」と言うと、王は大臣達に「今日からお前達は王子達に命令することがあっても、プールナに〔命令して〕はならぬ」と命じた。

やがて五百人の商人が航海を成功させ、大海から都城スールパーラカに到着した。商業組合は「我々全員の誰も、一人で抜け駆けして商人に近づいてはならない。(73)一致団結して商品を手に入れよう」と協定を結んだ。ある者達は「プールナも呼ぼう」と言ったが、他の者達は「貧乏人のあいつに、なぜ声をかける必要がある！」と〔反〕論した。ちょうどその時、プールナは外出していた。彼は、大海から五百人の商人が航海を成功させて都城スールパーラカに到着したと聞いた。彼は都城には入らず、直ちに彼らのもとに近づいて、「皆さん、これは一体どのような品物なのだ」と尋ねると、「これこれ〔の品物〕ですよ」と彼らは答えた。
(74)「おいくらかな」
彼らは言った。(75)

「隊商主よ、あなたは遠〔国〕にも外〔国〕にも行ったことがおありだから、(76)あなたにこそ尋ねたいくらいだよ」

「たとえそうであっても、値段を言ってくれ」

33

彼らは百八十万金という値を付けた。彼は言った。

「皆さん、三十万〔金〕を手付金として取ってくれたまえ。それは私のものだ。残りは〔後ほど〕[77]お渡ししよう」

「よかろう」

彼は三十万〔金〕を持ってこさせて支払った。そして〔その品物に〕自分の印を押すと、立ち去った。その後、商業組合から遣いの者達が「品物が何か調べてこい」と派遣された。彼らは行って、「どんな品物なのだ」と尋ねた。

「これこれ〔の品物〕だ」

「我々の倉庫はかくかく〔の品物〕で[78]一杯だ。〔互いに品物の交換をしよう〕」

「一杯であってもなくても、〔もう品物〕は売ってしまったよ」

「誰にだ」

「プールナにだ」

「たんまり儲けたのだろうな。プールナに[79]売ったのなら」

「彼が手付金として払った金額さえも、あなた方は払えんだろう」と彼らは言った。

「奴は、手付金としていくら出したのかね」

「三十万金だよ」

「奴は兄さん達の上前を撥ねたな」

彼らは戻ってくると、商業組合に告げた。

「品物を売ってましたよ」

「誰にだ」

「プールナにです」

「たんまり儲けたのだろうな。プールナに売ったのなら」

「彼が手付金として払った金額さえも、あなた方は払えないでしょうね」

「奴は、手付金としていくら出したのだ」

「三十万金ですよ」

「奴は兄さん達の上前を撥ねたな」

彼らは〔プールナ〕を呼んで言った。

「プールナよ、商業組合は『誰も個別に入手してはならない。商業組合としてのみ入手することにしよう』という協定を結んだのに、どうしてお前が入手したのだ！」

彼は言った。

「諸君、君達が協定を結んだ時、どうして私か私の兄さん達に声をかけてくれなかったのだ。(80) 君達だけで結んだ協定なのだから、君達だけで守ればよい」

すると商業組合の者達は腹を立て、〔罰金〕六十カールシャーパナを徴収しようとして、彼を炎天下に曝した。王の使用人達が彼を目撃して王に告げると、王は「お前達、彼らを呼べ」と言った。〔使用人〕達が彼らを呼んでくると、王は言った。

「お前達よ、どうしてお前達はプールナを炎天下に曝しているのだ」

彼らは言った。

「王よ、商業組合は『誰も個別に入手してはならない』という協定を結びましたのに、こいつは一人でそれを入手してしまったのです」

プールナは言った。

「王よ、彼らが協定を結んだ時、私か私の兄さん達を呼んでくれたかどうかお調べ下さい[81]」彼らは「王よ、〔呼んでおりま〕せん」と言った。[82] 王が「お前達、プールナの言うことが正当である」と言うと、彼らは恥じ入って彼を解放した。

さてある時、王はある商品が必要になった。[83] 彼が商業組合を呼んで「お前達よ、私にはこれこれの品物が必要だ。手に入れよ」と言うと、彼らは「王よ、プールナの手に渡っております」と答えた。王が「お前達よ、私は彼に命令できぬ。お前達が彼から買い取って〔私に〕渡してくれ」と言うと、彼らはプールナに使者を送った。「商業組合が呼んでいますよ」と。「私は行かない」と彼が言うと、その商業組合は全員集合して彼の家に行き、門のところに立つと、彼らは使者を送った。「プールナよ、出てきて下さい。商業組合が門のところで立っています」と。自意識過剰で、何でも自分の思い通りにできるという高慢さから、彼は外に出てきた。[84] 商業組合が「隊商主よ、買った〔値段〕で品物を譲ってくれ」と言うと、彼は「もしも買った〔値段〕で品物を譲ったら、私は大した商人ですよ」と答えた。彼らは言った。「隊商主よ、二倍の値で譲ってくれぬか。〔そうすれば〕商業組合は面子を保ったことになるんだ」と。

彼は〈商業組合の面子も大切だ。譲ってやろう〉と考え、二倍の値で譲ってやった。〔彼は〕百五十万金をその〔外国の〕商人達に支払うと、[85] 差額は自分の家に入れた。彼は〈どうして露の滴で瓶を一杯にすることができようか。大海を渡ろう〉と考えると、都城スールパーラカに鐘を鳴らして布告した。「汝等スールパーラカに住む商人達よ、聞くがよい。隊商主プールナが大海を渡る。汝等の中で隊商主プールナと大海を渡れる者は、通行税も運賃も船賃も只にしてやるから、海外へ持ち出す商品を用意せよ！」と。

五百人の商人達が海外へ持ち出す商品を用意した。その後、隊商主プールナは、厳粛な儀式によって厄除けを済ませると、五百人の商人達に取り囲まれながら大海を渡った。そして彼は航海を成功させて戻ってきた。これが六度に及んだ。あちこちで「プールナは六度も大海を渡り、航海を成功させて戻ってきたぞ」との噂が広がった。〔さて〕シュラーヴァスティーに住む商人達が商品を携えて、都城スールパーラカにやって来た。彼らは道中の疲れを癒すと、隊商主プールナのもとに近づいた。近づいて、彼らが「隊商主よ、大海を渡りましょう」と言うと、彼は言った。「諸君、六度も航海を成功させては大海から戻ってきて、七度目も海を渡ろうとしている人を、あなた方は見たり聞いたりしたことがあるかね」と。彼らが「プールナよ、我々はあなたを頼りに遠路遙々やって来たが、もしもあなたが〔海を〕渡らないなら、あなたの意見に従わざるを得ないですなあ」と言うと、彼は考えた。〈私はこれ以上財産を欲しくはないが、彼らのために〔海を〕渡ろう〉と。

〔プールナ〕は彼らと共に大海へ向けて出発した。彼らは、夜が白む頃、ウダーナ、パーラーヤナ、サティヤドゥリシュ、スタヴィラガーター(86)、シャイラガーター、ムニガーター、そしてアルタヴァルギーヤ経を全文(87)、声を出して唱えた。彼はそれを聞いた。彼が「諸君、素晴らしい歌を歌っているね」と言うと、彼らは「隊商主よ、これは歌ではありません」と言った。

「では一体それは何なのだ」

「ブッダのお言葉ですよ(88)」

彼はかつて聞いたことのなかった「ブッダ」という音を聞いて、全身の毛穴が粟だった(89)。畏敬の念を起こした彼は「諸君、そのブッダと呼ばれるお方は一体誰なのかね」と尋ねると、彼らは言った。

「沙門ガウタマのことですよ。シャーキャ族出身であり、シャーキャ族の息子だったのですが、髪と髭とを剃り落とし、袈裟衣を身に着け、真摯な気持ちで家から家なき状態へと首尾よく出家し、無上正等菩提を正等覚されたのです。彼こそが、隊商主よ、ブッダと呼ばれるお方ですよ」

「諸君、かの世尊は今どこで時を過ごしておられるのだ」

「隊商主よ、シュラーヴァスティー郊外にあるジェータ林・アナータピンダダの園林ですよ」

彼は〔世尊〕を心に留めると、彼らと共に大海を渡り、航海を成功させて戻ってきた。彼の兄バヴィラは考えた。〈彼は航海で疲れ切っている。彼に嫁を世話してやらねばならない〉と。彼は〔プールナ〕に「弟よ、金持ちか隊商主[90]の娘をお前のために捜してやろうと思うが、誰の〔娘〕がよいか言ってみよ」と言うと、彼は言った。「私は欲望の対象に用はありません。もし許してもらえるなら、私は出家いたします」と。〔バヴィラ〕が「我々の家の家計が苦しかった時には出家しなかったのに、〔裕福になった〕今になってなぜ〔お前〕は出家するのだ」と言うと、プールナは答えた。「兄さん、あの時はよくなかったけれども、今は機が熟したのです[91]」と。

〔プールナ〕は必ずやしつこくせがんでくると分かっていたので、〔バヴィラ〕が許可すると、彼は言った。「兄さん、大海は苦労が多く、楽しみは少ない。多くの者が〔大海を〕渡っていくが、上がってくる者は少ない。どんな事があっても〔兄さん〕は大海を渡ってはだめですよ。〔兄さん〕には正当な手段で手に入れた多くの財産がありますが、あの弟達の〔財産〕は不正な手口で獲得したものです。もしもあいつらが『一緒に住みましょう』と言ってきても、住んではなりませんよ」と。こう言うと、彼は侍者を連れてシュラーヴァスティーに向かい、次第してシュラーヴァスティーに到着した[92]。シュラーヴァスティーにある園林に留まっていた彼は、長者アナータピンダダのもとに使者を送った。彼は行くと、長者アナータピンダダに告げた[93]。「長者よ、隊商主プールナは長者にお会いしたく、園林に留まっております」と。

その時、長者アナータピンダダは〈彼は水路で疲れたものだから、今度は陸路でやって来たに違いない〉と考えて、「おい君、どれほどの品物を持ってきたのかね」と尋ねると、彼は言った。「どこに彼の商品などありましょう。彼は従者を一人連れている〔だけな〕のです。それが私ですよ」と。

長者アナータピンダダは〈私が要人を軽々しくお迎えするのは、私にとって相応しくない〉と考えた。彼は〔プールナ」を実に恭しく迎え、香油を塗り、沐浴させ、食事を出した。二人が気儘に話しているうち、長者アナータピンダダが尋ねた。

「隊商主よ、お出でになられた目的は何なのですか」

「長者よ、何をさしおいても[94]私は見事に説かれた法と律とに従って出家し、具足戒を受けて比丘になりたいのです」

すると長者アナータピンダダは、上半身を真っ直ぐに正し、右手を突き上げて感激の声を上げた。「ああ仏とは！　ああ法とは！　ああ僧伽とは！[95]　今このような立派なお方が、膨大な親戚の人達や親族の者達、それに一杯になった蔵や倉庫を捨て、見事に説かれた法と律とに従って出家し、具足戒を受けて比丘になることを望んでおられるなんて、何と〔法は〕見事に説かれたことか！」と。その後、長者アナータピンダダは隊商主プールナを連れて世尊のもとへ向かった。

ちょうどその時、世尊は何百もの比丘の衆会の前に[96]坐って法を説いておられた。世尊は、長者アナータピンダダが「贈物」を持ってやって来るのを御覧になった。そして御覧になると、比丘達に告げられた。「比丘達よ、長者アナータピンダダが贈物を持ってやって来る。如来にとって所化者という贈物[97]に勝る贈物はないのだ」と[98]。

その後、長者アナータピンダダは世尊の足に礼拝すると、隊商主プールナと共に一隅に坐った。一隅に坐った長者アナータピンダダは、世尊にこう申し上げた。

「大徳よ、この隊商主プールナは見事に説かれた法と律とに従って出家し、具足戒を受けて比丘になることを望んでおります。世尊は憐れみを垂れて[99]彼を出家させ、具足戒をお授け下さいますように」

世尊は、沈黙を以て長者アナータピンダダに承諾した。その後、世尊は隊商主プールナに「さあ比丘よ、梵行を修しなさい」と告げた。世尊の言葉が終わるや否や、彼は剃髪し、衣を身に着け、鉢とそれを載せる輪[100]とをそれぞれの手に持ち、髪と髭とは七日前に剃り落とした〔如く自然で[101]〕、百年前に具足戒を受けた比丘の〔如き〕立ち居振る舞いであった。

「さあ」と如来に言われた彼は、剃髪して衣を身に着けるや、諸根はたちまち寂静となり、仏の意向に従いて衣を身に纏えり。(102)

さてある時、同志プールナは世尊のもとに近づいた。近づくと、世尊の両足を頭に頂いて礼拝し、一隅に立った。一隅に立った同志プールナは世尊にこう申し上げた。

「どうか世尊は私に簡略に法をお説き下さい。私が簡略な法を世尊から聞き、一人隠棲して、放逸なく、精励し、自己を磨き、(103)暮らしていけるように。(104)良家の子息達が髪と鬚とを剃り落とし、袈裟衣を身に着け、真摯な気持ちで家から家なき状態へと首尾よく出家するのは、無上なる梵行の完成のためですが、私はそれをこの世で自ら神力によって証得し、作証すべく、出家して具足戒を受けたいのです。(105)〔そうすれば〕我が生は尽き、(106)梵行は完成し、なすべきことはなし終え、これより他の生存を知ることはありません」

これを聞いて、世尊は同志プールナにこう言われた。

「素晴らしいぞ、プールナよ。素晴らしいぞ、汝プールナよ。お前が『どうか世尊は私に簡略に法をお説き下さい。—前に同じ。乃至— これより他の生存を知ることはありません』と言ったことは！ ではプールナよ、よく聞き、正しく心を傾注せよ。では説くぞ。プールナよ、眼で識られるべき色は、望ましく、愛おしく、好ましく、心に叶い、愛欲に伴われ、〔心を〕染める。もし比丘がそれらを見て、喜び、褒めそやし、執着し、妄執し続けるならば、それらを喜び、褒めそやし、執着し、妄執し続けている〔比丘〕には、喜びが起こる。喜びによって喜悦・満足が起こる。喜悦・満足がある時、貪欲が起こる。(107)喜悦と貪欲とがある時、喜悦と貪欲との結合が起こる。(108)喜悦と貪欲との結合に繋ぎ止められた比丘は、プールナよ、涅槃より遠いと言われる。プールナよ、耳で識られるべき声、鼻で識られるべき香、舌で識られるべき味、身体で識られるべき触、意で識られるべき法は、望ましく、愛おしく、好ましく、心に叶い、愛欲に伴われ、〔心を〕染める。そして比丘がそれらを見て、―前に同じ。乃至― 涅槃より遠いと言われる。一方、プールナよ、眼で識られるべき色は、望ましく、愛おしく、好ましく、心に叶い、―前に同じ。乃至[109]― 〔それらに執着しない比丘〕は、前とは逆に涅槃に近い、と有徳者達の集団によって言われる[110]。プールナよ、この簡略な教誡により、私はお前を奮い立たせた。お前はどこに住みたいか。どこで生活したいか」

「大徳よ、簡略な教誡により、世尊は私を奮い立たせて下さいました。私はシュローナーパラーンタカ国[111]に住みたいのです。シュローナーパラーンタカ国に住居を構えたいのです[112]」

「プールナよ、シュローナーパラーンタカ国の人々は、凶暴で、野蛮で、荒々しく、〔人を〕罵り、中傷し、罵倒する。もしもプールナよ、シュローナーパラーンタカ国の人々が面と向かい、粗悪で、卑劣で[113]、乱暴な言葉を以てお前を罵り、中傷し、罵倒するとすれば、その場合[114]、お前は一体どうするつもりだ」

「大徳よ、もしもシュローナーパラーンタカ国の人々が面と向かい[115]、粗悪で、卑劣で、乱暴な言葉を以て私を罵り、中傷し、罵倒したならば、その場合、私はこう考えるでしょう。〈おお、シュローナーパラーンタカ国の人々は何と善良なのだ[116]。おお、シュローナーパラーンタカ国の人々は何と温和なのだ[117]。彼らは面と向かい、粗悪で、虚偽に満ち、乱暴な言葉で私を罵り、中傷し、罵倒したりするけれども、手や土塊で傷つけたりしないではないか！〉と」

「プールナよ、シュローナーパラーンタカ国の人々は、凶暴で、―前に同じ。乃至― 罵倒する。もしもプールナよ、シュローナーパラーンタカ国の人々がお前を手で殴ったり、手や土塊で傷つけたりしたら、その場合、お前は一体どうするつもりだ」

「大徳よ、もしもシュローナーパラーンタカ国の人々が私を手や土塊で傷つけたりしたら、その場合、私はこう考えるでしょう。〈おお、シュローナーパラーンタカ国の人々は何と善良なのだ。おお、シュローナーパラーンタカ国の人々は何と人情が厚いのだ。彼らは私を手や土塊で傷つけたりはするが、棒や刀で傷つけたりはしないではないか！〉と[118]」

「プールナよ、シュローナーパラーンタカ国の人々は、凶暴で、—前に同じ。乃至—　罵倒する。もしもプールナよ、シュローナーパラーンタカ国の人々がお前を棒や刀で傷つけたりしたら、その場合、お前は一体どうするつもりだ」

「大徳よ、もしもシュローナーパラーンタカ国の人々が私を棒で殴ったり、刀で切りつけたりしたならば、その場合、私はこう考えるでしょう。〈おお、シュローナーパラーンタカ国の人々は何と善良なのだ。おお、シュローナーパラーンタカ国の人々は何と人情が厚いのだ。彼らは私を棒や刀で傷つけたりするが、完全に〔私の〕命を断ちはしないではないか！〉と」

「プールナよ、シュローナーパラーンタカ国の人々は、凶暴で、—乃至—　罵倒する。もしもプールナよ、シュローナーパラーンタカ国の人々が〔お前の〕命を完全に断とうとすれば、その場合、お前は一体どうするつもりだ」

「大徳よ、もしもシュローナーパラーンタカ国の人々が私の命を完全に断とうとすれば、その場合、私はこう考えるでしょう。〈世尊のお弟子さんの中には、この臭穢な肉体に悩まされ、非常に恥じ[119]、嫌悪の情を抱いて、刀を手にし、毒を飲み、縄で〔首を〕吊り、また断崖から身投げした人さえもいる。おお、シュローナーパラーンタカ国の人々は何と優しいのだ。おお、シュローナーパラーンタカ国の人々は何と人情が厚いのだ。彼らは私をこの臭穢な肉体から、そう苦労せずに解放してくれるとは！〉と」

「プールナよ、善いかな、善いかな。プールナよ、お前は、忍耐と柔和とを[120]兼備している。お前はシュローナーパラーンタカ国に住めるし、シュローナーパラーンタカ国に住居を構えられよう[121]。さあ、プールナよ、お前は〔自ら〕解脱して〔他を〕解脱せしめ、〔自ら〕渡って〔他を〕渡らしめ、〔自ら〕安穏を得て〔他に〕安穏を得せしめ、〔自ら〕般涅槃し〔他を〕般涅槃せしめよ[122]」

その時、同志プールナは、世尊が説かれたことに歓喜し、世尊の両足を頭に頂いて礼拝すると、世尊のもとから退いた。

さて同志プールナは、その日の夜が明けると、午前中に衣を身に着け、衣鉢を持つと、乞食しにシュラーヴァスティーに入り、シュラーヴァスティーを乞食して歩いた後、食事の準備をし、後に食事を済ませると、立ち去った。〔いつもと〕同じように使用した臥具と座具を片づけて、衣鉢を持つと、シュローナーパラーンタカ国に向けて遊行し、[123]シュローナーパラーンタカ国に到着した。

その時、同志プールナは、午前中に衣を身に着け、衣鉢を持つと、乞食しにシュローナーパラーンタカに入った。さて、ある猟師は弓を手に持ち、[124]猟に出ていたが、彼は〔プールナ〕を見かけた。〈俺が禿頭の沙門に会うとは、不吉なことだ！〉と彼は考えた。こう考えると、耳元まで弓を引き、同志プールナのもとに走り寄った。同志プールナは彼を見た。そして見ると、上衣を捲(まく)り上げて言った。

「御仁よ、なかなか満足せぬこいつ〔腹〕のために、〔乞食しにここに〕入ってきた。さあ、ここ〔腹〕を射抜け！」

そして彼は詩頌を唱えた。

「この腹のために、天空に[125]鳥達が彷徨(さまよ)い、獣が罠に[126]近づき、弓矢・槍・棍棒を持てる者達が戦争で死に続け、また哀れで無力な魚達が雨の日に泳ぎ回りては釣針を呑む、これ〔腹〕ゆえに〔我は〕遠方より罪過に塗(ま)みれたる

この世に来たれり[127]」

〈この出家者は忍耐と柔和とを[128]兼備している。どうして彼を射抜けようか〉と彼は考えた。こう考えると、彼は浄信を得た。その後、同志プールナは彼に法を教示し、〔三〕帰依させ、〔五〕学処を授け、他にも五百人を優婆塞とし、五百人を優婆夷とした。また五百の精舎を造らせ、何百という長椅子・腰掛け・座布団・毛氈・枕・掛布団を寄進させた。こうして三ヶ月が過ぎると、彼は身を以て三明を証得し、阿羅漢となった。彼は三界の貪を離れ、―乃至―

インドラ神やインドラ神に付き従う神々に供養され、恭敬され、礼拝される者となったのである。[129]

さてある時、長兄ダールカルニンの二人の弟の財産は減少し、尽き果てて、なくなってしまった。二人は言った。

「あの疫病神は我々の家から出ていきました。お出で下さい。一緒に住みましょう」

彼が「その疫病神とは誰のことだ」と訊くと、二人は「プールナですよ」と答えた。

「吉祥の女神が私の家から出ていったのだ。彼は疫病神ではない」

「吉祥であろうが、疫病神であろうが、お出で下さい。一緒に住みましょう」と二人が言うと、「お前達の財産は不正な手口で獲得したんだろうが、私のは正当な手段で手に入れたんだ。私はお前達と一つ屋根の下で暮らすわけにはいかぬ！」と彼は答えた。二人は言った。

「あんたはあの奴隷女の子が何度も大海を渡って築き上げた財産を食い潰している身で、何を偉そうに[130]！　あんたに大海を渡ることなど、どうしてできようか」

彼は二人にひどく自尊心を傷つけられた。彼は〈私も大海を渡ろう〉と考え、―前に同じ。乃至―　大海を渡った。―乃至―　船は風に乗って牛頭栴檀の林に流れ着いた。船頭が言った。「皆さん、牛頭栴檀の林というのを聞いたことがあろう。これがそれだ。ここで〔その〕一番良いところを採取するがよい[131]」と。

ちょうどその時、牛頭栴檀の林は夜叉マヘーシュヴァラ[132]の所有だったが、彼は夜叉達の会合に出掛けて〔留守だっ〕たので、〔彼らは〕牛頭栴檀の林に五百本の斧を運び始めた[133]。アプリヤ[134]という名の夜叉は、牛頭栴檀の林に五百本の斧が運ばれるのを見た。そして見ると、夜叉マヘーシュヴァラのもとに近づいた。近づくと、夜叉マヘーシュヴァラにこう言った。「親分、申し上げます。〔人間〕どもが牛頭栴檀の林に五百本の斧を運んでいます。あなたの義務あるいは職務を遂行して下さい」と。

そこで夜叉マヘーシュヴァラは会合を解散させると、かんかんになって大暴風の恐怖[135]を起こしながら、牛頭栴檀の林に向けて出発した。船頭は告げた。「閻浮提の商人の皆さん、聞くがよい。〔大海には〕大暴風の恐怖があるということを聞いたことがあろう。これがそれだ。何か〔手だて〕を考えよ」と。(136) すると商人達は恐れ戦き、震え上がり、〔全身の〕毛穴を粟だてて神頼みし始めた。

「シヴァ・ヴァルナ・クヴェーラ・ヴァーサヴァ(137)を始め、アスラ・マホーラガ・ヤクシャ・ダーナヴァの主よ、我等は途方もない恐怖・災難に陥れり。恐怖を超越したお方は我等の救世主となられんことを」。ある者達はシャチーの夫（インドラ）に、他の者達はブラフマンやハリ（ヴィシュヌ）・シャンカラ（シヴァ）にも祈願せり。暴風を起こす悪鬼に脅かされ、救いを求めて、地に宿る〔神〕々や樹木や林に宿る〔神〕々に〔も祈願せり〕。

ダールカルニンは超然と立っていた。「隊商主よ、我々は困難・苦境・窮地に陥っているというのに、なぜあなたは超然と立っているのですか」と商人達が訊くと、彼は答えた。

「諸君、私は弟に『大海は楽しみが少なく、苦労は多い。渇愛の虜となり、多くの者が〔大海を〕渡っていくが、上がってくる者は少ない。どんな事があってもあなたは大海を渡ってはだめですよ』と言われたが、私は彼の言葉を無視して大海を渡ってしまった。今、私はどうすればよいのだ」

「あなたの弟さんて、誰ですか」

「プールナだよ」

商人達は「おい皆、彼こそ誉れ高い立派な聖者プールナではないか！　彼にこそ帰依しよう」と言った。彼らが全員、声を一つにして「かの聖者プールナに帰依し奉る。かの同志プールナに帰依し奉る」と叫ぶと、同志プールナに浄信を抱く神が同志プールナのもとに近づいた。近づくと、同志プールナにこう言った。「聖者よ、あなたのお兄さんが、困難・苦境・窮地に陥っています。思いを凝らすのです」と。彼は思いを凝らした。その後、心が集中するとシュローナーパラーンタカから消えて大海に浮かぶ船の縁に結跏趺坐しているような、そのような三昧に彼は入った。

すると、その暴風はスメール山に遮られたかの如く跳ね返されてしまった。

そこで夜叉マヘーシュヴァラは考えた。〈かつては〔この〕暴風に触れられると、どんな船でも綿のように吹き飛ばされ、粉々にされたものだった。今、いかなる力が働いて暴風はスメール山に遮られたかの如く跳ね返されてしまったのか〉と。彼はあちこちを見回し始めると、やがて船の縁に結跏趺坐して坐っている同志プールナを見た。そして見ると、「聖者プールナよ、どうして邪魔をするのだ」と言うので、同志プールナは答えた。

「老いぼれの私がどうしてお前の邪魔などしよう。お前こそ私の邪魔をしているではないか。(138) もしも私がこのような徳の集まりを獲得していなかったならば、私の兄はお前のせいで死んでいたであろう(139)」

夜叉マヘーシュヴァラは言った。

「聖者よ、この牛頭梅檀の林は(140)、転輪王のために守護しているのだ」

「親分よ、転輪王と如来・阿羅漢・正等覚者と、どちらが優れていると思うか」

「聖者よ、世尊は世に出現されたのか」

「出現されたのだ」

「もしもそうなら、空っぽの〔船〕を一杯にするがよい」

こうして一度は失いかけた命を取り戻したその商人達は同志プールナに対して心を浄らかにし、その船に牛頭梅檀を満載して出発すると、次第して都城スールパーラカに到着した。あとで同志プールナは兄に言った。「あるお方の名前で航海を成功させて戻ってきたのだから、それ〔牛頭梅檀〕はそのお方に差し上げるべきです。あなたはその商
43 人達に宝石を分配なさいまし。私はこの牛頭梅檀で世尊のために梅檀の花環を具えた楼閣を造らせましょう」と。

〔兄のバヴィラ〕はその商人達に宝石を分け与えた。その後、同志プールナは牛頭梅檀で楼閣を造らせ始めた。彼は大工達を呼んで、「諸君、毎日五百カールシャーパナが欲しいか、あるいは牛頭梅檀の粉末一ヴィダーラパダ(141)か」と

言うと、彼らは「聖者よ、牛頭梅檀の粉末一ヴィダーラパダです」と言った。こうして瞬く間に梅檀の花環を具えた楼閣が造られた。王は言った。

「お前達、見事な楼閣だ。[142]あらゆる種類の技巧が凝らされておるぞ」

〔大工達は〕そこにあった〔牛頭梅檀の〕切屑と粉末とをすり潰(つぶ)し、その同じ〔楼閣〕に塗り付けた。そして兄弟は皆お互いに仲直りして言った。

「仏を上首とする比丘の僧伽を招待して御馳走を差し上げよう。聖者よ、[143]世尊はどこにおられるか」

「シュラーヴァスティーです」

「シュラーヴァスティーはここからどれくらい遠いのだ」

「百ヨージャナ余りです[144]」

「まず我々は王にお会いしよう」

「そうしましょう」

彼らは王のもとに近づいた。近づくと、彼らは頭を以て挨拶してから、「王よ、我々は仏を上首とする比丘の僧伽を招待して御馳走を差し上げたいのですが、王は我々の手助けをして頂けませんか[145]」と言うと、王は「それは素晴らしい[146]。そうせよ。〔手助け〕するぞ[147]」と答えた。その後、同志プールナは屋上に登り、ジェータ林に向かって立つと、両膝を地面につけ、花を散らし、香を焚き、黄金の水差しを家主に[148]持たせて請願し始めた。

「浄戒の保持者よ、[149]浄慧ある方よ、食事供養の意味を常に見通すお方よ、[150]主なき者達を観察され、どうか憐れみを垂れて、到来されんことを！」

すると、諸仏の〔持つ〕仏の神通力と諸神の〔持つ〕神の神通力により、それらの花は上空で花のパヴィリオンとなってジェータ林に飛んで行き、長老の端に留まった。香〔煙〕は雲の集積の如くであり、水は瑠璃の籌[151]さながらであった。兆候に精通していた同志アーナンダは、虚心合掌をして[152]世尊に尋ねた。

「世尊よ、招待はどこから来たのでしょう」

「アーナンダよ、都城スールパーラカからだ」

「大徳よ、都城スールパーラカはどれほど離れているのでしょうか」

「アーナンダよ、百ヨージャナ余りだ。出掛けるぞ。アーナンダよ、比丘達に『汝等の中で、明日、都城スールパーラカに行って食事できる者は籌を取れ』と告げよ」

「畏まりました、大徳よ」と同志アーナンダは世尊に同意すると、籌を手にして世尊の前に立った。世尊と長老中の長老の比丘達とが籌を取った。ちょうどその時、クンドーパダーナ[153]出身の長老で、慧解脱を得ていた同志プールナ[154]が、その同じ衆会に坐っていた。集まっていた彼も籌を取ろうとした。同志アーナンダは、詩頌を以て彼に話しかけた。

「同志よ、これは、コーサラ王の家、スダッタ[155]の家、あるいはムリガーラの家での食事にあらず。これより百ヨージャナ以上も離れた町スールパーラカに神通力で行かねばならぬ。プールナよ、汝は黙って〔ここに〕留まれ」

彼は慧解脱は得ていたが、神通力は獲得していなかった。彼は考えた。〈私は一切の煩悩の集まりを吐き、吐き出し、捨て去り、放棄したが、その私に外道程度の神通力しかないとは残念だ〉と。彼は努力して神通力を獲得すると、同志アーナンダが三番目の長老に籌を持っていく前に、象の鼻のような腕を伸ばして籌を取った。その後、彼は詩頌を唱えた。

「ガウタマよ、この世で、美貌、学識、武力の功徳、あるいは強力な言葉や願いで六神通の位は得られるにあらず。種々なる止・戒・観の力と禅定の力を以て鍛練せば、我が如く老い[156]で若さを損なわるるも[157]、六神通を得た者とならん」

そこで世尊は比丘達に告げられた。

「比丘達よ、来たりて籌を取る際に、[158] 彼は、先ず最初に籌を取ろうとする我が比丘達・声聞達の中で最上である。〔彼とは〕すなわちクンドーパダーナ出身の長老プールナである」

その時、世尊は同志アーナンダに告げられた。

「さあ、アーナンダよ。比丘達に告げよ。『確かに私は〝比丘達よ、お前達は善事を隠し、悪事を露にして時を過ごせ[159]〟と言った。しかし、あの都城は外道達に占有されている。汝等の中で神通力を獲得している者は、それによって都城スールパーラカに行き、食事を受けるがよい』となー」

「畏まりました、大徳よ」と同志アーナンダは世尊に同意すると、比丘達に告げた。

「同志の皆さん、世尊はこう言われた。『確かに私は〝比丘達よ、汝等は善事を隠し、悪事を露にして時を過ごせ〟と言った。―前に同じ。乃至― 〔都城スールパーラカに〕行って、食事を受けよ』と」

一方、スールパーラカの王は、石・砂利・瓦礫を取り除き、栴檀の水を撒き、様々な種類の芳しい香炉で荘厳し、布・紐・帯を懸け、種々なる花を撒き散らして、都城スールパーラカを麗しく設えた[160]。都城スールパーラカには十八の門があり、またその王には十七人の王子がいた。最高の威厳を具えた王子達が一人ずつ、それぞれの門に配置された。そして本門には、偉大なる王の風格を具えたスールパーラカの主権者たる王、それに同志プールナ、ダールカルニン、スタヴァカルニン、トラプカルニンが立っていた。

やがて〔長老〕達は、神通力により、葉や草や器に乗ってやって来た。彼らを見て、「大徳プールナよ、世尊はもう来られたか」と王が訊くと、同志プールナは「大王よ、あの方達は、神通力により、木の葉や草や器に乗ってやって来られた〔長老〕達[161]でありますが、世尊はまだです」と答えた。その間に、長老という長老の比丘達は様々な種類の禅定や等至によってやって来た。再びまた〔王〕が「大徳プールナよ、世尊はもう来られたか」と尋ねると、同志プールナは「大王よ、世尊はまだです。そうではなくて、あの方達は長老の中の長老の比丘達です」と答えた。するとその時、ある優婆塞が詩頌を唱えた。

「ある者達は麗しき獅子・虎・象・馬・龍・雄牛に、ある者達は宝石の宮殿・山・樹木、そして光輝く多彩な車に乗り、他の者達は稲妻という蔓草に飾られた空の雲の如く、天の都に行くのを楽しむ如く、神通力にて到来す。ある者達は大地を割って出現し、他の者達は天空より舞い降りる。またある者達は座に化現する。見よ、神通力を持つ者達の力を！」

その後、世尊は精舎の外で両足を洗って精舎に入ると、設えられた座に坐り、背筋をピンと伸ばすと、念を面前に定められた。[162] やがて世尊が意を決して香房に足を下ろすと、〔大〕地は六種に振動した。この大地は、揺れ、ひどく揺れ、激しく揺れ、振え、ひどく振え、激しく振えた。東方が盛り上がると西方は沈み、西方が盛り上がると東方は沈んだ。南方が盛り上がると北方は沈み、北方が盛り上がると南方は沈んだ。周囲が盛り上がると中央は沈み、中央が盛り上がると周囲が沈んだ。王が同志プールナに「聖者プールナよ、これは何事ですか」と尋ねると、「大王よ、世尊が意を決して香房に足を下ろされましたが、このために〔大〕地は六種に振動したのです」と彼は答えた。

それから世尊は黄金の輝きと同じ色の光明を放たれたが、それによって閻浮提は溶けた黄金の如く光り輝いた。驚きの余り目を丸くして、王は再び「聖者プールナよ、これは何事ですか」と尋ねると、「大王よ、世尊が黄金の輝きと同じ色の光明を放たれたのです」と彼は答えた。

かくして〔自己を〕制御した寂静なる世尊は、〔自己を〕制御した寂静なる従者達を従え、[163] 五百人の阿羅漢と共にスールパーラカを目指して出発された。その時、ジェータ林に住む神がヴァクラ樹の枝を持って[164] 世尊に影を作りながら、後ろから進んだ。世尊は〔神〕の性質・気質・性格・本性を知ると、四聖諦を洞察させる、〔神〕に相応しい法を説かれ、それを聞くと、その神は二十の峰が聳える有身見の山を智の金剛杵で粉砕し、預流果を証得した。[165]

さて、ある地方には五百人ほどの主婦[166]が住んでいた。彼女らは、三十二の偉人相で完全に装飾され、八十種好で体は光り輝き、一尋の光明で飾られ、千の太陽をも凌ぐ光を放ち、宝の山が動いている如く、どこから見ても素晴らしい仏・世尊を見た。[167]そして見ると同時に、彼女達は世尊に大いなる浄信を起こした。

――これは慣例である。〔すなわち〕十二年間、止を修習すること、息子のない人が息子を得ること、貧乏人が埋蔵された財宝を発見すること、あるいは王位を望む者が王位に就くことは〔すべて〕心の安らぎを生じるが、善根を積んで条件を整えた有情が最初に仏に見える時ほどではない。[168]――

かくして世尊は、彼女らを教化すべき時を観察し、比丘達の前[169]に設えられた座に坐られた。彼女らも世尊の両足を頭に頂いて礼拝すると、一隅に坐った。その後、世尊は彼女らの性質・気質・性格・本性を知ると、―乃至[170]―　預流果を証得した。[171]〔四聖〕諦を知見した彼女らは、三たび喜びの声を上げた。

「大徳よ、世尊が我等にして[172]下さったことは、母・父・王・友・身内・親類[173]・神[174]・先祖・沙門・バラモンも我等にしてくれなかったことです。血と涙の海は乾き、骨の山を越え、悪趣への門は閉じ、天界と解脱への門は開き、[175]天人〔界〕に安住いたしました。〔涅槃への〕入り口を潜り抜けたのです。[176]我等は世尊と法と比丘の僧伽とに帰依いたします。世尊は我等を優婆夷[177]として護念したまえ[178]」

その後、彼女達は座から立ち上がると、世尊に向かって合掌礼拝し、「ああ、世尊は私達のために、この地に何かお授け下さい。私達はそれに対して供養するつもりです」と申し上げた。そこで世尊は神通力[179]で髪と爪とを与えられた。彼女らは世尊の髪爪塔を建立した。そのあとジェータ林に住む神は、その塔の周回道[180]にヴァクラ樹を植えると、世尊に「世尊よ、私はこの塔を供養しながら〔ここに〕留まります」と申し上げた。ある人達はこれを「ガリニーストゥーパ（婦人塔）」、別の人達は「ヴァクラメーディー（ヴァクラ樹の周回道）」と呼び、今でも仏塔礼拝をする比丘達がこれを礼拝している。

さて世尊は出発された。すると、ある隠棲処には五百人の聖仙が住んでいた。彼らのこの隠棲処には花・果実・水が豊富にあったので、彼らは放逸に酔いしれ、何も思い煩うことはなかった。そこで世尊は彼らを教化すべき時を観察し、その隠棲処に近づかれた。近づかれると、神通力でその隠棲処から花と果実を萎れさせ、水を干上がらせ、緑の草を黒くし、(181)住居を倒してしまわれたので、聖仙達は頬杖をつき考え込んでしまった。そこで世尊が「偉大なる聖仙達よ、(182)どうして考え込んでいるのだ」と言われると、彼らは「世尊よ、両足を有する福田のあなたがここへやって来られましたので、私達はこのような有様です」と答えた。

世尊は言われた。

「聖仙達よ、花・果実・水が豊富にあった隠棲処はどうして消え失せてしまったのだ。元通りにして欲しいのか」「世尊よ、お願いします」と彼らは答えたので、世尊が神通力を鎮めると、(183)元通りになった。彼らは吃驚仰天し、世尊に対して心を浄らかにした。こうして、世尊は彼らの性質・気質・性格・本性を知ると、四聖諦を洞察させる、(184)彼らに相応しい法を説かれ、それを聞くと、五百人の聖仙達は不還果を証得し、神通力を成就した。(185)その後、彼らは世尊に向かって合掌礼拝すると、世尊にこう申し上げた。

「大徳よ、我々は見事に説かれた法と律とに従って出家し、具足戒を受けて比丘になりとうございます。世尊のもとで梵行を修したいのです(186)」

そこで世尊は彼らに「さあ、比丘よ」〔と出家を許す言葉〕で語りかけられた。「さあ比丘達よ、(187)梵行を修するがよい」と。世尊の言葉が終わるや否や、彼らは剃髪し、衣を身に着け、鉢とそれを載せる輪とをそれぞれの手に持ち、髪と髭とは七日前に剃り落とした〔如く自然で〕、百年前に具足戒を受けた比丘の〔如き〕立ち居振る舞いであった。

「さあ」と如来に言われた彼らは、剃髪して衣を身に着けるや、諸根はたちまち寂静となり、仏の意向に従いて
衣を身に纏えり。(188)

49

彼らは専心し、邁進し、努力し、この五支より成る〔輪廻〕が、―前に同じ。乃至― 尊敬される者となった。[189] 彼らの指導者である聖仙が言った。

「世尊よ、私はこの風采で大勢の人々を騙(だま)してきました。まず彼らの心を浄らかにし、そのあとで出家いたします」

その後、五百人の聖仙達と、もとからの五百人の比丘達に[190]半月形に取り囲まれていた世尊は、神通力により、ちょうどその〔場〕から上空を〔飛んで〕立ち去り、やがてムサラカ山[191]に到着された。ちょうどその時、ムサラカ山には、ヴァッカリン[192]という名の聖仙が住んでいた。その聖仙は、遠くから、三十二の偉人相で完全に装飾され、―前に同じ。乃至― どこから見ても素晴らしい世尊を見た。[193] そして見るや否や、彼は世尊に対して心を浄らかにした。浄信を生じた彼は、〈いざ私は山から飛び下りて、世尊に会いに行こう。世尊は所化者〔の私〕を考慮して、〔ここに〕やって来られるのであろう。いざ私は山から身を投げよう〉と考え、彼は山から身を投げたのである。

――諸仏・諸世尊は常に注意力を怠らない性質を持っている。[194]――

世尊は、神通力で彼を受け止められた。その後、世尊は彼の性質・気質・性格・本性を知ると、四聖諦を洞察させる法を説かれ、それを聞くと、彼は不還果を証得し、神通力を成就した。[195] そこで彼は世尊にこう申し上げた。

「大徳よ、私は見事に説かれた法と律とに従って出家し、具足戒を受けて比丘になりとうございます[196]」

―前に同じ。乃至― 世尊は彼らを「さあ、比丘よ」〔と出家を許す言葉〕で出家させ、―乃至― 仏の意向に従いて衣を身に纏えり。[197]

そこで世尊は比丘達に「比丘達よ、彼は我が信解〔行〕の比丘達の中で最上である。〔彼とは〕すなわち比丘ヴァッカリンである」と告げられた。

こうして千人の比丘達に囲繞された世尊は、様々な神変を現しながら都城スールパーラカに到着されたのである。

世尊は考えられた。〈もし〔いずれか〕一つの門から〔都城に〕入れば、他の〔門で私を待つ〕者達は落胆するであろう。私は神通力によってこそ〔中に〕入ろう〉と。

そこで〔世尊〕は神通力で上空から都城スールパーラカの真ん中に降りられた。すると、スールパーラカの主権者たる王、同志プールナ、ダールカルニン、スタヴァカルニン、トラプカルニン、十七人の王子(198)はそれぞれの従者達と共に、それに何百千もの生類達も世尊のもとに近づいた。そのあと世尊は何百千もの生類達に伴われつつ、栴檀の花環を具えた楼閣に近づかれた。近づかれると、〔世尊〕は比丘の僧伽の前に設えられた座に坐られた。群衆は世尊が見えなかったので(199)、栴檀の花環を具えた楼閣を壊し始めた。世尊は、〈もし栴檀の花環を具えた楼閣が壊されたら、〔これを〕寄進した人達の功徳が台無しになってしまう。私はこれを水晶造りに化作しよう〉と考えられた。世尊は(200)水晶造り〔の楼閣〕を化作された。

そこで世尊はその衆会の性質・気質・性格・本性を知ると、四聖諦を洞察させる法を説かれ、それを聞くと、何百千もの生類は偉大なる卓越性を証得した。ある者達は順解脱分をもたらす、〔また〕ある者達は順決択分をもたらす善根を植えた。ある者達は預流果を、ある者達は一来果を、ある者達は不還果を証得し、ある者達は一(201)切の煩悩を断じて阿羅漢果を証得した。ある者達は声聞の悟りに、ある者達は独覚の悟りに心を起こし、〔また〕ある者達は無上正等菩提に心を起こした。衆会の者達は今まで以上に仏に傾仰し、法に傾注し、僧伽に傾倒するようになったのである(202)。

さてダールカルニン、スタヴァカルニン、トラプカルニンは、清浄で美味なる(203)硬食・軟食を用意して座席を設え、水瓶を設置すると(204)、世尊のもとに使者を送り、時間を告げさせた。「大徳よ、お時間です。食事の用意ができました。世尊は今がその時とお考え下さい」と(205)。

ちょうどその時、クリシュナ(206)、ガウタマ(207)という〔二〕龍王が大海に住んでいた。彼らは〈世尊が都城スールパーラカで法を説示される。〔そこに〕行って〔法を〕聞こう〉と考えた。こうして二〔龍王〕は五百匹の龍を従者とし、五百の河を作り出すと、都城スールパーラカに向けて出発した。

――諸仏・諸世尊は失念することがない。――

世尊は〈あのクリシュナ、ガウタマという〔二〕龍王が都城スールパーラカにやって来たら、悪事を働くに違いない〉と考えられた。そこで世尊は、同志マハーマウドガリヤーヤナに告げられた。

「マウドガリヤーヤナよ、(208) 如来より先に施食を受けるのだ。それはなぜかというと、マウドガリヤーヤナよ、私よりも先に施食を受ける者には五種あるからだ。五つとは何か。遠来の客、遠方に旅立つ者、病人、病人の付添人、そして〔僧院の〕物品管理者(209)である」

――さてこの場合、世尊は物品管理者という意味で言われたのである。――
(210) さて世尊はマハーマウドガリヤーヤナを従者とし、龍王クリシュナとガウタマのもとに近づかれた。近づかれて、「龍の主よ、スールパーラカに敬意を払い、決して悪事を働いてはならぬ」と言われると、二〔龍王〕は申し上げた。
「大徳よ、我々は小虫である蟻の如き生類さえも傷つけることができないような浄信を以てやって来ました。都城スールパーラカに住んでいる群衆に関しては言うに及びません」

それから世尊は龍王クリシュナとガウタマに対して彼らに相応しい法を説示され、それを聞いて二龍王は仏・法・僧に帰依し、そして学処を授かった。

世尊が食事の準備をし始めると、それぞれの〔龍王〕は、〈ああ、世尊は私の水を飲まれますように〉と考えた。世尊は、〈もし片方だけの水を飲めば、彼らは仲違いをするに違いない。(211) 方策を講じなければ〉と考えられた。そこで世尊は同志マハーマウドガリヤーヤナに告げられた。

「マウドガリヤーヤナよ、五百の河が合流するところに行き、そこの水で鉢を満たして持ち帰るのだ」

「畏まりました、大徳よ」と同志マハーマウドガリヤーヤナは世尊に同意すると、五百の河が合流するところの水で

52

鉢を満たし、〔それを〕持って世尊のもとに近づいた。近づくと、世尊に鉢一杯の水を差し出した。世尊は〔それを〕受け取り、すっかり飲み干してしまわれた。同志マハーマウドガリヤーヤナは考えた。〈世尊はかつて言われた。「比丘達よ、両親は息子のためになし難きことをするものだ。〔息子を〕養い、育み、扶養し、乳を与え、閻浮提の様々な事柄を教えてくれるので、息子が百年間ずっと、片方の肩に母を、もう片方に父を担っていようとも[212]、あるいはこの大地には珠宝・真珠・瑠璃・法螺貝[213]・玻璃・珊瑚・銀・金・瑪瑙・琥珀・赤珠・右巻貝があるが、〔両親を〕このような種々なる〔宝石〕を自由自在にできる地位に就けたとしても、それだけでは息子が両親に〔孝行〕したわけでも、良くしたわけでもない[214]。一方、信心のない〔両親〕に信心を持つように勧め、導き、仕向け、安住させ、〔両親が〕悪戒を有していれば〔正〕戒を具足するように、また吝嗇（りんしょく）であれば布施をするように、悪知恵を持っていたら正しい知恵を持つように勧め、導き、仕向け、安住させるならば、それだけで息子は両親に〔孝行〕し、良くしたことになろう[215]」と。だが私は母に何も孝行はしなかった。母がどこに生まれ変わっているか、いざ私は[216]思いを凝らそう〉と。

彼は思いを凝らし始めると、彼女はマリーチカ世界に生まれ変わっていることが分かった。〈誰に教導してもらおうか〉と彼は考えたが、〈世尊によって〉と判断した。彼は〈我々は遠くからここにやって来た。いざ私はこの事を世尊に知らせよう〉と考え、世尊にこう申し上げた。

「大徳よ、世尊はかつて『比丘達よ、両親とは息子のためになし難きことをするものだ』と仰いましたが、私の母はマリーチカ世界に生まれ変わりました。彼女は世尊によって教導されるべきです。どうか世尊は憐れみを垂れて〔母を〕教導して下さいませ」

世尊は言われた。

「マウドガリヤーヤナよ、誰の神通力で行こうか」

「世尊よ、私ので」

53

こうして世尊と同志マハーマウドガリヤーヤナは、スメール山の頂きに足を降ろして出発し、七日目にマリーチカ世界に到着された。〔彼の母〕バドラカンヤーは遠くから同志マハーマウドガリヤーヤナを見た。そして見ると、大急ぎで彼のもとへ駆け寄り、「久し振りに息子に会えた！」[217]と言った。すると群衆は言った。「皆[218]、あの出家者は年をとっており、こっちはまだ娘だ。どうして彼女が彼の母であり得ようか」と。

同志マハーマウドガリヤーヤナは言った。

「皆さん、この私の〔五〕蘊[219]はあの女の人によって育てられた。だからあの人は私の母なのだ」

そこで世尊はバドラカンヤーの性質・気質・性格・本性を知ると、四聖諦を洞察させる、彼女に相応しい法を説かれ、それを聞くと、バドラカンヤーは二十の峰が聳える有身見の山を智の金剛杵で粉砕し、預流果を証得した[220]。〔四聖〕諦を〔知〕見した彼女は、三たび喜びの声を上げた。―前に同じ。乃至―「〔私は〕天人〔界〕に安住いたしました」と。

そして彼女は言った。

「貴方のお力で、数多くの過失に汚された、げに恐ろしき悪趣への道は閉ざされ、実に優れし天界への道は開かれて、妾は涅槃への道を獲得せり。貴方におすがりするをもて、妾は今、過失を離れたる[221]、清浄の上にも清浄なる眼を得たり。そして聖者の好む寂静[222]の境地を得、苦海の彼岸に渡らん。この世で魔・人・天に供養せらるるお方よ、生・老・死を厭離せるお方よ、千回生まれ変わるとも実に会い難き牟尼よ、今日、貴方との出会いが実を結びたり。

大徳よ、〔涅槃への〕入り口を潜り抜けたのです[223]。この私は世尊と法と比丘の僧伽に帰依いたします。今日より命のある限り、死ぬまで、〔三〕帰依し、浄信を抱いた優婆夷[224]として私を護念したまえ[225]。今日、世尊は聖者マハーマウドガリヤーヤナと共に食事されますことを私に御承諾下さい」

世尊は沈黙を以てバドラカンヤーに承諾された。そこでかのバドラカンヤーは世尊と同志マハーマウドガリヤーヤナが心地よく坐っているのを確認すると、[227]清浄で美味なる硬食・軟食で手ずから〔二人を〕満足させ、楽しませてから、世尊が食事を終え、手を洗い、鉢を片づけられたのを確認すると、一段低い座具を手にし、法を聞くために世尊の前に坐った。[229]世尊は彼女に法を説示された。世尊の鉢を持っていた同志マハーマウドガリヤーヤナは鉢を洗った。世尊は彼に言われた。

「マウドガリヤーヤナよ、行くぞ」

「世尊よ、参りましょう」

「誰の神通力によって」

「如来・世尊ので[230]」

「それでは、ジェータ林に思いを凝らせ」

「世尊よ、もう戻ってきたのですか！」

「マウドガリヤーヤナよ、いかにも[231]」

すると彼は驚き、心を魅了されて言った。

「世尊よ、この神通力の名前は何なのですか」

「マウドガリヤーヤナよ、『心の速さ[232]』である」

「大徳よ、私は仏法がこれほど奥の深いものとは知りませんでした。[233]もしも知っていたなら、私は体が胡麻粒のように粉々になろうとも、無上正等菩提から心を退転させることはなかったでしょうに。[234]薪の燃え尽きた今、私はどうすればよいのでしょうか[235]」

そこで疑念を生じた比丘達は、あらゆる疑念を断じて下さる仏・世尊に尋ねた。

「大徳よ、同志プールナは、いかなる業を為したがために、裕福[236]で巨額[237]の財産と巨大な資産とを有する家に生まれたのですか。〔また〕いかなる業を為したがために、彼は奴隷女の胎内に生まれ、そして〔その後〕出家すると一切の煩悩を断じて阿羅漢性を証得したのですか」

世尊は言われた。

「比丘達よ、比丘プールナによって為され積み上げられた業は、資糧を獲得し機縁が熟すと、暴流の如く押し寄せてきて避けることはできないのだ。プールナが為し積み上げた業を、他の誰が享受しようか。比丘達よ、為され積み上げられた業は、外の地界・水界・火界・風界で熟すのではない。そうではなく、為され積み上げられた業は、善であれ悪であれ、感覚のある〔五〕蘊・〔十八〕界・〔十二〕処においてのみ熟すのである。

何百劫を経ても、業は不滅なり。〔因縁〕和合と時機を得て、必ずその身に果を結ぶ[238]」

比丘達よ、かつてこの同じ賢劫において、人の寿命が二万歳の時に、カーシャパと呼ばれる正等覚者が世に現れた。彼は明行足・善逝・世間解・無上士・調御丈夫・天人師・仏・世尊であった[239]。彼は都城ヴァーラーナシーに身を寄せて時を過ごしていた。〔プールナ〕は〔カーシャパ〕の教えに従って出家し、三蔵を習得して、如法に僧伽の執事をしていた[240]。ある時、ある阿羅漢のもとに物品管理〔比丘〕がやって来て、精舎を掃除し始めたが、風のせいで塵があちこちに飛び散ったので、彼は〈風が止むまで〔掃除するのを〕待とう〉と考えた。執事をしていた〔プールナ〕は、精舎が掃除されていないのを見ると激怒し、荒々しい言葉を発した。「どんな奴隷女の〔生んだ〕子が物品管理〔比丘〕をしているのか！」と。

それを、その阿羅漢が聞いていた。彼は〈彼は怒っている。しばらく待とう。あとで知らせればよい〉と考えた。彼の怒りが鎮まると、〔阿羅漢〕は彼のもとに近づいて、「お前は私が誰か知っているかね」と言うと、彼は「知って

55 おりますとも。あなたは正等覚者カーシャパの教えに従って出家された方でしょう。私もです」と答えた。〔阿羅漢〕は言った。「たとえそうだとしても、私は出家してなすべきことをなし終え、[241]私はあらゆる繋縛を断ち切っているが、お前はあらゆる繋縛に束縛されて[242]暴言を吐いた。罪を罪として懺悔しなさい。そうすれば、その業は減少し、尽き果て、消滅するであろう」と。

「彼は罪を罪として懺悔した。彼は地獄に生まれてから〔さらに〕奴隷女の子として生まれ変わるはずであったが、この〔懺悔の〕お蔭で地獄に生まれることは免れた。[243]しかし五百生もの間、奴隷女の胎内に生まれ、この世の最後生においても、同じ奴隷女の胎内に生まれたのである。〔一方〕僧伽に対して奉仕をしたために、彼は裕福で巨額の財産と巨大な資産とを有する家に生まれた。その時、〔経典を〕読誦し反復して〔五〕蘊に熟達した[244]ために、彼は私の教えに従って出家し、一切の煩悩を断じて阿羅漢性を証得したのである。こういうわけで比丘達よ、完全に黒い業には完全に黒い異熟があり、完全に白い業には完全に白い異熟があり、〔黒白〕斑の〔業〕には〔黒白〕斑の〔異熟〕がある。それゆえ比丘達よ、この場合、完全に黒い業と〔黒白〕斑の〔業〕を捨て去って、完全に白い業においてのみ心を向けるべきである。このように比丘達よ、お前達は学び知るべきである」[245]

世尊がこう言われると、かの比丘達は歓喜し、世尊の説かれたことに満足した。

以上、吉祥なる『ディヴィヤ・アヴァダーナ』における「プールナ・アヴァダーナ」第二章。

文献

❶None. Cf. Mv. i 245.10; Kv. 63.3-64.3; MN iii 267.2-270.7 ❷1030 Khe 276a8-Ge 7b3; 1 Ka 295b4-Kha 8a3 ❸『根本説一切

有部毘奈耶薬事』巻二（T. 1448, xxiv 7c7–17a21). Cf.『雑阿含経』巻十三（T. 99, ii 89b1–c17）;『満願子経』（T. 108, ii 502c–503a）;『法句譬喩経』（T. 211, iv 588b10–c26） ❹榊＝榊亮三郎「ディヴアーヴァダーナの研究並びに翻訳」『六条学報』（134–138 and 140–162, 1912–1915, 61–123）; TATELMAN＝Joel TATELMAN, *The Glorious Deeds of Pūrṇa : A Translation and Study of the Pūrṇāvadāna*, Surrey, 2000, 46–95.

注

（1） bhagavān.　Tib. は「仏・世尊」（276a8 ; 295b4）とし，漢訳は「仏」（7c7）とし，各資料で呼称がすべて異なっている。

（2） śrāvastyām.　Tib. のみこれに相当する訳を欠く。　（3） jetavane.　漢訳のみこれに相当する訳を欠く。

（4） sūrpāraka ; slo ma lta bu ; 輸波羅迦。Skt. の語形に関しては，sūrpāraka と śūrpāraka との間で写本の読みが揺れていることを校訂者は指摘している。漢訳からは判断できないが，Tib. の訳「箕のような」は，śūrpāraka を支持している。

（5） bhava ; 'byor pa ; 自在。　（6） 定型句 2A（富者）。

（7） 定型句 3A（結婚）。Skt. と漢訳は生まれた子供の描写を欠くが，Tib. は「美しく，男前で，見目麗しい男児が生まれて」（276b3 ; 295b7）とする。　（8） bhavila ; 'byor len ; 安楽。　（9） 定型句 3 I（命名）。

（10） bhavatrāta ; 'byor skyob ; 守護。　（11） bhavanandin ; 'byor dga' ; 歓喜。

（12） anekair upāyaśataiḥ.　Tib. は「何百千（brgya stong du mas）」（276b7 ; 296a3）とするので，BAILEY は下線部を upāyaśatasahasrair と読むべきであるとする。なお漢訳は数には言及しない。

（13） dārike.　Tib. はこの訳を欠く。漢訳は「女子」（7c27）とする。

（14） alpamūlyāni.　写本はすべて asya mūlyāni とするが，Tib. はこれを rin chung ba（277a1 ; 296a5），漢訳も「易得之薬」（8a1）とするので，alpamūlyāni という校訂は妥当である。

（15） kiṃcit svabhaktāt tasmād eva gṛhād apahṛtya.　Tib. はこれを「自分自身の食物からも幾らか取り，その家自体からも幾らか掠め取って（bdag rang gi rgyags las kyang cung zad sbyar/ khyim de nyid nas kyang cung zad brkus nas）」（277a2 ; 296a6）とするので，BAILEY はこれを kiṃcit svabhaktāt samudānīya kiṃcit tasmād とし，下線部を補うべきであるとする。なお漢訳は「於妻子所。窃取少物。并減自料」（8a2）とする。

（16） ahaṃ te varam anuprayacchāmi.　Tib. はこれを「お前が一番欲しいものをやるから，言いなさい（khyod mchog ci 'dod pa sbyin gyis smros shig）」（277a4 ; 296a7）とするので，BAILEY は下線部を vada kiṃ と読むべきであるとする。漢訳は「汝於今者。

欲求何願」（8a7-8）とする。

（17）sā kathayati. Tib. はこの訳を欠く。漢訳は「時婢白言」（8a8）とする。（18）漢訳は「五億之銭」（8a10）とする。

（19）āryaputra. Tib. はこれを jo bo（277a5；296b1）とするので、BAILEY はこれを svāmin と読むべきであるとするが、漢訳は「聖子」（8a11）とするので、Divy. に一致する。

（20）dūram api param api gatvā. Tib. は「遠くに身を隠しても（rgyangs bkum par mchis kyang）」（277a5；296b1-2）とし、BAILEY は下線部を pāram と読むべきであるとする。漢訳は「設於余処」（8a11）とする。

（21）Tib. はここに「娘よ（bu mo）」（277a6；296b2）を置くので、BAILEY はここに dārake を補うべきであるとする。漢訳は Skt. と同じように、ここに呼格がない。また Tib. はこの後、gang gi tshe rung zhing zla mtshan dang ldan par gyur pa（277a6；296b2）とするので、yadā kalyā saṃvṛttā とし、下線部を補うべきであるとする。漢訳は「汝月期将至」（8a13）とする。

（22）gauraḥ. Tib. はこの訳を欠く。漢訳については本章注（24）参照。

（23）saṃgatabhrūḥ. Tib. は「眉は柔らかく（smin ma 'jar ba [P. 'jam pa]）」（277a8；296b5）とする。漢訳については本章注（24）参照。

（24）定型句 3H（誕生）。漢訳は「容貌端正。諸根具足」（8a16）とするのみで、具体的な内容には触れない。また Skt. は定型句の最後の表現「五体満足で、細部に至るまで完璧であった（sarvāṅgapratyaṅgopetaḥ）」を欠くが、Tib. はこれに相当する一節 yan lag dang nying lag thams cad dang ldan pa（277b1；296b5）が見られるし、漢訳もすでに指摘したとおり「諸根具足」とあるので、本来はこれがあったものと推定できる。

（25）tasya jñātayaḥ saṃgamya samāgamya. Tib. はこれを単に「彼は（de）」（277b1；296b6）とするのみである。漢訳は「集諸親族」（8a17）とし、Skt. に近い。

（26）pūrṇa；gang po；円満。これと類似した話は『法句譬喩経』にも見られ、神塚淑子（他）『真理の偈と物語（上）：『法句譬喩経』現代語訳』（Tokyo, 2001, 253（7））は、物語の主人公の「分那」を「人名であるが、未詳」と注記しているが、これが pūrṇa（Pāli. puṇṇa）、あるいはこれに類するインド語の音写であることは疑いない。

（27）定型句 3I（命名）。（28）Tib. のみ「襁褓の〔世話をする〕乳母」（277b3；296b7）から始める。

（29）vistareṇa yāvat. 漢訳のみ「遣八乳母。以為供侍。二人抱持。二人飲乳。二人洗濯。二人遊戯。此八乳母。日夜供給。并以乳酪。生酥熟酥。及以醍醐。以為所食。厳身資具。飲食湯薬。日倍勝前。由此因縁。速便長大。如清浄池。蓮花開敷」（8a18-23）とし、これを省略しない。

(30) 定型句 3J（八人の乳母）。

(31) 定型句 3K（子供の成長と学習）。このうち、八種類の鑑定術の順番に関しては、各定型句間で異同が見られ、必ずしも統一されているわけではないが、ここに関してはSkt. で二つの項目を欠き、また順番に関しては、Tib.（277b4-5；297a1-2）と漢訳（8a24-25）とが「物品・衣料・宝石・材木・象・馬・少年・少女」で一致する。なお、Tib. はこの後に、Skt. には見られない「他の鑑定術も行い（brtag pa gzhan yang byed pa dang）」（277b5；297a2）という一節を置いている。BAILEY は vastuparīkṣāyāṃ vastra-parīkṣāyāṃ ratnaparīkṣāyāṃ dāruparīkṣāyāṃ とし、下線部を補うべきであるとする。ここでは BAILEY に従う。

(32) nivṛttā maṇḍanaparamā vyavasthitāḥ. Tib. はこれを「日常生活を蔑ろにし（'tsho nam yal bar bor te）、〔嫁の〕媚態に現を抜かしていた」（277b6；297a3）とする。これと同様の表現はこの後にも見られ、そこでは下線部に対応する部分が nirastavyāpārāḥ となっているので、BAILEY は下線部をこれと同じように読むべきであるとする。漢訳は「共為遊戯深著欲楽。所有家業。咸悉廃失」（8a27-28）とし、Tib. に一致するので、ここでは BAILEY の訂正に従う。

(33) suvarṇalakṣāḥ saṃvṛttāḥ. BAILEY は連声を考慮し、-lakṣā saṃvṛttā と読むべきであるとする。SPEYER も同じ立場を取る。

(34) dharmeṇa nyāyena. Tib. は chos dang mthun pas（278a4；297b2）とするので、BAILEY は nyāyena に相当する訳がないとして、これを省略すべきであるとする。これに対し SPEYER は dharmyeṇa nyāyena に訂正する。今は SPEYER の訂正に従う。また SPEYER はこの後の vyavahāritā を vyavahāratā に訂正する。これも文脈および文法を考えれば、妥当な訂正と考えられるので、この読みを採る。漢訳では、出す位置はこの後の父がプールナの稼いだ物の価値を計算する箇所になるが、「凡有経営。曾無欺誑」（8b25-26）とする。

(35) suvarṇasya mūlyam. Tib. はこれを「四つの黄金だけを（gser bzhi po nyid）」（278a6；297b3）とし、これが何を意味するかは不明である。一方、漢訳は「算其本利。遂倍諸子」（8b26）とし、これまた違った表現を取る。

(36) lakṣā. Tib. はこれを gser 'bum（278a6；297b4）とするので、BAILEY は suvarṇalakṣā とし、下線部を補うべきであるとする。この前にも同様の表現が二回使われていたので（27.6, 7）、BAILEY に従う。漢訳は前注で出したように「遂倍諸子」として伝承を異にする。

(37) iyat suvarṇam. Tib. は「これほどの十万（'bum）金」（278a7；297b4）とし、具体的な数に言及する。漢訳は「此如許財宝」（8b29）とし、Skt. と同じ理解を示す。

(38) te niṣkrāntāḥ. Tib. は「他の者達は（de dag gzhan ni）」（278b3；298a1-2）とするので、BAILEY は te 'nyā niṣkrāntā とし、下線部を補うべきであるとする。漢訳も「令余三子。並出門外」（8c14）とし、Tib. に一致する。文脈からすれば、この語はあった方がよいので、BAILEY の訂正に従う。

(39) 類似の詩頌は初期経典 (SN i 97.28 ff.; cf. Mv. ii 66.3 ff., 424.6 ff.) に見出せるが、これは Udv (i 22) とパラレルであり、有部系の説話文献では臨終の場面と密接な関係を持って説かれる。Cf. Divy. 100.18–19, 486.20–21; MSV i 115.6, vi 56.29–30, vii 38.24–25, 180.3–4; Mv. iii 152.4–5, 183.13–14.

(40) Tib. はここに「彼が死んでしまった今」(278b6; 298a4-5)、漢訳も「父今已死」(8c25) を置く。

(41) yad idānīṃ. Tib. は「もしも (gal te)」(278b6; 298a5) とし、この方が文脈に会うので、yad を yadi に改め、yadīdānīṃ とする。漢訳には対応箇所なし。

(42) na śobhanaṃ bhaviṣyati. Tib. はこれを「親戚の者達にも非難されることになるから」(278b7; 298a5) とする。漢訳には対応箇所なし。

(43) ājīvibhiḥ. 文脈からすれば、商売などに関わる人を意味する語として理解するのが妥当と思われる。TATELMAN (50) はこれを who lived by commerce と解釈するが、Skt. としてこの語をそのように解釈できるかは疑問の余地がある。Tib. はこれを rjes su 'tsho ba dag gis (279a2; 298b1) とする。TSD によると、これに対応する Skt. は eṣaṇa あるいは sevaka とある。sevaka であれば、「使用人」を意味することになるし、この Tib. をそのまま還梵すれば anujīvin となり、「従者」を意味する。想像力を逞しくして考えれば、これは主人である商売人の使い走りでプールナのもとにやって来た使用人あるいは従者とも考えられるので、ここではこの意味で理解しておく。なお漢訳は彼のもとに集まってきた者達全体を纏めて「多商客」(9a3) と表現する。

(44) upasthāya. Tib. はここを「立ち上がって (langs te)」(279a2; 298b1) とする。この方が文脈に合うし、実際に BAILEY はこれを utthāya に改めているので、これに読み替える。なお、漢訳は「衆散之後」(9a4) とするのみである。

(45) tā evam arthaṃ vistareṇārocayanti. Tib. はここを「プールナは、商人、組合長、隊商主、その他にも使用人達に取り囲まれており、太陽の光線の如く威光が輝いていらっしゃったので、彼らが立ち上がって退かれた時に、与えられたのです」(279a3-4; 298b2-3) とし、具体的に内容を説明している。漢訳は Tib. ほど詳細ではないが、「為多商客囲遶叔住。為此淹時。不能早見」(9a6-7) と説明するので、Skt. の記述とは異なり、Tib. に近い。

(46) ここに、Tib. は「「そんな時間にどうして出掛けていくのよ」。彼女は〔下女に〕その時間をちゃんと教えると、彼女〔下女〕は言った。「御主人様、お慈悲を」」(279a5; 298b4) という文章が見られる。漢訳は Skt. に近い。

(47) kanyāś. Tib. はこれを「他の〔下女〕達は (gzhan dag)」(279a6; 298b5) とするので、BAILEY はこれを anyāś と読むべきであるとし、SPEYER もこの読みを取る。漢訳も「余婢」(9a10) とするので、kanyāś を anyāś に改める。

（48）　Tib. はここに「あなたはどうして早く戻ってくるのですか（khyod ni ci ste myur bar 'khor）」（279a6；298b5）を置くので、BAILEY はここに tvaṃ kathaṃ śīghraṃ labhase を補うべきであるとする。漢訳もこれに相当する一文「汝往取物。何為速来。我之取物。致此淹滞」（9a12-13）が見られるので、本来はこれに相当する Skt. があったのかも知れない。

（49）　tayā samākhyātam. Tib. はこれを「彼女はすべてを（thams cad）話すと」（279a6；298b5）とするので、BAILEY は tayā sarvaṃ samākhyātam とし、下線部を補うべきであるとする。漢訳は詳細に「我之取物。皆及其時。為此早来。汝之往彼。皆不及時。縁此遅晩」（9a13-15）とする。

（50）　tā api śīghraṃ pratilabhante. Tib. のみこれを「プールナも、商人、組合長、隊商主、その他にも使用人達に取り囲まれて坐っていたが、彼女達も〔彼に〕近づくと、彼はそこで日々の〔生活〕費を〔彼女達に〕与えた」（279a7-8；298b5-6）とする。

（51）　jyeṣṭhabhavikāyā [jyeṣṭhaparicaryāyā A, jyeṣṭhabharikāyā D, jyeṣṭhaparicaryābharikāyā C; paricaryā seems a gloss, cf. infr. p. 30.11]. 下線部の読みに関しては各写本に乱れが見られ、統一がない。Tib. はこれを jo mo（279a8；298b7）とするので、BAILEY は -bhartṛkāyā と読むべきであるとする。一方、BHSD もこの語を取り上げ、BAILEY の解釈も引用しながら、bharikā という読みを示唆する。ここでは BHSD に従い、下線部を -bharikāyā に改める。なお漢訳は「大嫂」（9a17-18）とする。

（52）　-āvārī. Tib. はこれを「店の門（gi sgo）を」（279b4；299a4）とする。漢訳は「庫」（9a29）とする。

（53）　ここも Tib. の伝承だけが異なり、ここに「〔次男・三男の〕嫁達が〔それを〕見て言った。「あの子は誰に貰ったの」。彼女（長男の嫁）は言った。「叔父さんに貰ったのよ」」（279b5；299a4）という件が見られる。

（54）　daivayogāt. Tib. はこれを「間の悪いことに（ma stes te）」（279b6；299a5）とする。漢訳にはいずれに対応する訳も見出せない。

（55）　ここも Tib. の伝承だけが異なり、ここに「彼女達は言った。「〔それが本当かどうか〕今からでも確かめてやりましょうよ」」（279b7-8；299a7）という文を置く。

（56）　さらに Tib. 独自の伝承は続き、ここに「彼はそれを持って家に帰ると、〔次男・三男の〕嫁達が〔それを〕見て言った。「あの子は誰に貰ったの」。彼女（長男の嫁）は言った。「叔父さんに貰ったのよ」」（279b8-280a1；299b1）を置く。

（57）　Tib. はここに「彼女達は言った。「あなた達は御覧になったでしょう。ある者には上等な菓子を与え、別の者達には粗末な菓子を与えたのを」」（280a2；299b2-3）という件を置く。漢訳もこれに相当する訳「告其夫曰。汝今見不。他子乃得石蜜。我之愛子遂得沙糖」（9b13-14）が存在するので、ここは Skt. のみが異なった伝承を有していることになる。ただしこの直前の衣に関するやり取りでは、Skt. にもここと同様の、二男・三男の妻達が夫に不平を言う場面があったので、本来はここも現在では Tib. や漢訳にのみ存在する訳に相当する原文があったものと推定される。

(58) maryādābandhaṃ kartum. Tib. はこれを「苦しめる (mnar)」(280a5; 299b6) とし、漢訳も「苦自治罰」(9b24-25) として、Tib. と同じ理解を示す。

(59) pratyakṣikṛtam. この直前に長男の言葉があるが、そこに「善く考えねばならない (suparikṣitaṃ kartavyam)」とあり、それを受けての答弁であるから、ここにある pratyakṣikṛtam は parikṣitam の方がよい。事実、Tib. は「吟味する (brtags)」(280a6; 299b7) とし、yongs su こそないが parikṣitam という読みを支持するので、BAILEY も parikṣitam を採る。漢訳も「深観察委悉極知」(9b28) とするので、これに読みを改める。

(60) kulāni. Tib. はこれを「五人の仲裁者 (gzu bo mi lnga zhig)」(280a6-7; 300a1) とし、漢訳は「五」という数には言及しないが、「善断事人」(9b29) とする。榊 (72-73) によれば、kula は男性名詞で「組合長」を意味し、古代インドにおいては一家の中に紛議があれば、その家の属する組合長がまずその判決をなすことがあると指摘する。名詞の性の問題 (中性と男性) はあるが、ここでは榊の指示に従い、この語を「組合長」と理解する。なお、Tib. が「五」という数字に言及する理由は不明。

(61) Tib. はここに「五人の仲裁者がなぜ必要なのだ」(280a7; 300a1) を置き、同様に漢訳も「何須更喚善断事人」(9c1-2) とする。

(62) evaṃ bhavatu mama pūrṇakaḥ. Tib. はこれを「もしもそうなら、プールナは私が引き取る (gal te de lta na gang po ni kho bos bkur ro)」(280b1; 300a4) とするので、BAILEY はこの文頭に yady を補い、yady evaṃ と bhavatu mama pūrṇaka とに文を区切る。この方が自然な文のように思われるが、今は Divy. の読みに従う。漢訳は「如汝所言。我今応当収取円満」(9c10) とする。

(63) jyeṣṭhabhavike [jyeṣṭhabharike CD]. ここも本章注 (51) に従い、下線部を -bharike に改める。

(64) 漢訳は「円満問曰。何故得然。其兄答言。我已分得」(9c14-15) とし、ほぼ Skt. に一致するが、プールナの「どうしてですか」という質問に対する兄の答えから、Tib. の伝承が大幅に異なり、「「我々は家を分配し、外国〔貿易の権利〕の所有権と店の所有権とは我々のものだ」。彼 (プールナ) は言った。「私の取り分を下さい」。彼は言った。「お前は奴隷女の息子なのに、どうしてお前に取り分をやらねばならんのだ。それどころか、お前こそは我々によって分配されるべきもので、長兄が〔お前を〕取ったのだよ」」(280b3-4; 300a6-7) とする。この後、バヴィラの妻がプールナと共に親戚の家に向かうところから同じ伝承になる。なお BAILEY はこの文頭に bdag cag gis khyim bgos te とあることから、asmābhir bhājitaṃ gṛham とし、下線部を補うべきであるとする。

(65) pūrvabhakṣikām. Tib. はこれを単に「食物を (g-yar stsus)」(280b5; 300b1) とする。漢訳は「小食」(9c17) とする。

(66) avasthā. Skt. はこれを抽象的に表現するが、Tib. はこれを「〔お金が〕緊急に必要な状態に (mkhos su 'bebs par)」(280b6; 300b2) とする。漢訳は「遭此分散。家業破耶」(9c20) とし、さらに具体的な状況を説明している。

（67） striyārakūṭākārṣāpaṇān [Sic for striya ārakūṭa-]. Tib. は下線部を「マーシャカを（ma sha ka）」（280b6；300b2）とする。この直後にも同様の表現が見られるが、そこでは ārakūṭamāṣako とするので、BAILEY はこれを ārakūṭamāṣakān に改めている。ここでは BAILEY の訂正に従う。なお漢訳は「悪銭」（9c21）とする。また脚注に従って前半の原文を訂正する。

（68） Cf.『法句譬喩経』（T. 211, iv 588b19 ff.）.

（69） cūrṇakasya. 漢訳はこれを「末」（10a3）とし、Skt. と同じ理解を示すが、Tib. はこれを「糖蜜（bu ram）」（281a1；300b6）とする。理由は不明。

（70） pūrṇena śeṣakatipayakārṣāpaṇair ..... tena kuṭumbhaṃ saṃtoṣitam（31.12–14）. 以下、この Skt. に相当する部分は、Tib. にも漢訳にも存在しない。

（71） 漢訳は「若王蔵庫中。無牛頭栴檀。豈是王耶」（10a20–21）とし、Skt. に一致するが、Tib. には「牛頭栴檀のある家とはどのようなものであろうか」（281a5；301a3）とあり、異なった伝承を示す。文脈からすれば、Skt. や漢訳の読みがよく、ここでは BAILEY も珍しく Skt. の読みを採る。

（72） sarvathā. Tib. は「すべての（thams cad）牛頭栴檀」（281a7；301a5）と理解する。漢訳にはこれに相当する訳がない。

（73） Tib. だけがここで「もしも〔抜け駆けして〕行けば、そいつには六十カールシャーパナの罰金だ」（281b3；301b3）という具体的な罰則規定に言及する。

（74） 漢訳のみここに「円満報曰」（10b20）を置く。 （75） te kathayanti. Tib. のみこれに相当する訳を欠く。

（76） dūram api param api gatvā. Tib. はこれを「どこに行っても」（281b5；301b5）、漢訳は「汝今何須更問此之価直」（10b21–22）とし、各資料間で表現が異なる。

（77） Tib. はここに「家に戻ってから」（281b6；301b6）、漢訳は「貨了方付」（10b26）を置く。

（78） asmākam api. Tib. はこれを bdag cag la 'di 'dra bas ni（281b8；301b7–302a1）とするので、BAILEY は下線部を īdṛśena（sc. dravyeṇa）に改めている。漢訳は「如是之物。我等庫蔵皆属円満」（10c1）とし、Tib. に一致する。この方が文脈にも合うので、BAILEY の読みを採る。

（79） pūrṇasyāntikāt. この後、同じ文章が繰り返されるが、そこでは pūrṇasyāntike とある。Tib. は「プールナに（gang po la）」（281b8；302a1）とするので、BAILEY はこれを pūrṇasyāntike に改め、SPEYER も同じ立場を取る。漢訳も「売与円満」（10c3–4）とするので、この読みに改める。

（80） kim ahaṃ na śabditaḥ. Tib. は「私に声をかけたか（bsgo 'am）」（282a4；302a5）とし、下線部の訳は欠くが、反語の形を取

るので、意味内容は一致する。漢訳は「因何不報我兄弟耶」（10c19）とし、表現もSkt. に一致する。

（81） samanuyujyantām.　Tib. はこれを rmar gsol（282a7；302a7–b1）とするが、意味不明である。漢訳は「請問」（10c27）とし、Skt. に一致する。

（82） te kathayanti/ deva neti.　Tib. はこれに相当する訳を欠く。漢訳は「商主答言。不報」（10c28–29）とし、Skt. に一致する。文脈からすれば、この一節は本来あるのが自然である。

（83） tena dravyeṇa.　Tib. はこれを rdzas shig（282a7；302b1）とするので、BAILEY はこれを kenacid dravyeṇa と読む可能性を疑問符つきで示唆する。文脈からすれば、ここでは王の所望するものが何か明確には分かっていないので、tena という指示代名詞は相応しくない。漢訳も「須諸貨物」（11a1）とし、少なくとも特定の物に限定していない点で Tib. に近い。Skt. もこの直後では amukena という内容をぼかす代名詞が使われているので、BAILEY の訂正に従う。

（84） sa sāhaṃkāraḥ kāmakāram adattvā nirgataḥ.　Tib. は「彼は自尊心と気丈さに伴われた高慢さゆえに出てきて（de nga rgyal dang nyam du shed dang bcas pa'i dregs pas byung ba dang）」（282b1–2；302b3–4）とし、また漢訳は「円満高慢。数日方出」（11a8–9）とするので、BAILEY に従い、これを sa sāhaṃkārakāmakāramadatvān nirgataḥ に訂正する。

（85） tena dviguṇamūlyena dattam/ pañcadaśa lakṣāṇi teṣāṃ baṇijāṃ dattam.　文脈からすれば、購入した値段は百八十万金であり、手付として三十万金をすでに支払っているから、その差額は百五十万金となるので、Skt. の表現は辻褄が合う。すなわち Skt. では、今、百八十万金の二倍の三百六十万金で商品を売り、差額の百五十万金を引いた二百十万金を自分の家に入れたことになる。ところが Tib. は「彼は百五十万金を二倍の値段にして〔商品を〕与えた（des sa ya dang lnga 'bum nyis 'gyur du byin no）」（282b3；302b5）とし、Skt. の dviguṇamūlyena を後ろの pañcadaśa lakṣāṇi に懸けて翻訳したものと思われる。これに従えば、手付金を差し引いた差額の倍で売ったことになるが、しかし内容的には Skt. の読みが正しいであろう。なお漢訳では「於貨物中。但売十五億両金之物。以還余債。自外之物留在庫中」（11a15–16）とし、手付金以外の十五億両金分の商品のみを今売り渡して債務を完済し、残りの商品は自分の倉庫にとどめたとしており、Skt. や Tib. とも異なった理解を示している。

（86） この後、Tib. のみ「長老尼偈（gnas brtan ma'i tshigs su bcad pa）」（283a3；303a6）を置く。

（87） vistareṇa.　Tib. はこれを「ひっそりと（gsang）」（283a4；303a6）とする。漢訳は「以妙音声。清朗而誦」（11b7）とし、傍線部のいずれかがこの訳に相当する。

（88） naitāni gītāni kiṃ tu khalv etad buddhavacanam.　Tib. はこれを de dag ni glu ma lags so// 'o na ci/ de ni sangs rgyas kyis bka'o（283a4–5；303a7）とするので、BAILEY はこれを naitāni gītāni// kiṃ nu khalv etad// buddhavacanam (?) とする。漢訳

も「此非歌詠。円満問曰。是何言辞。商人報曰。是仏所説」(11b8-10) とし、文の区切りは Tib. に一致するので、BAILEY の訂正に従う。 (89) 定型句 9G (「ブッダ」という音)。

(90) dhaninaḥ sārthavāhasya. Tib. は「商人か組合長か隊商主の」(283b1 ; 303b4) とし、三名に言及する。漢訳は「豪富長者。商主」(11b18-19) とする。

(91) idānīṃ tu yuktam. 同じ Tib. でも P. はこれに相当する訳を欠くが、D. には da ni rigs pa lags so (303b5) が存在する。なお漢訳は「今有財物。応可出家」(11b23) とする。

(92) anupūrveṇa śrāvastīm anuprāptaḥ. Tib. も漢訳も、これに相当する訳が見られない。

(93) tena gatvānāthapiṇḍadasya gṛhapater ārocitam. Tib. のみこの訳を欠く。

(94) apūrveṇa. これに相当する訳は Tib. にも漢訳にもない。

(95) saṃghasya. これは直前の buddhaḥ dharmaḥ と同様に格を統一し、saṃghaḥ に改める。BAILEY もこう訂正している。

(96) purastāt. Tib. は「中に (gung la)」(284a3 ; 304a6) とする。漢訳はこの訳を欠く。

(97) -prābhṛtaḥ. これに相当する Tib. は skyes であるが、ここでは「男 (skyes bu)」(284a4 ; 304a7-b1) とする。単なる誤写と考えられる。漢訳は「度衆生宝」(11c18) とする。 (98) 定型句 8 I (如来への贈物)。

(99) anukampām upādāya. この表現は英語でいう please に相当する表現であるから、「どうか」くらいの訳でいいと思うが、本書では直訳しておく。

(100) pātrakaraka-. 複合語の後半 karaka は kāṭaka の俗語形であり、BHSD (s.v. kāṭaka) はこれを ring on which the almsbowl is fastened/ ring for putting almsbowl と解釈し、ここでもこの意味で訳した。なお Mvy. (8952) ではこれに相当する Tib. が lhung gzed (bzed) gzhag pa'i gdu bu となっているが、ここでは「鉢と水瓶 (lhung bzed dang bya ma bum)」(284a8 ; 304b4) と訳し、Tib. は karaka を文字通りの意味で解釈している。漢訳も「瓶鉢」(11c25) とし、Tib. に近い理解を示す。

(101) Divy. では「剃髪→僧衣→鉢→七日間」の順だが、Tib. は「剃髪→僧衣→七日間→鉢」(284a7-8 ; 304b3-4)、漢訳は「剃髪→七日間→僧衣→鉢」(11c24-25) とし、二番目以降は各資料で順番が異なる。

(102) naiva sthito buddhamanorathena. Tib. はこれを sangs rgyas dgongs pas lus gzugs bkab par gyur (284b1 ; 304b5) とする。buddhamanorathena はよいとして、問題はその前の naiva sthito であり、これでは意味をなさない。これに相当する箇所は lus gzugs bkab pa と訳されているが、TSD はこれに相当する Skt. を nepatthita とし、これを BHSD は clothed/ garbed と解釈する。今は Tib. の読みと BHSD の解釈を採用して和訳する。なお漢訳は「随念意皆成」(11c28) とする。

(103) prahitātmā.　BAILEY は Tib. に bdag nyid la bdag nyid gton cing とあるので、これを ātmaprahitātmā とする可能性を示唆するが、P. も D. も bdag nyid gton cing（284b3；304b7）とする。漢訳はこの訳を欠く。

(104) Tib. のみここに Divy. にはない一文「一人でひっそりと不放逸にして自ら専念し、留まって」（284b3；304b7）を置く。

(105) tad anuttaraṃ brahmacaryaparyavasānaṃ dṛṣṭadharme svayam abhijñāya sākṣātkṛtvopasaṃpadya pravrajayeyam.　これをこのまま読むと、「私は無上なる梵行の完成をこの世で自ら神力によって証得し、作証し、具足戒を受け、出家したいのです」となるが、時系列的には、「具足戒を受け、出家する」のが先であり、その結果として、「無上なる梵行の完成をこの世で自ら神力によって証得し、作証する」のでなければならない。これと同等の表現は第13章注（138）、第23–25章注（222）、第35章注（84）にも見られるが、いずれも阿羅漢の定型句に関連して説かれるもので、ここでの用法は異例であるから、何らかの混乱が想定される。また Tib. を見ると、tshangs par spyod pa'i mtha' bla na ma mchis pa de mthong ba'i chos de nyid la rang gi mngon par shes pas mngon sum du bgyis te bsgrubs nas（284b4；305a1）とし、通常「具足戒を受ける」を意味する upasaṃpadya は Tib. で bsnyen par rdzogs pa 等と訳されるが、ここでは bsgrubs nas とされ、「〔梵行を〕成就して」とし、また問題の pravrajayeyam に相当する訳はない。さらにこの語は脚注においてA・B・C写本は pravradayeyam、D写本は pravrajadayeyam とし、読みが不安定であることからも、何らかの混乱が想定されるのである。また漢訳も「修其梵行。於現法中。証獲通智」（12a4–5）とし、「具足戒」や「出家」に言及しない。さらに具足戒と出家の関係を考えても、本来は「出家→沙弥→具足戒→比丘」という流れであるから、この具足戒と出家の前後関係もおかしい。定型句7A（出家の表明）にもあるように、「具足戒を受けて」とくれば、「比丘になりたい」と続くのが普通である。現段階では適切な改訂案がないので、文法的には正確ではないが、abhijñāya sākṣātkṛtvā という連続体を「～するために／すべく」と訳し、また出家と具足戒の順番を入れ替えて訳す。佐々木閑『出家とはなにか』（Tokyo, 1999, 47 ff.）および山極伸之「律蔵にみられる沙弥」『日本仏教学会年報』（63, 1998, 65–86）参照。

(106) kṣīṇā me jātiḥ.　Tib. のみこの訳を欠く。

(107) sarāgo.　Tib. はこれを kun du chags pa（284b8；305a6）とするが、これに相当する Skt. は、Mvy.（2201）によると saṃrāga であるから、これ以降 sarāga を saṃrāga に改める。BAILEY もこの読みを採る。

(108) nandīsaṃrāge [← -sarāge] sati nandīsaṃrāgasaṃyojanaṃ [← -sarāga-] bhavati.　Tib. はこれを「貪があれば、結合することになる」（284b8–285a1；305a6）と簡略に表現する。

(109) Skt. と漢訳とは反復を省略するが、Tib.（285a4–8；305b2–6）はこれを省略しない。

(110) śuklapakṣeṇa.　Tib. も漢訳もこの訳を欠く。　(111) śroṇāparāntaka；gro bzhin skyes gnas；輸那鉢羅得伽。

(112) śroṇāparāntakeṣu janapadeṣu vāsaṃ kalpayitum.　Tib. と漢訳にはこれに相当する訳がない。

(113) ’satyayā.　Tib. は tshogs par mi dbyung ba（285b2；306a1-2）とするので、BAILEY はこれを ’sabhyayā に訂正している。漢訳は「悪罵。嗔恚兇麁」（12a21）という箇所が対応するが、具体的にどの語が相当するかは確定し難い。ここでは Tib. の読みを重視し、語形の類似に起因する誤写と見なして、BAILEY の訂正に従う。この後（38.14）も同様に訂正する。

(114) paribhāṣiṣyante tasya te.　Tib. は下線部を de la（285b3；306a2）とする。これに対応する SN は paribhāsissanti tatra te（iv 61.11-12）、MN は paribhāsissanti tattha te（iii 268.12-13）とするので、tasya を tatra に改める。BAILEY もこの読みを採る。なお漢訳は「如此之事」（12a21-22）とする。以下、一々注記はしないが、これに相当する箇所はすべて tatra に改める。

(115) saṃmukham.　Tib. も漢訳もこの訳を欠く。

(116) bhadrakāḥ.　Tib. はこれを「好意的（rung ba）なのだ」（285b4；306a3）とする。なお漢訳は「賢善」（12a23）とするが、これは bhadraka のみを訳したものなのか、次の snigdhaka を訳したものなのか、または両方を含意して訳したものなのかは不明。

(117) snigdhakāḥ.　Tib. はこれを「智を備えた（blo dang ldan pa）」（285b4；306a3）とする。

(118) Tib. のみ、この「手で殴ったり、手や土塊で傷つけたりすること」に関するブッダの質問とプールナの答えとが欠けている。なお漢訳では、この想定される仕打ちに関する問答が四つ挙げられている点は Skt. に一致するが、この第二番目を「木石手等で打たれること」、次の第三番目を「刀剣木石で害されること」としている点で Skt. と若干の異同があり、漢訳の訳語は充分に整理されていない印象を受ける。

(119) jehrīyante.　この前後の語が現在分詞であることから、BAILEY はこれを jehrīyamāṇā に訂正している。

(120) kṣāntisaurabhyena.　下線部分を Tib. は des pa（286a3；306b4）とし、sauratya という Skt. が想定される。BHSD もこの読みが sauratya の誤りであることを指摘しているし、漢訳も「柔和忍順」（12b10）とし、kṣānti との語順は入れ替わっているように思われるが、sauratya という読みを支持しているので、これに改める。BAILEY もこの読みを採る。

(121) śroṇāparāntakeṣu vāsaṃ kalpayitum.　Tib. はこの訳を欠く。漢訳は「得住彼国。応当往彼」（12b10-11）とするが、傍線部がこれの訳に相当するかどうかは明確ではない。

(122) これには二つの類似する表現がある。一つはここに和訳したパターン、もう一つは「私は（中略）調御されざる有情を調御し、寂静ならざる〔有情〕を寂静ならしめ、〔彼岸に〕渡らざる〔有情〕を渡らしめ、解脱せざる〔有情〕を解脱させ、安穏ならざる〔有情〕を安穏ならしめ、般涅槃せざる〔有情〕を般涅槃させよう（aham ..... adāntān sattvān damayeyam aśāntāñ chamayeyam atīrṇān tārayeyam amuktān mocayeyam anāśvastān āśvāsayeyam aparinirvṛtān parinirvāpayeyam）」（Divy. 326.19-22）というパターンである。Tib.（286a4-5；306b4-5）は後者のSkt.に近く、伝承が異なっている。漢訳は前者の伝承を有し、本文で示したSkt.に一致する。なお、並川孝儀（「初期仏典に見られるブッダの救済性─√tṝのcausativeの用例より見て─」『渡邊文麿博士追悼記念論集／原始仏教と大乗仏教（上）』（Kyoto, 1993, 235-254））の研究によると、「〔有情を彼岸に〕渡す（tṝ（caus.））」というのはブッダに固有の属性であり、有部系の文献では基本的に仏弟子などには適用されず、仏弟子自身が自らの決意として「有情を彼岸に渡そう」と誓願したり、また客観的な記述として「かの仏弟子は有情を彼岸に渡した」と説かれることはないが、ここにあるようにブッダ自身が仏弟子を励ます場合には「渡す（tṝ（caus.））」が仏弟子にも用いられることがある。たとえば、有部系の文献と見なされている『中阿含経』には、同様の用例が二つ見出せる。

世尊告曰。舎梨子。汝去随所欲。諸未度者当令得度。諸未脱者当令得脱。諸未般涅槃者令得般涅槃。舎梨子。汝去随所欲（T. 26, i 452b29-c3）

世尊知已告曰。汝去未度者度。未解脱者令得解脱。未滅訖者令得滅訖。頼吒惒羅。今随汝意（T. 26, i 624b12-15）

『説話の考古学』（326-334）参照。

(123) Tib.にはここに「次第して（rim gyis）」（286a7；307a1）という訳があり、Skt.のanupūrveṇaがここにあった可能性を示す。漢訳はこれに相当する訳がない。

(124) dhanuṣpāṇiḥ. Tib.は下線部を「矢弓（mda' gzhu）」（286a8；307a2）とし、漢訳も「弓箭」（12b20）とする。

(125) gahane. 榊（92）はこれをgrahaṇeに訂正するが、根拠は示していない。Tib.を見ると「空に（mkha' la）」（286b2；307a4）とし、漢訳も「空」（12b25）とするので、これはgaganeの可能性が大きい。ここではgahaneをgaganeに改める。

(126) baddhaṃ [bandhaṃ ?]. Tib.はこれをrnyis（286b2；307a4）とするので、BAILEYはDivy.の校訂者が脚注で推定するbandhaṃの読みを採る。今はBAILEYの訂正に従う。なお漢訳も「羅弶」（12b25）とし、これを支持する。

(127) asyārthe udarasya pāpakalile dūrād ihābhyāgataḥ. この句がSkt.とTib.で大きく異なる。Tib.はこれを「この罪多き腹に、お前はどんどん（?）矢を射よ（sdig pa rab mang lto 'dir khyod kyis 'tsham rims [P. rigs] mda' 'phongs shig）」（286b2-3；307a4）とする（'tsham rims [P. rigs] の意味はよく分からない）。漢訳は「我従久遠由此腹　為許輪迴受諸苦」（12b28）とし、Skt.の伝承に近い。

(128) 本章注（120）に倣って訂正する。ただし漢訳は、ここでは「忍辱」（12b29）のみを出す。

(129) 定型句7C（阿羅漢）。なお漢訳はこの定型句を省略しない（12c6-11）。

(130) vikatthase. Tib.にはこれに相当する訳がない。漢訳は「毀辱我等」（12c23）とし、Skt.に近い。

(131) gṛhṇantv atra yat sāram.　Tib. はこれを「そこで選び抜いて採取せよ」(287a1；307b4) とする。なお漢訳はこの辺りを「即乗大船。往趣宝所。暴風卒至。飄其船舶。到一洲所。於其山上。皆是牛頭栴檀。時諸商人更相謂曰。我等昔聞牛頭栴檀。今始得見。是妙水精大自在薬叉之所守護。于時薬叉不在。仁可斎心急須斬伐。時以五百具斧。一時斫截」(12c25-13a1) とし、ここで船頭は何ら指示を出していないので、Skt. や Tib. と伝承が異なる。

(132) maheśvara；dbang phyug chen po；妙水精〔大自在〕。漢訳名の由来は、Skt. や Tib. からは推定できない。

(133) pañcamātrāṇi kuṭhāraśatāni voḍhum ārabdhāni.　Tib. は「五百本の斧で切り始めた」(287a4；307b6) とし、漢訳も「以五百具斧。一時斫截」(13a1) とし、Tib. の伝承に一致する。

(134) apriya；mi dga' ba；作喜。これも Skt. や Tib. は一致するが、漢訳名の由来は不明である。

(135) mahāntaṃ kālikāvātabhayaṃ.　Tib. の rlung nag po chen po 'jigs su rung ba (287a6；308a1) およびこの直後に mahākālikāvātabhayaṃ とあるので、BAILEY はこれを mahākālikāvātabhayaṃ に訂正している。

(136) yat tac chrūyate mahākālikāvātabhayam iti/ idaṃ tat kiṃ manyadhvam [Sic MSS：Qu. -dhva ?] iti.　Tib. は rlung nag po chen po'i 'jigs pa zhig yod do zhes grag pa gang yin pa de ni 'di yin gyis ngo lon som shig (287a7；308a2) とするので、BAILEY はダンダの位置を iti idaṃ tat/ kiṃ とする。ここでもこの訂正に従う。問題はこの後であるが、kiṃ に相当する訳はなく、その代わりに ngo lon という語が見られるが、この語の意味は不明であり、BAILEY も見たことがないとする。彼は次善の策として、kiṃ kartavyatāṃ とし、下線部を補うことを提案する。漢訳はこれを「昔聞黒風。今此風是。実難遭遇。須作思惟。善為方便」(13a7-8) とするので、ここでは kiṃ を kiṃcid に改め、漢訳を参照して和訳する。

(137) śivavaruṇakuveraśakrabrahmādyāsuramanujoraga-.　Tib. は下線部を nor lha (287a8；308a3) とするので、BAILEY は下線部を -vāsavādyāḥ に改めている。刊本はこれを散文として処理するが、彼によれば、これは韻文 puṣpitāgrā であるとする。また SPEYER は下線部を śakra brahman に、榊 (96) は śakra brahmādy に訂正するが、これだと、短母音であるべき十番目の母音が長母音になり、この韻律に合わない。よって、ここでは BAILEY の訂正に従う。また韻律を整える上で点線部を、Tib. の lto 'phye (287a8；308a3) に基づき、-mahoraga- に変える。こうすることで puṣpitāgrā の韻律にピタリと合う。なお、漢訳は「自在水風神　帝釈天仙等　龍王薬叉衆　阿素洛等神」(13a11-12) とする。

(138) kiṃ māṃ evaṃ viheṭhayasi [maivaṃ viheṭhayāmi vāyā antaram B].　原文では「どうしてお前は私の邪魔をするのだ」という訳になる。これを BAILEY は tvam eva māṃ viheṭhayasi (*or* kiṃ tvāṃ viheṭhayāmi, tvam eva māṃ viheṭhayasi) と訂正する。Tib. は「お前こそ私の邪魔をしているではないか (khyod nyid kyis nga la tho 'tsham mam)」(288a2；308b5)、漢訳はこの

訳を欠く。ここでは（　）内に示されたBAILEYの訂正に従って和訳する。

(139) nāmāvaśeṣaḥ kṛtaḥ syāt. 直訳「名前〔だけ〕が残っただろう」。なお漢訳は「必殞我兄。空留其名」(13b9-10) とし、この直訳に近い。(140) -vanam. Tib. のみこの訳を欠く。

(141) viḍālapadam. 直訳「猫の足跡」。これは重量の単位であり、Tib. はこれを pho sum gang (288a7; 309a3) とする。何かの計量の単位かと思われるが、下線部の意味が不明である。一方、漢訳は「一撮」(13b24-25) とし、容積の単位とする。一撮は一升の千分の一とされるから、1.8 *ml* に相当する。

(142) rājā kathayati/ bhavantaḥ śobhanaṃ prāsādam. これに相当する訳は、Tib. にも漢訳にも存在しない。

(143) ārya. Tib. は「聖者プールナよ (gang po)」(288b1; 309a5) とし、漢訳も「円満聖者」(13c1) とする。

(144) kiyaddūram itaḥ śrāvastī/ sātirekaṃ yojanaśatam. Tib. は「『どれくらい遠いのだ』。『シュラーヴァスティーへは百ヨージャナ余りです』(lam ji srid mchis/ mnyan yod na dpag tshad brgya lhag tsam mo)」(288b1; 309a5) とし、Skt. と文の区切りが異なり、kiyaddūram itaḥ/ śrāvastī sātirekaṃ yojanaśatam として訳している。漢訳は「又問。此城為近遠耶。円満答曰可百余里」(13c2-3) とし、Skt. に一致する。

(145) sāhāyyaṃ kalpayatu. D. は「援助して下さい (bstang du gsol)」(309a6) とし、Skt. に一致するが、P. は「許可して下さい (gnang du gsol)」(288b2) とし、伝承が異なる。漢訳は「願王聴許。助我営辦」(13c6) とし、傍線で示したとおり、両方を含意して訳している。

(146) tataḥ śobhanaṃ. 刊本にはここにこの語があるが、Tib. にも漢訳にもこれに相当する訳がない。文脈から考えても、この位置にこの語は相応しくないと考えられるので、これを tat に読み替え、tac chobhanaṃ に改めて訳す。

(147) kalpayāmi. Tib. はこの訳を欠く。漢訳は「助汝辦供」(13c7) がこの訳に相当しそうだ。

(148) ārāmikena. Tib. は khyim pa zhig (288b3; 309a7) とするので、これは āgārikeṇa の誤りである可能性が高い。BAILEY も āgārikeṇa に訂正しているので、これに従う。漢訳は「是時円満昇高楼上。双膝著地。遙望逝多林園焼香散花。以金瓶水。而作潔浄。遙申啓請。而説頌言」(13c7-9) とし、プールナ自身が黄金の水差しを持っている。

(149) viśuddhaśīla. SPEYER は韻律の関係で、これを viśuddhaśīlin に改めているので、ここでもこの訂正に従う。

(150) bhaktābhisāre satatārthadarśin. Tib. はこれを「食事時には常に意味を見るお方よ (zhal zas dus su rtag tu don gzigs pa)」(288b4; 309b1) とする。一方、漢訳は「能知帰命者」(13c10) とする。

(151) -śalākā-. Tib. は「容器 (phur ma)」(288b5; 309b2) とするが、漢訳は「棒」(13c15) とし、Skt. に一致する。ただし Tib. の

読みが phur pa であれば、「短剣」を意味するので、Skt. の「籌」や漢訳の「棒」に近くなる。

(152) -kuśalaḥ sakṛta-. BAILEY はこれを -kuśalaḥ/ sa kṛta- に訂正する。ダンダの有無はともかく、sa kṛta- に関しては、BAILEY の訂正に従う。

(153) kuṇḍopadhānīyaka ; yul chu mig can ; 瓫枕。漢訳は Skt. の直訳で問題ないが、Tib. は直訳すると「泉のある国」となり、その Skt. が想定できない。同様の名前は Sumāgadhāvadāna (ed. Y. IWAMOTO, Kyoto, 1968) にも見られ、pūrṇo nāma sukuṇḍopadhāniyaḥ sthaviraḥ (12.13) とあるのを、校訂者は「プールナというスクンドーパダナ〔出身の〕長老」と訳している（岩本裕『仏教説話研究序説（仏教説話研究第一）』（Kyoto, 1967, 67)）。よってここでもこれを出身地を表す固有名詞と理解する。Cf. TATELMAN (89, fn 109), DPPN (s.v. kuṇḍadhāna).

(154) このプールナとこの物語の主人公プールナとが別人であることは明白である。なぜなら主人公のプールナはスールパーラカでブッダがやって来るのを待っているわけだし、このプールナはシュラーヴァスティーにいてそこからブッダと共にスールパーラカに出向こうとしているからである。BHSD (s.v. pūrṇa (1) and (4)) も両者が同一人物の可能性を示しているが、少なくともこの物語に関する限り、これは支持できない。ここでは主人公プールナとは別人として理解する。

(155) sujātasya. Tib. は「スダッタ (rab sbyin)」(289a1 ; 309b7) とし、漢訳も「蘇達」(13c26) とするので、sudattasya に改める。BAILEY もこのように訂正している。 (156) Tib. のみここに「遍計する者達が」(289a5 ; 310a3) を置く。

(157) jarayā hi nipīḍitayauvanāḥ. Tib. は rga bas dar yal gyur kyang (289a5 ; 310a3) とするので、BAILEY は下線部を jarayāpi に訂正する。この方が文脈に合うので、これに従う。漢訳も「身雖老病亦能証」(14a8) とする。

(158) caitya śalākāgrahaṇe. 下線部の読みに関しては問題がある。Divy. の校訂者はこれを ca etya の連声形として校訂しているが、Tib. はこれを「供養の籌を取る際 (mchod pa'i tshul shing blang ba la)」(289a6 ; 310a4) とし、caityaśalākāgrahaṇe と理解する。つまり caitya を名詞として理解するのである。TATELMAN (69) もその明確な意味は不明としながらも、BHSD を依用して caitya を名詞と解する。ca etya とする場合は、ca の位置が不自然であるし、また名詞として理解すれば、ここに「塔」や「廟」を意味する語が複合語の前分として śalākā を修飾するのも不自然な感じがする。漢訳は「能以神通受籌」(14a10) とするのみで、読みを決定する手がかりを与えてくれない。ここでは ca etya として理解しておく。

(159) praticchannakalyāṇair vo bhikṣavo vihartavyaṃ vikṛtapāpaiḥ. これは対句であり、「善事を隠し、悪事を露にする」という趣旨であるから、下線部の読みがよくない。Tib. は「隠さずに (mi bcab par)」(289a7 ; 310a5-6) とし、漢訳も「所作悪事。応可発露」(14a14) とする。これと同じ表現は Divy. の他の箇所にも見られるが、そこでは praticchannakalyāṇā bhikṣavo viharata

vivṛtapāpā（150.11）とあるので、この読みに改める。なお、漢訳『長阿含経』の「堅固経」にも同様の記述が見られ（パーリのKhevaddha-sutta には対応箇所なし）、「仏告堅固。我終不教諸比丘為婆羅門長者居士而現神足上人法也。我但教弟子於空閑処静黙思道。若有功徳当自覆蔵。若有過失当自発露」（T. 1, i 101b18-22）とある。第12章注（19）、第19章注（86）参照。

(160) 定型句 2C（都城の荘厳）。

(161) patracārikā haritacārikā bhājanacārikāś ca. Tib. はこれを「木の葉を分配する者、草を分配する者、容器を分配する者（lo ma 'drim pa dang/ shang tse 'drim pa dang snod spyad 'drim pa dag）」（289b4；310b3）と訳す。漢訳のここの対応箇所では「此是五授事人。来此撿挍。所謂知菜等。乃至熟食」（14b1-2）とあり、「乃至」で省略されている部分があるが、この直前の長老達が実際にやって来る場面では「仏令差五授事。以神通力。先到其舎。何者為五。一者知其菜事。二者知其器物。三者知其食草。四者知其浄水。五者知其熟食」（14a26-29）とし、Skt. や Tib. と違って、その内容が五つに増えているのが分かる。しかもそれが僧伽内の知事に言及しており、数こそ違うが、Tib. も同様の理解を示していると思われる。Divy. の校訂者は脚注で、写本では -cārikā の代わりに -vārikā が用いられることを指摘するが、-vārikā であれば、そのような僧伽内の役職名を意味する語として理解することが可能になる。-cārikā という読みを取れば、ここでは神通力が問題になっているので、本文中に掲げたような訳が可能になる。次の偈文もそれを支持するように思われるが、Tib. や漢訳のように僧伽内の役職名という理解も捨てがたい。

(162) tato bhagavān vahir vihārasya pādau prakṣālya vihāraṃ praviśya ṛjuṃ kāyaṃ praṇidhāya pratimukhaṃ smṛtim upasthāpya prajñapta evāsane niṣaṇṇaḥ. これでは順番がまずいので、BAILEY に従い、tato bhagavān vahir vihārasya pādau prakṣālya vihāraṃ praviśya prajñapta evāsane niṣaṇṇa ṛjuṃ kāyaṃ praṇidhāya pratimukhaṃ smṛtim upasthāpya と改める。これは第1章（20.16-18）に同様の表現が見られること、また Tib.（290a1-2；310b7-311a1）も漢訳（14b13-14）もこれと同じ語順になっていることからも首肯できる。

(163) 定型句 8C（仏弟子達に囲繞されて遊行するブッダ）。極めて不完全ではあるが、これはこの定型句の冒頭部分である。Tib. は Divy. に一致するが、漢訳は「爾時世尊。既自調伏。調伏围遶。既自寂静。寂静围遶等。乃至広説。与五百阿羅漢。往輪波勒迦城」（14b23-25）とし、これが定型句の省略であることを明確に示している。

(164) gṛhītva. 誤植と思われるので、gṛhītvā に訂正する。BAILEY もこれを採る。 (165) 定型句 9C（預流果）。

(166) 漢訳のみ「鄔波斯迦」（14c2-3）とする。しかし、この後の展開から明らかなように、彼女達はまだこの時点では優婆夷になっていないので、漢訳のこの表現は拙い。 (167) 定型句 8B（ブッダの相好）。 (168) 定型句 9F（見仏の喜び）。

(169) purastāt. Tib. は「中に（gung la）」（2a3；2a3）とし、漢訳も「中」（14c12）とする。

(170) 漢訳（14c14-17）はこの定型句を省略しない。 (171) 定型句9C（預流果）。

(172) idam asmākaṃ ..... bhagavatāsmākaṃ tat kṛtam（47.11-14）. この用例ではブッダの救済に与ったのが複数であるから、この表現で問題はないが、他の用例ではブッダの救済に与ったのが単数であっても、下線部は必ず複数形の asmākaṃ という表現を取る。これは定型表現の一部であるから、主語の如何にかかわらず、定型表現として固定したものと考えられる。

(173) neṣṭasvajanabandhuvargeṇa. Divy. の定型表現では通常ここが neṣṭena na svajanabandhuvargeṇa となり、iṣṭa と svajanabandhuvarga が独立した名詞と捉えることができるが、ここでの表現では両者が複合語となり、この二つが独立した名詞（dvandva）とも、iṣṭa が svajanabandhuvarga の形容詞（karmadhāraya）ともとれる。同じ有部系の説話文献でも、MSV や Aś はこれを「親しい身内・親類（neṣṭena svajanabandhuvargeṇa）」とし、iṣṭa を svajanabandhuvarga の形容詞とする。Tib. は sdug pas ma lags/ rang gi skye bo dang gnyen gyi tshogs kyis ma lags（2a5；2a6）とし、二つを独立した名詞として理解している。ここでは Divy. の定型表現を尊重し、iṣṭa を名詞として理解する。

(174) devatābhiḥ. Tib. はこの語を「王」の後に置くが（2a5；2a6）、後は同じ順番となっている。漢訳は「父母。及以眷属国王大臣。人天沙門。婆羅門等」（14c19-20）という順番を取る。

(175) これに相当する原文はないが、これは定型句であり、通常ここには vivṛtāni svargamokṣadvārāṇi という表現が存在する。Tib. も thar pa dang mtho ris kyi sgo ni phye nas（2a6-7；2b1）、漢訳も「開其善趣。及涅槃門」（14c22）とするので、これを補う。

(176) atikrāntātikrāntāḥ [atikrāntābhikrāntaḥ MSS]. これも定型表現の一部であるが、各定型句でここの読みは統一を欠き、atikrānta を繰り返す場合と abhikrānta を繰り返す場合、またここでの写本のように両者を併用する場合がある。Tib. はこれを「引き上げられたのです。完全に引き上げられたのです（'phags so/ mngon par 'phags so）」（2a7；2b1）とし、漢訳は「得超生死」（14c22）とする。TATELMAN (72) は BAILEY に従い、devamanuṣyeṣv atikrāntābhikrāntāḥ という読みを採り、We have surpassed the most excellent among gods and humans! とする。しかし、devamanuṣyeṣu はこの前の pratiṣṭhāpitā に懸けて解釈すべきである。事実 Tib. は「我々は天と人とに確定いたしました（bdag cag lha dang mi rnams su ni bkod de）」（2a7；2b1）、漢訳も「建立天人」（14c22）とする。BHSD は abhikrānta を approach を意味する名詞、atikrānta を形容詞として理解し、またこの複合語を atikrāntābhikrāntaḥ とし、having passed over the approach (to the religious goal) という訳を示唆している。つまりこれを所有限定複合語と理解している。ここでもこの解釈に従って翻訳する。

(177) upāsikāḥ. Tib. は「優婆塞（dge bsnyen）」（2a7；2b2）とするが、ここは女性であるから、優婆夷でなければならない。漢訳は「鄔波斯迦」（14c23）とする。

(178) 定型句 9D（預流者の歓声)。なお漢訳は優婆夷の条件として「我等今者帰仏法僧。受五支学。為鄔波斯迦」(14c22-23) とし、「三帰」に加えて「五戒」にも言及する。

(179) bhagavatā ṛddhyā. D. は bcom ldan 'das kyi rdzu 'phrul gyis (2b3) とするので、BAILEY は bhagavata ṛddhyā という読みを示唆する。しかし、P. は bcom ldan 'das kyis rdzu 'phrul gyis (2a8-b1) とし、Divy. に一致する。どちらの読みも可能であろうが、あえて BAILEY の訂正に従う根拠はない。漢訳は「爾時世尊。以神変力持仏髪爪」(14c26) とし、Divy. および P. に近い理解を示す。

(180) stūpe yaṣṭyāṃ. Tib. は「その塔の周道に (mchod rten de'i 'khor sar)」(2b1；2b4) とし、yaṣṭyāṃ という読みを支持しない。文脈からしてもこの読みは不適切であるから、ここでは Tib. および BAILEY に従い、下線部を medhyāṃ に改める。なお漢訳は「窣堵波中」(14c28) とするのみである。

(181) haritaśādvalaṃ kṛṣṇam. Tib. は下線部に相当する訳を glogs (2b5；2b7) とするので、BAILEY はこれを kṛṣṭaṃ (ploughed up) に訂正している。しかし漢訳を見ると、「名華藂草変為萎黒」(15a11) とし、Divy. の読みに近いと思われる。

(182) maharṣayaḥ. Tib. も漢訳もこの訳を欠く。

(183) bhagavān āha kim/ te kathayanti/ bhagavan puṣpaphalasalilasaṃpannam āśramapadaṃ vinaṣṭaṃ yathāpaurāṇaṃ bhavatu/ bhavatu ity āha bhagavāṃs tato bhagavatā ṛddhiḥ prasrabdhā. 原文どおりに訳すと、「世尊は言われた。「何のことだ」。彼らは言った。「世尊よ、花・果実・水が豊富にあった隠棲処は、消え失せてしまいました。元通りにして下さい」。世尊は言われた。「そうしよう」と」となり、文意が不明確である。BAILEY はこれを、bhagavān āha/ ṛṣayaḥ kiṃ puṣpaphalasalilasaṃpannam āśramapadaṃ vinaṣṭaṃ/ kiṃ yathāpauraṃ bhavatu/ bhavatu bhagavan/ tato bhagavatā ṛdhhiḥ prasrabdhā と訂正するが、これは Tib. (2b6-7；3a2) および漢訳 (15a15-17) からも支持されるので、この訂正に従う。

(184) caturāryasatyasaṃprativedhakī. Tib. と漢訳はこの訳を欠く。

(185) 定型句 9C（預流果)。ここでは説法の相手が聖仙なので、その果は預流果ではなく、不還果となる。

(186) 定型句 7A（出家の表明)。　(187) pātrakara-. pātrakaraka- に改める。本章注 (100) 参照。

(188) 定型句 7B（善来比丘)。なお本章注 (102) に従い、naiva sthitā を nepatthitā に改める。

(189) 定型句 7C（阿羅漢)。漢訳 (15b3-8) のみ定型句を省略しない。

(190) pañcabhir ṛṣiśataiḥ pūrvakaiś ca pañcabhir bhikṣuśataiḥ. Skt. は聖仙と比丘共に五百人とするが、Tib. は「五百人の聖仙と、最初からいた比丘達に (drang srong lnga brgya dang sngon gyi dge slong rnams kyis)」(3a6；3b2-3)、漢訳も「与五百出家仙

衆。及与諸苾芻等」（15b11）とし、「五百」は聖仙にしか付されていない。　(191)　musalaka；gtun；杵。

(192)　vakkalin；shing gos can；薄拘羅。Tib. は「白檀の木」を意味し、vakkalin との関係が不明である。

(193)　定型句 8B（ブッダの相好）。　(194)　定型句 8G（注意力を怠らないブッダ）。　(195)　定型句 9C（預流果）。

(196)　定型句 7A（出家の表明）。　(197)　定型句 7B（善来比丘）。なお本章注（102）に従い、naiva sthito を nepatthito に改める。

(198)　putrāḥ.　Tib. はこれを rgyal po'i sras（3b8；4a4）とするので、Bailey はこれを rājaputrāḥ とし、下線部を補うべきであるとする。漢訳も「十七王子」（15c8-9）とするので、Bailey の訂正に従う。

(199)　bagavantam apaśyan.　Tib. は「世尊を見た（bcom ldan 'das mthong ngo）」（4a2；4a6）とするので、Bailey は下線部を apaśyat に訂正するが、これでは文脈に合わない。見られなかったからこそ、群衆は楼閣を壊し始めたのである。漢訳も「大衆不見如来」（15c12）とする。

(200)　ここに Tib. は「その群衆が〔何の〕障害もなく仏の体が見えるように」（4a3；4a7）という一節を置く。漢訳も「是時此殿。内外明徹。咸見如来」（15c15）とし、表現は若干違うが、類似の一節が見られる。原語は確定できないが、水晶造りの楼閣から見えるブッダの姿は、Tib. は「仏（buddha）」、漢訳は「如来（tathāgata）」という語で表現されている。ブッダが視覚的イメージと深く結びつき、イメージとして表象される時には決まって buddha あるいは tathāgata という呼称が用いられることはすでに指摘した。『説話の考古学』（346-359, esp. 352-353）参照。

(201)　Tib. のみここに「出家すると」（4a5；4b2）を置く。これは定型表現だが、用例によってはここに pravrajitvā あるいは pravrajya（Divy. 209.15, 495.4）を置くものもある。　(202)　定型句 9E（聞法の果報）。

(203)　ca praṇītam.　この Skt. では śuci を欠くが、これは定型表現であり、通常はここにこの語が置かれ、Tib. にも gtsang zhing（4a7；4b4）とあるので、ca の代わりに śuci を補う。

(204)　ここも udakamaṇīṃ pratiṣṭhāpya を欠くが、定型表現につき、これを補う。Tib. も nor bu'i chu snod bzhag nas（4a8；4b4）とする。漢訳は前注からの部分を纏めて「種種営辦。厳設座已」（15c22-23）とするのみである。

(205)　定型句 9B（食事に招待されるブッダ）。　(206)　kṛṣṇa；nag po；黒者。　(207)　gautama(ka)；gau ta ma；憍曇摩。

(208)　mahāmaudgalyāyana.　ここではブッダが彼に呼びかけているので、尊称の mahā を外して和訳する。Tib. も maud gal gyi bu（4b3；5a1）とするので、Bailey もこの読みを採る。漢訳もここに対応する箇所は「汝」（16a2）とするのみであるが、この直後の箇所で「目連」（16a2）としている。ただし本章の漢訳では、ブッダの呼びかけに限らず、一貫して「目連」の呼称が使われている。

(209)　upadhivārikasya.　大乗仏教成立の起源を悪業払拭の儀礼に求める袴谷憲昭（『仏教教団史論』（Tokyo, 2002, 332））は、vaiyāvṛtyakaraという僧伽の役職がこの儀礼に必要なものを手配するようになったと推定しているが、このvaiyāvṛtyakaraはupadhivārikaをも指図していたのではないかと指摘している。なお、vaiyāvṛtyakaraに関しては、次の研究を参照。Jonathan SILK, *The Origins and Early History of the Mahāratnakūṭa Tradition of Mahāyāna Buddhism with a Study of the Ratnarāśisūtra and Related Materials*, Volume I and II: A dissertation submitted in partial fulfillment of the requirements for the degree of Doctor of Philosophy (Asian Languages and Cultures: Buddhist Studies in The University of Michigan), 1994, 215-254.

(210) Tib.のみここに「世尊は神通力により、まさにその場所から上空を飛んで立ち去られた」(4b4-5; 5a2)という文が見られる。

(211) yady ekasyaiva pānīyaṃ pāsyāmy eṣāṃ bhaviṣyaty anyathātvam. ここは各写本で混乱が見られる。Tib.はこれをgal te gcig gi chu gsol na ni des na gzhan dag gzhan du sems par 'gyur bas (4b8-5a1; 5a5-6)とするので、BAILEYは下線部をyady ekasya pānīyaṃ pāsyāmy apareṣāṃに訂正する。漢訳は「我若受一龍水。余龍無限。応為方便」(16a14-15)とし、BAILEYの訂正を支持していると思われるが、訂正しなくても読めるので、このまま読む。なお、SPEYERはeṣāṃをanyeṣāṃに訂正している。

(212) parikared. BHSDはこれをparikaraの名詞起源動詞とし、aids/ serves/ waits uponを意味すると解するが、Tib.はkhur du thogs sam (5a4-5; 5b2)とするので、BAILEYはこれをpariharedに訂正している。「一方の肩に(ekāṃśena)」という文脈から考えれば、parikaredよりはpariharedの方が適切であろう。漢訳も「一肩担父。一肩担母。至満百年」(16a20-21)とするので、BAILEYの訂正に従う。SPEYERも同じ理解を示しているが、彼はさらにこの文頭ekenāṃśenaの前にyadを補うべきであるとする。 (213) Tib.はśaṅkhaの訳を欠く。

(214) na ..... kṛtaṃ vā syād upakṛtaṃ vā (51.26-27). Tib.はこれを明確に「有益なことや恩返しをしたわけではなく(phan thogs pa 'am lan lon par mi 'gyur gyi)」(5a6; 5b3)とする。漢訳は「猶不能報。不為慇重」(16a22-23)とする。

(215) yas tv asāv aśrāddhaṃ mātāpitaraṃ śraddhāsaṃpadi samādāpayati vinayati niveśayati pratiṣṭhāpayati duḥśīlaṃ śīlasaṃpadi matsariṇaṃ tyāgasaṃpadi duṣprajñaṃ prajñāsaṃpadi samādāpayati vinayati niveśayati pratiṣṭhāpayati. 類似の教説がSnの注釈書に見られる。ここでは第二六〇偈のattasammāpaṇidhiを注釈し、「ここである人が悪戒を保つ自己を〔正〕戒に安住せしめ、信なき自己を信具足の状態に安住せしめ、吝嗇なる自己を布施具足の状態に安住せしめること、これが自己を正しく整えること(attasmmāpaṇidhi)である」(Pj i 134.1-4)と説いている。Divy.の用例と比較すれば「知恵」に関する項目は欠けており、また親孝行という文脈で説かれているわけではないが、内容の類似は原文の比較から明らかである。なお、日本ではいまだにこのSn第二六〇偈のattasammāpaṇidhiを「誓願」と理解し、誓願説の起源をここに求める態度が改まらないのは残念である。平岡聡「Attasammāpaṇdhi考」『印度学仏教学研究』(35-1, 1986, 94-96)参照。

(216) yad aham. Tib. はこれを ma la (5a8; 5b5) とするので、BAILEY は下線部を yan nv と読むべきであるとする。この方が文脈に合うので、BAILEY の訂正に従う。 (217) Tib. はこれを二回繰り返す (5b5; 6a3)。

(218) bhadanto. これは文脈からして bhavanto でなければならない。Tib. が shes ldan dag (5b6; 6a4) とすることからも、これを bhavanto に改める。BAILEY もこの読みを採る。

(219) skandhāḥ. Tib. はこれを「身体は (lus)」(5b6; 6a4) とする。 (220) 定型句 9C (預流果)。

(221) apetadoṣā. BAILEY は文脈から名詞の性を考えて、これを apetadoṣaṃ に訂正する。これと同じ詩頌は根本有部律に見られるが、そこでは当該箇所が apetadoṣaṃ (MSV iv 59.11) となっているので、ここでもそのように改める。

(222) kāntaṃ. 定型表現につき、śāntaṃ に改める。Tib. も zhi (6a2; 6a7) とする。

(223) atikrāntāhaṃ bhadantātikrāntā. bhadantāham atikrāntābhikrāntā に改める。本章注 (176) 参照。

(224) 先ほどと同様に、Tib. はこれを「優婆塞 (dge bsnyen)」(6a3; 6b2) とするが、これは優婆夷でなければならない。漢訳も「鄔波斯迦」(16b28) とする。

(225) 定型句 9D (預流者の歓声)。 (226) ここに Tib. のみ「世尊が同意されたのを知り」(6a5; 6b3) を置く。

(227) ここに Tib. は「様々な仕方で (rnam grangs du mar)」(6a6; 6b4) を置き、Skt. の anekaparyāyena を想起させる。漢訳も「種種飲食」(16c2) とするが、これが anekaparyāyena の訳かどうかは微妙である。

(228) dhautahastam apanītapātram. これに相当する Tib. は「両手を隠し、鉢を洗った (phyag gnyis bcabs te/ lhung bzed gyu bar)」(6a6; 6b5) とし、逆の表現を取る。Skt. のこの表現は Tib. では一貫してこのような表現を取っているようなので、これも文献学的な問題というよりは文化の違いに基づく相違と思われる。推測の域を出ないが、「両手を隠し」は衣で手を覆い、その衣の端で「鉢を洗った」、つまり「鉢を拭き浄めた」ということであろうか。水が貴重なチベットにあっては、鉢を水で洗い浄めるというよりは、衣の端で鉢を拭き浄めたのかも知れない。なお漢訳は「収衣鉢洗足已」(16c2-3) とする。

(229) 定型句 9B (食事に招待されるブッダ)。

(230) tathāgatasya bhagavataḥ. Tib. は下線の訳を欠く。なお漢訳は「目連白仏言。以誰神足。而還本土。仏告目連曰。以我神力」(16c6-7) とし、Skt. や Tib. と会話の話し手が逆になっている。

(231) āgatāḥ/ maudgalyāyanas. Tib. はこれを maud gal gyi bu yu bu phyin zin no (6b1; 6b7) とするので、BAILEY はこれを āgatā maudgalyāyana/ と訂正する。この章ではブッダが彼に呼びかける場合には尊称の mahā を外して maudgalyāyana という呼称を、また彼を客観的に描写する場合には mahāmaudgalyāyana という呼称を用いるので、この場合は BAILEY の訂正が妥当と考えられる。よって彼の訂正に従う。漢訳はこの訳を欠く。

(232) manojavā. 倶舎論はこれを「**行とは三種である。**〔空中に〕身体を運ぶ〔行〕と勝解による〔行〕と意の〔如き〕速さ（manojavā）の〔行〕とがここで〔言われている〕行である。**意の〔如き〕速さ**（manojavā）**の〔行〕は〔大〕師〔だけ〕にある。**その速さが心の〔動く速さ〕の如くであるから意の〔如き〕速さの行である（manasa ivāsyā java iti manojavā）。（中略）**〔身体を〕運ぶ〔行〕と勝解による〔行〕とは、他者にもある（48）。**〔身体を〕運ぶ行は声聞や独覚達にもある。〔彼らは〕鳥のように次第に身を運ぶからである。勝解による〔行〕も〔彼らに〕ある。遠くのものを近いと勝解することによって速く行くからである」（AKBh 425.9-17）と解説する。

(233) na mayā bhadanta vijñātam evaṃ <u>gaṃbhīram eva</u> gaṃbhīrā buddhadharmā iti. ここでは gaṃbhīra が二回使われ、表現がすっきりしない。Tib. (6b1-2; 7a1) はこれを一回しか使わないので、これに基づき BAILEY は下線部分を省略した形で訂正しているので、これに従う。漢訳は「我先不解諸仏甚深境界」（16c10）とする。

(234) samyaksaṃbodheś cittaṃ vyāvartitam <u>abhaviṣyat</u>. このままでは文意をなさない。Tib. は「無上正等菩提の心から退転することはなかったでしょうに（bla na med pa yang dag par rdzogs pa'i byang chub kyi sems las mi ldog par 'gyur pa zhig na）」（6b2; 7a1-2）とし、これを受けて BAILEY は下線部を nābhaviṣyat に訂正するので、これに従う。漢訳は「我皆教化。令得無上正遍知道」（16c11-12）とし、Skt. や Tib. とは伝承が異なる。

(235) 現在物語はここで突然終わるので、何らかの編集上のミスが考えられる。

(236) Tib. のみここに「その業の異熟として」（6b3; 7a3）を置く。

(237) āḍhye. Tib. はこの訳を欠く。　(238) 定型句 6A（業報の原理）。

(239) 定型句 5A（過去仏と独覚）。ここでは如来の十号が意図されているが、Skt. は「如来・阿羅漢」を欠く。Tib. は「師・如来・阿羅漢・正等覚者・明行足・善逝・世間解・調御丈夫・無上士・天人師・仏・世尊であるカーシャパ」（6b8-7a1; 7a7-b1）とし、Skt. と比較すると、調御丈夫と無上士の順番が異なる。漢訳は「迦葉波仏出興於世。明行円満。善逝。世間解。無上士。調御丈夫。天人師。仏世尊」（16c25-27）とし、「如来・阿羅漢」を欠く点や十号の順番などは、Tib. よりも Skt. の伝承に近い。

(240) <u>tripiṭakasaṃghasya</u> ca dharmavaiyāvṛtyaṃ karoti. Tib. は <u>sde snod gsum par gyur te/</u> chos bzhin gyis dge 'dun gyi zhal ta ba byed do（7a1-2; 7b1）、また漢訳は「具解三蔵。為諸苾芻番次撿挍事業」（16c28-29）とあるので、BAILEY に従い、下線部を tripiṭakaḥ saṃvṛttaḥ saṃghasya と改める。

(241) <u>caraṇīyaṃ</u> tat kṛtam. Tib. はこれを bya ba byas te（7a5; 7b5）とするので、BAILEY は下線部を karaṇīyaṃ に訂正している。

karaṇīyaṃ kṛtam という表現は仏が「なすべきことをなし終えて」般涅槃する際に用いられる常套句であるし、漢訳も「出家之業。我已作了」(17a9-10) とするので、この訂正に従う。

(242) ここに Tib. は「お前はあらゆる束縛に縛られているので (khyod ni 'ching ba mtha' dag gis bcings pa yin pas)」(7a5-6 ; 7b5) を置くので、BAILEY は sakalabandhanabaddhas tvaṃ を補っている。漢訳も「汝猶被縛」(17a10) とする。この直前に aham sakalabandhanābaddhaḥ という表現があるが、写本ではこれが sakalabandhanabaddhaḥ となっているので、本来はこれが tvaṃ の形容句であり、ahaṃ の形容句の方 (sakalabandhanābaddhaḥ) が書写者によってスキップされたのであろう。文脈から判断すれば、この一節があった方が前後の繋がりがよくなるので、これを補って訳す。

(243) 業果の必然性・不可避性を強調する説一切有部の説話にあって、このように懺悔によって、業果が消滅しないまでも軽減されているのは瞠目に値する。『説話の考古学』(254-263, esp. 258-259) 参照。

(244) skandhakauśalam. Tib. はこれを「〔五〕蘊に熟達し、〔十八〕界に熟達し、〔十二〕処に熟達し、縁起に熟達して」(7a8-b1 ; 7b7-8a1) とし、漢訳も「善巧蘊界入因縁処非処」(17a15) とする。このように、Skt. は「蘊」にしか言及しないが、Tib. と漢訳とは「蘊・界・処・縁起 (or 因縁)」に言及し、さらにこの後、漢訳は「処非処 (sthānāsthāna)」をも付加している。

(245) 定型句 6B (黒白業)。

第3章　未来仏マイトレーヤ出現の因縁譚

これは未来仏として有名なマイトレーヤが出現する由来を説明する説一切有部の説話であり、現在から過去、現在から未来、未来から過去、そして過去から未来へと時空がめまぐるしく展開するダイナミックな内容となっている。これほど展開の急な説話はDivy.の中でもこの説話のみであろう。またこの説話の主題となっているのが、王（rājan）と仏（buddha）との上下関係である。世間の主（王）よりも出世間の主（仏）に価値が置かれることは言うまでもないが、それが説話に反映された形で展開している。

56

ヴァイデーヒーの息子であるマガダ国王アジャータシャトルが両親のために[1]船橋を作った時、ヴァイシャーリーに住むリッチャヴィ族の人々は、世尊のために船橋を作った。龍達は〈我々の身は悪趣に堕してしまった。いざ我々は鎌首の橋で世尊にガンジス川を渡って頂こう〉と考えると、彼らは鎌首の橋を作った。そこで世尊は比丘達に告げられた。

「比丘達よ、お前達の中で、ラージャグリハからシュラーヴァスティーへ行くのに[2]、ヴァイデーヒーの息子であるマガダ国王アジャータシャトルの船橋によってガンジス川を渡ることができる者は、それによって渡るがよかろう。あるいは比丘達よ[3]、ヴァイシャーリーに住むリッチャヴィ族の人々の船橋によって〔渡ることができる〕者も、それによって渡るがよい。私も同志アーナンダ比丘と共に[4]、龍達の鎌首の橋によってガンジス川を渡ることにする」

そのうち、ある者達はヴァイデーヒーの子であるマガダ国王アジャータシャトルの船橋によって、ある者達はヴァイシャーリーに住むリッチャヴィ族の人々の船橋によって渡った。世尊も同志アーナンダと共に、龍達の鎌首の橋によって渡られた。すると、ある優婆塞が、その時、詩頌を唱えた。

「橋を架け、池を避けて、波立つ大海原を渡る人達あり。筏（いかだ）を拵（こさ）える人達あり。賢者達は渡り終えたり。仏・世尊は渡り終えしも、バラモンは岸に立つまま。[5] 比丘達はそこで沐浴し、声聞達は筏を拵う。もしも充分な水あらば、井戸に何の用かあらん。この世で渇愛の根源を断じたれば、さらに何をか求めん[6]」

世尊はある方角に大地の隆起した地方を見られた。そして見られると、同志アーナンダに告げられた。[7]

「アーナンダよ、マハープラナーダ[8]王は、種々の宝石を散りばめ、すべて黄金からなる、高さ千ヴィヤーマ、幅十六プラヴェーダ[9]の神々しい柱を布施し、功徳を積んでからガンジス河に沈めたが、お前はそれを見たいか」

「世尊よ、〔今や〕その時です。善逝よ、〔今こそ〕その折です。世尊は柱を引き上げて下さい。比丘達はきっと見たがっています」

そこで、チャクラ・スヴァスティカ・ナンディヤーヴァルタ〔の紋章〕を持ち、水掻きで〔指間が〕繋がり、何百という多くの福徳から生まれ、脅える者達を勇気づける手で[10]世尊が大地を撫でられると、龍達は〈何のために世尊は大地を撫でられたのであろうか〉と考え、やがて〈〔世尊〕は柱を御覧になりたいのだ〉と気づいた。[11] その後、彼らがそれを引き上げると、比丘達は柱を見るのに熱中していたが、同志バッダーリン[12]は興味を示さずに糞掃衣を縫っていた。[13] そこで世尊は比丘達に告げられた。

「比丘達よ、柱の長さや幅といった形相[14]を把握しておきなさい。それは消えてしまうぞ」

それは消えてしまった。[15] 比丘達は、仏・世尊に尋ねた。

「御覧下さい、大徳よ。比丘達は柱を見ましたが、同志バッダーリンは興味を示すことなく糞掃衣[16]を縫っておりました。〔これは彼が〕離貪していたためなのでしょうか、あるいは前世で〔彼がその柱を〕崇拝していたためなのでしょうか。もしそれが離貪していたためであれば、他にも離貪した者達がいるではありませんか。あるいは前世で〔彼がその柱を〕崇拝していたためであれは、彼はどこで[17]崇拝していたのでしょうか」

世尊は言われた。

「比丘達よ、〔それは彼が〕離貪していたためでもあるし、前世で〔彼がその柱を〕崇拝していたためでもある」

「彼はどこで崇拝していたのですか」

かつて比丘達よ、神々の主シャクラの友で、プラナーダ[18]と呼ばれる王がいた。息子のいなかった王は息子を望んでいた。彼は頬杖をついて、〈私は多くの財産を蓄えてはいるが、息子がおらぬ。私が死ねば、王の家系は断絶してしまうであろう〉と考え込んでいた。するとシャクラが彼を見て、「友よ、なぜそなたは頬杖をついて考え込んでいるのだ」と尋ねると、彼は言った。

「カウシカよ、私は多くの財産を蓄えてはいるが、息子がおらぬ。私が死ねば、王の家系は断絶してしまうのだ」

シャクラは言った。

「友よ、そなたは考え込んではいけない。もしも死没する運命にある天子が誰かいたら、彼をそなたの息子[19]になるように仕向けようではないか」

――死の運命にある天子には、五つの前兆[20]（天人五衰）が現れることになっている。(1)汚れていなかった衣が汚れる、(2)萎れていなかった花が萎れる、(3)口から悪臭が出る、(4)両方の腋の下から汗が出る、(5)自分の座に安定感[21]がない。

――

やがてある天子に五つの前兆が現れると、神々の主シャクラは彼に言った。

「友よ、お前はプラナーダ王の第一婦人の胎内に宿るがよい」

彼は言った。

「カウシカよ、狂気の沙汰だ。カウシカよ、王とは多くの不正を行うものだ。不正な政治をしたために、地獄へ落ちるなんてまっぴら御免だ！」

シャクラは言った。

「友よ、〔不正をすれば〕私がお前に気づかせてやるよ」

「カウシカよ、神々は楽しみ多く放逸である」

「それはそうだが、そうであっても、私はお前に気づかせてやろう」

彼はプラナーダ王の第一婦人の胎内に宿ったが、〔彼が〕宿ったちょうどその日には、大勢の人達が歓声を上げた。八、九ヶ月が過ぎると、彼女は出産した。[22]生まれた男児は、男前で、見目麗しく、愛らしく、輝き、〔肌は〕金色で、頭は天蓋の形をし、腕は長く、額は広く、眉は濃く、鼻は高かった。[23]彼の親族が集い集まり、名前を付けることになった。「子の名前は何がよいであろうか」と。

親戚の者達が言った。

「この子が母の胎内に宿ったちょうどその同じ日、大勢の人達は歓声を上げた。だから、子供の名前はマハープラナーダ（大歓声）がよい[24]」

彼はマハープラナーダと命名された。〔王〕子マハープラナーダは八人の乳母に預けられた。二人はおんぶし、二人は襁褓(おしめ)の世話をし、二人は乳を与え、二人は遊び相手をした。彼は八人の乳母に養われ、育てられ、ミルク・サワーミルク・バター・チーズ・ヨーグルト、その他にも充分に火を通した特別な食物により、池に生(は)える蓮の如く、すくすくと成長した。[25]

大きくなって、文字・初等算数・算術一般・筆算・ウッダーラ算・ニアーサ算・ニクシェーパ算、〔それに〕物品・衣料・材木・宝石・象・馬・少年・少女の鑑定という八種の鑑定術に関する教育を受けると、彼は〔それらを〕明らかにし、解説し、巧みに活用し、教授する者となったのである。(26)

〔さて〕国土に対する主権・権力・武勇を手中に収め、広大な大地一円を制覇して君臨するクシャトリヤの灌頂王には、独自の技術・技芸がある。すなわち、象の調教(27)・乗馬・車、矢・弓、〔戦車の〕前進・後退、〔象を操縦する〕鉤棒の扱い・輪投げの扱い・槍の扱い・棍棒の扱い、手の結わえ方・足の結わえ方・頭の結わえ方、遠方からの射法・標的の射法(28)・急所の射法・的の射法・堅固なものの射法という五種であるが(29)、彼は〔これらにも〕熟達する者となったのである。(30)

――父が生きている間、息子の名前は知られないことになっている。(31)――

ある時プラナーダ王が死に、マハープラナーダが王位に就いた。しばらくの間、彼は法に基づいて政治をしていたが、やがて非法に基づいて政治をするようになった。そこで神々の主シャクラは彼に言った。

「友よ、私がお前をプラナーダ王の息子になるように仕向けてやったのに、不正な政治をするとは何事だ！　地獄に落ちるようなことをしてはならぬ」

最初のうちは法に基づいて政治をしていたが、〔再び〕彼は非法に基づいて政治をするようになってしまった。シャクラは、再び彼に言った。

「友よ、私がお前をプラナーダ王の息子になるように仕向けてやったのに、非法に基づいて政治をするとは何事だ！地獄に落ちるようなことをしてはならぬ」

彼は言った。

「カウシカよ、我々王というものは楽しみ多く放逸であるから、瞬時に忘れてしまうのだ。お前は我々のために、そ

60

れを見れば布施をし功徳を積める目印のようなものを何か建ててくれ。目印がなくては功徳を積むことができぬ[32]」

そこで神々の主シャクラは、天子ヴィシュヴァカルマンに命じた。

「さあ、ヴィシュヴァカルマンよ、お前はマハープラナーダ王の宮殿に神々しい円庭を造り、種々の宝石を散りばめ、すべて黄金から成る、高さ千ヴィヤーマ、幅十六プラヴェーダの柱を建てるのだ」

かくして天子ヴィシュヴァカルマンはマハープラナーダ王の宮殿に神々しい円庭を造り、種々の宝石を散りばめ、すべて黄金から成る、高さ千ヴィヤーマ、幅十六プラヴェーダの柱を建てたのである。それから、マハープラナーダ王は〔食事を〕振る舞う広間を造らせると、アショーカ[33]という彼の母方の叔父を柱の管理者として任命した。すると、柱を一目見ようと、閻浮提に住んでいた人達が一人残らずやって来て、〔広間で〕食事をし、柱を眺めていたので、各自の仕事はそっちのけであった。こうして農耕の仕事は中断してしまい、王への租税と貢物とは上がってこなかった。大臣達が目減りした租税と貢物とを献上すると、マハープラナーダ王は尋ねた。

「お前達よ、なぜ献上された租税と貢物とは目減りしているのだ」

「王よ、閻浮提に住んでいた人達が一人残らずやって来て、〔広間で〕食事をし、柱を眺めていたので、各自の仕事はそっちのけで、農耕の仕事は中断したために、王への租税と貢物が目減りしてしまったのです」

王は「〔食事を〕振る舞う広間を閉鎖しろ！」と言った。彼らはそれを閉鎖したが、その後も大勢の人々は自前の弁当[34]を持参し、食事をしてから柱を眺めてばかりいたので、各自の仕事はそっちのけで、農耕の仕事は中断し、依然として租税と貢物とは上がってこなかったのである。王は尋ねた。

「お前達よ、〔食事を〕布施する広間は閉鎖したのに、今どうして[35]租税と貢物とは上がってこないのだ[36]」

「王よ、人々は自前の弁当を持参し、食事をしてから柱を眺めてばかりいますので、各自の仕事はそっちのけで、農耕の仕事は中断し、租税と貢物は上がってこないのであります」

かくしてマハープラナーダ王は〔その人々に食物の〕布施をして功徳を積んだが、その柱をガンジス河に沈めてしまったのであった。

「比丘達よ、どう思うか。マハープラナーダ[37]王の母方の叔父アショーカこそ、このバッダーリン比丘である。その時、彼はすでに柱を崇拝していたのだ」

「大徳よ、その柱はどこで消失してしまうのでしょうか」

[38]「比丘達よ、未来世において、人の寿命は八万歳となるだろう。寿命八万歳の人々には、シャンカ[39]と呼ばれる王が現れるだろう。彼は自己を完全に調御せる[40]転輪王で、四方を征服し、正義を愛する法王であり、七宝を具足しているのである。彼には次のような七宝があるだろう。すなわち、輪宝、象宝、馬宝、珠宝、女宝、長者宝、そして第七番目に大臣宝である。また彼は、勇敢で勇ましく、最高の肢体で美しく、敵の軍隊を粉砕する千人もの息子達に恵まれるだろう。彼は、海を限りとする大地全体を平穏かつ安寧にし、刑罰や武器に訴えることなく法によって平等[41]に制覇し、君臨するだろう。

シャンカ王にはブラフマーユス[42]と呼ばれるバラモンが祭官となるだろう。ブラフマヴァティー[43]と呼ばれる女が彼の妻になるだろう。彼女は〔四無量心のうち〕慈の一支[44]で〔世間を〕満たし、マイトレーヤ[45]という息子を生むだろう。バラモンのブラフマーユスは八万人の青年僧達[46]にバラモンの唱えるべきマントラを唱えさせるだろう。彼はその青年
61
僧達をマイトレーヤに与えるだろう。青年僧マイトレーヤは八万人の青年僧達にバラモンの唱えるべきマントラを唱えさせるだろう。その時、四つの偉大な埋蔵宝を有する四人の大王、〔すなわち〕

カリンガ[47]のピンガラ[48]、ミティラー[49]のパーンドゥカ[50]、ガーンダーラ[51]のエーラーパトラ[52]、そしてヴァーラーナシー[53]のシャンカ[54][55]は、

その柱を持ってシャンカ王に献上するだろう。シャンカ王もバラモンのブラフマーユスに手渡すだろう。バラモンのブラフマーユスも青年僧マイトレーヤに手渡すだろう。青年僧マイトレーヤもかの青年僧達に手渡すだろう。その後、青年僧達はその柱をばらばらに打ち砕いて分配するだろう。すると青年僧マイトレーヤは、その柱が無常であることを目の当たりにし、まさにその嫌悪感によって森に赴くであろう。森に赴いたちょうどその同じ日に、彼は〈四無量心のうち〉慈の一支[56]で〈世間を〉満たし、無上智を獲得するだろう。彼には『正等覚者[57]マイトレーヤ[58]』という呼称が生まれるだろう。

正等覚者マイトレーヤが無上智を獲得するのとまったく同じ日に、シャンカ王の七宝が消滅してしまうだろう。シャンカ王もまた八万人の小国の王達を従者とし、すでに出家した正等覚者マイトレーヤに従って出家するだろう。また〈王〉の女宝ヴィシャーカーも八万人の女を従者とし、すでに出家した正等覚者マイトレーヤに従って出家するだろう。[59]その後、正等覚者マイトレーヤは、九十六コーティ[60]の比丘達を従者として、[61]比丘カーシャパの全身の遺骨がそのまま保存されているグルパーダカ山[62]に近づくだろう。グルパーダカ山は正等覚者マイトレーヤのために口を開けるだろう。すると、正等覚者マイトレーヤは比丘カーシャパの全身の遺骨をそのまま右の掌で取り、左の掌に立てると、声聞達に次のように説法するだろう。『比丘達よ、人間の寿命が百歳であった時、シャーキャムニと呼ばれる師が世に現れた。声聞カーシャパは少欲知足の頭陀行論者達の中で最上であると彼に指名され、シャーキャムニが般涅槃した時、彼が教法の結集を召集したのだ』と。彼らは〈遺骨を〉見て嫌悪感に陥るだろう。〈今どうすればそれほどの徳の集まりを、このような〈私の〉体で獲得できるのだろうか〉と。彼らはまさにその嫌悪感によって、阿羅漢性を証得するだろう。九十六コーティ[63]もの阿羅漢達が頭陀行を証得するだろう。そして彼らが嫌悪感に陥るであろう[64]その場所で、柱は消失してしまうだろう」

「大徳よ、二つの宝〈転輪王シャンカと正等覚者マイトレーヤ〉が同時に[65]この世間に出現するというのは、いかなる因・いかなる縁があるのでしょうか」

世尊は「誓願によるのである」と言われた。

「世尊よ、誓願はどこでなされたのですか」

比丘達よ、かつて過去世において、(66) 中国地方にヴァーサヴァ(67)と呼ばれる王が王国を統治していた。そこは栄えて繁盛し、平和で食物に恵まれ、多くの人々で賑わっていた。そこの木々は常に花と実を付け、雨が適時に降り、穀物は大豊作であった。(68)〔一方〕北路では、ダナサンマタ(69)と呼ばれる王が王国を統治していた。そこは栄えて繁盛し、平和で食物に恵まれ、多くの人々で賑わっていた。そこの木々も常に花と実を付けていた。雨が適時に降り、穀物は大豊作であった。(70)

ある時、頭髪に宝石を散りばめた息子がヴァーサヴァ王に生まれた。(71) 彼のために一日も欠かさず誕生の儀式が執り行われた後、ラトナシキン(72)と命名された。ある時、彼は老人・病人・死人を見て嫌悪感を生じ、森に赴いた。彼が森に赴いたちょうどその同じ日に、彼は無上智を獲得した。彼には「正等覚者ラトナシキン」(73)という呼称が生じた。

さてある時、ダナサンマタ王は、楼閣の平屋根の上に行き、大臣衆に取り囲まれていた。彼は大臣達に告げた。

「お前達よ、誰か他の王の国土も、我々〔の王国〕のように、栄えて繁盛し、平和で食物に恵まれ、多くの人々で賑わっており、そして木々は常に花と実を付け、雨が適時に降るので、穀物は大豊作なのであろうか」

〔その時〕中国地方から商人達が商品を携えて北路に行っていたが、彼らは言った。

「王よ、ございます。中国地方のヴァーサヴァという王〔の国土〕です」

聞くや否や、ダナサンマタ王は嫉妬心を起こした。嫉妬心を起こすと、「お前達、四支より成る軍隊を用意せよ。我々はその王国をぶっ潰すぞ！」と大臣達に告げた。かくしてダナサンマタ王は象軍・馬軍・車軍・歩兵軍の四支より成る軍隊を武装して中国地方に行き、ガンジス河の南岸に陣取った。ヴァーサヴァ王は、ダナサンマタ王が象軍・馬軍・車軍・歩兵軍の四支より成る軍隊を武装して中国地方にやって来て、ガンジス河の南岸に陣取っていると聞いた。そして聞くと、彼もまた象軍・馬軍・車軍・歩兵軍の四支より成る軍隊を武装し、ガンジス河の北岸に陣取った。その時、正等覚者ラトナシキンは、二人を教化すべき時が来たと知り、ガンジス河の岸で夜を明かした。それから正等覚者ラトナシキンは世俗の心を起こした。

——諸仏・諸世尊が世俗の心を起こした時、シャクラやブラフマン等の神々は世尊の心を〔自らの〕心で知ることになっている。(74)——

その時、シャクラやブラフマン等の神々は正等覚者ラトナシキンに近づいた。近づくと、彼らは正等覚者ラトナシキンの両足を頭に頂いて礼拝し、一隅に坐った。彼らの容姿の威神力により、広大な光明が放たれた。ダナサンマタ王は〔その光明〕を見た。そして見ると、大臣達に尋ねた。

「お前達、ヴァーサヴァ王の領土で広大なる光明が放たれたが、あれは一体何だ」

彼らは言った。

「王よ、ヴァーサヴァ王の王国にはラトナシキンという正等覚者が出現され、シャクラやブラフマン等の神々はそのお方に謁見しに参られたのですが、ちょうどそのために、広大なる光明が放たれたのであります。彼は大神通力と大威神力の持ち主です。これは彼の威神力なのです」

ダナサンマタ王は言った。

「お前達よ、彼の領土にはシャクラやブラフマン等の神々が謁見しに来るような福田たる両足尊が出現されたが、私は彼にどんな危害を加えることができようぞ」

彼はヴァーサヴァ王に使者を送った。

「友よ、お出でなさい。私はあなたに何もしません。福徳の偉大なる主と言われるあなたの領土には、シャクラやブラフマン等の神々が謁見しに来られるような福田たる両足尊ラトナシキン正等覚者がおられます。むしろ私はあなたの首を抱擁してから立ち去ります。そうすれば、我々二人は互いに心が晴れるでしょう」

ヴァーサヴァ王は〔ダナサンマタ王が〕信用できなかった。彼は正等覚者ラトナシキンのもとに近づいた。近づくと、正等覚者ラトナシキンの両足を頭に頂いて礼拝し、一隅に坐った。一隅に坐ったヴァーサヴァ王は正等覚者ラトナシキンに、こう申し上げた。

「大徳よ、ダナサンマタ王は私に『愛おしい友よ、お出でなさい。私はあなたに何もしません。むしろ私はあなたの首を抱擁してから立ち去ります。そうすれば、我々二人は互いに心が晴れるでしょう』と使者を送ってきました。この場合、私はどうすればよいのでしょうか」

正等覚者ラトナシキンは「大王よ、行きなさい。うまくいくであろう」と言った。

「世尊よ、私は彼の両足に平伏(ひれふ)すべきでしょうか」

「大王よ、王とは力の優れた者である[75]。平伏しなさい」

そこで、ヴァーサヴァ王は正等覚者ラトナシキンの両足を頭に頂いて礼拝し、座から立ち上がって立ち去ると、ダナサンマタ王のもとに近づいた。近づくと、彼はダナサンマタ王の両足に平伏した。その後、ダナサンマタ王は首を抱擁し、親愛の情を生ぜしめてから、彼を見送った。

その後、ヴァーサヴァ王は正等覚者ラトナシキンのもとに近づいた。近づくと、正等覚者ラトナシキンの両足を頭に頂いて礼拝し、一隅に坐った。一隅に坐ったヴァーサヴァ王は正等覚者ラトナシキンにこう申し上げた。

「大徳よ、一切の王は誰の両足に平伏すのですか[76]」

「大王よ、転輪王にである」

するとヴァーサヴァ王は座から立ち上がり、右肩を肌脱いで、如来[77]・正等覚者ラトナシキンに向かって合掌礼拝すると、正等覚者ラトナシキンにこう申し上げた。

「明日、世尊は屋敷内にて比丘の僧伽と共に食事されますことを私に御承諾下さい」

〔正等覚者ラトナシキンは沈黙を以てヴァーサヴァに承諾した。その時、ヴァーサヴァ王は正等覚者ラトナシキンが沈黙を以て承諾されたのを知ると、正等覚者ラトナシキンのもとから退いた[78]。〕

さてその同じ夜、ヴァーサヴァ王は清浄で美味なる軟硬〔二種〕の食物を用意した。翌朝早起きして、座を設え、水瓶を設置すると、正等覚者ラトナシキンに使者を送って時を告げさせた。「大徳よ、お時間です。食事の用意ができました。世尊は今がその時とお考え下さい」と。

そこで正等覚者ラトナシキンは午前中に衣を身に着け、衣鉢を持つと、比丘の僧伽に囲繞され、比丘の僧伽に恭敬されながら、ヴァーサヴァ王の食堂[79]に近づいた。近づくと、比丘の僧伽の前[80]に設えられた座に坐った。その時、ヴァーサヴァ王は正等覚者ラトナシキン[81]が心地よく坐られたのを確認すると、清浄で美味なる軟硬〔二種〕の食物によって、手ずから喜ばせ、満足させた。様々な仕方で、清浄で美味なる軟硬〔二種〕の食物によって、手ずから喜ばせ、満足させた後、世尊[82]・正等覚者ラトナシキンが食事を終えて手を洗い、鉢を片づけられたのを[83]見届けると[84]、〔彼の〕両足に平伏して誓願し始めた。「大徳よ、私はこの善根によって転輪王になりますように」と。

そしてその直後、法螺貝が吹かれた。その後、正等覚者ラトナシキンはヴァーサヴァ王にこう言った。

「大王よ、人間の寿命が八万歳になった時、あなたはシャンカと呼ばれる転輪王になるだろう」

すると歓声や大声が湧き起こった。ダナサンマタ王は大歓声を聞くと、「お前達よ、ヴァーサヴァ王の領土で大歓声が聞こえたが、あれは一体何だ」と大臣達に尋ねた。彼らがやって来て知らせた[85]。「王よ、正等覚者ラトナシキンはヴァーサヴァ王が転輪王になるだろうと授記されたので、人々は喜び、歓び、歓喜したために、大歓声が湧き起こったのです」と。

すると、ダナサンマタ王は正等覚者ラトナシキンのもとに近づいた。近づくと、正等覚者ラトナシキンの両足を頭に頂いて礼拝してから、一隅に坐った。一隅に坐ったダナサンマタ王は、正等覚者ラトナシキンにこう申し上げた。

「大徳よ、一切の転輪王は誰の足下に平伏すのですか」

「大王よ、如来・阿羅漢・正等覚者にである」

その時、ダナサンマタ王は座から立ち上がって右肩を肌脱ぎ、正等覚者ラトナシキンに向かって合掌礼拝すると、正等覚者ラトナシキンに[86]こう申し上げた。

「明日、世尊は屋敷内にて比丘の僧伽と共に食事されますことを私に御承諾下さい」

66

正等覚者ラトナシキンは沈黙を以てダナサンマタ王に承諾した。その時、ダナサンマタ王は正等覚者ラトナシキンが沈黙を以て承諾したのを知ると、正等覚者ラトナシキンの両足を頭に頂いて礼拝し、正等覚者ラトナシキンのもとから退いた。

さてその同じ夜、ダナサンマタ王は清浄で美味なる軟硬〔二種〕の食物を用意し、翌朝早起きして、座席を設え、水瓶を設置すると、正等覚者ラトナシキンに使者を送って時を告げさせた。「大徳よ、お時間です。食事の用意ができました。世尊は今がその時とお考え下さい」と。

そこで、正等覚者ラトナシキンは午前中に衣を身に着け、衣鉢を持つと、比丘の僧伽に囲繞され、比丘の僧伽に恭敬されながら、ダナサンマタ王の食堂に近づいた。近づくと、比丘の僧伽の前に設えられた座に坐った。その時、ダナサンマタ王は正等覚者ラトナシキンと彼を上首とする比丘の僧伽が心地よく坐られたのを確認すると、清浄で美味なる軟硬〔二種〕の食物によって、手ずから喜ばせ、満足させた。様々な仕方で、清浄で美味なる軟硬〔二種〕の食物によって、手ずから喜ばせ、満足させた後、正等覚者ラトナシキンが食事を終えて手を洗い、鉢を片づけられたのを見届けると、[87]〔彼の〕足下に平伏し、この世間全体を〔四無量心のうち〕慈の一支で満たして誓願し始めた。「この善根によって、私は世間の師・如来・阿羅漢・正等覚者になりますように」と。

正等覚者ラトナシキンは言った。

「大王よ、人間の寿命が八万歳になった時、あなたはマイトレーヤと呼ばれる如来・阿羅漢・正等覚者になるだろう」

「この誓願により、世間に二つの宝が同時に[88]出現するであろう」

世[89]尊がこう言われると、かの比丘達は歓喜し、世尊の説かれたことに満足した。

以上、吉祥なる『ディヴィヤ・アヴァダーナ』における「マイトレーヤ・アヴァダーナ」第三章。

文献

❶ None. Cf. Ja 264, 489 [57.9-60.9]; DN iii 75.19-77.3 [60.12-62.6] ❷1030 Ge 26b2-33b4; 1 Kha 28b4-36b3 ❸『根本説一切有部毘奈耶薬事』巻六（T. 1448, xxiv 23c8-26a29). Cf.『賢愚経』巻十二（T. 202, iv 432b13-436c6);『大毘婆沙論』巻百七十八（T. 1545, xxvii 893c1-894c25） ❹ None.

注

（1） mātāpitroḥ. Tib. も漢訳もこの訳を欠く。 （2） rājagṛhāc chrāvastīṃ gantum. Tib. も漢訳もこの訳を欠く。

（3） bhikṣavaḥ. Tib. はこの訳を欠く。漢訳には対応箇所なし。

（4） āyuṣmatānandena bhikṣuṇā. Tib. は「比丘アーナンダ」（26b5; 29a1）として、āyuṣmat に相当する訳が見られない。漢訳はただ「阿難陀」（23c13-14）とする。

（5） uttīrṇo bhagavān buddho brāhmaṇas tiṣṭhati shale. Tib. は「仏・世尊・バラモンは渡り終えて岸に留まる（sangs rgyas bcom ldan bram ze rgal bar gyur nas skam la bzhugs）」（26b7-8；29a3）とし、世尊とブッダとバラモンとを同格として解釈する。文法上はこのような理解も可能であるし、また初期経典では仏教の出家者をバラモンと呼ぶこともあるが、ここでは uttīrṇo bhagavān buddho と brāhmaṇas tiṣṭhati shale とを分けて理解する。漢訳も「世尊已渡河　婆羅門処岸」（23c20）とし、両者を区別して解釈している。本庄良文「南伝ニカーヤの思想」『インド仏教2（岩波講座／東洋思想／第九巻）』（Tokyo, 1988, 45-47）参照。

（6） 文脈から見て、この詩頌が何を意味するのかは理解しがたい。これは大般涅槃経や Udv にも見られるので、まずこれらを比較してみよう。

Divy.

ye taranty arṇavaṃ saraḥ setuṃ kṛtvā visṛjya <u>palalāni</u>/
kolaṃ hi janāḥ prabandhitā uttīrṇā medhāvino janāḥ//
uttīrṇo bhagavān buddho brāhmaṇas tiṣṭhati shale/
bhikṣavo 'tra parisnānti kolaṃ bandhnanti śrāvakāḥ//
kiṃ kuryād udapānena āpaś cet sarvato yadi/
chittveha mūlaṃ tṛṣṇāyāḥ kasya paryeṣaṇāṃ cared iti// （56.8-13）

DN

ye taranti aṇṇavaṃ saraṃ setuṃ katvāna visajja <u>pallalāni</u>/
kullaṃ hi jano pabandhati tiṇṇā medhāvino janā 'ti// （ii 89.26-28）

MPS

ye taranty h(y) ā(rṇavaṃ sa)raḥ setuṃ kṛtvā visṛjya <u>palvalāni</u>/
kolaṃ hi ja(nā)ḥ prabadhnate tīrṇā medhāvino jan(āḥ//1//)
(u)ttīrṇo bhagavān buddho brāhmaṇas tiṣṭhati sthale/
bhikṣavaḥ parisnāy(an)ti kolaṃ ba(dhnanti śrāva)kāḥ//2//
kiṃ kuryād udapānena āpaś cet sarvato yadi/
ch(i)ttveha mūlaṃ tṛṣṇā(yā)ḥ kasya (paryeṣa)ṇāṃ cared//3// （ii 7.9-11）

Udv

ye taranty ārṇavaṃ nityaṃ kolaṃ baddhvā janāḥ śubham/
na te taranti saritāṃ tīrṇā medhāvino janāḥ//
uttīrṇo bhagavāṃ buddhaḥ sthale tiṣṭhati brāhmaṇaḥ/
bhikṣavaḥ snānti caivātra kolaṃ badhnanti cāpare//
kiṃ kuryād udapānena yatrāpaḥ sarvato bhavet/
tṛṣṇāyā mūlam uddhṛtya kasya paryeṣaṇāṃ caret//（xvii 7-9）

内容に関わる語形上の異同はさほど認められない。ただ異なるのは下線の読みである。全写本が palvalāni とするのを Divy. の校訂者は palalāni に直しているが、後注では palvalāni という読みが正しいと指摘している。いずれにしても意味内容に大きな変化はない。ともかくこの詩頌の意味は不明であり、大般涅槃経を訳した中村元（『ブッダ最後の旅―大パリニッバーナ経―』（Tokyo, 1980, 214-215））も注でこの詩頌に関する従来の解釈を紹介しつつも、そのどれが最も適切かは断定せず、また自身の見解も示していない。なお、漢訳は次のとおり。

智人渡大海　乗舡不作橋　愚者海為橋　江河乗大船
世尊已渡河　婆羅門処岸　声聞乗栰去　苾芻但洗身
触処水平流　何煩別求井　断除貪愛本　更当何所求（23c18-23）

第二・三偈は Skt. によく一致するが、第一偈は Skt. と一致せず、この詩頌が本来有していた意味が失われてしまっていることが、この漢訳からも窺える。なお、この詩頌に関しては次の研究がある。Dieter SCHLINGLOFF, "Die wunderbare Überquerung der Gaṅgā : Zur Text- und Bildtradition einer buddhistischen Legende," *Festschrift Klaus Bruhn zur Vollendung des 65. Lebensjahres dargebracht von Schülern, Freunden und Kollegen*, herausgegeben von Nalini BALBIR und Joachim K. BAUTZE, 1994, Hamburg.

（7） āyuṣmantam āmantrayate.　Skt. は ānandam を欠くが、通常ここには固有名詞があるべきである。よって ānandam を補う。Tib. も tshe dang ldan pa kun dga' bo la bka' stsal pa（27a1；29a4）とするので、BAILEY もこれを補っている。漢訳も「告阿難陀曰」（23c24-25）とする。　（8） mahāpraṇāda；sgra chen；大声。

（9） tiryakṣoḍaśapravedhaḥ.　高さに関してはどの資料も「千ヴィヤーマ（尋）」で共通するが、幅に関しては Skt. と Tib. との間に齟齬がある。Tib. は「幅六十ヴィヤーマ（sboms su 'dom drug bcu yod pa）」（27a1-2；29a5）とし、数字自体も単位も Skt. と異なる。BAILEY は Tib. から tiryak ṣaṣṭivyāmaḥ という Skt. を想定する（59.16 の用例も同様に改めている）。漢訳は幅には言及しない。

（10） āśvāsanakareṇa. Tib. は dbugs 'byin par mdzad pa'i phyag gis（27a4 ; 29a7）とするので、BAILEY はこの語の後に karaṇa を補っている。しかし、āśvāsana の -ana という語尾自体に使役の意味が含まれているので、あえて BAILEY のように読む必要はない。漢訳は「施無畏手」（24a6）とする。

（11） yāvat paśyanti yūpaṃ draṣṭukāmāḥ. このまま読むと、「一方、〔比丘〕達は柱を見ようとして注目していた」というような訳がつく。Tib. はこれを「〔世尊は〕柱を御覧になりたいのだと〔龍達は〕気づいた（mchod sdong gzigs par bzhed par mthong ngo）」（27a4-5 ; 29b1）とするので、BAILEY はこれに関して yāvat paśyanti/ yūpaṃ draṣṭukāmaḥ という読みを示唆する。文脈的にはこの読みの方がよいが、内容的には「世尊が柱を見たい」となってしまう。しかし本来、柱を見たいのは「比丘達」であり、「世尊」ではない。そこで漢訳を見ると、「即知如来為苾芻衆欲示宝幢」（24a8）とし、この読みが一番文脈に合っているので、draṣṭukāmāḥ を darśayitukāmaḥ に変えたいところだが、同様の表現は第6章にも存在し、そこでは draṣṭukāma（77.19）となっており、これに対応する Tib. も漢訳も「見せる」ではなく、「見る」と訳しているので、ここでは訂正せずに訳す。

（12） bhaddālin ; legs ldan ; 抜陀離。

（13） alpotsukaḥ pāṃsukūlaṃ sīvyati. Tib. はここを「関心を示さず、一隅に行って（mtha' gcig tu song nas）糞掃衣を縫っていた」（27a5 ; 29b1-2）と訳し、傍線部分を Divy. は欠く。漢訳にも「志性閑静。僻在一処。補糞掃衣」（24a10-11）とあるので、これに相当する語を Divy. の書写者が見落とした可能性が高い。

（14） ārohapariṇāhaṃ nimittam. Tib. は「相（rtags）」（27a6 ; 29b2）とするのみで、柱の長さや幅には触れない。漢訳も同様に「形相」（24a12-13）とするのみである。

（15） ブッダが何か特別なものを見せる時には、このような表現が見られる。Cf. Divy. 77.21-22, 162.29-163.2.

（16） ここも同様に、Tib. には「一隅に留まって」（27b7 ; 29b3）という表現が見られる。漢訳は、ここでは「僻在一処」等の表現を出さない。

（17） kutra kena. 文脈上、kena では意味が取れない。Tib. を参照すると、「彼はどこで崇拝していたのですか（'dis gang du bsten lags）」（27a8 ; 29b4）とあるので、BAILEY はこれを kutrānena と読む。今はこの訂正に従う。

（18） praṇāda ; rab sgrogs ; 叫声。

（19） tat te putratve. Tib. はこれを de khyod kyi bur（27b4 ; 30a1）とするので、BAILEY は下線部を taṃ と読む。今はこの訂正に

従う。

(20) mukhāt. Tib. は「体から (lus las)」(27b5；30a2) とするので、BAILEY はこれを kāyān あるいは śarīrān に訂正している。しかし漢訳は「口」(24a28) とし、Divy. に一致する。これは所謂「天人五衰」であり、様々な仏典に出てくるが、その内容や順番に関しては異同が見られるものの、これに関しては「体」とする方が一般的なようだ。第14章にも同様の記述が見られるが、ここも kāyena (193.22) とする。『説話の考古学』(213–215) 参照。

(21) dhṛtiṃ. Tib. は「喜び (dga' ba)」(27b5；30a2) とするので、BAILEY はこれを prītiṃ と読む。漢訳も「五者不楽本座」(24a29) とし、Tib. に一致する。他の仏典の用例、たとえばパーリの用例では nābhiramati (It 76.17)、倶舎論でも nābhiramate (AKBh 157.11) とし、漢訳もすべて「不楽」とする。第14章の用例はここと同じように sva āsane dhṛtiṃ na labhate (193.24) とするが、これに対応する Tib. は「自分の座に楽を得ない (rang gi stan la dga' ba mi 'thob pa)」(1014 U 301a1；345 Aṃ 289b5) とし、漢訳も「不楽本座」(T. 595, xv 129b16–17) とするので、dhṛtiṃ na labhate は Divy. 特有の表現ということになる。ただ、「自分の座に安定感がない」ということは結果として「自分の座に楽を見出さない」ことになるから、内容的には大差がないことになる。なお、五つの順番は、Tib. (27b4–5；30a1–2) も漢訳 (24a27–29) も Skt. に一致する。第14章注 (3) および『説話の考古学』(213–215) 参照。　(22) 以下、Tib. と漢訳とは定型句の一部を省略する。　(23) 定型句 3H (誕生)。

(24) 定型句 3 I (命名)。　(25) 定型句 3 J (八人の乳母)。

(26) 定型句 3K (子供の成長と学習)。原文では vastraparikṣāyāṃ が抜けているが、定型表現につき、これを補う。

(27) hastiśikṣāyāṃ. Tib. は「象の首に乗ること (glang po che'i gnyar zhon pa)」(28a4；30b2) とし、漢訳は「善能調象」(24b20) とするが、この定型句の他の用例を見てみると、この部分はすべて「象に乗ること (hastigrīvāyāṃ)」となっており、ここでの用法がむしろ例外ということになる。したがって Tib. は本来の用法に忠実な訳と言えよう。

(28) 'kṣuṇavedhe ['kṣuṇa- MSS]. BHSD (s.v. akṣūṇa, akṣaṇavedha) はこれを akṣaṇavedha と読むべきであることを指摘し、the art of piecing the target とするので、これを 'kṣaṇavedhe に改める。

(29) pañcasu sthāneṣu. これが何を指すかは問題である。pañcasthāna という語は法華経に存在し、女性が梵天・帝釈天・大王・転輪王・不退転の菩薩という五つの地位 (pañcasthāna) に到達できないこと (五障) を説く箇所があるが、この意味では文意が成立しない。一方、これを pañcavidyāsthāna の省略形として理解することも可能かも知れない。これはインドにおける学問の区分で、文法学・工学・医学・論理学・形而上学のことを指すが、しかしこれも、文脈からすれば、戦術に関する多くの術語と齟齬を生じ、ここにだけ学問の記述が置かれることになるので、納得のいく理解とは言えない。Tib. は Skt. を直訳し、その内容を知る手がかりにはならないが、漢訳は「略有五種。一者遠射。悉皆穿穴。二者聞声即射。皆能殺戮。三者随其要処。悉能射之。四者亦射皆中。五者射入堅牢。此之射法悉能善了」(24b22-25) とし、その具体的な内容に言及する。ただ内容を見るかぎり、この五つは直前の「遠方からの射法 (dūravedha)・標的の射法（これは資料によって「声による射法 (śabdavedha)」となる）・急所の射法 (marmavedha)・的の射法 (akṣuṇṇavedha)・堅固なものの射法 (dṛḍhavedha)」と重なるので (Mvy. 4991-4995)、これらを纏めて「五種」とし、それらと別個に何かを五つ立てるのではないという解釈を示す。ここでは pañcasu sthāneṣu に特別な意味を付与せず、直前の五つの射法を纏めて表現していると解釈する。　(30)　定型句 3L（王子の技芸）。

(31) dharmatā khalu na tāvat putrasya nāma prajñāyate yāvat tāto jīvati. Cf. Divy. 100.14-15, 274.7-8.

(32) na ca śakyate vinā nimittena puṇyaṃ kartum. これは Skt. にのみ存在し、Tib. と漢訳には見られない。

(33) aśoka ; mya ngan med ; 阿輸迦。

(34) svapathy adanam. 榊 (144) はこれを svapathyodanam の誤りとする。adana にも「食物」の意味があるから、内容的には大きな違いはない。ただし熟語として考えると、(sva)pathyadana は辞書にはなく、(sva)pathyodana の形で載っているから、榊の示唆する読みに従う。なお Tib. は rang rang gi rgyags (29a1 ; 31a7) とするので、BAILEY はこれを svaṃ svaṃ adanam に訂正している。漢訳は「自辦糧食」(24c20) とする。

(35) idānīṃ. Tib. は ci'i phyir da dung (29a2 ; 31b1) とするので、BAILEY はこれを <u>kasmād</u> idānīṃ とし、下線部を付加している。漢訳も「何故今者」(24c22) とする。文脈から考えれば、ここでは王が税が入ってこない理由を尋ねる場面なので、BAILEY の訂正に従う。

(36) nottiṣṭhante. Tib. の「〔税が〕少ないのだ (nyung bar gyur)」(29a2 ; 31b1) に基づき、BAILEY は stokā bhavanti という Skt. を想定する。漢訳も「税猶不足」(24c22) とし、Tib. と同じ理解を示すが、これで読めないことはないので、今は訂正しない。この後も同じ表現が出るが、訂正はしない。

(37) mahāpraṇādasya. Tib. はこれを「プラナーダ (rab sgrogs)」(29a3 ; 31b3) とするが、文脈からしてこれはマハープラナーダでなければならない。漢訳も「大声王」(24c26) とする。

(38) Tib. はここに「世尊は言われた」(29a4 ; 31b4) を置く。漢訳も「仏言」(24c29) とする。　(39) śaṅkha ; dung ; 餉佉。

(40) saṃyamanī. この読みに関しては各写本で統一がなく、刊本では saṃyamanīcakravartī と複合語になっている。BHSD (s.v. saṃyamanī) では、この語が刊本では大文字で示されて固有名詞と解釈されているにもかかわらず、索引では ruler とされている点を指摘し、emperor of (residing in) Saṃyamanī (Yama's city)? という可能性を示唆する。しかし Tib. は「シャンカと呼ばれる王は〔自己を〕正しく制御し、転輪王であり（rgyal po dung zhes bya ba yang dag par sdom pa/ 'khor los sgyur ba）」（29a5；31b4-5）とし、固有名詞ではなく、シャンカを修飾する形容詞として理解する。榊（145）はこれが svayaṃyānī の誤りではないかと指摘する。確かに Mvy.（3613）を見れば、svayaṃyāna は転輪王の形容句となっており、語形的には近い。したがって、ここではこの語を固有名詞ではなく、シャンカを修飾する形容詞として解釈する。一方、BAILEY は Tib. より saṃyamanika- という読みを示唆する。漢訳にはこれに相当する訳が見られない。

（41） samayena. Tib. の対応箇所を見てみると、「平等によって（mthun zhing snyoms pas）」（29a8；31b7）とあるので、これが samena の訳であることが分かる。Mvy.（3636）の転輪王の項目の箇所にも dharmeṇa samena（mthun zhing snyoms pas）とあるので、samayena を samena に改める。第37章注（108）参照。

（42） brahmāyus；tshangs pa'i tshe；善浄。 （43） brahmavatī；tshangs ldan ma；浄妙。

（44） maitreyāṃśena. Tib. はこれに「無量の」（29b1；32a1）という形容詞を付す。漢訳は「常以慈心」（25a8-9）とするので、「無量の」という形容詞は、「四無量心」を意識した Tib. 訳者が、原典にはない語を補って訳した可能性が高い。BAILEY は Tib. に基づき、この箇所とこの後の二箇所（61.12, 66.18）を maitryaprameyāṃśena に訂正している。

（45） maitreya；byams pa；慈氏。

（46） brahmāyur māṇavo 'śītimāṇavakaśatāni. 下線を施した部分が Tib. や漢訳と異なっている。まず最初の問題はブラフマーユスの身分である。Skt. は青年僧（māṇava）とするが、Tib. は「バラモン（bram ze）」（29b1；32a2）、漢訳は「大臣」（25a10）とし、いずれの資料も māṇava としないことでは一致している。māṇava はあくまで見習の若い僧であるから、ブラフマーユスの身分としてはバラモンが相応しいので、ここでは Tib. の読みに従い、下線部を brāhmaṇo に改める。さて、次の問題は彼が教える青年僧の数である。Skt. は「八千人」とするが、Tib. は「八万人の青年僧達に（bram ze'i khye'u brgyad khri la）」（29b1；32a2）、漢訳は「八万摩納婆等」（25a10）とするので、原文の -śatāni は -sahasrāṇi に改める。

（47） kaliṅga；ka ling ka；羯陵伽。 （48） piṅgala；dmar ser；氷竭羅。 （49） mithilā；mi thi la；密絺羅。

（50） pāṇḍuka；skya bo；般逐迦。 （51） gāndhāra；sa 'dzin；揵陀羅。 （52） elāpatra；e la'i 'dab；伊羅鉢羅。

（53） vārāṇasī；bā rā ṇa sī；波羅痆斯。 （54） śaṅkha；dung；餉佉。 （55） 漢訳のみ散文で表現されている。

（56） 先ほどと同様に、Tib. はこれに「無量の」（29b5；32a5）という形容詞を付す。漢訳は「起大慈悲」（25a19）とする。

（57） Tib. はこれを「無上正等覚者マイトレーヤ（bla na med pa yang dag par rdzogs pa'i sangs rgyas byams pa）」（29b2；32a6）とする。「無上正等菩提（bla na med pa yang dag par rdzogs pa'i byang chub）」との混乱かとも思われるが、これはここだけでは

なく、この後も「正等覚者マイトレーヤ」の前に「無上」を付して表現されることが多い。漢訳は「弥勒応正等覚」(25a20-21) とする。　(58)　Tib. は名前を二回繰り返す (29b6; 32a6)。

(59)　Skt. にはないが、Tib. にはここに「バラモンのブラフマーユスも青年僧八万人を従者として、出家した無上正等覚者マイトレーヤに従って出家するだろう」(29b8-30a1; 32b1-2) という一節が見られる。また漢訳にも「時善浄大臣。与八万摩納婆等。亦随出家」(25a24-25) とあるので、本来はこのような一節があったものの、この説話が MSV から書写される際に見落とされた可能性がある。

(60)　'śītibhikṣukoṭi-.　人数に関しては各資料で統一がない。Divy. の「八十コーティ」に対して、Tib. は「九百六十万 ('bum phrag dgu bcu rtsa drug)」(30a1; 32b2-3)、漢訳は「八万倶胝」(25a25) とする。しかしこの後、阿羅漢になった彼の弟子達の数は「九十六コーティ (ṣaṇṇavatikoṭiyo)」(62.2) とするので、この「八十コーティ」は「九十六コーティ」であるべきだ。恐らくこの直前に aśīti- という数字が頻出したため、ここも本来は ṣaṇṇavati であったにもかかわらず、その数字に引っ張られ、aśīti- と間違えて書写した可能性が大きい。弥勒に関する文献は多く、彼が率いた弟子の数に言及するものもあるが、それらは、『増一阿含経』「九十六億人」(T. 125, ii 789a17)、『弥勒下生経』「九十六億人」(T. 453, xiv 422b29-c1)、『根本説一切有部毘奈耶雑事』「九十六倶胝」(T. 1451, xxiv 409b26)、『阿育王伝』「九十六億」(T. 2042, l 115a22)、『阿育王経』「九十六千万」(T. 2043, l 154a29-b1) とし、「九十六コーティ」を中心にした数になっている。よってここは下線部を ṣaṇṇavati- に改める。なお、弥勒関連の資料の出典に関しては、シルクの研究を参照した。ジョナサン・シルク (平岡聡訳)「なぜ迦葉は大乗経典の主要登場人物になったのか」『初期仏教からアビダルマへ (櫻部建博士喜寿記念論集)』(Kyoto, 2002, 155-170)。

(61)　-vāro.　これに対応する Tib. は、parivāra に対応する 'khor (30a1; 32b2)、また漢訳も「与」(25a25) とするので、この部分を -parivāro と改める。

(62)　gurupādaka; bya gag rkang; 尊足。Tib. のみ「鶏足」とし、表現上は異なった解釈を示すが、『大唐西域記』によれば、「莫訶河東入大林野。行百余里至屈屈吒播陀山 (唐言鶏足) 亦謂寠盧播陀山 (唐言尊足)」(T. 2087, li 919b24-25) とあるので、両者は同じ山を指すようだ。　(63)　Tib. はここも「九百六十万」(30a6; 32b7) とし、一貫してこの数字を示す。

(64)　ṣaṇṇavatikoṭyo 'rhatāṃ bhaviṣyanti dhūtaguṇasākṣātkṛtā yaṃ [yāṃ MSS] ca saṃvegam āpatsyante.　Tib. は「九百六十万の者達が阿羅漢性と頭陀行とを作証し、精進するだろう ('bum phrag dgu bcu rtsa drug dgra bcom pa nyid dang/ sbyangs pa'i yon tan mngon du bya ba la brtson par 'gyur ro)」(30a6; 32b7) とするので、BAILEY は ṣaṇṇavatiśatasahasrāṇy arhattvāya dhūtaguṇasākṣātkārāya ca yogam āpatsyante という読みの方が意味をなすとする。確かに刊本の下線部の読みはスッキリしない

ので、BAILEY の訂正は一考に値するが、ここではこの文の直後に tatra があるので、原典の支持はないが、これを yatra に改める。一方、漢訳は「于時有九十六俱胝阿羅漢。能証杜多而生厭離」（25b6-7）とし、Divy. に一致する。

(65) yugapad. Tib. のみこの訳を欠く。　(66) atīte 'dhvani. Tib. も漢訳もこの訳を欠く。

(67) vāsava ; gos sbyin ; 摩娑婆。Tib. は「衣を施すこと」を意味し、Skt. と一致しない。Mvy. (8445) ではこれに対応する Skt. として、cīvaradāna を充てている。√vas (2) には「着る」の意味があるから、この派生語として「衣 (gos)」は理解できるが、「施す (sbyin)」の由来は不明である。なお、この vāsava は第1章 (1.5) に地名として登場するが、これに対応する Tib. は gnas (1030 Khe 237a4 ; 1 Ka 251b4) であり、これは √vas (1)「住む」に由来している。漢訳は「婆索迦」(T. 1447, xxiii 1048c6) である。　(68) 定型句 2B（王国の繁栄）。　(69) dhanasaṃmata ; nor ldan ; 多財。　(70) 定型句 2B（王国の繁栄）。

(71) vāsavasya rājñaḥ putro jātaḥ. Divy. では「王の子供が生まれた」とするが、Tib. では「ヴァーサヴァ王の祭官に (mdun na 'don las) 子供が生まれて」(30b2 ; 33a4) とするので、BAILEY は rājñaḥ <u>purohitasya</u> putro とし、下線部を補うべきであるとする。漢訳も同様に「中天竺王有一<u>大臣</u>産生一子」(25b16) として、Divy. との間に齟齬が見られる。

(72) ratnaśikhin ; rin chen gtsug tor can ; 宝光。　(73) ここも Tib. では名前が二回繰り返される (30b4 ; 33a6)。

(74) 定型句 8F（世俗の心を起こすブッダ）。

(75) balaśreṣṭho hi rājā no nipatitavyam [balaśreṣṭhā hi rājāno AB (*No* is interrogative in the text)]. このままでは文意が取れない。校訂者はこの no を interrogative とするが、ここではブッダ自身がヴァーサヴァ王の質問を受けて何らかの答えを出す立場にあるから、この文が疑問文ではおかしい。否定辞として理解しても文脈には合わない。一人称代名詞として理解することも可能であり、榊 (152) はこれを「吾等によりて、礼拝せらるべきものなり」と訳しているが、王 (rājan) と仏 (buddha) との上下関係を考えた時、たとえばブッダ自身が王の位を捨て出家してブッダになったことが象徴しているように、またこの説話自身が最後に「転輪王は如来・阿羅漢・正等覚者に平伏す」ことを説いていることからも分かるように、「吾等」の中に「仏」を含めることはできない。一方、Tib. は「大きな軍隊を持った王達には実に平伏すべきである (rgyal po dpung chen po rnams la ni gtug par bya dgos so)」(31b6-7 ; 34b3) とし、王を複数形にするので、BAILEY は balaśreṣṭhā hi rājāno nipatitavyāḥ という Skt. を想定する（ただし、that would be hardly admissible Sanskrit とも述べているが）。今はこれに従って訳す。漢訳は「彼王有力。応先礼拝」(25c27) とし、「王」を単数扱いしているので、刊本の読みに近いかも知れないが、少なくとも今問題としている no は疑問詞でも一人称代名詞でもない。

(76) kasya ..... nipatanti/ rājñaḥ (64.19-20). Tib. は「どの王の (rgyal po gang)」(32a2 ; 34b6) とし、kasya ..... nipatanti

rājño/ として訳している。漢訳は「世尊。一切諸王。誰為最尊。合受礼敬」(26a2-3) とするので、Divy. に近い。

(77) tathāgataḥ. これは Skt. にしか存在しない。この説話ではここだけ samyaksaṃbuddha（正等覚者）に tathāgata という語が付され、極めて不自然である。特別ここだけに tathāgata が付される理由は見当たらない。

(78) sārdhaṃ bhikṣusaṃghena/ atha vāsavo rājā. これは有部系の文献において定型化しており、本来あるべき文章が省略されている。これを Tib. は「正等覚者ラトナシキンは沈黙を以てヴァーサヴァに承諾した。その時、ヴァーサヴァ王は正等覚者ラトナシキンが沈黙を以て承諾されたのを知ると、正等覚者ラトナシキンのもとから退いた」(32a4-5 ; 35a1-3) とするが、これを定型句 9B（食事に招待されるブッダ）に照らし合わせると、adhivāsayati ratnaśikhī samyaksaṃbuddho vāsavasya tūṣṇībhāvena/ atha vāsavo rājā ratnaśikhinaḥ samyaksaṃbuddhasya tūṣṇībhāvenādhivāsanāṃ viditvā ratnaśikhinaḥ samyaksaṃbuddhasyāntikāt prakrāntaḥ という Skt. が省略されたものと推定されよう。よって、これを〔 〕に補って訳す。なお、ラトナシキンを食事に招待する描写はこの後もう一度使われるが、そこではこの表現が省略されていない (65.28-66.3)。漢訳は「于時世尊黙然而受。乃至」(26a6) とし、前半に相当する部分は存在するが、それ以降は「乃至」で省略されている。

(79) bhaktābhisāraḥ. BHSD では、abhisāra を「布施」と解釈し、bhaktābhisāra で「食物の布施」とする。Skt. ではこの語が場所を表す関係詞 (yena ..... tena) の中で用いられているので、「食物の布施がある場所に」と訳すことも可能であるが、表現としては回りくどい。一方、Tib. はこれを「食堂 (bkad sa)」(32a8 ; 35a5) と端的に表現している。「食物の布施がある場所」は「食堂」であると考えられるから、両者は意味的に重なり合うので、ここでは Tib. に従って訳す。漢訳では本章注 (78) で指摘したように、この箇所も「乃至」(26a6) で省略されている。

(80) purastād bhikṣusaṃghasya. Skt. はブッダの座が指定される場所を比丘の僧伽の「前」とするが、Tib. は比丘の僧伽の「真ん中に (gung la)」(32a8 ; 35a5) とする。漢訳は定型句につき「乃至」(26a6) で省略されているので、この点が確認できない。

(81) Skt. ではラトナシキンにしか触れないが、Tib. では「正等覚者ラトナシキンを始めとする比丘の僧伽が快適に坐ったのを確認すると」(32b1 ; 35a6) とし、比丘の僧伽にも言及する。

(82) bhagavantam. 先ほどの「如来」同様、Tib. にはこれに相当する訳がない。漢訳は「世尊」(26a6) とのみする。

(83) dhautahastam apanītapātram. これに相当する Tib. は「両手を隠し、鉢を洗われたのを (phyag gnyis bcabs te lhung bzed gyu bar)」(32b3 ; 35a7) とし、Skt. と逆の表現を取る。第2章注 (228) 参照。 (84) 定型句 9B（食事に招待されるブッダ）。

(85) tair āgamya niveditam. Tib. は「彼らはよく観察してから言った」(32b5-6 ; 35b3) とする。漢訳は「諸臣察問。尋報王曰」(26a14) とし、Tib. に近い。

(86) ratnaśikhinaṃ samyaksaṃbuddham. Tib. はこの訳を欠く。漢訳は単に「而白仏言」(26a22) とする。

(87) 定型句 9B (食事に招待されるブッダ)。

(88) Skt. にはないが、Tib. には「同時に (cig car)」(33b4 ; 36b3) とあり、また漢訳にも「同時」(26a28) とある。そもそもこの話が語られる発端になった比丘の質問は「大徳よ、二つの宝が同時に (yugapat) この世間に出現するというのは、いかなる因・いかなる縁があるのでしょうか」(62.4-5) であったわけだから、これを補い、ratnayor yugapal loke として訳す。

(89) idam avocad ..... bhāṣitam abhyanandan (66.23-25). 以下、Tib. も漢訳もこの訳を欠く。

第4章「如来（tathāgata）」の語源解釈

本章の特徴は「如来（tathāgata）」の語源解釈に基づく説話が説かれている点にある。如来の語源解釈自体はパーリのニカーヤ中にその萌芽が見られ、ブッダゴーサの注釈に至ってはその解釈に八種類（別義を含めると九種類）を数えるようになるし、大乗仏教の経典や論書等にも如来の語源解釈が存在するが、本章のようにそれをベースに創られた説話は珍しいと言えよう。ここでは数ある語源解釈のうち、「真実を語る人」としての如来が登場する。

67

世尊はニャグローディカー[1]〔村〕に到着された[2]。その時、世尊は午前中に衣を身に着け、衣鉢を持つと、乞食しにニャグローディカーに入られた。ニャグローディカーには、カピラヴァストゥ出身のバラモンの娘が[3]嫁いでいたが[4]、そのバラモンの娘は、三十二の偉人相で完全に荘厳され、八十種好で体は光り輝き、一尋の光明で飾られ、千の太陽をも凌ぐ光を放ち、宝の山が動いている如く、どこから見ても素晴らしい世尊を見た[5]。見ると同時に、〈彼こそがあの世尊なのね。シャーキャ族の息子[6]だったけど、転輪王の家系から王権と楽しみ多き後宮やぎっしり詰まった倉庫を捨て去って出家し、今は乞食しておられるのだわ。もし私から施物をお受け下さるのなら、私はあのお方に布施しましょう〉と彼女は考えた。

その時、世尊は彼女の心を〔自らの〕心でお知りになり、〔彼女に〕鉢を差し出された。

「娘よ、もしもあなたに残り物があるならば、この鉢にお入れなさい」

そこで彼女にはさらに大きな浄信が生じた。〈世尊は私の心を〔自らの〕心でお知りになったのだわ〉と知ると、彼女は激しい浄信に促され、世尊に麦焦がしを布施した。[7]

すると、世尊は微笑された。諸仏・諸世尊が微笑した時には、赤琥珀・紅玉・金剛石・瑠璃・瑪瑙・赤珠・石巻貝・水晶・珊瑚・金・銀の光沢をした、青・黄・赤・白の光線が[8]〔世尊の〕口から放たれ、ある〔光線〕は下に行き、ある〔光線〕は上に行くことになっている。下に行った〔光線〕は、等活・黒縄・衆合・叫喚・大叫喚・炎熱・大炎熱・無間と、アルブダ・ニラブダ・アタタ・ハハヴァ・フフヴァ・ウトパラ・パドマ・マハーパドマに行く。[9]〔この光線〕は無間を〔下〕限とする諸地獄に行くが、[10]熱地獄には涼しくなって落ちて行き、寒地獄には暖かくなって落ちて行く。その瞬間、これにより〔各地獄に〕特有な有情達の苦しみは和らげられる。彼らは〈おい皆、我々はここから死没してしまったのだろうか、あるいは別の場所に生まれ変わったのであろうか〉と考える。彼らに浄信を生ぜしめんがために世尊が化〔仏〕を放つと、彼らは化〔仏〕を見てこう考える。〈皆、我々はここから死没したのでもなく、別の場所に生まれ変わったのでもない。そうではなく、ここには以前に見たこともない有情がいるが、彼の神通力によって〔各地獄に〕特有な我々の苦しみが和らげられたのだ〉と。

彼らは化〔仏〕に対して心を浄らかにし、[11]地獄で感受すべき業を滅尽すると、天界や人間界に生まれ変わり、そこで〔四〕諦の器となる。[12]

上に行った〔光線〕は、四大王天・三十三天・夜摩天・兜率天・化楽天・他化自在天・梵衆天・梵輔天・大梵天・少光天・無量光天・光音天・少浄天・無量浄天・遍浄天・無雲天・福生天・広果天・無想天・無熱天・善現天・善見天、そして色究竟天を〔上〕限とする〔諸〕天に[13]行って「無常・苦・空・無我」[14]と声を発し、二つの詩頌を唱える。

「〔精進〕を積め。出家せよ。仏の教えに専念せよ。死の軍隊を打ち破れ。象が葦の小屋を〔踏み潰す〕如く。

この法と律とに従いて放逸なく修行する者は、生〔死を繰り返す〕輪廻を断じ、苦を終わらせん」[15]

さてその光線は、三千大千世界を駆け巡り、それぞれ世尊の背後に随行する。この時、世尊が過去の〔業〕を説明される場合、〔光線〕は〔世尊の〕背後に消える。未来の事を予言される場合、前方に消える。地獄への再生を予言される場合、足の裏に消える。畜生への再生を予言される場合、踵に消える。餓鬼への再生を予言される場合、足の親指に消える。人間への再生を予言される場合、膝に消える。準転輪王の地位を予言される場合、左の掌に消える。転輪王の地位を予言される場合、右の掌に消える。声聞の悟りを予言される場合、口に消える。独覚の悟りを予言される場合、眉間に消える。無上正等菩提を予言される場合、仏頂に消える。さて〔この場合〕その光線は、世尊を三回右繞して〔世尊の〕眉間に消えた。その時、同志アーナンダは虚心合掌をして世尊に尋ねた。

「種類も様々に、何千色もの美しき〔光の〕束が口より放たれ、それによりて〔十〕方は遍く照らされたり。あたかも太陽の昇るが如く[16]」

そして〔さらに〕彼は詩頌を唱えた。

「高慢より離れ、卑下と驕(おご)りを断じた諸仏は、世間における最高の因なり。法螺貝や蓮の繊維の如く純白なる微笑を、敵を征した勝者達は故なくして現ぜず。沙門よ、勝者の主よ[17]、〔今が〕その時なりと自ら堅固なる智を以て知り、最高の聖者よ、堅固にして浄らかなる最上の言葉を以て、〔微笑の意味を〕聞かんと欲する聴衆に生じた疑念を取り除きたまえ。大海や山王の如く堅固なる〔大〕師・正覚者達は、故なく微笑を現ぜず。堅固なりし〔諸仏〕が微笑を現じたその意味を、大群集は聞かんと欲するなり」

世尊は言われた。

「そのとおりである、アーナンダよ。そのとおりなのだ。アーナンダよ、如来・阿羅漢・正等覚者達は、因縁なくして〔妄りに〕微笑を現ずることはない。アーナンダよ、お前は浄信を起こして私に麦焦がしの布施をしたバラモンの娘を見たか」

「見ました、大徳よ」

「アーナンダよ、その善根により、あのバラモンの娘は十三劫の間、[18]〔悪趣に〕落ちることはないだろう。そうではなく、人天〔界のみ〕を流転し輪廻した後、[19]最後の生存において、最後の住処において、最後の体において、最後身を得た時に、〔彼女〕はスプラニヒタと呼ばれる独覚になるだろう」[20][21]

「某というバラモンの娘が〔世尊に〕浄信を起こし、世尊に麦焦がしを布施したところ、世尊は彼女に独覚の悟りを予言されたぞ！」という声が周辺で上がった。その時、彼女の夫は花と薪を求めて森に行ったが、彼は自分の妻が沙門ガウタマに麦焦がしを布施すると、沙門ガウタマが彼女に独覚の悟りを予言したと聞いた。聞くと、彼は怒りを生じ、世尊のもとに近づいた。近づくと、[22]彼は世尊に面と向かい、[23]あれやこれやと親しく和やかに〔挨拶の〕言葉を交わした後、世尊に「ガウタマは我々の家に行かれたか」と訊いた。

「バラモンよ、私は行った」

「私の妻があなたに麦焦がしを布施すると、あなたは彼女に独覚の悟りを予言されたというのは本当か」[24]

「バラモンよ、いかにも」

「ガウタマよ、あなたは転輪王の地位を捨てて出家された方だぞ。なのに、どうしてあなたは今、麦焦がしの施物〔を受ける〕ために、わざと嘘をついたのか。〔麦焦がしを施したという〕それ位の〔ちっぽけな〕種子に〔独覚の悟りという〕そんな〔大きな〕果報があるなんて、誰があなたの言うことを信じようか」

「ではバラモンよ、そのお前に尋ねよう。お前の好きなように説明せよ。[25]バラモンよ、どう思うか。お前は、希有にして未曾有なる法を見たことがあるか」

「おおガウタマよ、他の希有未曾有法はしばらく置くとして、私はまさにこのニャグローディカーで希有未曾有法を見たが、まずこのことを聞かれよ。おおガウタマよ、このニャグローディカーの東にニャグローダ樹があり、その名前をとってニャグローディカー〔と言うのだが〕、その下には、触れ合わさなくても、ぎゅうぎゅう詰めにしなくても、五百台の車が収まったのだ」

「そのニャグローダの種(26)はどれほどの大きさなのか。田圃ほどの大きさなのか」

「おおガウタマよ、とんでもない！(27)」

「〔では〕筵ほどの大きさか、胡麻油〔を搾る〕臼ほどの大きさか、車輪ほどの大きさか、牛〔の餌を入れる〕容器(28)ほどの大きさか、ヴィルヴァ〔樹の実〕ほどの大きさか、あるいはカピッタ〔樹の種〕ほどの大きさか」

「おおガウタマよ、とんでもない。(29)芥子の実の四分の一(30)の大きさだったのだ！」

「そんな〔小〕種があんな大樹になったなど、誰がお前を信じようか」

「ガウタマよ、あなたが私を信じようと信じまいと、私は現(31)にこれを見ているのだ。おおガウタマよ、まず第一に〔この〕土地は荒らされることなく、肥沃で、土壌の良い場所であるし、また種は新鮮で、中身が詰まっており、適切に植えられ、雨が適時に降ったので、これは大きなニャグローダ樹に成長したのだ(32)」

その時、世尊はそ〔の樹〕の出現に関して詩頌を唱えた。

「再生族よ、汝がこの土地と種とを(33)目の当たりにせし如く、如来達は業と〔その〕異熟とを目の当たりにす。バラモンよ、汝はその小さき種と実に大きな樹とを見し如く、バラモンよ、我はこの小さき種（麦焦がしの布施）と大いなる繁栄（独覚になること）とを見るなり」

すると世尊は口から舌を出し、毛の生え際に至るまで顔全体を覆って(34)言われた。

「バラモンよ、どう思うか。口から舌を出し、顔全体を覆う者が、百千の転輪王の王権のためといえども、わざと嘘をつくことがあるだろうか」

「おおガウタマよ、決してございません」

世尊[35]は詩頌を唱えられた。

「確かに〔他人の舌〕は嘘をつくことあるも、我が舌は今、正直に真実を語る。バラモンよ、〔すべては〕実に我が語る、まさにその如くなり。[36] ゆえに『我は如来なり』と汝は理解すべし」

すると、そのバラモンは〔世尊に〕浄信を生じた。そこで世尊は彼の性質・気質・性格・本性を知ると、四聖諦を洞察させる、彼に相応しい法を説かれ、それを聞くと、バラモンは二十の峰が聳える有身見の山[37]を智の金剛杵で粉砕し、預流果を証得した。[38]

「大徳よ、私は〔涅槃への〕入り口を潜り抜けたのです。[39] この私は世尊と法と比丘の僧伽に帰依いたします。今日より命のある限り、死ぬまで、〔三〕帰依し、浄信を抱いた優婆塞として私を護念したまえ」[40]

その時、そのバラモンは世尊の語られたことに歓喜し、世尊の足を頭に頂いて礼拝すると、座から立ち上がり、立ち去ったのであった。

以上、吉祥なる『ディヴィヤ・アヴァダーナ』における「ブラーフマナダーリカー・アヴァダーナ」第四章。

文献

❶ None ❷1030 Ge 88a5–89b7; 1 Kha 95a7–97a4 ❸『根本説一切有部毘奈耶薬事』巻八（T. 1448, xxiv 36a3–37a5). Cf.『大智度論』巻八（T. 1509, xxv 115a14–c2) ❹榊＝榊亮三郎「ディヴアーヴァダーナの研究並びに翻訳」『六条学報』(134–138 and 140–162, 1912–1915, 155–165).

注

（1） nyagrodhikā; nya gro dha; 多根樹。

(2) Tib. は「ラージャグリハからニャグローディカーに到着されてから」(88a5；95a7)、漢訳も「従王舎城出。至多根樹村」(36a3) とする点がSkt. と異なる。

(3) brāhmaṇasya dārikā. Tib. はSkt. と同じだが、漢訳は単に「女人」(36a4) とし、『大智度論』はこれを「老使人」(115a21) あるいは「老女人」(115b3) とする。

(4) niviṣṭā. 榊 (155) は「住せしが」と訳している。そう訳せないではないが、この語の原形である ni√viś には「結婚する」の意味もある。Tib. は bag mar btang ba (88a6；95b1)、漢訳も「為婦」(36a5) とするので、ここでは「嫁いでいた」と訳す。

(5) 定型句8B（ブッダの相好）。

(6) -nandanaḥ. Tib. はこれを直訳して dga' ba (88a7；95b3) とし、漢訳も「為慶喜」(36a8) とし、両者とも「喜び」の意味でこの語を理解しているが、Skt. の nandana にはこの他にも「息子」の意味もある。榊 (156) は『マハー・バーラタ』等の叙事詩の用例を引用して、この語を「息子」と解釈すべきであるとする。

(7) śaktubhikṣām. Tib. はこれを「布施の食物 (bsod snyoms kyi zan)」(88a8；95b4) とする。漢訳は「麨」(36a13)、また『大智度論』は「弊食」(115a27) とする。

(8) ブッダの口から放たれる光明の形容は、漢訳では「青黄赤白種種之光」(36a14-15) のみで「赤琥珀」以下の宝石の名を欠き、また Tib. は zhes bya ba nas (88b3；95b6) とし、この定型句全体を省略する。

(9) 漢訳は地獄に関して「等活。黒縄。衆合。大叫。小炎熱。極熱。阿鼻地獄等。及八寒地獄。有疱地獄。阿吒訶。吒訶婆。呼婆呼。白蓮。青蓮。大蓮花等地獄」(36a16-18) とし、八熱地獄のうち raurava を、八寒地獄のうち nirarbuda を欠く。漢訳ではこの少し前にもこれと同じ定型句が説かれているが、そこには「等活。黒縄。衆合。叫喚。大叫喚。熱。極熱。無間。水泡。遍泡。阿吒吒。呵呵婆。呼呼婆。嘔鉢羅。鉢頭摩。摩訶鉢頭摩等地獄」(29c21-24) とあり、熱地獄も寒地獄も八つの名前が漏れなく列挙されている。

(10) mahāpadmam/ avīciparyantān narakān gatvā. この部分はDivy. の各定型句で異同が見られる。異同は次のとおり。
mahāpadmaparyantān narakān gatvā (138.8).
mahāpadmaṃ narakaṃ gatvā (265.21-22；568.13).
pratāpanam avīciparyanteṣu gatvā (366.29).

(11) 倶舎論の業品では、業の異熟が引き起こされる時期に関し、業を四種に分けて説明する箇所がある。すなわち、順現法受業（業の異熟をこの世で引き起こす業）、順次生受業（業の異熟を次の生で引き起こす業）、順後次受業（それ以降の生で異熟を引き起こす業）、順不定受業（その時期が定まっていない業）であるが、地獄においてなされる浄業が引き起こす異熟に関して、「**地獄においては、浄〔業〕は三種である**。地獄において、善業は三種類が引き起こされて、順現法受〔業〕〔が引き起こされること〕はない。そこでは望ましい異熟がないからである」（AKbh 230.23-25）という記述が見られる。これは一見して奇異に思われるが、地獄でも浄業をなすことは可能であり、ここに見られるように、ブッダが放った化仏に対して「浄信を生じる」ことは、倶舎論で説かれる「地獄での浄業」の一つと考えてよいであろう。

（12） satyānāṃ bhājanabhūtā bhavanti. これに相当する漢訳は「後当遇仏。便証聖果」（36a26-27）とし、Skt. に一致しない。しかし漢訳の根本有部律の中で、この定型句に相当する他の箇所を幾つか見てみると、「当為法器。見真諦理」（T. 1448, xxiv 6a29; 211b29-c1）、あるいは「当為法器。能見諦理」（T. 1442, xxiii 879a28）とあり、このSkt. に近い用例が見出せる。ただこの場合、漢訳者の見たSkt. が satyānāṃ bhājanabhūtā bhavanti であったのに「後当遇仏。便証聖果」と意訳したのか、あるいはこれとは別のSkt.であったかは即断できない。

（13） 漢訳は「四天王天。三十三天。覩史多天。化楽天。他化自在天。梵衆天。梵輔天。大梵天。少光天。無量光天。極光浄。乃至無色界四天」（36a27-b1）とし、六欲天中の夜摩天（yama）を欠き、また色界の第三禅天以上は「乃至」で省略されている。

（14） anātmā. 漢訳はこの訳を欠く。しかしこれも漢訳の根本有部律の中でこの定型句に相当する他の箇所を幾つか見てみると、その順番は違うものの、「苦空無常無我」（T. 1442, xxiii 879a29-b1; T. 1448, xxiv 6b1; T. 1451, xxiv 211c2）とか「無常苦空無我」（T. 1448, xxiv 30a4）というように、「無我」という訳が見られることから、本来ここにも anātman があったと推察される。本章注（9）（12）（13）からも分かるように、第4章に相当するこの定型句の漢訳はかなり正確さを欠いている。

（15） Cf. Divy. 162.21 ff., 300.21 ff., 547.21 ff. この二偈は初期経典等にも見られる。Cf. SN i 156.34 ff.; DN ii 121.1 ff.; Th 256, 257; Kvu 203.20 ff.; Udv iv 37-38; GDhp vii 123 (14), 125 (16).

（16） Skt. ではアーナンダがいきなりこの詩頌を説いているが、アーナンダが詩頌の中でブッダの微笑の意味を問う前に、Tib. では「因なく、縁なくして（rgyu ma mchis rkyen ma mchis par ni）（後略）」（88b3-4; 95b6-7）、漢訳では「如来応正等覚。熙怡微笑。非無因縁」（36b17）という表現が見られる。また、このアーナンダの問いを受けた後、ブッダは微笑の意味を明らかにするが、その際「アーナンダよ、そのとおりである。アーナンダよ、そのとおりなのだ。如来・阿羅漢・正等覚者たるものは、因縁なくして〔妄りに〕微笑を現ずることはない」と答えている。このブッダの答えから判断すると、アーナンダの問いの中に「如来・阿羅漢・正等覚者たるものは、因縁なくして〔妄りに〕微笑を現ずることはございません」と前置きをした後にこの詩頌を説く方が、話の流れとしては自然であると思われるが、他の定型句を見ても、そのような文章は存在しない。しかしながら、ただ一箇所、これに近い用例が第26章に見られる。そこでは、アーナンダが詩頌を説く前に nāhetvapratyayaḥ (368.9) とある。Tib. や漢訳、および第26章の用例からすれば、上述のごとき一節が存在した可能性もあるが、原典の支持はない。また、この直後に「そして〔さらに〕彼は二つの詩頌を唱えた (gāthādvayaṃ ca bhāṣate)」という表現が見られるが、そこで説かれる詩頌は三つであるし、他の箇所で説かれる微笑放光の定型表現ではこれがないので、下線部を省略して訳す。おそらく、この少し前にある同じ表現 (68.18) に影響されたのであろう。

(17) śramaṇajinendra. これを śramaṇa jinendra に改める。 (18) 『大智度論』は「十五劫」(115b4) とする。

(19) saṃvācya. 初期経典では sandhāvati と saṃsarati とが同義語として、対で用いられることが多く (DN i 14.2-3; SN iii 149.30-31; AN ii 1.13, etc.)、ここもそれと同様の表現と考えられるので、saṃvācya を saṃdhāvya に改める。なお Tib. はこれを nying mtshams sbyar cing (88b5; 96a1) とし、また漢訳は「受生」(36b23) とするので、両者とも Skt. の pratisaṃdadhāti を示唆する。 (20) supraṇihita; shin tu legs smon; 善願。 (21) 定型句 8D (微笑放光)。

(22) ここに upasaṃkramya を補う。この類の表現は、直後に upasaṃkramya という連続体を伴い、yena bhagavāṃs tenopasaṃkrāntaḥ/ upasaṃkramya となるのが普通である。Tib. も song nas phyin pa dang (88b8; 96a3) とあり、この読みを支持する。

(23) bhagavatā sārdhaṃ .... kathāṃ vyatisārya (70.10-11). 以下、これに相当する訳が Tib. にも漢訳にも存在しない。

(24) agamaṃ brāhmaṇa satyam/. これだと「バラモンよ、確かに私は行った」となる。漢訳も「実来」(36b29) とし、この読みを支持する。しかし Tib. は bram ze song to// .... skad na mad dam/ (88b8-89a1; 96a4) と訳す。つまり Tib.は問題の satyam を後ろの文章に懸け、「〜というのは本当か」と理解する。この方が後ろの「バラモンよ、そのとおりだ」というブッダの答えとよく一致するので、ダンダの位置を移動し、agamaṃ brāhmaṇa/ satyaṃ に改める。BAILEY もこのように訂正している。

(25) tathainaṃ [tathaivaṃ AB] vyākuru. Tib. はこれを de bzhin du lan thob shig (89a2; 96a6) とするので、BAILEY は下線部を evaṃ に訂正している。今は彼の訂正に従う。漢訳は「当随意説」(36c5) とする。

(26) phalaṃ. Tib. はこれを sa bon (89a4; 96b1) とするので、BAILEY はこれを vījaṃ に訂正する。確かにここでは「実」ではなく、「種」の大きさが問題になっているので、BAILEY の訂正を採る。なお漢訳は「彼多根樹。子大幾許」(36c10-11) とするので、「実」と「種」と両方で解釈できる。

(27) ko bho gautama. Tib. はこれを kye gau ta ma ma lags so (89a4-5; 96b1) とし、漢訳も「不也」(36c12) とするので、BAILEY は下線部を no に改めているし、SPEYER もこの読みを示唆するので、これに従う。

(28) gopiṭaka-. 直訳すると「牛の箱」となるが、意味不明。Tib. はこれを「牛の皮 (ba'i ko ba)」(89a5; 96b1) とし、Skt. と異な

る。漢訳は「牛篋」（36c11）と直訳するが、これが具体的に何を意味するかは依然として不明である。榊（162）もこの漢訳をそのまま踏襲して「牛篋」とするのみである。今はBHSDに依って「牛〔の餌を入れる〕容器」と訳した。ここで引き合いに出されるものは、「田圃」から始まって徐々に小さいものへと移行しているので、gopiṭaka は「車輪」よりも小さく「ヴィルヴァ樹の実」よりも大きいものでなくてはならない。したがって、この場合「牛〔の餌を入れる〕容器」は文脈に沿った大きさと考えられるが、その原意は不明である。なお漢訳はこの「牛篋」の次に「篣箕」（36c12）を挙げるが、これに相当する語はSkt. にもTib. にもない。

（29）ko. no に改める。本章注（27）参照。ただし漢訳でのバラモンの「不也」という返事は、ここに相当する一箇所のみである。すなわち漢訳では、ブッダの田圃からカピッタ樹の種までを引き合いに出した問いが一つに纏められている。

（30）『大智度論』は「三分之二」（115b18-19）とする。

（31）naitat. ここに否定辞があると、意味が取れない。Tib. は bdag gi mngon sum du gyur lags so（89a6-7；96b3）とし、漢訳も「我自親見」（36c15）とあるから、この否定辞は恐らく一人称代名詞の mayā か me の誤写かと思われる。ここでは mayaitat あるいは ma etat に改めて訳す。BAILEY もこの読みを採る。

（32）同様の話が、父アールニと息子シュヴェータケートゥとの会話を載せる『チャーンドーグヤ・ウパニシャド』（vi 12.1-2）にもあり、「「そこからニャグローダ樹の実を持ってきなさい」。「世尊よ、これにございます」。「割ってみよ」。「世尊よ、割りました」。「その中に何が見えるか」。「世尊よ、このようなまったく微小な穀粒が〔幾つか見えます〕」。「それらのうちの一つを割ってみよ」。「世尊よ、割りました」。「その中に何が見えるか」。「世尊よ、何も〔見えま〕せん」（nyagrodhaphalam ata āhateti/ idaṃ bhagava iti/ bhindhīti/ bhinnaṃ bhagava iti/ kim atra paśyasīti/ aṇvya ivemā dhānā bhagava iti/ āsām aṅgaikāṃ bhindhīti/ bhinnā bhagava iti/ kim atra paśyasīti/ na kiṃcana bhagava iti)」（EPU 144.25-27）とする。そして、この会話の後、父は息子に「実に愛し子よ、汝には見えないこの微小なもの、この微小なものから、実に愛し子よ、かくも大きなニャグローダ樹が生じるのだ。愛し子よ、信じよ（yaṃ vai somyaitam aṇimānaṃ na nibhālayasa etasya vai somyaiṣo 'ṇimna evaṃ mahānyagrodhas tiṣṭhati/ śraddhatsva somyeti)」（EPU 145.7-8）と教えている。

（33）vijena［vije ca ?］. これに関して校訂者は vije ca という読みを示唆している。これも Tib. と漢訳とが役に立つ。Tib. は zhing dang sa bon mngon sum ltar（89a8；96b4）、漢訳は「如田及種子　汝今親已見」（36c18）とし、いずれも「土地」と「種子」とを等位接続詞で繋いでいる。したがって Skt. も kṣetre ca vije ca とすれば、三資料が上手く一致するので、この読みに改める。BAILEY もこの読みを採る。

（34）これは三十二相の一つに数えられている「広長舌相」を意味する。三十二相に関する記述は仏典の様々な箇所に説かれており、様々な研究がなされているが、ここでは従来余り注目されることのなかったAVSに見られる「広長舌相」の説明を見てみたい。この文献は、経とその注釈の二部から構成されているが、その経の部分で、「「舌が大きいこと」という、この偉大な人である如来の偉人相は、前世において真実語を護ったことにより、現れ出たものである」(59.3-4) と述べた後、その注釈の部分では、「「舌が大きい」とは―世尊の舌は一ハスタあり、長さとそれに釣り合った幅とを備えており、赤蓮華の花弁のように薄い。なぜなら、伸ばした〔舌〕は顔面全体を覆うからである。【問】もしも〔世尊の舌〕がそんなに長いのなら、どうしてそれ〔舌〕が口の中に収まるということが成り立つであろうか。【答】答えよう。柔軟性と薄さと柔らかさとによって、大きくても口〔内〕を障げることはないのである。業の説明は明らかである」(297.4-7) と「広長舌相」を説明している。Divy. や AVS にも見られる「舌で顔面全体を覆う」と同等の表現は阿弥陀経にも見られる。この経の後半部分では、ブッダがシャーリプトラに向かって「六方の諸仏も阿弥陀仏の極楽浄土を賞賛している」ことを、「シャーリプトラよ、東方におけるガンジス河の砂ほど存在する諸仏・諸世尊は、各々の仏国土を舌根で遍く覆って明言される。「汝等はこの〈不思議な功徳の荘厳、一切諸仏の摂取〉と名づけられる法門を信受せよ」と」(Sm. Sukh. 97.3-6) と説明している。「顔面を覆うほど舌が長くて大きい」ことは、Divy. によると、「その人の言葉は真実そのもので嘘がない」ことを暗示している。阿弥陀経ではさらにスケールが大きくなり、「舌で仏国土全体（漢訳では三千大千世界）を遍く覆う」という、巨大な舌の描写になっているが、ともかく、この阿弥陀経の用例も、Divy. の記述に即して考えるなら、「この諸仏の言葉は真実であって嘘がない」ことを裏づける表現と見ることができよう。また『法句譬喩経』(T. 211, iv 593c6 ff.) にも「広長舌相」を話題にした説話がある。

(35) tato 'nv eva. 奇妙な表現である。Tib. はこれを bcom ldan 'das kyis (89b3; 96b7) とするので、BAILEY はこれを bhagavān に訂正している。漢訳も「爾時世尊。説伽他曰」(36c25) とするので、BAILEY の訂正に従う。

(36) tad evam etan na yathā hi brāhmaṇa [Ex. conj.; evam etad ya'thā ABC, evam eva tad yathā C]. これは本章の核となる最も重要な詩頌であるが、c句に当たるこの部分は各写本に異同が見られ、韻律が合わない。この詩頌は jagatī であるが、これを踏まえた校訂者の是正も、榊 (163) が指摘しているように、詩形を整えるという観点よりすれば意味があるが、詩頌の意味を著しく損なう結果になっている。本来ならば、別の写本の読みを参考にしてこの部分を訂正すべきであろうが、今は Tib. の「バラモンよ、〔すべては〕私が説くとおりであるから (bram ze nga yis ji skad bshad pa de bzhin pas)」(89b3-4; 96b7) という訳から、韻律を踏まえて妥当な Skt. を考えると、mayā yathoktaṃ hi tathaiva brāhmaṇa という文が想定される。ただ、これでは主語がないので、その前半部分に主語の tat を加え、また mayā を me に代えて tad me yathoktaṃ hi tathaiva brāhmaṇa としても韻律を損なわない。これはあくまで Tib. に基づいた想定であり、写本の支持はない。ここではこの Tib. に基づいて訂正した Skt. に従って和訳する。なお BAILEY はこれを bhāṣe yathaivāsti tathā hi brāhmaṇa に訂正する。

(37) satkāyadṛṣṭiśailam. Tib. は「始めなき時より積み上げられてきた有身見の山」(89b4-5 ; 97a1-2)、漢訳も「無始積集薩迦耶見」(37a1) とする。『説話の考古学』(440 (71)) 参照。 (38) 定型句 9C (預流果)。

(39) atikrānto 'ham bhadantātikrānta. 第2章注 (176) に基づき、これを bhadantāham atikrāntābhikrānta に改める。

(40) 定型句 9D (預流者の歓声)。

第5章　ブッダを賞賛するバラモン

本章はブッダが自分を賞賛するバラモンに独覚の記別を与える説話を扱っており、またそのバラモンに関する過去物語も付されている。この説話ではブッダを賞賛することの功徳がいかに大きいかを強調し、たった一つの詩頌を以てブッダを賞賛することで独覚の悟りが保証されている。

その時、世尊はハスティナープラ(1)という町に到着された。あるバラモンは、三十二の偉人相で完全に装飾され、八十種好で体は光り輝き、一尋の光明で飾られ、千の太陽をも凌ぐ光を放ち、宝の山(2)が動いている如く、どこから見ても素晴らしい世尊を遠くから見た(3)。そして見ると、世尊に近づき、詩頌を以て〔世尊を〕賞賛し始めた。

「〔世尊〕は金色にして、〔我等が〕目を楽しませ、喜びの源にして、一切の徳を具足せり。貴方は、神々を凌駕せる神、人々を調御する師にして、生存という海の彼岸に渡れる人なり(4)」

すると、世尊は微笑された。諸仏・諸世尊が微笑した時には、―前に同じ。乃至―〔その光線〕は世尊の眉間に消えた。その時、同志アーナンダは虚心合掌をして世尊に尋ねた。

「種類(5)も様々に、何千色もの美しき〔光の〕束が口より放たれ、それによりて〔十〕方は遍く照らされたり。あたかも太陽の昇るが如く」

そして〔さらに〕彼は詩頌を唱えた。

「高慢より離れ、卑下と驕(おご)りを断じた諸仏は、世間における最高の因なり。法螺貝や蓮の繊維の如く純白なる微笑を、敵を征した勝者達は故なくして現ぜず。沙門よ、勝者の主よ、(6)〔今が〕その時なりと自ら堅固なる智を以て知り、最高の聖者よ、堅固にして浄らかなる最上の言葉を以て、〔微笑の意味を〕聞かんと欲する聴衆に生じた疑念を取り除きたまえ。大海や山王の如く堅固なる〔大〕師・正覚者達は、故なく微笑を現ぜず。堅固なりし〔諸仏〕が微笑を現じたその意味を、大群集は聞かんと欲するなり(7)」

世尊は言われた。

「そのとおりである、アーナンダよ。そのとおりなのだ。アーナンダよ、如来・阿羅漢・正等覚者達は、因縁なくして〔妄りに〕微笑を現ずることはない。(8)アーナンダよ、お前は今、あのバラモンが詩頌を以て如来を賞賛したのを見たか」

「見ました、大徳よ(9)」

「彼はこの善根によって二十劫の間、〔悪趣に〕落ちることはなく、天人〔界のみ〕を流転し輪廻した後、(10)最後の生存において、(11)最後の住処において、最後の体において、最後身を得た時に、スタヴァールハ(12)と呼ばれる独覚になるだろう」

疑念を生じた比丘達は、あらゆる疑念を断じて下さる仏・世尊に尋ねた。

「おお、大徳よ、かのバラモンは〔たった〕一つの詩頌を以て世尊を賞賛し、そして世尊は〔彼に〕独覚の悟りを予言されました〔が、これは初めてのことなのです〕か」

世尊は言われた。

「比丘達よ、そうではない。今と同じように、過去世においても彼は一つの詩頌を以て私を賞賛し、そして私は彼を最も優れた五つの村に安住させたことがある。そ〔の話〕を聞くがよい。そして正しく心を向けるがよい。〔では〕

説くぞ」

かつて比丘達よ、過去世においてブラフマダッタと呼ばれる王が都城ヴァーラーナシーで王国を統治していた。そこは栄えて繁盛し、平和で[13]食物に恵まれ、多くの人々で賑わっていた[14]。そして〔王〕は非常に詩人[15]を可愛がっていた。ヴァーラーナシーのあるバラモンは詩人であった。彼は自分の奥さんに言われた。

「あなた、冬になりました。〔宮殿に〕お出掛けになって下さい。そしてかの王に、何か〔王の〕気に入るような言葉でもかけたなら[16]、時には何か防寒具でも手に入るでしょう」

彼は出掛けた。すると王は象の背に[17]乗って外出するところであった。そのバラモンは〈私が先ず[18]賞賛すべきは、王か、あるいは象か〉と考えた。〔続いて〕彼はこう考えた。〈この象は世間の人々すべてに親しまれ、また魅力的でもある。ひとまず王は後回しにし、先ず最初に象を賞賛しよう〉と。

そして彼は詩頌を唱えた。

「〔貴方〕は〔インドラの象〕アイラーヴィナの容姿に匹敵する体を持ち、美しさと最高の特徴を兼ね備えたり。
偉大な象の中の主よ、貴方は賞賛に値し、色艶といい[19]、大きさといい、申し分のないお姿なり」

すると王は喜んで詩頌を唱えた。

「魅力的で、〔人々に〕喜びを与え、人々の目を引きつける、我が最愛の象主を賛美する言葉を汝は唱えたり。
我は汝に最良の五つの村を与えん」

「比丘達よ、どう思うか[20]。その時その折の象こそ、この私である。その時その折のバラモンこそ、かのバラモンである[21]。その時も彼は一つの詩頌を以て私を賞賛したので、私は彼を最も優れた五つの村に安住させ、今、彼は一つの詩頌を以て〔私を〕賞賛したので、私は彼に独覚の悟りを予言したのだ」

世尊[22]がこう言われると、かの比丘達は歓喜し、世尊の説かれたことに満足した。

以上、吉祥なる『ディヴィヤ・アヴァダーナ』における「ストゥティブラーフマナ・アヴァダーナ」第五章。

文献

❶ None　❷1030 Ge 103a7–104a6；1 Kha 112a5–113a6　❸『根本説一切有部毘奈耶薬事』巻九（T. 1448, xxiv 37c6–38a21）　❹ None.

注

（1）hastināpura；glan po che'i grong rdal；象城。

（2）parvataṃ.　原典は単に「山」とするが、これは定型句であり、通常ここは ratnaparvataṃ でなければならない。Tib. も rin po che'i ri bo（103a8；112a6）とし、漢訳も「宝山」（37c8）とするので、この読みに改める。

（3）定型句 8B（ブッダの相好）。この定型句では、そのような素晴らしいブッダの姿を「見た」と表現されなければならないが、ここでは「見た」に当たる動詞が欠如しており、校訂者は adrākṣīd が省略されていることを指摘している。Divy. における他の用例の対応箇所を見ても、adrākṣīt（67.5）、paśyati（75.5）、dadarśa（76.13, 136.23, 461.16, 465.13）とあり、語形は違うが「見る」を意味する動詞が用いられているので、ここでも adrākṣīd を補って訳す。Tib. も mthong（103a8；112a6）、漢訳も「遙見」（37c6）とする。BAILEY もこれを支持する。

（4）漢訳は「金色之身。目浄修広。慈愍成就。具諸功徳。天中之天。調御丈夫。超渡有海」（37c9–11）とし、散文として理解している。

（5）Tib. はこの詩頌、およびこの後のアーナンダの説いた詩頌を省略し、その次のブッダの答え「アーナンダよ、そのとおりである。まったくそのとおりなのだ」から再び話を始める（103b3；112b1–2）。

（6）śramaṇajinendra.　これを śramaṇa jinendra に改める。

（7）漢訳は「捨離憍慢下劣心　諸仏世間最上因　無縁不応現微笑　降伏煩悩諸怨敵」（37c18–19）として最初の詩頌を訳出するのみであり、後の詩頌が省略されたのか、あるいは最初から存在しなかったのかは判断できない。

(8) 定型句8D（微笑放光）。 (9) bhadanta. Tib. はこれを「世尊よ」（103b4；112b3）とする。漢訳はこの訳を欠く。

(10) devāṃś ca manuṣyāṃś ca gatvā saṃsṛtya [gatvā vyasaṃsṛtya MSS : Qu. saṃvācya saṃsṛtya, as in preceding tale, p. 70 ?]. Tib. はここを「天人〔界〕のみを流転し，輪廻した後（lha dang mi rnams su nyid mtshams sbyar cing 'khor nas)」（103b5；112b3）とするが，下線部分は第4章注（19）および Tib. より，saṃdhāvya に改める。なお漢訳は「常得生於天人之中」（37c23-24）とする。

(11) ここでは同様の言い回しが三回繰り返されているが，この直前の第4章では「最後の生存において（paścime bhave)」（70.2）をこの表現の最初に置いて，同様の表現を四回繰り返している。Tib. ではこれに相当する sring pa phyi ma（103b5；112b3）なる語が見られるので，これを補って訳す。 (12) stavārha ; bstod 'os ; 応讃。

(13) これは定型句であり，ここにあるはずの kṣemam が原典には見られない。しかし，Tib. にはこれに相当する bde ba（103b8；112b6）があるので，これを補う。 (14) 定型句2B（王国の繁栄）。

(15) -kavi-. Tib. はこれを「詩（snyan dngags)」（103b8；112b6）とし，「詩人」とはしない。漢訳は「才学」（38a6）とし，諸橋の『大漢和辞典』によれば，これを「才気と学問」と説明するので，詩もその中に含まれるであろうが，「詩」に限定してはいない。Tib. と漢訳による限り，少なくともこれを「詩人」とは理解していない。

(16) kaścid anukūlaṃ bhāṣitaṃ kṛtvā. Tib. はこれを rjes su mthun pa'i legs par smra ba 'ga' byos dang（104a1；112b7）とするので，BAILEY は subhāṣitaṃ という読みを示唆する。漢訳は「善為讃頌」（38a8）とするが，これが subhāṣitaṃ の su- に対応するのか，あるいはこの直前の anukūlaṃ に対応するかは不明である。

(17) hastiskandha-. Tib. は単に「象に（glang po che la)」（104a2；113a1）とし，skandha を訳していない。

(18) tāvat. Tib. のみこの訳を欠く。

(19) lakṣe praśasto. Tib. はこれを bkra shis rab tu bsngags（104a4；113a3）とするので，BAILEY は lakṣmīpraśasto という読みを示唆する。一方，漢訳は「大力相荘厳」（38a14）とする。 (20) kiṃ manyadhve. Tib. はこれに相当する訳を欠く。

(21) 連結では過去物語と現在物語とにおける登場人物の同定が行われるのが普通であるが，原典ではブッダ自身の同定しか行われていない。ところが Tib. には de'i tshe de'i dus kyi bram ze gang yin pa de ni bram ze 'di nyid yin te（104a5；113a4）という文が見られるので，BAILEY は tena samayena yo 'sau brāhmaṇo so 'yaṃ brāhmaṇa eva tena kālena tena samayena tadāpi とし，下線部を補っている。漢訳も「婆羅門者。今此讃象婆羅門是」（38a19）とするので，これを補う。

(22) idam avocad ..... bhāṣitam abhyanandan（74.14-15). 以下，Divy. に見られる説話の大半は根本有部律から抜き取られたことは

すでに論証したが、この説話の源である根本有部律のこの部分には、Divy. にあるような経典を締め括る文章は見られず、Tib. では「大城に行かれてから、大城においては四仏座〔経〕というところまで前と同じである」(104a6 ; 113a5–6) とする。漢訳も「爾時世尊次到大城。於此城中。広説如前。於四仏座経中已説」(38a22–23) とあり、Tib. と同様である。したがって、ここで話を終わらせるためには、本来、根本有部律にはなかった、経典を締め括る定型句をここに置いたものと推測できる。

第6章　バラモンの帰依と仏塔崇拝の功徳

この章の内容は、すでに岩本裕が指摘しているように、編纂上のミスから混乱しており、その結果、同一章内で大きな断絶が見られる。すなわち前半はインドラという名のバラモンが仏教に帰依する説話であり、後半はブッダ自身が仏塔崇拝の功徳を説明する内容となっている。特に後半は、仏塔崇拝の功徳を強調する話であり、同じ説一切有部の文献でも仏塔崇拝の功徳を認めない倶舎論等の論書の記述と、ここでの物語は好対照をなす。論書の記述とは違う、現場の信仰実態をここから読みとることができよう。

世尊はシュルグナー[1]に到着された。シュルグナーにはインドラ[2]と呼ばれるバラモンが住んでいたが、彼は美貌・若さ・博識を獲得し[3]、「私の右に出る者は誰もおらんわい」と大層自慢していた。

さて、世尊はある場所で比丘の僧伽の前に設(しつら)えられた座に坐って法を説いておられた。インドラと呼ばれるバラモンは、沙門ガウタマがシュルグナーにやって来られたと聞いた。彼はこう考えた。〈沙門ガウタマは、非常に美しく、
75 見目麗しく、男前だという噂だ。彼が私よりも美しいか、あるいはそうでないか、行って確かめてみよう〉と。

彼は外出すると、三十二の偉人相で完全に装飾され、八十種好で体は光り輝き、一尋の光明で飾られ、千の太陽をも凌ぐ光を放ち、宝の山が動いている如く、どこから見ても素晴らしい世尊を見た[4]。そして見ると、彼は考えた。〈確かに沙門ガウタマは私よりも美しいが、背は〔私より〕高くなかろう〉と。

彼は世尊の頭〔頂〕を見ようとしたが、見ることはできなかった。彼は一段高い場所に登ってみた。すると、世尊はバラモンのインドラに告げられた。

「バラモンよ、止めよ。まったくの徒労に終わるだけだ。たとえスメールの頂上に登って如来の頭〔頂〕を見ようとしても、同様に、より一層の徒労に終わるだけであり、それを見ることはできぬ。ところで、神とアスラとを含む人々は諸仏・諸世尊の頭〔頂〕を見ることができないということを、お前は聞いたことがないのか。しかし、どうしても如来の体の大きさを確かめたいのであれば、お前の家にある祭火用の水差しの下に牛頭栴檀で作られた棒があるから、それを立てて、如来が両親より〔頂いた〕体の大きさを量るがよい」

〈これはまた不思議なことだ。[5] 今までそんな事を私は聞いたことがない。行って確かめてみよう〉とバラモンのインドラは考えた。

彼は大急ぎで帰ると、祭火用の水差しの下を掘り始めたが、すべてはまったくそのとおりであったので、彼は〔世尊に〕浄信を抱いて考えた。〈きっと沙門ガウタマは一切知者に違いない。お仕えしに行こう〉と。

浄信を生じた彼は世尊のもとに近づいた。近づくと、世尊に面と向かって親しく和やかな言葉を幾つか交わすと、一隅に坐った。そこで世尊は〔彼の〕性質・気質・性格・本性を知ると、四聖諦を洞察させる、彼に相応しい法を説かれ、それを聞くと、バラモンのインドラは二十の峰が聳える有身見の山を智の金剛杵で粉砕し、預流果を証得した。[6]

彼は真理を知見して言った。

「大徳よ、私は〔涅槃への〕入り口を潜り抜けたのです。[7] この私は、仏・法・僧に帰依いたします。そして今日より命のある限り、死ぬまで、[8]〔三〕帰依し、浄信を抱いた優婆塞として私を護念したまえ」[9]

その時、バラモンのインドラ[10]は座より立ち上がり、右肩を肌脱ぐと、世尊に合掌礼拝し、こう申し上げた。

「もし世尊がお許し下さるのであれば、私は牛頭栴檀で作られた棒で法会を開催したいと存じます」

「よろしい、バラモンよ、許そう。開催せよ[11]」と世尊は言われた。そこで彼は大いなる敬意を以て人目につかない所にその棒を立て、法会を開催した。他のバラモンや長者達も〈〔この〕場所が善くなるように[12]〉と考えて吉祥草を結んだ[13]。バラモンのインドラは牛頭栴檀で作られた棒で法会を開催したので、「インドラマハ（インドラの法会）、インドラマハ」という名前が付いたのであった。

[14]そこで、世尊は同志アーナンダに告げられた。

「アーナンダよ、トーイカー[15]に案内せよ」

「畏まりました、大徳よ」と同志アーナンダは世尊に同意した。さて世尊はトーイカーに到着されたが、その場所ではバラモンが〔牛に〕鋤を牽かせていた。その時、彼は、三十二の偉人相で完全に荘飾され、八十種好で体は光り輝き、一尋の光明で飾られ、千の太陽をも凌ぐ光を放ち、宝の山が動いている如く、どこから見ても素晴らしい仏・世尊を見た[16]。そして見ると、彼は考えた。〈もし私が世尊ガウタマに近づいて挨拶すれば、私の仕事が捗らない。だが、近づいて挨拶しなければ、私の福徳が失われてしまう。この場合、仕事を中断することなく、また福徳も断たれることのない巧みな手だては何かないものか〉と。

彼は閃いた。〈この場に居ながらにして挨拶しよう。そうすれば、仕事は中断しないし、福徳が断たれることもない〉と。

彼は〔牛を〕御する棒を手にしたまま、その場所に居ながらにして、「私は仏・世尊に御挨拶申し上げます」と挨拶した。そこで世尊は同志アーナンダに告げられた。

「あのバラモンは過ちを犯した[17]。もしも彼が〈この場所には正等覚者カーシャパの全身の遺骨がそのまま保存されている〉と考え、自ら知見が生じていれば[18]、彼は私に近づいて礼拝したであろう。そうすれば彼は二人の正等覚者に礼拝したことになったのだ。それはなぜか。アーナンダよ、この場所には正等覚者カーシャパの全身の遺骨がそのまま保存されているからだ」

その時、同志アーナンダは大急ぎで上衣を四重に畳むと、世尊にこう申し上げた。

「世尊は、設えられた座にお坐り下さい。そうすれば、この地所は二人の正等覚者によって受用されたことになるでしょう。すなわち〔過去の〕正等覚者カーシャパと、今の世尊によってであります」[19]

世尊は設えられた座に坐られた。坐られると、比丘達に告げられた。

「比丘達よ、お前達はそのまま〔保存されている〕正等覚者カーシャパの全身の遺骨を見たいか」

「世尊よ、〔今や〕その時です。善逝よ、〔今こそ〕その折です。世尊はそのまま〔保存されている〕正等覚者カーシャパの全身の遺骨を比丘達にお見せ下さいませ。比丘達は〔それを〕見て、心を浄らかにするはずです」

そこで世尊は世俗の心を起こされた。

――諸仏・諸世尊が世俗の心を起こした時、虫や蟻といった生物でも世尊の心を〔自らの〕心で知ることになっている。[20]――

龍達は、〈なぜ世尊は世俗の心を起こされたのであろうか〉と考え、〈〔世尊〕が正等覚者カーシャパの全身の遺骨をそのまま見ようとされているのだ〉と気づくと、彼らは正等覚者カーシャパの全身の遺骨をそのまま引き上げた。

そこで世尊は比丘達に告げられた。

「比丘達よ、形相を把握するがよい。それは消えてしまうぞ」

それは消えてしまった。[21]世尊は比丘達に見せるために、正等覚者カーシャパの全身の遺骨をそのまま引き上げられたとプラセーナジット王は聞いた。[22]そして聞くと、好奇心を起こし、後宮の女達、王子、大臣、傭兵、そして国中の人達と共に〔遺骨を〕一目見ようと出発した。こうして〔将軍〕ヴィルーダカ、[23]長者アナータピンダダ、[24]知事リシダッタ[25]とプラーナ、[26]ムリガーラの母ヴィシャーカー、[27]それに好奇心を起こした幾百千という人々が、[28]前世における善根[29][30]

164 に促され、〔遺骨を〕一目見ようと出発したが、[31] その時はすでに〔遺骨〕は消えていた。彼らは、そのまま〔保存されている〕正等覚者カーシャパの全身の遺骨が消えてしまったと聞いた。そして聞くと、苦悩と憂いが生じた。〈我々が〔ここに〕来たのも無駄骨になってしまった〉と。

その時、ある優婆塞はその場所を右遶した。そして心でこう思念した。〈この〔右〕遶によって、[32] 私にはどれほどの福徳があるのだろうか〉と。

その時、世尊はその大勢の人々を満足させるために、その優婆塞の心を〔自分の〕心で知ると、詩頌を唱えられた。

「ジャンブー河より採取せる百千貫もの黄金も、[33] 浄心もて仏塔を遶礼する賢者には敵わず」

ある優婆塞はその場所に粘土を丸めた団子を供えた。そしてこう思念した。〈遶礼にはそれだけの福徳があると世尊は言われた。では、粘土を丸めた団子には[34] 一体どれほどの福徳があるのだろうか〉と。

その時、世尊は彼の心も〔自分の〕心で知ると、詩頌を唱えられた。

「ジャンブー河より採取せる百千貫もの黄金も、浄心もて仏塔に粘土の団子を一つ供える人には敵わず」

すると〔それを〕聞いた何百千という人々は粘土の団子を供えた。他の者達はそこに摘んだ花を撒いた。そしてこう思念した。〈〔右〕遶と粘土の団子にはそれだけの福徳があると世尊は言われた。では、我々の摘んだ花には一体どれほどの福徳があるのだろうか〉と。

その時、世尊は彼らの心も〔自分の〕心で知ると、詩頌を唱えられた。

「ジャンブー河より採取せる百千貫もの黄金も、浄心もて摘まれし花の山を仏塔に〔撒きて〕積み上げたる人には敵わず」

他[35]の者達は花環を手にしてそこを右遶すると、[36] 思念した。〈摘んだ花にはそれだけの福徳があると世尊は言われたが、我々が花環を手にして右遶したことには一体どれほどの福徳があるのだろうか〉と。

その時、世尊は彼らの心も〔自分の〕心で知ると、詩頌を唱えられた。

「ジャンブー河より採取せる百千升分の黄金も、浄心もて花環を手にして仏塔を右遶する賢者には敵わず」

他の者達はそこに灯火の環を布施すると、思念した。〈花環を手にした右遶にはそれほどの福徳があると世尊は言われたが、我々の灯明には一体どれほどの福徳があるのだろうか〉と。

その時、世尊は彼らの心も〔自分の〕心で知ると、詩頌を唱えられた。

「ジャンブー河より採取せる百千億なる黄金も、浄心もて仏塔に灯明を布施する賢者には敵わず」[37]

他の者達はそこに香水を振り掛けると、心でこう思念した。〈灯明の布施にはそれほどの福徳があると世尊は言われたが、我々が香水を振り掛けたことには一体どれほどの福徳があるのだろうか〉と。

その時、世尊は彼らの心も〔自分の〕心で知ると、詩頌を唱えられた。

「ジャンブー河より採取せる百千なる黄金の聚積も、浄心もて仏塔に香水を振り掛けたる賢者には敵わず」

[38]⬇他の者達はそこに傘・幡・幟を立てると、思念した。〈〔右〕遶、泥団子の布施、摘んだ花、花環を手にした右遶、灯明の布施、そして香水を振り掛けることには、それほどの福徳があると世尊は言われた。我々が傘・幡・幟を立てたことには、一体どれほどの福徳があるのだろうか〉と。

その時、世尊は彼らの心も〔自分の〕心で知ると、詩頌を唱えられた。

「百千なる黄金の山はメール山には等しきも、浄心もて仏塔に傘・幡・幟を立てる人には敵わず。無量の如来、大海の如き正覚者、無上の隊商主に対するかくの如き布施が説かれたり[39]」

彼らはこう考えた。〈般涅槃された世尊を供養することによって、実にこれほどの福徳があると世尊はお説きになった。生きていらっしゃる〔世尊への供養〕には一体どれほどの福徳があるのだろうか〉と。

その時、世尊は彼らの心も〔自分の〕心で知ると、詩頌を唱えられた。⬆

「生〔仏〕にせよ、涅槃〔仏〕にせよ、心を浄らかにし平等に供養せば、福徳に差別なし。かくの如く実に諸仏は不可思議なり。仏法もまた不可思議なり。不可思議なるものに浄信を抱く人達の果報も不可思議なり。無敵の法輪を転じたる、(40)不可思議なる正等覚者達の徳の辺際を完全に理解すること能わず」

そこで世尊はその大勢の人々に相応しい法を説かれ、それを聞くと、何百千もの生類は偉大なる卓越性を獲得した。ある者達は声聞の悟りに、ある者達は独覚の悟りに、ある者達は無上正等菩提に心を起こした。ある者達は煖位を、ある者達は頂位を、ある者達は忍位を、ある者達は世第一法を獲得した。ある者達は預流果を、ある者達は一来果を、ある者達は不還果を(41)証得し、ある者達は一切の煩悩を断じて阿羅漢果を証得した。彼らは今まで以上に仏に傾仰し、法に傾注し、僧伽に傾倒するようになったのである。(42)

その時、(43)長者アナータピンダダは世尊にこう申し上げた。

「もし世尊がお許し下さるのであれば、私はここで法会を設けたいと存じます」

「長者よ、許そう。〔法会を〕設けよ」

こうして長者アナータピンダダは法会を設けたので、「トーイカー法会」という名が付けられたのである。

以上、吉祥なる『ディヴィヤ・アヴァダーナ』における「インドラナーマブラーフマナ・アヴァダーナ」第六章。

文献

❶MSV i 73.16–79.2 (GBM 161a[990]1–162a[992]8), Divy. 465.10–469.16 [76.10–80.5]. Cf. Dhp-a iii 250.15–253.10; Mv. ii 379.12–395.19 ❷1030 Ge 104a7–105a6; 1 Kha 113a6–114a6 [74.18–76.9]; 1030 Ge 148a6–151a2; 1 Kha 159b6–162b5 [76.10–80.9] ❸『根本説一切有部毘奈耶薬事』巻九 (T. 1448, xxiv 38a24–b27)[74.18–76.9]; 巻十二 (53a11–c15)[76.10–80.9]. Cf.『四分律』巻五十二 (T. 1428, xxii 958a25–b24);『五分律』巻二十六 (T. 1421, xxii 172c23–173a4);『摩訶僧祇律』巻三十三 (T. 1425, xxii 497b18–498 a10) ❹ None.

注

（1） śrughnā；srug na；素魯揭群。 （2） indra；dbang po；因陀羅。

（3） rūpayauvanaśrutam anuprāpto. Tib. は「美貌・若さ・博識ゆえに高慢となり（gzugs dang lang tsho dang/ thos pas rgyags par gyur nas）」（104a7；113a6）とするので、BAILEY はこれを rūpayauvanaśrutamadam anuprāpto とし、下線部を補っている。漢訳は「年少多聞」（38a25）とし、Divy. に近い。 （4） 定型句 8B（ブッダの相好）。

（5） etad asyāścaryaṃ. この asya は意味不明である。Tib. には「これはまた希有なことで（de yang ngo mtshar zhig ste）」（104b6；113b6）とあるので、BAILEY は下線部を apy āścaryaṃ に訂正している。ここでは彼の訂正に従う。漢訳は「此希有事」（38b11）とする。 （6） 定型句 9C（預流果）。

（7） atikrānto［abhi- MSS］'ham bhadantātikrānta［abhi- MSS］. 第2章注（176）に従い、これを bhadantāham atikrāntābhikrānta に改める。

（8） prāṇopetam. 直訳すれば「命を備えた」となるが、ここでは「死ぬまで」と意訳した。なお、これに相当する Tib. は「命をも危険にさらして／命をもかけて（srog dang yang bsdos te）」（105a3；114a3）とし、Skt. と違った理解を示す。漢訳は「始従今日乃至命存」（38b20）とする。 （9） 定型句 9D（預流者の歓声）。

（10） prāṇopetaṃ śaraṇaṃ gatam/ abhiprasanno 'thendro brāhmaṇaḥ. 下線部の単語の位置が間違っている。これは定型表現であり、この abhiprasanno は、三帰依とともに優婆塞（優婆夷）の条件となるから、ダンダの前に置かれるべき語である。Tib. も「「帰依し、浄信を持つ者となります」。それからバラモンのインドラは（skyabs su mchi bar mngon par dang lags so// de nas bram ze dbang po）」（105a3；114a3）とするし、また漢訳も「以浄信心。帰依三宝。爾時婆羅門」（38b20–21）とするので、原文を prāṇopetaṃ śaraṇaṃ gatam abhiprasannam/ athendro brāhmaṇa と改める。BAILEY もこの読みを採る。平岡聡「定型表現から見た説一切有部の律蔵」『印度学仏教学研究』（50–1, 2001, 83–89）参照。

（11） prajñapayasi. SPEYER はこれを prajñapaya に訂正している。Tib. も shoms shig（105a4；114a5）とするが、現在形でも命令の意味を含むことがあるので、この訂正は採らない。なお、漢訳は「随汝所作」（38b23）とする。

（12） kuśalam adhiṣṭhānāya bhavatu. Tib. は「町が善くなるように（rten dge bar gyur cig）」（105a5；114a5–6）とあり、Skt. の各単語は Tib. にそのままトレースできるが、Skt. の adhiṣṭhānāya の格には問題がある。なお、漢訳は「為求福楽」（38b26）とする。

(13) kulā baddhā [Sic MSS (nom. n. pl? cf. gathā *infra*)]. これに対応するTib. は「クシャ草を結んで（rtsva ku sha btags te）」（105a5 ; 114a6）、また漢訳も「結吉祥草」（38b26）とあるので、kuśā baddhāḥ に改める。BAILEY もこの読みを採る。なお、Divy. とTib. はクシャ草を結んだ場所に言及しないが、漢訳はその棒の上であるとする。本章注（12）の kuśalaṃ と kuśa との言葉遊びのようにも思える。

(14) ここに話の断絶が見られる。Divy. 所収の説話の大半がMSV から抽出されたことは明らかであり、これに関して疑念の余地はないが、岩本裕（『仏教説話研究序説（仏教説話研究第一）』（Kyoto, 1967, 135-137）によれば、これ以降の第6章後半部分と次の第7章に当たる説話はその源泉であるMSV 内では連続しており、第7章に当たる説話がMSV から抽出される際、誤って第7章とともに抜き出された部分が第6章の末尾に付加されたために混乱が生じたという。正鵠を得た指摘である。またこれ以降（76.10 ff.）は、第31章（465.10 ff.）と重複する。 (15) toyikā ; chu mangs ; 都異迦。 (16) 定型句 8B（ブッダの相好）。

(17) bhavakṣayakaraḥ kṣaṇa eṣa [So A, kṣubhavakṣayakaraḥ ṇa eṣa B, bhavakṣayakarakṣaṇa eṣa C, kṣūṇa eṣa D] brāhmaṇaḥ. ここの読みも各写本で乱れが見られる。GBM を見ると、kṣuṇa ānanda eṣa brāpmāṇaḥ [brāhmaṇaḥ?]（161a5）とある。Tib. の対応箇所は「このバラモンは罪を犯して（bram ze 'dis nyes te）」（148b4 ; 160a4）となっており、また漢訳も「彼婆羅門。自招錯咎」（53a17）とするので、kṣaṇa に関しては kṣuṇa あるいは kṣuṇṇa に改めることができよう。ただ、その前の部分（bhavakṣayakaraḥ）に関してはGBM もTib. も漢訳もその対応箇所が見られないので、D写本の読みを採択し、ここでは省略する。

(18) saced asyaivaṃ samyakpratyayajñānadarśanaṃ pravartate. 難解な箇所である。GBM の対応部分は saced asyaivaṃ sati pratyātmaṃ jñānadarśanaṃ pravartate（161a5）となっており、また Tib. も gal te ..... snyam pa de lta bu'i so so rang gis rigs pa'i ye shes shig yod par gyur na（148b4 ; 160a4-5）として、GBM に一致する。漢訳はこの部分に対応する訳がないが、ここでは GBM に従って訳す。

(19) paribhuktaḥ. この表現は説一切有部の仏陀観を考える上で重要である。平岡聡「色身として機能するブッダのアイコン—仏塔を巡る説一切有部の律と論との齟齬—」『櫻部建博士喜寿記念論集—初期仏教からアビダルマへ—』（Kyoto, 2002, 185-198）参照。

(20) 定型句 8F（世俗の心を起こすブッダ）。 (21) 第3章注（15）参照。

(22) draṣṭuṃ saṃprasthitaḥ. Tib. は単に「出掛けた」（149a6 ; 160b7）とし、draṣṭuṃ に相当する訳を欠く。漢訳には「出詣往観」（53b2-3）とある。

(23) virūḍhaka ; lus 'phags po ; 喪善。Tib. はこれを lus 'phags po（149a6-7 ; 160b7）とする。通常これは Skt. の videha に相当し、virūḍhaka に当たる Tib. は、Mvy.（3148, 3437, 3597）によると、'phags skyes po でなければならない。漢訳は「喪善太子」（53

b3）とし、音訳ではなく意訳しているようだが、virūḍhaka は vi√ruh に由来するから、「成長する」を意味し、ここから「喪善」の訳は引き出せない。漢訳者はこの語を vi√rudh（違反する・矛盾する）に由来する viruddhaka と解釈した可能性が高い。

（24）'nāthapiṇḍado gṛhapatiriṣidattapurāṇaḥ［Sic MSS］. これを 'nāthapiṇḍado gṛhapatir ṛṣidattapurāṇaḥ に改める。

（25）sthapatiḥ. この語には「知事」の意味と「建築家」の意味がある。Tib. はこれを「煉瓦職人（so phag mkhan）」（149a7；160b7）とし、「建築家」に近い意味で訳している。漢訳も「塼師」（53b3）とし、「瓦職人」と解すので、Tib. と同じ理解である。

（26）ṛṣidatta；drang srong sbyin；仙授。（27）purāṇa；rnying pa；故旧。

（28）mṛgāramātṛ；ri dags 'dzin gyi ma；鹿子母。（29）viśākhā；sa ga；無枝。

（30）Tib. はここに「ある者達は（kha cig）」（149a7；161a1）を置く。Divy. には Tib. の kha cig に相当する語はないが、GBM には「前世での何らかの善根に促されて（kaiścit pūrvakaiḥ kuśalamūlaiḥ saṃcodyanānāni［saṃcodyamānāni ?］）」（161b2）とあるので、kaiścit は「善根」を修飾する形容詞であるが、Tib. はこれを主語として理解している。漢訳には相当語が見出せない。

（31）draṣṭum. Tib. はこの訳を欠く。漢訳もこれに相当する訳はない。

（32）padāvihārāt. 文脈から言えば、これは直前の pradakṣiṇīkṛtaḥ の言い換えであるから、内容的には同義である。BHSD（s.v. vihāra）ではこれを「足で歩くこと」と解する。Tib. は pradakṣiṇīkṛtaḥ を「右遶した（bskor ba byas）」（149b1；161a2）、padāvihāraḥ を「足を置いた（gom pa bor ba）」（149b2；161a3）として訳し分けている。漢訳も「右遶」と「繞礼」と訳し分ける（53b9）。

（33）śataṃ sahasrāṇi suvarṇaniṣkā. この詩頌は六回繰り返されるが、下線部が各詩頌で微妙に異なるので、纏めてみよう。

	Divy.	GBM	Tib.
①右遶	niṣkā（78.9）	niṣkā（161b4）	srang tshad（149b3；161a4）
②団子	niṣkā（78.15）	piṇḍā（161b5）	gong bu（149b6；161a6）
③花	niṣkā（78.23）	pūṭā（161b7）	bre bo（149b8；161b2）
④花環	vāhā（79.1）	vāhā（161b9）	sgrom（150a3；161b4）
⑤灯明	koṭyo（79.7）	koṭyo（161b10）	srang bye ba（150a5；161b6）
⑥香水	rāśayo（79.14）	rāśayo（162a1）	phung po（150a7；162a1）

続いて、詩頌別にその異同を確認する。まず①であるが、これは Divy. も GBM も niṣkā であり、同じ表現をとる。この語には「金貨」「金の重さ」「金の飾り」などの意味がある。また Tib. の srang は「お金の単位」や「重さの単位」を、tshad は「量」を意味

するので、ここでの niṣkā は重さの単位として理解できそうである。②は Divy. が niṣkā であるが、GBM は piṇḍā とし、Tib. も GBM に一致する。ここで言及されるのは、泥の団子、すなわち mṛttikapiṇḍa であるから、言葉遊びとしては GBM の piṇḍā の方が本来の形であったと推察される。③も Divy. は niṣkā とするが、GBM は pūṭā、すなわち容器を意味し、Tib. もこれを支持する。④は Divy. と GBM とが容量の単位を意味する vāha とし、Tib. は「箱」を意味する sgrom という訳を用いる。表現は異なるが、「箱」が容量の単位として機能することは充分考えられるので、各資料とも同じ理解を示していると考えられる。ただし sgrom に対応する Skt. は piṭaka/ peṭaka/ peṭā/ peṭī（TSD）なので、両者を直ちに同一視するには問題があるかも知れない。ダットは GBM を校訂する際、この sgrom という Tib. から写本の読みを peṭā に変更している（MSV i 76.16）。しかし、sgrom という訳が使われているのは④の詩頌においてであるにもかかわらず、ダットはこれを③の詩頌において変更するという過ちを犯している。⑤と⑥とは三資料とも同じ理解を示しているので、問題はない。なお漢訳はいずれの詩頌も「仮令百千贍部金」（53b12, 16, 21）とするのみで、訳に変化を付けていない。

（34） bhagavatānyatra mṛttikāpiṇḍasya. この箇所は第31章と重複するが、そこでの読みに従い（467.10）、SPEYER は下線部を bhagavatāsya tu に訂正する。Tib. にも anyatra に相当する訳はないので、彼の訂正に従う。漢訳には対応箇所なし。

（35） これ以降、漢訳は「時有諸人。持諸花鬘灯明。幢幡傘蓋。供養是処。以清浄心。而来奉施。仏知心已。各為説頌」（53b23-25）として纏め、Skt. のように、個別に詩頌を出さない。

（36） mālāvihāraḥ. これも前出の padāvihāra と同様に解釈すべき語のようである。Tib. はこれを「花環による右遶（phreng bas bskor ba）」（150a1; 161b3）とする。BHSD（s.v. vihāra）も garland-perambulation (?) とし、疑問符付きではあるが、同様の理解を示す。なお、この語は Śikṣ. (300.8) や Mv. (ii 367.3) にも見られるが、BENDALL (Cecil BENDALL and W. H. D. ROUSE, *Śikṣā-samuccaya : A Compendium of Buddhist Doctrine, compiled by Śāntideva, chiefly from Earlier Mahāyāna sūtras*, London, 1922, 271）および JONES（J. J. JONES, *The Mahāvastu Vol. 2*（*Sacred Books of the Buddhists 18*）, London, 1952, 333）はいずれもこれを a booth of festoons と英訳し、BHSD も mālāvihāra の項では Śikṣ. の Tib. 訳 phreng ba'i khang に基づき、garland-building と解釈する。これに対し、LÉVI は Kv（63, fn 2）で「これを花環ではなく、pavillion (on top of a building) と解するべきである」とする説が、BHSD（s.v. mālāvihāra）に紹介されている。

（37） pradīpasya. GBM には pradīpadānasya（162a1）とある。Tib. も mar me phul ba（150a5; 161b7）とし、GBM に一致するので、ここでは GBM に従って訳す。

（38） aparais tatra cchatradhvajapatākāropaṇaṃ kṛtam evaṃ ca cetasā cittam ājñāya gāthāṃ bhāṣate. かなり欠損しており、

何行かはスキップしている。本章の後半部分は第31章の後半部分とパラレルであり、こちらの方が完全な形で残っているので、↓から↑までの部分は第31章（468.18-469.2）から補って訳す。なお、第31章のこの部分は、aparais tatra dhvajapatākāropaṇaṃ kṛtaṃ cittaṃ cābhisaṃskṛtam/ .... atha bhagavāṃs teṣāṃ cetasā cittam ājñāya gāthāṃ bhāṣate（468.18-22）となっているが、本章では下線部のあたりだけが書写され、その中間が省略された形となっている。

（39）漢訳はSkt.やTib.とその内容が少し異なり、「我今所説施福田　如来功徳無辺量　正覚猶如大海劫　無上導首最為勝」（53b26-27）とし、メール山に関する記述が見られない。

（40）dharmacakravartinām.　この箇所は第31章と重複するが、そこではdharmacakrapravartinām（469.7）とあるので、SPEYERは韻律的にこの読みの方がよいとする。よって、これに改める。

（41）Skt.には「不還果」に言及する語がないが、これは定型表現であり、ここには不還果がなければならないので、kaścid anāgamiphalaṃを補って訳す。Tib.もkha cig gis ni phyir mi 'ong ba'i 'bras bu（150b8；162b3）、漢訳も「不還果」（53c12）とする。

（42）定型句9E（聞法の果報）。

（43）これ以降、本章と第31章とは内容が異なり、第31章では「その時、信心深いバラモンや長者達はその場所で法会を開催したので、「トーイカー法会、トーイカー法会」という名が付けられたのである」（469.16-18）とする。本章では、法会を開催したのがアナータピンダダ長者になっているが、Tib.も漢訳も第31章に一致し、アナータピンダダには言及しない。

第7章　成仏を予言された町の洗濯婦

この説話では二人の町の洗濯婦[1]が主人公となって話が展開する。最初に登場する洗濯婦は癩病に罹って今にも死にそうなのであるが、彼女は仏弟子のカーシャパに出会うと、浄心を以て自分の持っていた重湯を彼に布施し、死後、兜率天に生まれ変わる。一方、二人目の洗濯婦も貧しさに打ちひしがれてはいたが、少量の油を手に入れ、浄心を以て世尊に灯明の布施をした後、世尊のもとで成仏の誓願を立て、その誓願が成就することを世尊が予言している。この説話で面白いのはプラセーナジット王がピエロ役を演じていることである。彼は財力にものを言わせて、一週間も世尊に食事を供養したり、百千もの油壺を用意して灯明の環を布施しているが、それらの王の布施が、質素ではあるが心のこもった二人の布施（重湯と粗末な灯明）と対比されていて、この説話は「何を布施するか」よりも「どのような心で布施するか」ということを強調しているようである。

その時、世尊はコーサラ地方を遊行しながらシュラーヴァスティーに到着し、シュラーヴァスティー郊外にあるジェータ林・アナータピンダダの園林で時を過ごしておられた。長者アナータピンダダは、世尊がコーサラ地方を遊行しながらシュラーヴァスティーに到着し、シュラーヴァスティー郊外にあるジェータ林・アナータピンダダの園林で[2]時を過ごしておられると聞いた。そして聞くと、世尊のもとに近づいた。近づくと、彼は世尊の両足を頭に頂いて礼拝し、一隅に坐った。一隅に坐った長者アナータピンダダを、世尊は法話を以て教示し、鼓舞し、激励し、勇気づけられた。様々な仕方で、法話を以て教示し、鼓舞し、激励し、勇気づけられると、沈黙された。[3]長者アナータピンダダは座から立ち上がって右肩を肌脱ぎ、世尊に向かって合掌礼拝すると、世尊にこう申し上げた。

「明日、世尊は屋敷内にて比丘の僧伽と共に食事されますことを私に御承諾下さい」

世尊は沈黙を以て長者アナータピンダダに承諾された。長者アナータピンダダは、世尊が沈黙を以て承諾されたのを知ると、世尊の説かれたことに歓喜して、世尊の両足を頭に頂いて礼拝すると、世尊のもとから退き、自分の家に戻った。戻ると、門番[4]の男に告げた。

「おい、お前、仏を上首とする比丘の僧伽が食事を終えられるまで、絶対に外道の者達が〔屋敷内に〕入るのを許してはならんぞ。その後で私は外道の者達〔が屋敷内に入るの〕を許そう」

「畏まりました、御主人様」と門番の男は長者アナータピンダダに同意した。その同じ夜、長者アナータピンダダは、清浄で美味なる硬軟〔二種〕の食物を用意し、翌朝早起きして、座席を設(しつら)え、水瓶[5]を設置すると、世尊に使者を送って時を告げさせた。「大徳よ、お時間です。食事の用意ができました。世尊は今がその時とお考え下さい」と。

そこで世尊は午前中に衣を身に着け、衣鉢を持つと、比丘の衆団に囲遶され、比丘の僧伽に恭敬されながら、長者アナータピンダダの食堂[6]に近づかれた。近づかれると、比丘の僧伽の前に設えられた座に坐られた。その時、長者アナータピンダダは仏を上首とする比丘の僧伽が心地よく坐られたのを確認すると、清浄で美味なる硬軟〔二種〕の食物によって、手ずから喜ばせ、満足させた。様々な仕方で、清浄で美味なる硬軟〔二種〕の食物によって、手ずから喜ばせ、満足させた後、世尊が食事を終えて手を洗い[7]、鉢を片づけられたのを見届けると、〔長者アナータピンダダ〕は一段低い座具を手にして、法を聞くために世尊の前に坐った[8]。

その時、同志マハーカーシャパは髪と髭とをぼうぼうに伸ばし、ボロボロの衣を身に纏って、ある森の坐臥処からジェータ林に向かった。彼はジェータ林に誰もいないのに気づいた。彼が精舎の財産管理人に「仏を上首とする比丘の僧伽はどこにおられるのか」と尋ねると、彼は「〔世尊〕は長者アナータピンダダに招待されたのですよ」と答えたので、彼は〈その同じ場所に行って、〔私も〕食事を頂くとしよう。そして仏を上首とする比丘の僧伽にお仕えしよう〉と考えた。彼は長者アナータピンダダの家に行った。すると、門番が彼に言った。(9)

「聖者よ、ちょっとお待ち下さい。お入りになれません(10)」

「どうしてだ」

「長者アナータピンダダは『仏を上首とする比丘の僧伽が食事を終えられるまで、絶対に外道の者達が〔屋敷内に〕入るのを許してはならんぞ。その後で私は外道の者達〔が屋敷内に入るの〕を許そう』と命じられたからです」

その時、同志マハーカーシャパは考えた。〈信心深い(11)バラモンや長者達は私が沙門で釈子であることを御存知ないようだが、それならそれで私には大変好都合だ。行こう。私は貧しい人を助けよう(12)〉と。こう考えると、彼は園林に出掛けた。彼は〈今日私は誰を助けようか(13)〉と考えた。間もなく、癩病に罹り、苦痛に打ちひしがれ、体中が膿んでいた、ある町の洗濯婦が物乞いしてうろついていた。彼は彼女のもとに近づいた。ところで彼女には乞食で手に入れた重湯(14)があったが、彼女は落ち着いた立ち居振る舞いによって〔人の〕心身を和(なご)ませる同志マハーカーシャパを見た。彼女は考えた。〈私はこのような布施を受けるに相応しい人を供養しなかったら、そのせいで私はきっとそれ相応の〔悪い〕状態に陥るでしょう。もし同志マハーカーシャパが哀れみを垂れて私から重湯を受け取って下さるなら、私は彼に布施しましょう〉と。

すると同志マハーカーシャパは、彼女の心を〔自分の〕心で知って、鉢を差し出した。

「御婦人、もしもあなたに残〔飯〕があるなら、この鉢に入れて頂けないか」

すると彼女は心を浄らかにし、その鉢に〔重湯を〕布施したが、その時〔鉢の中に〕蝿が入り、彼女はそれを取り除こうとして、その重湯の中に〔膿にまみれた〕自分の指を入れてしまった。彼女は考えた。〈たとえ聖者は私の心を傷つけないように〔その重湯を〕捨てるようなことはなさらないにしても、お食べになることはないでしょう〉と。

その時、同志マハーカーシャパは彼女の心を〔自分の〕心で知ると、ちょうど彼女に見えるように、ある壁の土台の近くで〔それを〕ぺろりと食べてしまった。[15]

彼女は考えた。〈確かに聖者は私の心を傷つけないように〔その重湯を〕お食べになったが、その食物だけで〔充分な〕食事をされたとは思われないでしょう〉と。

その時、同志マハーカーシャパは、彼女の心を〔自分の〕心で知ると、その町の洗濯婦にこう言った。

「御婦人よ、喜びなさい。あなたがくれた食物によって、私は一昼夜を過ごせるであろう」

〈聖者マハーカーシャパは、私の食物を受け取って下さった！〉という非常に大きな喜びが彼女に生じた。その後、彼女は同志マハーカーシャパに対して心を浄らかにし[16]臨終を迎えると、兜率天衆に生まれ変わったのである。神々の主シャクラは、彼女が重湯を布施し、心を浄らかにして臨終を迎えたのを見たが、彼女がどこに生まれ変わったのかは分からなかった。彼は地獄〔界〕を見渡し始めたが、〔彼女の姿は〕見えなかった。畜生〔界〕、餓鬼〔界〕、人間〔界〕、四大王天、そして三十三天に至るまで〔見渡したが、彼女の姿はどこにも〕見えなかった。なぜなら、神々の知見は下〔界〕には働くが、上〔界〕には〔働か〕ないからである。[17]その時、神々の主シャクラは世尊のもとに近づいた。近づくと、詩頌を唱えて質問した。[18]

「偉大なる人物カーシャパが乞食せし時、カーシャパに重湯を施せし女は、いずこで楽しみを享受せるや」

世尊は言われた。

「かの兜率なる天は、あらゆる欲望の対象が手に入る所なるが、カーシャパに重湯を施せし女は、そこで楽しみを享受せり」

その時、神々の主シャクラはこう考えた。〈かの[19]人間どもは福徳〔の果報〕を自分の目ではっきり確かめられもしないのに、布施をして功徳を積んでいる。私は福徳〔の果報〕を自分の目ではっきり確かめて、[21]自分の福徳の果報に安住しているのに、どうして私が布施をしないでおれようか。〔どうして〕福徳を積まないでおれようか。[22] かの聖者マハーカーシャパは、貧しくて身寄りがなく、哀れで物乞いするような人に哀れみを垂れるお方だ。いざ私は彼に食物を布施しよう〉と。

　こう考えると、〔シャクラ〕は貧しい人々の〔住んでいる〕通りに、今にも崩れ落ちそうで、烏が住み着き、[23] 見栄えの悪い家を化作し、そして自分も織師に変身すると、髪はぼうぼうで、古汚い衣に身を包み、擦り切れた手足で衣を縫い始めた。〔シャクラの妻である〕天女シャチーも織師の妻になりすまして織物を始めた。そして彼女の側には天の甘露が[24]用意してあった。その時、貧しくて身寄りがなく、哀れで物乞いするような人に哀れみを垂れる同志マハーカーシャパは〔乞食しながら〕次第にその家に到着した。〔彼はこの家の〕者が苦しんでいると考え、門のところに立つと、鉢を差し出した。神々の主シャクラは、〔その鉢を〕天の甘露で満たした。その時、同志マハーカーシャパはこう考えた。

　〈彼には天の甘露や食物がある一方、家の広さはこれ〔程〕なり。〔この両者は〕甚だ矛盾すと思い、我が心に疑念が生じたり[25]〉

――精神を集中しないと、阿羅漢の知見は働かない。[26]――

　彼は〔精神を〕集中し始めると、やがて神々の主シャクラが見えた。彼は言った。

「カウシカよ、世尊・如来・阿羅漢・正等覚者は、そのお前〔の心〕に〔刺さって〕長い間、抜けなかった疑いと惑いという刺を根こそぎ引き抜いて下さったのに、[27] どうしてお前は苦しんでいる人〔が布施しようとする〕のを邪魔するのだ」

「聖者マハーカーシャパよ、どうして私が苦しんでいる人の邪魔をするかというと、〔世間の〕人々は福徳〔の果報〕を自分の目ではっきり確かめられもしないのに、布施をして福徳を積んでいる。〔だが〕私は福徳〔の果報〕を自分の目ではっきり確かめているのだ[28]。どうして私が布施をしないでいられようか。あるいは福徳を積まずにおられようか[29]。また世尊も、

『福徳をなすべし。福徳をなさぬ者達は苦しむも、福徳をなす者達はこの世とあの世とで楽しみを受く[30]』

と言われたではないか」

それ以来、同志マハーカーシャパは〔常に〕精神を集中させながら乞食しに家に入った。一方、神々の主シャクラは虚空に留まり、乞食している同志マハーカーシャパの[31]鉢を天の甘露で満たした。同志マハーカーシャパも〔負けじと〕鉢を下に向けては、〔その〕飲食物を捨てていった[32]。比丘達がこの出来事を世尊に告げると、世尊は言われた。

「では〔お前達に〕鉢の蓋を持つことを許そう[33]」

辺りで声が上がった。「某甲なる都城の洗濯婦は聖者マハーカーシャパに重湯を施し、彼女は〔死後〕兜率天衆に生まれ変わったぞ!」と。コーサラ国王プラセーナジットは、「某甲なる都城の洗濯婦が聖者マハーカーシャパに重湯を施し、彼女は〔死後〕兜率天衆に生まれ変わったぞ」と聞いた。そして聞くと、世尊のもとに近づいた。近づくと、世尊の両足を頭に頂いて礼拝し、一隅に坐った。一隅に坐ったコーサラ国王プラセーナジットを、世尊は法話を以て教示し、鼓舞し、激励し、勇気づけられた。様々な仕方で、法話を以て教示し、鼓舞し、激励し、勇気づけられると、沈黙された[34]。その時、コーサラ国王プラセーナジットは座から立ち上がって右肩を肌脱ぎ[35]、世尊に向かって合掌礼拝すると、世尊にこう申し上げた。

「七日間、聖者マハーカーシャパのために世尊は食事されますことを私に御承諾下さい」

世尊はコーサラ国王プラセーナジットに沈黙を以て承諾された。その時、コーサラ国王プラセーナジットは世尊が沈黙を以て承諾されたのを知ると、世尊のもとから退いた。さてその同じ夜、コーサラ国王プラセーナジットは、清浄で美味なる硬軟〔二種〕の食物を用意し[36]、翌朝早起きして、座席を設え、水瓶を設置すると、世尊のもとに使者を

送って時を告げさせた。「大徳よ、お時間です。食事の用意ができました。世尊は今がその時とお考え下さい」と。

そこで世尊は午前中に衣を身に着け、衣鉢を持つと、比丘の衆団に囲遶され、比丘の僧伽に恭敬されながら、コーサラ国王プラセーナジットの食堂[37]に近づかれた。近づかれると、比丘の僧伽の前に設えられた座に坐られた。その時、コーサラ国王プラセーナジットは、仏を上首とする比丘の僧伽が心地よく坐られたのを確認すると、清浄で美味なる硬軟〔二種〕の食物によって、手ずから喜ばせ、満足させた[38]。その時、ある乞食が心を浄らかにしながら[39]長老達の〔坐っている〕場所に立っ〔て考え〕た。〈あの王様は福徳〔の果報〕を自分の目ではっきり確かめ、自らの福徳の果報に安住されているのに、〔その〕福徳に満足せず、〔今また世尊に〕布施をされ、福徳を積んでおられる〉と。

その時、コーサラ国王プラセーナジットは、様々な仕方で、清浄で美味なる硬軟〔二種〕の食物によって、仏を上首とする比丘の僧伽を手ずから喜ばせ、満足させた後、世尊が食事を終えて手を洗い、鉢を片づけられたのを見届けると、一段低い座具を手にして、法を聞くために世尊の前に坐った。すると、世尊は言われた。

「大王よ、私は誰の名前で布施〔の果報〕を廻向しようか。汝の〔名前で〕か、あるいは汝よりもさらに多くの福徳を生じた者の〔名前で〕か」

王は〈世尊は私の食事を召し上がられたのだ。他の誰が私よりもさらに多くの福徳を生ずる事などできようぞ〉と考えた。こう考えると、彼は言った。

「世尊よ、私よりもさらに多くの福徳を生じた者がいるならば、世尊はその者の名前で布施〔の果報〕を廻向して下さいませ」

そこで世尊は〔その〕乞食の名前で布施〔の果報〕を廻向された。このようなことが六日間も続いたのである。六日目になると[40]、王は頬杖をついて物思いに耽ってしまった。〈世尊は私の〔布施した〕食事を召し上がられたのに、乞食の名前で〔私の〕布施〔の果報〕を廻向された〉と。

大臣達は〔王〕を見て言った。

「王よ、どうして〔王〕は頬杖をついて[41]物思いに耽っておられるのですか」

王は言った。

「お前達よ、どうして考え込まずにおれようか。この度、世尊は私の〔布施した〕食事を召し上がられたのに、〔あんな〕乞食の名前で〔私の〕布施〔の果報〕を廻向されたのだからな」

そのうち、一人の年長の大臣が言った。

「心配なさいますな。明日、我々は世尊が王御自身のお名前で布施〔の果報〕を廻向されるよう取り計らいましょう」

〔大臣〕達は召使の者達に命令した。

「明日、お前達はもっと美味しい食物を沢山用意し、〔その〕半分は比丘達の鉢の中に、半分は地面に落ちるように給仕せよ[42]」

次の日、大臣達は沢山の美味しい食物を用意した。[43]その後、仏を上首とする比丘の僧伽が心地よく坐り終えると、[44]食事を出し始め、[45]半分は比丘達の鉢に、半分は地面に落としていった。すると乞食達は地面に落ちたのを拾おうとして走り寄ってきたが、彼らは給仕達に行く手を阻まれた。そこで乞食達は言った。

「我々のように〔飢えに〕苦しみ、〔食を〕求める者は他にもおります。もしも王に沢山の富や財があるなら、[46]どうして〔我々に〕恵んで下さらんのです。〔食物〕を食べずに捨てて何になりましょう」

その乞食は心を取り乱してしまったので、以前のようには心を浄らかにすることができなかった。[47]その後、王は仏を上首とする比丘の僧伽に食事を出し終えると、〈〔世尊〕は私の名前で布施〔の果報〕を廻向されないであろう〉と考え、布施〔の果報を世尊が誰に廻向するか〕を聞かぬまま、〔自分の部屋に〕引き籠もってしまった。その後、世

87 尊は〔次のように詩頌を唱えながら〕コーサラ国王プラセーナジットの名前で布施〔の果報〕を廻向されたのである。 180

「象・馬・車・歩兵軍を率い〔大地に〕君臨せる彼の、人で賑わう町(48)を見よ。〔その果報〕は粗雑にして塩気なき麦団子の力によるものなり(49)」

その時、同志アーナンダは世尊にこう申し上げた。

「大徳よ、世尊は何度も何度もコーサラ国王プラセーナジットのお屋敷で食事をされ、〔王の〕名前で布施〔の果報〕を廻向されましたが(50)、私は未だかつて〔世尊が〕そのように布施〔の果報〕を廻向されたのを聞いたことがありません」

世尊は言われた。

「アーナンダよ、お前は、コーサラ国王プラセーナジットの〔布施した〕塩気のない麦団子に関する業の顛末を聞きたいかね」

「大徳よ、〔今や〕その時です。善逝よ、〔今こそ〕その折です。世尊は、コーサラ国王プラセーナジットの〔布施した〕塩気のない麦団子に関する業の顛末を説明して下さい。比丘達は世尊の〔話〕を聞いて、記憶するでしょう」

そこで世尊は比丘達に告げられた。

かつて比丘達よ、ある村に長者が住んでいた。彼は〔自分の家柄に〕相応しい家から嫁を貰った。彼は彼女と遊び、戯れ、快楽に耽っていた。彼が〔妻と〕遊び、戯れ、快楽に耽っていると、息子が生まれた(51)。彼は〔大切に〕養われ、育てられて、大きくなった(52)。やがてかの長者は妻に告げた。

「お前、我々には借金を増やし財産を食い潰す〔子供〕が生まれた。私は商品を携えて外国に行くぞ(53)」

彼女は「あなた、そうして下さいな」と言った。彼は商品を携えて外国に行ったが、ちょうどそこで不運にも命を落としてしまったのである。

〔さて〕その長者は〔元来〕財産が少なかったので、[54] 長者が[55]〔家に残していった〕財産の類は底を突いてしまい、彼の息子は苦しむことになった。[56] 長者には友人がいたが、彼はその子の母に言った。

「あなたの息子に〔私の〕畑仕事を手伝わせなさい。〔代わりに〕私は充分な食事を以て彼の生活の面倒を見よう」

「そうして下さいませ」

その〔子〕は彼の畑を手伝い始め、彼は充分な食事を以てその子の生活の面倒を見始めた。しばらく経ったある日、新月〔の日〕が近づくと、その子の母は考えた。

〈今日、長者の奥さんは、友人・親戚・親類の者達と共に、沙門やバラモン達に食事を出すことに精を出されるでしょう。[57]〔食事の〕時間になったら〔そこに〕行って〔長者の奥さんからおこぼれを少し頂戴し、その〕食物をあの子に運んでやりましょう〉

彼女は時間になると〔長者の家に〕行き、〔奥さんに〕その旨を知らせると、彼女は怒って言った。

「私はまだ沙門やバラモン達に、あるいは親類の者達に〔も食物を〕差し上げていないのに、[58]〔どうして彼らより〕先に[59]使用人に〔食物を〕上げられましょうか！　とにかく今日〔の食事〕はお預けです。〔その代わり〕明日、二倍〔の食事〕を上げましょう」

その後、その子の母は〈我が息子を飢えさせてはならない〉と考えた。彼女は自分用に塩気のない麦団子を用意していたが、彼女はそれを持っていった。[60] その子は遠くから彼女を見た。彼が「母さん、美味いもの、美味いものは何かないの」と訊くと、彼女は答えた。「息子よ、毎日〔頂ける食物〕さえ今日は貰えないのよ。私は〔何時も〕自分用に塩気のない麦団子を用意しているけど、それを持って私はここに来たのよ。さあ、これをお食べ」と。

彼は「じゃあ、〔それを〕置いて帰って」と言った。彼女は〔それを〕置いて立ち去った。

——諸仏が〔世に〕現れない時には独覚達が世に現れる。彼らは貧しく哀れな者達を憐れみ、人里離れた場所で寝起きや食事をし、[61]世間で唯一の応供者なのである。[62]——

さてある独覚がその場所にやって来た。彼は〔独覚〕が〔人々の〕心身を清浄にし、落ち着いた立ち居振る舞いをしているのを見て考えた。〈私は、このような布施を受けるに相応しい立派な人を供養しなかったら、そのせいで私はきっとそれ相応の〔悪い〕状態に陥るだろう。もしも彼が私から塩気のない麦団子を受け取って下さるのなら、私は彼に布施しよう〉と。

すると独覚はその貧しい〔子〕の心を〔自分の〕心で知ると、鉢を差し出した。

「坊や、もしも君に残〔飯〕があれば、この鉢に入れてくれないかい」

その後、彼は激しい浄信を起こし、その塩気のない麦団子をその独覚に差し出したのである。

「比丘達よ、どう思うか。その時その折の貧しい男こそ、このコーサラ国王プラセーナジットである。[63]彼は独覚に塩気のない麦団子を差し出したが、この業によって彼は三十三天で六回も王権・主権・権力を恣（ほしいまま）にし、この同じシュラーヴァスティーにおいては六回もクシャトリヤの灌頂王となり、またその同じ業の残りによって、今〔生で〕もクシャトリヤの灌頂王となったのだ。その団子〔の果報〕が彼に熟したのである。私はこれを念頭において言ったのだ。

『象・馬・車・歩兵軍を率い〔大地に〕君臨せる〔王〕の賑わう町を見よ。〔その果報〕は粗雑にして塩気なき麦団子の力によるものなり』と」

「世尊は、プラセーナジット王[64]の〔布施した〕塩気のない麦団子に関する業の顚末を説明されたぞ！」と人々が辺りで歓声を上げた。プラセーナジット王[65]も〔その声を〕聞いた。彼は世尊のもとに近づいた。近づくと、世尊の両足を頭に頂いて礼拝し、一隅に坐った。一隅に坐ったコーサラ国王プラセーナジットを、[66]世尊は法話を以て教示し、鼓舞し、激励し、勇気づけられた。様々な仕方で、法話を以て教示し、鼓舞し、激励し、勇気づけられると、沈黙された。[67]その時コーサラ国王プラセーナジットは、座から立ち上がると、上衣を右肩に懸け、[68]世尊にこう申し上げた。

「世尊は三ヶ月間、僧伽と共に、衣・食事・臥具・座具[69]・病気の時に使う薬といった資具〔の供養を私から受けること〕を私に御承諾下さい」

世尊は沈黙を以てコーサラ国王プラセーナジットに承諾された。こうしてコーサラ国王プラセーナジットは、三ヶ月の間、仏を上首とする比丘の僧伽に百味の食事を出し、またそれぞれの比丘に百千〔金〕の値打ちがある衣を[70]提供した。さらに彼は一千万もの油壺を用意し、灯明の環を布施しようとしたが、その食事と供養とに対して大歓声が湧き起こった。

その時、貧困に喘ぐ、ある町の洗濯婦がいたが、彼女は壊れた器を[71]手にして物乞いしながら〔辺りを〕うろついている途中、〔その〕甲高い声・大きな声を[72]聞いた。そして聞くと、「皆さん、あの甲高い声・大きな声は何なのですか」と尋ねた。他の者達は答えた。「コーサラ国王プラセーナジットが、三ヶ月の間、仏を上首とする比丘の僧伽に食事を出し、またそれぞれの比丘に百千〔金〕の値打ちがある衣を[73]提供し、さらに一千万もの油壺を用意して、灯明の環を布施しようと用意したのですよ」と。

すると、その町の洗濯婦はこう考えた。〈コーサラ国王プラセーナジットは〔以前になした〕福徳に満足せず、今なお布施をして福徳を積まれている。さあ私もどこかで〔油を〕用意し、[74]世尊に灯明の布施をしましょう〉と。

彼女は壊れた器に[75]少量の油を乞い求めて灯明を灯し、世尊が散歩される場所に献じると、〔世尊の〕足下に平伏（ひれふ）して誓願を立てた。「ちょうどシャーキャムニ世尊が、人の寿命が百歳の時代に、シャーキャムニという名の大師として世に出現されたように、私もこの善根によって、人の寿命が百歳の時代に〔あなたと〕同じシャーキャムニという大師となりますように。また、ちょうどあなたにシャーリプトラとマウドガリヤーヤナという最上なる二人組・賢明なる二人組が〔弟子となり〕、アーナンダが侍者、シュッドーダナが父、マハーマーヤーが母[76]、カピラヴァストゥが都城[77]、ラーフラという美しい王子が息子となられたように[78]、〔私にもシャーリプトラとマウドガリヤーヤナという最上なる二人組・賢明なる二人組が〔弟子となり〕、アーナンダが侍者、シュッドーダナが父、マハーマーヤーが母、カピラヴァストゥが都城、ラーフラという美しい王子が息子となりますように[79]。〕また、ちょうど世尊が遺骨を分配して涅槃に入られたように、私もまた遺骨を分配して涅槃に入ることができますように[80]」と。

しばらくすると、そのすべての灯火は消えていたが、彼女によって灯された灯明〔だけ〕は依然として燃えていた。——一般に、諸仏・諸世尊が横になられない間は、諸仏・諸世尊の侍者達も横にならないことになっている。——

その時、〈仏・世尊が明るい所でお休みになることはあり得ず、あってはならない。いざ私は灯火を消そう〉と同志アーナンダは考えた。彼は手で[81]〔扇いで灯火を〕消そうとしたが、〔消〕せなかった。それから彼は、衣の裾で、さらには扇で〔扇いで〕も、それでも消せなかった。そこで世尊は同志アーナンダに「アーナンダよ、何事だ」と告げられると、彼は申し上げた。

「世尊よ、私は〈仏・世尊が明るい所でお休みになることはあり得ず、あってはならない。いざ私は灯火を消そう〉と思ったのです。そこで私は手で消そうとしましたが、〔消〕せませんでした。それから衣の裾で、さらには扇で〔灯火を消そうと〕もしましたが、それでも〔消〕せなかったのです」

世尊は言われた。

「アーナンダよ、徒労に終わるだけだ。たとえヴァイランバカという暴風が吹き荒れても、〔それを〕吹き消すことはできない。ましてや、手や衣の裾[82]、あるいは扇など言うに及ばぬ。なぜなら、この灯明はあの婦人が大変な心の造作を以て灯したからだ。アーナンダよ、人の寿命が百歳の時代に、あの婦人はシャーキャムニと呼ばれる如来・阿羅漢・正等覚者となり、彼にはシャーリプトラとマウドガリヤーヤナという最上の二人組・賢明なる二人組が〔弟子となり〕、比丘アーナンダが侍者、シュッドーダナが父、マハーマーヤーが母、カピラヴァストゥが都城、ラーフラという美しい王子が息子となるだろう。[83] 彼はまた遺骨を分配して涅槃に入るだろう」

[84]世尊がこう言われると、かの比丘達は歓喜し、世尊の説かれたことに満足した。

以上、吉祥なる『ディヴィヤ・アヴァダーナ』における「ナガラアヴァランビカー・アヴァダーナ」第七章。

文献

❶MSV i 79.3-91.6 (GBM 162a[992]9-165b[999]6). Cf. Jm 3, Ja 415 [87.13-88.24]; Th 1054-1056 [82.10-30] ❷1030 Ge 151a2-157b2; 1 Kha 162b5-169a2 ❸『根本説一切有部毘奈耶薬事』巻十二（T. 1448, xxiv 53c16-56a9）❹榊＝榊亮三郎「ディヴアーヴァダーナの研究並びに翻訳」『六条学報』(1912-1915).

注

（1）nagarāvalambikā. この題名に出てくる nagarāvalambikā の avalambikā という語が問題になる。本文中では四回出てくるが（82.11, 28, 89.20-21, 26-27）、BHSD によると、この語は ava√lamb の派生語であるから「吊り下げる」という意味を基本とする語であり、したがって「衣類を吊り下げて乾かす」ことを職業とする者、すなわち「洗濯屋（ここでは女性名詞として使われているから、洗濯婦）」を意味するという。その根拠は、Mv. に見られる「糞掃衣を木の枝に吊り下げると（pāṃsukūlaṃ vṛkṣaśākhāye olambitvā）」（Mv. iii 311.11）という用例である。次に Tib. がどのようにこの語を解釈しているかを確認するためにその対応箇所を見ると、前半は grong phyi nyug ma（151b8, 152a5; 163b4, 164a2）と訳し、後半は phyi を省略して grong nyug ma（156a7, 156b2; 168a2, 4）と訳している。grong は「町」を意味するから、Skt. の nagara に相当するが、問題は phyi nyug ma あるいは nyug ma である。nyug pa は「触れる／探し求める」等の意味があるが、それがここで具体的に何を意味するのかは不明である。一方、漢訳では前半を「癩女」（54a14, 24）、後半は「貧女」（55c9）または「乞女」（55c12）とし、Skt. 原典に忠実な訳とは言えない。今は原典の意味を尊重したBHSDの読みを採用し、「町の洗濯婦」と訳すことにする。

（2） anāthapiṇḍadasyārāma. Divy. ではアナータピンダダの聞いた内容が間接話法になっているが、Tib. では「「シュラーヴァスティーにあるジェータ太子の林の私の園林に（bdag gi kun dga' ra ba na）住しておられる」と聞いた」（151a3；162b6）とし、直接話法で訳しているので、BAILEYはこれをmadīyasyārāmaに改めている。なお漢訳は「給孤長者。聞仏至已」（53c17）とし、この訳を欠く。　（3） 定型句9A（ブッダの説法）。

（4） dauvārikaṃ puruṣam ..... gṛhapateḥ pratyaśrauṣīt（81.6-10）. 以下、Tib. ではこの文章がyasyedānīṃ bhagavān kālaṃ manyata iti（81.14）の後に置かれる。漢訳も「唯願知時。長者復命守門人曰。仏与僧伽。比至食了。勿令外道。入我宅中。時守門人。聞教依奉」（53c23-25）とし、Tib. に一致する。こちらの方が話の筋としては流れがよい。

（5） udakamaṇīn. BHSDによると、これ全体でwater-potとするが、Tib. はこれを「宝珠の水瓶（nor bu'i chu snod）」（151a7；163a3）とするので、maṇiを重複して訳していることになる。漢訳はこの部分を「広如余説」（53c22）で省略している。

（6） bhaktābhisāraḥ. 第3章注（79）参照。なお、Tib. ではこの部分が省略されている。漢訳は「詣長者家」（53c26）とする。

（7） dhautahastam. Tib. はこれをphyag bcabs te（151b2；163a6）とする。DASの蔵英辞典はこれをsalutation in secretと説明する。これに従うと、ブッダが自分を食事に招待してくれたアナータピンダダに対して密かに礼をしたことになるが、ブッダが他人に礼をするということは考えられない。bcabsは'chab pa（隠す）の過去形であるから、「お手を隠して」とも読めるが、Skt. のdhautahastamの訳とは考えがたい。Tib. 訳者がSkt. のdhautaを他の言葉と読み違えたのではないかと考えられる。

（8） 定型句9B（食事に招待されるブッダ）。

（9） niveśanaṃ gataḥ/ <u>ato</u> dauvārikeṇoktaḥ. 下線部のatoはgatoの誤りではないかと榊（178）は指摘する。MSVの相当箇所を見ると、niveśanaṃ gataḥ/ dauvārikenoktaḥ（80.9）とし、問題の語を欠いている。Tib. もkhyim du song ba dang/ sgo srungs kyis smras pa（151b5；163b1）、漢訳も「速時詣彼。其守門人告言」（54a4-5）とし、いずれもMSVに一致するので、榊の訂正を支持する資料はないが、またDivy. のatoに相当する訳も見出せない。今は原典に忠実に訳し、これを副詞として理解する。

（10） ārya tiṣṭha mā pravekṣyasi. MSVはこれをārya mā pravekṣyasi（80.9）とし、tiṣṭhaを欠く。Tib. は'phags pa nang du ma bzhud par gzhes shig（151b5；163b1）とし、Divy. に近い。一方、漢訳は「聖者。勿入於中」（54a5）とするのでMSVに近いようだが、これだけでは判断できない。

（11） śrāddhāḥ. MSVおよびTib. はこの訳を欠く。ところが漢訳では「浄信婆羅門。長者居士」（54a8-9）とし、Divy. に一致する。

（12） anugrahaṃ karomi. MSVはこれをanukampāṃ karomi（80.15）とする。またTib. はsnying rje bya'o（151b7；163b3）、漢

訳も「哀愍」(54a10) とし、いずれも MSV に近い。

(13) anugrahaḥ. MSV はここで Divy. と同じ anugrahaḥ (80.16) を用いる (ただし、GBM は amugrahaḥ (163b8) と読める)。これに伴い、Tib. も rjes su gzung ba (151b8; 163b3-4) とする。漢訳は「愍哀」(54a11) と漢字をひっくり返し、その訳風を少し変えているようだ。

(14) āyāsaḥ [āyāma B, avāma C, bhikṣāyāvāmāma D]. これでは意味が取れない。Divy. の各写本にも混乱が見られ、いずれの読みも文脈に合わない。BHSD によると、これは ācāmaḥ と読むべきであるとする。Tib. は「米汁 ('bras khu)」(151b8; 163b4)、漢訳も「米泔」(54a14) とし、BHSD の訂正を支持している。また Divy. ではこのあと ācāma (82.17) という語が見られるから、āyāsaḥ を ācāmaḥ に改める。BAILEY や SPEYER もこの読みを採る。なお、MSV はこれを ācāmaḥ (80.18) とするが、GBM はこの語を欠くので、DUTT が Tib. より補ったと考えられる。

(15) anyatamaṃ kuḍyamūlaṃ niśritya paribhuktam. MSV も同形だが (81.8)、ここに相当する Tib. は「崩れかけた壁の近くに坐って〔それを〕口にし ('bab pa'i rtsig drung zhig tu 'dug nas 'thungs pa dang)」(152a4; 164a1) とし、傍線を施した訳に相当する Skt. が見当たらない。漢訳では「於牆下坐。而食其泔」(54a22) とし、Tib. のように「壁」を修飾する訳はないが、「坐って食べた」ことは Tib. と共通している。

(16) cittam abhiprasādya. Divy. には「心を浄らかにする」ことが悪業の消滅をもたらすという用例が幾らか存在する。これは授記を扱う説話の定型句に見られる。『説話の考古学』(259 ff.) 参照。 (17) 定型句 4C (神々の知見)。

(18) 文脈からして、シャクラが質問する相手はブッダであることは明らかであるが、Divy. ではそれが明記されていない。これに対し、MSV は bhagavantaṃ (81.21)、また Tib. も bcom ldan 'das la (152b1; 164a5) とする。漢訳は「以頌請曰」(54b4-5) とし、Divy. に一致する。

(19) 以下、シャクラとカーシャパの話は、若干の異同を伴い、『分別功徳論』(T. 1507, xxv 30b16-26) にも見られる。

(20) puṇyāpuṇyānām. Divy. は「福と非福の」とするが、MSV はこれを単に puṇyānām (82.6-7) とする。Tib. も bsod nams (152b3; 164a7)、漢訳も「而彼諸人。不知修福」(54b11) とし、「非福」には言及しないので、これを puṇyānām に改める。BAILEY もこの読みを採る。

(21) pratyakṣadarśanena. MSV はこれを pratyakṣadarśy eva (82.7-8) とする。同じ表現はこの後にも見られるが (84.13, 85.21-22)、そこでも同じ形を取るので、これに改める。BAILEY もこう訂正している。なお Tib. は mngon sum du mthong zhing (152b4; 164a7)、漢訳は「我今既知修福獲利」(54b12) とする。

(22) kasmād dānāni na dadāmi puṇyāni vā na karomi. MSV はこれを tasmād dānāni vā dadāmi puṇyāni vā karomi (82.8-9) とする。MSV の読みに従えば、「だから私は布施をし、あるいは福徳を積もう」と訳せるので、結果としてその意味するところは同じであるが、Tib. は ci'i phyir sbyin pa dag mi gtang bsod nams dag mi bya (152b4 ; 164a7-b1)、漢訳は「何不恵施。修諸福業」(54b12-13) とし、両訳とも Divy. に一致する。この後、この表現が繰り返されるが (Divy. 84.13-14 ; MSV 83.12-13)、そこを見ると、いずれの Skt. も kathaṃ dānāni na dadāmi としているから、Divy. の読みを採用すべきであろう。

(23) kākābhilinakam. Tib. も漢訳もこの訳を欠く。

(24) sudhā. これは amṛta と同じ飲物の「甘露」を意味する。Mvy. (5775) によると、これに対応する Tib. は bdud rtsi であるが、ここでは「食物 (zhal zas)」(152b6 ; 164b3) という訳を用いている。漢訳は「天妙食」(54b18, 21)、あるいは「天妙飲食」(54b22) と訳している。

(25) この詩頌は Tib. (152b8-153a1 ; 164b4-5) でも漢訳 (54b22-23) でも散文として扱われている。

(26) 定型句 7D (阿羅漢 (or 独覚・声聞) の知見)。

(27) samūla ārūḍho. 下線部の意味が文脈に合わない。MSV は下線部を āvṛḍho (83.9) とし、文脈に合う。Tib. は phyung zin (153a2 ; 164b6) とするので、BAILEY は vyaparūḍho という読みを示唆する。ここでは MSV の読みを採る。漢訳も「抜出根栽」(54b26-27) とする。

(28) ahaṃ pratyakṣadarśy eva puṇyānām. MSV も同形だが (83.12)、Tib. はその後に「私は福徳〔の果報〕を自分の目ではっきりと見て、自分自身の福徳の果報に安住している」(153a3-4 ; 164b7) という傍線部を付加する。漢訳は「我今自見」(54b29) とあり、これに相当する文は存在しない。

(29) kathaṃ dānāni na dadāmi. MSV はこれを kathaṃ dānāni [na] dadāmi puṇyāni vā na karomi/ (83.12-13) とし、下線部が Divy. には存在しない。Tib. も ci'i phir sbyin pa dag mi gtang/ bsod nams dag mi bgyid (153a4 ; 164b7-165a1)、漢訳も「何不恵施。広修諸福」(54b29-c1) とし、MSV に一致する。文脈から言っても、この一節は必要であると思われるので、MSV の読みを採る。BAILEY は Tib. に基づき、puṇyāni na karomi を補うべきであるとする。

(30) karaṇīyāni puṇyāni duḥkhā hy akṛtapuṇyatāḥ/ kṛtapuṇyāni modante asmin loke paratra ca//. MSV は下線部を akṛtapuṇyatah/ kṛtapuṇyā hi (83.14-15) とするが、SPEYER は下線部の二箇所をそれぞれ akṛtapuṇyakāḥ と kṛtapuṇyā hi に訂正している。原文の読みに従えば、「福徳をなさないこと」、「福徳をなすこと」を意味し、抽象名詞として理解されるが、この訂正に従えば、「福徳をなさない人達」、「福徳をなした人達」を意味することになる。Tib. はこれを bsod nams dag ni bya dgos te// bsod nams

ma byas sdug bsngal ’gyur// bsod nams dag ni byas pa yis// ’jig rten ’di dang pha rol dga’（153a4-5；165a1）とし、彼の訂正を支持しているので、今はこの訂正に従う。また漢訳はそれぞれ「無福遭苦厄」(54c2)、「若有修福者」(54c3）とする。一方、BAILEY は akṛtapuṇyatā/ kṛtapuṇyā hi という読みを示唆している。

（31） mahākāśyapasya. MSV も同形（83.18）であるが、Tib. は ’od srung（153a6；165a2）とし、mahā の訳を欠く。なお漢訳は厳密にはこの直後の対応箇所であるが、「大迦摂波」(54c5）とする。

（32） 僧伽が信者に加える罰として「覆鉢羯磨」があることを平川彰（『原始仏教の教団組織Ⅰ（平川彰著作集11)』(Tokyo, 2000, 148)）は指摘している。これは信者が比丘を無実の罪で謗ったり、他の信者の布施を妨害したり、比丘達の住処を失わしめたり、三宝を悪しざまに言ったりすると、その信者からの布施物を拒否するという措置である。この措置は、僧伽は会議を開いてその事実を確認した上でなされるという。ここでは僧伽の会議こそ開かれてはいないが、シャクラの行為は他の信者の布施を妨害することになり、この記述は「覆鉢羯磨」を反映したものと考えられる。

（33） etat prakaraṇaṃ bhikṣavo bhagavata ārocayanti/ bhagavān āha/ tasmād anujānāmi. この辺りの話の展開は、律のそれに酷似している。すなわち、ある出来事が起こり、それを見聞していた比丘達がその出来事を釈尊に告げると、それを聞いた釈尊はその出来事を考慮し、比丘の生活に関して「何々することを許す」、あるいは「何々すれば突吉羅に陥る」とする用法は律の犍度部に特有なものであり、また「許す」の原語も anujānāmi であって、パーリのそれと一致していることから、これも Divy. の説話が MSV から抜き取られたことを傍証する用例と言えよう。第19章注（90）参照。 （34） 定型句 9A（食事に招待されるブッダ)。

（35） Tib. だけがここに「右膝の皿を地面につけて」(153b3；165a7）という一節を置く。

（36） samudanīya. BAILEY はこれを samudānīya の誤植であるとするので、この訂正に従う。一方、MSV はこれを samupānīya (84.17）とする。 （37） bhaktābhisāraḥ. 第3章注（79）参照。なお、Tib. および漢訳ではこの部分が省略されている。

（38） 定型句 9B（ブッダの説法)。

（39） cittam abhiprasādayan. ここでも再びこの表現が使われているが、ここでの「心を浄らかにすること」の功徳は、プラセーナジット王が釈尊を一週間食事に招待することの功徳よりも大きいものと見なされている。

（40） tato ’nyadivase. このまま読むと、「その次の日」、すなわち「七日目」を意味し、日にちが合わなくなるので、この読みは不適切である。そこで MSV を見てみると、ṣaṣṭhe divase（85.11）とあり、この方が文脈に合う。Tib. も nyi ma drug pa la（154a4；166a1）とするので、これを tataḥ ṣaṣṭhe divase に改める。BAILEY は tataḥ ṣaṣṭhadivase という読みを示唆する。

（41） kimarthaṃ kare kapolaṃ dattvā. MSV はこれを kim arthaṃ deva kare kapolaṃ dattvā（85.13-14）とする。Tib. も lha ci'i slad du phyag la zhal gtad te（154a5；166a2）とするし、文脈からしてこの語は必要であるから、deva を補う。

（42） yataḥ śvo bhavadbhiḥ praṇīta āhāraḥ sajjīkartavyaḥ prabhūtaś caiva samudānayitavyo yathopārdhaṃ. MSV はこれを śvo bhavadbhiḥ praṇītatara āhāraḥ kartavyaḥ prabhūtaś ca/ evaṃ cārayitavyaḥ/ upārdho（85.19–20）とする。Tib. は khyed kyis sang kha zas ches bsod pa dang rab tu mang po sta gon gyis la brim pa yang 'di ltar ci nas kyang（154a7–8；166a4）とするので、BAILEY は praṇītatara ..... prabhūtataraś cainaṃ ca pariveṣṭavyo という読みを示唆する。ここでは MSV の読みを参考にしながら、最大限 Divy. の読みを生かし、なおかつ文脈を重視して、これを śvo bhavadbhiḥ praṇītatara āhāraḥ sajjīkartavyaḥ prabhūtaś ca/ evaṃ cārayitavyaḥ yathopārdho に改める。漢訳は「明日宜応倍加営造種種飲食。行食之時。一分在鉢。一分堕地」（55a5–6）とする。

（43） prabhūta āhāraḥ sajjīkṛtaḥ praṇītaś ca. MSV もほぼ同形だが（85.21）、Tib. は「より美味でより多くの食物を用意して（kha zas ches bsod pa dang/ ches rab tu mang ba bshams te)」（154a8；166a4–5）とするので、BAILEY は（tair）..... praṇītatara ..... prabhūtataraś ca を示唆する。漢訳は単に「供膳之人。奉教営造」（55a6–7）とする。

（44） Tib. のみ「〔坐り終えたのを〕知ると（rig nas)」（154b1；166a5）とする。よって、BAILEY は bhikṣusaṃghaṃ の後に viditvā を補う。

（45） pariveśitum［Sic MSS：Qu. pariveṣitum ?］. 校訂者の脚注および MSV の pariveṣitum（85.22）に基づき、これに改める。

（46） prabhūtam antaś cāpaneyam［cāpateyam MSS］asti. MSV はこれを prabhūtaṃ saṃpatsvāpateyam asti（86.3–4）とする。Tib. は nor rdzas rab tu mang po yod（154b2；166a6）とするので、BAILEY は prabhūtaṃ svāpateyam という読みを示唆している。漢訳も「王財極甚」（55a10）とするので、ここでは MSV の読みに従う。

（47） 「心を浄らかにすること」の功徳はすでに指摘したが、この対極にあるのが「心を汚すこと（＝怒りの心を起こすこと)」であって、原語は cittaṃ pra√duṣ が考えられる。Divy. では「心を浄らかにする」ことの功徳と並んで、「心を汚すこと」の罪の大きさも説かれている。第15章参照。

（48） puraṃ śanairgamamaṃ［Ex. conj.；sanairgamaṃ］. MSV はこれを puraṃ sanaigamamaṃ（86.11）とする。Tib. も grong khyer yul bcas 'khol byed pa（154b5；166b1）とするので、BAILEY はこれを sanaigamaṃ と読むべきであるとする。ここでもこれに訂正する。なお漢訳は「於此国城自在食」（55a15）とする。

（49） Divy. ではこれを韻文として校訂していないが、これは詩頌であり、MSV（86.11–12）、Tib.（154b4–5；166b1–2）、漢訳（55a15–16）のいずれもそう処理している。

(50) dakṣiṇām ādiṣṭo [Sic. Qu. dakṣiṇā ādiṣṭā?]. BAILEY はこれを dakṣiṇā ādiṣṭā か dakṣiṇādiṣṭā にすべきであるとする。MSV も dakṣiṇā ādiṣṭā（86.15）とするので、ここでは dakṣiṇā ādiṣṭā の読みを採る。 (51) 定型句 3A（結婚）。

(52) paṭuḥ saṃvṛttaḥ [paṭusaṃvṛttaḥ MSS]. MSV はこれを mahān saṃvṛttaḥ（87.4）とする。Tib. も chen por gyur to（155a3；166b6）とするので、BAILEY もこの読みを採る。よってここでもこの読みに訂正する。漢訳も「子既長成」（55a25-26）とする。

(53) 定型句 3M（養育費を稼ぐ父）。

(54) alpaparicchedo. MSV（87.8）も同形だが、pariccheda は「分離・正確な判断・決定・章」等を意味し、これでは意味が通じない。Tib. はこれを「財産が少なかったので（ched [P. chen] po mi bdog pa zhig pas）」（155a4；166b7）とし、漢訳も「有少本」（55a29）とあって、文脈に沿った訳になっている。これから考えると、この paricchedo は paricchado の誤りと考えられるので、これに改める。

(55) tasya gṛhapateḥ. これを MSV は「彼の家には（tasya gṛhe）」（87.8）とし、Tib. も de'i khyim gyi（155a4；166b7）、漢訳も「家有少本」（55a29）とするので、いずれも MSV を支持するが、tasya gṛhapateḥ でも読めるので、今はこのまま読む。

(56) ここから Divy. と MSV との間では話の展開に違いが見られる。すなわち MSV は「その長者には友人がいたが、彼はその〔子〕に言った。「〔お前の父さんと私とは友人であるから〕お前は私の息子でもある。私の畑〔仕事〕を手伝わないか。〔そうすれば〕私はお前に食事を出して生活の面倒を見て上げよう」と。〔そこで〕彼は〔父の友人〕の畑〔仕事〕を手伝い始めたのである（tasya gṛhapater vayasyakaḥ/ sa tenoktaḥ/ [putra, GBM 164b3] mamāpi tvaṃ putraḥ/ mama kṣetraṃ pratipālaya/ ahaṃ tava bhaktena yogodvahanaṃ karomīti/ sa tasya kṣetravyāpāraṃ karttum ārabdhaḥ)」（87.9-11）として、Divy. のように母親が自分の息子と夫の友人の間に介在せず、長者の友人が直接その子と交渉している。Tib. は khyim bdag de'i sten grogs shig yod pa des de la smras pa/ khye'u kho bo'i zhing las dag byos shig dang ngas khyod kyi zan sbyar bar bya'o// des de'i zhing las dag bya bar brtsams nas（155a4-5；166b7-167a1）とし、ほぼ MSV の読みに一致する。ところが漢訳を見ると、「有隣長者。告其母曰。爾子与我作。当済衣食。母便授与。長者即使於田種処」（55b1-2）とあり、こちらは Divy. に一致する。なお、MSV の下線部 bhaktena に相当する Divy. の読みは sukhaṃ [mukhaṃ AB] bhaktena であるが、BAILEY はこれを mukhabhaktakena と読むべきであるとする。

(57) gṛhapatipatnī suhṛtsaṃbandhibāndhavaiḥ saha śramaṇabrāhmaṇabhojanena vyagrā bhaviṣyati. MSV はこれを「長者の奥さんは、友人・親戚・親類・沙門に食事を出すのに忙しいでしょう（gṛhapatipatnī suhṛtsaṃbandhibāndhavaśramaṇabhojane vyagrā bhaviṣyati）」（87.13-14）とし、suhṛtsaṃbandhibāndhava の役割が両者で食い違っている。すなわち、Divy. に見られる

「友人・親戚・親類」は長者の妻と一緒になって沙門に食事の接待をすることになっているが、MSVでは沙門と同じく長者の妻から食事の接待を受ける側に回っている。Tib. は khyim bdag gi chung ma mdza' bshes dang gnyen dang nye du dang/ dge sbyong dang/ bram ze'i skye bo rnams zan sbyin pas brel bar 'gyur gyis (155a6 ; 167a2) とし、MSVに一致する。漢訳も「今此長者。明旦家中。設施沙門婆羅門。供待賓客」(55b3-5) とし、MSVに近い。またMSVはDivy. に見られる brāhmaṇa を欠く。

(58) この表現から考えると、親戚の者達は食事を出される方であるから、本章注(57)の読みはMSVの方が相応しいかも知れない。

(59) tāvat. Tib. のみこの訳を欠く。

(60) これ以降もDivy. とMSVとの間では話の展開に違いが見られる。すなわち、この後MSVには「〔母〕は息子に、長者の奥さんに言われたことをすべて詳細に告げると、言った。「自分用に作っておいた塩気のない麦団子を持ってきてやったよ。さあ、これをお食べ」と (putrasya vistareṇa yad gṛhapatnyābhihitaṃ tat sarvam ākhyāya kathayati/ iyaṃ mayā ātmīyā alavaṇikā kulmāṣapiṇḍikā ānītā/ etāṃ paribhuṃkṣveti)」(87.21-88.1) とあり、下線部がDivy. には存在しない。その代わりに tena dārakeṇa dūrata eva dṛṣṭā/ sa kathayati/ ambāsti kiṃcin mṛṣṭaṃ mṛṣṭam/ sā kathayati/ putra yad eva prātidaivasikaṃ tad apy adya nāsti mayātmāno 'rthe 'lavaṇikā kulmāṣapiṇḍikā sādhitā tām ahaṃ gṛhitvāgatā etāṃ paribhuṅkṣveti (88.8-12) という下線部のDivy. の文章がMSVには存在しない。また下線部以降も内容的には同じであるが、両者は若干違った表現を取る。そこでTib. を見てみると、さらに面白いことが分かる。すなわちここに相当するTib. は「彼女はそれを持って畑の方に行き、その子は彼女を遠くないところから見ると、彼は言った。「母さん、美味しいものは少しもないのですか」。彼女は言った。「息子よ、いつもある食事も今日はないのよ」。「母さん、どうしてなのですか」。彼女は息子に長者の奥さんが言った通りのことをすべて詳しく話すと、「この塩気のない麦団子を自分で持ってきたから、息子よ、これをお食べなさい」と言うと」(155a8-155b2 ; 167a4-5) となっている。傍線部がMSVには存在しない部分、点線部がDivy. には存在しない部分、そして波線部がいずれにも存在しない部分ということになる。すなわち、Tib. はそれぞれのSkt. にない部分をすべて含んでいる。

(61) prāntaśayanāsanabhaktāḥ. MSVも同形だが (88.3)、Tib. は「人里離れたところで寝たり坐ったりすることを楽しみ (dga' ba)」(155b3 ; 167a6) とし、Skt. の bhakta を名詞の「食事」ではなく、形容詞の「享受する」の意で理解している。漢訳も「楽住空閑」(55b14) とし、Tib. と同じ理解を示す。　(62) 定型句5B (独覚)。

(63) Tib. はここにも「その時その折に (de'i tshe de'i dus na)」(155b6 ; 167b2) を置き、Skt. の tena kālena tena samayena を重ねて訳出している。

(64) Divy. では kauśala の語を欠き、ただ「プラセーナジット王」とするのみであるが、MSVは rājñaḥ prasenajitaḥ kosalasya

(88.21-22) とし、Tib. もこれに同じく ko sa la'i rgyal po gsal rgyal (156a1 ; 167b4) とする。

(65) ここも先ほどと同じく、Divy. は kauśalena の語を欠くが、MSV (89.1) と Tib. (156a2 ; 167b5) にはこれが見られる。

(66) rājānaṃ prasenajitaṃ <u>kauśalam</u>. ここでは Tib. が下線部の訳を欠く。 (67) 定型句 9A (ブッダの説法)。

(68) Tib. はここに「右膝の皿を地面につけ、世尊のいらっしゃる方に向かって合掌礼拝すると」(156a4 ; 167b6-7) という Skt. には見られない表現が存在する。漢訳にも「合掌恭敬。双膝著地」(55c1-2) とあるので Tib. に近いが、漢訳では地面に「両膝」をつけたとする。本章注 (35) 参照。 (69) -śayanāsana-. Tib. はこの訳を欠く。

(70) <u>śatasahasreṇa</u> vastreṇa. MSV は śatasāhasrakeṇa vastreṇa (89.10) とする。いずれの読みも「百千もの衣を」を意味するが、一人の比丘にそれほどの量の衣を施す必要はない。Tib. はこれを「百千〔金〕に値する衣を ('bum ri ba'i gos)」(156a7 ; 168a2) とし、量ではなく質に言及しているので、BAILEY は下線部を śatasahasrārheṇa と読む可能性を示唆する。漢訳も「価直百千衣服」(55c5) とするので、彼の訂正に従う。

(71) kroḍamallakena. これを MSV は khaṇḍamallakena (89.13) とする。Tib. も rdza'i chag dum (156a8 ; 168a3) とするので、BAILEY は khaṇḍamallakena と読む可能性を示唆する。ここではこの読みを採る。漢訳はこの訳を欠く。

(72) uccaśabdaḥ. MSV は uccaśabdo <u>mahāśabdaḥ</u> (89.13) とする。Tib. も sgra chen po dang sgra mthon po (156a8 ; 168a3) とする。Divy. にはこの直後 uccaśabdo mahāśabdaḥ (89.22-23) という表現が見られるから、MSV の読みに従う。漢訳はただ「喧声」(55c8) とする。 (73) śatasahasreṇa. 本章注 (70) に従い、śatasahasrārheṇa に訂正する。

(74) samudānīya. Tib. はこれを「乞うて (bslangs la)」(156b2 ; 168a5) とする。漢訳は「求乞一灯」(55c14) とし、Tib. に近い。

(75) khaṇḍamallake. ここで Tib. は本章注 (71) で見たのとは違った訳「壊れた器 (snod gyo ral)」(156b3 ; 168a5) を用いている。漢訳は「乞器」(55c15) とする。

(76) mātā mahāmāyā. Tib. はこれを「母は王妃マハーマーヤー」(156b5 ; 168a7) とし、Divy. も MSV も傍線部に相当する Skt. が存在しない。

(77) Divy. にはこの部分に相当する Skt. はないが、MSV はここに kapilavastu nagaraṃ (90.8) を置く。Tib. も grong khyer ser skya'i gzhi lags pa (156b5 ; 168a7)、漢訳も「城名劫比羅」(55c19) とするし、また Divy. 自身、この後の同様の表現では、これに相当する一節が見られるので (90.30)、これを補って訳す。

(78) putraḥ. MSV はこの語を欠く。Tib. は「息子は (sras) 吉祥なるラーフラ王子」(156b5 ; 168a7) とし、putra の訳が見られる。漢訳は「賢子羅怙羅」(55c19-20) とする。

(79) Tib. の順番に混乱が見られる。すなわち、Divy. (90.8-9) と MSV (90.7-8) と漢訳 (55c19-20) とは「父・母・都城・息子」の順番に説かれているが、Tib. は「父・母・息子・都城」(156b5 ; 168a7) とする。このような順番の相違はこの後でも見られる。

(80) この後、Divy. は yathā を受ける tathā 乃至 evam 以下の文章を欠く。これに相当する部分は MSV (90.8-11)、Tib. (156b5-6 ; 168a7-b1)、漢訳 (55c20-21) の各資料に見られるし、またないと不自然な文章になるので、今は MSV から evaṃ mamāpi śāriputramaudgalyāyanāv agrayugaṃ bhadrayugaṃ syād ānando bhikṣur upasthāyikaḥ śuddhodanaḥ pitā mātā mahāmāyā kapilavastu nagaraṃ rāhulabhadraḥ kumāraḥ putraḥ を〔 〕に補って翻訳する。

(81) この後、MSV は Divy. の数行 (90.18-23) に相当する部分を欠く。ここではアーナンダが自分のしたことを世尊に告げているが、まったく同じ表現が繰り返されているため、MSV の書写者がこの部分をスキップしたものと考えられる。

(82) hastagataś cīvarakarṇiko. MSV はこれを hastacīvarakarṇiko (90.21) とし、下線部を欠く。Tib. も lag pa dang/ chos gos kyi grva dang (157a5 ; 168b6) とするので、BAILEY はこれを hasto vā cīvarakarṇiko vā に訂正している。ここは MSV の読みに従う。なお、漢訳も「以手衣扇」(56a3) とする。

(83) ここも先ほどと同じく、Tib. の順番に混乱が見られる。すなわち、Divy. (90.30-91.1) と MSV (91.4-5) と漢訳 (56a8-9) は「父・母・都城・息子」の順で説くが、Tib. (157a7-8 ; 169a1-2) のみ都城・息子の順番をひっくり返し、「父・母・息子・都城」とする。この Tib. の順番の方が自然に思われるが、その他の資料ではそうなっていない。

(84) idam avocad ..... bhāṣitam abhyanandan (91.2-3). 以下、Divy. はここに経典を締め括る定型句が置かれているが、Divy. の説話は MSV から抜き取られていると考えられるので、これに相当する文章は MSV にも Tib. にも漢訳にも存在しない。

第8章　隊商主スプリヤの大冒険

タイトルに avadāna を冠するが、その内容はブッダの本生譚、すなわち jātaka である。「一切の有情を財で満足させる」という誓いを実行するために、人間の望みを叶えてくれる宝を手に入れようと、幾多の困難を乗り越えてバダラ島に向かうブッダの勇敢な姿が描かれているが、そこに辿り着くまでの描写が実に微に入り細を穿ち、一大冒険スペクタクルの様相を呈している点が特徴的である。好奇心を巧みに擽（くすぐ）りながら次の展開へと読み手を引き込んでいく。最後は一切の有情を財で満足させたことは言うまでもないが、彼らを十善業道に安住させたことを説くことで、この話が単なる娯楽としての冒険物語ではなく、宗教的な潤色を施した仏教説話に仕上がっている点が重要である。

仏・世尊は、シュラーヴァスティー郊外にあるジェータ林・アナータピンダダの園林で、王・大臣・富豪・市民・バラモン・長者・組合長・隊商主・天・ナーガ・ヤクシャ・アスラ・ガルダ・キンナラ・マホーラガ達に尊敬され、恭敬され、崇敬され、供養されながら、時を過ごしておられた。かくして、天・ナーガ・ヤクシャ・アスラ・ガルダ・キンナラ・マホーラガ達に恭敬されていた仏・世尊は、弟子の僧伽と共に、衣・食事・臥具・座具・病気に必要な薬といった資具を得ておられた[1]。

実にその時、世尊はジェータ林・アナータピンダダの園林で雨安居に入られた。さてちょうどその時、自恣が近づき、シュラーヴァスティーに住む多くの商人達は世尊のもとに近づいた。近づくと、世尊の両足を頭に頂いて礼拝し、一隅に坐った。一隅に坐ったシュラーヴァスティーに住む多くの商人達を、世尊は法話を以て教示し、鼓舞し、激励し、勇気づけられた。様々な仕方で、法話を以て教示し、鼓舞し、激励し、勇気づられると、沈黙された。その時、シュラーヴァスティーに住む多くの商人達は世尊の語られたことに歓喜し、世尊の両足を頭に頂いて礼拝すると、世尊のもとから退き、同志アーナンダのもとに近づいた。近づくと、同志アーナンダの両足を頭に頂いて礼拝し、一隅に坐った。同志アーナンダは、一隅に坐ったシュラーヴァスティーに住む多くの商人達を法話を以て教示し、鼓舞し、励まし、勇気づけた。様々な仕方で、法話を以て教示し、鼓舞し、励まし、勇気づけると、沈黙した。その時、商人達は座より立ち上がり、右肩を肌脱ぐと、同志アーナンダに向かって合掌礼拝し、同志アーナンダにこう言った。

「聖者アーナンダよ、雨〔安居〕に入られてから、世尊はどの地方へ遊行に行かれるか、あなたは何かお聞きになりましたか。我々は〔世尊に〕生活必需品を調達したいのです」

――六大都市に住む商人達は、諸仏・諸世尊の行きたいと思われる所に〔世尊の〕生活必需品を調達することになっている。――

彼は言った。

「あなた方はどうして仏・世尊に〔直接〕お尋ねしないのだ」

「と申しますのは、諸仏・諸世尊は近寄りがたく、なかなか気の張るお方ですので、我々は〔直接〕世尊にお尋ねすることができないのです」

「皆さん、私にとっても諸仏・諸世尊は近寄りがたく、なかなか気の張るお方である。私も世尊に〔直接〕お尋ねすることはできないのだ」

「大徳アーナンダにとっても諸仏・諸世尊は近寄りがたく、なかなか気の張るお方であるならば、大徳アーナンダはいかにして世尊がどこそこの方向に行かれるというのをお知りになるのでございますか」

「皆さん、相によって、あるいは〔世尊の〕語られることによって、である」

「相によってとは、どういうことでしょうか」

「世尊は、行こうと思われる方向に向かってお坐りになる。これが相によって、ということである」

「語られることによってとは、どういうことでしょうか」

「〔世尊は〕その地方の様子を〔予め〕語られる。これが語られることによって、ということである」

「大徳アーナンダよ、〔今回〕世尊はどちらに向かってお坐りになり、どの地方の様子をお語りになりましたか」

「皆さん、〔今回〕世尊はマガダに向かって坐られ、マガダの様子を語られた。さて皆さん、仏が遊行される時には十八の利益がある。十八とは何か。(1)火〔炎〕の恐れがない、(2)水〔害〕の恐れがない、(3)獅子の恐れがない、(4)虎の恐れがない、(5)豹〔の恐れがない〕、(6)ハイエナ〔の恐れがない〕、(7)敵軍の恐れがない、(8)盗賊の恐れがない、(9)通行税〔の恐れがない〕、(10)船賃〔の恐れがない〕、(11)運賃の恐れがない、(12)人・非人の恐れがない、(13)時には神々しい色形が見られ、(14)神々しい声が聞かれ、(15)広大な光明が知覚され、(16)自分への予言が聞かれ、(17)法〔施〕の享受があり、(18)財〔施〕の享受がある。〔このように〕仏の遊行には煩いがないのである」

その時、シュラーヴァスティーに住む多くの商人達は同志アーナンダの説いたことに歓喜し、同志アーナンダの両足を頭に頂いて礼拝すると、座より立ち上がって退いた。

――諸仏・諸世尊は、生活し、生存し、時を過ごしつつ、大悲に突き動かされて他者を利益することに専念し、時には阿蘭若を遊行し、河へ遊行に、山へ遊行に、死体の捨場へ遊行に、地方へ遊行に行くことになっている。――ところで〔今回〕マガダに遊行しようと思っておられた仏・世尊は、ちょうどその時[2]、自恣に服すと、同志アーナンダに告げられた。

「さあ、アーナンダよ、比丘達に告げよ。『今日より七日後、如来はマガダ地方へ遊行に行かれる。皆さんの中で、如来と共に地方の遊行に行くことのできる者は、衣の準備をされよ』と」

「畏まりました、大徳よ」と同志アーナンダは世尊に同意すると、「同志の皆さん、世尊はマガダ地方へ遊行に行かれる。皆さんの中で、世尊と共にマガタ地方へ遊行に行くことのできる者は、衣の準備をされよ」と比丘達に告げた。その後、世尊は比丘の集団に取り囲まれ、比丘の僧伽に恭敬され、そしてシュラーヴァスティーに住む多くの商人・バラモン・長者達と共にマガダ地方へ遊行に出掛けられた。さてその時、シュラーヴァスティーに住む多くの商人達は世尊のもとに近づいた。近づくと、世尊の両足を頭に頂いて礼拝し、世尊にこう申し上げた。

「世尊は比丘の僧伽と共に、ここシュラーヴァスティーからラージャグリハに至るまでの間、衣・食事・臥具・座具・病気を治すための薬といった資具〔の布施〕を〔お受け下さることを〕私達に御承諾下さい」

世尊は沈黙を以てシュラーヴァスティーに住む多くの商人達に承諾された。そこでシュラーヴァスティーに住む多くの商人達は、世尊が沈黙を以て承諾されたのを知ると、世尊のもとから退いた。

さて仏・世尊が出発された時、シュラーヴァスティーとラージャグリハとの間にある大きな森には千人もの盗賊達が住んでいた。その千人の盗賊達は、世尊が隊商に取り囲まれ、比丘の僧伽に恭敬されているのを見た。そして見ると、お互いに話し合った。彼らは〈世尊は弟子の僧伽と一緒にやり過ごし、残りの者達から略奪しよう〉と考えると、全速力で[3]隊商に走り寄った。世尊が「汝等よ、一体何をしでかすつもりだ」と言われると、盗賊達は言った。

「大徳よ、我々は森に住む盗賊だ。我々には農業もなく、商売もなく、牧畜もない。このように略奪で生計を立てている。世尊は弟子の僧伽と一緒に通り過ごさせてやるが、残りの者達からは略奪するぞ！」

世尊は言われた。

「この隊商は私に従ってやって来たのだ。では、隊商すべての価値を計算し、[4]〔その分の〕黄金を取るがよい」

「それがよかろう」と千人の盗賊達は約束した。その隊商には優婆塞の商人がいたが、彼らはその隊商の価値を計算し、「数百千である」と盗賊達に知らせた。そこで世尊は隊商の代償として、盗賊達に埋蔵金をお見せになった。そこで千人の盗賊達は隊商に見合った量の黄金を取ると、残りはたちどころに消えてしまった。こうして世尊は千人の盗賊達から隊商を救われたのである。

次第して世尊はラージャグリハに到着された。再びまた世尊は隊商に取り囲まれ、比丘の僧伽に恭敬されつつ、ラージャグリハからシュラーヴァスティーに向けて出発された。〔帰りも〕まったく同様に隊商は千人の盗賊達から買い戻された。こうして二回目、三回目、四回目、五回目、六回目も行き帰りに、その隊商は千人の盗賊達から救われ、〔それに見合った〕価値のある〔黄金〕が支払われた。しかし七回目になると、世尊は隊商と離れ、比丘の僧伽に恭敬されて、シュラーヴァスティーからラージャグリハに向けて出発された。千人の盗賊達は、仏・世尊が隊商と離れ、比丘の僧伽に恭敬されているのを見た。そして見ると、お互いに話し合った。「世尊はやり過ごし、比丘の僧伽から略奪しよう。なぜなら、世尊は黄金を恵んでくれるからだ」と。こう言うと、全速力で比丘達に走り寄り、略奪し始めた。そこで世尊が「愛し子達よ、彼らは我の弟子達である」と言われると、盗賊達は言った。「世尊よ、我々は森に住む盗賊だ。我々には農業もなく、商売もなく、牧畜もない。このように略奪で生計を立てていることぐらいよく御存知であろう」

そこで世尊は盗賊達に大量の埋蔵金を見せ、「愛し子達よ、取れるだけ財宝を取るがよい」と言われた。そこで千人の盗賊達がその大量の埋蔵金のうちから取れるだけ黄金を取ると、残りはたちどころに消えてしまった。こうして世尊は取れる限りの財宝によって盗賊達を喜ばせ、それから次第してラージャグリハに到着された。

その後、盗賊達は閃いた。〈我々は幾らかの財産と幸福とに満ち足りているが、これはすべて仏・世尊のお蔭だ。いざ我々は声聞の僧伽を引き連れた世尊にこの地で食事を差し出そう〉と。

――さて諸仏・諸世尊が分からないことや見ていないことや知らないことや識別できないことは何もない(5)。大悲の持ち主であり、唯一の保護者であり、唯一の勇者であり、不二論者であり、止観に住し、三種〔の業〕の調御に巧みで、四神足という足の裏の上にしっかりと立ち、四暴流を渡り、四摂事に久しく慣れ親しみ、十力者であり、四無畏で自信に溢れ、大いなる雄々しさによって優れた獅子吼をなし、五支を離れ、五蘊より解脱し、五趣を超越し、六処を破し、六波羅蜜(6)によって完全な名声を有し、七菩提分という花に富み、七禅定を資具として与え、八支聖道を示し、聖道に人々を導き入れ、九次第定に巧みで、九つの結使を離れ、その名声は十方を満たし、千人の自在者の中で最も優れている諸仏・諸世尊には、夜に三度、昼に三度、昼夜に六度、仏眼を以て世間を観察すると、知見が働くことになっている。(7)〈未だ植えられざる善根を誰に植えようか。すでに植えられた誰の〔善根〕を成熟させようか。誰が不幸に陥り、誰が困難に陥り、誰が危機に陥っているのか。誰が不幸・困難・危機に陥っているのか。誰を不幸や困難や危機から救い出そうか。誰が悪趣に向かい、誰が悪趣に傾き、誰が悪趣に落ちようとしているのか。私は誰を悪趣から引き上げ、天界や解脱の果報に安住せしめようか。愛欲の泥沼に沈んでいる誰に救いの手を差し伸べようか。誰のために、仏の出生に飾られた世間を甲斐あるものとしてやろうか。聖なる財産をなくした誰を、聖なる財産を自由に支配できる地位に安住せしめようか。誰が衰え、誰が栄えているのか〉と。

魚の住処なる海は岸を越えゆくことあらんも、仏が教化すべき愛し子等の時機を逸することなし。母が愛しい一人息子を見守り、彼の命を保護する如く、如来は教化すべき人を見守り、彼〔の心〕の相続を保護す。一切智の相続に安住する慈悲ある牛（仏）は、倦むことなく、教化すべき愛し子等、有の険道で立ち往生し、死に瀕する愛し子等を捜し求む。〔子牛を〕慈しむ牝牛の如くに。(8)(9)——

そこで世尊はその盗賊達を教化すべき時であると知り、〔自己を〕調御し、寂静で、梅檀の如くであり、解脱し、安穏である〔世尊〕(10)が、〔自己を〕調御し、寂静で、梅檀の如くであり、解脱し、安穏である従者を従えている様は、—前に同じ。乃至—　大悲を具えた〔世尊〕は、比丘の集団に取り囲まれ、比丘の集団に恭敬されながら、ラージャグリハから次第して沙羅樹の森に到着された。千人の盗賊達は、仏・世尊が声聞の僧伽と共に遠くからやって来るのを見た。そして見ると、心を浄らかにして世尊のもとに近づいた。近づくと、世尊の足下に平伏し、世尊にこう申し上げた。「明日、世尊は屋敷内にて比丘の僧伽と共に食事されますことを我々に御承諾下さい」と。

世尊は沈黙を以て千人の盗賊達に承諾された。その時、千人の盗賊達は世尊が沈黙を以て承諾されたのを知ると、世尊のもとから退いた。さてその同じ夜、千人の盗賊達は、清浄で美味なる軟硬〔二種〕の食物を用意し、翌朝早起きして、座席を設え、水瓶を設置すると、世尊に使者を送って時を告げさせた。

「大徳よ、お時間です。食事の用意ができました。世尊は今がその時とお考え下さい」

そこで世尊は、午前中に衣を身に着け、衣鉢を持つと、比丘の僧伽に恭敬されながら、千人の盗賊達の食堂に[11]近づかれた。その時、千人の盗賊達は仏を上首とする比丘の僧伽の足を栴檀香の水で洗った。そして、手足を洗われた世尊は比丘の僧伽の前に設えられた座に坐られた。仏を上首とする比丘の僧伽が〔心地よく〕坐られたのを確認すると、彼らは清浄で美味なる軟硬〔二種〕の食物によって、手ずから喜ばせ、満足させた。世尊が食事を終えて手を洗い、鉢を片づけられたのを見届けると、一段低い座具を手にして、法を聞くために世尊の前に坐った。[12]

そこで世尊は彼らの性質・気質を理解され、性格・本性を知ると、[13]彼らに相応しい法を説かれ、それを聞くと、千人の盗賊達はその座に坐ったままで二十の峰の聳える有身見の山を智の金剛杵で粉砕し、預流果を証得した。[14]そして〔四聖〕諦を知見した彼らは言った。

「大徳よ、世尊が我々にして下さったことは、我々の母・父・王・神・先祖・沙門・バラモン・友・身内・親類も我々にしてくれなかったことです。善知識である世尊のお蔭で、[15]我々の足は地獄・餓鬼・畜生から救い上げられ、天人〔界〕に安住いたしました。輪廻は終わり、血と涙の海は乾き、涙の大海は越えられ、骨の山を越えました。[16]大徳よ、我々は見事に説かれた法と律とに従って出家し、具足戒を受けて比丘になりとうございます。我々は世尊のもとで梵行を修したいのです[17]」

そこで世尊は「さあ愛し子達よ、梵行を修するがよい」と梵音で言われた。[18] その世尊の言葉が終わるや否や、彼らは剃髪し、[19] 三界の貪を離れ、土塊も黄金も等しく、虚空と掌とを等しく見る心を持ち、斧〔で切られて〕も栴檀香〔を塗られて〕も同じことで、[20] 智で〔無明の〕殻を破り、[21]〔三〕明・〔六〕通・〔四〕無礙解を獲得し、有・利得・貪・名声から顔を背け、インドラ神やインドラ神に付き従う神々に供養され、恭敬され、礼拝される者達となったのである。[22]

疑念を生じた比丘達は、あらゆる疑念を断じて下さる仏・世尊に尋ねた。

「ああ、大徳よ、世尊はその千人の盗賊達を七回も財宝で満足させた後、究極の状態であり、無上の安穏である涅槃に〔彼らを〕安住させられたの〔は今だけなの〕ですか」

世尊は言われた。

「比丘達よ、それは今〔だけ〕ではない。過去世においても私はこの同じ千人の盗賊達から何千という商品を持った隊商を買い戻したが、〔盗賊達を〕まったく満足させることはできなかった。[23] そこで私は百千という難行によって、神や人間では近づきがたい、シャクラやブラフマン等でさえも行きがたい、バダラ島への旅を百年がかりでなし遂げ、この千人の盗賊はもとより、閻浮提〔の有情〕すべてを金・銀・瑠璃・玻璃等の極上の宝石と、〔有情の〕欲望が希求する極上の資具とで〔彼らを〕満足させた後、十善業道に安住させたのだ。そ〔の話〕を聞くがよい」

比丘達よ、かつて過去世において、この同じ閻浮提にある都城ヴァーラーナシーでは、ブラフマダッタと呼ばれる王が王国を統治していた。そこは栄えて繁盛し、[24] 平和で食物に恵まれ、多くの人々で賑わい、闘争・喧嘩・暴動・騒動は鎮まり、強盗・飢饉・病もなかった。[25] 彼は愛しい一人息子の如く王国を統治していたのである。[26] ちょうどその時、ヴァーラーナシーにはプリヤセーナと呼ばれる隊商主が住んでいた。彼は裕福で巨額の財産と巨大な資産とを有し、毘沙門天の財に匹敵するほどであった。[27] 彼は〔自分の家柄に〕相応しい家から妻を迎えた。彼は彼女と遊び、戯れ、快楽に耽っていた。すると、極めて誉れ高い立派な有情が、ある優れた天衆より死没し、その妻の胎内に宿った。[28]

――賢明なる女性には五つの特別な性質がある。五つとは何か。(1)夫が欲情しているかいないかを知る。[29] (2)〔受胎に〕適した時を知り、〔妊娠に〕都合のよい時期を知る。(3)妊娠したことを知る。(4)誰の胎児を宿したかを知る。(5)〔妊娠した胎児が〕男児であるか女児であるかを知る。もし男児であれば右の脇腹に依りかかっているし、もし女児であれば左の脇腹に依りかかっている。[30] ――

彼女は大喜びで夫に告げた。

「あなた、喜んで! 私、妊娠したみたい。〔胎児〕は私の右の脇腹に依りかかっているから、きっと男児よ」

彼もまた大喜びで歓声を上げた。

「この私も、長い間、待ち望んでいた息子の顔がようやく見られるぞ。我が子が五体満足で生まれてくるように。彼が私の稼業を継ぎ、養育した代わりに〔我々を〕扶養してくれるように。遺産を相続してくれるように。〔そうすれば〕私の家系は永続するだろう。そして我々が死んだら、多少の布施をして功徳を積み、布施〔の功徳〕を我々の名前で廻向してくれるように。[31]『この〔功徳〕は、両親が生まれ変わって行く先々について行くように』[32]と」

彼は彼女が妊娠したのを知ると、彼女を楼閣の平屋根の上で気儘に暮らさせた。冬には冬用の器具を、夏には夏用の器具を〔与え〕、医者が処方した、苦すぎず、酸っぱすぎず、塩辛すぎず、甘すぎず、渋すぎず、辛すぎない食物、〔すなわち〕苦味・酸味・塩味・甘味・渋味・辛味を取り去った食物で〔彼女を養った〕。瓔珞・半瓔珞で身を飾った彼女は、ナンダナ園をそぞろ歩く天女の如く、台座から台座へ、椅子から椅子へと、下の地面を踏むことがなかった。[33]

そして胎児が充分に成長するまで、彼女には不快な音を何も聞かせないようにした。[34]

八、九ヶ月が過ぎると、彼女は出産した。生まれた男児は、男前で、見目麗しく、愛らしく、輝き、〔肌は〕金色で、頭は天蓋の形をし、腕は長く、額は広く、眉は濃く、鼻は高く、体は強く頑丈で、非常に優れた力を持っていた。[35]彼の親戚の者達が集い集まって、三七・二十一昼夜の間、[36]赤子のために、誕生の儀式をやり終えると、名前を付けることになった。

「この子の名前は何がよいであろうか」

「この子は隊商主プリヤセーナの息子だから、子供の名前はスプリヤがよい[37]」

童子スプリヤは八人の乳母に預けられた。二人は乳を与え、二人はおんぶし、二人は襁褓（おしめ）の世話をし、二人は遊び相手をした。彼は八人の乳母に養われ、育てられ、ミルク・サワーミルク・バター・チーズ・ヨーグルト、その他にも充分に火を通した特別な食材により、池に生（は）える蓮の如く、すくすくと成長した。[38]

大きくなって、文字・初等算数・算術一般・筆算・ウッダーラ算・ニアーサ算・ニクシェーパ算、〔それに〕象・馬・宝石・材木・衣料・男性・女性・様々な商品の鑑定術に関する教育を受けると、彼は〔それらを〕明らかにし、解説し、教授し、巧みに活用する者となった。[39]〔また〕一切の教則本を知り尽くし、あらゆる学芸を習得し、すべての技芸を身につけ、どんな生物の鳴き声でも聞き分け、どんな動作や身振りからでもその心理的意味を把握し、[40]最高に鋭利な智を有する者となり、知識に関しては火の如く〔すべてを貪り尽くす〕者となったのである。

〔また〕国土に対する主権・権力・武勇を手中に収め、広大な大地一円を制覇して君臨するクシャトリヤの灌頂王達には、独自の技術・技芸がある。すなわち、乗象・乗馬・車、矢・弓、〔戦車の〕前進・後退、[41]鉤棒の扱い、槍の扱い、切断・破壊、拳の結わえ方・足の結わえ方、遠方からの射法・声による射法・的の射法・急所の射法・堅固なものの射法という五種[42]であるが、彼は〔これらにも〕熟達する者となったのである。[43]

──父親が存命の間、息子の名前は〔世間に〕出ないことになっている。[44]──

しばらくすると、隊商主プリヤセーナは病気に罹った。彼は、根・茎・葉・花・実から〔作った〕薬によって看病されたが、衰弱するばかりであった。

すべて、蓄積は滅尽を以て終わり、堆積は崩壊を以て終わり、結合は分離を以て終わり、命は死を以て終わる。[45]彼は臨終を迎えた。隊商主プリヤセーナが死ぬと、カーシ国王ブラフマダッタは〔息子の〕スプリヤを偉大なる隊商主の位に就けた。隊商主になった彼は「私は一切有情を財宝によって満足させよう」という、このような大いなる誓い[46]を立てた。〔しかし〕与える物は少なく、求める者は多かった。そこで幾日も経たないうちに、その財産は尽き果て、すっかりなくなってしまった。そこで隊商主スプリヤは考えた。〈与える物は少なく、また求める者は多い。だから幾日も経たないうちに、この財産は尽き果て、すっかりなくなってしまったのだ。いざ私は海を渡る船を手に入れ、財産を獲得するために[47]大海を渡ろう〉と。

そこで大隊商主スプリヤは海を渡る船を手に入れ、五百人の商人達と共に大海を渡った。それから次第して宝の島に行き、宝を手に入れ、災難にも遭わず無事に大海から〔陸に〕上がり、陸上用の車に宝石を積み替えると、ヴァーラーナシーに向かって出発した。森にある険道の真っ直中を進んでいると、彼は千人の盗賊達に襲撃された。それからその盗賊達は略奪しようとして、全速力で走り寄ってきたので、隊商主スプリヤが〔彼らを〕見て、「諸君、一体何をしでかすつもりだ」と言うと、盗賊達は「隊商主よ、お前一人は平穏無事に行かせてやるが、残りの隊商からは略奪するぞ！」と答えた。隊商主は言った。

「諸君、その商人達は私の従者だ。お前達は略奪などせぬように」

こう言われると、「隊商主よ、我々は森に住む盗賊だ。我々には農業もなく、商売もなく、牧畜もない。これで生計を立てているのだ」と盗賊達が言うので、隊商主スプリヤは彼らに「諸君、隊商の価値を計算するがよい。私は彼らの代わりに〔それに見合った〕資本を与えよう」と言った。そこでその商人達は相互に価値を計算し、盗賊達に「幾百千である」と知らせた。すると隊商主スプリヤは〔他の商人達の取り分である〕商品の代償として、自分の取り分を与えたので、隊商は盗賊達から救われた。このようにして、二回目、三回目、四回目、五回目、六回目も隊商主スプリヤはその同じ千人の盗賊達から隊商を救い、そして資本を〔盗賊達に〕与えた。こうして七回目も隊商主スプリヤは大海を渡った。それから航海を成功させ、〔その森に〕近づき、森にある険道の真っ直中を進んでいると、その同じ千人の盗賊達に襲撃された。それからその盗賊達は略奪しようとして、全速力で走り寄ってきた。隊商主スプリヤは〔彼らを〕見て、「諸君、私は隊商主スプリヤである」と言うと、盗賊達は言った。「大隊商主よ、我々は森に住む盗賊だ。我々には農業もなく、商売もなく、牧畜もない。我々がこれで生計を立てていることぐらいは知っているだろう」

そこで隊商主スプリヤは以前になした誓いを思い出し、誓いを破るわけにはいかないので、その千人の盗賊達に商品を与えた。大隊商主スプリヤは考えた。〈あの盗賊達は〔私から商品を〕取りに取り、かなりの財産を蓄えた。そして私は「一切の有情を財産によって満足させよう」という大いなる誓いを立てたが、その私がこの千人の盗賊達〔すら〕財を以て満足させることができない。なのにどうして一切有情を財で満足させることができようか〉と。〔こう〕考え込んでいるうちに、彼はうとうとし始めた。その時、立派な人格者で、広大な福徳で誉れ高く、広大な心を起こし、一切有情の望みを叶えようとし、世間の利益に専心していたスプリヤに、誉れ高い神が近づいて慰めた。(48)「隊商主よ、お前はがっかりすることはない。お前の誓願が叶えられるからだ。大隊商主よ、実にこの同じ閻浮提にはバダラ島と呼ばれる大都市があり、非人者達が住んでおり、誉れ高い者達によって支配されているが、そのバダラ島には一切有情の様々な願いを叶える最高の宝がある。もし大隊商主がバダラ島への航海を成功させれば、この大いなる誓いを成就することができよう。実にこのような大いなる誓いはシャクラやブラフマン等でさえも成就し難きもの。人間であればなおさらだ」

こう言うと、その神はたちどころに消えてしまったので、大隊商主スプリヤはその神からバダラ島がどの方角にあり、またそこへどうして行けばよいかを聞くことができなかった。その時、眠りから覚めた隊商主スプリヤは〈ああ、再びまたあの神が〔現れ〕バダラ島という大都市に行くための方法も方角も教えてくれたらなあ〉と考えた。〔こう〕考え込んで〔再び〕うとうとし始めた。するとその神は、立派な人格者で、広大な福徳で誉れ高く、堅固にして広大なる誓いを立てた彼の並はずれた精進と勇敢さ、また〔誓い実現の〕努力を放棄していないことを知ると、〔彼に〕近づいてこう言った。

「隊商主よ、お前はがっかりすることはない。大隊商主よ、西の方角にある五百の中洲を過ぎ行くと、高く聳え立つ七つの大山と七つの大河がある。それらを勇猛果敢に越えて行くと、――〔ここで〕中間的なまとめの偈がある。〔すなわち〕

アヌローマとプラティローマという二つ、アーヴァルタ、シャンカナーバ、シャンカナービー、ニーローダとターラカークシャ山、ニーラグリーヴァ、ヴァイランバ、タームラ林、竹藪、七つの刺の山々、クシャーラ川、トリシャンク、アヤスキーラ、アシュターダシャヴァクラ、川、シュラクシュナ、ドゥーマネートラ、水、そしてサプターシーヴィシャ山脈と川とが西にあり。――

アヌローマ・プラティローマ（順逆）と呼ばれる大海があり、人の住まない大海アヌローマ・プラティローマには順逆の風が吹いている。そこでは、誉れ高い人間〔だけ〕が誉れ高い神に護られて、大いなる福徳と精進と心の力とにより、船を使って大海アヌローマ・プラティローマを渡る。彼が一ヶ月かけて進んだ〔距離〕は一日で〔その強風により〕引き戻される。こうして二度、三度〔順風によって前に〕運ばれては後戻りしながら、たとえ〔彼が大海の〕中央にある急な流れに入り込んでも、慈しみの力に護られた彼は世間の利益に専心し、〔そこを〕越え、脱出し、通り過ぎて行く。

大海アヌローマ・プラティローマを越えると、アヌローマ・プラティローマと呼ばれる山がある。人の住んでいないアヌローマ・プラティローマ山には順逆の風が吹き、それによって彼は目が眩み、気を失う。彼は精進力によって自己を保持し、その同じ大山からアモーガと呼ばれる薬草を探し出し、〔それを〕取って目に塗り、〔それを〕頭に結んで張りつけ、アヌローマ・プラティローマ山を出ていかねばならない。もしもこのような手段を講じれば、彼は気を失うことなく、平穏無事にアヌローマ・プラティローマ大山を越えて行く。もしもこのような手段を講じず、薬草を見出せなかったり、あるいは見出せても得られなければ、昏睡状態にさえなり、〔状態は〕悪化して死んでしまう。

アヌローマ・プラティローマ大山を越えて行くと、アーヴァルタ（渦）と呼ばれる大海がある。そこではヴァイランバカという風が吹いており、それによってその水は荒れている。そこでは、広大な福徳の異熟を有し、誉れ高い人間〔だけ〕が誉れ高い神に護られて(49)、大いなる福徳と精進と心身の力とにより、大きな船を使って大海アーヴァルタを越えて行く。彼は一つの渦巻きにつき、七回巻き込まれて妨害される。一ヨージャナ進むと二番目の渦巻きの中に浮かび上がる。彼はこの渦巻きにおいても七回巻き込まれて妨害される。このようにして二回目、三回目、四回目、五回目、六回目の渦巻きにおいても七回巻き込まれ、〔また〕一ヨージャナ進むと〔次の渦巻きの中に〕浮かび上がるが、慈しみの力に護られた彼は、世間を利益せんがために〔そこを〕抜け出し、越え、渡り、通り過ぎて行く。

大海アーヴァルタを通り過ぎると、人の住んでいないアーヴァルタと呼ばれる山がある。そこには、凶暴で、他人の命を〔平気で〕奪い、怪力で、逞しい体のシャンカナーバ(50)と呼ばれる羅刹が住んでいる。彼の背後には、一ヨージャナの範囲でシャンカナービーという薬草が、日中は煙を発し、夜には光り輝いている。それは龍に護られている。実にその龍は日中は眠り、夜には動き回る。そこでその人間は、日中に心地よく眠っている龍から自己を護り、龍の体を傷つけることなく、薬草とマントラと福徳の力によって、薬草シャンカナービーを手に入れなければならない。

もし羅刹シャンカナーバがアーヴァルタ山を登って行かなければならない。もしもこのような手段を講じれば、平穏無事にアーヴァルタ山を越えて行き、羅刹シャンカナーバに傷つけられることはない。もしもこのような手段を講じず、薬草を見出せなかったり、あるいは見出せても得られなければ、羅刹シャンカナーバはその彼を殺してしまう。(51)

アーヴァルタ山を越えて行くと、ニーローダ〔青水〕と呼ばれる大海がある。これは深くて深遠である。大海ニーローダには、目が血走り、頭髪は燃え盛り、足・歯・目は異様で、山のように大きな腹のターラークシャと呼ばれる羅刹が住んでいる。もし奴が眠っているとしても、奴の目は開いたままで、昇ったばかりの太陽の如くである。そして奴の呼吸は荒々しくて実に重々しく響き、稲妻が走る時に〔雷〕雲が轟く音の如くである。目覚めている時、奴の目は閉じている。そこで人はその同じ海の岸からマハーマカリーという薬草を探し出し、〔それを〕手にして目に塗り、頭に〔それを〕結んで縛りつけたら、大きな船を使い、水中の羅刹ターラークシャが眠っているのを確認して、過去の仏達が説かれたエーランダーという偉大な呪文とマントラを唱えながら水中の羅刹に近づくべきである。もしもこのような手段を講じず、薬草を見出せなかったり、あるいは見出せても得られなければ、水中の羅刹ターラークシャは、彼の体の力を抜き取り、心臓を放り投げ、完全に命を奪い取ってしまう。

大海ニーローダを通り過ぎると、ニーローダと呼ばれる大山がある。そこには、五百人の従者を従え、恐ろしい威力によって凶暴であり、他人の命を〔平気で〕奪うニーラグリーヴァ〔青首＝大根〕という羅刹が住んでいる。大山ニーローダは青一色で、壊したり砕いたりはできず、穴も隙間もない、がっしりとした一塊〔の山〕である。また〔その山〕は即座に目を開いて見る人の目を眩惑し、気絶させてしまう。〔羅刹〕の背後には一ヨージャナの範囲でアモーガと呼ばれる色とりどりの薬草があり、龍に護られている。実にその龍は目差しも毒、吐く息も毒、接触も毒、牙も毒であり、眠っている時は煙を発している。その煙に触れた獣や鳥はころりと死んでしまう。そこでその人間は頭に水を被り、断食し、慈しみや哀れみや敵意のない心を以て自己を護り、龍の体を傷つけることなく、薬草を手に入れなければならない。手にしたら、〔それを〕目に塗り、頭に結び縛りつけるのである。この手段を講じ、実行することで、ニーローダ山を登って行かなければならない。〔そうすれば〕盲目になることなく、気絶することもなく、また〔奴の従者である〕夜叉達が彼の体を打つこともないだろう。もしもこのような手段を講ぜず、薬草を見出せなかったり、あるいは見出せても得られなければ、羅刹ニーラグリーヴァは、その彼を殺してしまうだろう。

ニーローダ山を越えて行くと、ヴァイランバ（迅風）と呼ばれる大海がある。大海ヴァイランバには、ヴァイランバと呼ばれる風が吹いており、それによって水は荒れている。そこは〔大魚〕マカラ・亀・怪魚・鰐等や(52)、餓鬼・悪魔・悪霊・極臭鬼等の来る所である。人〔が来ないの〕は言うまでもない。そこを逃れると、大海ヴァイランバの北に大きなタームラ林があり、数ヨージャナの長さに広がっている。そのタームラ林の中央には大きなサーラ樹の林と大きな水飲み場がある。そこには、恐ろしく、他人の命を〔平気で〕奪い、最悪の臭いを放ち、その長さは五ヨージャナもある、タームラークシャ（赤銅眼）と呼ばれる大蛇が住んでいるが、一年のうち半分は眠っている。奴が眠っている時は、その周辺半径一ヨージャナに渡って唾液が広がっているが、目覚めている時、奴の唾液は少なくなる。彼の後ろには大きな竹藪があり、その竹藪には大きな岩がある。力を振り絞ってそれを取り除くと、洞穴がある。その洞穴にはサンモーハニー（夢中）と呼ばれる薬草があり、昼も夜も燃えている。〔それを〕手に入れて目に塗り、〔それを〕頭に結んで縛りつけ、大蛇タームラークシャが眠っているのを確認したら、薬草の力かマントラの力によって、大蛇の住処の側を通って行かねばならない。もしもこのような手段を講じて、大蛇タームラークシャに傷つけられることなく平穏無事に通り過ぎたら、その後は根と実とを食べながら進まねばならない。

大きなタームラ林を通過すると、刺の多い葉に覆われた七つの山がある。そこでその人間は銅板を両足に縛りつけ、その山を勇猛果敢に越えると、クシャーラ（酸性）川が七つある。それらの岸には大きなパンヤ樹の林があるので、そこからパンヤ樹の板で筏を組んで〔それに〕乗り、〔川〕水に触れないように〔その川を〕越えなければならない。もしそれに触れたなら、その手足は朽ちてしまう。

七つのクシャーラ川を通過すると、トリシャンク（沢槍）と呼ばれる山がある。トリシャンク山には、鋭くて非常に鋭利なトリシャンクと呼ばれる荊がある。よってその人間は藤の茎の紐で銅板を両足に結わえて越えて行かねばならない。トリシャンク山を通過すると、トリシャンクと呼ばれる川があり、水面下にはトリシャンクと呼ばれる鋭い刺があり、その長さは十八アングラある。そこでその人間はパンヤ樹の板で筏を組み、〔川〕水に触れないように〔その川を〕通過せよ。もしそこに落ちれば、不運にも命を落とす。トリシャンク山とトリシャンク川の有様が、そのままアヤスキーラ（鉄釘）山とアヤスキーラ川の有様である。

アヤスキーラ川を通過すると、アシュタ－ダシャヴァクラ（十八曲がり）と呼ばれる高山があり、周囲は完全に閉ざされ、そこには出入口もなく、木の先から〔他の〕木へ登って行く他はない。アシュタ－ダシャヴァクラ山を越えて行くと、アシュタ－ダシャヴァククリカーと呼ばれる川があり、巨大な魚やマカラ魚が生息している。そこでは籐の茎を編んで通過せよ。もし落ちれば、不運にも命を落とす。

アシュターダシャヴァククリカー川を通過すると、シュラクシュナ（滑らか）と呼ばれる山がある。シュラクシュナ山は軟らかくて高く、また出入口はないので、そこを通過することはまったくできない。そこでは鉄釘の先によって越えて行かねばならない。シュラクシュナ山を越えて行くと、シュラクシュナーと呼ばれる川がある。その川には巨大な魚やマカラ魚が生息している。そこでは籐の茎を編んで通過せよ。もし落ちれば、不運にも命を落とす。

シュラクシュナー川を通過すると、ドゥーマネートラ（煙目）と呼ばれる山があり、物凄い勢いで噴煙を上げているが、その煙に触れた獣や鳥はころりと死んでしまう。ドゥーマネートラ山は高く切り立っており、出入口はない。そこでその人間は洞穴を探さなければならない。洞穴を探したら、彼はその洞穴の入口を薬草の力とマントラの力とによって開かねばならない。そしてその洞穴は蛇で一杯になっているが、実にその蛇は目差しも毒、接触も毒である。ドゥーマネートラ山の背後には大きな池があり、その池には大きな岩石がある。力を振り絞ってそれを取り除くと洞穴があるが、その洞穴にはサンジーヴァニー〔蘇生〕という薬草と灯明のように輝いているジョーティーラサ〔光の精〕珠がある。その薬草を取って頭の先から足の先まで〔それを〕塗り込み、その薬草を握って洞穴に入らねばならない。薬草の力とマントラの力とによって〔体〕は薬草の威力を得るから、蛇たちは体に近づかない。こうしてその山から脱出することができよう。

ドゥーマネートラ山を越えて行くと、サプタ－シーヴィシャ〔七蛇〕山脈があり、薬草の力とマントラの力とによって、サプタ－シーヴィシャ山脈を越えて行かねばならない。サプタ－シーヴィシャ山脈を越えて行くと、サプタ－シーヴィシャ川があり、そこにティークシュナガンダ〔鋭香〕と呼ばれる蛇がいる。そこでその人間は肉片を探さねばならない。そのサプタ－シーヴィシャ川[53]の岸にはパンヤ樹の林がある。そこからパンヤ樹の板で筏を組み、肉片で我が身を覆って〔川を〕上って行かねばならない。そうすれば、その蛇達は肉の臭いでどこかに逃げていくだろう。

サプタ－シーヴィシャ〔川〕を通過すると、大きく高く聳え立つスダーヴァダータ〔漆喰で真っ白になった〕山があり、そこを登らねばならない。そこでお前は、地面が黄金から成り、花と実と影をもたらす木々で飾られた大地を見るだろう。〔そこにある〕ローヒタ地方は栄えて繁盛し、平和で食物に恵まれ、多くの人々で賑わっている[54]。またローヒタカの大都城は、縦十二ヨージャナ、横七ヨージャナで、七重の壁に囲まれ、六十二の門で飾られ、百千もの家々で光り輝き、大路・小路・交差点・四辻・〔都〕内の商店街はよく整備区画され、また琵琶・琴・瑟の素晴らしい音の伴奏を奏でる耳触りの良い歌声は止むことなく演奏されている。様々な商品が満ち溢れて〔商売は〕繁盛し、いつも陽気な人達の集まりでごったがえし、三十〔三〕天、インドラ、ウペーンドラ達に相応しい園林・会館・蓮池を完備し、鷺鳥・鶴・アヒル・赤鷺鳥のいる池もある。

ローヒタカには大王が住んでおり、立派な商人達が仕えているが、そこにはマガという隊商主が住んでいる。彼は、男前で、見目麗しく、美しく、賢者であり、学識があり、知性に溢れ、裕福で巨額の財産と巨大な資産とを有し、毘沙門天ほどの財を蓄え、毘沙門天の財に匹敵するほどで、[55]広大にして多大な財を所有し、洲から中州への行き方を熟知し、大海には船で出掛けていく。彼はお前にバダラ島にある大きな町への行き方を教え、また〔その島の〕特徴を説明してくれるだろう。だからお前は言われたとおりの方法を取ればよい。がっかりすることはないのだ。というわけで、大隊商主よ、最高の難行をなす者よ、お前は、スメール〔山〕やマラヤ〔山〕やマンダラ〔山〕の如き堅固なるこの誓いを成就するだろう。またこの大いなる誓いは、シャクラやブラフマン等でさえも成就し難きものだ。人間であればなおさらである」

こう言うと、その神はたちどころに消えてしまった。

その時、眠りから醒めた隊商主スプリヤは神の言葉を聞くと、吃驚仰天して考えた。〈きっとあの神は、このような何百千という最高の難行〔をなすこと〕によってバダラ島への旅を以前に成就したことがあるに違いない。ともあれ、もし成就させたのなら、あの神は〔本来〕難行をなす〔素質がある〕者だし、最高の難行をなして〔バダラ島への旅を〕成就させるであろうと見なされていた人間達〔だけ〕が、何百千という難行〔をなすこと〕でバダラ島への旅を成功させたのだ。よって、我々がこれからなすべきことは極めてなし難い。〔諦めるに如くはない。〕いや待て。たとえ私が何百千という難行〔をなすこと〕でバドラ島にある大都市への旅を成功させ、世間をこの上なく摂益する〔ことができる〕ようにと、世間の利益のために行動を起こす〔だけ〕でも、私の努力は〔それだけで〕意味がある。以前に何百千という難行〔をなすこと〕でバドラ島への旅を成功させたのも人間達である。私もまた人間だ。彼らが成就したのなら、どうして私に成就できないことがあろうか〉と。

こう熟慮すると、大隊商主スプリヤは誓いを堅くし、勇猛精進〔の意〕を固め、進取の気概を弛めず、広大な福徳の異熟を有し、誉れ高く、[56]世間の利益に専心し、〔神に〕指示され説明されたとおりのことを記憶に留め、堅固なる誓いを忘れることなく、勇猛果敢にただ一人、無二の決意を以て、指示されたとおりに五百の中洲を越えて行った。七つの大山、七つの大河を悉く〔越え〕、言われたとおりの方法ですべての困難を〔切り抜け〕、根・球根・実を食べ、二枚の板を蔓で組み合わせながら、丸十二年がかりで大都城ローヒタカに到着したのである。

彼が庭園に立って、ある男に「汝よ、この大都城ローヒタカには、なんでもマガと呼ばれる隊商主が住んでいるそうだな」と言うと、彼はこう答えた。「おお、そなたよ、確かにそうだ。だが彼は大病を患い、〔その〕影響で亡くなられるかも知れない」と。

その時、大隊商主スプリヤはこう考えた。〈〔私に〕会う前に大隊商主マガを死なせてなるものか！　〔彼が死んだら〕誰が私にバダラ島の大都市に行くための指示を与えてくれるというのだ〉と。こう考えると、大急ぎで隊商主マガの家へと向かったが、彼は門〔前〕で足止めを食い、大隊商主に会うために〔家へ〕入ることができなかった。

――菩薩はあれやこれやの技芸・技能に巧みである。[57]――

そこで彼は「医者である」と名乗って〔家に〕入った。大隊商主スプリヤは〔彼を〕見た。大隊商主スプリヤは死相を述べる章で一部始終を学習していたので、隊商主マガが半年後に死ぬことを察知すると、医者達の学説を学び、自ら根・茎・葉・花・実から作った、〔彼の病に〕ぴったりの薬を処方し、病気を完全に癒すために最善を尽くして彼を満足させた。〔また〕様々な音節・言葉・名称によって教科書通りに構成した物語や、耳に快い種々なる話で〔彼を〕喜ばせた。熟練し、手厚く、巧みで、愛情溢れる看病をしたが、それは出来の良い息子が父親に対して、献身的に、尊敬の念を以て仕える如くであった。かくして隊商主マガは健康と活気を取り戻し、意識も元通りになった。そして意識を完全に取り戻した大隊商主マガは、大隊商主スプリヤにこう言った。

「智と知識を兼備し、男前で、見目麗しく、美しく、賢者であり、学識があり、知性に溢れ、行動力があり、一切の論典を知り、一切の論典を熟知し、あらゆる技芸に巧みで、どんな生物の鳴き声でも聞き分け、身振りからその心理的意味を把握するあなたは、どこの御出身であるのか。あなたはいかなる生まれで、いかなる種族のお方であるか。どういう理由で人の住んでいない地方にやって来られたのか」

こう尋ねられて、隊商主スプリヤは答えた。

「善いかな、善いかな、大隊商主よ。適時に大隊商主が〔私の〕生まれ、家系、種族、〔ここへ〕やって来た目的を私にお尋ねになったことは！」

そこで大隊商主スプリヤは隊商主マガに〔自分の〕生まれ、家系、種族、〔ここへ〕やって来た目的を詳しく語り、さらに彼に知らせた。

「隊商主よ、私は〔あなたの〕力を借りてバダラ島にある大都市を見たいのです。そうすれば私は望みを叶えることができ、広大にして堅固なる誓いを成就し、一切有情の望みを叶える者となれるのです」

その時、大隊商主マガは大隊商主スプリヤが他人を利益するために立てた、かつて聞いたこともない堅固なる誓いを聞き終わると、吃驚仰天し、しばらくの間、瞬きもせず〔彼を〕眺めると、大隊商主スプリヤにこう言った。

「あなたは若くて、正義を愛するお方である。あなたは類い希で、超人的な勇気の持ち主であるとお見うけした。というのも、あなたは閻浮提から、人間は言うに及ばず、非人でさえも死んでしまうような、人の住まぬ山や海や川を通り越してここにやって来られたのであるから。だからあなたは神そのものか、あるいは人の姿をとった神のように見える。あなたにとっては、何ら難しいことや不可能なことはありますまい。さて私が大病を患って死にかけたところに、あなたはやって来られたが、他人の利益に専念するあなたのために誰が自己犠牲さえも惜しもうか。愛し子よ、では我々二人が旅に出ることができるよう、すぐに縁起の良さそうな船を用意し、食料を積み込みなさい」

「畏まりました、隊商主よ」と、大隊商主スプリヤは大隊商主マガに同意すると、吉祥な船を用意し食料を積み込んで、大隊商主マガのもとに近づいた。近づくと、隊商主マガにこう言った。

「天よ、吉祥な船を用意し食料を積み込みました。大隊商主は今が〔出発の〕時とお考え下さい」

そこで大隊商主マガはバダラ島にある大都市に行く決意を固め、親戚・親類・息子・妻・友人・従者・血縁者、それに召使やローヒタ王が引き止めるのも聞かずに二枚の板を蔓で結わえると、隊商主スプリヤを道連れに急いで吉祥な船に乗り、大海原に入っていった。その時、大隊商主マガは大隊商主スプリヤに言った。

「私は重病であり、立っては行けぬ。だから、すまないがベッドをここに設えてくれ。私はそこに身を横たえながら行こう。さて、しばらくすると、この大海には斯く斯く然々の特徴が現れる。水の色や形を私に知らせてくれ」

こうして何百ヨージャナも進んでいくと、大隊商主スプリヤは水が真っ白になっているのを見た。そして見ると、大隊商主マガに知らせた。

「おお、大隊商主よ、お知らせせします。真っ白の水が見えます」

こう言われて、隊商主マガは答えた。

「大隊商主よ、その水が真っ白なのではない。そうではなく、お前には南方に大きな石灰の山が見えるだろうが、その影響で水が白く染まっているのだ。そこには二十一の鉱脈があり、それらが成熟すると、金・銀・瑠璃に仕上がる。(58)ただ閻浮提の人達が宝石を採取しては帰っていくのだ。これがバダラ島にある大都市への第一の前兆である」

また再び進んでいくと、大隊商主スプリヤは水が刃色になっているのを見た。そして見ると、大隊商主マガに知らせた。

「大隊商主よ、お知らせします。水が刃色に見えます」

隊商主マガは答えた。

「その水が刃色なのではない。お前には南方に大きな刃の山が見えるだろうが、その影響でその水が染まっているのだ。そこにもまた何種類もの鉱脈があり、それらが成熟すると、金・銀・瑠璃に仕上がる。[59] そしてただ閻浮提の人達がそれを採取しては帰っていく。これがバダラ島にある大都市への第二の前兆である」

同様に、銅の山、赤銅の山、銀の山、金の山、水晶の山、瑠璃の山があった。〔次に〕大隊商主スプリヤは水が青・黄・赤・白になっているのを見た。また水中では、灯明の光が輝いているのを見た。そして見ると、大隊商主マガに知らせた。

「大隊商主よ、お知らせします。水が青・黄・赤・白に見え、また水中では灯明の光が輝いています」

こう言われて、大隊商主マガは言った。

「大隊商主よ、その水が青・黄・赤・白なのではないし、灯明のように輝いているのでもない。お前には南方に四宝より成る山が見えるだろうが、その影響で水が染まっているのだ。また〔水中が〕灯明のように輝いているのは、〔その山〕中にある薬草が輝いているのだ。ここにも多くの鉱脈があり、それらが成熟すると、金・銀・瑠璃・水晶に仕上がる。[60] そこではただ閻浮提の人達が宝石を採取しては帰っていくのだ。これがバドラ島にある大都市への第十番目[61]の前兆である。しかし、大隊商主よ、バダラ島にある大都市へ行くにあたって私が知っているのはただこの十の前兆までであり、これから先のことは知らないのだ」

こう言われて、大隊商主スプリヤは言った。

「一体、何時到着できるのでしょうか[62]」

こう言われて、隊商主マガは答えた。

「スプリヤよ、私もバダラ島にある大都市を完全に見たことはないのだが、年老いて衰弱していた老練な昔の大隊商主達から、私は次のように聞いたことがある。『ここからは水路を放棄し、陸路で西の方角に行く』と」

そしてこう言うと、彼には臨終の苦しみが[63]襲ってきた。そこで彼は大隊商主スプリヤに言った。

「私に臨終の苦しみが襲ってきた。お前はこの吉祥な船を岸に着け、藤の蔓を編んだ後、私の遺体に遺体供養をしてはくれぬか」

そこで大隊商主スプリヤは、その吉祥な船を岸に着けて藤の蔓を編んだ。その間に大隊商主マガは臨終を迎えた。その時、大隊商主スプリヤは隊商主マガが死んだのを知って〔遺体を〕陸に上げ、〔彼の〕遺体に遺体供養をしてから〈私は吉祥な船に〔彼を〕乗せて流そう〉と考えた。そして風が藤の蔓を切ると、その船を運び去っていった。

その後、大隊商主スプリヤは四宝より成る山の南側の陸路を通り、根や実を食べながら進んでいった。何ヨージャナも行くと、彼は滑らかな山が次第に急になり、次第に傾斜しているのを見た。彼は〔そこを〕登れなかった。そこで大隊商主スプリヤは両足に蜂蜜を塗ると、登り降りしながら何ヨージャナか進み、根や実を食べては進んだ。彼はそこで高く聳え立つ大山を見た。彼は出口を探していたが見つからなかったし、また彼に出口を示してくれる者は誰もいなかった。こうして悩んでいるうちに眠ってしまった。さてその山にはニーラーダと呼ばれる夜叉が住んでいたが、彼は考えた。〈この菩薩は世間の利益に専心して苦しんでいる。いざ私は彼を援助しよう〉と。こう考えると、彼は大隊商主スプリヤにこう言った。

「大隊商主よ、ここから東に一ヨージャナ行くと、山の三つの頂上が次第に低くなり、次第に下り坂になり、次第に下降している。そこであなたは藤で梯子[64]を編んで越えて行かれるとよい」

さて眠りから醒めた大隊商主スプリヤは藤で梯子を編み、その山頂を越えて行った。さらに進むと、大隊商主スプリヤは〔表面が〕滑らかで人間如きにはとりつくしまもない水晶の山を見た。そして〈この山を登るための手段が分からない〉と考えると、[65]彼は一昼夜じっと考え込んでいた。

さてその山にはチャンドラプラバ[66]（月光）と呼ばれる夜叉が住んでいたが、彼は、考え込んでいる隊商主が世間の利益に専心し、大きな乗り物で出発した、浄らかな心の持ち主だと知ると、近づいて慰めた。

「大隊商主たるもの、落ち込んではいけません。東へ向かって一クローシャほど行くと大きな栴檀の林があり、その栴檀の林には大きな岩があります。力を振り絞ってそれを動かすと、洞穴があります。その洞穴には、五つの徳を具えたプラバースヴァラー〔光彩〕と呼ばれる薬草があります。あなたがそれを手に入れれば、(1)武器もあなたの体を切り裂くことはできず、(2)非人達が現れることもないし、(3)力と(4)勇気とを生み、(5)光を発します。その光で、あなたには四宝より成る階段が見えてきます。その階段によって水晶の山を越えて下さい。あなたが水晶の山を越えると、そのプラバースヴァラーという薬草は消えてしまいますが、そこであなたが悲しんだり、泣いたり嘆いたりする必要はありません」

その時、夜叉チャンドラプラバは大隊商主スプリヤに教示すると、たちどころに消えてしまった。そこで大隊商主スプリヤは大夜叉チャンドラプラバに励まされ、指示された道を行き、言われたとおりの方法で水晶の山を越えて行った。そして彼が越えると、薬草プラバースヴァラーは消失したのである。

さらに進んでいくと、大隊商主スプリヤは、庭園と蓮池を具えた黄金の大都城を見た。そこから大隊商主スプリヤが都城の門に近づいてみると、その都城が閉ざされているのを見た。そして見ると、園林に行って考えた。〈たとえ私が都城を見たとしても、〔中には〕誰もいない。何時になったらバダラ島の大都市へ行く道が〔分かる〕んだろう〉と。こう考えると、彼は眠り込んでしまった。その時、以前の神は大隊商主スプリヤが落胆しているのを知ると、夜明け時に近づいて〔彼を〕励まし、褒め上げた。

「善いかな、善いかな、大隊商主よ。あなたは人間も非人も行き難い大海・山・川・難所を越えて来たとは！　あなたは、誉れ高い人間達〔だけ〕が住み、〔普通の〕人間や非人達が住んでいないバダラ島の大都市に到着したのだ。そんな所で落ち込んではならぬ。眼等の諸根を護り、身体に対する念を修習して、明日、都城の門を三回叩くのだ(67)。すると、四人のキンナラ娘が出てくるだろう。彼女らは美しく、見目麗しく、清楚で、魅力と愛嬌とを備え、五体満足で細部に至るまで完璧であり、最高の容姿は生まれつきのもので、あらゆる装飾品で飾られ、笑い・性愛・慰め・踊り・歌・楽器演奏といった技芸に熟達しているが、彼女達があなたに媚態を示してこう言うだろう。『大隊商主はお出で下さい。大隊商主に歓迎あれ(68)！　あなたは我々夫なき者達の夫となって下さい。主なき者達の主に、休息処なき者達の休息処に、島なき者達の島に、保護者なき者達の保護者に、帰依処なき者達の帰依処に、拠り処なき者達の拠り処になって下さい。そして食物の家、飲物の家、衣の家、寝る家、遊園の麗しさは〔すべて〕あなたのものであり、また閻浮提産の多くの宝、すなわち宝珠・真珠・瑠璃・螺貝・璧玉・珊瑚・銀・金・瑪瑙・琥珀・赤珠・石巻貝、これらもあなたのものです。そしてあなたは我々と共に遊び、戯れ、快楽に耽って下さい』と。その場合、あなたは彼女らを母と思い、姉妹と思い、娘と思うように。〔そして〕十不善業道を非難し、十善業道を賞賛しなければならない。あなたは何度誘惑されても愛欲の想いを起こしてはならない。もし起こしたならば、まさにその場で不運にも命を落とすことになる。あなたが〔彼女達に〕正しく想いを起こしたならば、努力は実り多きものとなろう。〔また〕たとえ善く説かれた〔法〕に対する謝礼の宝珠を彼女達があなたに差し出しても、その後あなたは上手に尋ねなければならない。『御婦人方よ、その宝にはいかなる力があるのですか』と。同様に第二のキンナラの都城に到着すると、八人のキンナラ娘が出てくるだろう。彼女達は以前の〔娘〕達よりも美しく、見目麗しく、そして笑い・性愛・慰め・踊り・歌・楽器演奏といった技芸に熟達している。彼女達も同じように言うだろう。『おいで下さい。―前に同じ―』と。その場合もあなたは前と同じように、順次対処しなさい。第三のキンナラの都城にあなたが到着すると、十六人のキンナラ娘が出てくるだろう。彼女達は以前の〔娘〕達よりも美しい。その場合もまたあなたは前と同じように、順次対処しなさい。最後に第四のキンナラの都城にあなたが到着すると、三十二人のキンナラ娘が出てくるだろう。彼女達は以前の〔娘〕達よりも美しく、見目麗しく、清楚で、天女も羨むほどで、百千倍も美しい。その場合もまたあなたは前と同じように、順次対処しなさい」

こう言うと、その神はたちどころに消えてしまった。その時、大隊商主スプリヤは、心喜ばせて眠りから醒め、[69]朝早く起きると、黄金のキンナラの都城に着いた。彼は門の土台に近づいて三回叩いた。[70]こうして大隊商主スプリヤが門を三回叩くと、[71]そこから四人のキンナラ娘が出てきた。彼女達は美しく、見目麗しく、清楚で、魅力と愛嬌とを備え、五体満足で細部に至るまで完璧であり、最高の容姿は生まれつきのもので、笑い・性愛・慰め・踊り・歌・楽器演奏といった技芸に熟達していたが、彼女達はこう言った。

「大隊商主はお出で下さい。大隊商主に歓迎あれ[72]！　あなたは我々夫なき者達の夫となって下さい。主なき者達の主に、休息処なき者達の休息処に、島なき者達の島に、保護者なき者達の保護者に、帰依処なき者達の帰依処に、拠り処なき者達の拠り処になって下さい。そして食物の家、飲物の家、衣の家、寝る家、遊園・園林・蓮池の麗しさは〔すべて〕あなたのものであり、また閻浮提産の多くの宝、すなわち宝珠・真珠・瑠璃・螺貝・璧玉・珊瑚・銀・金・瑪瑙・琥珀・赤珠・石巻貝、これらもあなたのものです。そしてあなたは我々と共に遊び、戯れ、快楽に耽って下さい」

その時、念の善く安住せる大隊商主スプリヤをそのキンナラ娘達が全身で支え、黄金のキンナラの都城に入れて楼閣に登ると、設えられた座に坐らせた。坐った大隊商主スプリヤは、十不善業道を非難し、十善業道を賞賛し、再三再四誘惑されたが、屈しなかった。そして喜んだキンナラ娘達は言った。

「希有なるかな。今ここであなたのような若いお方が法を愛し、愛欲に染まりもせず、縛られもしなかったとは！」

説法に心を魅了された彼女達は〔彼に〕多くの宝を与え、また善く説かれた〔法〕に対する謝礼の宝珠を差し出した。そこで大隊商主スプリヤはその宝の力を知るべく、「御婦人方よ、この宝にはいかなる力があるのですか」と尋ねると、彼女達は言った。

「隊商主よ、申し上げましょう。ちょうど第十五日の布薩の日に[73]頭を洗って布薩に住する者が、この宝珠を旗の先端に取りつけた後、〔その〕周囲千ヨージャナに渡って、[74]金塊、黄金、食物、衣、飲物、特別な装飾品、人間、動物、乗物、荷車、財、あるいは穀物を欲する者が〔それを〕心にも念じ、言葉にも出して下さい。心に念じ言葉に出すと同時に、望んだとおりの物が虚空より舞い降りてくるのです。この宝にはこんな威力があるのです」

その時、大隊商主スプリヤは法話を以てキンナラ娘達を教え、鼓舞し、激励し、励ました後、〔彼女達を自分の〕母・姉妹・娘達のように喜ばせると、キンナラの都城から退いた。

〔次に〕大隊商主スプリヤは、遊園・園林・蓮池を備えた、銀より成るキンナラの都城を見た。そこでもまた隊商主スプリヤが門を三回叩くと、[75]八人のキンナラ娘達が出てきた。彼女達もこう言った。

「大隊商主はお出で下さい。大隊商主に歓迎あれ！　あなたは我々夫なき者達の夫となって下さい」

—前に同じ。乃至—　説法に心を魅了された彼女達は、前よりも優れた〔周囲〕二千ヨージャナに渡って〔望んだ物を〕雨と降らせる宝珠を〔彼に〕与えた。そこでもまた大隊商主スプリヤは法話を以てキンナラ娘達を教え、鼓舞し、激励し、励ました後、〔彼女達を自分の〕母・姉妹・娘達のように喜ばせ、銀の都城から退き、やがて瑠璃より成る第三のキンナラの都城に到着した。そこでもまた隊商主スプリヤが門を三回叩くと、[76]十六人のキンナラ娘達が出てきた。彼女達は以前の〔娘〕達よりも美しく、見目麗しかった。彼女達も説法に心を魅了され、善く説かれた〔法〕に対する謝礼として、前よりもさらに優れた〔周囲〕三千ヨージャナに効力を発揮する宝を与えた。そこで大隊商主スプリヤは、その宝の力を知るべく、「御婦人方よ、この宝にはいかなる力があるのですか」と尋ねると、キンナラ娘達は答えた。—前に同じ—　大隊商主スプリヤは法話を以てかのキンナラ娘達を教え、鼓舞し、激励し、励ました後、〔彼女達を自分の〕母・姉妹・娘達のように喜ばせると、第三のキンナラの都城から退いた。

大隊商主スプリヤは、遊園・園林・楼閣・神殿・蓮池・貯水池・良く整備区画された大路・小路・交差点・四辻[77]・〔都〕内の商店街を備え、あちこちで香が焚かれ、様々な歌・楽器の演奏・甘美な乙女の声が響き、金剛石・瑠璃・

黄金作りの壁や門口で飾られた、四宝より成る第四のキンナラの都城を見た。彼は門を三回叩いた。こうして隊商主スプリヤが門を三回叩くと、そこから三十二人のキンナラ娘達が出てきた。彼女達は今までの〔どの娘達〕よりも美しく、見目麗しく、天女も羨むほどで、百千倍も美しかった。彼女達もこう言った。

「大隊商主はお出で下さい。大隊商主に歓迎あれ！　あなたは我々夫なき者達の夫となって下さい。主なき者達の主に、休息処なき者達の休息処に、島なき者達の島に、保護者なき者達の保護者に、帰依処なき者達の帰依処に、拠り処なき者達の拠り処になって下さい。そして食物の家、飲物の家、衣の家、そして寝る家、遊園・園林・蓮池の麗しさは〔すべて〕あなたのものです。また閻浮提産の多くの宝、すなわち宝珠・真珠・瑠璃・螺貝・璧玉・珊瑚・銀・金・瑪瑙・琥珀・赤珠・石巻貝、これらと我々もあなたのものです。我々と遊び、戯れ、快楽に耽って下さい」

そこでも大隊商主スプリヤは念をよく安住させ、そのキンナラ娘達に様々な法の文句や音節を以て〔彼女達を〕満足させた。そしてそのキンナラ娘達は大隊商主スプリヤを全身で抱えて、四宝より成るキンナラの都城に入り、楼閣に登ると、設えられた座に坐らせた。坐った大隊商主スプリヤは十不善業道を非難し、十善業道を賞賛し、再三再四誘惑されたが、屈しなかった。そして喜んだキンナラ娘達は言った。

「希有なるかな。今ここであなたのような若いお方が法を愛し、愛欲に染まりもせず、縛られもしなかったとは！」

彼女達は〔彼に〕多くの宝を与えた。説法に心を魅了された彼女達も、善く説かれた〔法〕に対する謝礼として、閻浮提では最高で、値段の付けられないほどの価値があり、無限の徳と威力とを持ち、バダラ島の大都市にある全財産とも言うべき宝石を与えてこう言った。

「大隊商主よ、この珠宝はキンナラ王バダラが我々に下さったもので、このバダラ島の大都市の印・象徴・飾りのようなものなのです」

そこで大隊商主スプリヤが「この宝石には、いかなる威力があるのですか」と尋ねると、彼女達は答えた。

「大隊商主よ、申し上げましょう。この珠宝は、布薩に住する者が旗の先端に縛って〔高く〕掲げ、全閻浮提に鐘を鳴らすのです。『閻浮提に住む男女の皆さん、あなたがたの中で、金塊、黄金、宝石、食物、飲物、衣、財産、特別な装飾品、人間、動物、荷車、乗物、財貨、あるいは穀物といった特別な資具を欲する者は、〔それを〕心にも念じ、言葉にも出して下さい』と。心に念じ言葉に出すと同時に、望んだとおりの特別な資具が虚空より舞い降りてくるのです。一方で次のような特長もあるのです。この世には、非常に恐ろしいことがあります。たとえば、王・盗賊、火・水、人間・非人、獅子・虎・豹・ハイエナ、夜叉・羅刹・餓鬼・ピシャーチャ・クンバーンダ・プータナ・カラプータナ〔といった悪鬼〕による恐怖、あるいは厄難(78)・災難・疾病・旱魃・飢饉による恐怖がありますが、この特別な宝が高く掲げられていれば、こういった厄難・災難はないのです」

こう言って、そのキンナラ娘達は大隊商主スプリヤを祝福した。

「善いかな、善いかな、大隊商主よ。あなたが大海・山・川・難所を越え、なし難くて素晴らしい誓いを果たし、信念を実り多きものとし、諸根をよく護って、バダラ島の大都市への旅を成就し、一切生類の望みを叶え、閻浮提で最も優れた特別な宝を手に入れたとは！　そして人間は言うに及ばず、非人でさえも実際に死に陥ってしまうような道を通ってあなたはやって来られました。我々は〔あなたが〕速やかにヴァーラーナシーへ帰れるように、別の正しい道をお教えしましょう。それを聞き、心に留め置かれるように。〔では〕説明します。ここより西の方向にある七つの山を越えると、高い大山があります。その山には、人の命を奪う、恐ろしいローヒタークシャ（赤眼）と呼ばれる羅刹が住んでいます。そして人の住まないその山は、どす黒くて目を眩ませ、毒を含んだ風を放ちます。そこであなたは、まさにこの宝石を旗の先端に掲げて行くとよいでしょう。そうすれば、宝石の威力により、それらの災いはなくなります。〔この〕大山を越えると別の山があります。その山には、龍のアグニムカ（火口）が住んでいます。奴はあなたの臭いを嗅ぎつけて、七昼夜の間、稲妻を落とすでしょう。そこで〔あなたは〕宝の洞穴を探し、〔そこで〕

じっとしていなければなりません。そして七夜が過ぎると、邪悪な龍は眠ってしまいます。邪悪な龍が眠っている間に、〔その〕山を登るのです。そこでは平らな大地が見えてきます。耕されてもいないし、種が蒔かれてもいないのに〔自然に稲が育ち〕、脱穀され、精米され、悪臭がなく清らかな穀物の実を付けた米が指四本分〔その大地を〕覆っています。〔月の〕八日目か十五日目かに、幸せで健康であり、力強くて諸根を満足させている馬王バーラーハ(79)がそれを食べてから、上半身を高らかに上げて、『彼岸に行くのは誰だ。彼岸に行くのは誰だ。私は誰を彼岸に導き、平穏無事に閻浮提へ送り届けようか』と歓びの言葉を発します。あなたは馬に近づいてこう言うのです。『私が彼岸に行く者だ。私を彼岸に導き、私を平穏無事に閻浮提へ送り届けよ』と」

その時、大隊商主スプリヤは法話を以てそのキンナラ娘達を教え、鼓舞し、激励し、励まして、〔彼女達を自分の〕母・娘の如くに喜ばせると、指示されたとおりの道を行き、言われたとおりの方法で次第し、その地所に到着した。すると、馬王バーラーハが歩き回りながら、「彼岸に行くのは誰だ。彼岸に行くのは誰だ。私は誰を彼岸に導き、平穏無事に閻浮提へ送り届けようか」と言った。そこで、大隊商主スプリヤは馬王のもとに近づいた。近づくと、右肩を肌脱ぎ、右膝を大地につけて馬王バーラーハに合掌礼拝すると、馬王バーラーハにこう言った。

「私が彼岸に行く者だ。私を彼岸に導き、私を平穏無事に閻浮提へ送り届けよ」

こう言われて、馬王バーラーハは大隊商主スプリヤにこう言った。

「大隊商主よ、あなたは私の背に乗っても、よそ見してはならぬ(80)。あなたは目を閉じたままでいなければならない」

こう言うと、馬王バーラーハは背を屈めた。そこで大隊商主スプリヤは馬王バーラーハの背に乗り、言われたとおりにした。すると、あっと言う間にヴァーラーナシーに到着し、自然に園林へと舞い降りた。大隊商主スプリヤは、馬王バーラーハの背から降りると馬王バーラーハを三回右遶し、〔馬王の〕足を礼拝した。そこで馬王バーラーハは大隊商主スプリヤを祝福した。

「善いかな、善いかな、大隊商主よ。あなたが大海・山・川・難所を越え、なし難い誓いを果たし、旅を実り多きものとし、諸根をよく護って、バダラ島の大都市への旅を成就し、一切生類の望みを叶え、閻浮提で最も優れた特別な宝を手に入れたとは！　なぜなら、このようなことは、他者の利益に専心する特別な有情達〔のみ〕がなし得ることだからだ」

こう言うと、馬王バーラーハは立ち去った。そして馬王バーラーハが立ち去って間もなく、大隊商主スプリヤは自分の家に入った。ヴァーラーナシーに住む人々やカーシ国王ブラフマダッタは、大隊商主スプリヤが満百年をかけて旅を成功させ、望みを叶えて自分の家に辿り着いたと聞いた。そして聞くと、カーシ国王ブラフマダッタは歓び、市民と一緒になって[81]大隊商主スプリヤを祝福した。以前の千人の盗賊達や財産を望んでいる他の人々も、大隊商主スプリヤが満百年をかけて旅を成功させ、望みを叶えて自分の家に辿り着いたと聞いた。そして聞くと、彼らは大隊商主スプリヤのもとに行き、こう言った。

「我々は全財産を食い潰してしまいました」

こう言われると、大隊商主は彼らすべてを慈しみ溢れる目で見た後、「皆、各自の領土に戻り、特別な資具を望んでいる者は、それを手に入れたいと心にも念じ、言葉にも出すがよい！」と知らせた。聞くと、彼らは立ち去った。

さて大隊商主スプリヤはちょうど第十五日目の布薩の日に頭を洗って布薩に住し、最初に獲得した珠宝を旗の先端に掲げて言葉を発した。

「周囲千ヨージャナに渡って、望んだとおりの資具が有情達に現れ出るように！[82]」

そして言葉に出すと同時に、望んだ物が〔望んだ〕人に雨と降ってきた。こうしてかの有情達は〔各自の〕望みを叶えたのである。

大隊商主スプリヤはその千人の盗賊達を十善業道に住せしめた。しばらくしてカーシ国王ブラフマダッタが死ぬと、市民や大臣達は王の灌頂式を以て大隊商主スプリヤを〔王に〕即位させた。即位すると同時に、大王スプリヤは第二の珠宝を旗の先端に掲げ、前と同じ方法で「周囲二千ヨージャナに渡って、望んだとおりの資具が有情達に現れ出るように！」と〔言葉を発した〕。そして言葉を発すると同時に、望んだ物が〔望んだ〕人に降ってきた。

第三の珠宝〔も〕言われたとおりの方法で、旗の先端に掲げることで、望んだとおりの資具が雨の如くに降った。このように周囲三千ヨージャナに渡り、男女は資具に満足した。それから次第に〔全〕閻浮提を統治するようになった大王スプリヤは、ちょうど第十五日目の布薩の日に頭を洗って布薩に住すると、全閻浮提に鐘を鳴らし、資具に対する望みを生じた閻浮提に住む男女のために、バダラ島にある大都市の全財産ともいうべき、望んだとおりの一切の資具を雨と降らす珠宝を旗の先端に掲げた。閻浮提で最も優れたその珠宝が旗の先端に掲げられるや否や、全閻浮提に住む大勢の人々は望んだとおりの特別な資具に満足した。そして、大王スプリヤは資具に満足した閻浮提に住む人々を十善業道に住せしめた。その後、長男の王子を王位・主権者・支配者の地位に就けると、王族出身の聖仙として梵行を修し、四梵住を修習し、欲望の対象に対する欲求を断じ、そ〔の四梵住〕によく住して、彼はブラフマンの世界〔に住する神々〕の同類として生まれ変わり、マハーブラフマンとなったのである。

世尊は言われた。

「比丘達よ、どう思うか。その時その折のスプリヤと呼ばれる大隊商主こそ、この私であり、菩薩行に邁進していたのだ。その千人の盗賊達こそ、この千人の比丘達である。以前の神だったのは正等覚者カーシャパで、その時その折には菩薩であった。またその時その折の大隊商主マガこそ、このシャーリプトラ比丘である。またその時その折のニーラーダと呼ばれる大夜叉こそ、このアーナンダ比丘である。またその時その折の夜叉チャンドラプラバこそ、このアニルダ比丘である。またその時その折のローヒタークシャと呼ばれる大夜叉こそ、このデーヴァダッタである。またその折のアグニムカと呼ばれる龍こそ、この邪悪なマーラである。またその時その折の馬王バーラーハこそ、この菩薩マイトレーヤである。その時、比丘達よ、まず最初に私はなし難い誓いをし、誓いを成就するために七回も千人の盗賊達から隊商を救ったのだ。そして盗賊達が満足していないのを知って、〔また〕なし難い誓いをした。そして〔誓いを〕した後、何百千という難行をなしてバダラ島にある大都市への旅を成功させ、千人の盗賊達を始めとする全閻浮提を財で満足させ、十善業道に住せしめたが、今回も私は何百千という難行をなして無上智を獲得し、慈と悲とによって七回も千人の盗賊達から隊商を救ったのだ。そして盗賊達が満足していないのを知り、〔彼らを〕財で満足させ、完全なる終局であり、無上の安穏である涅槃に安住せしめた。また何百千という天・人、百千コーティもの夜叉・羅刹・餓鬼・ピシャーチャ・クンバーンダ・プータナ・カラプータナを〔三〕帰依させ、学処に安住せしめたのである」

世尊がこう言われると、かの比丘達は歓喜し、世尊の説かれたことに満足した。

以上、吉祥なる『ディヴィヤ・アヴァダーナ』における「スプリヤ・アヴァダーナ」第八章。

文献

❶ None. Cf. AvK 6; BKA 32　❷ None　❸ None　❹ None.

注

（1）定型句1A（冒頭）。　（2）tadeva. tadaiva の誤りか。ここでは tadaiva として翻訳する。

（3）sarve javena. 類似の表現はこの後に幾つか見られ（94.28-29；101.6）、文脈から考えても、sarvajavena の誤りと考えられるので、この読みに改める。

（4） sārthasya pariganayya. この直後に同様の表現が見られるが、そこでは sārthasya mūlyaṃ gaṇayya（94.13-14）とあるので、ここでも mūlyaṃ を補って訳す。

（5） nāsti kiṃcid buddhānāṃ bhagavatāṃ mahākāruṇikānām. これは定型表現の一部であり、本来はこの部分は nāsti kiṃcid buddhānāṃ bhagavatāṃ ajñātam adṛṣṭam aviditam avijñātam/ dharmatā khalu buddhānāṃ bhagavatāṃ mahākāruṇikānām となるべきところであるが、buddhānāṃ bhagavatāṃ が繰り返されることから、下線部分が省略されたものと考えられる。今はこの下線部分を補って訳す。

（6） saṃghātavihāriṇām [Sic MSS：asaṃhata- f. 93b]. これも定型表現の一部であり、ここでは一から十までの数字を以てブッダの徳を形容しているが、ここに数字とは関係ない saṃghātavihāriṇām なる表現が見られる。有部系の説話文献にはこれと同じ定型句が幾つか存在するが、このような奇妙な表現は他には第19章にのみ見られる。そこでは asaṃhatavihāriṇām（265.2）というように否定辞が付いた形で用いられているが、いずれにせよ、数とは関係のない形容句で、場所からすれば、「六」と関係を持つ表現であるべきだが、文脈にはまったく沿わないので、ここでは省略する。

（7） lokaṃ vyavalokayanti. これも定型表現の一部であり、本来この箇所は lokaṃ vyavalokya jñānadarśanaṃ pravartate となるべきところであるから、これに基づいて翻訳する。

（8） 詩頌の数に関しては定型句によって異同が確認される。Skt. の有部系説話文献にはこの定型句が全部で十八例存在するが、そのほとんどは第一偈のみを出す。ところが、第9章の用例では第一偈と第三偈の二つを出し、ここでの用例では全部で三偈を出す。漢訳に目を転じると、三偈すべてを出すのが普通であり、中には第二偈を出さない用例も存在する。詳しくは『説話の考古学』（439（54））を参照されたい。なお、この注の中で「第二偈以降は Skt. には存在しない」旨の指摘をしたが、ここでの用例は三偈すべてを出すし、また第9章の用例も第一偈と第三偈を出すので、この指摘は誤りである。謹んで訂正する。第19章注（21）参照。

（9） 定型句 8A（ブッダの救済）。 （10） 定型句 8C（仏弟子達に囲繞されて遊行するブッダ）。

（11） bhaktābhisaras. bhaktābhisāras に改める。第3章注（79）参照。 （12） 定型句 9B（食事に招待されるブッダ）。

（13） āśayānuśayaṃ viditvā dhātuṃ prakṛtiṃ ca jñātvā. これは定型表現であり、通常この部分は āśayānuśayaṃ dhātuṃ prakṛtiṃ ca jñātvā となるのが普通である。 （14） 定型句 9C（預流果）。

（15） yad asmābhir bhagavantaṃ kalyāṇamitram āgamya/ uddhṛto. これでは意味をなさない。これは定型表現の一部であり、下線部分は通常 yad asmākaṃ bhagavatā kṛtam/ と表現されるべき箇所であり、これで独立した文章となる。したがって点線部分のダンダの位置も kalyāṇamitram の前に移動させ、kalyāṇamitram āgamya は uddhṛto 以降の文章に懸かる句として理解した方が文脈上はスッキリする。ただこの場合、kalyāṇamitram を明確にするために bhagavantam を補った方がよいかも知れない。全体としては、yad asmākaṃ bhagavatā kṛtam/ bhagavantaṃ kalyāṇamitram āgamya uddhṛto と訂正して翻訳する。

(16) 定型句 9D（預流者の歓声）。 (17) 定型句 7A（出家の表明）。

(18) brāhmasvareṇabhihitāḥ. brahmasvareṇābhihitāḥ に改める。これは定型表現の一部であるが、ここに「梵音」という表現を用いるのはこの用例だけであり、異例の表現と言える。 (19) 定型句 7B（善来比丘）。

(20) 同様の表現が Mil に見られる。ここでは優婆夷のチュッラ・スバッダーが自らの沙門を詩頌で賞賛するが、その内容は「私が怒りの心で一方〔の腕〕を斧で斬っても、また喜んで他方〔の腕〕に香を塗っても、一方に憎しみなく、他方に愛欲がないなら、彼らは〔大〕地に等しい心の持ち主で、そのような者こそ我が沙門である」（383.3-6）となっている。なお、谷川泰教（「斧と栴檀—vāsī-caṃdaṇa-kappa 考—」『仏教学会報（高野山大学）』（18-19, 1994, 1-14）；「斧と栴檀—vāsī-caṃdaṇa-kappa 考—（承前）」『仏教学会報（高野山大学）』（20, 1996, 1-12））は、この斧と栴檀の表現が仏典以外の文献（『マハーバーラタ』やジャイナ教文献）と密接な関係にあること、また同じ譬喩が大乗仏典では大乗的変貌を遂げていること、などを指摘している。また、袴谷憲昭（『仏教教団史論』（Tokyo, 2002, 71-72））は作善主義の観点からこの用例に着目している。

(21) -kośā vidyāvijñāḥ. これは定型表現の一部であり、-kośā vidyābhijñāḥ となるべき箇所なので、この読みに訂正する。

(22) 定型句 7C（阿羅漢）。

(23) na ca [Ex. conj.; na va MSS]. 写本はすべて na va となっているが、校訂者が na ca に改めている。文脈よりすれば、これは naiva の可能性があるので、今はこの読みに基づいて訳す。 (24) 定型表現につき、sphītaṃ ca を補う。

(25) praśāntakali kalahaḍimbaḍamarataskara-. 定型表現につき、これを praśāntakalikalahaḍimbaḍamaraṃ taskara- に改める。

(26) 定型句 2B（王国の繁栄）。 (27) 定型句 2A（富者）。 (28) 定型句 3A（結婚）。

(29) raktaṃ puruṣaṃ jānāti [in Sudhanakumāra (fol. 154a) and also in Koṭīkarṇa (p. 2) viraktaṃ puruṣaṃ jānāti is added to the first dharma]. これは定型表現の一部であり、校訂者の指摘のとおり、この後 viraktaṃ puruṣaṃ jānāti という一文が置かれるのが普通である。よって、これを補う。 (30) 定型句 3E（賢女の五不共法）。

(31) uddiśya dānāni dattvā puṇyāni kṛtvā nāmnā. これは定型表現の一部であり、alpaṃ vā prabhūtaṃ vā dānāni dattvā puṇyāni kṛtvāsmākaṃ nāmnā となるべきところであるから、この読みに訂正する。 (32) 定型句 3F（妊娠を報告する妻と喜ぶ夫）。

(33) avatarantīm adharimāṃ [Sic MSS (cf. p. 2)] bhūmim. これでは文脈に合わない。下線部を anavatarantīm に改める。第1章注（19）参照。 (34) 定型句 3G（妊婦の保護）。

(35) 定型句 3H（誕生）。なおこの定型句の最後は「五体満足で、細部に至るまで完璧であった（sarvāṅgapratyaṅgopetaḥ）」となるのが普通であるが、ここでは dṛḍhakaṭhinaśarīro mahān agrabalaḥ という表現に代わっている。

(36) ekaviṃśati rātriṃdivasāni. Divy. にはこれと同じ定型句が十二例あるが、pūrvavad yāvat で省略されている一例を除けば、すべてこの部分を「二十一日の間、一日も欠かすことなく（ekaviṃśati divasāni vistareṇa）」とし、ここでの用例だけが異なる表現をとっている。vistareṇa を省略した代わりに、rātriṃ を付加し「昼夜」と表現することによって「一日も欠かさず」の意味を強調したのかも知れない。 (37) 定型句 3 I（命名）。 (38) 定型句 3 J（八人の乳母）。

(39) 定型句 3K（子供の成長と学習）。この定型句も他の用例と比較すると、かなりの異同が見られる。この定型句の後半は、so 'ṣṭāsu parīkṣāsūdghaṭako vācakaḥ paṇḍitaḥ paṭupracāraḥ saṃvṛttaḥ となるのが普通であるが、ここではそれが nānāpaṇyaparīkṣāsu paryavadātaḥ sarvaśāstrajñaḥ sarvakalābhijñaḥ sarvaśilpajñaḥ sarvabhūtarutajñaḥ sarvagatigatijña udghaṭṭako vācakaḥ paṇḍitaḥ paṭupracāraḥ paramatīkṣṇaniśitabuddhiḥ saṃvṛtto 'gnikalpa iva jñānena とあり、下線部分が増広しているのが分かる。ここでは定型表現を先に翻訳し、その後に増広部分を纏めて翻訳した。

(40) sarvagatigatijña [sarvagatīṅgitajñaḥ ?]. これでは意味が取りづらいので、校訂者は sarvagatīṅgitajñaḥ という読みを脚注で示唆している。この読みに従えば、「どんな動作や身振りも熟知し」という意味になる。APTE の梵英辞典は iṅgitajña という複合語で skilled in the interpretation of internal sentiments by external gestures/ understanding signs という意味を与えている。また sarvagatigatijña と語形的に類似する語として、sarvagatiṃgatajña という複合語を想定することができる。gatiṃgata は BHSD では skilled/ experienced/ gone to understanding を意味する語としてリストされているので、sarvagatiṃgatajña 全体としては「すべてを了解し了知して」という意味で取れそうであるが、複合語としては回りくどい表現のように思われる。これと同様の表現は本章においてもう一度現れるが、そこでは iṅgitajñaḥ（110.7）とあるので、ここでは校訂者の示唆する sarvagatīṅgitajñaḥ という読みを採用しておくが、再考の余地はある。

(41) tsarudhanuḥṣūpayāne. これは定型表現の一部であり、śare dhanuṣi prayāṇe となるのが普通である。よってこの読みに改める。

(42) pañcasu sthāneṣu. 第3章注（29）参照。 (43) 定型句 3L（王子の技芸）。

(44) dharmatā caiṣā/ na tāvat putrasya nāma nirgacchati yāvat pitā dhriyate. Cf. Divy. 58.28–59.1, 274.7–8.

(45) この詩頌に関しては、第2章注（39）参照。

(46) mahāpratijñā. pratijñā は「誓願（praṇidhāna/ praṇidhi）」と近い意味で用いられることがある。『説話の考古学』（296, 470（20））参照。

(47) dhanahārikaḥ. SPEYER はこれを dhanahārakaḥ に訂正している。BHSD も dhanahārikaḥ は dhanahārakaḥ の間違いであることを指摘しているので、ここでもこの訂正に従う。

(48) lokahitārtham abhyudgatasya [aty- ABC]. abhy-ud√gam は to go forth/ extend の意味であるから、直前の lokahitārtham とはマッチしない。類似の表現は本章内に幾つか見られ、lokahitārtham abhyudgamya (103.11)、lokahitārtham abhyudgato (109.5)、lokahitārtham udyataḥ (113.12)、lokahitārtham abhyudyatam (113.23)、parahitārtham abhyudyatāḥ (121.4) とあり、abhy-ud√yam という動詞の変化形も用いられている。これであれば、to exert oneself for の意を持つから、lokahitārtham とも上手く合致する。BHSD は abhyudgacchati の (3) として、*arises = sets out upon* an undertaking と解釈するが、その根拠は Divy. のこの二つの用例のみ (102.7-8, 103.11) であるから、説得力に欠ける。したがってここでは、abhy-ud√yam の読みを採用し、ここでの abhyudgatasya を abhyudyatasya に、また後の abhyudgamya (103.11) を abhyudyamya に、abhyudgato (109.5) を abhyudyato に改める。

(49) udārapuṇya<u>vipāka</u>maheśākhyo devatāparigṛhītaḥ. 他の用例と比較して、下線部分が異例である。通常は udārapuṇyamaheśākhya/ puṇyamaheśākhya/ maheśākhya という形を取るので (Divy. 8.5, 10, 9.10, 42.1-2, 98.20, 102.6, 8, 22, 103.6, 219.11-12, 434.1, 579.17)、vipāka は余分である。この直前に同様の表現が見られるが、そこには maheśākhyo maheśākhyadevatāparigṛhītaḥ とあるので、これに準じて訂正するとすれば、vipāka を省略して udārapuṇyamaheśākhyo maheśākhyadevatāparigṛhītaḥ とするか、あるいは vipāka を生かすなら、udārapuṇyavipāko maheśākhyo maheśākhyadevatāparigṛhītaḥ という形になる。vipāka という単語を無視するわけにもいかないので、ここではとりあえず後者の読みを採択しておく。

(50) śaṅkha. 中間摂頌では śaṅkhanābha とあったので、この読みに改める。

(51) pañcatvam āpādayati. 直訳「〔地・水・火・風・空の〕五つの要素にしてしまう」。これ以降も何箇所か同様の表現が見られるが、すべてここに準じて和訳する。 (52) makarakacchapavallakaśiśumārādīnām. Cf. Divy. 231.4-5.

(53) āśīviṣanadīnāṃ. 文脈からしてこれは saptāśīviṣanadīnāṃ でなければならないので、この読みに改める。

(54) 定型句 2B (王国の繁栄)。定型表現につき、sphītāṃś ca を補う。 (55) 定型句 2A (富者)。

(56) udārapuṇyavipākamaheśākhyo. udārapuṇyavipāko maheśākhyo に改める。本章注 (49) 参照。

(57) 定型句 8 J (芸達者な菩薩)。

(58) abhinivartante. これでは「引き返す」の意味になるので、文脈に合わない。そこで SPEYER はこれを abhinirvartante に訂正している。よってここでもこの訂正に従う。 (59) abhinivartante. 本章注 (58) に従い、abhinirvartante に訂正する。

(60) abhinivartante. 本章注（58）に従い、abhinirvartante に訂正する。

(61) 第一の前兆は石灰の山、第二は刀の山で、第三以降は、銅の山、赤銅の山、銀の山、金の山、水晶の山、瑠璃の山が続くが、詳細は省略されている。ところが、これだけなら八つの前兆しか説かれていないことになるから、本来はここでの前兆が第九となり、一つ足らなくなる。この前に何らかの欠損が原典にあると考えられる。

(62) kadā badaradvīpamahāpattanasyā gamanāyānto bhaviṣyati. 直訳「一体何時になったらバダラ島にある大都市に行くための終局があるのでしょうか」。

(63) maraṇāntikāś cāsya vedanāḥ. 直訳「死を終わりとする苦痛」。（64）-śiṭām. 第19章注（83）参照。

(65) na cāsyopāyaṃ paśyati taṃ parvatam abhirohaṇāyeti viditvā. 最後に iti viditvā とあるので、その前の文章は直接話法と考えられ、paśyati の人称語尾は一人称単数でなければならない。よってこれを paśyāmi に改める。

(66) mahāyāna-. いわゆる「大乗」に影響を受けた用語とも考えられる。

(67) trikoṭayitavyam. 本章注（70）（71）に従い、これを trir ākoṭayitavyam に改める。

(68) svāgataṃ mahāsārthavāhāsmākam. 本章注（72）に従い、下線部を mahāsārthavāhāyāsmākam に改める。

(69) sukhapratibuddhaḥ. SPEYER は下線部を supta- の誤りではないかと考える。その根拠は、これ以前に suptaprabuddhaḥ (113.17) という表現が使われていることによる。ただし、その後の -prabuddhaḥ と -pratibuddhaḥ のうち、どちらの形が好ましいかは判断しかねている。ここではこれを suptapratibuddhaḥ として読む。

(70) trikoṭayati [Sic MSS : Qu. trir ākoṭ-?]. 脚注に基づき、これを trir ākoṭayati に訂正する。

(71) trikoṭite [Sic MSS : Qu. trir ākoṭ-?]. 脚注および SPEYER に基づき、これを trir ākoṭite に訂正する。

(72) svāgataṃ mahāsārthavāhāsmākam. この後に同様の表現 svāgataṃ mahāsārthavāhāyāsmākam (117.6, 118.1) があるので、SPEYER はここでも下線部を補って読むべきであるとする。確かに svāgataṃ は為格を取るので、これに改める。

(73) tad eva poṣadhe pañcadaśyām. 下線部の意味が不明である。この後の poṣadhe pañcadaśyām は時を表す句なので、下線部を tadaiva と改め、「ちょうど～の日に」と訳す。この後も二箇所 (121.18, 122.4) 同様の表現が見られるが、これに倣って訂正する。

(74) yojanasahasraṃ sāmantakena. この後、さらに効力の強い宝石を手にいれていくが、その表現は dvisāhasrayojanavarṣakam (117.8)、trisāhasrayojanikam (117.16) というように統一されていない。

(75) trikoṭite. 本章注（70）（71）に従い、これを trir ākoṭite に訂正する。

(76) trikoṭite. 本章注（70）（71）に従い、これを trir ākoṭite に訂正する。

（77） -cṛṅgāṭaka-. これは単なる誤植と考えられるので、-śṛṅgāṭaka- に改める。

（78） ītayopadravo [Sic ABD, ītayo upadravo C]. 正規の連声であれば、ītaya upadravo となるから、ītayopadravo は連声を二回起こしていることになる。 （79） Cf. Divy. 524.20.

（80） na ..... nāvalokayitavyā（120.20–21）. 文脈からすれば na は一つ余分であるから、否定辞を一つ省略する。

（81） ānanditaḥ/ pauravargaḥ. SPEYER はこれを ānanditaḥ sapauravargaḥ と読むべきであるとする。ここでは彼の訂正に従う。

（82） utpadyante. この後にも類似の表現が見られるが、そこでは utpadyantām（121.29）という命令形が使われている。この方が文脈に合うので、utpadyante を utpadyantām（*or* utpādayantu）に改める。

第9-10章　超能力を持った六人家族

Divy. では、ある主人公の現在物語とその因縁譚とを同一章内で説くのが普通であるが、ここでは主人公の家族の現在物語が第9章、またその因縁譚が第10章に、独立して収められている。しかしこの二章は密接に関連しているから、ここではこの二章を一纏まりの説話として扱う。前半（第9章）では長者夫婦と息子夫婦、それに男奴隷と女奴隷の六人が各人各様の特殊な能力を持ち合わせている様子が説かれ、後半（第10章）ではそのような能力を持つに至った因縁が業報の原理に基づいて説明される。Divy. では在家信者の布施をテーマとする物語が散見されるが、その際には「何を布施したか」よりは「どのような状況にいかなる気持ちで布施したか」が重要になる。この説話では、飢饉に見舞われて食は底をつき、最後に残された僅かな食物さえも、乞食にやって来た独覚に布施する長者およびその家族の行為が主題になっていると言えよう。

シュラーヴァスティーに縁あり。

ちょうどその時、都城バドランカラ[1]には幸運な人[2]が六人住んでいた。長者メーンダカ[3]、メーンダカの妻、メーンダカの息子、メーンダカ〔の息子〕の嫁、メーンダカの男奴隷、〔それに〕メーンダカの女奴隷である。

長者メーンダカがどのように幸運な人として有名だったかというと、もし彼が空の蔵や倉庫を見れば、見た途端に〔その中が〕満たされるからである。このように長者メーンダカは幸運な人として有名であった。

メーンダカの妻はどのようにかというと、彼女が一人のために食器を用意すると、〔その人〕は百千人〔分の食〕

を食べることになるからである。メーンダカの妻はこのようであった。

メーンダカの息子はどのようにかというと、彼は腰に五百の財布を[4]結び付けているが、彼が百あるいは千〔金〕を使った時、〔財布の中〕は一杯になり、尽きることはないからである。長者メーンダカの息子はこのようであった。

メーンダカ〔の息子〕の嫁はどのようにかというと、彼女が一人のために香を準備すると、百千もの人々が悉く〔それを〕享受するからである。長者メーンダカ〔の息子〕の嫁はこのようであった。

メーンダカの男奴隷はどのようにかというと、彼が一つの鋤の刃を引けば、七つの〔鋤の〕刃が引かれたことになるからである。長者メーンダカの男奴隷はこのようであった。

メーンダカの女奴隷はどのように幸運な人〔として有名〕だったかというと[5]、彼女が一つの物を保管すればそれは七倍になり、一つの物を管理すればそれは七倍に増えたからである[6]。メーンダカの女隷隷はこのようであった。

――大悲の持ち主であり、世間の利益に邁進し、唯一の保護者で、止観に住し、三〔業〕の調御に巧みで、四暴流を渡り、四神足という足の裏の上にしっかりと立ち、四摂事に久しく親しみ、五支を離れ、五趣を超越し、六支を具え、六波羅蜜を完成し、七菩提分という花に富み、八支聖道を示し、九次第定に巧みで、十力で力強く、その名声は十方を満たし、千の自在者のうちで最も優れている諸仏・諸世尊には、夜に三回、昼に三回、昼夜に六回、仏眼を以て世間を観察すると、知見が働くことになっている。〈誰が衰え、誰が栄えているのか。誰が不幸に陥り、誰が困難に陥り、誰が危機に陥っているのか。誰が不幸・困難・危機に陥っているのか。誰が悪趣に向かい、誰が悪趣に傾き、誰が悪趣に落ちようとしているのか。私は誰を悪趣への道から引き上げ、天界の果報や解脱に安住せしめようか。愛欲の泥沼に沈んでいる誰に手を差し伸べようか。聖なる財産をなくした誰を、聖なる財産を自由に支配できる地位に安住せしめようか。未だ植えられざる善根を誰に植えようか。すでに植えられた誰の〔善根〕を成熟させようか。すでに成熟した誰の〔善根〕を〔果あるものとして〕解き放とうか。無智という真っ暗な幕に覆われた目を持つ誰の目を、智という目薬の付いた棒で浄めようか〉と。

魚の住処なる海は岸を越えゆくことあらんも、仏が教化すべき愛し子等の時機を逸することなし。一切智の相続に安住する慈悲ある牛（仏）は、倦むことなく、教化すべき愛し子等、有の険道で立ち往生し、死に瀕する愛し子等を捜し求む。〔子牛を〕慈しむ牝牛の如くに。(7)――

世尊は考えられた。〈かの長者メーンダカは従者達と共に都城バドランカラに住んでいる。膿み切った腫れ物が今にもメスで切り落とされようとするが如く、彼を教化すべき時が〔熟した〕ように見える。いざ私はバドランカラ地方に遊行に出掛けよう〉と。

そこで世尊は同志アーナンダに告げられた。(8)

「さあ、アーナンダよ、お前は比丘達に告げよ。『比丘達よ、如来はバドランカラ地方に遊行に行かれる。皆さんの中で、如来と共にバドランカラ地方に遊行に行くことのできる者は、衣を執られよ』と」

「畏まりました、大徳よ」と同志アーナンダは世尊に同意すると、「同志の皆さん、如来はバドランカラ地方に遊行に行かれる。皆さんの中で、如来と共にバドランカラ地方に遊行に行くことのできる者は、衣を執られよ」と比丘達に告げた。かの比丘達は同志アーナンダに「畏まりました、同志よ」と同意すると、背後からついていったのである。(9)

その時、〔自己を〕調御し、寂静で、解脱し、安穏であり、〔自己を〕調伏し、阿羅漢であり、離貪し、端正な世尊が、〔自己を〕調御し、寂静で、解脱し、安穏であり、〔自己を〕調伏し、阿羅漢であり、離貪し、端正な従者を従えている様は、雄牛が牛の集団に、獅子が牙を有する動物の集団に、白鳥王が白鳥の集団に、ガルダが鳥の集団に、バラモンが弟子の集団に、名医が患者の集団に、勇者が武士の集団に、導師が旅人の集団に、(10)隊商主が商人の集団に、組合長が市民の集団に、城主が大臣の集団に、転輪王が千人の息子に、月が星の集団に、太陽が千の光線に、ドゥリタラーシュトラがガンダルヴァの集団に、ヴィルーダカがクンバータの集団に、ヴィルーパークシャが龍の集団に、クベーラが夜叉の集団に、ヴェーマチトリンがアスラの集団に、シャクラが三十〔三〕天に、ブラフマンが梵衆〔天〕に囲遶されているが如くであった。〔また世尊〕は、凪いだ大洋の如く、水を湛えた大洋の如く、興奮せぬ象王の如くであり、よく調御された諸根によって振る舞いと行動は落ち着いており、三十二の偉人相で〔完全に装飾され〕、八十種好で体は光り輝いていた。十力、四無畏、三〔不共〕念住、そして大悲と共に、かくも多くの徳の集まりを具えた仏・世尊は、地方を遊行しながら都城バドランカラへ向けて出発された[11]。

〔かつて〕世尊がシュラーヴァスティーで大神変を示された時、外道達は罵られ、神々や人々は喜びに満ち、正しき人々の心が満足させられ[12]、面目丸つぶれの[13]外道達は辺境地に引き籠もってしまった。こうして、ある者達は都城バドランカラへ逃げて住み着いていたが、彼らは沙門ガウタマがやって来ると聞いた。そして聞くと、怖じ気づいた彼らはお互いに話し合った[14]。

「以前、我々は沙門ガウタマによって、まず中国地方から追い出されたが、もし彼がここにやって来れば、必ずや〔我々を〕ここからも追い出すであろう。よって、手だてを講じなければならぬ」

彼らは、法廷[15]に出向くと、「判事さん、判事さん[16]」と言った。

「[17]一体何事ですか」

「[18]御機嫌よう。さらばじゃ」

彼らは言った。

「どうしてですか」

「我々はあなた方の幸せな姿を見てきたが、不幸な姿は見たくないのだ」

「聖者達よ、我々にいかなる不幸が起こるのですか[19]」

「皆さん、沙門ガウタマは剃刀のような電光を落とし、多くの者達から子供を奪い、主人を奪いながら〔ここに〕やって来るのだ」

「聖者達よ、もしもそうなら、居てもらわねばならぬちょうどその時にあなた方は私達を見捨てることになります。居て下さい。行かないで下さいよ」

彼らは言った。

「居るとも。[20]〔その代わり〕あなた方は我々の言うことを聞いてくれないか」

「聖者達よ、仰って下さい。聞きましょう」

彼らは言った。

「バドランカラ周辺の住民すべてを〔都城から〕追い出し、都城バドランカラを空にせよ。[21]草を引き抜き、土地を荒廃させよ。花や実の付いた木を切り倒し、毒で水を汚染するのだ」

彼らは言った。

「聖者達よ、ここに留まって下さい。我々はすべて実行しましょう」

彼らは留まった。[22]その後、〔裁判所の者〕達はバドランカラ周辺の住民すべてを〔この都城から〕追い出して、バドランカラの都城を空にし、草を引き抜き、大地を荒廃させると、花や実の付いた木を切り倒し、毒で水を汚した。

その時、神々の主シャクラは考えた。〈三阿僧祇劫[23]の間、世尊は何百千という難行によって六波羅蜜を成満して無上智を獲得されたが、私が〔その〕世尊に対する侮辱を黙って見過ごすとすれば、それは私にとって相応しいことではない。一切世間の中で最も優れ、一切の論争において勝利した世尊が、誰もいない地方に遊行に行こうとされている。私は、声聞の僧伽を引き連れた世尊が快適に過ごされるように一生懸命に努めよう〉と。

彼は風雲の天子達に[24]「さあ、都城バドランカラ付近[25]の毒水を蒸発させよ」と命令し、雨雲の天子達には[26]「八功徳水で満たせ[27]」と命令した。四大王天達もこう言われた。「お前達は、都城バドランカラの周辺住民を〔再び〕住まわせるようにしろ[28]」と。

かくして風雲の天子達は毒で汚染された水を蒸発させ、雨雲の天子達はその同じ井戸・泉・池・沼・貯水池を八功徳水で満たし[29]、四大王天達は都城バドランカラの周辺住民すべてを〔再びそこに〕住まわせたので、国土は繁栄し、賑やかになった。

都城の住民達と一緒にいた外道達は「国土がどうなっているか見に行ってこい」と遣いを送った。彼らが行ってみると、国土が以前にも増して繁栄し、賑やかになっているのを見た。彼らはそこから戻ると、「皆さん、我々は、未だかつてあんなに繁栄し、賑やかな国土を見たことがありません」と告げた。外道達は言った。

「君達、君達は見たか[30]。心を持たない者〔さえ〕改心させてしまう者（ブッダ）が、お前達を改心させないことなどあるだろうか。何があっても暇乞いをする。あなた方を見るのもこれが最後だ。では行くとしよう」

彼らは言った。

「聖者達よ、待って下さい。沙門ガウタマがあなた方に何をすると言うのです。彼も出家者なら、あなた方も乞食の出家者ですよ。どうして彼があなた方の乞食を邪魔したりするものですか[31]」

外道達は言った。

「条件付きで我々は留まろう。誰一人として沙門ガウタマに会いに行かないこと、行った者は六十カールシャーパナの罰金という約束をしてくれれば、だが」

彼らは約束し、誓約した。

その後、〔世尊〕は地方を遊行しながら都城バドランカラに到着すると[32]、都城バドランカラの南の住処で時を過ごしておられた[33]。ちょうどその時、バラモンの娘がカピラヴァストゥから都城バドランカラに嫁いでいたが、彼女は城壁の上に立ち、暗闇の中に世尊を見た。彼女は考えた。〈かの世尊はシャーキャ族の子息で[34]、シャーキャ族の家系から王位を捨てて出家されたのに、そのお方が今、暗闇の中にいらっしゃる。[35] もしもここに梯段があったなら、私は灯明を持って降りて行けるのに〉と。

そこで世尊は彼女の心を〔自らの〕心で知ると、梯段を化作された。すると彼女はドキドキし、ワクワクし、ウキウキしながら、灯明を持って梯段を降り、世尊のもとに近づいた。近づくと、世尊の前に灯明を置き、両足を頭に頂いて礼拝すると、法を聞くために坐った。そこで世尊は彼女の性質・気質・性格・本性を知ると、四聖諦を洞察させる。[36] ―前に同じ。乃至― 「〔三〕帰依し、浄信を抱いた〔優婆夷として護念したまえ〕[37]」と。

その時、世尊はその娘にこう言われた。

「さあ、[38] 娘よ、お前は長者メーンダカのもとに近づけ。近づくと、私に成り代わって挨拶するのだ。そして次のように口上を伝えよ。『長者よ、私はお前のためにここへやって来たのに、お前は門を閉めたままでいる。お前の振る舞い方は、客（私）への振る舞いとして適切であろうか』と。もしも彼が『皆で誓約したことですので』と答えたなら、言いなさい。『お前の息子は五百の財布を腰に結び付けている。たとえ彼が百あるいは千〔金〕を使っても、〔使った分〕はそっくりそのまま満たされて尽きることがない。お前は六十カールシャーパナを払って〔会いに〕来ることができないかね』と」

その娘は「畏まりました、大徳よ」と世尊に同意すると、出発した。彼女は決して誰にも知られないように、[39] 長者メーンダカのもとへ行った。行って、彼女が「長者よ、世尊があなたに御挨拶申し上げます」と言うと、彼は「[40] 仏・世尊に敬礼申し上げます」と答えた。

「長者よ、世尊はこう申しておられました。『長者よ、私はお前のためにここへやって来たのに、お前は門を閉めたままでいる。お前の振る舞い方は、客（私）への振る舞いとして適切であろうか』と」

彼は言った。

「娘さん、『誰も沙門ガウタマに会いに行かないこと、行った者は六十カールシャーパナの罰金が皆によって課せられる』という誓約を皆でしたのだ」

「長者よ、世尊は申されました。『お前の息子は五百の財布を腰に結び付けている。たとえ彼が百あるいは千〔金〕を使っても、〔使った分〕はそっくりそのまま満たされて尽きることがない。お前は六十カールシャーパナを払って〔会いに〕来ることができないかね』と」

彼は〈誰もこのことは知らない。きっと世尊は何でもお見通しなのだ。私は出掛けよう〉と考えた。彼は六十カールシャーパナを門のところに置くと、バラモンの娘に教えられた梯段を降り、世尊のもとに近づいた。近づくと、彼は世尊の両足を頭に頂いて礼拝し、法を聞くために世尊の前に坐った。そこで世尊は長者メーンダカの性質・気質・性格・本性を知ると、四聖諦を洞察させる法を説かれ、それを聞くと、長者メーンダカは　―乃至―　預流果を証得した[41]。真理を知見した彼は、「世尊よ、都城[42]バドランカラに住んでいる人達もまた、このような諸法を得た者となるでしょうか」と訊くと、世尊は言われた。「長者よ、お前次第で十中八九すべての人々が〔諸法を〕得た者となるだろう」と。

そこで長者メーンダカは世尊の両足を頭に頂いて礼拝し、世尊のもとから退いた。彼は我が家に戻り、都城中央にカールシャーパナの山を築くと、詩頌を唱えた[43]。

「貪の罪を克服し、冷静にして比類なく、黄金の如く目映(まばゆ)い[44]勝者を見んと欲する者は、確固たる不動の心を以て直ちに出掛けよ。その金は我が払わん」

人々が「長者よ、沙門ガウタマに会うに如(し)くはない」と言うと、彼は「そのとおり！」と答えた。彼らは言った。「もしもそうなら、皆で取り決めた誓約は、その同じ皆で破棄しよう。これに関して何の矛盾があろうか」

彼らは誓約を破棄し、外に出始めた。すると彼らはお互いに押すな押すなの大騒ぎで、外に出ることができなかったので、夜叉ヴァジュラパーニンは教化されるべき人々を憐れみ、金剛杵を投げつけると、城壁が崩れ落ち、何百千という人達が、ある者達は好奇心に駆られて、ある者達は前世でなした善根に促されて外に出てきた。[45]彼らは進み、世尊の両足に礼拝して〔世尊の〕前に坐ると、世尊の周辺には衆会が形成された。[46]そこで世尊はその衆会に心をくだき[47]、比丘の僧伽の前に設えられた座に坐ると、多くの有情の〔心の〕相続に善根を植えるような法を説かれ、それを聞いて、ある者達は預流果を証得し、―前に同じ[48]― ある者達は〔三〕帰と〔五〕学処とを授かったが、世尊が長時間に亘って[49]法を説いたので、食事の時間が過ぎてしまった。

長者メーンダカが「世尊よ、食事の準備をなさって下さい」と申し上げると、世尊は「長者よ、食事の時間はもう過ぎてしまった」とお答えになったので、彼が「世尊よ、非時〔食〕には何が適切でしょうか」とお尋ねすると、世尊は「牛酪、糖丸、糖蜜、それに飲物である[50][51]」と言われた[52]。そこで長者メーンダカは職人達を呼んで、「お前達、直ちに非時食を用意せよ」と言った。彼らは非時食を用意した。こうして長者メーンダカは仏を上首とする比丘の僧伽を、非時の硬食や非時の軟食によって満足させた。こうして世尊は長者メーンダカを従者共々〔四聖〕諦に安住せしめ、〔その〕町に住む人々を見事に教化してから立ち去られたのである。[53]

疑念を生じた比丘達は、あらゆる疑念を断じて下さる仏・世尊に尋ねた。

「大徳よ、〔長者〕メーンダカ、メーンダカの妻、メーンダカの息子、メーンダカの〔息子の〕嫁、メーンダカの男奴隷、メーンダカの女奴隷は、いかなる業を為したがために、六人とも幸運な人として知られ、[54]〔また〕世尊のもとで〔四聖〕諦を見、そして彼らは世尊を喜ばせ、不快にさせることがなかったのですか」

世尊は言われた。

「比丘達よ、彼らによって為され積み上げられた業は、資糧を獲得し機縁が熟すと、暴流の如く押し寄せてきて避けることはできないのだ。彼らが為し積み上げた業を、他の誰が享受しようか。比丘達よ、為され積み上げられた業は、外の地界・水界・火界・風界で熟すのではない。そうではなく、為され積み上げられた業は[55]、善であれ悪であれ、感覚のある〔五〕蘊・〔十八〕界・〔十二〕処においてのみ熟すのである。

何百千万劫を経ても、業は不滅なり。〔因縁〕和合と時機とを得て、必ずその身に果を結ぶ[56]」

比丘達よ、かつて過去世において、都城ヴァーラーナシーではブラフマダッタと呼ばれる王が王国を統治していた。そこは栄えて繁盛し、平和で食物に恵まれ、多くの人々で賑わい、闘争・喧嘩・暴動・騒動はなく、強盗や疫病もなく、米・砂糖黍・牛・水牛に恵まれていた。彼は素直で大人しい一人息子さながらに王国を守護していたのである[57]。ちょうどその時、占い師達はヴァーラーナシーに十二年間の旱魃を予言した[58]。

――飢饉には、チャンチュ（箱）、シュヴェータ・アスティ（白骨）、そしてシャラーカー・ヴリッティ（棒による生計）という三種類がある。このうちチャンチュと言われる〔飢饉〕とは〔何か〕。人々はその箱の中に種を入れ[59]、未来の有情のことを顧慮して残しておく[60]。〈我々が死んでも、〔未来の〕人々がこの種でなすべきことをなすだろう〉と[61]〔考えて〕。小箱に関係があるので、これはチャンチュと言われる[62]。シュヴェータ・アスティ飢饉とは何か。その時には人々が骨を集めてその骨が白くなるまで煮、その後、煮汁を飲む。白骨に関係があるので[63]、これはシュヴェータ・アスティ飢饉[64]と言われる。シャラーカー・ヴリッティとは〔何か〕。その時には人々が脱穀場の窪みから[65]穀物の粒を棒でほじくり出し、多くの水が入っている鍋で煮た後、〔それを〕飲むのである。棒に関係があるので、これはシャラーカー・ヴリッティと言われる。――

そこでブラフマダッタ王はヴァーラーナシーに鐘を鳴らして布告した。「汝等ヴァーラーナシーの市民達よ、聞くがよい。占い師達は十二年間の旱魃があると予言した。シャラーカー・ヴリッティ、チャンチュ、シュヴェータ・アスティという飢饉である。汝等の中で十二年分の食糧がある者は〔ここに〕留まれ。ない者は意に任せて行くがよい。

飢饉の恐怖がなくなった者は豊作の時にまた戻ってこい！」と。

さてその時、ヴァーラーナシーには、裕福で巨額の財産と巨大な資産とを有し、沢山の従者を従えた[66]、ある長者が住んでいた。彼は倉庫の管理人を呼び、「おい、お前[67]、私と従者の十二年分の食糧はあるか」と言うと、彼は「御主人様、ございます」と答えた。そこで彼はその同じ場所に留まることにしたが、直後にその飢饉がやって来た。彼の蔵や倉庫は底を尽くわ、従者達はすべて死ぬわで、自分自身も第六番目に〔食事をする〕人間として残っていた。その長者は蔵と倉庫を綺麗に掃除して一プラスタ分の穀物を掻き集めると、彼の妻が鍋に入れて料理した。

――諸仏が〔世に〕現れない時には独覚達が世に現れる。彼らは貧しく哀れな者達を憐れみ、人里離れた場所で寝起きや食事をし、世間で唯一の応供者なのである[68]。――

しばらくすると、ある独覚が地方を遊行しながら、ヴァーラーナシーに到着した。彼は午前中に衣を身に着け、衣鉢を持つと、乞食しにヴァーラーナシーに入った。その時、かの長者は、自分自身、第六番目[69]に食事をする〔人間〕として残っていた。さてその独覚は乞食しながら、次第してその長者の住居[70]にやって来た。その長者は、心を浄らかにし、身を浄らかにしてくれる〔独覚〕を見た。そして見ると、〈これを食べたとしても、私はきっと死ぬに違いない[71]。いざ私は自分の分をあの出家者に布施しよう〉と彼は考えた。彼が妻に「妻よ、私は自分の分をあの出家者に布施するぞ」と言うと、彼女は考えた。〈自分の夫が食事を取らないのに、どうして私が食事を取れましょう〉と。

彼女は言った。

「あなた、私も自分の分をあの方に布施することにしますわ」

同様に、息子、息子の嫁、男奴隷、そして女奴隷も、思案した挙げ句に各自の分け前を喜捨した。こうして彼らは全員揃って独覚に施食を布施したのである。

――立派な人は、言葉ではなく体で説法する[72]。――

彼は翼を広げた白鳥の王のように空高く舞い上がり、光・熱・雨・稲光の神変を現し始めた。

――神通力は即座に凡夫を回心させる。(73)――

彼らは木が根元から切り倒されたように〔その独覚の〕両足に平伏して、(74)誓願し始めた。

長者が誓願し始めた。「私はあなたのような真の応供者を供養しました。この善根によって、もしも私が空の蔵や倉庫を見れば、(75)見た途端に〔その中〕が満たされますように。そして私はこのような徳を得た者となりますように。また〔あなた〕よりも優れた師を喜ばせ、不快にすることがありませんように」と。

妻が誓願し始めた。「私はあなたのような真の応供者を供養しました。この善根によって、もしも私が一人のために鍋を煮れば、百人でも千人でもそれを享受し、私が〔煮る〕のを止めない限り、尽きることがありませんように。そして私はそのような徳を得た者となりますように。また〔あなた〕よりも優れた師を喜ばせ、不快にすることがありませんように」と。

息子が誓願し始めた。「私はあなたのような真の応供者を供養しました。この善根によって、私は五百の財布が〔私の〕腰に付いて離れませんように。そしてもしもそこから百あるいは千〔金〕を使えば、(76)直ちに〔その中〕が満たされ、尽きることがありませんように。そして私はそのような徳を得た者となりますように。また〔あなた〕よりも優れた師を喜ばせ、不快にすることがありませんように」と。

嫁が誓願し始めた。「私はあなたのような真の応供者を供養しました。この善根によって、もしも私が一人のために香を用意すれば、それは百人あるいは千人に用意されたことになり、〔力の〕行使を止めない限り、尽きることがありませんように。(77)私はそのような徳を得た者となりますように。また〔あなた〕よりも優れた師を喜ばせ、不快にすることがありませんように」と。

男奴隷が誓願し始めた。「私はあなたのような真の応供者を供養しました。この善根によって、もしも私が一つの鋤を引けば、七つの〔鋤の〕刃が引かれていますように。そして私はそのような徳を得た者となりますように。また〔あなた〕よりも優れた師を喜ばせ、不快にすることがありませんように」と。

女奴隷が誓願し始めた。「私はあなたのような真の応供者を供養しました。この善根によって、もしも私が穀物を一マートラ分手にすれば、[78]〔それが〕七倍になりますように。そして私はそのような徳を得た者となりますように。また〔あなた〕よりも優れた師を喜ばせ、不快にすることがありませんように」と。

このような誓願が彼らによってなされると、その立派な独覚は彼らを憐れみ、神通力によって上空に〔舞い上がり〕、王の屋敷の上空に向かった。[79]ちょうどその時、ブラフマダッタ王は楼閣の平屋根の上に行って留まっていた。神通力によって進んでいた〔独覚〕は、ブラフマダッタ王の上に影を落とした。彼は上を向いて眺め始めると、その独覚が見えた。彼はこう考えた。〈あの立派な方は神通力という偉大な鋤で誰の貧困の根を引き抜かれたのだろう〉と。

——〔人の〕願いというものは恐ろしいものである。[80]——

その後、その長者が蔵や倉庫を観察し始めると、やがて〔中が〕満たされているのが分かった。彼は妻に「まず私の誓願が成就したぞ。次はお前達のも確かめてみよう」と告げた。そこで女奴隷が穀物を一握り用意し始めると、〔それは〕七倍になった。妻が一人分の鍋を煮ると、ちょうど彼ら全員で食べられるようになっていた。また、何百千[81]という近所の人達が、ちょうど食べられるようになっていた。まったく同様に、息子、嫁、男奴隷の誓願も成就していたのである。[82]

そこで長者はヴァーラーナシーに鐘を鳴らし、「皆さん、食物の欲しい人は[83]いらっしゃい」と告げた。ヴァーラーナシーはてんやわんやの大騒ぎであった。王はそれを聞いて「お前達、この大騒ぎは一体何事だ！」と訊くと、大臣達は「王よ、某甲という長者が蔵や倉庫を開いたのです」と答えた。[84]王は彼を呼んで言った。

「世間の者達がすべて死んでいく時に、お前は蔵や倉庫を開いたのか！」

「王よ、誰が蔵や倉庫を開いたというのです。そうではなく、今日、私の蒔いた種が、今日、実を結んだのですよ」

王が「どんな風にだ」と尋ねると、長者は一部始終を詳しく告げた。王は言った。

「長者よ、お前はあの立派な方に食物を布施したのか」

「王よ、この私が布施したのです」

〔王〕は浄信を起こして詩頌を唱えた。

「ああ、徳より成り、一切の過失を離れた大地に蒔かれし種が、今日その日のうちに結実せり」


「比丘達よ、どう思うか。〔その時その折の〕長者、長者の妻、長者の息子、長者の〔息子の〕嫁、長者の男奴隷、長者の女奴隷こそ、(85)この長者メーンダカ、メーンダカの妻、メーンダカの息子、メーンダカの〔息子の〕嫁、メーンダカの男奴隷、そしてメーンダカの女奴隷である。彼らは独覚を供養して誓願を立てたが、その業の異熟によって〔彼ら〕は六人の幸運な人として生まれ、私のもとで真理を知見した。(86)彼らは百千コーティの独覚よりも優れた大師である私を喜ばせ、不快にさせることがなかったのである。こういうわけで比丘達よ、完全に黒い業には完全に黒い異熟があり、完全に白い業には完全に白い〔異熟〕があり、〔黒白〕斑の〔業〕には〔黒白〕斑の〔異熟〕がある。それゆえ、(87)この場合、このように学び知るべきである。すなわち、完全に黒い業と〔黒白〕斑の〔業〕とを捨て去って、完全に白い業においてのみ心を向けるべきである。このように比丘達よ、お前達は学び知るべきである」(88)

世尊がこう言われると、かの比丘達は歓喜し、世尊の説かれたことに満足した。

以上、吉祥なる『ディヴィヤ・アヴァダーナ』における「メーンダカ・アヴァダーナ」第十章。

文献

❶MSV i 241.1-255.10（GBM 229a[770]1-231b[775]10）[89]. Cf. Vin. i 240.5-245.7；Dhp-a iii 363.13-376.4　❷1030 Ṅe 26a3-32b7；1 Ga 28a5-35a4　❸None. Cf.『五分律』巻二十二（T. 1421, xxii 150b25-151b18）；『四分律』巻四十二（T. 1428, xxii 872b18-873a24）；『十誦律』巻二十六（T. 1435, xxiii 191a26-b22）　❹None.

注

（1）bhadraṃkara；bzang byed.

（2）mahāpuṇyāḥ.　Tib. は「幸運で有名な（shes par bya ba）人が」（26a3；28a5）とする。　（3）meṇḍhaka；lug.

（4）nakulakaḥ.　BHSD（s.v. nakulaka）はこれを money bag あるいは purse と解釈する。通常、これに対応する Tib. は、Mvy.（6024）によると、rgyan ne'u le can であり、直訳すれば「ナクラの形をした飾り」を意味するが、文脈からして、「財布」、つまり「ナクラの革から作った財布」とするのが妥当である。しかし、ここでは nakulaka に対応する Tib. が rgyan ne'u le can ではなく、「容器（snod）」（26a5；28a7）となっている。　（5）Tib. は「幸運な人として有名だったかというと」（26a7；28b2）とする。

（6）sā yadaikaṃ vastu rakṣati tat saptaguṇaṃ syāt yadā ekamātraṃ pratijāgarti tadā sapta mātrāḥ saṃpadyante.　Tib. は下線部を欠き、点線部を「彼女が穀物用の播り粉木の長さ〔の残量〕すれすれ一杯を計量すると、それは七倍に増えるのであって」（26a7-8；28b2-3）とする。なお、BAILEY は Tib. が点線部の訳を欠いているとするが、Tib. が欠いているのは下線部である。さらに BAILEY はこの解釈に基づき、rakṣati を mrakṣati に訂正しているが、Tib. の比定が間違っているので、この訂正も的はずれとなっている。　（7）定型句 8A（ブッダの救済）。

（8）Tib. はこの定型句を省略し、女奴隷の福徳の描写に続いて、直ちに「そこで世尊は長者メーンダカを教化すべき時がきたと了知されて、同志アーナンダに告げられた」（26a8；28b3）とする。

（9）pṛṣṭhataḥ pṛṣṭhataḥ samanubaddhā gacchanti.　Tib. はこれに相当する訳を欠く。

（10）ivādhvagaṇa- [Sic MSS].　Divy. の定型句では一貫してこの形を取るが、Aś ではこれを ivādhvagagaṇa-（i 108.6）とするので、SPEYER はこの読みに訂正している。内容的には「道を行く人」、つまり「旅人」がここでは含意されているから、この訂正に従う。

（11）定型句 8C（仏弟子達に囲繞されて遊行するブッダ）。Tib. は de nas bcom ldan 'das dul ba/ 'khor dul ba/ zhi ba/ 'khor zhi ba/ dgra bcom pa/ 'khor dgra bcom pa dang（26b4；28b6-7）とし、この定型句の前半の僅かな部分だけが訳されているに過ぎない。Tib. ではこの定型句が省略されたか、あるいはこれがこの定型句の祖型である可能性もある。

（12） nirbhartsitā [nirbhatsitā MSS] ānanditā devamanuṣyās toṣitāni sajjanahṛdayāni. Tib. はこの訳を欠く。SPEYER は nirbhartsitās tīrthyā ānanditā とし、下線部を補うべきであるとする。ここでは、彼の訂正に従う。

（13） bhagnaprabhāvāḥ. これに相当する Tib. もない。

（14） parasparaṃ kathayanti. Tib. はこれを「考えた」（26b6；29a2）とする。

（15） kulopakaraṇaśālā. 校訂者はこれを索引で townhouse/ lawcourt と解釈する。Tib. はこれを「良家の家々（rigs kyi khyim dag）」（26b6；29a2）とするが、正確な意味は不明。ここでは校訂者の解釈に従って和訳する。

（16） dharmalābhaḥ. 校訂者はこれを索引で justice と解釈する。Tib. はこれを「法を得よ。法を得よ（chos thob par gyur cig/ chos thob par gyur cig）」（26b7；29a2）とするが、これも意味不明。とりあえず、ここでは校訂者の解釈に従い、主格を呼格に改めて和訳しておく。 （17） Tib. は āryāḥ に相当する 'phags pa dag（26b7；29a2）をここに置く。

（18） Tib. は bhavantaḥ に相当する shes ldan dag（26b7；29a2）をここに置く。

（19） asmākaṃ vipattir bhaviṣyati. Tib. はこれを bdag cag la rgud pa ci zhig 'byung bar 'gyur lags（26b8；29a3）とするので、BAILEY はこれを asmākaṃ vipattiḥ kā bhaviṣyati とし、下線部を補うべきであるとする。文脈上、ここは疑問文でなければならないから、彼の訂正に従う。

（20） kiṃ vayaṃ na tiṣṭhāmaḥ. Tib. はこれを bdag cag ci ste 'dug（27a1；29a4）とするので、BAILEY は下線部を省略すべきであるとする。

（21） bhadraṃkaraṃ nagaraṃ pravāsayata. Tib. はここを「（バドランカラ周辺の住民すべてを〔この都城から〕追い出し）バドランカラの都城に入れよ（tshud cig）」（27a2；29a5）とする。文脈からすれば、Skt. の「空にせよ」の方がよかろう。

（22） te 'vasthitāḥ. Tib. はこの訳を欠く。

（23） na mama ..... -prativiśiṣṭaḥ sarvavādavijayī（127.11-15）. 以下、Tib. はこの訳を欠く。

（24） vātavalāhakānāṃ devaputrāṇām. Tib. は「風を放つ天子」（27a7；29b2）とし、Skt. のように「風雲」としない。

（25） bhadraṃkaranagarasāmantakena. Tib. にはこの訳を欠く。

（26） varṣavalāhakānāṃ devaputrāṇām. Tib. は「雨を降らす天子」（27a7；29b2）とし、Skt. のように「雨雲」としない。

（27） Tib. は「彼らが〔毒水を〕干上がらせたので（'di rnams kyis bskams pa dang）、お前達は八功徳水で満たせ」（27a7；29b2-3）

とし、傍線部が Skt. にはない。

(28) yūyaṃ bhadraṃkarāṇāṃ janapadānāṃ [bhadraṃkarāñ janapadān āvās-?] vāsayata. Tib. はこれを khyed kyis grong khyer bzang byed kyi nye 'khor du gnas thob shig (27a8; 29b3) とするので、BAILEY は yūyaṃ bhadraṃkaranagarasāmantakam āvāsayata という読みを示唆している。この直後に同じ表現が繰り返されるが、そこには bhadraṃkaranagarasāmantakaṃ sarvam āvāsitam (127.24-25) とあるので、彼の訂正に従う。

(29) Tib. は「雨を降らす天子はそこを再び八功徳水で満たした」(27a8; 29b3-4) とし、Skt. の記述の方が詳細になっている。

(30) bhavanto vo yaḥ. MSV はこれを bhavanto dṛṣṭo vo yas (244.10) とし、Tib. も shes ldan dag khyed kyis mthong ngam (27b3; 29b6) とする。これがないと、vo が浮いてしまうので、これを補う。なお、SPEYER はこれを bhavanto yo vas と読むべきであるとする。

(31) kim asau yuṣmākaṃ bhikṣāṃ cariṣyati. このまま読めば「どうして彼があなた方に施食を乞うことがありましょうか」となるが、MSV は kim asau yuṣmākaṃ bhikṣāṃ vārayiṣyati (244.15-16) とし、この方が文脈に合う。Tib. も ci des khyed cag gi slong ba bkag par 'gyur snyam mam (27b4-5; 30a1) とするので、MSV の読みを採る。BAILEY は nivārayiṣyati という読みを示唆する。 (32) MSV にはここに「次第して (anupūrveṇa)」(245.1) があり、Tib. も rim gyis (27b6; 30a2) とする。

(33) nagare. MSV にはこの語がなく、Tib. にもこれに相当する訳がない。

(34) śākyakulanandanaḥ. この場合の nandana は「息子」の意味であるが、Tib. はこれを文字通り「シャーキャ族の家系を喜ばせ (dga' bar mdzad pa)」(27b7; 30a3) と訳す。

(35) sa idānīm andhakāre tiṣṭhati. MSV にはこの語がなく、Tib. にもこれに相当する訳がない。

(36) 定型句 9C (預流果)。 (37) 定型句 9D (預流者の歓声)。

(38) ehi. MSV (245.13) も同じ読みを示すが、Tib. は「こちらへ (tshur)」(28a3; 30a7) とし、Skt. の iha と混同しているようだ。

(39) yathā 'parijñātaiva kenacid eva. MSV もほぼ同形だが (245.21)、Tib. は「世尊は〔彼女が〕誰にも見つからないように加持した (byin gyis brlabs) ので」(28a6; 30b2) とする。なお BAILEY はこの Tib. に基づき、bhagavatādhiṣṭhitā tathā yathā とし、下線部を補うべきであるとする。また二つあるうちの eva を一つ削除すべきであるとするが、MSV は後の eva を evaṃ とする。この方が yathā と連動して文の流れがよくなるので、ここでは後の eva を evaṃ に改める。

(40) MSV はここに「娘よ (dārike)」(246.1) を置く。Tib. も bu mo (28a7; 30b3) とし、MSV に一致する。

(41) 定型句 9C (預流果)。 (42) bhadraṃkaranagaranivāsī. MSV も Tib. にも nagara に相当する訳がない。

(43) nirbandham. この語は「〔何かに〕固執すること」を意味し、文脈に合わない。MSV はこれを「冷静な (nirdvandvam)」(247.2) とする。Tib. もこれに呼応し、rtsod med pa (28b7 ; 31a3) とする。Mvy. (58) ではこれが仏の異名としてリストされているので、ここは nirdvandvam に読み替える。BAILEY もこの読みを採る。

(44) karuṇāvadātam. Divy. では「〔大〕悲によって浄められた」という意味になるが、MSV はこれを「黄金のように目映い (kanakāvadātam)」(247.2) とする。Tib. も gser gyi mdog can (28b7 ; 31a4) とし、MSV に一致するので、ここも MSV の読みを採用する。BAILEY もこの読みを採る。

(45) te gatvā ..... parṣat saṃnipatitā (130.10–12). 以下、MSV はこれを「すると、大勢の人々が集まってきたので、世尊の周辺には一ヨージャナの衆会が形成された (tato mahājanakāyasannipātād bhagavato yojanaṃ sāmantakena parṣat sannipatitā)」(247.12–13) とする。Tib. も de nas skye bo'i tshogs chen po 'dus pas bcom ldan 'das kyi nye 'khor dpag tshad gcig tshun chad 'khor bar 'dug go (29a2–3 ; 31a6–7) とし、ほぼ MSV に一致する。下線部は parṣat に改める。

(46) parṣat. 単なる誤植と思われるので、parṣat に改める。

(47) tāṃ parṣat abhyavagāhya. BHSD (s.v. abhyavagāhya) は Divy. のこの箇所を引用し、having ripened/ matured/ having occupied himself with と解釈する。MSV は avagāhya (247.14) とし、Divy. とほぼ同じ読みを呈するが、文字通り解釈すれば、「その衆会の中に入り」と訳せる。しかし、ブッダはすでに衆会に取り囲まれているわけだから、さらにその中に「入る」のは文脈に合わない。そこで Tib. を参照すると、「その衆会を威厳で圧倒して (zil gyis mnan te)」(29a3 ; 31a7) とある。TSD によると、傍線部に対応する Skt. は abhibhūya が考えられる。語形的には abhyavagāhya に近いとは言えない。ここでは BHSD に従う。

(48) 定型句 9E (聞法の果報)。これは定型句であり、中間が省略されているにもかかわらず、Divy. では pūrvavad yāvat 等の語が見られない。MSV には pūrvavat (247.16) が見られるし、Tib. も zhes bya ba nas ..... gong ma bzhin du'o (29a4–5 ; 31b1) とするので、MSV より pūrvavat を補って訳す。

(49) 'ciraṃ. この読みに従えば、「短時間で」となり、文脈に合わない。MSV はこれを「非常に長い間 ('ticiraṃ)」(247.17) とし、Tib. も yun ring po zhig tu (29a5 ; 31b1–2) とするので、この読みに従う。

(50) ghṛtaguḍaśarkarāpānakāni. MSV は基本的にこれと同内容であるが、Tib. は「牛酪と糖丸と精糖と糖蜜と飲物である (mar dang/ bu ram dang/ hvags dang/ sha kha ra dang/ btung ba dag go)」(29a7 ; 31b3) と五項目の食品名を出し、Skt. よりも一つ多い。これを Skt. と対応させると、hvags が Tib. にのみ存在するので、BAILEY は ghṛtaguḍakhaṇḍa- とし、下線部を補う。

(51) これは食に関する律規定である非時食戒を前提にしている。正午を過ぎれば翌日の日の出まで食事をしてはならないという非時食戒の規定があるが、正午を過ぎても果実のジュースなどは飲むことが許されていた。佐々木閑（『出家とはなにか』（Tokyo, 1999, 139））は、律文献を手がかりに、古代インド仏教の出家者がどのような生活を送っていたかを解説しているが、それによれば、ジュースの他にも五種類の食品（純正バター・フレッシュバター・油・蜜・糖）に限っては飲食することが許されていたらしい。これらは本来、薬として摂取が認められていたものだが、やがておやつのように用いられることになり、正午を過ぎてから僧伽に到着した比丘をもてなす時など、これらの食品が出されるようになったと指摘する。

(52) akālakāni. MSV はここを「非時食（akālakhādyakāni）」(248.3) とするし、Tib. も「非時の流動食（bca' ba rnams）」(29a8; 31b4) とするので、この読みに改める。BAILEY もこの読みを採る。

(53) このあと Divy. では「以上、吉祥なるディヴィヤ・アヴァダーナにおける「長者メーンダカの繁栄」第九章（iti śrīdivyāvadāne meṇḍhakagṛhapativibhūtiparicchedo navamaḥ)」(130.27–28) という一節があるが、ここでは第9章と第10章とを一纏まりの説話として扱うので、ここではこの章名を省略する。なお、Divy. の第9章と第10章の源泉となる根本有部律薬事には、この二つの章の間に金銀の授受に関する説話が見られるが、Divy. ではこの部分が省略されている。

(54) abhijñātā. Tib. はこの訳を欠く。なお、SPEYER はこれを jñātā に訂正している。確かに Divy. の他の箇所でも jñāto mahāpuṇyaḥ (136.6, 143.6) という形で用いられているので、これに訂正する。

(55) 定型表現につき、ここに upacitāni を補う。

(56) 定型句 6A（業報の原理）。なお MSV ではこの定型句が pūrvavad yāvat (250.4) で省略され、Tib. (30a7–8; 32b4–5) も MSV と同じ体裁を取る。

(57) 定型句 2B（王国の繁栄）。MSV はこの定型句を pūrvavad yāvat (250.6) で省略するが、Tib. ではこの定型句そのものが存在せず、したがって MSV のように省略されることもない。

(58) この後、MSV は「「シャラーカー・ヴリッティという大飢饉があるだろう」と（śalākāvṛtti mahādurbhikṣaṃ bhaviṣyatīti）」(250.8) という文を置く。Tib. も thur mas 'tsho ba'i mu ge chen po 'byung bar 'gyur ro zhes (30b1; 32b5–6) とする。

(59) tatra cañcu ucyate samudgake tasmin. このまま読むと、「このうちチャンチュとは、小箱〔の意味〕で言われている」となる。これを MSV は tatra cañcu ucyate/ samudgake tasmin (250.10)、Tib. も de la za ma tog ces bya ba ni za ma tog de'i nang du (30b1–2; 32b6) とするので、MSV の読みを採る。BAILEY はこれを tatra cañcv ity ucyate samudgakam に訂正している。

(60) anāgate sattvāpekṣayā. MSV はこれを anāgatasattvāpekṣayā (250.11) とし、Tib. も ma 'ongs pa'i sems can rnams kyi ched du (30b2; 32b6) とするので、MSV の読みを採る。BAILEY もこう読んでいる。

(61) mṛtānām anena te vījakāyaṃ kariṣyantīti. MSV はこれを「〈人々はこの種によって我々のなすべきことをなすであろう〉と (asmākam anena bījena manuṣyāḥ kāryaṃ kariṣyantīti)」(250.11-12) とする。Tib. はまた少し違う読みを示し、「〈我々の死後、この種が人々のなすべきことをなすであろう〉と (bdag cag shi nas 'bru 'dis mi de dag gi bya ba byed par 'gyur ro)」(30b2; 32b7) とする。これらの読みを勘案し、文脈を重視して、ここでは asmākaṃ mṛtānāṃ anena te bījena manuṣyāḥ kāryaṃ kariṣyantīti に改めて和訳する。なお、BAILEY はこれを mṛtānām asmākam anena te bījena kāryaṃ kariṣyantīti に訂正している。

(62) idaṃ samudgakaṃ baddhvā cañcu ucyate. MSV はこれを idaṃ samudgakasambandhāt cañcu ucyate (250.12-13) とする。Tib. も 'di ni za ma tog dang 'brel pas za ma tog ces bya'o (30b2; 32b7) とするので、BAILEY は idaṃ samudgakasaṃbaddhatvāc cañcv ity ucyate に訂正している。ここでは MSV の読みを採る。

(63) Divy. にはこれに相当する1節がないが、MSV には śvetāsthisaṃbandhāt (250.15) とあり、Tib. も rus gong dkar po dang 'brel bas (30b3; 33a1) とする。他の二つの飢饉も同様の表現を取るので、ここは MSV の1句を補う。BAILEY はこれを śvetāsthisaṃbaddhatvāt に訂正している。

(64) durbhikṣam. Divy. ではこの飢饉だけにこの語を付す。MSV と Tib. とは三つの飢饉すべてにこの語を付さない。

(65) khalu vilebhyo. MSV はこれを khālabilebhyo (250.17) とし、Tib. も g-yul gyi ser ga nas (30b4; 33a1) とするので、この読みに従う。BAILEY はこれを khalavilebhyo に訂正している。

(66) vistīrṇaparivārah. MSV は「沢山で多くの (-viśāla-) 従者を従えた」(251.5) とし、Tib. も「沢山で多くの (rgya che) 従者を従えた」(30b7; 33a4) とする。

(67) puruṣa. これに相当する Tib. は「家長よ (nang rje)」(30b7; 33a4) であり、上下関係が混乱しているように思われる。

(68) 定型句 5B (独覚)。MSV はこの定型句を省略しないが、Tib. は zhes bya ba nas ..... zhes bya ba'i bar gong ma bzhin du'o (31a1; 33a6) で省略する。 (69) ātmanā ṣaṣṭhaḥ. Divy. のみこの語を出す。

(70) tasya gṛhapater niveśanam. MSV はこれを「彼の家に (tasya gṛham)」(251.17)、Tib. も de'i khyim du (31a3; 33b1) とする。

(71) etad apy ahaṃ parityajya niyataṃ prāṇair viyokṣye. このまま読むと「私はこれさえも喜捨し、命をも必ず断じよう」となる。MSV はこれを etad apy ahaṃ paribhujya niyataṃ prāṇair viyokṣye (251.19) とし、Tib. も 'di bdag gis zos kyang gdon mi za bar srog dang 'bral bar 'gyur gyis (31a3; 33b1) とする。この方が文脈に合うので、MSV の読みを採る。BAILEY もこう訂正する。

(72) kāyikī teṣāṃ mahātmanāṃ dharmadeśanā na vācikī. Cf. Divy. 296.11-13, 313.12; MSV i 252.3-4; vii 46.29-30, 160.18-19.

(73) āśu pṛthagjanāvarjanakarī riddhiḥ. Cf. Divy. 192.8, 313.15, 539.4–5, 583.14.

(74) MSV はここに「意に任せて (yatheṣṭam)」(252.7) を置く。Tib. も ci 'dod pa gdab par (31a7 ; 33b5) とする。

(75) koṣakoṣṭhāgārāṇi sahadarśanāt. MSV はこれを koṣakoṣṭhāgārāṇi paśyāmi sahadarśanāt (252.9–10) とし、Tib. にもこれに相当する bltas (31a8 ; 33b5) がある。同様の記述は Divy. (123.21) にもあり、ここでも paśyati が使われているので、この語を補う。BAILEY は paśyeyaṃ を補うべきであるとする。

(76) kuryāt. MSV はこれを kuryāṃ とする。人称を考えれば、この形が正しいので、これに訂正する。BAILEY もこれが誤植であることを指摘し、kuryāṃ に訂正している。

(77) yady ekasya gandhaṃ yojayeyaṃ [yukteyaṃ AB and C pr. m.] śataṃ vā sahasraṃ vā gandhaṃ [gandhān MSS] ghrāsyati taṃ na ca parikṣayaṃ gaccheyur yāvan mayā 'pratipraśrabdham ['pratiprasrabdhi MSS]. このまま訳すと、「もしも私が一つの香を用意すれば、百あるいは千の香を香らせることができ、私が〔用意する〕のを止めない限り、尽きることがありませんように」というような訳がつく。一方、MSV はこれを yady ekasyārthāya gandhān yojaye te śatasya vā sahasrasya vā upayujyeran na ca parikṣayaṃ gaccheyuḥ/ yāvat prayogo na pratiprasrabdhaḥ (253.4–6) とする。Tib. は bdag gis gal te gcig gi phyir dri rnams sbyar na des brgya 'am stong byugs kyang ji srid sbyor ba ma btang gi bar du zad par mi 'gyur zhing (31b5–6 ; 34a3) とする。彼女の不思議な能力に関しては、この話の冒頭で sā ekasyārthāya gandhaṃ saṃpādayati śatasahasrasya paryāptir bhavati (124.4–6) と説明されていたが、これに注目すれば MSV の読みの方がよさそうなので、ここではこれを採る。なお、BAILEY は下線部を gandhān vilepsyati te (sc gandhā) na と読むべきではないかとする。

(78) yady ekāṃ mātrām ārabheyam. このまま読むと「〔何かを〕一つ分手にすれば」となるが、何か単語が欠けている印象は否めない。MSV は dhānyānām ekāṃ mātrām ārabheyaṃ (253.12–13) とし、手にするものが「穀物」であることを明言する。Tib. は「もしも私が食器 (snod) すれすれ一杯を計量すれば」(32a1 ; 34b6) とし、BAILEY はこれを mātrāṃ parikarmayitum ārabheyam とし、下線部を補うべきであるとする。同様の表現はこの後に見られるが、そこでは tato dāsyā dhānyānām ekāṃ mātrām ārabdhvā (134.23–24) とあるので、yady の後に dhānyānām を補う。

(79) riddhyā upari vihāyasā rājakulasyopariṣṭāt saṃprasthitaḥ. MSV は単に「神通力で出発した (ṛddhyā saṃprasthitaḥ)」(253.16) とし、Tib. も rdzu 'phrul gyis chas pa dang (32a2 ; 34a7) とする。

(80) balabalī [Sic BC : bale balī AD] āśā. MSV はこれを balavaty āśā (253.20) とするが、語形的にはこの方が相応しいので、この読みに訂正する。なお、この一節は本文中の訳のようにサブタイトルとして理解する方が適切と思われるが、Tib. はこれを「そこでかの長者が大きな願いを以て（re ba chen pos）蔵と倉庫とを見ると」（32a4；34b1-2）とし、次の文に関連づけて訳している。

（81） -śatasahasraiḥ. MSV（254.5-6）も同じ表現を取るが、Tib. は「千」（32a6；34b3）とし、「百」には言及しない。

（82） tathaiva putrasya snuṣāyā dāsasya praṇidhiḥ siddhā. これは MSV にも Tib. にも存在しない。

（83） yo bhavanto 'nnenārthī saḥ. MSV（254.8）も同形だが、Tib. は su zhig ci don du gnyer ba（32a6；34b3）とするので、BAILEY は下線部を yenārthī と読むべきではないかとする。

（84） MSV にはここに「王は言った。「世間の者達がすべて死んでいく時に、その長者は蔵や倉庫を開いたのか。お前達はその長者を呼んでこい」と（rājā kathayati yāvat sarva eva lokaḥ kālagatas tadā tena gṛhapatinā koṣakoṣṭhāgārāṇy udghāṭitāni/ āhūyatāṃ bhavantaḥ sa gṛhapatir iti）」（254.11-13）という文が見られる。Tib. にもこれに対応する文 rgyal pos smras pa/ gang gi tshe 'jig rten thams cad shi zin pa de'i tshe khyim bdag des mdzod dang bang ba rnams phye 'am/ shes ldan dag khyim bdag de khug shig（32a8；34b4-5）が存在する。

（85） evam eva. SPEYER はこれを eṣa eva に訂正している。連結ではこの形が定型なので、これに改める。

（86） dṛṣṭasatyāni. BAILEY はこれを dṛṣṭasatyāḥ に訂正しているが、MSV はこれを satyāni dṛṣṭāni（255.4）とする。ここでは MSV の読みを採る。

（87） yady. 文脈に合わない語である。これは定型表現の一部だが、MSV の対応箇所のように tasmāt tarhi bhikṣava（255.8）となるべきところなので、これに改める。Tib. はこの部分を省略しているので確認できない。 （88） 定型句 6B（黒白業）。

（89） ただし、刊本の最初の三頁は Divy. から補われているので、実際の写本は刊本の二百四十四頁の五行目（-sāmantakaṃ）からしか存在しない。したがって、本章注（29）までは MSV に言及しない。

第11章　ブッダに救いを求めた牛の過去と未来

Divy. には動物を主人公とする話は珍しいが、その数少ない話の一つが本章である。ここでは、屠殺人に殺されそうになっていた牛がブッダを見て浄信を抱き、ロープを断ち切ってブッダに近づき、その足を舐めると、ブッダはその牛が未来世で独覚になることを予言する話が見られる。しかし最後はその牛を畜生の再生に導いた、その牛の過去世での悪業が説かれているので、全体としてはその牛の現在を中心に、その未来と過去という三世に跨る説話になっている。

このように私は聞いた。ある時、世尊は、王・大臣・富豪・市民・組合長・隊商主・天・ナーガ・アスラ・ヤクシャ・ガルダ・キンナラ・マホーラガ達に尊敬され、恭敬され、崇敬され、供養されていた。かくして、天・ナーガ・アスラ・ヤクシャ・ガルダ・キンナラ・マホーラガ達に敬われていた仏・世尊は、誉れ高いお方として有名であり、衣・食・臥具・座具・病気に必要な薬といった資具を獲得し、弟子の僧伽と共に、ヴァイシャーリーにあるマルカタフラダティーラのクーターガーラシャーラー〔という楼閣〕で時を過ごしておられた(1)。

ちょうどその時、ヴァイシャーリーに住むリッチャヴィ族の人々は次のような約束をした。「皆、半月のうち、第十五日、第八日、第五日に生き物を殺すことにしよう。なぜなら、人々は〔生き物の〕肉を求めているからだ」と。

ちょうどその時、ある牛の屠殺人が大きな牡牛を連れ、〔その牛を〕殺すために都城の外に向かっていた。大勢の人達が肉を求め、後ろに後ろに付き従って、「早くその牛を殺してくれ！　我々は肉が欲しいのだ」と言うと、「そうしよう。だが、しばらく待ってくれ」と彼は答えた。

すると牛は、そのような不謹慎で粗悪な言葉を聞いて、恐れ戦き、ぎょっとし、あちらこちらに迷走しながら、熟慮し、〈困難・苦悩・危機に陥ってしまった、保護も救いもない〔私の〕大切な命を救ってくれる者は誰だろう〉と思案した。そして〔牛〕は、悲嘆にくれた顔で救いを求めていた。

その時、世尊は、午前中に衣を身に着け、衣鉢を持つと、比丘の衆団に囲遶され、比丘の僧伽に恭敬されながら、乞食しにヴァイシャーリーに入られた。そこでそ〔の牛〕は、三十二の偉人相で完全に装飾され、八十種好で体は光り輝き、一尋の光明で飾られ、千の太陽をも凌ぐ光を放ち、宝の山が動いている如く、どこから見ても素晴らしい仏・世尊を見た。(2) そして見ると同時に、世尊に対して〔牛の〕心は浄らかになった。〔牛〕は〈彼は美しくて特別なお方だ。彼なら私の命を護ってくれるだろう。いざ私は彼に近づこう〉と考えた。その時、その牛は〔世尊を〕眺め、世尊に心を向けて、このお方こそ私の帰依処であると考えると、突然、頑丈な皮紐を引きちぎり、走って世尊のもとに近づいた。近づくと、両膝を折って世尊の両足に平伏し、〔世尊の〕両足を舌で舐め始めた。そして〔普段から〕恐ろしいことをなすその牛の屠殺者は、〔牛〕の背後から手に刀を持って追いかけてきた。そこで世尊は、恐ろしいことをする牛の屠殺者にこう言われた。

「おい君、お前はその立派な牛と一緒にいるのがよい。〔牛を〕自分のものとして〔その〕命を救ってやりなさい」

彼は言った。

「大徳よ、私は〔牛〕を生かしておくことはできないのです」

「どうしてだ」

「私はこれを高値で買ったんです。それに私は多くの妻子を養わねばならないんですからね」

「もし金を払えば、放してやるか」と世尊が言われると、「世尊よ、放してやりましょう」と彼は答えた。そこで世尊は、〈ああ、願わくば、神々の主シャクラが三千カールシャーパナ〔の金〕を持って来んことを！〉という世俗の心を起こされた。世尊が〔世俗の〕心を起こすと同時に、神々の主シャクラは三千カールシャーパナを持って、世尊の前に立った。そこで世尊は神々の主シャクラにこう言われた。

「カウシカよ、その牛の屠殺人に〔千カールシャーパナの〕三倍の金を与えよ」

神々の主シャクラは、牛の代金として、三千カールシャーパナをその牛の屠殺人に与えた。その時、牛の代金として三千カールシャーパナを受け取ると、牛の屠殺人は歓び、満足し、歓喜して、世尊の両足を頭に頂いて礼拝した後、その牛を紐から放して立ち去った。神々の主シャクラは世尊の両足を頭に頂いて礼拝すると、たちどころに消えてしまった。その時、一度は失った命を取り戻したその牛は、世尊に対してなお一層の浄信を獲得し、世尊を三回右遶すると、背後から〔世尊に〕付き従い、世尊の顔を眺めながら立っていた。

その時、世尊は微笑された。諸仏・諸世尊が微笑した時には、赤琥珀・紅玉・金剛石・瑠璃・瑪瑙・赤珠・石巻貝・水晶・珊瑚・金・銀の光沢をした、青・黄・赤・白の光線が〔世尊の〕口から放たれ、ある〔光線〕は下に行き、ある〔光線〕は上に行くことになっている。下に行った〔光線〕は、等活・黒縄・衆合(3)・叫喚・大叫喚・炎熱・大炎熱・無間と、アルブダ・ニラブダ・アタタ・ハハヴァ・フフヴァ・ウトパラ・パドマ・マハーパドマに行く。〔この光線〕は無間を〔下〕限とする諸地獄に行くが、熱地獄には涼しくなって落ちて行き、寒地獄には暖かくなって落ちて行く。その瞬間、これにより〔各地獄に〕特有な有情達の苦しみは和らげられる。彼らは〈おい皆、我々はここから死没してしまったのだろうか、あるいは別の場所に生まれ変わったのであろうか〉と考える。

彼らに浄信を生ぜしめんがために世尊が化〔仏〕を放つと、彼らは化〔仏〕を見てこう考える。〈皆、我々はここから死没したのでもなく、別の場所に生まれ変わったのでもない。そうではなく、ここには以前に見たこともない有情がいるが、彼の神通力によって〔各地獄に〕特有な我々の苦しみが和らげられたのだ〉と。

彼らは化〔仏〕に対して心を浄らかにし、地獄で感受すべき業を滅尽すると、天界や人間界に生まれ変わり、そこで〔四〕諦の器となる。

上に行った〔光線〕は、四大王天・三十三天・夜摩天・兜率天・化楽天・他化自在天・梵衆天・梵輔天・大梵天・少光天・無量光天・光音天・少浄天・無量浄天・遍浄天・無雲天・福生天・広果天・無想天・無熱天・善現天・善見天、そして色究竟天を〔上〕限とする〔諸〕天に行って「無常・苦・空・無我」と声を発し、二つの詩頌を唱える。

「〔精進〕を積め。出家せよ。仏の教えに専念せよ。死の軍隊を打ち破れ。象が葦の小屋を〔踏み潰す〕如く。

この法と律とに従いて放逸なく修行する者は、生〔死を繰り返す〕輪廻を断じ、苦を終わらせん[4]」

さてその光線は、三千大千世界を駆け巡り、それぞれ世尊の背後に随行する。この時、世尊が過去の〔業〕を説明される場合、〔光線〕は〔世尊の〕背後に消える。未来の事を予言される場合、前方に消える。地獄への再生を予言される場合、足の裏に消える。畜生への再生を予言される場合、踵に消える。餓鬼への再生を予言される場合、足の親指に消える。人間への再生を予言される場合、膝に消える。準転輪王の地位を予言される場合、左の掌に消える。転輪王の地位を予言される場合、右の掌に消える。声聞の悟りを予言される場合、口に消える。独覚の悟りを予言される場合、眉間に消える。無上正等菩提を予言される場合、仏頂に消える。さて〔この場合〕その光線は、世尊を三回右繞して〔世尊の〕眉間に消えた。その時、同志アーナンダは虚心合掌をして世尊に尋ねた。

「種類も様々に、何千色もの美しき〔光の〕束が口より放たれ、それによりて〔十〕方は遍く照らされたり。あたかも太陽の昇るが如く」

そして〔さらに〕彼は詩頌を唱えた。

「高慢より離れ、卑下と驕(おご)りを断じた諸仏は、世間における最高の因なり。法螺貝や蓮の繊維の如く純白なる微笑を、敵を征した勝者達は故なくして現ぜず。沙門よ、勝者の主よ[5]、〔今が〕その時なりと自ら堅固なる智を以て知り、最高の聖者よ、堅固にして浄らかなる最上の言葉を以て、〔微笑の意味を〕聞かんと欲する聴衆に生じた疑念を取り除きたまえ。大海や山王の如く堅固なる〔大〕師・正覚者達は、故なく微笑を現ぜず。堅固なりし〔諸仏〕が微笑を現じたその意味を、大群集は聞かんと欲するなり」

世尊は言われた。

「見ました、大徳よ」

「そのとおりである、アーナンダよ。そのとおりなのだ。アーナンダよ、如来・阿羅漢・正等覚者達は、因縁なくして〔妄りに〕微笑を現ずることはない。[6] アーナンダよ、お前はあの牛を見たか」

「アーナンダよ、あの牛は如来のもとで心を浄らかにしたが、七日後に死没すると四大王天に生まれ変わり、大王ヴァイシュラヴァナの息子になるだろう。そこから死没すると三十三天に生まれ変わり、天主シャクラの息子になるだろう。そこから死没すると夜摩天に生まれ変わり、夜摩天の息子になるだろう。そこから死没すると兜率天に生まれ変わり、兜率天の息子になるだろう。そこから死没すると化楽天に生まれ変わり、天子スニルミタの息子になるだろう。そこから死没すると他化自在天に生まれ変わり、天子ヴァシャヴルティンの息子になるだろう。その結果、この連続性によって、九万九千劫の間、彼は悪趣に落ちないだろう。こうして彼は欲〔界〕繋の諸天において天界の楽を享受した後、最後の生存において、最後の住処において、最後の体[7]において、最後身を得た時に、人間として生まれ、アショカヴァルナと呼ばれる転輪王になるだろう。彼は四海の果てまでも征服する[8]正義の法王となり、七宝を具足するだろう。彼には次のような七宝があるだろう。すなわち、輪宝、象宝、馬宝、珠宝、女宝、長者宝、〔そして〕第七番目に将軍宝である。また彼には、勇敢で勇ましく、素晴らしい肢体をし、相手の軍隊を絶滅させる千人の息子達に恵まれるだろう。彼は、その同じ〔四〕海を境界とする、荊も苦悩もなき全大地を、暴力や武力を使うことなく、正法によって征服し、〔そこに〕君臨するだろう。後に彼は布施をすると、転輪王の位を捨て、髪と髭とを剃り落とし、袈裟衣を身に着け(9)、真摯な気持ちで家から家なき状態へと首尾よく出家し、独覚の悟りを証得すると、アショカヴァルナと呼ばれる独覚となるだろう」

その時、同志アーナンダは、カラプタ合掌をして、世尊に尋ねた。

「世尊よ、あの牛はどのような業を為したがために畜生として生まれ、〔また〕どのような業を為したがために天〔界〕と人間〔界〕の楽を享受した後、独覚の悟りに到達するのでしょうか」

世尊は言われた。

「アーナンダよ、その同じ牛によって為され積み上げられた業は、資糧を獲得し機縁が熟すと、暴流の如くに押し寄せてきて避けることはできないのだ。〔その〕牛によって為され積み上げられた業を、他の誰が享受しようか。アーナンダよ、為され積み上げられた業は、外の地界・水界・火界・風界で熟すのではない。そうではなく、為され積み上げられた(10)業は、善であれ悪であれ、感覚のある〔五〕蘊・〔十八〕界・〔十二〕処の中においてのみ熟すのである。

何百劫を経ても、業は不滅なり。〔因縁〕和合と時機を得て、必ずその身に実を結ぶ(11)」

アーナンダよ、かつて過去世において、九十一劫の昔に、ヴィパッシンと呼ばれる正等覚者が世に出現した。彼は明行足・善逝・世間解・無上士・調御丈夫・天人師・仏・世尊であった(12)。彼は王城バンドゥマティーに身を寄せ、ある森の茂みで時を過ごしていた。そこからそう遠くない所に、人里離れた所を住処とし、乞食で生活する六十人の比丘達が住んでいた。また彼らは皆、貪・瞋・痴を離れていた。しばらくすると、五百人ほどの悪党達があちこちをうろつきながら、その地方にやって来た。彼らはこう考えた。〈あの立派な出家者達はこのような〔人の住まない〕土地に満足している。もしも我々が彼らの命を奪ってしまわなかったならば、これ以上この土地でおちおち暮らしてもいられぬわい。またたとえ一切有情の利益と繁栄に懸命になっているあの立派な者達が他人に〔我々のことを〕告げ口しなかったとしても、〔土地の〕有力者達が彼らに近づき、我々を王に引き渡すだろう。そうなると我々は牢獄に監禁され、死ななければならぬ。さてここで、どうしたものか〉と。

ちょうどその同じ場所には、残忍な心をし、後世を恐れないある〔男〕がいたが、彼は言った。

「〔比丘〕達を殺さずに、どうして我々が安閑としていられようか」

「〔こうして唆(そそのか)された〕彼らは〔比丘〕達の命を奪ってしまったのである。そして彼らはこのような邪悪で不善なる業を為し、九十一劫の間、悪趣に生まれ、大抵は地獄や畜生〔界〕に生まれ変わり、常に刃物で殺されたのである。〔また〕その時、彼らを唆した盗賊こそこの牛であり、その業の異熟によって、それだけの間、いかなる時も善趣に生まれ変わることはなかったのだ。しかしながら今、私に対して心を浄らかにしたという業により、天〔界〕と人間〔界〕の楽を享受した後、〔未来世に〕独覚の悟りに到達するだろう。このようにアーナンダよ、実に如来達に対して心を清浄にすることすら不可思議なる果報をもたらす。誓願〔の果報〕は言うに及ばぬ。ゆえにアーナンダよ、ここで次のように学び知らねばならない。すなわち『私は、最低、指を弾くほどの非常に短い一瞬一瞬といえども、如来を具体的な姿形という点から憶念しよう[13]』と。このようにアーナンダよ、お前達は学び知るべきである」

その時、同志アーナンダは世尊の言われたことに歓喜し、比丘達の前で詩頌を唱えた。

「ああ、〔有情の〕利益を求める導師にして一切知者なる〔世尊〕の哀れみと愛情は、〔その〕徳と共にかくも極めて希有なり。なぜなら、〔世尊〕は最悪の危機に陥れる牛を救い出し、また天〔界〕の生存において、彼に勝者たる独覚の記別をお与えになられたればなり」

世尊がこう言われると、かの比丘達は歓喜し、世尊の説かれたことに[14]満足した。

以上、吉祥なる『ディヴィヤ・アヴァダーナ』における「アショーカヴァルナ・アヴァダーナ」第十一章。

文献

❶ None ❷ None ❸ None. Cf.『生経』巻四（T. 154, iii 98a15-c9） ❹ None.

注

（1） 定型句 1A（冒頭）。 （2） 定型句 8B（ブッダの相好）。

（3） kālasūtraṃ［The previous passage（sur. 23 b）adds here saṃghāta］. 定型表現につき、この後に saṃghātaṃ を補う。

（4） 第4章注（15）参照。 （5） śramaṇajinendra. これを śramaṇa jinendra に改める。

（6） 定型句 8D（微笑放光）。 （7） 定型表現につき、paścime を補う。SPEYER もこのように訂正している。

（8） cāturarṇavāntavijetā. 同様の表現は有部系の説話文献に散見し、caturbhāgacakravartī（Divy. 315.28-316.1, 368.26-27, 372.22, 379.21, 402.17）と表現されるのが常だが、cāturaṅgair vijetā（Divy. 548.24）や cāturantāṃ vijetā（MSV vi 49.7）という形も見られる。

（9） 定型表現につき、ācchādya を補う。Cf. Divy. 35.8, 37.12, 556.7, 618.5.

（10） kṛtāni. 定型表現につき、この後に upacitāni を補う。 （11） 定型句 6A（業報の原理）。 （12） 定型句 5A（過去仏）。

（13） tathāgatam ākārataḥ samanusmariṣyāmi. 同様の表現は第15章（196.24-25）にも見られるが、このような用例から、念仏の内容が観念的なものから視覚的なものへとシフトしているのが読みとれる。『説話の考古学』（354-359）参照。

（14） bhāṣitam. これも定型表現なので bhagavato を補い、bhagavato bhāṣitam とする。SPEYER もこのように訂正している。

第12章　ブッダと外道との神変対決

本章はそのタイトルをavadānaではなくsūtraとし、したがって過去物語は説かれず、現在物語のみに終始するのが特徴である。一応は根本有部律雑事に対応箇所が見られるが、そのTib.や漢訳と比較してみると、根本有部律に平行文が存在する他の章よりは、その不一致の度合いが極めて高い。さてその内容であるが、これはプラセーナジット王の仲介で、ブッダと外道達とが神変を競い合う物語である。無論、ブッダが勝利を納めるのであるが、その時にブッダの披露した仏華厳の神変は実に素晴らしく、地上から色究竟天までの虚空を、無数のブッダが蓮から蓮へと次々に埋め尽くしていく様子が視覚的イメージと結びついて描かれており、その光景はまさに目に浮かぶようである。

143

[1]かの世尊[2]は、ラージャグリハ郊外にある竹林のカランダカニヴァーパで、王・大臣・富豪・市民・組合長・隊商主・天・ナーガ・ヤクシャ・アスラ・ガルダ・キンナラ・マホーラガ達に尊敬され、恭敬され、崇敬され、供養されながら、時を過ごしておられた。かくして、天・ナーガ・ヤクシャ・アスラ・ガルダ・キンナラ・マホーラガ達に敬われていた仏・世尊は、誉れ高いお方として有名であり、天界や人界の衣・食・住・臥具・坐具・病気に必要な薬といった資具を得てはいたが、蓮の葉が水を〔弾く〕如く、〔それらに〕染着されることはなく、声聞の僧伽と共に時を過ごしておられたのである[3]。

ちょうどその時、都城ラージャグリハには、一切知者でもないのに一切知者を自認するプーラナ等の六師達が住んでいた。すなわち、プーラナ・カーシャパ、マスカリン・ゴーシャーリープトラ、サンジャイン・ヴァイラティープトラ、アジタ・ケーシャカンバラ、カクダ・カーティヤーヤナ、ニルグランタ・ジュニャーティプトラである。さて、公会堂に集まり坐っていたプーラナを始めとする六人の外道達の間に、このような話題が持ち上がった。

「おい、お前達、知っているか。沙門ガウタマの出世以前、我々は、王・大臣・バラモン・長者・町人・村人・組合長・隊商主達に尊敬され、尊重され、恭敬され、供養され、また衣・食・住・病気を治すための薬といった資具を得ていた。なのにどうだ。沙門ガウタマが出世するや、沙門ガウタマは、王・大臣・バラモン・長者・村人・富豪・組合長・隊商主達に尊敬され、尊重され、恭敬され、供養されるようになり、さらに沙門ガウタマは、弟子の僧伽と共に、衣・食・住・病気を治すための薬といった資具を得る者となって、我々が集めていた利得と尊敬とは悉く根こそぎ持っていかれた。我々は神通力の持ち主であり、智を論ずる者であるが、沙門ガウタマも神通力の持ち主であり、智を論ずる者と自認している。智を論ずる者は智を論ずる者と共に、上人法神通神変を示すべきだ。(4) もしも沙門ガウタマが上人法神通神変を〔一つ〕示すなら我々は二つ、沙門ガウタマが二つなら我々は四つ、沙門ガウタマが四つなら我々は八つ、沙門ガウタマが八つなら我々は十六、沙門ガウタマが十六なら我々は三十二、というように、—乃至— 沙門ガウタマが上人法神通神変を示すなら、我々はその二倍、三倍を示すことにしよう。沙門(5)ガウタマは道の半ばまで来るがよい。我々も道の半ばまで行こう。そこで我々は沙門ガウタマと共に、上人法神通神変を示せばよい」

その時、邪悪なマーラは〈私は何度も何度も沙門ガウタマを攻撃しようとしたが、いつも〔彼は〕付け入る隙を与えなかった。いざ私は外道達を攻撃しよう〉と考えた。こう考えると、彼はプーラナに変装し、空高く飛び上がると、光・熱・雨・稲妻の神変を現じ、マスカリン・ゴーシャーリープトラに告げた。

「マスカリンよ、私は神通力の持ち主であり、智を論ずる者だが、沙門ガウタマも神通力の持ち主であり、智を論ずる者と自認している(6)ことは知っているだろう。智を論ずる者は智を論ずる者と共に、上人法神通神変を示すべきだ。

もしも沙門ガウタマが上人法神通神変を〔一つ〕示すなら我々は二つ、沙門ガウタマが二つなら我々は四つ、沙門ガウタマが四つなら我々は八つ、沙門ガウタマが八つなら我々は十六、沙門ガウタマが十六なら我々は三十二、というように、―乃至―　沙門ガウタマが上人法神通神変を示すなら、我々はその二倍を示すことにしよう。沙門ガウタマは道の半ばまで来るがよい。我々も道の半ばまで行こう。そこで我々は沙門ガウタマと共に、上人法神通神変を示せばよい」(7)(8)

その時、邪悪なマーラは〈私は何度も何度も沙門ガウタマを攻撃しようとしたが、いつでも〔彼は〕付け入る隙を与えなかった。いざ私は外道達を攻撃しよう〉と考えた。こう考えると、彼はマスカリンに変装し、空高く飛び上がると、光・熱・雨・稲妻の神変を現じ、サンジャイン・ヴァイラティープトラに告げた。

「実にサンジャインよ、私は神通力の持ち主であり、智を論ずる者だが、沙門ガウタマも神通力の持ち主であり、智を論ずる者と自認していることは知っているだろう。智を論ずる者は智を論ずる者と共に、上人法神通神変を示すべきだ。もしも沙門ガウタマが上人法神通神変を〔一つ〕示すなら我々は二つ、沙門ガウタマが二つなら我々は四つ、沙門ガウタマが四つなら我々は八つ、沙門ガウタマが八つなら我々は十六、沙門ガウタマが十六なら我々は三十二、というように、―乃至―　沙門ガウタマが上人法神通神変を示すなら、我々はその二倍を示すことにしよう。沙門ガウタマは道の半ばまで来るがよい。我々も道の半ばまで行こう。そこで我々は沙門ガウタマと共に、上人法神通神変を示せばよい」(9)

このようにして一人ずつ、〔ついには〕全員が害された。〔彼らは〕各自「私は神通力を得た者ではないのか」と言うと、一切知者でもないのに一切知者を自認するプーラナ等の六師達は、マガダ国王シュレーンニャ・ビンビサーラのもとに近づいた。近づくと、マガダ国王シュレーンニャ・ビンビサーラにこう言った。(10)

「王よ、実に我々は神通力の持ち主であり、智を論ずる者ですが、沙門ガウタマも神通力の持ち主であり、智を論ずる者と自認していることは御存知でしょう。智を論ずる者は智を論ずる者と共に、上人法神通神変を示すべきです。もしも沙門ガウタマが上人法神通神変を〔一つ〕示すなら我々は二つ、沙門ガウタマが二つなら我々は四つ、沙門ガウタマが四つなら我々は八つ、沙門ガウタマが八つなら我々は十六、沙門ガウタマが十六なら我々は三十二、というように、―乃至― 沙門ガウタマが上人法神通神変を示すなら、我々はその二倍・三倍を示しましょう。沙門ガウタマは道の半ばまで来るとよいでしょう。我々も道の半ばまで行きます。そこで(11)我々は沙門ガウタマと共に、上人法神通神変を示せばよいのです」

こう言われて、マガダ国王シュレーンニャ・ビンビサーラは外道達に言った。

「お前達は死体同然なのに、世尊と共に神通力を求めるというのか(12)」

その後、一切知者でもないのに一切知者を自認する(13)プーラナ等の六師達は、道の途中でマガダ国王シュレーンニャ・ビンビサーラに知らせた。

「王よ、我々は神通力の持ち主であり、智を論ずる者ですが、沙門ガウタマも神通力の持ち主であり、智を論ずる者と自認していることは御存知でしょう。智を論ずる者は智を論ずる者と、上人法神通神変を示すべきです。―乃至― そこで我々も沙門ガウタマと共に、上人法神通神変を示せばよいのです」

こう言われて、マガダ国王シュレーンニャ・ビンビサーラはその外道の遊行者達に「三回目も同じことを言ったら、私はお前達を追放するぞ！」と言った。その時、外道達はこう考えた。

〈あのマガダ国王シュレーンニャ・ビンビサーラは沙門ガウタマの弟子だ。ビンビサーラは放っておけ。〔一方〕コーサラ国王プラセーナジットは中立だ。沙門ガウタマがシュラーヴァスティーに行く時、我々はそこに行き、上人法神通神変の件で沙門ガウタマを呼び出そう〉

こう言うと、出掛けていった。その時、マガダ国王シュレーンニャ・ビンビサーラはある男に「おい、お前、お前

147

は行け。今すぐ最上の車を用意せよ。私はそれに乗って世尊に謁見し、お仕えしに行くぞ」と告げた。「畏まりました、大王よ」とその男はマガダ国王シュレーンニャ・ビンビサーラに同意すると、直ちに最上の車を用意し、マガダ国王シュレーンニャ・ビンビサーラのもとに近づいた。近づくと、マガダ国王シュレーンニャ・ビンビサーラにこう言った。「大王のために最上の車を用意しました。大王は今がその時とお考え下さい」と。

そこでマガダ国王シュレーンニャ・ビンビサーラは最上の車に乗り、世尊に謁見し、お仕えするために、ラージャグリハから世尊のもとに向かった。彼は、車道がある限りは車で進み、車から降りると歩いて園林に入った。マガダ国王シュレーンニャ・ビンビサーラは世尊を拝見している最中に[14]五つの王権の象徴を取り去ると、すなわちターバン・傘・名刀・扇・美しい草履といった五つの王権の象徴を取り去ると、世尊に近づいた。近づくと、世尊の両足を頭に頂いて礼拝し、一隅に坐った。マガダ国王シュレーンニャ・ビンビサーラが一隅に坐ったのを確認されると、世尊は〔王を〕法話を以て教示し、鼓舞し、激励し、勇気づけられた。様々な仕方で、法話を以て教示し、鼓舞し、激励し、勇気づけられると、沈黙された[15]。その時、マガダ国王シュレーンニャ・ビンビサーラは世尊に満足し、歓喜して、世尊の両足を頭に頂いて礼拝すると、世尊のもとから退いた。

その時、世尊が〈過去の正等覚者達は、有情を利益せんがために、どこで偉大な神変を示されたのであろうか〉とお考えになると、神々は世尊に「大徳よ、過去の正等覚者達は、有情を利益せんがために、偉大な神変を示されたと以前に聞いたことがあります」と告げた。

148

世尊に〈過去の正等覚者達は、有情を利益せんがために、シュラーヴァスティーで偉大な神変を示されたのだ〉という知見が生じた。そこで世尊は同志アーナンダに告げられた。

「さあ、アーナンダよ、お前は比丘達に告げよ。『如来はコーサラ地方に遊行に行かれる。皆さんの中で如来と共にコーサラ地方に遊行に行くことのできる者は、衣を洗い、縫い合わせ、染められよ』と」

「畏まりました、大徳よ」と同志アーナンダは世尊に同意すると、「同志の皆さん、世尊はコーサラ地方に遊行に行かれる。皆さんの中で如来と共にコーサラ地方に遊行に行くことのできる者は、衣を洗い、縫い合わせ、染められよ」と比丘達に告げた。かの比丘達は同志アーナンダに同意した。

その時、〔自己を〕調御し、寂静で、解脱し、安穏であり、〔自己を〕調伏し、阿羅漢であり、離貪し、端正な世尊が、〔自己を〕調御し、寂静で、解脱し、安穏であり、〔自己を〕調伏し、阿羅漢であり、離貪し、端正な従者を従えている様は、雄牛が牛の集団に、象が若象の集団に、獅子が牙を有する動物の集団に、白鳥王が白鳥の集団に、ガルダが鳥の集団に、バラモンが弟子の集団に、名医が患者の集団に、勇者が武士の集団に、導師が旅人の集団に[16]、隊商主が商人の集団に、組合長が市民の集団に、城主が大臣の集団に、転輪王が千人の息子に、月が星の集団に、太陽が千の光線に、ドゥリタラーシュトラがガンダルヴァの集団に、ヴィルーダカがクンバータの集団に、ヴィルーパークシャが龍の集団に、クベーラが夜叉の集団に、ヴェーマチトラがアスラの集団に、シャクラが三十〔三〕天に、ブラフマンが梵衆〔天〕に囲遶されているが如くであった。〔また世尊〕は、凪いだ大洋の如く、水を湛えた大洋の如く、興奮せぬ象王の如くであり、よく調御された諸根によって振る舞いと行動は落ち着いており、〔十八〕不共仏法という多くの〔徳〕を具えた〔世尊〕は、偉大なる比丘の僧伽に恭敬されながら遊行し、シュラーヴァスティーに向かわれた[17]。さらに何十万もの神々に付き従われながら遊行しつつ、やがてシュラーヴァスティーに到着し、シュラーヴァスティーでは、ジェータ林・アナータピンダダの園林で時を過ごしておられた。

外道達は、沙門ガウタマがシュラーヴァスティーに行ったと聞いた。そして聞くと、〔彼らも〕シュラーヴァスティーに向かった。彼らはシュラーヴァスティーに行くと、コーサラ国王プラセーナジットにこう言った。

「大王よ、我々は神通力の持ち主であり、智を論ずる者ですが、沙門ガウタマ〔も〕神通力の持ち主であり、智を論ずる者と自認しています。智を論ずる者は智を論ずる者と共に、上人法神通神変を示すべきです。もしも沙門ガウタ

150

マが上人法神通神変を〔一つ〕示すなら我々は二つ、沙門ガウタマが二つなら我々は四つ、沙門ガウタマが四つなら我々は八つ、沙門ガウタマが八つなら我々は十六、沙門ガウタマが十六なら我々は三十二、というように、―乃至―沙門ガウタマが上人法神通神変を示すなら、我々はその二倍・三倍を示しましょう。沙門ガウタマは道の半ばまで来るとよいでしょう。我々も道の半ばまで行きます。そこで我々は沙門ガウタマと共に、上人法神通神変を示せばよいのです[18]」

こう言われて、コーサラ国王プラセーナジットは外道達にこう言った。

「お前達よ、私が世尊に謁見している間に来るがよい」

その時、コーサラ国王プラセーナジットはある男に「おい、お前、お前は行け。今すぐ最上の車を用意せよ。私はそれに乗って世尊に謁見し、お仕えしに行くぞ」と告げると、その男は「畏まりました、大王よ」とコーサラ国王プラセーナジットに同意し、直ちに最上の車を用意して、コーサラ国王プラセーナジットのもとに近づいた。近づくと、彼はコーサラ国王プラセーナジットにこう言った。「大王のために最上の車を用意しました。大王は今がその時とお考え下さい」と。

そこでコーサラ国王プラセーナジットは最上の車に乗り、世尊に謁見し、お仕えするために、シュラーヴァスティーから世尊のもとに向かった。彼は、車道がある限りは車で進み、車から降りると歩いて園林に入り、世尊のもとに近づいた。近づくと、世尊の両足を頭に頂いて礼拝し、一隅に坐った。一隅に坐ったコーサラ国王プラセーナジットは、世尊にこう申し上げた。

「大徳よ、上人法神通神変の件で、外道達は世尊を呼び出すつもりです。世尊は、有情を利益せんがために、上人法神通神変をお示し下さい。世尊は外道達の度胆を抜き、神々や人々を喜ばせ、正しき人の心を満足させて下さい」

これを聞いて、世尊はコーサラ国王プラセーナジットにこう言われた。

「大王よ、私は声聞達に対して『比丘達よ、お前達は、集い来たれるバラモンや長者達に対し、上人法神通神変を示せ』と法を説いてはいない。そうではなく、私は声聞達に対して『比丘達よ、善事を隠し、悪事を露にして時を過ごせ(19)』と法を説いている」

コーサラ国王プラセーナジットは二度も三度も世尊にこう申し上げた。

「有情を利益せんがために、世尊は上人法神通神変をお示し下さい。世尊は外道達の度胆を抜き、神々や人々を喜ばせ、正しき人の心を満足させて下さい」

——実に〔この世で〕生活し、住し、暮らし、時を過ごしている諸仏・諸世尊達には、所謂必須の仕事が十ある。(1)仏が〔次の〕仏を授記しない間、諸仏・諸世尊達は涅槃に入らない、(2)第二の有情が退転しないように、涅槃に入らない、(3)仏によって教化されるべき一切〔有情〕を教化する、(4)寿命の第三の部分を捨て去る、(5)〔善悪の〕境界線を引く、(6)一対の弟子が最高の状態に〔達するであろうと〕指示する、(7)都城サーンカーシュヤに神の出現があることを指示する、(8)アナヴァタプタ池で弟子達と共に前世の業の相続を説明する、(9)両親を〔四聖〕諦に住せしめる、(10)シュラーヴァスティーに偉大なる神変を示す(20)。——

その時、世尊は〈これは、如来必須の仕事である〉と考えられた。こう考えられると、コーサラ国王プラセーナジットに告げられた。

「大王よ、あなたは行くがよい。今日から七日後、有情を利益せんがために、如来は大衆の目の前で上人法神通神変を示すであろう」

その時、コーサラ国王プラセーナジットは世尊にこう申し上げた。

「もしも世尊がお許し下さるのであれば、私は世尊のために神変用のホールをお造りしましょう」

その時、世尊が〈過去の正等覚者達は、有情を利益せんがために、どの場所で偉大な神変を示されたのだろうか〉

と考えられると、神々は世尊に告げた。

「大徳よ、シュラーヴァスティーとジェータ林との中間、その間で過去の正等覚者達は、有情を利益せんがために、偉大な神変を示されました」

世尊にも〈シュラーヴァスティーとジェータ林との中間、その間で過去の正等覚者達は、有情を利益せんがために、偉大な神変を示されたのだ〉[21]という知見が生じた。世尊は、コーサラ国王プラセーナジットに沈黙を以て承諾された。

その時、コーサラ国王プラセーナジットは世尊が沈黙を以て承諾されたのを知ると、世尊にこう申し上げた。

「大徳よ、私はどの場所に神変のホールを建立すればよいのでしょうか」

「大王よ、シュラーヴァスティーとジェータ林との中間にである」

その時、コーサラ国王プラセーナジットは世尊の言われたことに満足し、歓喜して、世尊の両足を頭に頂いて礼拝すると、世尊のもとから退いた。その後、コーサラ国王プラセーナジットは外道達にこう言った。

「皆、聞け。今日から七日後、世尊は上人法神通神変をお示しになるだろう」

その時、外道達はこう考えた。〈七日の間に沙門ガウタマはまだ証得していないものを証得しようというのか、逃げ去ってしまうのか、あるいは味方を捜し求めようとしているのか〉[22]と。彼らはこう考えた。〈沙門ガウタマは、逃げ去るのでもなければ、まだ証得していないものを証得するのでもない。[23]きっと沙門ガウタマは味方を捜し求めるに違いない。我々もこの間に味方を捜し求めよう〉と。

こう考えると、魔術に巧みなラクタークシャ[24]という遊行者を呼んだ。彼らは遊行者ラクタークシャに事の次第を詳しく説明してこう言った。

「実にラクタークシャよ、聞くがよい。我々は沙門ガウタマを神通力の件で呼び出した。彼は『今日から七日後、私は上人法神通神変を示すつもりである』と言ったのだ。きっと沙門ガウタマは〔この間に〕味方を捜し求めるに違いない。あなたもどうか同梵行者〔の我々〕に力を貸してくれぬか」

「そうしよう」と彼は約束した。その後、遊行者ラクタークシャは、あらゆる外道・バラモン・乞食者・遊行者達のもとを訪れた。訪れては、あらゆる外道・バラモン・乞食者・遊行者達に事の次第を詳しく説明し、こう言った。

「皆、聞け。我々は沙門ガウタマを神通力の件で呼び出した。彼は『今日から七日後、私は上人法神通神変を示すつもりである』と言ったのだ。きっと沙門ガウタマは〔この間に〕味方を捜し求めるに違いない。あなた方もどうか同梵行者〔の我々〕に力を貸してはくれぬか。七日後、あなた方はシュラーヴァスティーの外に出掛けて欲しいのだ」

「そうしよう」と彼らは約束した。その時、ある山には五百人ほどの聖仙が住んでいた。そこで遊行者ラクタークシャは、その聖仙がいる所に近づいた。近づくと、事の次第を詳しく説明し、こう言った。

「皆、聞け。我々は沙門ガウタマを神通力の件で呼び出した。彼は『今日から七日後、私は上人法神通神変を示すつもりである』と言ったのだ。きっと沙門ガウタマは〔この間に〕味方を捜し求めるに違いない。あなた方もどうか同梵行者〔の我々〕に力を貸してはくれぬか。七日後、あなた方はシュラーヴァスティーの外に出掛けて欲しいのだ」

「そうしよう」と彼らは約束した。

ちょうどその時、五神通を有するスバドラ(25)という遊行者がいた。クシナガリーには彼の住まいがあり、〔そこの〕アナヴァタプタ池の辺で、〔彼は〕日中の休息を取っていた。その時、遊行者ラクタークシャは、遊行者スバドラのもとに近づいた。近づくと、事の次第を詳しく説明し、こう言った。

「実にスバドラよ、聞くがよい。我々は沙門ガウタマを神通力の件で呼び出した。彼は『今日から七日後、私は上人法神通神変を示すつもりである』と言ったのだ。きっと沙門ガウタマは〔この間に〕味方を捜し求めるに違いない。あなたもどうか同梵行者〔の我々〕に力を貸してくれぬか。七日後、あなたはシュラーヴァスティーの外に出掛けて欲しいのだ」

スバドラは言った。

「あなた方は沙門ガウタマを神通力の件で呼び出すなんて、拙いことをしたものだ。それはなぜか。私の住処はクシナガリーにあり、大池アナヴァタプタで日中の休息を取っている。沙門ガウタマにはシャーリプトラという弟子がいるが、彼にはチュンダ[26]と呼ばれる沙弥がおって[27]、彼もまたその同じアナヴァタプタ池の辺で日中の休息を取っている。大池アナヴァタプタに住む神々は彼に対するほど〔丁重に私を〕敬う必要はないと考えているんじゃ。それはある時のことだった。私はクシナガリーに乞食に出掛け、施物を受け取った後、このアナヴァタプタ池にやって来たが、アナヴァタプタ池に住む神々は大池アナヴァタプタから水を一隅に掬い上げ、この私には与えてくれなかったのに、沙弥チュンダが糞掃衣を持ってアナヴァタプタ池に来るや、アナヴァタプタ池に住んでいた神は彼の糞掃衣を洗濯し、その水を自分自身に振り注いだのだ[28]。実に我々は彼の弟子のさらにまた弟子にも及ばないのに、その彼をあなた方は上人法神通神変の件で呼び出した。あなた方は沙門ガウタマを神通力の件で呼び出すなんて、拙いことをしたものだ。私は沙門ガウタマがどんなに大神通力・大威神力の持ち主であるか如実に知っておる」

ラクタークシャが「何と、あなたは沙門ガウタマの味方というわけか！　あなたは絶対に行ってはらぬ」と言うと、スバドラは「私は決して参らん！」と答えた。

さてコーサラ国王プラセーナジットには、男前で、見目麗しく、美しく、信心深く、優しく、優れた意向を持つカーラという弟がいた。彼はコーサラ国王プラセーナジットの屋敷の門を通って外へ出て行くと、楼閣の屋上にいた、ある後宮の婦人が王子を見つけ、花環を投げ掛けると、それは彼の上に落ちた。

――世間の人々は、友人・敵・中立〔のどれか〕である[29]。――

〔彼の敵〕達は王に「大王よ、お聞き下さい。カーラ様[30]が王の後宮の女性をお望みになりました」と密告した。コーサラ国王プラセーナジットは、怒りっぽく、気が短く、気性が荒かったので[31]、彼はよく確かめもせず、家臣の者達に

154

「さあ、お前達、今すぐカーラの手足を切断せよ！」と命令すると、「畏まりました、大王よ」と家臣の者達はコーサラ国王プラセーナジットに同意し、道半ばにしてカーラの手足を切断した。彼(32)は悲痛な叫び声を上げ、譬(たと)えようもない激痛を感じた。カーラの親類縁者達が悲鳴を上げ始めた。その時、プーラナ等の外道達がその場所にやって来た。カーラの親類縁者達が「さあ、聖者達よ、真実〔語〕に訴えて、このカーラ王子を元通りにして下さい」と言うと、プーラナは「この男は沙門ガウタマの弟子だ。ガウタマが沙門の法で元通りにしてくれよう」と答えた(33)。その(34)時、カーラ王子は〈災難、苦境、困難に陥った私のことなど、世尊は気づいて下さらないだろう〉と考えた。こう考えると、詩頌を唱えた。

「苦境に陥りし我が様を、なぜ世間の導師は御存知なきや。苦悩を遠離し、一切の生類に哀れみの心をお持ちの
〔世尊〕に帰命し奉る」

――諸仏・諸世尊は失念することがない(35)。――

この時、世尊は同志アーナンダに告げられた。

「さあ、アーナンダよ、お前は僧衣を持ち、誰かお付きの沙弥の比丘を連れて、王の弟カーラのもとに近づきなさい。近づいて、カーラ王子の手足を元通りの場所に置き、こう言うのだ。『有足、両足、多足、肉体あるもの、肉体なきもの、想あるもの、想なきもの、あるいは想があるのでもないのでもない(36)有情達の中で、如来・阿羅漢・正等覚者が最高であると言われる。有為法や無為法の中で、離貪という法が最高であると言われる。何らかの集団・衆団・団体(37)・衆会の中で、如来の声聞達の集団が最高であると言われる。この真実により、真実の表明により、汝の体が元通りになるように！』と」

155

「畏まりました、大徳よ」と同志アーナンダは世尊に同意すると、僧衣を持ち、お付きの沙弥の比丘を連れて、王の弟カーラのもとに近づいた。近づくと、カーラ王子の手足を元通りの場所に置いて、こう言った。

「有足、両足、多足、肉体あるもの、肉体なきもの、想あるもの、想なきもの、あるいは想があるのでもないのでもない有情達の中で、如来・阿羅漢・正等覚者が最高であると言われる。有為法や無為法の中で、離貪という法が最高であると言われる。何らかの集団・衆団・団体・衆会の中で、如来の声聞達の集団が最高であると言われる。この真実により、真実の表明により、汝の体が元通りになるように！」

言うと同時に、カーラ王子の体は元通りになった。あたかも仏は仏の神通力により、諸神は諸神の神通力によるが如く、カーラ王子はまさにこの衝撃によって不還果を証得し、また神通力も獲得した。彼は世尊に園林を寄進し、世尊に対して奉仕をし始めたが、そ〔の園林〕で彼の体はばらばらにされたので、彼には「ガンダカ・アーラーミカ(38)（ばらばらの園主）」という名前がついた。その後、コーサラ国王プラセーナジットは彼をあらゆる資具でもてなすと、カーラは言った。

「私はあなたに何の用もありません。私は世尊にのみ奉仕いたします」

さてコーサラ国王プラセーナジットは、シュラーヴァスティーとジェータ林との中間に、世尊の神変ホールを造らせた。ホールは四十万ハスタの広さであり、世尊の獅子座が設えられた。また他の外道の弟子達もプーラナ等の外道達のために、それぞれホールを造らせた。第七日目になると、コーサラ国王プラセーナジットは、石・砂利・瓦礫を取り除き、香を置き、抹香の煙幕を張り、幡や幟を立て(39)、香水を撒き、種々なる花を撒き散らすと、ジェータ林から世尊の神変ホールの内部に至るまでの一切の地面を麗しく設え、あちこちに花のホールを準備した(40)。

第七日目になると、世尊は午前中に衣を身に着け、衣鉢を持つと、乞食しにシュラーヴァスティーに入られた。シュラーヴァスティーを乞食して歩いた後、食事の準備をし、後に食事を済ませると、立ち去られた(41)。〔その後、世尊〕は衣鉢を片づけ、精舎の外で両足を洗ってから、独居すべく精舎に入られた。その時、コーサラ国王プラセーナジットは、何百・何千・何十万という多くの従者を従えて、世尊の神変ホールに近づいた。近づくと、設えられた座に坐った。外道の者達も大群集に囲まれてホールに近づいた。近づくと、各自設えられた座に坐った。坐ると、コーサラ国王プラセーナジットにこう言った。

「さあ、大王よ、我々はやってまいりました。今、沙門ガウタマはどこにおりますか」[42]

「では、皆の者、しばらく待て。世尊は今にお出ましになろう」

その後、コーサラ国王プラセーナジットは青年僧ウッタラ[43]に告げた。

「さあ、ウッタラよ、お前は世尊のもとへ行きなさい。行ったら、私に代わって世尊の両足を頭に頂いて礼拝し、病気や疾患がないかどうか、お体の具合はどうか、生活の具合はどうか、体力の具合はどうか、快適であるかどうか、申し分ないかどうか、そして心地好く過ごしておられるかどうかを尋ねるのだ。そしてこう言うのだ。『大徳よ、コーサラ国王プラセーナジットはこう申しております。〝大徳よ、かの外道の者達はすでに来ております。世尊は今がその時とお考え下さい[44]〟と』」

「畏まりました、大王よ」と青年僧ウッタラはコーサラ国王プラセーナジットに同意すると、世尊のもとに近づいた。近づくと、世尊と向かい合い、和やかに打ち解けた挨拶の言葉を色々と交わした後、一隅に坐った。一隅に坐った青年僧ウッタラは、世尊にこう申し上げた。

「大徳よ、コーサラ国王プラセーナジットが世尊の両足を頭に頂いて礼拝いたします。病気や疾患がないかどうか、お体の具合はどうか、生活の具合はどうか、体力の具合はどうか、快適であるかどうか、申し分ないかどうか、そして心地好く過ごしておられるかどうかをお尋ねいたします」

「青年僧よ、コーサラ国王プラセーナジットと汝が健やかならんことを」

「大徳よ、コーサラ国王プラセーナジットはこう申しております。『大徳よ、かの外道の者達はすでに来ております。世尊は今がその時とお考え下さい』と」

こう言われて、「青年僧よ、私は今、出掛けることにしよう」と世尊は青年僧ウッタラに言われた。世尊は青年僧ウッタラがその場から上空を飛んで戻れるように加持した。彼はコーサラ国王プラセーナジットのもとへ戻ってきた。コーサラ国王プラセーナジットは、青年僧ウッタラが上空を飛んで戻ってくるのを見た。そして見ると、外道達にこう言った。

「世尊は上人法神通神変を示された。お前達も示すがよい」

外道達は言った。

「ここには大群集が寄り集まっているが、あなたはそれが誰によって示されたのか、お分かりになりますかな。我々によるものか、あるいは沙門ガウタマによるものか」

その時、世尊は、心が集中すると、閂の鍵穴を通して炎が外へ出て行き、世尊の神変ホールに燃え移るような三昧に入られた。すると神変ホールは燃え上がった。外道の者達は世尊の神変ホールが燃え上がっているのを見た。そして見ると、コーサラ国王プラセーナジットに「大王よ、今、沙門ガウタマの神変ホールが燃え上がっている。さあ、今すぐ消して下されと」と言った。その時、その火は水に触れないうちに神変ホールのどこも焼くことなく自然に消えていった。それはあたかも、仏は仏の神通力により、諸神は諸神の神通力によるが如くであった。そこで、コーサラ国王プラセーナジットは外道達にこう言った。

「世尊は上人法神通神変を示された。お前達も示すがよい」

外道達は言った。

「ここには大群集が寄り集まっているが、あなたはそれが誰によって示されたのか、お分かりになりますかな。我々によるものか、あるいは沙門ガウタマによるものか」

世尊は黄金の光線や光明を放たれると、一切世間はその高貴なる光明によって満たされた。コーサラ国王プラセーナジットは、一切世間がその高貴なる光明によって満たされているのを見た。そして見ると、外道達に言った。

「世尊は上人法神通神変を示された。お前達も示すがよい」

外道達は言った。

「ここには大群集が寄り集まっているが、あなたはそれが誰によって示されたのか、お分かりになりますかな。我々によるものか、あるいは沙門ガウタマによるものか」

ガンダカ園主（カーラ）は、ウッタラクル大陸からカルニカーラ樹を取ってきて、世尊の神変ホールの前に立てた。ラトナカ園主もガンダマーダナ〔山〕からアショーカ樹を取ってきて、世尊の神変ホールの後ろに立てた。その時、コーサラ国王プラセーナジットは、外道達にこう言った。

「世尊は上人法神通神変を示された。お前達も示すがよい」

外道達は言った。

「ここには大群集が寄り集まっているが、あなたはそれが誰によって示されたのか、お分かりになりますかな。我々によるものか、あるいは沙門ガウタマによるものか」

世尊が意を決して大地に足を下ろされると、(45)大地震が起こり、この三千大千世界の大地は(46)六種に振動し、強く振動し、激しく振動し、動き、強く動き、激しく動き、揺れ、強く揺れ、激しく揺れた。(47)東が沈むと西が浮き、西が沈むと(48)東が浮き、南が沈むと北が浮き、北が沈むと南が浮き、中央が沈むと周囲が浮き、周囲が沈むと中央が浮かんだ。太陽と月とは光り、輝き、光を放った。そして様々な希有未曾有法が現れた。〔すなわち〕天空に住む神々は世尊の上に神々しい青蓮華・黄蓮華・赤蓮華・白蓮華・沈水香末・白檀香末・零陵香末・ターマラ樹の葉を撒き、神々しい曼陀羅華を降り注ぎ、さらに天上の楽器を合奏したり羽衣を散布したりしたのである。(49)その時、その〔五百人の〕聖仙達はこう考えた。〈一体どういうわけで、大地震が起こったのだろうか〉と。〔さらに〕彼らはこう考えた。〈きっと我々の同梵行者達が神通力の件で沙門ガウタマを呼び出したに違いない〉と。

こう考えると、五百人の聖仙達はシュラーヴァスティーに向けて出発した。彼らがやって来る時、世尊は一人の〔人間しか通れないような狭い〕道を加持した。(50) その聖仙達は、三十二の偉人相によって見事に飾られ、法の権化のようであり、供物を注ぎ込まれ〔て燃え立っ〕た火の如くであり、黄金の器にある灯明の如くであり、移動する黄金の山の如くであり、様々な宝石で光り輝く黄金の柱の如くであり、〔その〕智は明らかで鋭く、偉大で汚れなく、清浄な世尊を遠くから見た。(51) 仏・世尊を見ると〔、彼らは喜びを生じた〕。

——十二年間、瑜伽行者が(52)止を修習すること、息子のない人が息子を得ること、貧乏人が埋蔵された財宝を発見すること、あるいは王位を望む者が王位に就くことは〔すべて〕心の安らぎを生じるが、過去仏のもとで(53)善根を積んだ〔有情〕が最初に仏に見える時ほどではない。(54)——

その聖仙達は世尊のもとに近づいた。近づくと、世尊の両足を頭に頂いて礼拝し、一隅に坐った。一隅に坐ったその聖仙達は、世尊にこう申し上げた。(55)

「大徳よ、我々は見事に説かれた法と律とに従って出家し、具足戒を受けて比丘になりとうございます。我々は世尊のもとで出家し、梵行を修したいのです」(56)

世尊は彼らを厳かな声で呼ばれ、「さあ比丘達よ、梵行を修しなさい」と言われた。言われるや否や、彼らは剃髪し、衣を身に着け、鉢とそれを載せる輪とを(57)それぞれの手に持ち、髪と髭とは七日前に剃り落とした〔如く自然で〕、百年前に具足戒を受けた比丘の〔如き〕立ち居振る舞いであった。

「さあ」と如来に言われた彼らは、剃髪して衣を身に着けるや、諸根はたちまち寂静となり、仏の意向に従いて衣を身に纏えり。(58)

その時、世尊は、(59)神々と人間達の供養や恭敬によって、尊敬され、恭敬され、敬われ、供養され、阿羅漢として

〔他の〕阿羅漢を従え、七部衆と大群集を引き連れて、神変ホールに近づかれた。近づかれて、比丘の僧伽の前に設えられた座[60]に坐ると、[61]世尊の体から光線が放たれ、神変ホール全体を黄金色の光明が発するようにされた。その時、長者ルーハスダッタ[62]は座から立ち上がり、右肩を肌脱いで右膝を大地につけ、世尊に向かって合掌礼拝すると、世尊にこう申し上げた。

「世尊は心配なさいますな。私が外道達と共に上人法神通神変を示し、同じ法で外道の者達の度胆を抜き、神々や人々を喜ばせ、正しき人の心を満足させましょう」

「長者よ、神通力の件で彼らが招待したのはお前ではない。そうではなく、外道の者達が神通力の件で呼び出したのは私だ。私が上人法神通神変を示そう。外道の者達はこう言うに決まっている。『上人法神通神変は沙門ガウタマにはないが、弟子である白衣の長者にはその神力がある』と。長者よ、お前は自分自身の座に坐っていなさい」

　長者ルーハスダッタは、自分自身の座に坐った。長者ルーハスダッタと同じように、王の弟カーラ、園林主ランバカ[63]、優婆夷リッディラマーター[64]、沙弥尼〔アサンプラモーシャー〕[65]、沙弥チュンダ[66]、比丘尼ウトパラヴァルナー[67]が〔続いた〕。その後、同志マハーマウドガリヤーヤナが座より立ち上がり、右肩を肌脱ぐと[68]、世尊に向かって合掌礼拝し、世尊にこう申し上げた。

「世尊は心配なさいますな。私が外道の者達と共に上人法神通神変を示し、同じ法で外道の者達を調伏し、神々や人々を喜ばせ、正しき人の心を満足させましょう」

「マウドガリヤーヤナよ、お前は同じ法で外道の者達を調伏することができよう。だが、外道の者達が神通力の件で招待したのは、お前ではない。有情を利益せんがために、私が上人法神通神変を彼らに示し、外道の者達の度胆を抜き、神々と人々を喜ばせ、正しき人の心を満足させよう。マウドガリヤーヤナよ、お前は自分の座に坐っていなさい」

同志マハーマウドガリヤーヤナは、自分の座に坐った。その時、世尊はコーサラ国王プラセーナジットに告げた。

「大王よ、有情を利益するという目的で、上人法神通神変の件で如来に懇願したのは誰だ」

その時、コーサラ国王プラセーナジットは、座から立ち上がり、右肩を肌脱いで右膝を大地につけると[69]、世尊に向かって合掌礼拝し、世尊にこう申し上げた。

「大徳よ、上人法神通神変をお示し下さるよう世尊に懇願したのは私です。有情を利益するために、世尊は上人法神通神変をお示し下さい。外道の者達の度胆を抜き、神々や人々を喜ばせ、正しき人の心を満足させて下さい」

その時、世尊は、心が集中すると、自分の座から消えて東方の上空に現れ、四威儀—行・住・坐・臥—をなすような三昧に入られた。また火界〔定〕にも入られたが、火界〔定〕に入られた仏・世尊の体から、青・黄・赤・白・真紅・水晶色といった様々な光線が放たれ、また多くの神変を現された。下半身は燃え上がり、上半身からは冷たい水流が降り注いだのである。東方と同じく南方にも、といった具合に四方に神変を現じ終わると、これらの神通の力を鎮め、設えられた座に坐られた。坐られると、世尊はコーサラ国王プラセーナジットにこう言われた。

「大王よ、これは一切の声聞と共通する如来の神通である」

ここで世尊は再びコーサラ国王プラセーナジットに言われた。

「大王よ、有情を利益するという目的で、〔声聞とは〕共通しない神通—上人法神通神変—を如来に懇願したのは一体誰だ」

その時、コーサラ国王プラセーナジットは座から立ち上がり、右肩を肌脱いで右膝を大地につけると、世尊に向かって合掌礼拝し、世尊にこう申し上げた。

「大徳よ、〔声聞とは〕共通しない神通—上人法神通神変—をお示し下さるよう、世尊に懇願したのは私です。有情を利益するために、世尊は上人法神通神変をお示し下さい。外道の者達の度胆を抜き、神々や人々を喜ばせ、正しき人の心を満足させて下さい」

世尊は世俗の心を起こされた。(70)

——もしも仏・世尊が世俗の心を起こせば、下は蟻のような生物でさえ世尊の心を〔自らの〕心で知るが、出世間の心を起こした場合は、独覚達でさえ〔世尊の心は〕分からないことになっている。声聞達は言うに及ばぬ。(71)——

その時、シャクラ・ブラフマン等の神々はこう考えた。〈どうして世尊は、世俗の心を起こされたのであろうか〉と。〔続いて〕彼らはこう考えた。〈生類を利益せんがために、〔世尊〕はシュラーヴァスティーで偉大なる神変をお示しになろうとされているのだ〉と。

その時、シャクラ・ブラフマンを始めとする神々と、何十万という神々は、世尊の心を〔自らの〕心で知った後、あたかも力士が折り曲げた腕を伸ばし、あるいは伸ばした腕を折り曲げるような〔一瞬の間〕に、シャクラ・ブラフマン等の神々と何十万という神々は、天界から姿を消すと世尊の前に立った。その後、ブラフマン等の神々は世尊の回りを三回右繞し、世尊の両足を頭に頂いて礼拝すると右側に坐り、シャクラ等の神々は世尊の回りを三回右繞し、世尊の両足を頭に頂いて礼拝すると左側に坐った。龍王ナンダとウパナンダとは、(72)葉が千もあり、車輪ほどの大きさで、すべて黄金〔造り〕であり、また宝石の茎を持つ蓮を作って世尊に献上した。すると世尊は、蓮の台に坐って結跏趺坐し、背筋をピンと伸ばして念を面前に定めると、蓮の上に蓮を化作された。そこでも世尊は結跏趺坐して坐られた。同じように、前にも後ろにも〔両〕脇にも。このようにして世尊は、仏の集団を化作し、終(つい)には色究竟天に至るまで、諸仏・諸世尊の衆会を化作されたのである。ある化仏達は歩き、あるいは住し、あるいは坐り、あるいは臥した。また〔世尊〕は火界〔定〕にも入って光・熱・雨・稲妻の神変を起こされた。ある者達は質問し、別の者達は答えて、二つの詩頌を唱えた。

「〔精進〕を積め。出家せよ。仏の教えに専念せよ。死の軍隊を打ち破れ。象が葦の小屋を〔踏み潰す〕如く。

163

この法と律とに従いて放逸なく修行する者は、生〔死を繰り返す〕輪廻を断じ、苦を終わらせん[73]」

色究竟天に至るまでの仏華厳を、下は幼い子供でさえも、一切世間の者達が滞りなく見えるよう、世尊は加持された。[74]あたかも仏は仏の神通力により、諸神は諸神の神通力によるが如くであった。そこで世尊は比丘達に告げられた。

「比丘達よ、漸次に生じた仏華厳の相[75]を直ちに執るがよい。それは一箇所に消えていくであろう」

するとそれは一箇所に消えてしまった[76]。その後、世尊はその神通の力を鎮められ、設えられた座に坐られた。坐られると、その時、世尊は詩頌を唱えられた。

「太陽が昇らざる間は蛍も輝いて見ゆるも、太陽が昇るや〔蛍〕は〔太陽の〕力に打ち負かされ輝かず。如来が出現せざる間は〔外道の〕論師等は輝いて見ゆるも、世間が正覚者に照らさるれば、〔外道の〕論師や彼の弟子は輝かず」

その時、コーサラ国王プラセーナジットは外道の者達に「世尊は今、上人法神通神変を示された。お前達も示せ」と言った。こう言われると、外道の者達は黙り込んでしまい、―乃至― 考え込むばかりであった[77]。二度もコーサラ国王プラセーナジットは、外道の者達に「世尊は今、上人法神通神変を示された。お前達も示せ」と言った。こう言われると、外道達はお互いにつつき合いながら、「お前が立て」「〔いや〕お前が立て」と言ったが、誰一人として立ち上がる者はいなかった。ちょうどその時、〔夜叉の〕大将軍パーンチカが[78]その同じ衆会に集っていた。その時、集っていた[79]夜叉の将軍パーンチカは〈あの愚か者達は、ずっと世尊と比丘の僧伽とを悩ませるに違いない〉と考えた。こう考えると、猛烈な大雨風を生み出した。猛烈な雨風で外道達のホールは視界の彼方へ吹き飛ばされた。外道達は雷雨に悩まされながら、あちこちに逃げ回った。何十万という生類は豪雨に悩まされながら、世尊のもとへ近づいた。近づくと、世尊の両足を頭に頂いて礼拝し、一隅に坐った。世尊はその衆会の者達に一滴の〔雨〕水も落ちないように加持された。一隅に坐った何十万という生類は「おお仏よ、おお法よ、おお僧伽よ、教えが見事に説かれたぞ！」

164

と歓声を上げた。夜叉将軍パーンチカが外道達に「お前ら愚か者達は仏・法・僧に帰依せよ！」と言うと、彼らは逃げながら「この我々は山を帰依処とし、また木々・岩・園林を帰依処とするのだ」と答えた。その時、世尊は詩頌を唱えられた。

「恐怖に迫られし多くの人々は、山、林、園林、霊場、そして木々を帰依処とするも、実にその帰依処は最高にあらず、その帰依処は最上にもあらず。それを帰依処とするも一切の苦から解放されず。仏・法・僧に帰依する者が、苦、苦の生起、苦の超越(80)、そして涅槃に至る者等の平穏なる(81)八支聖道なる四聖諦を智慧もて洞察する時、この帰依処は最高なり、この帰依処は最上なり。これに帰依する者は一切の苦から解放されん」

その時、プーラナは〈沙門ガウタマは、私の弟子達を改心させようとしている〉と考えた。こう考えると、逃げながら、「私は、お前達に〔我が〕教えの全財産を語り伝えよう」と言った。そうして「世間は有辺なり、無辺なり、有辺にして無辺なり、また有辺にも無辺にもあらず。命は身体〔そのもの〕である。命と身体とは別のものである(82)」という誤った見解を持たせようとし始めた。このように詳細に〔自らの〕誤った見解を〔弟子達に〕持たせようとし始めたのである。そのうち、ある者達が「世間は有辺である」と言うと、別の者が「世間は有辺なり、無辺なり、有辺にして無辺なり、また有辺にも無辺にもあらず。命は身体〔そのもの〕である。命と身体とは別のものである」と言った。〔外道〕達は、口論し、言い争い、仲間割れし、論争に陥り、プーラナも臆病風に吹かれ、逃げ出そうとした。彼が逃げ出そうとしているのを、ある黄門が路上で見た。見ると、黄門は詩頌を唱えた。

165

「角を切られし車職人の羊の如く、汝は息を切らして(83)いずこより来たる。勝者の讃える法を理解すること能(あた)わず(84)、職工の驢馬の如く彷徨(さまよ)い歩く」

プーラナは言った。

「私に退散の時がやって来た。私の体には力も勇気もない。私は苦と楽とを経験した。この世で阿羅漢達の智は無礙であり、私では遙かに及ばず。また、他者を闇へと追いやる者は渇愛に堕す。黄門よ、冷水のある池はどこか(85)、それを私に教えよ(86)」

「最低の沙門よ、ほら、ここに水の流れる冷たい蓮池が光り輝いている。愚劣な者よ、お前にはこの蓮池が見えないのか(87)」と黄門が言うと、プーラナは応えた。

「汝は男にあらず、女にもあらず。汝に髭はなく、汝に両の乳房もなし。声は嗄れたるも、チャクラバーカ〔の声〕にあらず。かくして汝は『風に殺されし者(88)』と言わる(89)」

さて外道僧プーラナは砂の入った壺を首に掛け、冷たい池に身を投げると、彼はまさにその場で死んだ。その後、〔他の〕外道僧達がプーラナを捜している途中、すれちがいざまにある娼婦に会って尋ねた。

「女よ、汝は見ざるや。法衣を身に纏い、匙でのみ食事をすると誓ったプーラナを(90)」

娼婦は答えた。

「悪趣・地獄に落つべき身にして、手を広げて彷徨い歩きしかのプーラナは、真白な手足して滅びたり」(91)「女よ、かく言うべからず。汝の言は粗悪なり。賢者〔プールナ〕は法衣を身に纏い、法を実践する者なり」

娼婦は言った。

「世間の人が見ているのに、裸で男性の性器を露にしながら村を彷徨う者が、どうして智を有する者ならん。かくの如きものが裾の前から垂れ下がれる者を、毘沙門王(92)は剃刀のついた矢で切り落とされんことを！」

するとその外道僧達は、冷たい池に向かった。その外道僧達は、プーラナ・カーシャパが池で臨終を迎え、死んでいるのを見た。そして見ると、〔彼を〕池から引き上げ、一隅に安置すると立ち去った。世尊(93)は、三十二の偉人相を具え、剃髪し、僧衣を身に着けた化仏を化作した。

――諸仏・諸世尊は化〔仏〕と共に〔教えを〕確定するが、声聞が分身を化作した場合、もしも声聞が喋ると分身も喋り、声聞が黙ると分身も黙ることになっている。
　一人が喋ればすべての分身達も喋り、一人が黙ればそのすべても黙る。[94]
世尊が化〔仏〕に質問し、〔化仏の〕世尊が説明する。これは如来・阿羅漢・正等覚者にとっての常法である。——
世尊はこのように心が清浄になった大群集の性質・気質・性格・本性を知ると、四聖諦を洞察させる、彼らに相応しい法を説かれ、それを聞くと、[95]何百千もの生類は〔三〕帰・〔五〕学処を授かり、ある者達は煖・頂・忍・世第一法を証得し、ある者達は預流果や一来果や不還果を証得し、ある者達は出家すると、一切の煩悩を断じて阿羅漢性を証得し、ある者達は声聞の偉大な悟りに種子を植え、ある者達は独覚の悟りに種子を植えた。衆会の者達は今まで以上に仏に傾仰し、法に傾注し、僧伽に傾倒するようになったのである。[96]そこで世尊は、その衆会の者達を仏に傾仰させ、法に傾注させ、僧伽に傾倒させると、座から立ち上がって退かれた。

　　仏に帰依する者達は世間で幸ある者なり。その者達は仏に奉仕するゆえに寂静に至る。勝者や導師に僅かな奉仕
　　　をなす者も殊勝なる天界に至り、不死なる境地を得べし。

以上、吉祥なる『ディヴィヤ・アヴァダーナ』における「プラーティハールヤ・スートラ」第十二章。

文献

❶ None. Cf. Kv 157.1-3; Ja 483; Dhp-a iii 199.9-230.14 ❷1035 Ne 37a8-50b2; 6 Da 40a1-53b5 ❸『根本説一切有部毘奈耶雑事』巻二十六（T. 1451, xxiv 329a5-333c13). Cf.『四分律』巻五十一（T. 1428, xxii 947b23-950b1) ❹ BURNOUF=Eugène BURNOUF, *Introduction à l'histoire du Buddhisme indien*, Paris, 1844; 宮治=宮治昭「Divyāvadāna 第12章 "Prātihārya-sūtra" 和訳」『文化紀要（弘前大学教養部）』(13, 1979, 117-141).

注

（1）この章に関しては、根本有部律とDivy. との間に単語や文章というレヴェルを越えた相違、すなわちプロットの順番や表現形態そのものの相違が確認される。また定型句に関してもDivy. の説話には根本有部律とは思えない表現を取るものもあり、文献学的には興味深い問題を提起する。本章の最後にはprāthāryasūtramとあるように、この章が律とは独立した「経」として存在していた可能性がある。本章の詳細な研究は、説一切有部の律蔵の成立を考える上で、重要な資料になると思われるが、ここではこの問題に深入りしない。さて和訳に当たっては、これまで行ってきたように、Divy. のSkt. とTib. 訳や漢訳とを単純に比較してその異読を確認するという作業ができず、今までと勝手が違ってくる。逐語的に一致していると思われる箇所で異読がある場合にはそれを指摘するが、それ以外の相違点はこれまでのように詳細には取り上げないことにする。そこで翻訳に先立ち、この物語のプロットの異同を確認しておく必要があるので、まずこの物語の梵蔵漢比較対照表を作成しておく。各見出しの頭の番号はTib. 訳・漢訳の説話の順番を、また各見出しの最後の番号はDivy. の説話の順番を示す。二段下げて■印で示した箇所は、Divy. のみに存在するプロットである。逆にTib. 訳・漢訳にあって、Divy. にないプロットは見出しの最後に（none）と表示した。見出しの中に（　）で表示した部分、たとえば(6)に「六師（ラクタークシャ）」とあるが、これはプロットが同じでもTib. 訳・漢訳では「六師」、Divy. では「ラクタークシャ」となっていることを示す。なお、B王はビンビサーラ王、P王はプラセーナジット王の省略形である。

「神変経」梵蔵漢比較対照表

(1)ブッダは様々な資具を得て竹林精舎に滞在(1)。
(2)マーラは六師を唆す(3)。
(3)六師は上人法神通神変でブッダと競い合うことを決意(2)。
(4)六師はB王に神変競技会の開催を申し出るが断られ、次にP王に申し出ることにする(4)。
　　■B王はブッダに謁見。その後ブッダに過去仏が舎衛城で神変を示現されたという知見が生じ、舎衛城への遊行を決意(5)。
(5)ブッダの舎衛城遊行に伴い、六師も舎衛城に行き、P王に神変競技会の開催を申し出る。P王はブッダに謁見して競技会の開催を願う。ブッダは如来必須の五（十）事を考慮し、一週間後に競技会をすることに同意(6)。
　　■P王はブッダのために神変ホールの建立を申し出ると、ブッダはその場所を舎衛城とジェータ林の中間に指示する(7)。
　　■六師は遊行者ラクタークシャを使って、なるべく多くの遊行者達を抱き込み、一週間後に援軍に来るよう依頼(8)。
(6)六師（ラクタークシャ）は援軍を求め、遊行者スバドラに仲間になるよう申し出る(9)。
(7)スバドラは自分がブッダの弟子にさえ及ばないことを告げ、神変競技会は無謀であると六師（ラクタークシャ）に告げる(10)。

(8)ヒマラヤ山の出家者に出会った六師は彼の協力を求めると、彼は快諾（none）。
(9)P王の弟カーラは王の誤解で体を切断され、彼の縁者がプーラナに助けを求めるが彼は応じない(11)。
(10)それを目撃したアーナンダはブッダの指示で真実語を唱え、彼の体を元通りにする。恢復したカーラはブッダから聞法して不還果を証得(12)。
(11)P王は神変ホールを建立し、周囲を荘厳。P王はブッダに使者ウッタラを送る。ブッダの加持により、彼は空から帰還(13)。
(12)カーラは香酔山の木を伐採し神変ホールの北（前）に立てる(16)。
(13)長者ルーハスダッタ（ラトナカ園主）は三十三天（ガンダマーダナ山）の木を伐採し神変ホールの南（後ろ）に立てる(17)。
(14)ブッダは精舎で火界定に入り、火で神変ホールを焼いたかに見えたが、実は何も焼失していないという神変を示現(14)。
■ブッダは光明を放ち、神変ホールを照らし出す(15)。
(15)ブッダが香殿（大地）に足を下ろすと、大地は六種に振動。六師の仲間はこれを合図に神変ホールに向かうが、逆にブッダは彼らを教化し、阿羅漢にする(18)。
(16)リッディラマーター（ルーハスダッタ）を始めマウドガリヤーヤナがブッダに代わって自分が神変で外道を制圧すると提案するが、ブッダはそれを断る(19)。
(17)ブッダはこの神変競技会に招待されたのが自分であることをP王に確認した後、まず弟子達でもできる神変を示現(20)。
(18)ブッダは大地を撫で、世俗の心を起こしてナーガ達に蓮華を持ってこさせると、いよいよブッダにしかできない神変である仏華厳を示現(21)。
(19)六師はP王に神変を示現するよう促されるが、何もできない。金剛手夜叉（夜叉将軍パーンチカ）は外道達の神変ホールを暴風雨で破壊(22)。
(20)聞法の果報(24)。
(21)プーラナの最後(23)。

（2） sa bhagavān. Tib. は「仏・世尊」（37a8; 40a1）、漢訳は「薄伽梵」（329a5）とする。 （3） 定型句1A（冒頭）。
（4） uttare manuṣyadharme riddhiprātihāryam. 直訳すれば「優れた人間の性質における、神通力による神変」、意訳すれば「優れた人間の性質として備わっている超能力によって神変を示現すること」を意味していると考えられるが、漢訳はこれを単に「上人法」あるいは「神通上人法」とし、また Tib. は mi'i chos bla ma'i rdzu 'phrul gyi cho 'phrul とする。本章を和訳した宮治（118）はこの語を「超人力で神変を示現する」と意訳している。Skt.は uttare manuṣyadharme と riddhiprātihārya とに分けて理解すべきであるが、では両者の関係を理解するため、パーリ聖典を見てみよう。たとえばDN第11経 Kevaddha-sutta には uttarimanu-ssadhammā iddhipāṭihāriyaṃ √kṛ（DN i 211.10–11, 16–17）とある。つまり「上人法に由来する神通の神変を示す」と訳すことができ、随分理解し易くなる。於格は他の幅広い意味を備えているので、ここでも「上人法」は「神通による神変」を示現する源として理解できる。ただ、この語は本章でしばしば使われるため、和訳の中で一々「優れた人間の性質に由来する、神通による神変〔を示現する〕」、あるいは「上人法に由来する神通の神変」と表記することはくどいので、「上人法神通神変」と表記する。なお、上人法が具体的に何を意味するかについては、平川彰『二百五十戒の研究Ⅰ（平川彰著作集14）』（Tokyo, 1993, 298 ff.）に詳しい。

（5） upārdhaṃ mārgaṃ ..... manuṣyadharme riddhiprātihāryam（144.11–14）．以下、Tib. も漢訳もこの訳を欠く。

（6） parijānīte. SPEYER（XXXII）はこれを pratijānīte の誤りであるとする。確かに Divy. の他の箇所ではこの形を取っているので（144.3, 145.27, 146.15）、これに改める。　（7） 本章注（5）に同じ。

（8） この文章とほぼ同じ内容の記述がパーリ聖典に存在する。それは DN 第24経 Pāṭika-suttanta で、その内容は次のとおりである。

「沙門ゴータマが智を論ずる者なら、私も智を論ずる者である。智を論ずる者は智を論ずる者と上人法神通神変を示現すべきだ。沙門ゴータマが道の半ばまで来るがよい。私も道の半ばまで行こう。そこで二人は上人法神通神変を示そう。もしも沙門ゴータマが上人法神通神変を一つなせば、私は二つなそう。もしも沙門ゴータマが上人法神通神変を二つなせば、私は四つなそう。もしも沙門ゴータマが上人法神通神変を四つなせば、私は八つなそう。沙門ゴータマがなす上人法神通神変の、その倍、その倍を私はなそう」（DN iii 12.18–13.5）

若干表現の順序が違っていたり、数の増広は見られるが、同内容であることは一目瞭然である。なお、これに相当する漢訳は『長阿含経』「阿㝹夷経」であるが、ここに相当する箇所は次のとおり。

沙門瞿曇自称智慧。我亦智慧。沙門瞿曇自称神足。我亦有神足。沙門瞿曇得超越道。我亦得超越道。我当与彼共現神足沙門現一我当現二。沙門現二我当現四。沙門現八我現十六。沙門現十六我現三十二。沙門現三十二我現六十四。随彼沙門所現多少我尽当倍（T. 1, i 67c11–17）

（9） 本章注（5）に同じ。なお、この一連のマーラによる六師外道への仕掛けに関して、Skt. ではマーラがプールナに変装してマスカリンに神変を示した上で告げ、次にマスカリンに変装してサンジャインに……という構造になっているのに対し、Tib. と漢訳ではプールナに変装して順次他の五人に神変を示し、次にマスカリンに変装して順次他の五人に……という構造になっており、六人各々に自分を除く五人全員が神通力を持っていると、より徹底的に信じ込ませる仕組になっていると言える。

（10） sarvajñajñānino. SPEYER はこの正しい読みを asarvajñāḥ sarvajñamāninaḥ（Divy. 143.11）とし、したがってここでの読みを

asarvajñāḥ sarvajñamānino とすべきであると考える。Tib. に対応箇所はないが、SPEYER の訂正に従う。

(11) tatrāsmākaṃ ..... riddhiprātihāryaṃ vidarśayitum (146.8-9). 以下、Tib. はこの訳を欠く。漢訳は簡潔に「共捔神通」(329b26) とする。

(12) prārdhadhve. Divy. の索引はこれを attain (ṛddhim) と解釈するが、BHSD は prārthadhve/ prārthayadhve という読みを示唆する。ここでは BHSD に従う。

(13) 'sarvajñāḥ sarvajñajñānino. SPEYER はこの読みも間違っており、'sarvajñāḥ sarvajñamānino と読むべきであるとするので、これに従う。

(14) antarā rājā ..... tadantarā (147.10-11). SPEYER は下線部を yadantarā と読むべきであるとする。後に tadantarā があるので、この読みの方がよい。よって、これに訂正する。

(15) 定型句 9A (ブッダの説法)。 (16) ivādhvagaṇa-. 第9-10章注 (10) により、ivādhvagagaṇa- に改める。

(17) 定型句 8C (仏弟子達に囲繞されて遊行するブッダ)。 (18) 本章注 (8) に同じ。

(19) praticchannakalyāṇā bhikṣavo viharata vivṛtapāpāḥ. この表現は神変の行使との関連で使われることが多い。本章は勿論、第2章もそうであるし、また初期経典中にも同様の表現が神変の行使との関連で使用されている。たとえば、DN 第11経 Kevaddha-sutta で、ブッダは長者ケーヴァッダに神変を示現するよう頼まれても、「ケーヴァッダよ、私は比丘達に「汝等、比丘達よ、白衣の在家信者達のために、上人法神通神変を示現しなさい」とは法を説いていない」(DN i 211.14-17) と言って、申し出を断る場面がある。この部分を漢訳『長阿含経』は「我終不教諸比丘為婆羅門長者居士而現神足上人法也。我但教弟子於空閑処静黙思道。若有功徳当自覆蔵。若有過失当自発露」(T. 1, i 101b19-22) とし、傍線部がパーリには見られない文であるが、この傍線部の後半が Divy. の用例に近い表現となっている。第2章注 (159) および第19章注 (86) 参照。

(20) Skt. では如来必須の仕事として十項目を挙げるが、Tib. と漢訳とはその数を五とする。その内容は Tib. では「(1)有情に無上正等菩提の心を起こさせること、(2)善根を積んだ声聞を太子の位に灌頂を以て即位させること、(3)父母を真理に安住させること、(4)シュラーヴァスティーで神変を示現すること、(5)仏によって教化されるべき一切〔の有情〕を教化すること」(40a5-7; 42b6-7) とし、漢訳もこれと同じく「一者未曾発心有情。令彼発起無上大菩提心。二者久植善根法王太子灌頂授記。三者於父母所令見真諦。四者於室羅伐現大神通。五者但是因仏受化衆生悉皆度脱」(329c27-330a2) とする。また Mv. もブッダが仏としてしなければならない五つの仕事に言及するが、その具体的な内容は「(1)法輪を転ずべきこと、(2)母を教導すべきこと、(3)父を教導すべきこと、(4)仏によって教導されるべき有情達を教導すべきこと、(5)皇太子を灌頂すべきこと、である」(Mv. i 51.3-5) であり、根本有部律や Divy. の本章と共通する項目も見出せるが、「シュラーヴァスティーでの神変」は含まれていない。なお、この如来必須の仕事は、Skt. では dharmatā khalu として位置づけられているが、Tib. と漢訳ではそうではない。また漢訳ではブッダが王に「仏には必須の仕事が五つある」と語る中でこれが説かれている。ただしMSV 薬事には、内容が若干異なるものの、次のような記述が見られる。

「諸仏・諸世尊が〔この世に〕生存し、留まり、生活している時に、必ず十のことをやらなければならないことになっている。すなわち、(1)〔次の〕仏を授記しない間、諸仏・諸世尊は般涅槃しない、(2)無上正等菩提に対して不退転の心を有情に起こさせる、(3)一切の仏によって教導されるべき〔有情〕を教導する、(4)寿命の第三の部分を捨てる、(5)結界をする、(6)最上なる一対の声聞を指示する、(7)シュラーヴァスティーで大神変を見せる、(8)天から都城サーンカーシャに降りるのを見せる、(9)両親を〔四〕諦に安住させる、(10)アナヴァタプタ大池にて、声聞の僧伽と共に過去の業に関する一連の話を示し、説明する」(MSV i 163.3-12)

これに対応する漢訳『根本説一切有部毘奈耶薬事』は次のとおり。

諸仏常法出現於世。未入涅槃教化有情。必作十事。云何為十。一者久植善根法王太子灌頂授記。二者未曾発心有情。令彼発起無上菩提之心。三者建立三宝。四者結界。五者命寿五分之中。要捨一分。六者於室羅伐城。現大神通。七者於平林聚落。現従天下。八者於父母所令見真諦。九者於無熱池中(T. 1448, xxiv 76c2-9)

(21) Skt. では、ブッダが過去仏はどこで神変を示現されたのかという疑問を自ら抱き、神々がその疑問を受けてブッダにその場所を告げ、そしてブッダに知見が生じるという流れになっているが、Tib. (40a7-8; 42b7-43a1) や漢訳 (330a3-4) ではブッダ自身が疑問を抱き、直ちにブッダ自身がその場所を覚っており、Skt. のように神々がその場所をブッダに告げるという話を出さない。

(22) kiṃ punaḥ .... anadhigatam adhigatam adhigamiṣyati (151.20-21). 以下、Tib. も漢訳もこの訳を欠く。

(23) niṣpalāyiṣyati nāpy anadhigatam adhigamiṣyati. Tib. も漢訳もこの訳を欠く。

(24) raktākṣa. 本章注(1)の比較対照表でも示したとおり、「ラクタークシャ」に言及するのは Divy. だけであり、根本有部律の Tib. にも漢訳にも彼の名前は見出せない。

(25) subhadra; shin tu bzang po; 善賢。Skt. では彼を形容する「五神通を有する (pañcābhijña)」という語が見られるが、これは Tib. にも漢訳にもない。その代わりに Tib. は彼を「年を取り、老いぼれ、老齢で、クシナガリーの力士達は〔彼を〕阿羅漢として尊敬し、尊重し、恭敬し、供養していた」(40b4-5; 43a5) と形容し、漢訳も「其年衰老一百二十歳。時此城中有諸壮士。皆於善賢恭敬尊重深心供養。謂是阿羅漢」(330a13-15) とする。 (26) cunda; skul byed; 准陀。

(27) śrāmaṇerakaḥ. 漢訳は「求寂」(330a25) とし、Skt. に一致するが、Tib. はこれを「沙門 (dge sbyong)」(40b8; 43b2) とする。

(28) ātmānaṃ siñcati. Tib. は「自分の頭に（mgo bor）注いだ」（41a1；43b2）とするが、漢訳は単に「自灑身」（330a27）とし、Skt. に一致する。 (29) mitrārimadhyamo lokaḥ. Cf. Divy. 530.19-20.

(30) kāla；na gu；哥羅。Tib. の na gu という読みであるが、kāla に相当する Tib. は nag pa/nag po であり、これに「子供」を意味する bo が pa/po の代わりに語尾について nag bu となり、さらにこれが nag'u を経て na gu になったと考えられる。

(31) caṇḍo rabhasaḥ karkaśaḥ. Tib. も漢訳もこの訳を欠く。

(32) sa ārttasvaraṃ .... vedanāṃ vedayate（154.1-2）. 以下、Tib. も漢訳もこの訳を欠く。

(33) Tib. は「彼らは自信がなかったので、何も言わずに歩を進めて立ち去った」（41b6；44a7）とし、漢訳も「外道聞已黙然無対」（330b26）とする。

(34) これ以降、ブッダのアーナンダに対する指示の一部、つまり atha kālasya .... bhikṣuṇā paścācchramaṇena（154.8-17）が Tib. にも漢訳にも存在せず、したがって話の展開が異なる。Skt. ではカーラの状況をブッダは自らの知見によって把握し、アーナンダにその対処法を伝授するという筋になっているが、Tib.（41b6-42a1；44a7-44b2）と漢訳（330b26-c3）とは、プーラナ等が立ち去った後、アーナンダが偶然そこにやって来て、カーラの親戚達に助けを求められ、ブッダに事の次第を告げると、それに対してブッダはアーナンダに真実語に関する指示を与えるという展開になっている。 (35) 定型句 8G（注意力を怠らないブッダ）。

(36) saṃjñino vā nāsaṃjñinas. SPEYER はこの平行文が Aś にあることを指摘し、そこでは saṃjñino nāsaṃjñinas（i 49.12-50.1, 329.15-16）となっていることから、下線部を省略すべきであるとする。ここでも彼の訂正に従う。

(37) yugā. ここも Aś の平行文から、SPEYER はこれを pūgā（i 50.8, 330.4）と読むべきであるとする。また Tib. も tshogs pa（42a4；44b5）とするので、ここでも彼の訂正に従う。 (38) gaṇḍaka ārāmika；dum bu 'i kun dga' ra ba；分分林。

(39) chattradhvajapatākāgandho-. これは定型表現の一部であり、下線部は通常 ucchrita-、また ucchritadhvajapatāka はこれだけで独立する句となるので、これを ucchritadhvajapatāko gandho- に訂正する。 (40) 定型句 2C（都城の荘厳）。

(41) bhaktapiṇḍapātapratikāntaḥ [Sic MSS]. 第2章や第36章の表現 bhaktapiṇḍapātraḥ pratikāntaḥ（39.20-21, 516.5）に従い、これを bhaktapiṇḍapātraḥ pratikāntaḥ に改める。

(42) jāniyāḥ. 直訳すれば「知って頂きたい」となるところだが、文脈を重視し、ここでは相手の注意を引く語として意訳する。

(43) uttara；bla ma；none. 漢訳は「摩納婆」（331a15）とするのみで固有名詞は出さない。

(44) yasyedānīṃ kālaṃ manyate. これは定型表現であり、yasyedānīṃ bhagavān kālaṃ manyate でなければならない。よってこれを補う。SPEYER（XXVI）もこれを補っている。

(45) pṛthivyāṃ pādau nyastau. Tib. は「右足を香殿に下ろされると」(44b7；47b1)、漢訳も「以右足踏其香殿」(331b28) とし、Skt. と伝承が異なる。 (46) trisāhasramahāsāhasro lokadhātuḥ. これは Skt. のみに見られる表現である。

(47) vyathati saṃvyathati saṃpravyathati. これは Skt. のみに見られる表現である。

(48) purvonnamati. 単なる誤植と思われるので、pūrvonnamati に改める。

(49) 定型句 8E（ブッダが都城の敷居を跨いだ時の希有未曾有法)。なお Tib. と漢訳には「太陽と月とは光り」から「さらに天上の楽器を合奏したり羽衣を散布したりした」まで、定型句の後半部分は存在しない。

(50) teṣām āgacchatāṃ bhagavatā ekāyano mārgo 'dhiṣṭhitaḥ. Tib. も漢訳もこの訳を欠く。

(51) adrākṣus te ṛṣayo bhagavantaṃ dūrād eva dvātriṃśatā mahāpuruṣalakṣaṇaiḥ samalaṃkṛtaṃ mūrtimantam iva dharmaṃ havyāvasiktam iva hutavahaṃ kāñcanabhājanastham iva pradīpaṃ jaṅgamam iva suvarṇaparvataṃ nānāratnavicitram iva suvarṇayūpaṃ sphuṭapaṭumahāvimalaviśuddhabuddhim. 通常、ブッダの相好は有部系の説話文献においては、定型句 8B（ブッダの相好）に見られるように、buddhaṃ bhagavantaṃ dadarśa dvātriṃśatā mahāpuruṣalakṣaṇaiḥ samalaṅkṛtam aśītyā cānuvyañjanair virājitagātraṃ vyāmaprabhālaṅkṛtaṃ sūryasahasrātirekaprabhaṃ jaṅgamam iva ratnaparvataṃ samantato bhadrakam と表現されるべきところであり、下線を施した箇所が僅かに定型句と一致するに過ぎない。ここに相当する Tib. を見ても「三十二の偉人相によって完全に装飾され、八十種好によって体は光り輝き、一尋の光明で飾られ、千の太陽をも凌ぐ光を放ち、宝の山が動いている如く、どこから見ても素晴らしい〔世尊〕を見た」(45a8-b1；48a2-3) とあり、Divy. の Skt. には一致せず、有部系の説話の定型表現と完全に一致した表現を取っていることから、この Divy. の表現の出自が問題になり、したがってこの Divy. の Skt. 自体の出自が問われることになる。なお漢訳も「遙見世尊。円光妙彩如宝山王。千日澄輝荘厳具足。三十二相照耀金軀。八十種好随形炳飾」(331c9-11) とする。なお、Tib.（45a3-8；47b5-48a2）はこの定型句の前に Skt. や漢訳にはない、詳細なブッダの相好を形容する一節を置く。

(52) yogācārasya. Tib. にはこれに相当する訳はないし、他の Skt.の定型句の用例を見ても、この語を出すのはここでの用例のみである。漢訳は「久習禅」(331c12) とし、yogācāra に相当しそうな表現は見られるが、この訳からはその原語が yogācāra であるか確定はできない。なお漢訳は「十二年間」には言及しない。

(53) tatprathamataḥ pūrvabuddhā-. Tib. も漢訳もこの訳を欠く。これは定型表現の一部であるが、tatprathamataḥ はこの後にも見られ、二つは不要であるからこれを省略する。また、過古仏（pūrvabuddha）に関する記述は他の定型句には見られないが、内容的にはあっても読めるので、このまま読むことにする。 (54) 定型句 9F（見仏の喜び)。

(55) この後、Skt. ではいきなり聖仙達が出家を表明するという筋になっているが、Tib.（45b2-6；48a4-7）と漢訳（331c15-18）とは、その前段としてブッダが彼らのために四聖諦を洞察させる法を説き、それを聞いて彼らは預流果を証得し（定型句 9C（預流果））、その後で出家を表明するという展開になっている。

(56) 定型句 7A（出家の表明）。 (57) -kara-. 第2章注(100)に従い、これを -karaka- に改める。

(58) 定型句 7B（善来比丘）。この定型句は Tib. にも漢訳にも見られない。その代わり、ここで Tib.（45b6-46a1；48b1-3）も漢訳（331c23-25）も、定型句 7C（阿羅漢）を説く。なお、刊本の naiva sthitā を nepatthitā に改める。第2章注(102)参照。

(59) bhagavān divyamānuṣyeṇa .... mahatā ca janaughena (159.14-16). 以下、阿羅漢を従えて神変ホールに向かう記述が各資料間で異なる。まず Tib. は「世尊は従者である五百人の阿羅漢と共に、半月状に囲繞されて」(46a1-2；48b4) とし、また漢訳は「世尊与此五百仙人羅漢苾芻及余苾芻衆天龍八部前後囲遶」(331c25-26) とする。

(60) āsane. Tib. はこれを「獅子座に (seng ge'i khri la)」(46a2；48b4) とし、漢訳も「師子座」(331c27) とする。

(61) bhagavataḥ kāyād .... suvarṇāvabhāsaṃ kṛtavatyaḥ (159.18-19). 以下、Tib. も漢訳もこの訳を欠く。

(62) lūhasudatta；ngan legs sbyin；貧〔人〕蘇達多。すでに本章注(1)の比較対照表で紹介したように、彼の演じる役回りが異なる。 (63) rambhaka；none；none. Tib. も漢訳も「王の弟カーラ」と「園林主ランバカ」に言及しない。

(64) ṛddhilamātṛ；rdzu 'phrul len gyi ma；神仙母。彼女も根本有部律と Divy. とでは役回りが違う。

(65) none；brjed med；総髻。Skt. は śramaṇoddeśikā とのみあり、固有名詞に言及しないので、宮治(135)や BURNOUF(181)は śramaṇoddeśikā を直前の「優婆夷リッディラマーター」の形容句として理解している。しかし、Tib. や漢訳を見る限り、Skt. が固有名詞を見落としていると考えられる。さてその Skt. 名であるが、TSD を参照して Tib. から推定すれば、asaṃpramoṣā という Skt. が浮かび上がってくるが、この場合、漢訳の「総髻」は説明できない。現時点では Tib. の brjed med と漢訳の「総髻」とを満足させる Skt. は想定できないが、ともかく Divy. の śramaṇoddeśikā には何らかの固有名詞が必要であることは確かであるから、今は Tib. から推定した asaṃpramoṣā を〔　〕に補って訳しておく。

(66) ここでの「チュンダ」はすでに登場している「チュンダ」と同一人物と考えられるが、Skt. と漢訳とは一貫して彼を「沙弥 (śramaioddṛśika；求寂)」とする一方、Tib. は、すでに指摘したように、以前は「沙門 (dge sbyong)」とし、ここでは「沙弥 (dge tshul)」(46b1；49a3) とする。

(67) utpalavarṇā；u tpa la'i mdog；蓮華色。 (68) ekāṃsam uttarasaṅgaṃ kṛtvā. Tib. も漢訳もこの訳を欠く。

(69) dakṣiṇaṃ jānumaṇḍalaṃ pṛthivyāṃ pratiṣṭhāpya. Tib. も漢訳もこの訳を欠く。

(70) Tib. では「世尊は世俗の心を起こされた」と説く前に、「そこで世尊は、輪・吉祥・卍・網がつき、何百という福徳から生じ、怯えている者達を勇気づける手で大地に触れられた。〈ああ、龍達が、車輪ほどの大きさで、千の葉を有し、すべて黄金から成り、茎は宝石で、雄蘂は金剛の蓮華を持ってきてくれんことを！〉と考えて、世俗の心を起こされたのである」(47b7–48a1；50b2–4) という記述が見られる。漢訳も「爾時世尊便以上妙輪相万字吉祥網鞔。其指謂従無量百福所生相好荘厳。施無畏手以摩其地。起世間心作如是念。如何諸龍持妙蓮花。大如車輪数満千葉。以宝為茎金剛為鬚。来至於此」(332b3–7) とし、Tib. に完全に一致し、いずれもブッダが大地を手で撫で、またそのような蓮華を持ってきて欲しいという心を起こしたことを説く。一方、Skt. では具体的なブッダの心情には触れず、龍王がブッダの意を自ら察して、思いどおりの蓮華をブッダに献上するという筋になっている。

(71) 定型句 8F（世俗の心を起こすブッダ）。

(72) nandopanandābhyāṃ nāgarājābhyām. 漢訳は「龍王」(332b10)、また Tib. は「龍達は（klu mams kyis）」(47b8；50b3) とし、固有名詞は出さない。

(73) この詩頌は微笑放光の定型句においても、ブッダの放った光明が諸天を経巡った際に唱えられる。この詩頌に関しては、第4章注 (15) 参照。

(74) この後、Tib. (48a8–b5；51a3–b1) および漢訳 (332b22–c4) はプラセーナジット王を始めとする人々がその神変を見て大いに喜び、音楽や楽器が演奏され、馬や牛などが鳴き、神々が様々な花を撒いて、その神変を祝福したことが説かれ、その内容は定型句 8E（ブッダが都城の敷居を跨いだ時の希有未曾有法）に部分的に一致する。また、Tib. (48b6–8；51b1–4) および漢訳 (332c6–14) では「〔精進〕を積め。出家せよ」云々という詩頌とこの後の「太陽が昇らざる間は蛍も輝いて見えるも」云々という詩頌が続けて説かれている。また Skt. では最初の詩頌が化仏、次の詩頌がブッダによって説かれているが、Tib. および漢訳では最初の詩頌がブッダ、次の詩頌が化仏によって説かれている点が異なる。『説話の考古学』(178) 参照。

(75) nimittam. SPEYER によると、nimitta は吉凶の「前兆」を意味する語であるから、ここには相応しくなく、したがってこれは nirmitam の誤りであるとする。しかし、Tib. の対応箇所を見てみると、mtshan (49a1；51b4) とあり、nimittam を支持する。nimitta は確かに吉凶の「前兆」を意味するが、それ以外にも lakṣaṇa に近い意味で使われるので、ここでは彼の訂正に従わない。

(76) 第3章注 (15) 参照。

(77) prayāṇaparamāḥ [prayāṇaparamārtha- B]. これでは意味が不明である。これに対応する Tib. を見ると、「考え込んでしまった (sems khong du chud cin 'dug go)」(49a5；52a1) とし、Mvy. (7126) から pradhyānapara という Skt. が想定される。漢訳を見ても「如入深禅」(332c22) とするので、これを pradhyānaparāḥ に改めて和訳する。なお、Skt. ではこの時の外道の様子を

tūṣṇīṃ bhūtā yāvat pradhyānaparāḥ と描写するが、この yāvat が不可解である。Tib. を見ると、「黙ってしまい、恥じ入り、怖じ気づき、俯き、狼狽し（yul yul por gyur/ zhum zhum por gyur nas mgo smad cing spobs pa med de）、考え込んでしまった」（49a4-5；51b7-52a1）とあり、傍線部が省略された形となっている。恐らく Skt. の yāvat はこの部分を省いたものと考えられる。この省略された部分は、Mvy.（7122-7126）に列挙されている内容と重なっている。漢訳は、この後の再三神変を示すよう王に促されたことに対する六師達の反応であるが、「黙爾縮項低頭。如入深禅竟無酬酢」（332c21-22）とし、Tib. にほぼ一致する。

（78）pañcikaḥ. これは Skt. のみに見られ、Tib. はこれを「夜叉の金剛手は（gnod sbyin lag na rdo rje）」（49a5；52a1）、漢訳も「金剛手大薬叉主」（332c22-23）とし、その名をヴァジュラパーニとする。

（79）saṃnipatito 'bhūt/ saṃnipatito [Sic MSS：Qu. saṃnipatato ?] 'tha. 校訂者に従い、下線部を saṃnipatato に改める。

（80）nirodhaṃ samatikramam. Tib. を見ると、sdug bsngal yang dag 'das pa dang（49b2；52a5）、漢訳も「超衆苦」（333a7）とするので、これを duḥkhasamatikramam に訂正する。

（81）āryaṃ cāṣṭāṅgikaṃ mārgaṃ kṣemaṃ nirvāṇagāminām [-gāminam MSS]. これであれば、下線を施した語はその直前の mārgaṃ を形容することになるが、通常 kṣema は mārga より nirvāṇa と関連の深い語である。Tib. を見ると、「安穏な（bde）涅槃に至る八支聖道」（49b2；52a5）と、涅槃を修飾する形容詞として理解しているし、漢訳も「知八支聖道　趣安穏涅槃」（333a8）とし、Tib. と同じ理解を示す。よってここでも kṣemaṃ nirvāṇagāminām を kṣemanirvāṇagāminām に改める。

（82）六師外道の学説については沙門果経などに紹介されているが、ここで説かれている説はプーラナ自身の説というよりは、異教徒がブッダに対して提出した形而上学的十四の問題の一部をなすもので、一般に十四無記として知られるものである。すなわち、「世間は無常／有常／無常かつ有常／無常でも有常でもない。世間は無辺／有辺／無辺かつ有辺／無辺でも有辺でもない。如来は死後に存在／非存在／存在かつ非存在／存在でも非存在でもない。我と身体は同じ／異なる」という十四で、このうち、「世間」関する四項目と「如来の死後」に関する四項目を省いた六項目がここで説かれているが、Tib.（49b8-50a2；52b3-5）はこの十四すべてに言及し（ただし、「如来」という語は見られず、ただ「死後の行き先（song ba shi phan chad）」という表現を取る）、漢訳（333b17-21）は「如来の死後の存在」以降は「如前具説」で省略している。

（83）muktapāṇi. これに相当する Tib. は「急いで（rings par）」（50a4；52b6）となっており、この訳から考えれば、muktapāṇi は muktaprāṇi の誤写と考えられる。これであれば「息を切らせて」を意味するから、Tib. の「急いで」に繋がる可能性が出てくるが、漢訳は「汝今独行何処去」（333a29）とする。ここでは Tib. と文脈を考慮し、muktaprāṇi に改める。

（84）abhijñāya. 文脈からすれば、ここで「法を理解して」とするのはおかしい。Tib. は「法を知らずに（chos ni rnam par ma shes pas)」(50a4；52b7)、漢訳も「釈迦妙法不能知」(333b1) とするので、abhijñāya を avijñāya に改める。

(85) Skt. では彼がなぜ冷たい水を求めるのかという理由が明確ではない。この点、Tib. は「憂いの火に焼かれ、冷水を求めて池に行き」(50a3；52b6) として、冷水を求める理由を明確に出す。漢訳も「憂火焼心。欲求水飲便往池所」(333a26-27) とする。

(86) Skt. では散文で説かれているが、Tib. と漢訳では韻文で説かれており、内容もかなり一致する。

「我の前に存するは死神であり、我が体には壮力も精力もなし。すべては楽と苦とに縁るも、我は解脱を得て楽ある所に赴く。照りつける太陽で心と体は傷つき衰弱せるに、穏和で壮年の我に冷池の在処を疾く語れ (nga yi mdun na 'dug 'di 'chi bdag des// bdag gi lus la stobs dang brtson pa med// dngos po thams cad bde dang sdug bsngal sten// thar zin nga ni bde ba byed du 'gro// nyi zer rab tu tsha bar byed rnams kyis// lus dang sems kun gdungs shing dal gyur gyis// mi srun thong la rdzing rab bsil ba de// ga la yod pa bdag la myur du smros//)」(50a4-6；52b7-53a1)

死常在我目前行　我身無有強健力　諸有輪迴受苦楽　我今解脱求安処

日光極熱吐炎暉　我今身心並疲倦　汝当無諂直相報　何処得有清涼池 (333b3-6)

VAIDYA もこれを韻文と理解する。

gamanāya me samayaḥ pratyupasthitaḥ kāyasya me balavīryaṃ (na?) kiṃcit/

spṛṣṭāś ca bhāvāḥ sukhaduḥkhate me anāvṛtaṃ jñānam ihārhatām//

dūrāpagato 'smi ..... paratimirāpanudaś ca tṛṣaṃ patati/

ācakṣva me dūṣika etam arthaṃ śītodakā kutra sā puṣkiriṇī// (V-Divy. 102.6-13)

しかし、下線部分が Tib.や漢訳と合わず、何らかの混乱が考えられる。

(87) これも Skt. では散文で説かれているが、Tib. と漢訳では韻文で説かれている。

「愚者よ、劣悪者よ、蓮と白鳥がいて、雪解け水の如く清浄な池、非常に素晴らしい池が〔汝には〕見えざるや (pho ngan sdig can skyes mchog ma yin pa// mtshe'u ltar pad ma dad pa dang ldan zhing// gangs kyi chu ltar chu yongs gtsang ba yi// rdzing bu shin du bzang po ma mthong ngam//)」(50b6-7；53a1-2)

近此即有清涼処　鵝鴨鮮花皆遍満　汝是極悪生盲者　不見芳池共相問 (333b8-9)

先ほどと同じく、VAIDYAはこれも韻文と理解する。

eṣā khalu śītā puṣkiriṇī nalinī ca virājati toyadhārā/

śramaṇādhama hīnāsatpuruṣa tvam imāṃ nanu paśyasi puṣukariṇīm// (V-Divy. 102.15-18)

これもTib.と漢訳とはかなり一致するが、Skt. のみ伝承が少し異なる。

(88) vātahataḥ. BURNOUF も Divy. の校訂者もこの語の理解に苦しんでいるが、SPEYER はこれを vāyugrasta、すなわち「狂った」と同義語ではないかとする。

(89) これもまた Divy. では散文で説かれているが、Tib. と漢訳では韻文で説かれている。

「汝は男でもなく女でもなし。その〔池の〕特徴を獲得し把握して〔池への〕道を見極め、麗水・冷水が遍満せる池へ、我は熱を冷ましに行くなり (khyod kyang po min mi yi chung ma 'ang min// de brda phrad kyis zung la lam phye dang// rdzing bu chu bzang chu bsil gang bar ni// gdung ba bsil bar bya phyir bdag 'gro'o//)」(50a7；53a2-3)

汝今非男亦非女　向池之路不相教　我速須往覓清涼　求歇身心諸熱悩 (333b11-12)

SPEYER もこれを韻文と理解し、次のように訂正する。

na tvaṃ naro nāpi ca nārikā tvam śmaśrūṇi te nāsti na ca stanau tava/

bhinnasvaro 'si na ca cakravākaḥ evaṃ bhavān vātahato nirucyate//

こうすれば、triṣṭubh と jagatī とを合わせた詩形になるという。ここでもこれに従う。

(90) Skt. の校訂では散文として処理されているが、Tib. と漢訳では韻文で説かれている。

「法衣を纏った苦行者で、匙で食事をするプーラナがここから立ち去ったのを、女よ、汝は見ざるや (chos kyi gos ni gyon pa po// dka' thub nal ze gang za ba// rdzogs byed 'di nas song gyur pa// bzang mo khyod kyis ma mthong ngam//)」(50b5-6；53b1)

賢首汝頗見　晡刺拏大師　不将衣覆身　立地手中食 (333b24-25)

そこで韻律を見てみると、bhadre <u>kaṃcit</u> tvam adrākṣīr gacchantam iha pūraṇaṃ/ dharmaśāṭapraticchannaṃ kaṭacchavratabhojanam// (165.17-18) となり、śloka と理解できるので、これを散文ではなく韻文として理解する。SPEYER も同じ理解を示すが、下線部を kaccit に訂正している。これは Tib. から支持されるので、この訂正に従う。

(91) Skt. では二つの詩頌が連続して説かれているが、Tib. ではここに「彼らも詩頌で言った」(50b6-7；53b2) という一文を置き、漢訳も「弟子亦以頌答」(333b29) とする。

(92) tasya <u>vai śravaṇau</u> [vaiśravaṇo MSS] rājā kṣurapreṇāvakṛntatu. この読みであれば、「王は彼の<u>両耳</u>を刀で切り落とされますように」となる。宮治 (140) や BURNOUF (188) もこれを「耳」として理解している。ところが脚注にあるように、下線部の写本の読みはすべて vaiśravaṇo であり、これに呼応して Tib. も「毘沙門 (rnam thos bu) 王は彼を剃刀のついた矢で切断されますように」(50b8；53b4)、また漢訳も「毘沙門王見。刀割定無疑」(333c7) とし、また「耳」にも言及しないので、下線部を写本どおり、vaiśravaṇo に改める。

(93) 以下、「如来・阿羅漢・正等覚者にとって当然のことである」までの文章 (166.3-11) は、Tib. および漢訳には存在しない。

(94) ekasya bhāṣyamāṇasya sarve bhāṣanti nirmitāḥ/ ekasya tūṣṇībhūtasya sarve tūṣṇībhavanti te//. これとほぼパラレルの詩頌がパーリ聖典にも見られる。それは DN 第18経 Janavasabha-suttanta であり、ここでは梵天が三十三天に化け、三十三天のために分身を化作して詩頌を説くと、三十三天は「一人が喋ればすべての分身達も喋り、一人が黙ればそのすべても黙る (ekasmiṃ bhāsamānasmiṃ sabbe bhāsanti nimittā/ ekasmiṃ tuṇhīm āsīne sabbe tuṇhī bhavanti te//)」(DN ii 212.20-21；cf. T. 1, i 36a22-23) という詩頌を説く。このように両者はほぼ逐語的に一致していることが分かる。

(95) yathānekaiḥ. 下線部は定型表現の一部であり、通常は yāṃ śrutvā と読むべき箇所である。Tib. の相当箇所を見ると、gang thos na (49b3；52a6) とし、また漢訳も「令彼聞已」(333a12) とするので、これを yāṃ śrutvānekaiḥ に訂正する。

(96) 定型句 9E (聞法の果報)。

第13章　猛龍を倒すも、一滴の酒に倒れた阿羅漢

これは飲酒に関する戒を扱っている説話であるから、広律すべてに同様の話が存在し、その主人公の名前もスヴァーガタであることからすれば、説話の骨子自体は共通の源泉に端を発するであろうが、しかしその潤色は他の広律の比ではなく、かなりの説一切有部的肉付けがなされている。本章の特徴は、そのコントラストの妙味に尽きる。つまりこの説話は一滴の酒と非常に獰猛な龍とを対比させ、獰猛な龍を倒した徳高い阿羅漢のスヴァーガタでさえも、一滴の酒によって大地に倒れてしまうことを説くことにより、飲酒に関する咎、あるいは過失の大なることを強調している。

仏[1]・世尊は、シュラーヴァスティー郊外にあるジェータ林・アナータピンダダの園林で時を過ごしておられた。ちょうどその時、シシュマーラギリ[2]にはボーダ[3]と呼ばれる長者が住んでいた。彼は裕福で巨額の財産と巨大な資産とを有し、広大で多大な富を具え、毘沙門天ほどの財を蓄え、毘沙門天の財に匹敵するほどであった[4]。彼は〔自分の家柄に〕相応しい家から妻を迎えた。彼は彼女と遊び、戯れ、快楽に耽っていた。彼[5]が〔妻と〕遊び、戯れ、快楽に耽っていると、妻は妊娠した[6]。

彼女は楼閣の平屋根の上で気儘に暮らし、時期や時節に見合った資具、さらに医者が処方した、苦すぎず、酸っぱすぎず、塩辛すぎず、甘すぎず、渋すぎず、辛すぎない食物、〔すなわち〕苦味・酸味・塩味・甘味・渋味・辛味を取り去った食物で養われた。瓔珞・半瓔珞で身を飾った彼女は、ナンダナ園をそぞろ歩く天女の如く、台座から台座

へ、椅子から椅子へと、下の地面を踏むことがなかった[7]。
八、九ヶ月が過ぎると、彼女は出産した。生まれた女児は、美しく、見目麗しく、愛らしく、五体満足で[8]、細部に至るまで完璧であった[9]。三七・二十一日の間、一日も欠かさず、彼女のために誕生の儀式をやり終えると、〔その子の〕素晴らしい色・形に相応しい名前が付けられた[10]。彼女は乳母の膝の上で養われ、育てられ、ミルク・サワーミルク・バター・チーズ・ヨーグルト、その他にも充分に火を通した特別な食材により、池に生える蓮の如く、すくすくと成長した[11]。彼女は成長するにつれ〔一段と〕美しくなり、溌剌とした振る舞い・行動・所作により、天女の如くその家を明るくし、友人・親戚・親族の者達や身内の者を喜ばせた。

彼女にはこのような素晴らしさがあると聞いて、あちこちの地方に住む王の息子、大臣の息子、長者の息子、裕福な組合長の息子、それに隊商主の息子達が〔彼女を自分の〕妻にするために、使者を送ってきた。〔使者〕が〔結婚を〕申し込めば申し込むほど、長者ボーダは今まで以上の喜びを生じて考えた[12]。〈〔求婚者〕が男前だからとか、あるいは手に職を持っているからとか、また権力を持っているからという理由で娘を嫁がせまい[13]。そうではなく、善と財産という点で私に匹敵する者に私は〔娘を〕嫁がせよう[14]〉と。彼[15]はこう考えたのである。

〔さて〕長者アナータピンダダは、「シシュマーラギリには長者ボーダがいるが、彼の娘は斯く斯く然々の若さを具えている。彼女は、あちこちに住んでいる王・大臣・長者・富豪たちや、組合長・隊商主達の息子達に結婚を迫られている」と聞いた。そしてこう聞くと、〈では一つ、私も倅のために、彼女に結婚を申し込んでみよう。何時かは長者ボーダも〔娘を〕嫁がせてくれるだろう〉と彼は考えた。こう考えると、彼女に使者を遣わした。長者ボーダは、長者アナータピンダダの素行や財産を詳しく検討した後、〔娘〕を嫁がせた。長者アナータピンダダは、贅を尽くして息子の嫁を迎えたのである。

しばらくして、再び長者ボーダが妻と遊び、戯れ、快楽に耽っていると、妻は妊娠した。妊娠したちょうど同じ日

169

に、長者ボーダには何百もの災いが起こった。[16]彼は占い師達を呼んで、「皆さん、一体何の力で私に何百もの災いが起こったのか調べて欲しい」と尋ねた。占い師達は詳しく調べた後、「長者よ、それはあなたの奥さんの胎内に宿っている子のせいです。よって〔その子〕を手放さねばなりません」と一致した意見を述べた。〔それを〕聞いた長者ボーダは極度に落ち込んだ。

「皆さん、せっかく首尾よく授かったこの子を手放すことなどできません」

「御機嫌よう」と言うと、占い師達は立ち去った。その時、長者ボーダは別れの悲しみを持ってはいたが、世間の非難を恐れて知らん顔をしていた。胎児が成長するにつれて、今まで以上に段々と酷い何百もの災いが生じてきた。彼は〈誰かがこのことを聞いてくるだろう。[17]私は園林に行って留まろう〉と考えた。こう考えると、彼は使用人達に「もしも私に大きな災いが起こったら、それ〔だけ〕を私の耳に入れなさい。〔それ〕以外はよい[18]」と言った。こう言うと、園林に行って留まった。

ちょうどその頃、彼の妻は出産し、男の子が生まれた。[19]ある男が大急ぎで長者ボーダのもとへ駆けつけた。長者はその男を遠くから見て、〈あの男があんなに大急ぎでやって来るところを見ると、きっと大きな災いが起こったに違いない〉と考えた。こう考えると、狼狽して「おい、お前、どうしてそんなに大急ぎでやって来たのだ」と尋ねた。男が「長者よ、お喜び下さい！　あなたに男の子が生まれました」と言うと、彼は「おい、お前、たとえ私の息子が何百もの災いを引き起こして生まれてきたとしても、〔その子〕は善く生まれてきたのだ」と答えた。[20]その後すぐに二人目の男がまったく同じように、大急ぎで、目に涙を浮かべながら長者ボーダのところにやって来た。災いが起こったのではないかと狼狽した〔長者〕は、彼に対しても「おい、お前、どうしてそんなに大急ぎでやって来たのだ」と同じ質問をした。彼は喉を詰まらせ、悲嘆のために暗く重い調子で言った。「長者よ、家に火災が発生し、一切の財産が焼失してしまいました！」と。

〔それまで〕繰り返し〔何百もの〕災い〔の報せ〕を聞いていたために、大概のことでは心が動揺しなくなった彼は、「おい、お前、来るべきものが来たのだ。がっかりするな。黙っておれ」と言った。さて、彼の親戚の者達は、世間の習わしに従い、軽蔑を前提に[21]命名しようとした。「子供の名前は何がよいであろうか」と。

彼ら[22]のうち、ある者達が「家に見合った〔名前〕を付けねばならぬ」と言うと、別の者達は「多くの財産で栄えた長者ボーダの家を胎内に居たまま無に帰せしめた張本人だぞ。そんな子に、家柄に見合ったどんな名前が付けられるというのだ。この子が生まれたばかりの時、父親は『善く生まれてきた』という言葉で呼んだじゃないか。だから子供の名前はスヴァーガタ[23]がよい」と言った。こうして彼は「スヴァーガタ」と命名された。

スヴァーガタがだんだん大きくなるにつれて、長者ボーダの財産・穀物・黄金・金塊・女奴隷・男奴隷・人夫・使用人達は減少し、尽き果て、完全になくなってしまった。[24]さて別の時、長者ボーダは他界し、彼の妻も亡くなった。その家は再建されたが、再び火災で焼失し、店にあったもの、そして田畑にあったもの、麦等の財産の類もまた火災で焼失した。また彼の使用人達[25]も〔店の〕商品を持って国外へ逃げ出したり、―乃至― 大海を渡る者達もいた。それから[26]、ある者達の船は難破し、ある者達の商品は売れず、ある者達はその同じ場所で不運にも災難に遇い、[27]ある者達は難所で盗賊達に物を奪われ、ある者達は都城の近くまで来た所で税関の役人達に〔持ち〕物を検査されて金目の物を取られ、ある者達は町に着くと、王に〔仕事を〕申しつけられ、失敗して全財産を没収された。ある者達は長者ボーダの死を知って、元の場所に留まっていた。[28]親戚の者達の中でも、ある者達は他界し、ある者達は逃げ出し、ある者達は元の場所に留まったが、スヴァーガタには言葉さえもかけなかった。女奴隷・男奴隷・人夫・使用人達のうち、ある者達は他界し、ある者達は逃げ出し、[29]ある者達は他の雇い主を見つけて元の場所に留まったが、スヴァーガタの名前さえ聞かなかった。

しかし、かつてボーダの女奴隷であった一人の老婆は、恩義を感じて[30]、スヴァーガタの世話をしながら生活していた。彼女は彼に音韻を学ばせようと、文字・音韻の師匠に〔彼を〕預けた。彼女は考えた。〈多[31]くの財産を所有し、親戚・親類の者は数多く、無数の女奴隷・男奴隷・人夫・使用人達を抱えていた長者ボーダの家は滅び、無に帰して、スヴァーガタと私だけになってしまった。さて、この災いは、スヴァーガタか私か、どちらの非福によるものか、確かめてみましょう〉と。

彼女は食事のためにスヴァーガタの名前で土鍋に米粒を入れて火にかけると、すっかり駄目になった。その後、自分自身の名前でまったく同じように火にかけてみると、素晴らしい食事ができた。彼女は考えた。〈彼が疫病神なんだわ。彼のせいで、多[32]くの財産を所有し、親戚・親類の者達は数多く、無数の女奴隷・男奴隷・人夫・使用人達を抱えていた長者ボーダの家は滅び、無に帰したのよ。なのに私は〔どこへも〕行かずに、どうしてここに留まれましょうか。命を落とさないうちに、頃合を見計らい、何としても逃げ出さねば！[33]〉と。こう考えると、そこにあった金目のものを幾らか取って逃げ出した。誰もいなくなったその家に犬達が入り込み、[34]喧嘩を始めた。その時、あるならず者がその場所を通り過ぎるところだった。彼は犬達が喧嘩しているのを聞き、〈長者ボーダの家では犬達が喧嘩しているが、空き〔家〕になってしまったのだろうか。先ずは覗いてみよう[35]〉と考えた。彼はそこに入ると、[36]空き〔家〕であることが分かった。彼もまたそこから某かの残り物を取って出ていった。

その後、スヴァーガタは〈食事の時間だ〉と考えて、書き方の稽古場[37]から自分の家へ食事しに帰ったが、すっかりもぬけの殻であった。彼は飢えに苛まれ、空腹感のために悲嘆にくれ、[38]「乳母よ、乳母よ」と叫び続けたが、誰一人として返答する者はなかった。彼[39]はその家のあちらこちらを捜し回ったが、諦めて出ていった。その家からそれほど遠くない所に別の家があった。そこにはスヴァーガタの[40]親戚の者達が住んでいた。彼が彼らのところに行くと、やがてそこでも喧嘩が始まった。彼らは喧嘩をした後、興奮も治まると、お互いに話し合った。

「皆、以前、お互いに目が合えば、我々には親愛の情が湧き起こってきたのに、今は憎しみしか生まれてこない。余所者が誰か来たか見てみよう」

彼らが見てみると、スヴァーガタが見えた。彼らのうち、ある者達が「皆、スヴァーガタが入り込んでいるぞ！」と言うと、[41]別の者達は「あいつはスヴァーガタ（善来）ではなくてドゥラーガタ[42]（悪来）だ。あいつのせいで我々の間に喧嘩が始まったんだからな」と言った。彼らは首を摑んで[43]彼を追い出し、どこか別の場所に追い出したが、そこからもまた追い出され、ついに乞食達の中へと追いやられた。食物を求めて行く先々で、悉く〔乞食〕達は罵られ、追い出された。彼らは希望を失い[44]、手も器も空のままで、人の住んでいない神社の東屋の近くにある木の根元にやって来た[45]。彼らはお互いに話し合った。「皆、以前、我々は行く先々で手も器も〔食物で〕一杯にして帰ってきたものだ。今、何のせいで我々は手も器も空のままで、希望を失い、こんな所にやって来たのだろうか[46]」と。

彼らのうち、ある者達が「きっと誰か疫病神が我々の仲間に加わったせいで、我々は手も器も空のままで、こんな所にやって来たのだ」と言うと、別の者達は言った。「そうだ！　二手に別れて〔町に〕入ればいいんだ」と。

彼らはある日、二手に別れて〔町に〕入った。そのうち、彼らの中にスヴァーガタが入っていた方は、前に戻ってきたときとまったく同じように、罵られた上に追放され、希望を失い[47]、手も器も空のままであったのに対し、もう[48]一方は手も器も一杯にして戻ってきた。手も器も空のまま戻ってきた者達は、さらに二手に別れて〔町に〕入った。そのうち、またもや彼らの中にスヴァーガタが入っていた方は〔前と〕まったく同様に手も器も空のまま戻ってきた。彼らはさらに二手に別れ、という具合にして、ついにスヴァーガタともう一人の乞食が〔町に〕入っていったが、彼が手も器も空のまま戻ってきたのに対し、他の者達は手も器も一杯にして戻ってきた。そこで、その乞食達は皆集まって考え始めた。「おい皆、ある疫病神が我々の中に入ってきて、そいつのせいで我々は手や器を空にしてこんな所にやって来たんだ。我々はそいつを追い出そう[49]」と。彼らは彼をめった打ちにし、持っていた鉢を〔彼の〕頭に投げつけて[50]追い出した。

さてそうこうするうちに、[51]〔昔〕長者ボーダの友人だったシュラーヴァスティーの商人が、商品を携えてシシュマーラギリにやって来た。スヴァーガタは鉢を手にして市場に行ったが、〔商人〕は〔その〕顔つきにピンときて、「坊や、君は長者ボーダの息子さんじゃないかね」と話しかけると、彼は「おじさん、私は彼の息子のドゥラーガタです」[52]と答えた。〔商人〕は一瞬言葉を失い、目に涙を一杯溜めて、[53]「坊や、[54]君の両親は二人とも死んでしまったが、君の親戚の人達は？」と尋ねると、彼は「彼らのうち、ある人達は死に、ある人達は前と同じ場所に住んでいるけど、言葉すらかけてくれないんだ」と答えた。

「君の家にいた女奴隷・男奴隷・人夫・使用人達は？」

「彼らのうち、ある人達は死に、ある人達は逃げ出し、ある人達は前と同じ場所に住んでいるけど、言葉すらかけてくれないんだ。残っていた幾らかの財産も火事で焼けちゃったし、商品を扱っていた雇い人達は〔店の〕商品を持ち出し、[55]財を求めて外国や大海を渡ったけど、そこでもある人達の商品は売れなかったり、ある人達はその同じ場所で不運にも災難に遇い、ある人達は難所に差し掛かった時、盗賊達に物を取られ、ある人達は都城の近くまで来た所で税関の役人達に〔持ち〕物を検査されて金目の物を取られ、ある人達は町に着くと、王に〔仕事を〕申しつけられ、失敗して全財産を没収されたりしたんだ。〔また父さん〕が死んだのを知って、元の場所に留まった人達もいたよ」

〔商人〕は長く熱い溜め息をついた後に言った。[56]

「坊や、シュラーヴァスティーに行ってはどうかね」

「おじさん、そこに行ってどうなるというの」

「坊や、そこには、アナータピンダダと呼ばれる長者が〔住んでいて〕、その息子さんは君の姉さんと結婚したんだ。彼女なら君の面倒を見てくれるだろう」

彼が「おじさん、それじゃあ僕は行くことにするよ」と言うと、商人はスヴァーガタに二カールシャーパナを渡して、「坊や、おじさんが商品を売りつくすまで、当座の間、この二〔カールシャーパナ〕で凌いでおくれ。〔その後〕君は私と一緒に行くんだよ」[57]と言った。彼はその二カールシャーパナを〔スヴァーガタの〕擦り減った[58]衣の端に縫い付けておいたが、業の異熟により、すっかり〔そのことを〕忘れていたのである。

〔前と〕[59]まったく同じように、彼はどこかで何かを貰ったり、また貰えないこともあり、空腹感に苛まれていた。やがてその商人は商品を売って見返りの商品を手にすると、スヴァーガタのことなど忘れて出発したが[60]、スヴァーガタもまた彼について出発した。しばらくするとその隊商達は喧嘩を始め、〔荷車を曳く〕牛達が争い始めた。隊商達が[61]「皆、隊商を調べろ。まさか、あのドゥラーガタがここに来ているのではないだろうな」と言った。彼らが調べてみると、彼が見えた。彼らは[62]殴り掛かったり、平手打ちを食らわせたり、〔手を〕半月形にして〔彼の〕首を捕まえ、追い出そうとした。彼は追い出される時、歩きながら泣き出した。隊商主は大声を聞いて〔声の主を〕探し始めた。すると彼が引っ立てられているのが見えた。彼が「皆、彼を追い出してはならない。彼は私の友人の息子だ」と言うと、彼らは言った。

「隊商主よ[63]、多くの財産を蓄え、〔沢山の〕友人・親戚・親類の者達がいた長者ボーダの家は奴のせいで破滅してしまったのに、どうして我々はそんな奴と一緒に行かなくてはならないのです。あなたはどんなことがあっても隊商の長なんですよ。[64]もしも奴が行くのなら、我々は〔一緒に〕行きません」

隊商主は彼に言った。

「坊や、〔今〕ここで商人達の間に揉め事が起こり、商人達は動揺している。[65]君は後から一日遅れて[66]行くがよい。私は君のために食事を置いておくよ」

彼は[67]両親との別離に負けまいとしていたために、前世の業の罪過のために[68]、〔また〕苦や憂いのために心を悩ませ、涙で喉を詰まらせていたために[69]、声を出すことができない状態だった。隊商は出発し、彼もまた一日遅れて出発し始めた。その隊商主は丸めた葉に彼の食物を入れて、〔その〕一部は地面に砂塵で覆い、一部は木の枝や葉で隠したが、そのうち地面に置いたものはジャッカルや他の四足獣達に食べられ(70)、木の枝に置いたものは鳥や猿達に食べられた。こういうわけで、あるものは手に入れたが、あるものは手に入れられなかったのである(71)。

——この世で、最後身の有情が優れた〔境地〕を証得せずにその途中で死んでしまうことは、あり得ず、起こり得ない(72)。——

彼はやっとのことで(73)シュラーヴァスティーに辿り着き、シュラーヴァスティーの郊外にある水飲み場付近で休んでいた。しばらくすると(74)、彼の姉に仕えている使用人の娘が水を汲みに水瓶を手にしてやって来たが、彼女は顔つきからピンときた。彼女はしばらく〔彼を〕眺めると、憂いを帯びた悲しそうな顔をして(75)、「坊や、あなたはシシュマーラギリに住んでいた長者ボーダの息子さんじゃないの」と言うと、彼は「お姉さん、人は私のことをそのように認識しているよ(76)」と答えた。彼女は目に涙を一杯溜めて(77)、涙で喉を詰まらせ、胸を叩きながら、悲嘆と悲痛のために、訥々とした言葉で、「あなたの両親は亡くなられたんでしょう(78)」と尋ね始めた。

「死んだの」

「あなたの親戚の人達は(79)?」

「彼らの中でもある人達は死に、ある人達は逃げ出し、ある人達は前と同じ場所に住んでいるけど〔僕には〕言葉すらかけてくれないんだ」と彼は答えた。

「君の家にいた女奴隷・男奴隷・人夫・使用人達は?」

「彼らもまた、ある人達は死に、ある人達は前と同じ場所に住んでいるけど、言葉すらかけてくれないんだ。残っていた幾らかの財産も火事で焼けちゃったし、〔また〕商品を扱っていた雇い人達は〔店の〕商品を持ち出し、財を求めて外国や大海を渡ったけど、そこでもある人達の商品は売れなかったり、ある人達はその同じ場所で不運にも災難に遇い、ある人達は難所に差し掛かった時、盗賊達に物を取られ、ある人達は都城の近くまで来た所で税関の役人達に〔持ち〕物を検査されて金目の物を取られ、ある人達は町に着くと、王に〔仕事を〕申しつけられ、失敗して全財産を没収されたりしたんだ。〔また父さん〕が死んだのを知って、元の場所に留まった人達もいたよ」

　彼女は長く熱い溜め息をついて言った。[80]

「ここでじっとしてて。その間にあなたの姉さんに報せて上げるからね」

　その娘は姉に内緒で報せた。「どんな商品を持ってたの」と〔訊かれ〕、彼女は「どうして彼に商品などありましょうか。[81]彼の手には杖と土鍋とがあるだけです[82]」と答えた。彼女は彼のために、高価な[83]衣服と幾らかのカールシャーパナを〔娘に〕渡した。渡すと、「彼に[84]『もしもあなたの姉さんの息子か娘がやって来たら、その子にだけカールシャーパナを渡し、親戚の人達には見つからないように』[85]と伝えてちょうだい」と言った。彼女は衣服とカールシャーパナとを持ち、彼のもとに行くと言った。

「姉さんがあなたのためにこの衣服とカールシャーパナを[86]下さったよ。[87]そして『もしもあなたの姉さんの息子か娘がやって来たら、その子にだけカールシャーパナを渡し、親戚の人達には見つからないように[88]』と仰ってたわ」

　彼は「あり難い！」と言った。言うと、黙っていた。[89]娘が退くと、彼は考えた。〈アナータピンダダ長者は大勢の親戚を従者としているが、我々の父さんも〔かつては〕大勢の親戚を従者としていたんだ。私は彼らの暮らし向きを一人一人お尋ねし、姉さんとゆっくり話をしよう〉と。

　さて彼は旅の疲れで消耗し、飢えに苛まれていたために、朝食〔も〕摂れないでいたが、〈まずは〔食事を〕して〔腹を〕満たし、心おきなく話をするとしよう[90]〉と考えて居酒屋に行った。彼は足早にそこに行くと、酒を飲んだ。彼は酔っぱらって園林に戻り、眠ってしまった。

――シュラーヴァスティーの園林〔に住む〕盗賊達[91]は毎日決まってうろうろし[92]、もし彼らが寝ている人を見たら、足で揺り動かし、もし彼が目を覚ましたならば、彼に「おい君、シュラーヴァスティーの園林〔に住む〕盗賊は毎日〔あたりを〕うろついているという[93]のを君は聞いたことがないのか」と言う。もし〔それでも〕彼らが眠っているのを見ると、[94]「起きろ、逃げろ」[95]と言い、もし〔それでも〕目覚めなければ、〔持ち物を〕盗んで行ってしまうのである。

彼らは〔彼を〕足で揺り動かしたが、目を覚まさなかったので、〔持ち物を〕盗むと立ち去った。彼は酒の酔いから醒めて、目を覚ますと〔身ぐるみ剝がれていたので〕、やがて〔前に着ていた〕その同じぼろ布を見つけて身に纏っていた。その頃、彼の姉は〈あの子は遅すぎるわね。これには、きっとわけがあるに違いないわ〉と考え、彼女は「あなた、行ってきてちょうだい。あの〔子〕がまだなのよ。どうしてやって来ないのか見てきてちょうだい」と[96]その娘を再び送った。彼女がそこに行ってみると、〔彼は〕身ぐるみ剝がされ、〔前と〕同じ身なりをしていた。彼女は大急ぎで駆け戻って姉に報せた。「奥様、彼は身ぐるみ剝がされ、〔前と〕同じ身なりをしていましたよ」と。〔娘〕は〈彼のせいで〔かつては〕多くの財産を蓄え、友人・親戚・親類の人達にも恵まれていたボーダ長者の家が破滅してしまったのに、もしも彼を〔家に〕入れてしまったなら、私もまた女主人様の義理のお父さんの家を不運にも災難に陥れてしまう可能性がある。彼をここに入れないようにしよう[97]〉と考えた。考えると、彼女もまた〔彼を〕無視した。彼も宿業による過失のせいで、〔姉の家に行くのを〕忘れてしまった。

彼は〔再び〕物乞い達の中に追いやられた。食物[98]を求めて行く先々で、悉く〔乞食〕達は罵られ、追い出された。彼らは希望を失い、手も器も空のままで、人の住んでいない神社の東屋の近くにある木の根元にやって来た[99]。彼らはお互いに話し合った。「皆、以前、我々は行く先々で手も器も〔食物で〕一杯にして帰ってきたものだ。今、何のせいで我々は手も器も空のままで、希望を失い、こんな所に[100]やって来たのだろうか」と。

彼らのうち、ある者達が「きっと誰か疫病神が我々の仲間に加わったために、我々は手も器も空のままで、こんな所にやって来たのだ」と言うと、別の者達は「二手に別れて〔町に〕入ろう」と言った。彼らはある日、二手に別れて〔町に〕入った。そのうち、彼らの中にスヴァーガタが入っていた方は〔前と〕同じく罵られた上に追放され[101]、希望を失い[102]、手も器も空のまま、前と同じように戻ってきた。ところが[103]、もう一方は手も器も一杯にして戻ってきた。手も器も空のまま戻ってきた者達は、さらに二手に別れて〔町に〕入った。そのうち、またもや彼らの中にスヴァーガタが入っていた方は〔前と〕同じように手も器も空のまま戻ってきた。彼らはさらに二手に別れ、という具合にして、ついにスヴァーガタともう一人の乞食が〔町に〕入っていったが、彼が手も器も空のまま戻ってきたのに対し、他の者達は手も器も一杯にして戻ってきた。そこで、その乞食達は皆集まって喋り始めた。「おい皆、ある疫病神が我々の中に入ってきて、そいつのせいで我々は手や器を空にしてこんな所にやって来たんだ。我々はそいつを追い出そう[104]！」と。彼らは彼をめった打ちにし、頭に鉢を投げつけて[105]追い出した。

　さてその頃、アナータピンダダ長者は家の中で仏を上首とする比丘の僧伽を食事に招待していた。彼は門番達に「仏を上首とする比丘の僧伽が食事を終えられるまで、いかなる乞食も〔中に〕入れるな。後で私は彼らに食べさせてやるから」と命じた。〔さて〕長者の家でいつも食事を貰っていた乞食達が一同に会して[106]〔中に〕入ろうとしたが、門番の者達に遮られたので、「おい、あんた、他ならぬ我々の〔「身寄りのない者」という〕名に因んで、ここの長者はアナータピンダダ（身寄りのない者に食を施す者）として有名ではないか。それなのに、これを何と考えて我々を遮るのだ」と言うと、〔門番[107]〕は答えた。

「長者は命じられたのだ。『仏を上首とする比丘の僧伽が食事を終えられるまでは、いかなる乞食も入れるな。その後で、私は彼らに食べさせてやるから』と」

「おい、皆、我々はいかなる時も遮られはしなかったんだぞ。気をつけろ。どうかあのドゥラーガタがここに来ていないように[108]」と彼らは言った。彼らが探し始めると、彼がある場所に潜んでいるのが分かった。そこで彼らは「皆、ここにドゥラーガタが隠れているぞ！」と大声を上げた。彼らは彼をめった打ちにして引[109]きずり出し、激怒していたために〔彼の〕頭に土鍋を投げつけたので、彼の頭は割れてしまった。彼は〔集団から〕閉め出されて泣き出した。その後、彼らは手足を持って、「ドゥラーガタよ、ここにいろ！」と、ゴミの山[110]に彼を放り投げたのである。彼は血を流しながら[111]、そのゴミの山の所でじっとしていた。

　その時、世尊は午前中に衣を身に着け、衣鉢を持つと、比丘の衆団に取り囲まれ、比丘の僧伽に恭敬されながら、アナータピンダダ長者の家に近づかれた。世尊[112]は、指はささくれだち、髪は伸びるに任せ、体は埃塗れで、痩せて衰弱し、汚らしくて古い衣を身に纏い、割れた頭からは血を流し、〔頭〕以外も傷だらけであり、蝿がたかった状態でゴミの山の中で坐り込んでいるスヴァーガタを御覧になった。御覧になると、比丘達に告げられた。

「比丘達よ、あらゆる生存への再生を厭離せよ。あらゆる生存への再生を助けるものを厭離せよ。そこ（生存）では最後身を受けた有情〔でさえ〕この有様である」

　する[113]と、世尊はスヴァーガタにお告げになった。

「愛し子よ、食べ残しが欲しいか」

「世尊よ、欲しゅうございます」

　そこで世尊が同志アーナンダに「アーナンダよ、お前はスヴァーガタに食べ残しを渡してやりなさい」とお告げになると、同志アーナンダは「畏まりました、大徳よ」と世尊に同意した[114]。その時、世尊は長者アナータピンダダの食堂に[115]近づかれた。近づかれると、〔世尊〕は比丘の僧伽の前に設えられた座に坐られた。アナータピンダダ長者は、仏を上首とする比丘の僧伽が心地好く坐られたのを確認すると、清浄で美味なる軟硬〔二種〕の食物で手ずから〔世尊を〕満足させ、喜ばせた。清浄で美味なる軟硬〔二種〕の食物により、様々な仕方で手ずから〔世尊を〕満足させ、喜ばせた後、世尊が食事を終え、手を洗って鉢を片づけられたのを見ると、一段低い座具を手にし、法を聞くために世尊の前に坐った。[116]〔さて〕同志アーナンダはスヴァーガタにその食べ残し〔を渡すの〕を忘れていた。

――諸仏・諸世尊は失念することがない。[117]――

世尊は[118]〔アーナンダの記憶を〕蘇らせた。同志アーナンダは世尊の鉢を取ると、やがて彼は〔鉢〕にあった食べ残しを渡していないのに気がついた。そして気づくと、記憶が戻ってきた。法の真実を具足せる彼はその場で声を上げて泣き出した。世尊が「アーナンダよ、お前はどうして泣いているのだ」とお尋ねになると、「大徳よ、私は今までは世尊のお申しつけに〔一度も〕違反したことがありませんでしたのに」と彼は答えた。

「一体どうしたというのだ」

「スヴァーガタに、その食べ残しを渡してやらなかったのです」

世尊は言われた。

「アーナンダよ、お前が私の命令を忘れてしまったのではない。そうではなくて、他ならぬスヴァーガタの〔悪〕業が資糧を得、〔その〕機が熟して暴流の如く押し寄せてきて〔それを〕遮ることはできず、それによってお前は失念したのだ。がっかりするな。さあ、彼を呼んできなさい」

彼は行って〔名を〕呼ぶと、大勢の者達が返事をしたが、[119]〔当の〕スヴァーガタは世尊に「私がお前に食べ残しを上げよう」と言われていたことすらも忘れ、〈あれは、三界の導師である世尊が誰か福業を積んだ者を顧慮して名前を呼ばれているのだ。〔私のことではない〕〉と考えた。同志アーナンダは世尊のもとに行き、「世尊よ、『スヴァーガタよ』と呼んだのですが、大勢の者達が返事をしたので、誰を呼んでくるべきか分かりません」と告げると、世尊は「さあ、アーナンダよ、行って『シシュマーラギリのボーダ長者の息子であるスヴァーガタは来るがよい』と言うのだ」と指示された。同志アーナンダは[120]〔再び〕出掛け、「シシュマーラギリのボーダ長者の息子であるスヴァーガタは来るがよい」と声高に叫んだ。彼は父の名前を聞くことによって自分の名前を思い出した。彼は杖の助けを借りて

179

ゆっくりと立ち上がると、詩頌を唱えた。

「忘れたる『スヴァーガタ』というこの声はいずこより届けりや。きっと悪事が終わり、善事が起こらん。一切知者よ、貴方は貴方を帰依処とする者達の拠り所なり。[121]また、貴方の教えを喜びとする聖者達は歓迎されよ。だが我は運に見放され、一切の親戚にも見捨てられ、憂いの矢を射られ、哀れにも悲惨な状態に陥れり」

さて同志アーナンダは彼を連れ、世尊のもとに近づいた。近づいて、世尊に「大徳よ、スヴァーガタが参りました」と言うと、[122]世尊は空腹感により憂いの生じた彼を労い、「息子よ、この食べ残しを食べるがよい[123]」と言われた。彼はそれを見て考えた。〈たとえ三界の師である世尊が幸運にも私のことを顧慮して下さったとしても、僅かな食べ残ししか下さらなかった。ここで何を食べろというのだ〉と。

世尊は彼の心を〔自分の〕心で知ると、言われた。

「愛し子よ、[124]もしもお前が大海の如き腹で食べたとしても、施食はスメール〔山〕ほどあるから、満腹になるまで永久に尽きはしない。好きなだけ食べよ」

彼は満腹になるまで食べたので、それによって諸根は満たされ、[125]世尊の顔を見始めた。世尊は言われた。

「愛し子スヴァーガタよ、お前は満腹になったか」

「世尊よ、満腹になりました」

「愛し子よ、もしもそうなら、最後の一口を取れ。その鉢は消えてしまうぞ」

彼が最後の一口を取ると、それは消えてしまった。[126]世尊は布施〔の果報〕を廻向すると、退かれた。最後身を得た有情（スヴァーガタ）は世尊の後ろに付き従った。世尊は精舎に行くと、比丘の僧伽の前に設えられた座に坐られた。彼も世尊の両足を頭に頂いて礼拝し、一隅に坐った。世尊は〈彼に花を買いに行かせよう。[127]〔そうすれば〕彼の〔悪〕業は取り除かれよう〉と考えられた。こう考えられると、スヴァーガタに「愛し子スヴァーガタよ、お前はお金を持

316

っているか」と言われた。

「世尊よ、持っておりません」
[128]「愛し子スヴァーガタよ、衣の裾を調べてみよ」
衣の裾を調べてみると、二カールシャーパナがあった。彼は「世尊よ、二カールシャーパナ[129]がありました」と言った。

「さあ、愛し子よ、園主ガンダカから[130]青蓮華を〔買い〕取って戻ってこい」

スヴァーガタは、彼のもとに行った[131]。〔園主〕は彼を遠くから見ながら立っていた。彼は〈あのドゥラーガタがやって来た。きっと不吉なことが起こるぞ〉と考えた。こう考えると、「ドゥラーガタよ、貴様はここへ何しに来やがったんだ！」と口汚く罵った[132]。彼は詩頌を唱えた。


「我は青蓮華に用があり、他の蓮華に〔用〕はなし。我は諸賢の主であり、吉祥なる一切知者の使者なり」

こう言うと、引き返し始めた[133]。彼もまた詩頌を唱えた。

「こちらにおいで、こちらにおいで、もしも貴方があの自己を制御せる聖者の使者なら。彼は神々と人々とが供養すべきお方にして、最も供養せらるべき者等にも供養せらるべきお方なり」


こう言うと、〔さらに〕彼は言った。

「あなたは仏の使者なのか」

「仏の使者です」

「何のために来られたか」

「花のためです」

「もしもあなたが仏の使者ならば、欲しいだけお取りなさい」

彼は青蓮華を背負って世尊のもとに戻ってきた。「愛し子よ、比丘達に〔それを〕配るのだ」と世尊は言われた。彼は比丘達に配り始めたが、比丘達は受け取らなかった。世尊は言われた。

「比丘達よ、〔青蓮華を〕納受せよ。[134] 一切の芳香は目を喜ばす。彼の〔悪〕業を取り除くべし」

比丘達は受け取った。受け取ると、花が開いた。[135]〔スヴァーガタ〕はかつて過去世で青遍〔処〕を起こしたことがあったが[136]、彼は長老達の末座に留まってその花を見、さらに一層じっくりと観じ始めると、彼にその青遍〔処〕が現前してきた。そこで世尊は彼に「愛し子よ、出家してはどうだ」と言われると、「世尊よ、私は出家いたします」と彼は答えた。世尊は〔彼を〕出家させ、具足戒を授け、教誡[137]を与えられた。彼[138]は勤め励み精進して、五つの輻を具えた輪廻の輪は実に不安定であることを知り、有為の行く末はすべて衰滅し、衰え、崩壊し、滅び去る性質のものとして〔それを〕打破すると、一切の煩悩を断じて阿羅漢性を証得した。阿羅漢となった彼は、三界の貪を離れ、土塊も黄金も等しく、虚空と掌とを等しく見る心を持ち、斧〔で切られて〕も栴檀香〔を塗られて〕も同じことで[139]、智で〔無明の〕殻を破り[140]、〔三〕明・〔六〕通・〔四〕無礙解を獲得し、有・利得・貪・名声から顔を背け、インドラ神やインドラ神に付き従う神々に供養され、恭敬され、礼拝される者となったのである。[141] 彼は阿羅漢性を獲得すると、解脱の喜と楽とを味わっていたが、その時、このような詩頌を唱えた。

「真実を見る勝者は〔我を〕哀れみ、老いたる象を泥沼から〔救済〕する如く、方便の縄もて我を縛りて苦から救えり。かつて我はスヴァーガタなりしが、後にドゥラーガタとなれり。導師よ、先に我は貴方の最高の言葉を聞き、〔再び〕スヴァーガタとなれり。[142] 一切知者よ、鉄に等しき我は、貴方の最高の言葉を聞きて、今、黄金と等しくなれり。[143] 今、我は無漏にして黄金の体を得たり。我は宝を獲得せり。〔人〕は天界と解脱を願うべきなり。〔他人の〕利益を願う善友達に仕うるは最も吉祥なり」

同志スヴァーガタが見事に説かれた法と律とに従って出家した時、近く[144]にいた者が「沙門ガウタマが物乞いのドゥラーガタを出家させたぞ！」と声を上げた。外道の者達は〔それを〕聞くと、彼らは〔世尊を〕罵り、軽蔑し、非難した。「おい、皆、沙門ガウタマはこう言っていた。『我が教えはどこをとっても素晴らしい』と。どうして彼の〔教え〕がどこをとっても素晴らしいと言えようぞ。今ここでドゥラーガタを始めとする乞食達も出家しているのに！」と。

——ところで、諸仏・諸世尊が知らなかったり、見なかったり、気づかなかったり、認識できないものは何もないのである。——(145)

世尊は考えられた。〈スメール〔山〕の如き偉大な声聞に〔さえ〕、大衆は嫌悪の情を抱くことがある。(146)〔スヴァーガタ〕の徳を上げてやろう。どこで〔上げ〕てやろうか。〔彼の徳〕が上がると同時に下がる場所でだ(147)〉と。こう考えられると、アーナンダに告げられた。

「さあ、アーナンダよ、比丘達に告げよ。『比丘達よ、如来はバルガ地方に遊行に行かれる。皆さんの中で、如来と共にバルガ(148)〔地方〕に遊行に行くことのできる者は衣を執られよ』と」

「畏まりました、大徳よ」と同志アーナンダは世尊に同意すると、「同志の皆さん、世尊はバルガ地方に遊行に行かれる。皆さんの中で、世尊と共にバルガに遊行に行くことのできる者は衣を執られよ」と比丘達に告げた。

その時、〔自己を〕調御し、寂静で、解脱し、安穏であり、〔自己を〕調伏し、阿羅漢であり、離貪し、端正なる世尊が、〔自己を〕調御し、寂静で、解脱し、安穏であり、〔自己を〕調伏し、阿羅漢であり、離貪し、端正なる従者を従えている様は、雄牛が牛の集団に、象が若象の集団に、獅子が牙を有する動物の集団に、白鳥王が白鳥の集団に、ガルダが鳥の集団に、バラモンが弟子の集団に、名医が患者の集団に、勇者が武士の集団に、導師が旅人の集団に、(149)隊商主が商人の集団に、組合長が市民(150)の集団に、城主が大臣の集団に、転輪王が千人の息子に、月が星の集団に、太陽が千の光線に、ドゥリタラーシュトラがガンダルヴァの集団に、ヴィルーダカがクンバータの集団に、ヴィルーパークシャが龍の集団に、クベーラが夜叉の集団に、ヴェーマチトリンがアスラの集団に、シャクラが三十〔三〕天に、ブラフマンが梵衆〔天〕に囲遶されているが如くであった。〔また世尊〕は、凪いだ大洋の如く、水を湛えた大洋の如く、興奮せぬ象王の如くであり、よく調御された諸根によって振る舞いと行動は落ち着いており、[151]三十二の偉人相で完全に装飾され、八十種好で体は光り輝き、一尋の光明で体は飾られ、[152]千の太陽をも凌ぐ光を放ち、宝の山が動いている如く、どこから見ても素晴らしかった。十力、四無畏、三不共念住、そして大悲を具えた〔世尊〕は、アージュニャータ・カウンディンニャ、ヴァーシュパ、マハーナーマン、アニルッダ、シャーリプトラ、マウドガリヤーヤナ、カーシャパ、アーナンダ、そしてライヴァタ[153]等の偉大な弟子や他の大いなる比丘の僧伽に囲遶されてシシュマーラギリに近づかれ、遊行しながら次第してシシュマーラギリ[154]に到着された。[155]

〔世尊〕はシシュマーラギリにあるビーシャニカー林[156]のムリガダーヴァ[157]で時を過ごしておられた。シシュマーラギリのバラモンや長者達は、世尊がバルガ地方を遊行しながらシシュマーラギリに到着し、シシュマーラギリにあるビーシャニカー林のムリガダーヴァで時を過ごしておられると聞いた。そして聞くと、様々に集団をなし、様々に団体をなして、集い集まり、シシュマーラギリを出ると、世尊のもとに近づいた。近づくと、世尊の両足を頭に頂いて礼拝し、一隅に坐った。シシュマーラギリのバラモンや長者達を、〔世尊〕は法話を以て説示し、鼓舞し、励まし、勇気づけられた。法話を以て様々な仕方で説示し、鼓舞し、励まし、勇気づけられると、〔世尊〕は沈黙された。[158]その時、シシュマーラギリのバラモンや長者達は、座から立ち上がって右肩を肌脱ぎ、[159]世尊に向かって合掌礼拝すると、世尊にこう申し上げた。「明日、世尊は屋敷内にて比丘の僧伽と共に食事されますことを我々に御承諾下さい」と。

世尊は沈黙を以てシシュマーラギリのバラモンや長者達に承諾された。その時、シシュマーラギリのバラモンや長者達は、世尊が沈黙を以て承諾されたのを知ると、世尊の説かれたことに歓喜して、[160]世尊の両足を頭に頂いて礼拝すると、世尊のもとから退いた。さてその同じ夜、シシュマーラギリのバラモンや長者達は、清浄で美味なる軟硬〔二種〕の食物を用意し、翌朝早起きして、座席を設え、水瓶を設置すると、世尊に使者を送って時を告げさせた。[161]「大徳よ、お時間です。食事の用意ができました。[162]世尊は今がその時とお考え下さい」と。

そこで世尊は午前中に衣を身に着け、衣鉢を持つと、比丘の僧伽に囲遶され、比丘の僧伽に恭敬されながら、シシュマーラギリのバラモンや長者達の食堂[163]に近づかれた。近づかれると、設えられた座に坐られた。[164]シシュマーラギリのバラモンや長者達は、仏を上首とする比丘の僧伽が心地好く坐られたのを確認すると、清浄で美味なる軟硬〔二種〕の食物によって、手ずから喜ばせ、満足させた。様々な仕方で、清浄で美味なる軟硬〔二種〕の食物によって、手ずから喜ばせ、満足させた後、世尊が食事を終えて手を洗い、鉢を片づけられたのを見届けると、一段低い座具を手にして、法を聞くために世尊の前に坐った。[165]そこで世尊は、[166]シシュマーラギリのバラモンや長者達を、法話を以て説示し、鼓舞し、励まし、勇気づけられた。法話を以て様々な仕方で説示し、鼓舞し、励まし、勇気づけられると、〔世尊〕は沈黙された。[167]そこでシシュマーラギリのバラモンや長者達は、世尊にこう申し上げた。

「大徳よ、世尊は様々な地方や様々な場所で、[168]あれやこれやの獰猛な龍どもや、邪悪な夜叉達を[169]調伏してこられました。大徳よ、あのアシュヴァティールティカ[170]龍は敵意のない我々に敵意を抱き、敵対心のない〔我々〕に敵対心を持ち、憎しみのない〔我々〕に憎しみを持ち、我々が作っても作っても穀物を台無しにし、[171]また女・男・少年・少女・牛・水牛・羊・山羊達[172]に〔も危害を加えています〕。ああ、願わくば、世尊は憐れみを垂れて奴を調伏されんことを」

〔世尊〕は沈黙を以てシシュマーラギリのバラモンや長者達に承諾された。[173]その時、[174]世尊は沈黙を以てシシュマーラギリのバラモンや長者達に承諾されると、座から立ち上がって退かれた。それから世尊は精舎に行かれ、比丘の僧伽の前に設えられた座に坐られた。坐られると、世尊は同志アーナンダに告げられた。

「さあ、アーナンダよ、比丘達に次のように告げ、そして籌を配るのだ。『皆さんの中で、アシュヴァティールティカ龍を調伏できる者は籌を取れ』と」

「畏まりました、大徳よ」と同志アーナンダは世尊に同意すると、比丘の僧伽に布告し、[175]仏を上首とする比丘の僧伽に籌を配り始めた。世尊は籌を取られなかった。長老の比丘達は〈どうして世尊は籌を取られないのであろうか〉と精神を集中すると、〈〔世尊〕は同志スヴァーガタに徳を生じさせようと欲しておられるのだ〉と彼らは気づいたので、彼らもまた取らなかった。同志スヴァーガタも〈一体どういうわけで、世尊も長老中の長老という比丘達も籌を取られないのだろうか〉と精神を集中すると、〈〔世尊〕は私に徳を生じさせようと欲しておられる。だから私はかの師の意向を満足させなければなるまい。私が籌を取ろう[176]〉と気づいた。彼は、半ば胡座を解いて、象の鼻の如く手を伸ばすと、籌を取った。

――諸仏・諸世尊は、知っていながら尋ねることがある。[177]――

仏・世尊が「アーナンダよ、どの比丘[178]が籌を取ったかね」と同志アーナンダに尋ねられると、「大徳よ、スヴァーガタ[179]でございます」と答えた。世尊が「さあ、アーナンダよ、比丘スヴァーガタに『奴は邪悪である。お前の身根を防御せよ』と告げよ」と言われると、「畏まりました、大徳よ」と同志アーナンダは世尊に同意し、同志スヴァーガタのもとに近づいた。近づくと、「同志スヴァーガタよ、世尊は『奴は邪悪である。お前の身根を防御せよ』と仰っておられた」と同志スヴァーガタに言うと、彼は答えた。

「同志アーナンダよ、世尊の仰るとおりです。しかし、たとえアシュヴァティールティカのような龍どもが、砂糖黍・竹・葦の如く[180]閻浮提にはびこっていたとしても、奴らは私の毛一本すら動かすことはできますまい。ましてやアシュヴァティールティカ龍〔一匹[181]〕が〔私の〕身根を傷つけることなどございません[182]」

「お気をつけて」と言って、同志アーナンダは退いた[183]。同志スヴァーガタは、その同じ夜が明けると、朝〔早く〕衣を身に着け、衣鉢を持って、乞食しにシシュマーラギリに入った。シシュマーラギリを乞食して歩いた後、アシュヴァティールティカ龍の住居に近づいた。アシュヴァティールティカ龍は同志スヴァーガタを遠くから見た。そして見ると、〈一体あの沙門は私がもうすぐ死ぬというのを聞き知って、私の住居にやって来たのだろうか〉と考えた。〔龍〕はさらに〈ともあれ、来るなら来るがよい〉と考えた。

その時、同志スヴァーガタは奴の池に行くと、[184]衣鉢を[185]一隅に置いて両足を洗い、両手を洗って水を流すと、[186]落ち葉を掻き集めて坐り、食事の準備を始めた。アシュヴァティールティカ龍は〈こいつは通りすがりの者に過ぎない〉と考えて、無視した。[187]同志スヴァーガタは考えた。[188]〈邪悪な龍は、動揺させずに調伏することはできぬ。[189]奴を動揺させてみよう〉と。

彼は鉢を洗うと、その鉢の水をその池に撒き散らした。龍は動揺して考えた。〈あの沙門がやって来ても私は無視し、食事をしていても無視したら、[190]奴は私の住居に残った水を撒き散らしやがった。よし、奴を殺してしまおう[191]〉と。〔龍〕は激怒すると上空に舞い上がり、[192]同志スヴァーガタの上から円盤・槍・斧・なげ槍等の武器を投げ始めたが、同志スヴァーガタが慈等至に入ると、[193]それら〔の武器〕は天上の青蓮華・黄蓮華・赤蓮華・白蓮華・曼陀羅華[194]となって〔スヴァーガタの〕体に舞い落ちた。アシュヴァティールティカ龍は炭火の雨を降らし始めたが、[195]それらもまた天上の曼陀羅華となって〔彼の〕体に舞い落ち始めた。〔次に〕アシュヴァティールティカ龍は埃の雨を降らせ始めたが、[196]それもまたアグル樹の抹香・梅檀の抹香・[197]タマーラ樹の葉の抹香となって〔彼の〕体に舞い落ち始めた。アシュヴァティールティカ龍は憤怒と怒りの力で煙を発し始めた。同志スヴァーガタもまた神通力で煙を発し始めた。〔その後〕アシュヴァティールティカ龍は憤怒と怒りの力で燃え始めた。同志スヴァーガタもまた火界定に入った。こうしてそこでは、アシュヴァティールティカ龍の憤怒と同志スヴァーガタの神通力とによって広大なる光明が現れ、それを見たシシュマーラギリのバラモンや長者達は、慌ててあちこちを調べ始め、[198]「皆、世尊がアシュヴァティールティカ龍を調伏なさったぞ。皆、[199]来い。見に行こう！」と言った。何十万もの人々が出掛けた。比丘達もまたその広大な光明を、その同じ場所に居ながらにして観察し始めた。そこで世尊は比丘達に告げられた。

「比丘達よ、彼は即座に火界定に入る我が比丘達・我が声聞達の中で最上である。〔彼とは〕すなわち比丘スヴァーガタである」

アシュヴァティールティカ龍は自尊心と誇りとを喪失し、[200]飛び道具が尽きてしまうと、逃げ始めた。同志スヴァーガタは四方に火を化作した。アシュヴァティールティカ龍は、行く先々が燃え、[201]焼かれ、燃え上がり、ひたすら火炎を上げているのを見た。〔龍〕[202]はあちこちに化作された火に翻弄され、庇護者もなく、同志スヴァーガタの近くは〔火が〕鎮まって涼しいのを除けば、〔辺り〕一面〔の火〕は鎮まりそうにないと知った。〔龍〕は同志スヴァーガタに近づいた。近づくと、同志スヴァーガタにこう言った。

「もう沢山です、[203]大徳スヴァーガタよ。どうして私を痛めつけるのですか」

彼は言った。

「老いの定めにある者よ、私がお前を痛めつけているのではない。そうではなく、お前こそが私を痛めつけようとしたのだぞ。もしも私がこのような徳の集まりを獲得していなかったら、今頃、私はお前に殺されていただろう」

〔龍〕は言った。

「大徳スヴァーガタよ、私は何をしたらよいのですか。仰って下さい」

「優しき者よ、世尊のもとに行って〔彼に〕帰依し、学処を授かるのだ[204]」

〔龍〕は「大徳スヴァーガタよ、心得ました。そうしましょう」と[205]答えた。そこで同志スヴァーガタは、アシュヴァティールティカ龍を連れて世尊のもとに近づいた。近づくと、世尊の両足を頭に頂いて礼拝し、一隅に坐った。一隅に坐った同志スヴァーガタは、「これが、あのアシュヴァティールティカ龍です」と世尊に申し上げた。そこで世尊はアシュヴァティールティカ龍に告げられた。

「優しき者よ、何はともあれお前は前世での悪行のために賤しき畜生の胎に生まれ変わったが、そのお前が今、[206]殺害や殺戮に夢中になり、他人の命を奪い、他人の命を傷つけることで命を繋いでいる。[207]ここより死没したら、お前はどこに行き、何に生まれ変わり、いかなる来世を迎えるだろうか[208]」

「世尊よ、私は何をしたらよいのか仰って下さい」と彼が言うと、「[209]私のもとで〔私に〕帰依し、学処を授かり、シシュマーラギリのバラモンや長者達の安全を保障せよ」と世尊は答えられた。彼は言った。

「[210]この私は世尊に帰依して学処を授かり、今日からはシシュマーラギリのバラモンや長者達の安全を保障します」

その時、シシュマーラギリのバラモンや長者達は、盛り沢山の供物を持って世尊のもとに近づいた。近づいて、世尊の両足を頭に頂いて礼拝すると、一隅に坐った。一隅に坐ったシシュマーラギリのバラモンや長者達は、「大徳よ、世尊がアシュヴァティールティカ龍を調伏されたのですね」と世尊に申し上げると、「バラモンならびに長者達よ、[211]アシュヴァティールティカ龍を調伏したのは私ではなく、比丘のスヴァーガタである」と世尊は答えられた。

「どの〔スヴァーガタ〕様ですか」

「〔以前〕ここに住んでいた、あのボーダ長者の息子だよ[212]」

――相手が不幸に遇っていると鼻にも引っ掛けないのに、羽振りが良くなると急に懐（なつ）いてくるものである。[213]――

そのうち、ある者達が「彼は我々の兄弟の息子さんだ」と言うと、別の者達が「彼は私達の姉妹の息子さんよ」と言い、[214]〔また〕別の者達は「我々の友人の息子さんだ」と言った。[215]その時、シシュマーラギリのバラモンや長者達は座から立ち上がって右肩を肌脱ぎ、世尊に向かって合掌礼拝すると、世尊に申し上げた。

「[216]大徳スヴァーガタに感謝し、七日間、世尊は比丘の僧伽と共に食事[217]されますことを我々に御承諾下さいませ」

世尊は、シシュマーラギリのバラモンや長者達に沈黙を以て承諾された。その時、シシュマーラギリのバラモンや長者達は、世尊が沈黙を以て承諾されたのを知ると、世尊の両足を頭に頂いて礼拝し、世尊のもとから退いた。[218]

〔さて〕シシュマーラギリにはアヒトゥンディカ[219]という、あるバラモンがおり、ボーダ長者の友人であったが、彼は

アシュヴァティールティカ龍を恐れて逃げ出し、シュラーヴァスティーに行っていた。コーサラ国王プラセーナジッ
トは彼を、象を酔わせる酒の責任者に[220]任命し、就任させた。彼はある用事でシシュマーラギリに到着したが、彼は
「ボーダ長者の息子である比丘[221]スヴァーガタは、アシュヴァティールティカ龍を調伏された」と聞いた。聞くと、同
志スヴァーガタのもとに近づいた。近づくと、同志スヴァーガタの両足を頭に頂いて礼拝し、一隅に坐った。そのバ
ラモンは同志スヴァーガタに「明日、聖者[222]スヴァーガタは屋敷内にて食事されますことを私に御承諾下さい」と言う
と、同志スヴァーガタは答えた。
「バラモンよ、シシュマーラギリのバラモンや長者達は、私に感謝し、七日間、世尊を上首とする比丘の僧伽を食事
に[223]招待するつもりだ。私は承諾できぬ」
　バラモンは言った。
「聖者よ[224]、もしも今承諾できないのであれば、あなたがシュラーヴァスティーに来られた際には、まず最初に私の家
で[225]食事をお召し上がり下さい」
　彼は「そうしよう」と答えた。バラモンは〔彼の〕両足に礼拝すると、退いた[226]。
　一方、世尊は心行くまでシシュマーラギリで時を過ごした後、シュラーヴァスティーへ遊行に行かれた。遊行しな
がら、次第してシュラーヴァスティーに到着し、シュラーヴァスティーではジェータ林・アナータピンダダの園林で
189 時を過ごしておられた。アナータピンダダ長者は「世尊はバルガ地方を遊行しながらシュラーヴァスティーに到着し、
ちょうどこの我々の園林で時を過ごされている」と聞いた。聞くと、彼はシュラーヴァスティーから出て、世尊のも
とに近づいた。近づくと、世尊の両足を頭に頂いて礼拝し、一隅に坐った。一隅に坐ったアナータピンダダ長者を、
世尊は法話を以て教示し、鼓舞し、激励し、勇気づけられた。様々な仕方で、法話を以て教示し、鼓舞し、激励し、
勇気づけられると、沈黙された[227]。アナータピンダダ長者は座から立ち上がって右肩を肌脱ぎ[228]、世尊に向かって合掌礼

拝すると、世尊に申し上げた。「明日、世尊は屋敷内にて比丘の僧伽と共に食事されますことを私に御承諾下さい」と。

世尊は、アナータピンダダ長者に沈黙を以て承諾された。その時、アナータピンダダ長者は、世尊が沈黙を以て承諾されたのを知ると、世尊の語られたことに歓喜し、[229]世尊の両足を頭に頂いて礼拝すると、世尊のもとから退いた。〔一方〕かのバラモン〔も〕「世尊はバルガ地方を遊行しながらここに到着し、ちょうどここのジェータ林・アナータピンダダの園林で時を過ごされている」と聞いた。聞くと、同志スヴァーガタのもとに近づいた。近づくと、[230]同志スヴァーガタにこう言った。

「明日、聖者は屋敷内にて食事されることを私に御承諾下さい」

[231]同志スヴァーガタは沈黙を以てバラモンに承諾した。その時、バラモンは同志スヴァーガタが沈黙を以て承諾したのを知ると、座から立ち上がって退いた。

さてアナータピンダダ長者は、その同じ夜、清浄で美味なる軟硬〔二種〕の食物を用意した。次の日の朝早く起きて、席を設え、水瓶を設置すると、使者を送って、「大徳よ、お時間です。食事の用意ができました。世尊は今がその時とお考え下さい」と世尊に時を告げさせた。

そこで世尊は午前中に衣を身に着け、衣鉢を持つと、比丘の僧伽に囲遶され、比丘の僧伽に恭敬されながら、アナータピンダダの家に近づかれた。[232]そのバラモンもまた同志スヴァーガタに美味なる食事を用意した。同志スヴァーガタも、午前中に衣を身に着け、衣鉢を持つと、そのバラモンの家に近づいた。近づくと、設えられた座に坐った。一隅に坐った同志スヴァーガタを、[233]そのバラモンは美味なる食事によって満足させた。そのバラモンは[234]〈聖者スヴァーガタは美味なる食事を食べられたが、それは消化していないだろう。彼に水をお出ししよう[235]〉と考えた。こう考えると、同志スヴァーガタにこう言った。

「聖者よ、[236]あなたは美味なる食事をお召し上がりになりました。お水をお召し上がり下さい。水が〔食物を〕消化してくれるでしょう」

〔スヴァーガタ〕は「それはよい。そうしよう」と答えた。彼は水を用意し、発情期の象のこめかみから出る液を指一本分入れた。

――精神を集中しないと、阿羅漢の知見は働かない。[237]――

同志スヴァーガタは〔知らずに〕その水を飲んでしまった。その後、布施〔の果報〕を廻向すると[238]退いた。彼は筵[239]〔のアーケード〕で覆われたシュラーヴァスティーの商店街を通り過ぎると、[240]直射日光が背中に当たって酔いが回り、大地[241]に倒れてしまった。

――諸仏・諸世尊は失念することがない。[242]――

世尊は〈誰も彼を見て〔仏の〕教えに嫌悪感を抱いてはならない〉と、[243]〔スヴァーガタが倒れた場所に〕美しい木葉[244]の小屋を化作した。[245]

〔さて〕アナータピンダダは仏を上首とする比丘の僧伽が心地好く坐られたのを確認すると、清浄で美味なる軟硬〔二種〕の食物によって、手ずから〔世尊を〕喜ばせ、満足させ、[246]世尊が食事を終えて手を洗い、鉢を片づけられたのを見届けると、一段低い座具を手にして、法を聞くために世尊の前に坐った。[247]そこで世尊は、アナータピンダダを法話を以て教示し、激励し、勇気づけ、鼓舞した後、[248]座から立ち上がって退き、やがて例の場所に到着された。その時、世尊はその神通力の行使を止めて、「比丘達よ、これがあれほど獰猛だった[249]アシュヴァティールティカ龍を調伏した比丘スヴァーガタであるが、彼が今、悪い食物の毒をさえ避けることができたかね[250]」と比丘達にお告げになった。

「いいえ、大徳よ」

「比[251]丘達よ、飲酒にはこのような、また別の過失がある。それゆえ、比丘たる者は酒を飲んでも、あるいは〈他者に〕与えてもならない」

そして世尊は酒のせいで眠っている同志スヴァーガタを起こして、こう言われた。

「スヴァーガタよ、これは一体何事だ！」

「世尊よ、気がつきませんでした。善逝よ、気がつきませんでした」

そこで世尊は同志スヴァーガタを連れて[252]精舎に行き、比丘の僧伽の前に設えられた座に坐られた。坐られると、比丘達にお告げになった。

「おお、比丘達よ[253]、私を師と認めるなら、お前達はたとえクシャ草の先端〔ほどの少量〕といえども酒を飲んでも〔他人に〕与えてもいけない」

疑念を生じた比丘達は、あらゆる疑念を断じて下さる仏・世尊に尋ねた。

「大徳よ、同志スヴァーガタは、いかなる業を為したがために、裕福で巨額の財産と巨大な資産とを有する家に生まれ、またいかなる業を為したがために、乞食となってドゥラーガタという名前が付き、〔また〕いかなる業を為したがために、世尊の教えに従って出家すると一切の煩悩を断じて阿羅漢性を証得し、そして火〔界〕定に入る者達の中で最上であると〔世尊は〕示されたのですか[254]」

世尊は言われた。

「比丘達よ、比丘[255]スヴァーガタによって為され積み上げられた業は、資糧を獲得し機縁が熟すると、暴流の如く押し寄せてきて避けることはできないのだ。スヴァーガタが為し積み上げてきた業を、他の誰が享受しようか。比丘達よ、為され積み上げられた業は、外の地界・水界・火界・風界で熟すのではない。そうではなく、為され積み上げられた業は、善であれ悪であれ、感覚のある〔五〕蘊・〔十八〕界・〔十二〕処においてのみ熟すのである。

何百劫を経ても、業は不滅なり。〔因縁〕和合と時機を得て、必ずその身に果を結ぶ[256]」

比丘達よ、かつてある村に長者が住んでいた。彼は裕福で巨額の財産と巨大な資産とを有し、広大で多大な富を具え、毘沙門天の財に匹敵するほどであった[257]。ある時、彼は友人・親戚・親類の者達に囲まれ、家族の者達に囲まれて[258]、園林の敷地に出掛けて行った。

――諸仏が〔世に〕現れない時には独覚達が世に現れる。彼らは貧しく哀れな者達を憐れみ、人里離れた所で寝起きや食事をし[259]、世間で唯一の応供者なのである[260]。――

ある時、ある独覚[261]が地方を遊行しながら、その村にやって来た。彼は旅の疲れと体調不順のために病気に罹り、食物を求めてその園林に入った[262]。その長者は〔独覚〕を見ると気分を害した[263]。彼は部下達に「お前達、あの出家者を追い出せ！」と命じたが、彼らの中で誰も追い出さなかったので、その長者はさらに腹を立て[264]、自らその偉大なる人[265]の首を摑んで追い出し、「お前は乞食達の中で暮らせ！」と言った。彼は呼吸も弱々しく大地に倒れ[266]、〈あの長者は哀れで惨めで可愛そうな人だ[267]。彼を救ってやらねば[268]〉と考えた[269]。こう考えると[270]、上空に舞い上がり、光・熱・雨・稲光の神変を現し始めた[271]。

――神通力は即座に凡夫を回心させる[272]。――

彼は木が根元から切り倒されたように、〔その独覚の〕両足に平伏(ひれふ)すと、言った。

「下に降りてきて下さい。下に降りてきて下さい。大応供者よ、悪業の泥沼に沈んだ私の手を引っ張り上げて下さい！」

〔独覚〕は彼を利益せんがために下に降りてきた。彼は〔独覚〕を供養し恭礼すると[273]、誓願した[274]。「私は〔あなた〕のような真の応供者に悪事を働きましたが、こ〔の業の果報〕を享受する者となりませんように。一方〔私はあなたに〕奉仕もしましたが、この善根によって、私は裕福で巨額の財産と巨大な資産とを有する家に生まれますように。

そして〔あなた〕のような諸徳を得た者となりますように。そして〔あなた〕よりも優れた師を喜ばせ、不快にさせることがありませんように」と。

世尊は言われた。

「比丘達よ、どう思うか。[275] その時その折の長者こそ、比丘スヴァーガタである。彼は独覚になした奉仕のために、裕福で巨額の財産と巨大な資産とを有する家に生まれたのだ。また[276]〔独覚に対して〕なした悪行のために、五百生もの間、物乞いとして生まれ、乃至この世においてもまた、最後生の身でありながら、〔今までと〕同じく乞食となったのだ。彼は誓願[277]したために私の教えに従って出家し、一切の煩悩を断じて阿羅漢性を証得し、百千[278]コーティの独覚達よりも優れた師である私を喜ばせ、不快にさせることがなかったのだ。[279] さらにまた彼は世尊[280]・正等覚者カーシャパのもとで出家したことがあった。彼はある比丘のもとで出家したが、〔彼を出家させた比丘〕は世尊・正等覚者カーシャパに『即座に火界定に入る者達の中で最上である』と言われた。彼はそこで命ある限り梵行を修したが、いかなる徳の集まりも獲得しなかった。彼は死ぬ時に誓願し始めた。『私は世尊[281]・正等覚者・無上の応供者カーシャパのもとで命のある限り梵行を修したが、いかなる徳の集まりも獲得しなかった。〔しかし梵行を修したという〕善根によって[282]、〝青年僧よ、お前は〔将来〕人の寿命が百歳の時に、シャーキャムニと呼ばれる如来・阿羅漢・正等覚者[283]となるであろう〟と世尊[284]・正等覚者カーシャパが授記された青年僧ウッタラの教えに従って出家し、一切の煩悩を断じて阿羅漢性を証得するように。〔また〕私の師が世尊・正等覚者カーシャパによって〝即座に火界定に入る者達の中で最上である〟と示されたように、またシャーキャ族の王主である世尊シャーキャムニ[285]も私を〝即座に火界定に入る者達の中で最上である〟と示されるように』と。この誓願力により、この世で如来は〔彼のことを〕『即座に火界定に入る者達の中で最上である』と示したのである。それゆえ、実に比丘達よ、完全に黒い業には完全に黒い異熟があり、完全に白い〔業〕には完全に白い〔異熟〕があり、〔黒白〕斑の〔業〕には〔黒白〕斑の〔異熟〕がある。それゆえ比丘達よ、この場合、完全に黒い業と〔黒白〕斑の〔業〕とを捨て去って、完全に白い業においてのみ心を向けるべきである。このように、比丘達よ、お前達[286]は学び知るべきである[287]」

世尊がこう言われると、かの比丘達は歓喜し、世尊の説かれたことに満足した。

以上、吉祥なる『ディヴィヤ・アヴァダーナ』における「スヴァーガタ・アヴァダーナ」第十三章。

文献

❶None. Cf. Vin. iv 108.21-110.13 [182.24-191.4] ❷1032 Te 17a8-33b1; 3 Ña 19a1-36b4 ❸『根本説一切有部毘奈耶』巻四十二 (T. 1442, xxiii 857a14-860a16). Cf.『五分律』巻八 (T. 1421, xxii 59c26-60b23);『摩訶僧祇律』巻二十 (T. 1425, xxii 386c13-387a4);『四分律』巻十六 (T. 1428, xxii 671b21-672b19);『十誦律』巻十七 (T. 1435, xxiii 120b29-121c1) [182.24-191.4];『仏五百弟子自説本起経』(T. 199, iv 192b28-193a12) ❹None.

注

(1) Skt. の最初からアナータピンダダ長者がブッダを食事に招待する直前に相当するまでの部分 (167-176.21) が、漢訳では「仏在室羅伐城逝多林給孤独園。時憍閃毘失収摩羅山。於此山下多諸聚落。有一長者。名曰浮図。大富多財衣食豊足。娶妻未久誕生一女。顔貌端正人所楽観。至年長大。娉与給孤独長者男為妻。浮図長者未久之間。復誕一息。容儀可愛。初生之日父見歓喜。唱言善来善来。時諸親族因与立名。号曰善来。由此孩児薄福力故。所有家産日就銷亡。父母倶喪投竄無所。時諸人衆見其如此。遂号悪来。与乞匃人共為伴侶。以乞活命。時有一人。是悪来父故旧知識。見其貧苦遂与金銭一文令充衣食。従此離別漸至室羅伐城。其姉従婢見而記識。帰報大家曰。我適出外逢見悪来。非常貧窶。其姉聞已深生惻隠便。令使者送白畳金銭権充虚乏。彼薄福故便被賊偸。姉聞此事而嗟歎曰。我今何用如此悪業薄福人耶。即棄而不問」(857a14-b1) と、極めて簡略に説かれている。よって注(106)までは漢訳のリファレンスがない。

（2） śiśumāragiri (śuśumāragiri) ; chu srin byis pa gsod kyi ri ; 失収摩羅山。 訳では、śiśumāragiri に統一する。ただし漢訳では直後に「於此山下多諸聚落」(857a15) とあり、これを山の名前と理解しているようである。本章注（148）参照。
（3） bodha ; rtogs ldan ; 浮図。 （4） 定型句 2A（富者)。
（5） tasya krīḍato ..... atyayāt prasūtā (167.7-16). 以下、Tib. はこの訳を欠く。 （6） 定型句 3A（結婚)。
（7） 定型句 3G（妊婦の保護)。 （8） sarvāṅga- ..... tathā tathā (167.16-168.2). 以下、Tib. はこの訳を欠く。
（9） 定型句 3H（誕生)。 （10） 定型句 3 I（命名)。 （11） 定型句 3 J（八人の乳母)。
（12） sutarāṃ prītim utpādayati. Tib. はこの訳を欠く。 （13） nāpy ādhipatyena. Tib. はこの訳を欠く。
（14） mama kuśalena vā dhanena vā sadṛśo bhavati. 下線部に相当する Tib. は「家柄（rigs)」(17b2 ; 19a3) となっており、これに従えば kula という Skt. が想定される。文脈からすれば kula の方が相応しいと考えられるが、ここでは Skt. の読みを尊重し、kuśalena として理解する。
（15） sa caivaṃ ..... vicārya dattā (168.5-12). 以下、Tib. は「彼（ボーダ長者）は、シュラーヴァスティーのアナータピンダダという長者が、裕福で巨額の財産と巨大な資産とを有し、広大にして多大なる財を蓄え、毘沙門天ほどの財を蓄え、毘沙門天の財に匹敵し、彼は家柄や財力の点で自分と等しく、財力に関しては自分以上であると聞くと、彼は娘をシュラーヴァスティーの長者アナータピンダダの息子に嫁がせた」(17b3-4 ; 19a4-5) とする。
（16） tena naimittikā ..... abhyupekṣāvasthitaḥ (168.17-25). 以下、Tib. はこの訳を欠く。
（17） ka etāni śriṇoti. Tib. はこの訳を欠く。
（18） nānyaḥ. Tib. はこれを「もしも起こらなければ報せなくてもよい」(17b7 ; 19b1) と Skt. の内容を敷衍して訳している。
（19） Tib. はここに、Skt. にはない「彼が生まれたちょうどその同じ日に、長者ボーダには何千もの災いが起こった」(17b8 ; 19b1) という文を置く。 （20） tadanantaram ..... tūṣṇīṃ tiṣṭheti (169.8-15). 以下、Tib. はこの訳を欠く。
（21） lokadharmānuvṛtyāvajñāpūrvakena. Tib. はこの訳を欠く。
（22） tatraike ..... nāma vyavasthāpyate (169.17-20). 以下、Tib. はこの訳を欠く。 （23） svāgata ; legs 'ongs ; 善来。
（24） tanutvaṃ parikṣayaṃ paryādānaṃ gacchanti. Skt. はこのように三つの単語を出すが、Tib. は「完全になくなってしまった」(18a4 ; 19b5) とし、これを一語で処理する。
（25） pauruṣeyāḥ. Tib. はこれを grong pa'i mi gang dag (18a5 ; 19b6) とするので、これを paurāḥ と解釈した可能性が高い。しかし、文脈からすれば、ここは長者ボーダの関係者が様々な不幸に陥ったことを説いているから、ここでは「市民」一般ではなく、彼の「使用人」が問題にされていなければならない。よって、このまま Skt. の読みを採択する。

(26) mahāsamudraṃ yāvat tīrṇaḥ/ tataḥ. Tib. はこの訳を欠く。

(27) keṣāṃcit kāntāra- ..... prāṇaviyogaṃ śrutvā (170.2-6). 以下、Tib. はこの訳を欠く。

(28) tatraivāvasthitāḥ. Tib. はここを「ある者はその同じ場所に留まったが、〔彼には〕言葉さえかけなかった」(18a6 ; 19b7) とする。

(29) kecid anyāśrayeṇa ..... na gṛhṇanti (170.9-10). 以下、Tib. はこれを「ある者はその同じ場所に留まったが、〔彼には〕言葉さえかけなかった」(18a7 ; 20a1) とする。 (30) kṛtajñatayā. Tib. はこの訳を欠く。

(31) vistīrṇasvajana- ..... -karmakarapauruṣeyam (170.14-15). 以下、Tib. はこの訳を欠く。

(32) vistīrṇasvajana- ..... -karmakarapauruṣeyam (170.21-22). 以下、Tib. はこの訳を欠く。

(33) ahaṃ punar na yāsyāmīti kutaḥ sthāsyāmīty ..... tāvan niṣpalāyeyam (170.23-24). Tib. はこれを「私も彼の悪運により、不運にも苦しむことになり、そのような状況になることが確実だとしたら、その場合、どうしたらよいのでしょうか」(18b2-3 ; 20a4) とし、Skt. と内容が異なるので、Skt. の訂正はできないが、下線部の二つの iti はこの文脈において意味不明であるから、いずれも省略する。 (34) Tib. はここに「食物を食べて」(18b3-4 ; 20a5) を付加する。

(35) bodhasya gṛhapater gṛhe śvānaḥ kaliṃ kurvanti kim tad anyaṃ bhaveta paśyāmi tāvat. Tib. はこれを「長者ボーダの家は空に (stong par) なったか、あるいは何か〔別の理由〕で、このようにここで犬どもが喧嘩をしながら留まっている。私はちょっと覗いてみよう」(18b4-5 ; 20a5-6) とする。刊本の巻末 Appendix B にある BENDALL 写本を手がかりに、SPEYER は下線部が śūnyaṃ の誤りであると指摘する。確かにこの直後、sa tatra praviṣṭo yāvat paśyati śūnyam とあるので、ここでは SPEYER の訂正を採る。 (36) Tib. はここに「沢山の泥棒犬達が喧嘩をしており、人は誰もおらず」(18b5 ; 20a6) を付加する。

(37) lekhaśālāyāḥ. Tib. はこれを「小学校から (khye'u'i grva nas)」(18b6 ; 20a7) とする。

(38) bhoktukāmāvarjitasaṃtatiḥ kṣudhāsaṃjanitadaurmanasyaḥ. Tib. はこの訳を欠く。

(39) sa tad ..... āpanno niṣkrāntaḥ (171.6-7). 以下、Tib. はこの訳を欠く。

(40) anyagṛham/ tasmin svāgatasya. Tib. はこの訳を欠く。

(41) tatraike kathayanti/ bhavantaḥ svāgataḥ praviṣṭa iti. Tib. はこの訳を欠く。

(42) durāgata ; nyes 'ongs ; 悪来。 (43) grīvāyāṃ gṛhītvā. Tib. はこの訳を欠く。

(44) te yatra yatra bhaikṣārthikāḥ prativiśanti [prativasanti AC] tatra nirbhartsyante niṣkāsyante ca/ te nairāśyam āpannāḥ.

Tib. はこの訳を欠く。なお SPEYER は下線部の単語が praviśanti の誤りであるとする。文脈を考えると、この訂正は正鵠を得ているので、これに改める。　(45)　śūnyadevakulamaṇḍapavṛkṣamūlāny āgatāḥ.　Tib. はこの訳を欠く。

(46)　nairāśyam āpannā iha.　Tib. はこの訳を欠く。

(47)　tathaiva nirbhartsitā niṣkāsitāś ca nairāśyam āpannāḥ.　Tib. はこの訳を欠く。

(48)　tv anye ..... riktapātrā āgatāḥ (171.28-29).　以下、Tib. はこの訳を欠く。

(49)　niṣkāsayāma enam.　Tib. はこの訳を欠く。　(50)　śirasi ca mallakaṃ bhaktam.　Tib. はこの訳を欠く。

(51)　atrāntare yāvat.　Tib. はこの訳を欠く。

(52)　tāta ahaṃ tasya putro durāgataḥ.　Tib. はこの訳を欠き、単に「そうです (yin no)」(19b1；21a3) と答えるのみである。

(53)　muhūrtaṃ tūṣṇīṃ sthitvāśruparyākulekṣaṇaḥ.　Tib. はこの訳を欠く。

(54)　putra tau ..... tatraivāvasthitāḥ (172.13-25).　以下、Tib. は「「君の両親はどこに行ったんだい」。スヴァーガタは言った。「死にました」。彼は言った。「彼（父さん）の家・倉庫・田畑・財産・穀物はどこにあるの」。スヴァーガタは言った。「すべて火で焼けたよ」。彼は言った。「商品を持って外国に行った町の人はどこにいるの」。スヴァーガタは言った。「ある人は大海で船が難破し、ある人は商品が売れず、ある人はその同じ場所で不運にも災難に遭い、ある人はその同じ場所に住んでいるけど、言葉さえかけてくれないんだ」。彼は言った。「親戚の人達はどこにいるの」。スヴァーガタは言った。「ある人は死に、ある人は逃げ、ある人はその同じ場所に住んでいるけど、言葉さえかけてくれないんだ」。彼は言った。「男奴隷・女奴隷・人夫・使用人達はどこにいるの」。スヴァーガタは言った。「ある人は死に、ある人は逃げ、ある人はその同じ場所に住んでいるけど、言葉さえかけてくれないんだ」」(19b1-4；21a3-7) とする。

(55)　baṇikpauruṣeyā gṛhītvā.　SPEYER は baṇikpauruṣeyāḥ <u>paṇyaṃ</u> gṛhītvā とし、下線部を補うべきであるとする。Tib. には対応箇所がないが、彼の訂正に従う。

(56)　sa dīrgham uṣṇaṃ ca niśvasya kathayati.　これを Tib. は「その長者はそれを聞いて涙で喉を詰まらせると、彼は言った」(19b4；21a7) とする。　(57)　mayā sārdhaṃ gamiṣyasi.　Tib. はこの訳を欠く。

(58)　khusta-.　Tib. はこの訳を欠く。　(59)　tathaivāsau ..... 'vasthito yāvat (173.4-5).　以下、Tib. はこの訳を欠く。

(60)　pratipaṇyam ādāya svāgataṃ vismṛtya saṃprasthitaḥ.　Tib. はこれを「金を稼ぐと、スヴァーガタを連れて出発し」(19b7；21b3) とし、内容が異なる。

(61)　Tib. はここに Skt. にはない文「皆、かつて我々は一人が〔他の〕一人を見れば、親愛の情が湧き起こってきたのに、今我々は一人が〔他の〕一人を見れば、喧嘩が始まり、牛達も一頭が〔他の〕一頭を見れば、争いだしているが」(19b7-8；21b3-4) を置く。

(62) te taṃ khaṭu- .... taṃ niṣkāsyamānam (173.10-14). 以下、Tib. は「彼らは言った。「皆、奴はスヴァーガタではなくドゥラーガタだ。彼の悪徳のせいで我々は喧嘩を始め、牛達も争いだしたのだ」と彼らは彼を追い出し始めた」(20a1-2；21b5) とする。

(63) sārthavāha yam .... gacchāmaḥ sarvathā (173.16-18). 以下、Tib. はこの訳を欠く。

(64) Tib. はここに「我々は彼と一緒に行けないのであって」(20a3；21b6) を置く。

(65) mahājanavirodho 'tra bhavati sārthakāḥ kṣubhitāḥ. Tib. はこの訳を欠く。

(66) vāsodghātikayā. Tib. は Skt. の「一日遅れ」には言及しない。

(67) sa mātāpitṛ- .... tūṣṇīm avasthitaḥ (173.21-23). 以下、Tib. は単に「スヴァーガタは後からついて行くと」(20a3-4；21b7) とする。

(68) pūrvakarmāparādhaprabhāveṇa. SPEYER は下線部を -prabhaveṇa に訂正し、この句を its first origin in his Karma と解釈する。この部分に対応する Tib. はないが、prabhāva でも充分に読めるので、訂正はしない。

(69) sāsravakaṇṭhas. 下線部は文脈に合わないので、SPEYER はこれを sāsra- に訂正している。これでも悪くはないが、Divy. では sāśru-/ aśru- の方が一般的なので、これに訂正する。

(70) anyaiś catuṣpadaiḥ. Tib. はこの訳を欠く。なお、SPEYER は anyaiś の後に ca を補うべきであるとする。ここでは彼の訂正に従う。

(71) tataḥ kiṃcid ārāgayati kiṃcin nārāgayati. Tib. はこれを「スヴァーガタは少ししか得られなかった」(20a5；22a2) とする。

(72) Cf. Divy. 264.5-7. なお asaṃprāpte viśeṣādhigame so 'ntarā kālaṃ kuryāt を Tib. は「漏尽を得ず、途中で流れを断って死んでしまうことは」(20a6；22a2) とする。

(73) kṛcchreṇa. Tib. はこれを「次第して (mthar gyis)」(20a6；22a3) とし、Skt. の anupūrveṇa が想定される。

(74) Tib. はここに「スヴァーガタの姉は長者アナータピンダダの息子の嫁になっていたが」(20a7；22a3) という文を置く。

(75) ciraṃ nirīkṣya hīnadīnavadanā. Tib. はこの訳を欠く。

(76) evaṃ mā bhaginījana saṃjānite. これでは意味をなさない。これに対応する Tib. は「お姉さん、そうだよ (sring mo yin no)」(20a8；22a4) とし、evaṃ bhaginījana の二語にしか相当する訳がなく、この Skt. を訂正する手がかりにはならないが、これとまったく同じ表現が第1章にも見られ、eva te bhaginījanaḥ saṃjānate (17.7-8) とあったのを evaṃ me bhagini janaḥ saṃjānate に訂正したので、ここもこれに倣い、evaṃ me bhagini janaḥ saṃjānite に改める。第1章注 (170) 参照。

(77) sāśruparyākulekṣaṇā ..... praṣṭum ārabdhā (174.8–10). 以下、Tib. はこの訳を欠く。

(78) Tib. はこれを「あなたの両親はどこにいらっしゃるの」(20a8；22a4) とする。

(79) te jñātayaḥ ..... tatraivāvasthitāḥ (174.10–23). 以下、この部分に相当する Tib. は Skt. とその内容が若干異なる。Tib. の内容は本章注 (54) の「彼（父さん）の家・倉庫・田畑・財産・穀物はどこにあるの」以下と同じである (20a8–b3；22a4–7)。

(80) dīrgham uṣṇaṃ ca niśvasya kathayati. Tib. はこれを「その女はこれを聞いて涙で喉を詰まらせると、彼女はスヴァーガタに言った」(20b3；22a7) とする。 (81) kuto 'sya paṇyam. Tib. はこの訳を欠く。

(82) Skt. は彼の持ち物を「杖と土鍋」とするが、Tib. はこれに「ぼろの衣 (ral rul)」(20b4；22b1) を加える。

(83) tasyārthaṃ mahārhāṇi. Tib. はこの訳を欠く。

(84) Tib. はここに「まずこれを身につけて着るのです。そして」(20b5；22b2) を置く。

(85) mā jñātīnāṃ pratarkyo bhaviṣyatīti. 本章注 (88) により、下線部を bhaviṣyasīti に訂正する。なお、こちらの用例に関して、SPEYER は訂正を加えていない。 (86) kārṣāpaṇāṃc ca. 単なる誤植と思われるので、kārṣāpaṇāṃś ca に改める。

(87) imāni te vastrāṇi kārṣāpaṇāṃś [← -ṇāṃc] ca bhaginyā preṣitāni. Tib. はこれを先ほどと同じく「まずこれを身につけて着るのです。そして」(20b6–7；22b3) とする。

(88) mā jñātīnāṃ pratarkyo bhaviṣyati. 文法および内容から、SPEYER は下線部を bhaviṣyasīti に訂正すべきであるとする。ここでは彼の訂正に従う。 (89) sa kathayati/ śobhanam eva bhavatīty uktvā tūṣṇīm avasthitaḥ. Tib. はこの訳を欠く。

(90) teṣām ekaikaśo vārtāṃ pratyavekṣate [pratyavekṣyate D]/ bhaginyā ciram ālāpo bhaviṣyati sa ca mārgapariśramakhinnena kṣudhārttena na śakyate kartum purobhakṣikāṃ tavat karomi tṛptaḥ sukhālāpaṃ kariṣyāmi. Tib. はこれを「今そこに行けば、彼らは私に話を訊くから、長いこと引き留められることになり、そうなれば私は腹が減って死にそうになるので、先ずは何かの食物で腹を満たし満足させてからそこに行き、親戚の人達を楽しませ、一人一人を完全に喜ばせよう」(20b8–21a1；22b4–5) とする。Tib. に従えば、これはすべてスヴァーガタが考えた内容であり、したがってすべて一人称で処理されているが、Skt. は三人称も用いられ、スヴァーガタの考えた内容が点線を施した文で二つに分断されている。また下線部に直接対応する Tib. はないが、文脈から考えて、これは一人称の方がよい。よってこれを pratyavekṣāmi に改める。

(91) śrāvastyām udyānamoṣakāḥ puruṣāḥ. Tib. はこれを「シュラーヴァスティーでは園林を支配する人々が園林の盗賊になり」(21a2；22b6) とする。これ以降も Tib. はこの Skt. にここと同じ訳を与える。

(92) pratidinam anvāhiṇḍyante. Tib. はこの訳を欠く。

(93) pratidinam anvāhiṇḍyante.　Tib. はこれを「眠っている人に危害を加える」(21a3；22b7) とする。

(94) te yadi suptaṃ puruṣaṃ paśyanti vadanti.　Tib. はこの訳を欠く。

(95) uttiṣṭha gaccha.　Tib. はこれを「〔持ち物を〕持って逃げろ」(21a3；22b7) とする。

(96) dārike gaccha cirayaty asau paśya kimarthaṃ nāgacchatīti.　Tib. はこの訳を欠く。

(97) nāsāv iha praveśayitavyaḥ.　Tib. はこの訳を欠く。

(98) te yatra ..... nairāśyam āpannāḥ (176.1-2).　以下、Tib. はこの訳を欠く。

(99) śūnyadevakulamaṇḍapavṛkṣamūlāny āgatāḥ.　Tib. はこの訳を欠く。

(100) nairāśyam āpannā iha.　Tib. はこの訳を欠く。　(101) niṣkāsitāśca.　niṣkāsitāś ca に改める。

(102) tathaiva nirbhartsitā niṣkāsitāś ca［← -sitāśca］nairāśyam āpannāḥ.　Tib. はこの訳を欠く。

(103) te tv anye ..... riktamallakā āgatāḥ (176.12-13).　以下、Tib. はこの訳を欠く。

(104) niṣkāsayāma enam.　Tib. はこの訳を欠く。

(105) śirasi ca mallakaṃ bhaktam.　Tib. はこれを「物乞い用の碗で彼の脳天をぶち破って」(21b5-6；23b3) とする。Skt. と Tib. では格関係が異なり、また Tib. は bhaktam を bhagnam と理解しているようである。

(106) ye tasya gṛhaṃ pratiśaraṇabhūtās te sarve saṃnipatitāḥ.　Tib. も漢訳もこの訳を欠く。

(107) sa kathayati ..... tān bhojayiṣyāmīti (177.1-3).　以下、Tib. も漢訳もこの訳を欠く。

(108) bhavanto na kadācid vayaṃ vidhāryamāṇās taṃ paśyata mātrāryā durāgata āgato bhavet.　Tib. はここを「皆、我々の中にまたあのドゥラーガタがいないかどうか見てみよう」(21b8-22a1；23b6) とし、漢訳は「斯大長者先有悲心。我等孤独常為依怙。何故今時苦見駆逐。豈非悪来悪業之力殃及我等」(857b6-8) とする。なお、SPEYER は下線部を mātrāsau に訂正している。その根拠は同じ章に同様の表現 māsau durāgato 'trāgataḥ syāt (173.9) があることによる。確かにこの āryā という呼格は、SPEYER が指摘しているように、直前に bhavanto という呼格があるのと比較すれば、奇妙な印象を与える。よって SPEYER の訂正に従う。

(109) niṣkāsitas tīvreṇa ..... nivartya vipralapitum ārabdhaḥ (177.8-10).　以下、Tib. は「物乞い用の鉢で彼の脳天をぶち破って」(22a1-2；23b7)、漢訳も「啼泣而臥」(857b9) とするのみである。なお、SPEYER (XX) は下線部を nivartyamāno に訂正している。ここでは受動の意味が必要なので、この読みを採る。

(110) 漢訳はこれを「糞聚」(857b8) とする。　(111) rudhireṇa pragharatā.　Tib. も漢訳もこの訳を欠く。

(112) adrākṣīd bhagavān ..... saṃkārakūṭe nipatitam (177.14-18).　以下、Tib. は「世尊はスヴァーガタがゴミの堆積の上で頭を割ら

れて血を流し、泣いて坐っているのを御覧になった」(22a3-4；24a2)、漢訳は「爾時世尊由大悲力引向悪来処立」(857b11-12) とする。 (113) tatra bhagavān .... ākāṅkṣāmi bhagavan (177.21-22). 以下、Tib. も漢訳もこの訳を欠く。

(114) evaṃ bhadantety āyuṣmān ānando bhagavataḥ pratyaśrauṣīt. Tib. も漢訳もこの訳を欠く。

(115) bhaktābhisāraḥ. Tib. は単に「場所 (gnas sa) に」(22a6；24a4) とする。漢訳は「家」(857b16) とする。第3章注 (79) 参照。

(116) 定型句9B (食事に招待されるブッダ)。 (117) 定型句8G (注意力を怠らないブッダ)。

(118) bhagavatā utthāpitam .... taṃ śabdāpayeti (178.7-16). 以下、Tib. は「世尊はスヴァーガタへの食べ残しを取っておかれた。そこで同志アーナンダは世尊の食べ残しを取り始めた。しばらくすると、同志アーナンダは「スヴァーガタへの食べ残しを取っておくように」と世尊が自分に言われていたのに、〔それを〕忘れていたことに気づいて泣き始めた。世尊は言われた。「アーナンダよ、どうして泣いているのだ」。「大徳よ、私はスヴァーガタへの食べ残しを取っておくのを忘れ、私は世尊との約束を破ってしまいました」。「アーナンダよ、お前は私との約束を破ったのではなく、スヴァーガタ自身の業の過失によって、お前は彼に食べ残しを取っておくのを忘れてしまったのだ。アーナンダよ、お前は行って、スヴァーガタを呼んできなさい」」(22b1-4；24a7-b3) とする。また漢訳は「阿難陀忘不留食。即於已鉢留其半分。時阿難陀食已生念。我於今日情有擾乱。違世尊教。仏告阿難陀。仮使贍部洲四至大海満中諸仏。然此諸仏各説深法。汝悉受持無有遺忘。今由善来薄福力故。令汝不憶。汝今可去喚彼善来」(857b20-25) とする。

(119) anekaiḥ prativacanaṃ .... śabdata iti (178.16-20). 以下、Tib. は「多くの者達は「はい」と返事をしながらも、彼らは考えた。〈今、三界の最上者である世尊は誰を意図しておられるのだろうか〉と」(22b4-5；24b3) とする。

(120) āyuṣmatānandena .... gāthāṃ bhāṣate (178.24-27). 以下、Tib. は「同志アーナンダは出掛けて、そのように叫ぶと、スヴァーガタは自分の名前を思い出し、彼は詩頌を唱えた」(22b6-7；24b5) とする。なお、漢訳は「時阿難陀奉教而去。至彼告白。善来善来。彼不自憶善来之名。黙爾無対。阿難陀復更唱言。是浮図之子先号善来。非余人也。善来聞已作如是念。説伽他曰」(857b25-28) とし、Tib. や Skt. でアーナンダがブッダのもとに帰って再び指示を仰いだのに対し、漢訳は Tib. や Skt. でブッダが指示した内容、すなわち傍線部をアーナンダが自ら気を利かして説いている点が異なる。

(121) teṣāṃ sarvajña nātho 'si ye hi tvāṃ śaraṇaṃ gatāḥ. Tib. はこれを「あなたに帰依する者達は導師であり、一切知者でございます」(22b7-8；24b6) とし、Skt. の読みと違う理解を示す。漢訳は「仏具一切智　一切衆所帰」(857c2) とし、Skt. に近い。

(122) sa bhagavatā .... bhokṣya iti (179.8-12). 以下、Tib. は「世尊は言われた。「坊や、お前は世尊の食べ残しを食べるか」。「世尊よ、食べたいです」。世尊は彼に食べ残しを与えると、彼は〔それが〕少ししかないのを見て考えた。〈万が一、三界の導師である世尊が私のことを顧慮して下さったとしても、食べ残しを少ししか下さらなかった〉と」(23a1-3；24b7-25a2) とする。漢訳は「仏告阿難陀。与其半食。阿難陀取鉢授与。是時善来見半食已遂便流涙。作如是語。雖仏世尊為我留分。但唯片許寧足我飢」(857c7-10) とし、Skt. や Tib. とはまた別の伝承を有する。

(123) putremaṃ [putroyaṃ MSS] pātraśeṣaṃ paribhunkṣva. Speyer はこれを putrāyaṃ pātraśeṣaḥ paribhunkṣva に訂正している。本章注 (122) で指摘したように、直接の対応箇所がないので、Tib. の読みは参考にできない。写本の読みを尊重するなら、Speyer の訂正に従うべきだが、その場合 pātraśeṣaṃ の格を変えなければならないという欠点がある。ここでは刊本に従って訳す。

(124) yadi tvaṃ .... yāvat tṛptaḥ (179.13-15). 以下、Tib. はこれを「たとえお前がスメール山ほどの食欲で、大海ほどの腹で食べたとしても、お前が満足するまで如来の食べ残しは尽きることがないのだ」(23a3-4；25a2-3) とし、少し伝承が違う。漢訳は「仮令汝腹寛如大海。噉一一口摶若妙高。随汝幾時食終不尽。汝今応食。勿起憂懐」(857c11-12) とし、Skt. の伝承に一致する。

(125) tatsaṃtarpitendriyaḥ. Tib. も漢訳もこの訳を欠く。

(126) Tib. はここに Skt. や漢訳にはない文が見られ、その内容は「長者アナータピンダダは尋ねた。「世尊よ、彼は誰なのでございますか」。世尊は言われた。「長者よ、シシュマーラギリの長者ボーダの息子である」。「世尊よ、ということは、私の友人の息子さんでございますね」。「長者よ、そのとおりである」」(23a5-6；25a4-5) となっている。

(127) puṣpāṇām enaṃ preṣayāmi. Tib. はこの訳を欠く。漢訳はブッダの心中そのものに言及しない。

(128) Tib. はここに「世尊は言われた」(23b1；25b1) を置く。

(129) dvau kārṣāpaṇau. Tib. はこの訳を欠く。漢訳はこれを「一金銭」(857c14) とする。

(130) gaṇḍakasyārāmikasya. Tib. はこれを「園主である王子 (rgyal bu) ガンダカ」(23b2；25b2) とする。これは第12章で登場したコーサラ国王プラセーナジットの弟カーラを指しているので、Tib. では「王子」という呼称に言及していると思われる。漢訳は「売花人」(857c18) あるいは「園主」(857c19) とするのみで、「王子」という呼称には触れない。

(131) svāgatas tasya sakāśaṃ gataḥ. Tib. はこれを「彼は「世尊よ、畏まりました」と世尊に同意すると、園主である王子ガンダカのもとに行き」(23b2-3；25b2) とする。漢訳も「是時善来奉仏教已。遂詣売花人藍婆住処」(857c17-18) とし、Tib. の伝承に近い。

(132) saparuṣaṃ kathayati/ durāgata kimarthaṃ tvam ihāgacchasīti. Tib. はこれを「「ドゥラーガタよ、園林に入るな」と言った」(23b4；25b3) とする。漢訳は「報曰。悪来可去莫入我園。勿由汝故樹池枯燥」(857c19-20) とし、Tib. に近い。

(133) ity uktvā pratinivartitum ārabdhaḥ. Tib. はこの訳を欠く。漢訳はこの代わりに「爾時藍婆聞是仏使心生敬仰」(857c24) と表現する。 (134) gṛhnidhvaṃ. Tib. のみこの訳を欠く。

（135） gṛhītvā puṣpitāni. Tib. はこの訳を欠くが、漢訳は「花乃開敷」（858a3）とし、Skt. に一致する。ここではその開いた青蓮華がスヴァーガタに青遍処を現前させる契機になったのであるから、Skt. や漢訳のように「花が開いた」ことに言及する方が文脈的にはよい。

（136） tenāpūrvaṃ [Ex. conj.; tena purvaṃ MSS] nilakṛtsnam utpāditaṃ pūrvaṃ. これだと、「まず彼はかつて起こしたことのなかった青遍〔処〕を起こした」となるが、校訂者が脚注で指摘しているように、下線部の写本の読みは tena purvaṃ であり、Tib. はここを「スヴァーガタの過去世で（sngon）青遍〔処〕が生じていたので」（23b8；26a1）とする。漢訳も「憶昔前身曾諸仏所修青処観影像現前」（858a3-4）とし、いずれも apūrvaṃ ではなく pūrvaṃ として理解している。ただし pūrvaṃ が二つあるのは文意を損なうので、最後の pūrvaṃ は省略し、これを tena pūrvaṃ nīlakṛtsnam utpāditaṃ と訂正する。

（137） manasikāraḥ. ここでこの単語が登場するのは場違いな印象を与える。そこで Tib. を見ると、ここは「教誡（gdams ngag）」（24a2；26a2）となっており、avavāda あるいは upadeśa という Skt. が想定される。いずれも語形的には manasikāra と似ても似つかないが、文脈を尊重し、Tib. に従って訳す。なお漢訳の対応箇所はない。

（138） tena yujyamānena .... arhattvaṃ sākṣātkṛtam（180.21-25）. 以下、Tib. は「彼はこのように出家し、一人で放逸なく精勤し、自分自身を捨て、善男子達がそのために髪と髭とを剃り落とし、袈裟衣を身に着け、真摯な気持ちで家から家なき状態へと首尾よく出家して、無上なる梵行の究極を、その同じ生において自らの神力によって証得し、獲得した後、「私の生は尽きた。梵行は修した。なすべきことはなし終えた。この生より他に〔生を〕知らず」と了解すると（この後に「三界の貪を離れ」で始まる定型表現が続く）」（24a2-4；26a3-4）とする。漢訳は「即便出家。鬚髪自落法服著身。具足近円成苾芻性。是時善来従此已後。発大勇猛守堅固心。於初後夜思惟忘倦。断除結惑証阿羅漢果」（858a14-17）とのみ記し、定型表現は出さない。

（139） 第8章注（20）参照。

（140） vāśicandanakalpo vidyāvidāritāṇḍakośaḥ. Tib. はこの二つを関連させ、「白檀が割られるように、智で〔無明の〕殻を破り」（24a5；26a5）と理解する。漢訳には対応箇所なし。 （141） 定型句7C（阿羅漢）。

（142） āgato 'smi purā nātha śrutvā vākyaṃ tavottamam. これに対応する Tib. は「今、大牟尼よ、貴方のお言葉により、明らかにスヴァーガタとなれり」（24a8；26b1）であるが、傍線部より Skt. の āgato は svāgato でなければならない。これによって韻律は変化を被らないので、このように訂正する。なお、漢訳の対応箇所はない。

（143） sāṃpraptaṃ svāgato vyaktaṃ [saṃvṛtto na durāgataḥ]. この部分の写本の読みには混乱が見られることを校訂者は脚注で指摘している。［ ］内は校訂者の補いと考えられるが、その根拠は示されていない。そこで Tib. を見ると、ここは kun mkhen lcags 'dra bdag gis ni// khyod kyi gsung mchog thos gyur nas// da ni gser dang 'dra ba yi//（24a8；26b1-2）とある。漢訳も「昔於諸仏所　但持瓦鉄身　今聞世尊教　転作真金体」（858a18-19）とし、Tib. と同じ理解を示すので、ここでは Tib. から和訳する。

(144) sāmantakena śabdo ..... tīrthyaiḥ śrutam（181.12-13）．以下、Tib. はこの訳を欠く。なおここに相当する漢訳（858a24-b3）は Tib. や Skt. には見られない内容を有する。

(145) atrāntare nāsti ..... aviditam avijñātam（181.17-18）．以下、Tib. および漢訳はこの訳を欠く。ただし漢訳はこの少し後で「世尊法爾諸弟子中実有勝徳。人不知者仏即方便彰顕其徳」（858b5-7）と述べ、「法爾」という言葉使いから、Skt. の dharmatā khalu を想起させるサブタイトル的表現となっている。

(146) sumeruprakhye mahāśrāvake mahājanakāyaḥ prasādaṃ [-kāyaprasādaṃ BD, -kāyāprasādaṃ- A, kāya 'prasādaṃ C] pravedayate. この読みに従えば、「スメール〔山〕の如き偉大な声聞に、大衆は浄信を生ずるものだ」と訳せる。しかし、下線部の読みが写本で一致していない。そこで Tib. を見ると、「スメールの如き偉大な声聞に大勢の人々は危害を（smas pa）加えることがあるから」（24b3；26b4）とし、Skt. の aprasādaṃ を支持する。漢訳も「我大弟子徳若妙高。時衆無知輒為軽忽。無故招罪自害其軀」（858b3-5）とし、Tib. と同じ理解を示すので、mahājanakāyo 'prasādaṃ という読みに訂正する。

(147) yatraiva patita iti. これでは意味をなさない。ここを Tib. は「〔彼の徳が〕生じると同時に下がる場所でしょう（gang du skyes shing gang du rdib pa de nyid du dya'o）」（24b4；26b5）とし、Skt. の yatraiva patita は傍線部にしか相当せず、その前の部分を補う必要がある。よってこれを yatraiva jāto yatraiva patita iti と訂正する。つまり、スヴァーガタの徳が上がるとは、彼が龍を調伏することを意味し、下がるとは、酒に酔っぱらって大地に倒れてしまうことを意味していると理解する。漢訳には対応箇所なし。

(148) bharga；ngan spong gi bu；none. なお漢訳は「失収摩羅山」（858b8）とし、地方の名前ではなく、Skt. と Tib. でも後の本章注（154）で出てくる町の名前に言及している。ただし漢訳ではこれを「此山諸人」（858b11）や「山下諸人波羅門等」（858b20-21）等とし、山の名前として理解しているようである。

(149) ivādhvagaṇa-. 第9-10章注（10）により、ivādhvagagaṇa- に改める。

(150) paura-. Tib. はこれを「従者（'khor）」（25a3；27a4）とする。

(151) Skt. では (1) stimita iva jalanidhiḥ sajala iva jaladharo vimada iva gajapatiḥ sudāntendriyair (2) asaṃkṣobhiteryāpathapracāraḥ という順番だが、Tib. では (2) が先に訳され、その後に (1) が続いている（25a6-7；27a7-b1）。

(152) vyāmaprabhālaṃkṛtamūrtiḥ. P. は「一尋の光で美しく（gzugs can）飾られ」（25a7-8）、D. は「一尋の光で体は（sku）飾られ」（27b1）とするので、D. の方が Skt. に近い。

(153) 仏弟子に言及するこの部分はTib. との間で相違が見られる。Tib. に登場する仏弟子は「アージュニャータ・カウンディンニャ、アシュヴァジット、バドラカ、ヴァーシュパ、マハーナーマン、ヤシャス、プールナジット、ヴィマラ、ガヴァーンパティ、スバーフ」(25a8-b1；27b2-3) の十人であり、内容的にはカウンディンニャ等の前の五人が初転法輪の対象となった所謂五比丘であり、ヤシャス以降の後の五人は、ヤシャスの出家に伴って出家した彼の友人であるが、なぜここでこの十人に言及するのかは不明である。またSkt. で言及される九人に関しても、なぜこの九人なのかは明らかでない。なお、文脈はSkt. やTib. と違うが、漢訳は「舎利子大目乾連大迦摂波畢隣陀伐蹉等」(858a24-25) という仏弟子の名前に言及する。

(154) Tib. はこれを「バルガ地方の (ngan spong gi bu dag tu) シシュマーラギリ」(25b2；27b3-4) とする。

(155) 定型句8C (仏弟子達に囲繞されて遊行するブッダ)。漢訳は「広説乃至到失収摩羅山」(858b9-10) とし、この部分を省略している。

(156) bhiṣaṇikāvana；'jigs rung gi tshal；none. (157) mṛgadāva；ri dags kyi nags；none. (158) 定型句9A (ブッダの説法)。

(159) ekāṃsam uttarāsaṅgaṃ kṛtvā. Tib. も漢訳もこの訳を欠く。なお漢訳はこの後「礼仏足已白言」(858b14-15) とし、Skt. やTib. の「合掌礼拝」とは違う表現が見られる。

(160) bhagavato bhāṣitam abhinandyānumodya. Tib. も漢訳もこの訳を欠く。

(161) bhagavato dūtena kālam ārocayanti. Tib. のみこれを「世尊を招待し」(26a2；28a4-5) とする。

(162) samayo bhadanta sajjaṃ bhaktam. Tib. はこれを「大徳よ、食事に御招待申し上げますので」(26a2-3；28a5) とする。漢訳は「時至」(858b19) とする。

(163) bhaktābhisāraḥ. Tib. はこれを「食堂 (bkad sa) に」(26a4；28a6) とする。漢訳は「往設供処」(858b20) とし、Skt. の直訳に近い。第3章注 (79) 参照。

(164) prajñapta evāsane niṣaṇṇaḥ. Tib. はこれを「比丘の僧伽の前に設えられた座に坐られた」(26a4；28a6) とする。漢訳は「便於衆首就座而坐」(858b20) とするので、Tib. に近い。 (165) 定型句9B (食事に招待されるブッダ)。

(166) atha bhagavāñ .... saṃpraharṣya tūṣṇīm (183.28-184.2). 以下、Tib. はこの訳を欠く。漢訳は「乃至」(858b22) で省略するが、その後は「倶詣仏所随処而坐。仏為説法深心歓喜。白仏言」(858b22-23) とし、Skt. の伝承とは異なる。

(167) 定型句9A (ブッダの説法)。 (168) nānādeśeṣu nānādhiṣṭhāneṣu. Tib. も漢訳もこの訳を欠く。

(169) Skt. は具体的な固有名詞に言及しないが、Tib. はこれを「獰猛な龍や邪悪な夜叉であるアパラーラやアータヴァカなどあれやこれやをも調伏されましたが」(26a7-8；28b2-3) とし、龍と夜叉との固有名詞を一つずつ出す。漢訳は「世尊善能調伏極悪薬叉。謂曠野薬叉。箭毛薬叉。驢像薬叉等。又女薬叉亦皆調伏。謂阿力迦訶利底等。又諸毒龍亦皆降伏。謂難陀。鄔波難陀。阿鉢羅龍王等」

(858b23-27) とし、薬叉・女薬叉・龍のそれぞれに複数の固有名詞を出す。 (170) aśvatīrthika ; a mra'i chu ngogs pa ; 菴婆。

(171) asmākaṃ jātāni jātāni śasyāni vināśayati. Tib. はこれを lo thog 'khrungs so 'tshal ma rung bar bgyid na (26a8-b1 ; 28b3-4) とし、意味不明である。漢訳はここでは農作物に言及しないが、この龍について最初に描写する箇所で「近此山辺所有穀稼常被傷損」(858b11) としている。

(172) strīpuruṣadārakadārikāgomahiṣyān ajaiḍakāṃś ca. Tib. はこの訳を欠く。漢訳は「斉至百里所有禽獣（中略）諸男女等」(858b29-c1) とする。

(173) adhivāsayati bhagavāñ .... tūṣṇībhāvenādhivāsayati (184.9-10). ここには二つの adhivāsayati が見られるが、一つは不要であるので、二つ目を省略して訳す。Tib. もこれに相当する訳は一つしかない (26b1 ; 28b4)。

(174) bhgavāñ śuśumāra- .... tūṣṇībhāvenādhivāsya (184.10-11). 以下、Tib. はこの代わりに「世尊はシシュマーラギリのバラモンと長者とを、法話を以て説示し、鼓舞し、励まし、勇気づけられた。様々な仕方で、法話を以て教示し、鼓舞し、励まし、勇気づけられると」(26b2-3 ; 28b4-6) とする。漢訳はいずれにも対応する箇所がない。

(175) Skt. は単に「比丘の僧伽に布告し」とし、布告の内容を省略するが、Tib. はその布告の内容「お前達の中で、アシュヴァティールティカ龍を調伏したい者は籌を取れ」(26b6 ; 29a1-2) を省略しない。漢訳もブッダが同様の指示をアーナンダに与えたことを記すが、その指示の後の経緯は省略し、誰も籌を取らなかったために、ブッダがスヴァーガタに直接「龍を調伏せよ」と命じ、その命を受けてスヴァーガタは龍の住む池に行ったと記すので (858c2-7)、その間のプロットは省略され、Skt. や Tib. と伝承が異なる。

(176) gṛhṇāmi śalākām. Tib. はこの訳を欠く。 (177) 定型句 8H（知って尋ねるブッダ）。この定型句は Tib. には見られない。

(178) Tib. はこれを「長老の比丘」(27a1-2 ; 29a5) とする。 (179) Tib. はこれを「同志スヴァーガタ」(27a2 ; 29a5) とする。

(180) ikṣuveṇunaḍavat. Tib. はこの順番を「砂糖黍・葦・竹」(27a5 ; 29b1) とする。

(181) aśvatīrthiko nāgaḥ. Tib. はこの訳を欠く。

(182) Tib. はここに Skt. には見られない「このように私は世尊のもとで四神足を実践し、修習し、様々な仕方で修行してきたからです」(27a5-6 ; 29b2) を置く。 (183) āyuṣmān ānanda ārogyam ity uktvā prakrāntaḥ. Tib. はこの訳を欠く。

(184) tasya hradaṃ gatvā. Tib. はこの訳を欠く。

(185) pātracīvaram. Tib. はこれを「水の漉し器と鉢とを」(27a8 ; 29b4-5) とする。またこの後、Tib. は「両足を洗い」の前に「衣を手繰り上げて (snam sbyar sprugs nas)」(27a8 ; 29b5) という表現を付加する。なお漢訳はスヴァーガタが池に行くと、それを見た龍が怒って直ちに両者の間に闘いが始まったことを説くので (858c8-9)、Skt. や Tib. で説かれる、闘いが始まるまでのプロットは省略されている。　(186) pānīyaṃ parisrāvya. Tib. は「水を切ると (btsags nas)」(27b1；29b5) とする。
(187) aśvatīrthikena nāgenāsāv atithir iti kṛtvā 'dhyupekṣitaḥ. Tib. はこの訳を欠く。
(188) āyuṣmān svāgataḥ saṃlakṣayati. Tib. は「同志スヴァーガタは食事の準備をしてから考えた」(27b1；29b5-6) とする。
(189) Tib. はここに「奴は邪悪な龍であるから」(27b2；29b6) を付加する。
(190) Tib. はここに「私を侮って」(27b3；29b7) を付加する。
(191) nāmāvaśeṣam enaṃ karomi. 直訳「彼を名前〔しか〕残らない者にしよう」。Tib. は「この沙門は〔死に〕近づいてはいるが、まだ死んでいない者である」(27b3；29b7) という表現をとる。漢訳には対応箇所なし。
(192) Tib. はここに「大きな雷音を轟かせ」(27b3；30a1) を付加する。漢訳も「騰雲昼昏。雷霆震地」(858c8-9) とする。
(193) maitrīsamāpannaḥ. 倶舎論には自殺と他殺のどちらでもない有情が列挙されているが、その中に慈等至に入っている者も含まれている (AKBh 75.2 ff.)。第32章注 (45) および第36章注 (214) 参照。　(194) -mandārakāṇi. Tib. はこの訳を欠く。
(195) Tib. はここに「同志スヴァーガタは慈定に入っていたので」(27b5；30a2-3) を付加する。
(196) Tib. はここにも「同志スヴァーガタは慈定に入っていたので」(27b6；30a3-4) を付加する。
(197) Tib. はここに「タガラ樹の抹香」(27b7；30a4) を付加する。漢訳は「沈水香粖。栴檀香粖。耽摩羅香粖」(858c11) とし、Skt. に一致する。　(198) saṃbhrāntā itaś cāmutaś ca nirīkṣitum ārabdhāḥ. Tib. も漢訳もこの訳を欠く。
(199) āgacchata paśyāma iti .... nirīkṣitum ārabdhāḥ (186.17-19). 以下、Tib. はこの訳を欠く。また漢訳はこの部分と、この後の部分、すなわちブッダが「火界定に入る比丘達の中でスヴァーガタが最上者である」と宣言する件も欠く。
(200) vigatamadadarpaḥ. Tib. はこの訳を欠く。　(201) yāṃ yāṃ diśaṃ gacchati tāṃ tāṃ diśam. Tib. はこの訳を欠く。
(202) sa itaś .... sarvam aśāntam (186.26-27). 以下、Tib. はこの訳を欠く。　(203) alam. Tib. はこの訳を欠く。
(204) Skt. および Tib. はスヴァーガタが龍に、世尊のもとで三帰し、学処を授かるように指示しているが、漢訳では、スヴァーガタ自身が龍に三帰五戒を授け、その後ブッダのもとに帰ると、ブッダは「我が弟子達の中で、毒龍を降伏するのは、スヴァーガタが第一である」と宣言する話になっているので、Skt. や Tib. とプロットが異なる。
(205) sa kathayati/ bhadanta svāgata śobhanam evaṃ karomīti. Tib. はこの訳を欠く。
(206) Tib. はここに「凶暴で手を血に染め」(28a8；30b6) を置く。
(207) Tib. はさらに「他人の命を害することで」(28a8；30b7) を付加する。
(208) この辺りの話の流れに関して、漢訳は Skt. および Tib. と伝承が異なることをすでに指摘したが、この龍に対するブッダの言葉は、漢訳ではスヴァーガタが龍に三帰五戒を授ける前の、スヴァーガタの言葉として使われている（858c20–22)。

(209) Tib. はここに「そなたよ（bzhin bzangs)」(28b1；31a1）を付加する。

(210) Tib. はここに「大徳よ（btsun pa)」(28b2；31a1）を付加する。　(211) brāhmaṇagṛhapatayaḥ. Tib. はこの訳を欠く。

(212) katamena bhadanta/ iha nivāsinā eva bodhasya gṛhapateḥ putreṇa. Tib. の伝承は若干異なり、「大徳よ、スヴァーガタとは、シシュマーラギリの長者ボーダの息子であるスヴァーガタですね」(28b5；31a4–5）とする。漢訳はこのプロット自体がない。

(213) 直訳「世間の者達は幸せを望み、不幸を厭うものである」。なおこの部分に相当する訳は Tib. にも漢訳にも存在しない。

(214) Tib. はここに「ある者が言った。「我々の叔父である」」(28b6；31a5）を付加する。

(215) Tib. はここに「彼らは彼に沢山の供物を献じた」(28b6；31a6）を付加する。

(216) 漢訳（859a9–13）ではシシュマーラギリの人々がブッダを食事に招待することを説く前に、スヴァーガタのもとを訪れ、彼に謝意を表した後、その恩に報いるためにはどうしたらよいかと尋ねると、スヴァーガタは「三宝を供養しなさい」と指示し、それを受けて、彼らがブッダを食事に招待したと説いている。

(217) bhaktam. Tib. のみこれを「我々の供養のための食事」(28b8；31a7）とする。

(218) 定型句 9B（食事に招待されるブッダ)。　(219) ahituṇḍika；sbrul khas sdigs pa；none.

(220) hastimadhyasyopari [Sic MSS]. BHSD は hastimadhya を hastimadya と読むべきであることを指摘する。Tib. を見ると「象酒の主（glang po che'i chang pa'i bla)」(29a2；31b3）とするので、BHSD の指摘どおり、これを hastimadya に訂正し、また Tib. の bla という訳から pati を補い、全体を hastimadyasya patir に改める。なお漢訳はこれを「主象大臣」(859a24）とする。

(221) Tib. はこれを「大徳」(29a3；31b3）とする。漢訳はこの訳を欠く。

(222) Tib. はこれも「大徳」(29a4；31b4）とするが、漢訳は「聖者」(859a26）とし、Skt. に一致する。

(223) bhaktena. ここも Tib. は「供養のための食事」(29a5；31b5）とする。

(224) ārya. Tib. はこの訳を欠き、漢訳はこれを「大徳」(859a29）とする。　(225) gṛhe. Tib. も漢訳もこの訳を欠く。

(226) pādābhivadanaṃ kṛtvā prakrāntaḥ. Tib. は「立ち上がって退いた」(29a6；31b6）とする。

(227) 定型句 9A（ブッダの説法)。

(228) ekāṃsam uttarāsaṅgaṃ kṛtvā. Tib. はこの訳を欠く。漢訳はこれとこの後の「合掌礼拝」とを共に欠く。

(229) bhagavato bhāṣitam abhinandyānumodya. Tib. も漢訳もこの訳を欠く。

(230) Tib. のみここに「同志スヴァーガタの両足を頭に頂いて礼拝し、一隅に坐った。一隅に坐ると、同志スヴァーガタはそのバラモンを法話によって教示し、激励し、励まし、鼓舞した。法話によって様々な仕方で教示し、激励し、励まし、鼓舞すると、〔スヴァーガタ〕は沈黙した。そこでかのバラモンは座から立ち上がり、同志スヴァーガタに向かって合掌礼拝すると」(29b6-8；32a7-b2) を置く。

(231) ここも Tib. は Skt. にはない文「「バラモンよ、世尊にお尋ねせねばならぬ」。そこで同志スヴァーガタは世尊にこう申し上げた。「世尊よ、このバラモンは私のもとにやって来て、明日、私を別の屋敷で食事に招待するというのですが、どう決断したらよいものやら、〔世尊に〕お尋ねしてもよろしいですか」。世尊は言われた。「先に〔お前を〕招待すべく声をかけた方を優先すべきである」」(30a1-2；32b3-4) を出す。また漢訳も「善来白仏。仏言汝已先受。今宜赴請」(859b10-11) とし、逐語的ではないが、Tib. のプロットに一致する。

(232) Tib. はこの後、「近づかれると、比丘の僧伽の前に設えられた座に坐られた」(30a5；32b7-33a1) を付加する。漢訳にはこのプロット自体が存在しない。

(233) ekāntaniṣaṇṇa āyuṣmān svāgataḥ. Tib. はこれを「その時、かのバラモンは同志スヴァーガタが快適に坐ったのを確認すると」(30a6-7；33a2) とする。漢訳には対応箇所なし。なお漢訳は「時婆羅門以上妙飲食至誠供養。令飽食已。欲使善来食速消化。便以少許飲象之酒置飲漿中。善来不知飲此漿已。尋嚼歯木澡漱而去」(859b11-14) とし、Skt. や Tib. に比べれば、簡略なストーリー展開になっている。

(234) āryeṇa. Tib. はこれを「大徳」(30a7；33a2) とする。 (235) pānakam asmai prayacchāmi. Tib. はこの訳を欠く。

(236) ārya praṇītas ..... aṅguliḥ prākṣiptā (190.5-7). 以下、Tib. は「「大徳スヴァーガタよ、sang nan (?) を飲まれますか」。彼は言った。「飲もう」。そのバラモンは象の酒の中に指を入れ、〔その指で〕飲物の中をグルグルとかき混ぜると、同志スヴァーガタに差し出した」(30a8；33a3-4) とする。なお、sang nan の意味は不明である。漢訳は「欲使善来食速消化。便以少許飲象之酒置飲漿中」(859b12-13) とする。 (237) 定型句 7D (阿羅漢の知見)。漢訳はこの定型表現を出さない。

(238) Tib. はこの後、「座から立ち上がって」(30b1；33a4) を付加する。

(239) kiliñja-. Tib. はこれを「フェルト (re lde)」(30b1；33a4) とする。漢訳には対応箇所なし。

(240) prakrāntaḥ śrāvastīvīthīṃ kiliñjacchannāṃ/ sa tām atikrānta. これでは区切りが悪い。Tib. を見ると、「退いた。彼は敷物が敷かれたシュラーヴァスティーの道を通り過ぎてから (song ngo// de mnyan yod kyi srang re ldes g-yogs pa las thal nas)」(30b1；33a4-5) とするので、これを prakrāntaḥ/ sa śrāvastīvīthīṃ kiliñjacchannāṃ tām atikrānta に訂正する。

(241) Tib. はここに「酒に酔った力で」(30b1-2；33a5) を付加する。 (242) 定型句 8G (注意力を怠らないブッダ)。

(243) maitaṃ kaścid dṛṣṭvā śāsane 'prasādaṃ pravedayiṣyatīti. Tib. も漢訳もこの訳を欠く。

(244) suparṇikā. Tib. はこれを「木葉ではない (lo ma ma yin pa'i)」(30b2; 33a5) とし、Skt. と逆の表現をとる。同様の表現は第37章にもあるが、そこでもSkt. とTib. には同様の齟齬が見られる。漢訳は単に「草庵」(859b16) とする。第37章注(368)参照。

(245) Tib. はこの後「〔スヴァーガタを〕隠された」(30b2; 33a6) を付加する。漢訳も「蓋覆其身不令人見」(859b16-17) とし、Tib. に一致する。

(246) Tib. はここに「様々な仕方で、清浄で美味なる軟硬〔二種〕の食物によって、手ずから〔世尊を〕喜ばせ、食事を供し」(30b3; 33a6-7) を置く。漢訳は「爾時世尊於長者舎飯食訖。為説法已還至善来処」(859b17-18) とするのみである。

(247) 定型句9B（食事に招待されるブッダ）。

(248) Tib. はここに「様々な仕方で、法話を以て教示し、激励し、勇気づけ、鼓舞されると、布施〔の果報〕を廻向され」(30b5-6; 33b1-2) を置く。 (249) tāvac caṇḍaḥ. Tib. はこの訳を欠く。

(250) śakto durbhuktasyāpi viṣam apanetum. Tib. はこれを「今は子供の龍さえも調伏することができるだろうか」(30b7; 33b4) とする。漢訳は「豈復今時能調小鱓」(859b20) とし、Tib. に一致する。

(251) bhikṣava ime .... dātavyaṃ vā (190.25-27). 以下、Tib. は「比丘達よ、このように飲酒にはこのような過失と他の〔過失〕もあるので、比丘達よ、私を師匠と認める者は、クシャ草の先端ほどでも酒を飲んではいけないし、与えてもいけない」(30b7-8; 33b4-5) とし、傍線部がDivy. には見られない。この表現はDivy. ではこの少し後で使われる (191.2-4)。

(252) āyuṣmantaṃ svāgatam ādāya. Tib. はこの訳を欠く。漢訳は「随従仏後至逝多林」(859b23-24) とする。

(253) māṃ bho bhikṣavaḥ śāstāram uddiśyadbhir .... antataḥ kuśāgreṇāpi (191.2-4). 以下、Tib. は「比丘達よ、それゆえ、十の賞賛を観察し、律における声聞達の学処を制定し、―乃至同前― 我が声聞達は律の学処をこのように学ぶべきであって」(31a2-3; 33b6-7) とする。漢訳も「汝等当観。諸飲酒者有斯過失。讃歎持戒。広説乃至我観十利。為諸弟子制其学処応如是説」(859b25-27) とし、Tib. に一致する。なお、SPEYER は下線部に関して uddiśya bhavadbhir という読みを示唆している。刊本のまま読むと、ud√diś の現在分詞（男性・複数・具格）で取らなければならないが (BHSD はこう理解している。s.v. uddiśyati)、その場合 -y- が説明できない（第4類動詞としてとれないこともないが）。よってここではSPEYER の訂正に従う。

(254) tejodhatuṃ [tejodhātu MSS] samāpadyamānānāṃ cāgratāyāṃ nirdiṣṭaḥ. Tib. も漢訳もこの訳を欠く。なお下線部は tejodhātuṃ の間違いと思われるので、これに改める。

(255) bhikṣuṇā. Tib. は「善男子」(31b5-6; 34b4) とする。漢訳には対応箇所なし。

(256) 定型句 6A（業報の原理）。漢訳はこれを省略する。

(257) 定型句 2A（富者）。ただし Tib. は Skt. の vistīrṇaviśālaparigraho vaiśravaṇadhanaspardhī を欠く。漢訳は過去物語を独覚の出現から説くので、この部分は存在しない。

(258) suhṛtsaṃbandhibāndhavaparivṛto 'ntarjanaparivṛtaś ca. Tib. はこれを単に「従者と共に」（32a1；35a1）とする。漢訳には対応箇所なし。

(259) Tib. はここに「犀の角の如く一人で」（32a1-2；35a1-2）という一節を置く。これは定型句の一部であり、通常ここにこのような表現は見られないが、第37章に一例だけ khaḍgaviṣāṇakalpāḥ（582.8）という表現が見られ、この Tib. に一致する。漢訳には対応箇所なし。

(260) 定型句 5B（独覚）。漢訳はこれを「無仏出世。有独覚者出現世間。心懐哀愍口不説法」（859c23-24）とし、定型句の内容が Skt. や Tib. と異なり、ここでは「説法しないこと」が独覚の特徴として挙げられている。平岡聡「独覚のアンビヴァレンス—有部系説話文献を中心として—」『仏教研究』（34, 2006, 133-171）参照。

(261) janapadacārikāṃ ..... dhātuvaiṣamyāc ca（191.27-28）. 以下、Tib. も漢訳もこの訳を欠く。

(262) udyānam. Tib. はこれを「村（ri brags）」（32a2；35a2）とするが、漢訳は「園中」（859c26）とするので、Skt. に一致する。

(263) paryavasthitaḥ. Tib. はこの訳を欠くが、漢訳は「長者見已便起瞋恚。生不忍心告使者曰」（859c26-27）とするので、Skt. に一致する。　(264) Tib. はここに「座から立ち上がると」（32a3；35a3）を置き、漢訳も「長者自起」（859c28）とする。

(265) mahātmā. Tib. はこれを「独覚」（32a3；35a3）とし、漢訳は「尊者」（859c28）とする。

(266) sa durbalaprāṇo bhūmau nipatitaḥ. Tib. も漢訳もこの訳を欠く。

(267) hato 'yaṃ tapasvī gṛhapatir upahataḥ. Tib. はこれを「この哀れな長者は酷く傷つき惨めであったが、〔それは〕あってはならないから（mi rung gis）」（32a4；35a4）とし、傍線部を付加する。漢訳は次注の箇所と合わせて「為愍彼故」（860a1）とするのみである。

(268) abhyuddhāro 'sya kartavyaḥ. Tib. はこれを「彼の手を引き上げてやらねばならない」（32a4；35a4）とするので、abhyuddhāro が本来 hastoddhāro であったか、あるいは Tib. の翻訳者が abhyuddhāro を hastoddhāro と誤解した可能性がある。

(269) sa saṃlakṣayati. 本文ではあえて下線部の代名詞を訳していないが、Tib. はこれを「偉大な人である（bdag nyid chen po）独覚」（32a4；35a4）とし、ここで mahātman に相当する訳を用いる。漢訳は「尊者」（860a1）とする。

(270) Tib. はここに「鷲鳥の王が翼を広げたように」（32a4；35a4）を置く。漢訳も「猶若鵝王騰身空界」（860a1）とし、Tib. に一致する。 (271) 漢訳のみこれを「作十八変」(860a1-2) とし、具体的な数に言及する。

(272) āśu pṛthagjanasya riddhir āvarjanakari. Cf. Divy. 133.9-10, 313.15, 539.4-5, 583.14.

(273) 漢訳のみ「長者礼已為辦種種上妙飲食花香供養」(860a6) とし、具体的な供養の内容に触れている。

(274) Tib. のみここに「両足を頭に頂いて礼拝すると」(32a7; 35a7) を置く。

(275) kiṃ manyadhve. Tib. も漢訳もこの訳を欠く。

(276) yad apakāraḥ .... eva jātaḥ (192.20-21). 以下、Tib. は「〔独覚に〕悪事を働いて、「悪来者」と罵ったその業の異熟により、一劫の間、大阿鼻地獄において苦しみ、その同じ業の残余により、五百生の間、乞食として彷徨うようになり、ドゥラーガタと呼ばれ、今生においても乞食達の中に入り、ドゥラーガタという名前になったのだ」(32b1-3; 35b3-4) とする。漢訳は「曾於独覚尊所為悩害事。喚作悪来推之糞聚。由斯業故於五百生中常為乞匃。人名作悪来。被諸同伴棄於糞聚」(860a10-12) とし、「大阿鼻地獄において」云々に触れない点に関してはTib. よりもSkt. に近いが、ドゥラーガタと呼ばれるようになったことに触れる点ではSkt. よりもTib. に近い。

(277) Skt. および漢訳は誓願の内容に言及しないが、Tib. (32b3-4; 35b4-5) はここでその誓願の内容を再び繰り返す。

(278) 以下、漢訳は黒白業の定型句の前までを欠く。

(279) Tib. のみここに「「大徳よ、同志スヴァーガタはいかなる業を為したがために、その業の異熟として世尊は『即座に火界定に入る者達の中で最上である』と示されたのですか」。「それも誓願の力によるのだ。どこで誓願を立てたかというと、比丘達よ、かつて過去世の、この同じ大賢劫において、人間の寿命が二万歳の時、大師・如来・阿羅漢・正等覚者・明行足・善逝・世間解・調御丈夫・無上士・天人師・仏・世尊のカーシャパが世に現れ、彼はヴァーラーナシーのリシヴァダナ・ムリガダーヴァに身を寄せて時を過ごしておられた」」(32b5-8; 35b6-36a2) という文を置く。なお漢訳はこの後、Skt. や Tib. のように「火界定」に関する因縁譚には触れない。

(280) bhagavatā. Tib. はこの代わりに「如来」(32b8; 36a2) とする。 (281) Tib. はここに「如来」(33a1; 36a3-4) を置く。

(282) anenāhaṃ kuśalamūlena. Tib. はこれを「私は命の限り梵行を修したというこの善根によって」(33a2; 36a4) とし、善根の具体的な内容に言及する。

(283) Tib. はこの後、「明行足・善逝・世間解・調御丈夫・無上士・天人師・仏・世尊」(33a3-4; 36a5-6) を付加する。

(284) Tib. はここにも「如来」(33a2; 36a4-5) を置く。

(285) bhagavāñ chākyamuniḥ śākyādhirājaḥ. Tib. はこれを「世尊シャーキャムニ・シャーキャ族の獅子・シャーキャ族の王主」

(33a5-6；36a7-36b1) とする。

(286) bho. これは定型表現の一部であり、本来これは vo でなければならない。Tib. も khyod kyis (33a8；36b3)、漢訳も「汝」(860a14) とする。

(287) 定型句 6B（黒白業）。

第14章　豚への再生を免れた天子

本章は天から死没して豚に生まれ変わることになっていた天子が、シャクラの勧めで三帰依し、畜生への再生を免れた話である。しかし、よくよく考えると、業果の必然性や不可避性を極度に強調する説一切有部の文献にあって、この章のように「三帰依」で悪業が消滅するばかりではなく、天界への再生という「お釣り」まで手にしているのは少し奇異な印象を受ける。Divy. にはこのように業の消滅を説く説話が少なからず存在するが、いずれも三帰依などの「易行」である点が注目に値する。

194

――死[1]の運命にある天子には、五つの前兆（天人五衰）が現れることになっている。[2] (1)汚れていなかった衣が汚れる、(2)萎れていない華髪が萎れる、(3)体から悪臭が出る、(4)両方の腋の下から汗が出る、(5)死の運命にある天子は自分の座に安定感がない。[3]――

さて、死ぬ運命にある天子が大地でのたうち回りながら、こう言った。[4]「ああ[5]、マンダーキニー[6]〔河〕よ。ああ、蓮池[7]よ。チャイトララタ[8]〔園林〕よ。ああ、パールシュヤカ[9]〔園〕よ。ああ、ナンダナ[10]園よ。ああ、ミシュラカ[11]園よ。ああ、パーリヤートラカ[12]〔樹〕よ。[13]ああ、パーンドゥカンバラシラー[14]〔玉座〕よ。ああ、神殿よ。ああ、スダルシャナ[15]〔の町〕よ！」と悲しげに声を上げて泣いていたのである。神々[16]の主シャクラは、その天子が激しく大地でのたうち回っているのを見た。見ると、その天子のもとに近づいた。近づくと、その天子にこう言った。

「友よ、どうして君は激しく大地でのたうち回り、悲しげに声を上げて泣き、『ああ、マンダーキニー〔河〕よ。ああ、蓮池よ。チャイトララタ〔園林〕よ。ああ、パールシュヤカ〔園〕よ。ああ、ナンダナ園よ。ああ、ミシュラカ園よ。ああ、パーリヤートラカ〔樹〕よ。ああ、パーンドゥカンバラシラー〔玉座〕よ。ああ、神殿よ。ああ、スダルシャナ〔の町〕よ！』と悲しげに声を上げて泣いていのだ」

こう言われて、天子は神々の主シャクラにこう答えた。[17]

「カウシカよ、この私は天界の楽を享受し終わると、それから七日後に、都城ラージャグリハで牝豚の胎内に宿ることになっている。そこで私は、何年もの間、糞尿を食わなければならないのだ」

その時、[18]神々の主シャクラは、その天子を憐れんでこう言った。

「では、友よ、君は二足の生物の中で最上である仏を帰依処とし、離貪の中で最上である法を帰依処とし、集団の中で最上である僧伽を帰依処とせよ」

その時、その天子は畜生界への再生という恐怖に怯え、死という恐怖に怯えて、神々の主シャクラにこう言った。[19]

「カウシカよ、この私は二足の生物の中で最上である仏を帰依処とし、離貪の中で最上である法を帰依処とし、集団の中で最上である僧伽を帰依処とします」

こうしてその天子は三帰依した後、臨終を迎えて死没し、兜率天に生まれ変わった。[20]

――神々の知見は下〔界〕には働くが、上〔界〕には〔働か〕ない。[21]――

時に神々の主シャクラは〈あの天子は牝豚の胎内に宿ったのか、あるいは〔宿ら〕なかったのか〉と〔考えて〕、その天子を観察した。すると、畜生や餓鬼には[22]生まれ変わっていないことが分かった。〈地獄に生まれ変わったのか〉と〔地獄界を〕見たが、生まれ変わっていなかった。[23]〈人間達と同類の状態に生まれ変わったのか〉と〔人間界を〕見たが、生まれ変わっていなかった。こうして、四大王衆天や三十三天を観察したが、そこにも〔彼は〕見えなかった。そこで神々の主シャクラは不思議に思い、世尊のもとに近づいた。近づくと、世尊の両足を頭に頂いて礼拝し、一隅に坐った。一隅に坐った神々の主シャクラは、世尊にこう申し上げた。

「大徳よ[24]、私はある所で、死を間近に控えた、ある天子が大地でのたうち回り、『ああ、マンダーキニー〔河〕よ。ああ、ミシュラカ園よ。ああ、蓮池よ。ああ、チャイトララタ〔園林〕よ。ああ、パールシュヤカ〔園〕よ。ああ、ナンダナ園よ。ああ、スダルシャナ〔の町〕よ。ああ、パーリヤートラカ〔樹〕よ。ああ、パーンドゥカンバラシラー〔玉座〕よ。ああ、神殿よ。ああ、スダルシャナ〔の町〕よ！』と悲しげに声を上げて泣いるのを見て、その彼にこう言いました。『友よ、君はどうして深く憂い、嘆きの声を上げ、泣き叫び、胸を叩き、取り乱したりしているのだ』と。彼はこう言いました。『カウシカよ、この私は天界の楽を享受し終わると、今から七日後に、都城ラージャグリハで牝豚の胎内に宿ることになっている。そこで私は、何年もの間、糞尿を食わなければならないのだ』と。私はこう言いました。『さあ、友よ、君は二足の生物の中で最上である仏を帰依処とし、離貪の中で最上である法を帰依処とし、集団の中で最上である僧伽を帰依処とせよ』と。彼はこう言いました[25]。『カウシカよ、この私は二足の生物の中で最上である仏を帰依処とし、離貪の中で最上である法を帰依処とし、集団の中で最上である僧伽を帰依処とします』。こう言うと[26]、その天子は死にました。大徳よ[27]、あの天子はどこに生まれ変わったのですか」

世尊は答えられた。

「一切の望みを満足させる兜率天という所がある。彼は今生で三帰依し、そこで神として楽しんでいる」

すると、その時、神々の主シャクラは喜んで[28]、次のような詩頌を唱えた。

「仏に帰依する者達は悪趣に赴かず。人身を捨て去り、天身を獲得す。法に帰依する者達は悪趣に赴かず。人身を捨て去り、天身を獲得す。僧伽に帰依する者達は悪趣に赴かず。人身を捨て去り、天身を獲得す[29]」

その時、世尊は、神々の主シャクラの唱えたことを賞賛して、こう言われた。

「カウシカよ、それはそのとおりである。それはそのとおりなのだ。

仏に帰依する者達は悪趣に赴かず。人身を捨て去り、天身を獲得す。法に帰依する者達は悪趣に赴かず。人身を捨て去り、天身を獲得す。僧伽に帰依する者達は悪趣に赴かず。人身を捨て去り、天身を獲得す[30]」

その時、神々の主シャクラは、世尊の説かれたことに歓喜し、世尊の両足を頭に頂いて礼拝すると、世尊を三回右遶し、虚心合掌をすると、心から世尊に挨拶し、たちどころに消えていった[31]。

以上、吉祥なる『ディヴィヤ・アヴァダーナ』における「スーカリカー・アヴァダーナ」第十四章。

文献

❶ None. Cf. Śikṣ. 177.10–12　❷1014 U 300b6–302b6；345 Aṃ 289b2–291a7　❸『嗟韈曩法天子受三帰依獲免悪道経』（T. 595, xv 129b–130b）　❹ None.

注

（1） Divy. はいきなり天人五衰を説くが、Tib. は「ある時、私は聞いた。世尊はシュラーヴァスティー郊外のジェータ林・アナータピンダダの園林に滞在しておられた。その時、世尊は比丘達に言われた」（300b6–7；289b3）として、天人五衰が説かれる。したがって天人五衰を説くのはブッダである。一方、漢訳も天人五衰の前に Tib. と同じ前置きが存在し、アナータピンダダの園林に留まっていたことが説かれるが、その後に「是時有一天子。名嗟韈曩法。天報将尽。唯余七日。而乃先現五衰之相」（129b12–14）とし、経典の話者が天人五衰を説く形になっており、各資料で相違が認められる。

（2） この天人五衰は第3章にも見られるが、他の仏典にも散見し、その内容や順番は各資料間で異なる。『説話の考古学』（213–215）参照。

（3） sva āsane dhṛtiṃ na labhate. これに対応する Tib. は「自分の座に楽を得ない」（301a1；289b5）とし、漢訳も「不楽本座」（129b16–17）とし、若干伝承が異なる。なお、Divy. は⑴衣裳⑵華髪⑶悪臭⑷発汗⑸座席の順番だが、Tib. は⑴衣裳⑵華髪⑶発汗⑷悪臭⑸座席の順番だが、Tib. は⑴衣裳⑵華髪⑶発汗⑷悪臭⑸座席（300b8–301a1；289b4–5）とし、漢訳は Skt. に一致する（129b14–17）。第3章注（21）参照。

（4） pṛthivyām āvartate saṃparivartyaivaṃ cāha. ここを Tib. は「大地でのたうち回り、胸を叩いて泣き、悲しい声で嘆いて」(301a1-2；289b5) とし、描写が詳細になっている。漢訳も「宛転於地。悲哀啼泣。而作是言」(129b17) とし、Tib. に近い。

（5） ここで挙げられているのは、三十三天に由来する固有名詞であると考えられる。たとえば倶舎論には「**それ（インドラの都城）は、チャイトララタ・パールシュヤ・ミシュラ・ナンダナによって荘厳されている (67)**。その都城の外の四辺には、四つの園林などがあり、神々の遊び場になっている。チャイトララタ園林、パールシュヤカ〔園〕、ミシュラカ園、そしてナンダナ園である。（中略）都城の外辺には、**東北にパーリジャータ〔樹〕、西南にスダルマン〔堂〕がある (68)**。パーリジャータと呼ばれるコーヴィダーラ樹は三十三天の神々の欲と喜との卓越した拠り所である」(AKBh 168.6-14) と説かれている。これに対し、Mv. には「同志マハーマウドガリヤーヤナは、しばしば三十三天の遊行に出掛けた。（中略）そして八つの大きな園林、〔すなわち〕ヴァイジャヤンタ、ナンダープシュカリニー、パーリパートラコーヴィダーラ、マハーヴァナ、パールシュヤカ、チトララタ、ナンダナ、そしてミシュラカーヴァナがある」(Mv. i 31.16-32.5) という記述が見られる。このように、倶舎論とは違って、三十三天には八つの園林があるとされるが、そのうち本文中の「パーリヤートラカ」は、倶舎論の「パーリジャータ」、Mv. の「パーリパートラコーヴィダーラ」に相当しそうである。そしてこの Mv. の「パールシュヤカ」以下、四つの園林が Divy. で言及されていることになる。また、本文で「蓮池よ」と普通名詞として訳した箇所は、この Mv. の記述を参考にすると、本来「ナンダープシュカリニー」という固有名詞であった可能性があるが、Tib. や漢訳の支持はない。なお、マンダーキニーはガンジス河の支流も意味するが、天界を流れる河の名前でもあり、パーンドゥカンバラシラーはインドラの玉座、スダルシャナはインドラの町を意味する。

（6） mandākinī；dal gyis 'bab pa；曼那吉爾。

（7） Tib. のみ、ここを「ああ、池よ。ああ、蓮池よ」(301a2；289b5) と、同種の単語を二回繰り返す。漢訳は「洗浴之池」(129b18) とする。 （8） caitraratha；shing rta sna tshogs can；宝車。 （9） pāruṣyaka；rtsub 'gyur；麁悪。

（10） nandana；dga' ba；歓喜。 （11） miśraka；'dres pa；雑。 （12） pāriyātraka；yongs 'du；跛里耶多羅迦。

（13） Tib. はここに kyi hud sdug pa (301a3；289b6) という語を置く。文脈からして固有名詞のように思われるが、これが何を意味するかは不明である。

（14） pāṇḍukambalaśilā；ar mo nig lta bu'i rdo leb；none. これに相当する固有名詞は漢訳に確認できないが、その代わりここを「雑宝柔軟之地。永不履践」(129b21) とする。

（15） sudarśana；blta na sdug pa；none. ここも漢訳は固有名詞に言及しないが、その代わりここを「天衆妓女端厳殊妙。常所侍衛。今相捨離」(129b22-23) とする。

（16） Tib. は Skt. に一致し、泣いている天子のもとにシャクラが近づいて声をかけるが、漢訳はその前に「是時有余天子。見斯事已。往帝釈所。白言天主（中略）天主。我見是已。心甚傷切。故来告白」（129b23-c5）とし、まず他の天子がシャクラに事情を告げ、それを受けてシャクラがその天子のもとを訪れるという展開になっている。

（17） Tib. は Skt. に一致するが、漢訳はここを「時嗟韈曩法。忽聞是語。従地而起。整服粛容。合掌而立。白帝釈言」（129c8-10）とし、慇懃な態度で天子がシャクラに答える描写となっている。

（18） atha śakro .... idam avocat (194.16-17). 以下、Tib. にはこれに相当する文がなく、したがって、天子の言葉の直後にシャクラの言葉が続いている。漢訳は「爾時帝釈天主。聞是語已。心甚悲愍。告嗟韈曩法天子言」（129c14-15）とし、Skt. にほぼ一致する。

（19） atha sa devaputras tiryagyonyupapattibhayabhīto maraṇabhayabhītaś ca śakraṃ devānām indram idam avocat. これを Tib. は単に「彼はこう言った」（301b1；290a4）とし、下線部の Skt. を省略している。一方、漢訳は「時彼嗟韈曩法天子。以死怖故。畏傍生故。白帝釈言」（129c17-18）とし、Skt. によく一致する。

（20） 本章と同様の天人五衰および三帰依による業の消滅の用例は、『法句譬喩経』（T. 211, iv 575b15 ff.）にもある。

（21） 定型句 4C（神々の知見）。なお Tib. ではこの定型句が、Skt. で言うと、この少し後の「そこで神々の主シャクラは不思議に思い、世尊のもとに近づいた」の前に置かれている（301b3-4；290a6）。

（22） tiryakpreteṣu. 文脈は少し違うが、Tib. はこれを「地獄や畜生の胎に」（301b3；290a6）とし、漢訳は「傍生鬼界」（129c24）とする。しかし、文脈からすれば、いずれの読みも拙い。まずシャクラはその天子が豚の胎内に宿ったかどうかを確かめ、そこに再生していないことを確認したのであるから、ここでは「畜生」に言及するだけで充分である。この後、彼がどこに再生したかを確かめるために、下から順次観察していくのであるから、このあとの〈地獄に生まれ変わったのか〉という箇所にこの「鬼界」を移動し、〈地獄や餓鬼に生まれ変わったのか〉という心を起こすのが自然な流れである。ただし漢訳では前出の箇所の直前に「時帝釈天主。観彼天子。生於何処。為生南閻浮提王舎大城受猪身耶。為不受猪身。尽彼天眼。観之不見」（129c21-24）とし、Skt. ではシャクラの思惟として「～と考えて、その天子を観察した」で終わっている箇所に傍線部を付して「観察したが見えなかった」として一度ここで結んでいるのは理に適っていると言える。

（23） manuṣyāṇāṃ sabhāgatāyām .... tatrāpi nādrākṣīt (194.30-195.2). 以下、Tib. はこの訳を欠くが、漢訳は「又観娑訶世界人間。亦復不見。乃至四大王衆天。及忉利天。尽彼観察。都不能見」（129c24-26）とし、Skt. に一致する。

（24） bhadanta. Tib. は「世尊よ」（301b5；290a7）、漢訳も「世尊」（129c29）とする。

（25） sa evam āha. Tib. はここを「すると、その天子は畜生の胎〔に再生すること〕に畏れ戦き、死に畏れ戦き、彼はこう言ったのでございます」(302a2-3；290b4-5) とし、Skt. と Tib. に関しては本章注（19）と逆になっている。なお漢訳は一貫して「時嗟韈曩法。以死怖故。畏傍生故。而白我言」(130a9-10) とする。

(26) ここに Tib. は「三帰依して」(302a4；290b6)、漢訳も「受三帰竟」(130a12) を置く。

(27) bhadanta. ここも Tib. は「世尊よ」(302a4；290b6)、漢訳も「世尊」(130a12) とする。

(28) āttamanā. Tib. は「満足し、喜び、大喜びすると、喜悦を生じ、諸根は満足して」(302a5-6；290b7) と、かなり詳細な描写となっている。漢訳も「歓喜踊躍。心意快然。諸根円満」(130a16-17) とし、Tib. に一致する。

(29) この後、Tib. ではさらに、三帰依を賞賛する三つの詩頌「昼も夜も常に仏を随念し、仏に帰依する人々の利益は大きい（以下、法と僧について同様に繰り返される）」(302a8-b2；291a2-3) をシャクラが説く。漢訳も同様に「誠心帰命仏　彼人当所得　若昼若夜中　仏心常憶念」(130a25-26) 以下、「法」と「僧」とが繰り返されるが、漢訳では傍線部が、「法」の時は「加持」、「僧」の時は「覆護」に言い換えられる。

(30) Skt. および Tib. はここで三つの詩頌を繰り返すが、漢訳は「帰命仏法僧　定不堕悪道　棄捨人身已　当獲得天身」(130b4-5) とし、一つの詩頌に纏めている。またこの後、漢訳 (130b6-15) のみに次のような記述が見られる。

爾時世尊。説伽陀曰

若仏陀二字　得到於舌上　同彼帰命等　不虚過一生
若達磨二字　得到於舌上　同彼帰命等　不虚過一生
若僧伽二字　得到於舌上　同彼帰命等　不虚過一生

又説偈言

仏法僧名若不知　彼人最下故不獲　輪廻宛転而久処　如迦戸花住虚空

(31) この後、Tib. は「世尊がこう言われると、かの比丘達は心を喜ばせ、世尊の語られたことに満足した」(302b6；291a6) という、経典を締め括る際の定型表現が見られる。一方、漢訳は「仏説是経已。諸苾芻衆。天帝釈等。一切大衆歓喜。信受作礼而退」(130b16-17) とし、シャクラは姿を消さず、比丘達と共に喜んだことが説かれる。

第15章　転輪王への再生を予言された比丘

本章は極めて断片的な内容で、独立して一章を構成するほどの内容とは思えず、どうしてこれが単独の章として扱われたのかは不明である。文献編纂上の何らかのミスにより竄入した可能性も否定できないが、内容的には説一切有部の文献であることは様々な観点から見て間違いない。ここではDivy. の説話としては珍しく、ウパーリンがブッダの対告者となっているので、律蔵に関連する何らかの文献にその起源を求めることができそうであるが、現時点ではその出自が明確ではない。

197

仏・世尊は、シュラーヴァスティー郊外にあるジェータ林・アナータピンダダの園林で時を過ごしておられた。――諸仏・諸世尊が生存し、生活し、時を過ごしておられる間は、〔その〕髪爪塔が存在し、諸仏・諸世尊が独坐入禅されている時、比丘達は髪爪塔に供養を捧げてから、ある者達は乞食しに〔町に〕入り、ある者達は〔四〕禅定・〔八〕解脱・〔三〕三昧・〔八〕等至の楽を享受することになっている。――

ちょうどその時、仏・世尊は独坐入禅された。その時、ある比丘が夕刻に、髪爪塔に全身を投げ出し、如来を姿形という点から随念しながら、〈彼は世尊・如来・阿羅漢・正等覚者・明行足・善逝・世間解・無上士・調御丈夫・天人師・仏・世尊である〉と〔考えて〕心を浄らかにした。その時、世尊は夕刻に独坐入禅より起き上がり、比丘の僧伽の前に設(しつら)えられた座に坐られた。世尊は、かの比丘が髪爪塔に全身を投げ出し、心を浄らかにしているのを御覧になった。御覧になると、比丘達に告げられた。

「比丘達よ、お前達には、あの比丘が髪爪塔に全身を投げ出して、心を浄らかにしているのが見えるか」

「はい、大徳よ」

「あの比丘は、この大地を〔横は〕八万ヨージャナ、下は金輪に至るまで覆ったが、その中間にある砂の数に相当する、何千もの転輪王の位を、あの比丘は享受するであろう」

その時、比丘達は〈等身大の穴の中にある砂の数を数えることさえできないのに、どうして金輪に至るまでの八万ヨージャナ〔の砂の数を数えられよう〕か。誰がそんな〔長い〕間、輪廻を流転することができようか〉と考えた。その後、比丘達は、もうそれ以上、髪爪塔に対して供養しようとはしなかった。そこで世尊は、比丘達の心を〔自らの〕心で知ると、比丘達に告げられた。

「比丘達よ、無明に覆われ、渇愛に繋がれ、渇愛という柱に縛りつけられ、長い間〔三界を〕流転し輪廻しつつある有情達にとって、輪廻は始めも終わりもなく、苦の始点も知られないのだ」

同志ウパーリンは世尊に尋ねた。

「世尊は今、その比丘にそれほど多くの福徳の集まりがあると仰いましたが、大徳よ、そんなに多くの福徳の集まりは、どのような場合に減少し、消滅し、尽き果ててしまうのでしょうか」

「ウパーリンよ、〔ある〕同梵行者が〔他の〕同梵行者に対して〔怒りの心を起こす〕ような場合を除いては、〔いかなる福徳の〕損害や損失も私は見ない。〔しかし、ある同梵行者が他の同梵行者に対して怒りの心を起こす〕場合には、ウパーリンよ、それがどんなに大きな善根であっても、減少し、消滅し、尽き果ててしまうのだ。それゆえ、今、ウパーリンよ、お前はこのように[1]学び知らねばならない。〔すなわち〕我々は黒こげの杭に対してさえ、[2]怒りの心を起こしてはならない。生物の身体に対しては[3]言うに及ばぬ[4]」

世尊がこう言われると、かの比丘達は歓喜し、〔世尊の説かれたことに〕満足した。

以上、吉祥なる『ディヴィヤ・アヴァダーナ』における「アンヤタマビクシュス・チャクラヴァルティ・ヴィアークリタ」第十五章。

文献

❶Śikṣ. 148.13-149.4 [197.5-26]; BCAP 168.4-169.2 ❷None ❸『大乗集菩薩学論』巻十（T. 1636, xxxii 104b10-20） ❹None.

注

（1） eva. これは定型表現の一部であり、通常ここはevaṃでなければならないので、この形に訂正する。

（2） dagdhasthūṇāyāḥ. 第1章（7.20）ではこの表現が餓鬼の身体的描写として用いられている。また『大毘婆沙論』では、譬喩師による有身見の説明に「見杌謂是人等」（T. 1545, xxvii 36a16-17）とあり、「杌」を「立っている人」と見間違う譬喩が出てくる。なお『今昔物語集』巻第三・第十五話は「摩竭提国王燼杭太子語」であり、ここにも「焼けた杭」という表現が見られるが、話の内容はクシャ王本生話である。 （3） savijñānake kāye. 直訳「有識身」。

（4） dagdhasthūṇāyā api cittaṃ na pradūṣayiṣyāmaḥ prāg eva savijñānake kāye. この平行文は第36章（534.24-25）にも見られ、また現存するSkt. の根本有部律には見られないが、Tib. および漢訳の根本有部律には同等の表現が存在する。たとえば、第36章（534.24-25）に相当する根本有部律の用例（漢訳はなく、Tib. のみ）は次のとおりである。

dge slong dag de lta bas na khyed kyis 'di ltar bslab bar bya ste/ ka ba tshig pa gang yin pa la yang sems rab tu sdang bar mi bya na/ rnam par shes pa dang bcas pa'i lus la lta smos kyang ci dgos te (1032 Te 178a3-4; 3 Ña 190b7-191a1)

また根本有部律雑事にも同じ表現がTib. および漢訳に見られる。

dge slong dag de lta bas na 'di ltar bslab bar bya ste/ gang mgal dum la yang ngan sems mi bya na rnam par shes pa dang bcas pa'i lus la lta smos kyang ci dgos/ (D. 6 Tha 95a1) 大谷大学所蔵の北京版はこの文を含む函を欠く。

是故汝等応如是知。於諸枯木尚息悪心。豈況其余含識之類（T. 1451, xxiv 242a4-5）

この用例はŚikṣ. にも存在する。

āryasarvāstivādānāṃ ca paṭhyate (148.13) ..... tasmāt tarhi upāle evaṃ śikṣitavyaṃ yad dagdhasthūṇāyām api cittaṃ na pradūṣayiṣyāmaḥ/ prāg eva savijñānake kāya iti// (149.2-4)

下線で示したように、説一切有部の文献から引用されていることから、この「黒こげの杭」の譬えは有部特有の表現である可能性が高い。この可能性は、同じ説一切有部系の文献である『雑阿含経』に「是故諸比丘。当作是学。於彼焼燋炷所。尚不欲毀壊。況毀壊有識衆生」(T. 99, ii 352a10-12)、『別訳雑阿含経』に「被焼燋柱尚不応謗。況情識類」(T. 100, ii 470b19-20) という同じ表現を確認できることからも支持されよう。さらにこの用例は APS にも存在する。

tasmā⟨t⟩ tarhi bhikṣava e[va]ṃ [śikṣitavya+++++++++](p)i cittaṃm apradūṣayi[++]ḥ prāg eva savijñānake++ ity evaṃ vo bhikṣava śikṣitavyaṃ (83.13-15)

このように当該箇所は破損が激しいが、欠損部分は見事に Divy. や Śikṣ. の用例から復元できよう。特に下線部分は、cittaṃ na pradūṣayi- と読む方がよい。なお類似の表現は漢訳諸律のうち『摩訶僧祇律』に「於悪邪比丘。不応起悪心。何以故。乃至燋柱不応起悪」(T. 1425, xxii 439b15-17) と一例だけ見られるが、内容的には有部系の用例とは少し系統が異なると思われる。

第16章　三帰依で天に再生した二羽の鸚鵡

アナータピンダダの飼っていた二羽の鸚鵡が猫に殺されたが、死ぬ間際に三帰依したことが原因で、死後には四大王天に生まれ変わり、また最後には独覚になるという記別をブッダから与えられる。これは Divy. 全般に言えることだが、三帰依などの「易行」が、時間はかかっても、最終的には解脱に結びついている事実に注目すべきであろう。

シュラーヴァスティーに縁あり。

その時、アナータピンダダ長者は二羽の若い鸚鵡を手に入れた[1]。彼は二羽を家に連れて帰り、〔その二羽に〕話しかけながら養い育て、人間の言葉を教えた。そして同志アーナンダは、しばしばその二羽のもとにやって来ては、「これが苦である。これが苦の原因である。これが苦の滅である。これが苦の滅に至るための道である」という四聖諦を洞察させる説法をした。〔また[2]〕シャーリプトラ、マウドガリヤーヤナ、カーシャパ、アーナンダ、ライヴァタを始めとする、長老中の長老の比丘達までもが、アナータピンダダ長者の家にやって来た。その二羽の若い鸚鵡は、足繁くやって来た〔比丘〕達の名前をすっかり覚えてしまった。

さてある時、同志シャーリプトラがアナータピンダダ長者の家に到着した。その二羽の若い鸚鵡は同志シャーリプトラを見た。見ると、「皆さん[3]、かの長老シャーリプトラがお出でになりました。彼に座を設えて下さい」と身内の者達に告げた。同志マハーマウドガリヤーヤナ、カーシャパ、ライヴァタ、〔そして〕同志アーナンダを見ても同様に告げた。「我々の師匠アーナンダがお出でになりました。彼に座を設えて下さい」と。

さて別の時、世尊がアナータピンダダ長者の家に到着された。その二羽の若い鸚鵡は、心を和ませ、見目麗しく、諸根を制し、意を静め、心と意との最高な寂静を具え、黄金の柱が美しく光り輝いているが如き世尊がやって来られるのを、遠くから見た。(4) 見ると、大急ぎで身内の者達に告げた。「皆さん、(5) かの世尊がお出でになりました。彼に座を設えて下さい」と。

〔鸚鵡は世尊〕に喜びに満ちた甘美な声で囀った。その時、世尊はその二羽を利益せんがために〔家に〕入り、設えられた座に坐られた。坐られると、世尊は四聖諦を洞察させる説法によって、二羽の鸚鵡を〔三〕帰依させ、学処を授けられた。また世尊は二羽の若い鸚鵡と身内の者達を、法話を以て教示し、激励し、勇気づけ、鼓舞すると、座から立ち上がり、退かれた。

さて、その二羽は、家族の者達が散歩に出掛けている間、不注意にしていて、猫(6)という生物に捕まり、口を歪め、急所を断たれ、関節を引きちぎられ、「仏に帰命いたします。法に帰命いたします。僧に帰命いたします」と言って死んだので、四大王衆天に生まれ変わった。(7) その時、世尊はある場所で微笑された。同志アーナンダは、世尊が微笑されたのを見た。そして見ると、世尊にこう申し上げた。

「大徳よ、如来・阿羅漢・正等覚者は、因縁なくして微笑されることはありません。大徳よ、微笑されたのには、いかなる因・いかなる縁があるのでしょうか」

「そのとおりである、アーナンダよ。そのとおりなのだ。如来・阿羅漢・正等覚者達は因縁なくして微笑を現ずることはない。アーナンダよ、お前は、あの二羽の若い鸚鵡を見たか」

「見ました、大徳よ」

「アーナンダよ、私が帰った直後、あの二羽の若い鸚鵡は猫という生物に殺されてしまったが、その二羽は仏・法・

僧を所縁とする念を持して死んだので、四大王衆天に生まれ変わったのだ」

その時、[8]実に多くの比丘達が、午前中に衣を身に着け、衣鉢を持つと、乞食しにシュラーヴァスティーに入った。実に多くの比丘達がシュラーヴァスティーを乞食して歩いていると、「アナータピンダダ長者の家で、二羽の若い鸚鵡が『仏に帰命いたします。法に帰命いたします。僧に帰命いたします』と言いながら、猫という生物に殺された」と聞いた。そして聞くと、乞食してシュラーヴァスティーを歩き回り、食物を食べ、食後に乞食から戻り、衣鉢を片づけて、両足を洗うと、世尊のもとに近づいた。近づくと、世尊の両足を頭に頂いて礼拝し、一隅に坐った。一隅に坐った多くの比丘達は、世尊にこう申し上げた。

「大徳よ、アナータピンダダ長者の家で、二羽の若い鸚鵡が『仏に帰命いたします。法に帰命いたします。僧に帰命いたします』と言いながら、猫という生物に殺されてしまったと我々多くの比丘達はこの地で聞きましたが、大徳よ、その二羽はどこに行き、何に生まれ変わり、いかなる来世を迎えるのですか」

世尊は答えられた。

「比丘達よ、[9]その二羽の若い鸚鵡は〔三〕帰依したその異熟によって、三十六回、四大王衆天に生まれ変わり、三十六回、三十三天・耶摩天・兜率天・化楽天・他化自在天に〔それぞれ〕生まれ変わるだろう。こうして実に六欲天の中を輪廻する有情となり、最後の生存、最後の住処において、最後生を獲得した時、人身を得て独覚の悟りを証得し、〔それぞれ〕ダルマ、[10]スダルマ[11]という独覚になるだろう。このように、実に、比丘達よ、聞法には偉大な果報や広大な利益がある。法を説いたり、法を現観することは言うに及ばぬ。それゆえ、ここで比丘達よ、このように学び知るべきである。すなわち『我々は聞法を喜ぶ者となるべきである』と。このように、比丘達よ、お前達は学び知るべきである」[12]

世尊がこう言われると、その比丘達は歓喜し、世尊の説かれたことに満足した。

以上、吉祥なる『ディヴィヤ・アヴァダーナ』における「シュカポータカ・アヴァダーナ」第十六章。

文献

❶ None ❷ None ❸『賢愚経』巻十二（T. 202, iv 436c7–437a29）❹ None.

注

（1）Skt. は鸚鵡の名前に言及しないが、漢訳は「一名律提。二名賖律提」（436c11–12）とする。

（2）以下、漢訳ではその鸚鵡のもとにシャーリプトラ等の比丘とブッダが訪れたことは説かない。

（3）bhadantaḥ [Sic MSS]. SPEYER はこれを bhavantaḥ に訂正している。ここではこれに従う。

（4）ここにはブッダを視覚的に形容する表現が見られ、有部系の文献であれば、通常ここは定型句 8B（ブッダの相好）が用いられるべきところであるが、ここでの用例はそれとは異なる。ただ一例だけこれと同類の表現が Divy. に見られ、斜体部分が上記の表現とほぼパラレルになっている。

adrākṣīn mākandikaḥ parivrājako bhagavantaṃ dūrād evānyataravṛkṣamūlaṃ niśritya suptoragarājabhogaparipiṇḍīkṛtaṃ paryaṅkaṃ baddhvā niṣaṇṇaṃ *prāsādikaṃ pradarśanīyaṃ śāntendriyaṃ śāntamānasaṃ parameṇa cittavyupaśamena samanvāgataṃ suvarṇayūpam iva śriyā jvalantam* (516.9–13)

これに関しては『説話の考古学』（217–218）参照。

（5）bhadanto [Sic MSS]. SPEYER はこれも bhavanto に訂正している。ここでもこれに従う。

（6）漢訳では「野狸」（436c20）とする。

（7）以下、漢訳では Skt. に見られるような授記のプロットはない。なお、ここに見られる授記の表現に関しては『説話の考古学』（216–217）参照。

（8）以下、漢訳は「尊者阿難。明日時到。著衣持鉢。入城乞食。聞二鸚鵡為狸所殺。生矜愍心。還白仏言。須達家内。有二鸚鵡。弟子昨日。教誦四諦。其夜命終。不審識神。生処何所。唯願如来。垂愍見示」（436c21–25）とし、Skt. の「実に大勢の比丘達」の役を漢訳ではアーナンダが演じている。

（9）以下、ブッダが鸚鵡の将来を語る部分がSkt.と漢訳とで大きく異なる。Skt.では六欲天の各天を三十六回ずつ生まれ変わった後、最後に独覚になると予言しているが、漢訳では、四大王衆天（四王天）に五百歳（閻浮提の五十歳がここでの一昼夜×三十日×十二ヶ月×五百歳）、三十三天（忉利天）に千歳（閻浮提の百歳がここでの一昼夜×三十日×十二ヶ月×千歳）、耶摩天（焔摩天）に二千歳（閻浮提の二百歳がここでの一昼夜×三十日×十二ヶ月×二千歳）、兜率天に四千歳（閻浮提の四百歳がここでの一昼夜×三十日×十二ヶ月×四千歳）、化楽天（不憍楽天）に八千歳（閻浮提の八百歳がここでの一昼夜×三十日×十二ヶ月×八千歳）、そして他化自在天（化応声天）に一万六千歳（閻浮提の千六百歳がここでの一昼夜×三十日×十二ヶ月×一万六千歳）留まり、これを上下七回繰り返した後に再び閻浮提に生まれ、独覚になると説く（436c25-437a26）。この六欲天での寿命の長さは、倶舎論の記述に一致する（AKBh 173.8-25）。

（10）dharma；曇摩。（11）sudharma；修曇摩。（12）漢訳ではSkt.のように聞法の果報を賞賛する件はない。

第17章　後宮に金の雨を降らせたマーンダータ王

本章は二つの異なった説話を、お世辞にも上手いとは言えないやり方で接合して成り立っている。前半はブッダが入滅を決意した経緯が説かれ、後半はブッダの本生譚としてマーンダータ王の物語が長々と説かれる。後宮に黄金の雨を降らせるほどの威神力を持ったマーンダータ王は各大陸を次々と制覇し、また人間界に飽きたらず三十三天にまで昇ってその権力を行使したが、最後の最後でシャクラに対する嫉妬心を起こしたばかりに、人間界に戻り、病気に罹って死んでしまう。この王の武勇譚は冗長とも思えるが、一瞬の嫉妬心ですべてが無に帰すという結末をより際立たせるための前置きとなっている。

201

[1]このように私は聞いた。ある時、世尊は、ヴァイシャーリーにある〔聖地〕マルカタフラダティーラの〔楼閣〕クーターガラシャーラで時を過ごしておられた。その時、世尊は午前中に衣を身に着け[2]、衣鉢を持つと、乞食しにヴァイシャーリーに入られた。ヴァイシャーリーを乞食して歩いた後、食事の準備をし、後に食事を済ませると、立ち去られた[3]。〔その後、世尊〕は衣鉢を片づけ[4]、チャーパーラ廟[5]に近づかれた。近づかれると、日中の休息のために、ある木の根元に身を寄せて坐られた。そこで世尊は同志アーナンダに告げられた。

「アーナンダよ、ヴァイシャーリー、ヴリッジの大地、チャーパーラ〔廟〕、サプタームラカ[6]〔廟〕、バフパットラカ[7]〔廟〕、ガウタマニャグローダ[8]〔廟〕、沙羅樹の森[9]、ドゥラーニクシェーパナ[10]〔廟〕、〔それに〕マッラーのマクタバンダナ廟[11]は美しい。閻浮提は麗しく、人々にとって命は愛おしい。アーナンダよ、四神足を修養し、修習し、修練した者は誰でも、望みさえすれば、一劫、あるいは一劫を過ぎても〔この世に〕住するであろう。アーナンダよ、如来は四神足を修養し、修習し、修練している。如来は、望むならば、一劫、あるいは一劫を過ぎても〔この世に〕住することができるのだ」

こう言われても、同志アーナンダは黙っていた。二度も三度も世尊は同志アーナンダに告げられた。

「アーナンダよ、ヴァイシャーリー、ヴリッジの大地、チャーパーラ〈廟〉、サプタームラカ〈廟〉、バフパットラカ〈廟〉、ガウタマニャグローダ〈廟〉、沙羅樹の森、ドゥラーニクシェーパナ〈廟〉、〔それに〕マッラーのマクタバンダナ廟は美しい。閻浮提は麗しく、人間の命というものは好ましい。〔ところで〕アーナンダよ、四神足を修養し、修習し、修練した者は誰でも、望みさえすれば、一劫、あるいは一劫を過ぎても〔この世に〕住するであろう。アーナンダよ、如来は四神足を修養し、修習し、修練している。如来は、望むならば、一劫、あるいは一劫を過ぎても〔この世に〕住することができるのだ」

しかし、同志アーナンダは二度目も三度目も黙っていた。

その時、世尊はこう考えられた。〈比丘アーナンダは邪悪なマーラに取り憑かれている。なぜなら、今、誰にでも分かるヒントを三度も与えてやったのに、そのヒントを理解することができなかったからだ。これは明らかに邪悪なマーラに取り憑かれている証拠である〉と。

そこで世尊は同志アーナンダに告げられた。

「さあ、アーナンダよ、お前は別の木の根元に身を寄せて休むがよい。我々は二人とも同じ場所に住してはならぬ」

「畏まりました、大徳よ」と同志アーナンダは世尊に同意すると、日中の休息をするため、別の木の根元に身を寄せて坐った。その邪悪なマーラは世尊に近づいた。近づくと、[12]世尊にこう言った。

「世尊は般涅槃せよ。善逝の般涅槃すべき時が来た」
[13]「邪悪な者よ、お前はなぜ『世尊は般涅槃せよ。善逝の般涅槃すべき時が来た』と言うのだ」
「大徳よ、それはある時のことだった。世尊はウルヴィルヴァーにあるナイランジャナーの河岸近くにあった菩提樹のもとで正等覚されたばかりであったが[14]、この私は世尊のもとに近づいた。近づいて、世尊に『世尊は般涅槃せよ。善逝の般涅槃すべき時が来た』と言うと、世尊はこう答えた。『邪悪なる者よ、私の声聞達が賢明で頭脳明晰となり[15]、よく教育されて自信を持ち[16]、また次々と現れてくる他学派の論者達を法で論破し[17]、自己の説を完全に浄める者となり[18]、そして私が神々と人々に正しく説き明かし、多くの人々〔に利益をもたらす〕広大な梵行を、比丘・比丘尼・優婆塞・優婆夷達が修するまで、私は涅槃に入らないであろう』と。大徳よ[19]、今や世尊の弟子達は賢明で頭脳明晰となり、よく教育されて自信を持ち、また次々と現れてくる異教徒の論者達を法で論破し[20]、自己の説を完全に浄める者となり、そして〔世尊が〕神々と人々に正しく説き明かした限りの、多くの人々〔に利益をもたらす〕広大な梵行を、比丘・比丘尼・優婆塞・優婆夷達が修している。だから私は『世尊は般涅槃せよ。善逝の般涅槃すべき時が来た』と言ったのだ」

「邪悪なる者よ、お前は心配しなくてもよい。如来は、今〔から〕久しからずして、雨期の三ヶ月が過ぎれば[21]、無余なる涅槃界に般涅槃するだろう」

その時、邪悪なマーラは〈おお、沙門ガウタマは涅槃に入るぞ！〉と考えた。こう考えると、心を踊らせ、満足し、喜び、気持ちは昂揚し、喜と楽とを生じて[22]、たちどころに消えていった。その時[23]、世尊はこう考えられた。〈如来にとって、誰が目の当たりに教導されるべきであろうか。ガンダルヴァ王スプリヤと出家者スバドラだ。〔この〕三ヶ月が過ぎれば、彼ら二人の諸根は成熟し、安楽の状態になるだろう。声聞に教化される者を如来は教化できるが、如来に〔のみ〕教化される者を声聞は教化できない〉と。

その時、世尊はこう考えられた。〈私は心が集中するにつれて命行を保持し、寿行を放棄するような三昧に入ろう〉[24]と。そこで世尊は、心が集中するにつれ命行を保持し、寿行を放棄し始めるような三昧に入られた[25]。命行を保持されるや否や[26]、大地震が起こり、流星が〔四〕方を照らし、雷[27]が天空に鳴り響いた。〔また〕寿行が放棄されるや否や、欲界繋[28]の天には六つの徴候が現れ始めた。(1)花の咲く木々が枯れ、(2)宝の木々が枯れ、(3)装飾品の木々が枯れ、(4)幾千もの建物が揺れ動き、(5)スメール山の峰が崩壊し、(6)神々の楽器演奏が中断してしまったのである。すると、世尊はその三昧から出て、その時、詩頌を唱えられた。

「量られ、また量られざる〔体の〕根源たる生存の素因を聖者は捨てたり。自ら内心に楽しみ、心を集中して、
　鳥の如くに〔有の〕殻を破りたり[29]」

寿行[30]が放棄されるや否や、六つの欲〔界〕繋の神々は〔皆〕申し合わせて〔世尊に〕見え、礼拝するために、世尊のもとに向かった。世尊は、幾千という多くの神々が〔四〕諦を〔証〕見するような説法をされた。〔四〕諦を知見した〔神々〕は、自分達の住処に戻っていった。また寿行が放棄されるや否や、山の谷や山の洞窟から幾百千という聖仙がやって来た。〔そこで〕世尊は、「さあ、比丘達よ、梵行を修するがよい」と彼らを出家させた。彼らは〔修行に〕専心し、専念し、一切の煩悩を断じて阿羅漢性を証得した。〔また〕寿行が放棄されるや否や、多くのナーガ・ヤクシャ・ガンダルヴァ・キンナラ・マホーラガ達は、世尊に見えるために、世尊のもとに近づいた。世尊は、多くのナーガ・ヤクシャ・ガンダルヴァ・キンナラ・マホーラガ達が〔三宝に〕帰依し、学処を授かるような説法をされ、―乃至―　自分達の住処に戻っていった。

さて、同志アーナンダは夕方に密かなる禅思より醒め[31]、世尊に近づいた。近づくと、世尊の両足を頭に頂いて礼拝し、一隅に立った。一隅に立った同志アーナンダは、世尊にこう申し上げた。

「大徳よ[32]、大地震には[33]いかなる因・いかなる縁があるのですか」

「アーナンダよ、大地震には八つの因・八つの縁がある。八つとは何か。

(1)アーナンダよ、この大地は水〔輪〕の上にあり、水〔輪〕は風〔輪〕の上にあり、風〔輪〕は虚空の上にあるが、アーナンダよ、[34]虚空に激しい風が吹くと水〔輪〕を揺り動かし、揺れ動かされた水〔輪〕が〔この大〕地を揺り動かす場合がある。アーナンダよ、[35]これが大地震の第一の因・第一の縁である。

(2)さらにまたアーナンダよ、大神通力・大威神力を持つ比丘がいるが、彼が地〔輪〕への想を小さく、また水〔輪〕への想を無量に加持する〔時〕、望みさえすれば、彼は大地を揺り動かしてしまう。〔また〕大神通力・大威神力を持つ神[36]がいるが、彼が地〔輪〕への想を小さく、また水〔輪〕への想を無量に加持する〔時〕、望みさえすれば、彼も大地を揺り動かしてしまうのだ。アーナンダよ、[37]これが大地震の第二の因・第二の縁である。

(3)さらにまたアーナンダよ、菩薩が兜率天衆より死没して母の胎内に入る時、激しく[38]大地が振動し、この一切世間は広大な光明によって満たされる。[39]あれほど偉大なる力と大いなる威力を持った太陽や月も〔その〕光明によって照らすことはできないほどの、世間と世間の中間にある暗闇・暗黒・黒闇さえも、この時ばかりは〔その〕広大な光明によって満たされるのだ。そこに生まれ変わっていた有情達はそ〔の光明〕によってお互いに〔自分以外の〕有情を発見し、[40]『〔私の〕他にもあなた方が有情としてここに生まれていたのか。〔私の〕他にもあなた方が有情としてここに生まれていたのか』と了知し合うのである。アーナンダよ、これが大地震の第三の因・第三の縁である。

(4)さらにまたアーナンダよ、菩薩が[41]母の胎内から出る時、激しく[42]大地が振動し、この[43]一切世間は広大な光明によって満たされる。そこでは、あの偉大なる力と大いなる威力を持った太陽や月も〔その〕光明によって照らすことはできないほどの、世間と世間の中間にある暗闇・暗黒・黒闇さえも、この時ばかりは〔その〕広大な光明によって満たされるのだ。そこに生まれた有情達はそ〔の光明〕によってお互いに〔自分以外の〕有情を発見し、『〔私の〕他にもあなた方が有情としてここに生まれていたのか。〔私の〕他にもあなた方が有情としてここに生まれていたのか』と了知し合うのである。アーナンダよ、これが大地震の第四の因・第四の縁である。

(5)さらにまたアーナンダよ、菩薩が無上智[44]を獲得する時、激し[45]く大地が振動し、[46]この一切世間は広大な光明によって満たされる。そこでは、あの偉大なる力と大いなる威力を持った太陽や月も〔その〕光明によって照らすことはできないほどの、世間と世間の中間にある暗闇・暗黒・黒闇さえも、この時ばかりは〔その〕広大な光明によって満たされるのだ。そこに生まれた有情達はそ〔の光明〕によってお互いに〔自分以外の〕有情を発見し、『〔私の〕他にもあなた方が有情としてここに生まれていたのか。〔私の〕他にもあなた方が有情としてここに生まれていたのか』と了知し合うのである。アーナンダよ、これが大地震の第五の因・第五の縁である。

(6)さらにまたアーナンダよ、如来が三転十二行相[47]の法輪を転ずる時、激しく大地が振動し、[48]この一切世間は広大な光明によって満たされる。そこでは、あの偉大なる力と大いなる威力を持った太陽や月も〔その〕光明によって照らすことはできないほどの、世間と世間の中間にある暗闇・暗黒・黒闇さえも、この時ばかりは〔その〕広大な光明によって満たされるのだ。そこに生まれた有情達はそ〔の光明〕によってお互いに〔自分以外の〕有情を発見し、『〔私の〕他にもあなた方が有情としてここに生まれていたのか。〔私の〕他にもあなた方が有情としてここに生まれていたのか』と了知し合うのである。アーナンダよ、これが大地震の第六の因・第六の縁である。

(7)さらにまたアーナンダよ、如来が命行を保持して、寿行を放棄した時、激しく大地が振動し、流星が〔四〕方を照らし、雷が鳴り響き、[49]さらにこの一切世間は広大な光明によって満たされる。そこでは、あの偉大なる力と大いなる威力を持った太陽や月も〔その〕光明によって照らすことはできないほどの、世間と世間の中間にある暗闇・暗黒・黒闇さえも、この時ばかりは〔その〕広大な光明によって満たされるのだ。そこに生まれた有情達はそ〔の光明〕によってお互いに〔自分以外の〕有情を発見し、『〔私の〕他にもあなた方が有情としてここに生まれていたのか』と了知し合うのである。アーナンダよ、これが大地震の第七の因・第七の縁である。

(8)さらにまたアーナンダよ、今〔から〕久しからずして、如来が無余なる涅槃界に般涅槃する時、大地が激しく振[50]動し、流星が〔四〕方を照らし、雷が鳴り響き、[51]さらにこの一切世間は広大な光明によって満たされる。そこでは、世間あの偉大なる力と大いなる威力を持った太陽や月も〔その〕光明によって照らすことはできないほどの、世間と世間の中間にある暗闇・暗黒・黒闇さえも、この時ばかりは〔その〕広大な光明によって満たされるのだ。そこに生まれた有情達はそ〔の光明〕によってお互いに〔自分以外の〕有情を発見し、『〔私の〕他にもあなた方が有情としてここに生まれていたのか。〔私の〕他にもあなた方が有情としてここに生まれていたのか』と了知し合うのである。アーナンダよ、これが大地震の第八の因縁である」

その時、同志アーナンダは世尊にこう申し上げた。

「大徳よ、私が世尊の説明された意味を理解したところによりますと、まさに今、世尊は命行を保持し、寿行を放棄されたのですか」

世尊は言われた。

「そのとおりだ。アーナンダよ、そのとおりである。アーナンダよ、今、如来は命行を保持し、寿行を放棄した」

207

「大徳よ、私は『誰であれ、四神足を修養し、修習し、修練した者は、望みさえすれば、一劫、あるいは一劫を過ぎても〔この世に〕住するであろう』と世尊から目の当たりにお聞きし、目の当たりに受持いたしました。大徳よ、世尊は四神足を修養し、修習し、修練しておられます。如来は、望みさえすれば、一劫、あるいは一劫を過ぎても〔この世に〕住することがおできになります。世尊は一劫の間、お留まり下さい。善逝は、一劫を過ぎても[52]お留まりになるべきです」

「アーナンダよ、お前には過失がある。お前は実に悪いことをなした。というのも、お前は邪悪なマーラに取り憑かれてしまったために、如来が誰にでも分かるヒントを三度も与えてやったのに、そのヒントを理解することができなかったからだ。アーナンダよ、お前はどう思うか。如来が前言を翻したりするだろうか[53]」

「いいえ、大徳よ」

「アーナンダよ、そのとおり、そのとおり。アーナンダよ、如来が前言を翻すことなど、まったくあり得ないことであり、不可能なことである。[54]さあ、アーナンダよ、お前はチャーパーラ廟に身を寄せて時を過ごしている比丘全員を集会堂に召集せよ」

「畏まりました、大徳よ」と同志アーナンダは世尊に同意すると、チャーパーラ廟に身を寄せて時を過ごしている比丘全員を集会堂に召集し、世尊のもとに近づいた。近づくと、世尊の両足を頭に頂いて礼拝し、一隅に立った。一隅に立った同志アーナンダは世尊にこう申し上げた。

「大徳よ、チャーパーラ廟に身を寄せて時を過ごしている比丘全員が集会堂に集まり、坐り終えました。世尊は、今がその時とお考え下さい」

そこで世尊は集会堂に近づかれた。近づかれると、[55]比丘の僧伽の前に設(しつら)えられた座に坐られた。坐られると、世尊は比丘達に告げられた。

「比丘達よ、一切の有為なるものは無常であり、永遠ではなく、[56]安穏ではなく、変異する性質のものである。比丘達よ、一切の有為を作り上げることを喜んではいけない。[57]そういうわけで、今、比丘達よ、私の死後、[58]この世の利益とこの世の安楽、あの世の利益とあの世の安楽のためになる諸法を、比丘は保ち、理解した後、[59]この梵行がここに永く存続し、多くの人々に受け入れられ、広大となり、神々と人々のために正しく説かれるように、〔それを〕保持し、説き、把握しなければならない。今、比丘達よ、この世の利益とこの世の安楽、あの世の利益とあの世の安楽のためになるどのような諸法を、[60]比丘は保ち、理解[61]した後、梵行が永く存続し、多くの人々に受け入れられ、広大となり、神々と人々のために正しく説かれるように、〔それを〕保持し、説き、把握しなければならないかというと、すなわち、それは四念住・四正断・四神足・五根・五力・七菩提分・八支聖道である。[62]比丘達よ、この世の利益とこの世の安楽、あの世の利益とあの世の安楽のためになる諸法を、比丘は保ち、理解した後、梵行が永く存続し、多くの人々に受け入れられ、広大となり、神々と人々のために正しく説かれるように、〔それを〕保持し、説き、把握しなければならない。[63]アーナンダよ、クシュタ[64]村に案内せよ」

「畏まりました、大徳よ」と同志アーナンダは世尊に同意した。世尊はヴァイシャーリーの森に向かいながら、全身を右に向け、象のような目差しで見られた。[65]その時、同志アーナンダは世尊にこう申し上げた。

「大徳よ、如来・阿羅漢・正等覚者は、[66]因なく縁なくして全身を右に向け、象のような目差しで振り返られることはありません。大徳よ、象のような目差しには、いかなる因・いかなる縁があるのですか」

「そのとおりだ。アーナンダよ、そのとおりである。如来・阿羅漢・正等覚者は、因なく縁なくして全身を右に向け、象のような目差しで振り返ることはない。アーナンダよ、如来にとっ[67]てヴァイシャーリーを見るのもこれが最後だ。アーナンダよ、もう二度と如来[68]はヴァイシャーリーに来ることはない。涅槃に入るため、〔如来〕はマッラ族の国にある沙羅双樹の森に行くであろう」

するとその時、ある比丘が詩頌を唱えた。

「導師よ、貴方がヴァイシャーリーを御覧になるのも、これが最後なり。善逝である仏はもう二度とヴァイシャーリーには戻られぬ。般涅槃されるために〔世尊〕はマッラ族の国に赴けり[69]」

[70]実に世尊が「ヴァイシャーリーを見るのもこれが最後である」という言葉を発せられた時、ヴァイシャーリーの森に住む多くの神々は涙を落とした。[71]長老アーナンダが「世尊よ、雨期といえども、雲なくして雨は降らないはずですが」と申し上げると、「ヴァイシャーリーの森に住む神々が、私との別離ゆえに涙を落としたのだ」と世尊は答えら

れた。その神々は再びヴァイシャーリーで声を発した。

「世尊は、般涅槃しに行かれるのだ。もう二度と世尊はヴァイシャーリーに戻ってこられないだろう！」

神々の声を耳にして、ヴァイシャーリーに住む何百千もの生類は世尊のもとに近づいた。世尊は彼らの性質・気質・性格・本性を知ると、何百千もの生類が〔三〕帰・〔五〕学処を授かるような法を説かれた。ある者達は預流果を、ある者達は一来果を、ある者達は不還果を獲得し、ある者達は出家して阿羅漢性を獲得した。ある者達は声聞の悟りに心を起こし、ある者達は独覚の悟りに心を起こし、ある者達は無上正等菩提に心を起こした。ある者は〔三〕帰・〔五〕学処を授かった。衆会の者達は今まで以上に仏に傾仰し、法に傾注し、僧伽に傾倒するようになったのである。[72]

長老アーナンダは虚心合掌をして、世尊にこう申し上げた。

「ああ、[73]大徳よ、涅槃を目前に控えられた世尊は、何百千もの神々を〔四聖〕諦に安住せしめられました。〔また〕多くの山の谷や山の洞窟から何百千もの聖仙達がやって来ましたが、世尊は彼らを出家させて比丘にされました。彼らは勤め励み精進し、一切の煩悩を断じると阿羅漢性を証得しました。多くの天・ナーガ・ヤクシャ・ガンダルヴァ・キンナラ・マホーラガ達は〔三〕帰・〔五〕学処を授かりました。ヴァイシャーリーに住む何百千もの有情達は預流果に、ある者達は一来果に、ある者達は不還果に安住せしめ、ある者達は出家させられました。〔彼らは〕出家して阿羅漢性を獲得しました。ある者達には〔三〕帰依・〔五〕学処を授けられました」

「アーナンダよ、今、一切知者であり、一切種智者であり、無上なる能知・所知において自在を獲得し、渇愛を断じ、執着なく、一切の自我意識・所有意識・我ありとの慢心・貪着・随眠を断じた私が、このような教化の義務を果たしたことに、何の不思議があろうか。私は過去世でも、貪・瞋・痴を有し、解脱しておらず、生・老・病・死・愁・悲・苦・憂・悩を定めとしながら、また私は死に至るほどの苦痛に苛まれながらも、何百千もの有情達が、家という住処を捨て、聖仙として出家し、四梵住を修習し、祭式儀軌を捨て去り、それ〔四梵住〕を何度も〔修しながら〕住して、梵〔天〕界〔の神々〕と同類の状態に生まれ変わる準備段階の話をしたことがある。そ〔の話〕を聞くがよい」

かつて[74]アーナンダよ[75]、[76]ウポーシャダ[77]と呼ばれる王がいたが、ウポーシャダ王の頭に、軟らかく、実に軟らかい腫れ物ができた。それはあたかも綿あるいは木綿の如くであり、苦痛はまったくなかった。〔腫れ物〕が熟して破れると、男児が生まれた。彼は美しく、男前で、見目麗しく、[78]三十二の偉人相を具足していた[79]。[80]ウポーシャダには六万人の婦人が[81]いたが、全員の乳房から乳が滴り落ちた[82]。「私のを吸って、私のを吸って」とそれぞれの女が言ったので[83]、彼は「マーンダータ、マーンダータ」と命名された。他の者達は「頭から生まれたのだから、王子の名前はムールダータがよい」と言った。そのうち、ある者達は「マーンダータ」、他の者達は「ムールダータ」と了知しているのである[84]。

〔さて[85]〕マーンダータ王子が王子の遊びをしている間に六人の帝釈天が死没し、皇太子の地位に就いた時には六人の帝釈天が死没した。

〔ある時〕マーンダータ[86]は地方に出掛けた。彼が地方に出掛けている間に、父[87]が病気に罹った。彼は木の根・葉・茎・花の薬で[88]看病されたが、衰弱するばかりだった。そこ[89]で大臣達は「あなたの父上が病気に罹られました。王子よ[90]、戻って王位を継承して下さい」と〔王子に〕伝言を送ったが、彼が戻ってこない間に父は死んでしまった。大臣達は「あなたのお父上が亡くなられました。王子よ[91]、戻って王位を継承して下さい」と再び伝言を送った。そこで彼は考えた。〈もしも私の父が死んでしまったのであれば、再び戻って何になろう〉と。

そこ[92]でさらに「王子よ、戻って王位を継承して下さい」という伝言が送られたので、「もしも私が法に則って王位を受けるのであれば、この場で王位〔継承〕の灌頂式を挙行してもよかろう」と彼が言うと、大臣達は言った。

「王子よ、宝冠が必要です」[93]

さて〔王子〕にはディヴァウカサと呼ばれる夜叉の従者がいたが、彼が宝冠を運んできた。運んでくると、その大臣達はさらに「王子よ、めでたい高座がここに必要です」と言った。すると、またもやあのディヴァウカサ[94]がめでたい高座を運んできた。そこでその大臣達はさらに「王子よ、灌頂式は然るべき場所の中で挙行されるものですぞ」と言うと、彼は言った。

「もしも私が法に則って王位を受けるのであれば、まさにこの場所を然るべき場所と見なせばよいではないか」

こうしてその場所が自ずと〔灌頂式に〕相応しい場所となった。「自ずとやって来た、自ずとやって来た」ので「サーケータ、サーケータ」[95]という名前が付いた。

後にその大臣達・軍人・軍曹・町人・村人達が、灌頂用の水を持ってやって来た。彼らが「大王よ、灌頂用の水をお受け下さい」と言うと、彼は言った。

「〔普通は〕人々が私〔の頭〕にターバンを巻くのであろうが、もしも法に則って王位を受けるのであれば、非人達にターバンを巻かせよ」[96]

そこで非人達がターバンを巻くと、彼に七宝が現れ出た。すなわち、輪宝、象宝、馬宝、珠宝、大臣宝[97]、玉女宝、そして第七に長者宝である。〔また〕彼は、勇敢で勇ましく、容姿端麗にして、敵の軍隊を粉砕する千人の息子達に恵まれた。

〔さて〕[98]ヴァイシャーリーの近くには美しい森の茂みがあり、そこでは五神通を持つ五百人の聖仙達が禅定を修していたが、その森の茂みには多くの鳥や鹿[99]が住んでいた。

――禅定は騒音を敵とする。――

その鳥達は次々と舞い降りてきては囀[100]った。〔そこに〕ドゥルムカ[101]と呼ばれる聖仙がいたが、彼は腹を立てて、「鷺達の翼は引き千切れてしまえ！」と言った。[102]聖仙の怒りで〔鳥〕達の翼が引き千切られると、〔鳥〕達は歩いて[103]前に進んだ。さてその王が地方に旅に出ていると、〔鳥〕達が歩いて前に進んでいるのを見た。そこで大臣達に尋ねた。

「一体どうして奴らは歩いて前に進んでいるのだ」

そこで、大臣達が答えた。

「大王よ、禅定は騒音を敵としますから、聖仙が腹を立て、[104]〔鳥〕達の翼を引き千切ってしまったのです」

すると、王は言った。

「有情に対して憐れみの心を持たないような聖仙がいるのか」

そして王は大臣達に命じた。

「さあ、お前達、聖仙達にこう言え。『私が住まない所に行け[105]』とな」

かくして、その大臣達は聖仙達に言った。

「王からの伝言だ。『私の王国に住んではならぬ。私が住まない所に行け[106]』」

そこで彼らは〈彼は四洲の支配者だ。我々はスメール山の麓に行こう〉と考えると、彼らはそこに行って住した。

ムールダータ王の大臣は視察官・査察官・調査官であったので、それぞれ〔国の状況を〕視察し、査察し、調査した後、技術や技能の興隆に従事した。[107]彼らは、視察し、査察し、調査したので、「マヌジャ[108]、マヌジャ」と呼ばれた。〔まず〕彼らは農耕に着手し始めた。王が地方を巡行していると、〔人々〕が耕作の仕事をしているのを見た。そこで王が「あの者達は何をしているのだ」と言うと、大臣達は「大王よ、あの者達は穀物等を刈り入れているのです。後で薬になるのですよ」と王に答えた。すると、また王が言った。

「我が王国では、人間が耕作の仕事をしているのか」

その後、彼は「天は二十七種の種を降らせよ！」と言った。ムールダータ王が〔そのような〕心を起こすや否や、直ちに天が二十七種の種を降らせた。ムールダータ王は国民に「これは誰の福徳であるか」と尋ねると、彼らは「大王と我々のであります」と答えた。

〔次に〕その人々は綿の畑を作り始めていたが、再びまたムールダータ[109]王が地方を巡行していると、彼らを見た。[110]そこで王が「あの者達は何をしているのだ」と言うと、[111]大臣達は「大王よ、人々は綿の畑を作っているのです」と答えた。その後、王が「何のためにだ」と言うと、大臣達は「大王よ、衣のためですよ」と答えた。そこで王は[112]「我が王国では人間が綿の畑を作っているのか。[113]天はその同じ綿を降らせよ！」と言った。ムールダータ王が〔そのような〕心を起こすや否や、直ちに天は綿を降らせた。そこでその王は国民に「これは誰の福徳であるか」と尋ねると、彼らは「大王と我々のであります」と答えた。

その後、その者達はその綿を紡ぎ始めた。王が「あの者達は何をしているのだ」と言うと、大臣達は「大王よ、糸が必要なのです[114]」と答えた。そこで王は「我が王国では、人間が糸を紡いでいるのか。[115]天は糸を降らせよ！」と言った。マーンダータ王が〔そのような〕心を起こすや否や、直ちに天が糸を降らせた。そして王が「これは誰の福徳であるか」と言うと、彼らは「大王と我々のであります」と答えた。

その後、引き続いて彼らは衣を織り始めた。王が「あの者達は何をしているのだ」と言うと、大臣達は「大王よ、衣を織っているのです。衣が必要なのですよ」と王に答えた。そこで王は〈我が王国では、人間が衣を織っているのか。天はその同じ衣を降らせよ！〉と考えた。マーンダータ王が〔そのような〕心を起こすや否や、直ちに天が衣を降らせた。その王が「これは誰の福徳であるか」と尋ねると、彼らは「大王と我々のであります」と答えた。そこで王は〈人々は私の福徳の力によるものであることに気づいておらぬ〉と考えた。またマーンダータ王はこう考えた。[116]〈我が閻浮洲は、栄えて繁盛し、平和で食物に恵まれ、多くの人々で賑わっている。私には、七宝、すなわち、輪宝、象宝、馬宝、珠宝、長者宝[117]、玉女宝、そして第七に大臣宝がある。〔また〕私は、勇ましく勇敢で、容姿端麗にして、敵の軍隊を粉砕する千人の息子達に恵まれた。おお、願わくば、我が後宮内に[118]、七日間[119]、黄金の雨[120]が降り続かんことを。一カールシャーパナでさえも外に落ちることがないように！〉と。

マーンダータ王が〔そのような〕心を起こすや否や、直ちに七日間[121]、黄金の雨が降り、一カールシャーパナさえも外には落ちなかった。それはあたかも、そのような大神通力・大神力を持ち、善を積んだ有情[122]が、自ら福徳の果報を享受している時の如くであった。そこで王が「これは誰の人徳であるか」と言うと、彼らは「大王のであります[123]」と答えた。すると、マーンダータ王[124]は言った。

「お前達は過ちを犯した。もしもお前達が最初から[125]『大王の福徳でございます』と申しておれば、私は閻浮提全域に宝の雨を降らせていたであろうに。だが、お前達の中で宝を望んでいる者があれば、好きなだけ宝を取るがよい」

さて、マーンダータ王が偉大な王国を統治している間に、六人の帝釈天が死没した。ムールダータ王[126]にはディヴァウカサという夜叉がいたが、ムールダータ王[127]は彼に「〔我々の〕傘下にない大陸が他にどこかあれば、我々はそこを傘下に収めたいのだが」と言うと、その後で[128]ディヴァウカサは彼に言った。

「大王よ、プールヴァヴィデーハという大陸があり、栄えて繁盛し、平和で食物に恵まれ、多くの人々で賑わっています。いざ[129]大王はお出ましになり、そこも傘下にお収め下さい」

その時、ムールダータ王は考えた。〈我が閻浮提は、栄えて繁盛し、平和で食物に恵まれ、多くの人々で賑わっている。〔また〕私には、七宝、すなわち、輪宝、象宝、馬宝、珠宝、玉女宝、長者宝、そして第七に大臣宝がある。さらに私は、勇敢で勇ましく、容姿端麗にして、敵の軍隊を粉砕する千人の息子達に恵まれている。〔また〕私は、七日間、後宮に黄金の雨を降らせた[130]。今、プールヴァヴィデーハという大陸のことを聞いたが、いざ私はそこにも出向いて、支配しよう〉と。

ムールダータ王が〔そのような〕心を起こすや否や、直ちに十八コーティの軍隊と共に[131]、千人の息子達に取り囲まれ、七宝を伴って、上空に舞い上がった。

マーンダータ王はプールヴァヴィデーハ大陸に行った。マーンダータ王はプールヴァヴィデーハ大陸に留まり、マーンダータ王はプールヴァヴィデーハ大陸を支配した。(132) 彼がそこを支配している間に、六人の帝釈天が死没した。さらに王は夜叉ディヴァウカサに告げた。(133)

「ディヴァウカサよ、(134)〔我々の〕傘下にない大陸が他にどこかあるか」

ディヴァウカサが言った。

「大王よ、アパラゴーダーニーヤという大陸があり、栄えて繁盛し、平和で食物に恵まれ、多くの人々で賑わっています。いざ大王はそこにもお出ましになり、支配して下さい」

その時、ムールダータ王は考えた。〈我が閻浮提は栄えて繁盛し、平和で食物に恵まれ、多くの人々で賑わっている。(135) 私には七宝があるし、さらに私は、勇敢で勇ましく、容姿端麗にして、敵の軍隊を粉砕する千人の息子達に恵まれている。〔また〕私は、七日間、後宮に黄金の雨を降らせたこともある。(136) それはあたかも、(137) そのような大神通力・大威神力を持ち、善根を積んだ有情が、自分の福徳の果報を享受する時の如くであった。〔今〕アパラゴーダーニーヤという大陸があり、栄えて繁盛し、(138) 平和で食物に恵まれ、多くの人々で賑わっていると聞いた。いざ私はそこにも行って、支配しよう〉と。

ムールダータ王が〔そのような〕心を起こすや否や、直ちに十八コーティの軍隊を従え、千人の息子達に取り囲まれ、七宝を伴って、上空に舞い上がった。

マーンダータ王はアパラゴーダーニーヤ大陸に行った。マーンダータ王はアパラゴーダーニーヤ〔大陸〕を支配した。(139) 彼がそこを支配している間に、六人の帝釈天が死没した。さらに王は夜叉ディヴァウカサに尋ねた。(140)

「ディヴァウカサよ、私は東方からやって来たが、(141)〔我々の〕傘下にない大陸が他にどこかあるか」

「大王よ、ウッタラクルという大陸がありますが、[142]そこの人々は、少しも『私のもの』という意識がなく、〔何かを〕所有するということがありません。いざ大王はお出ましになり、[143]自らの軍隊を指揮されますように」

その時、マーンダータ王はこう考えた。〈我が閻浮提は、栄えて繁盛し、平和で食物に恵まれ、多くの人々で賑わっている。〔また〕私[144]には七宝がある。さらに私は、勇敢で勇ましく、容姿端麗にして、敵の軍隊を粉砕する千人の息子達に恵まれている。〔また〕私は、七日間、後宮に黄金の雨を降らせた。ウッタラクルという大陸のことを聞いたが、そこの人々は、少しも『私のもの』という意識がなく、〔何かを〕所有するということがない。[145]いざ私はそこにも行って、自らの軍隊を指揮しよう〉と。

ムールダータ王が〔そのような〕心を起こすや否や、直ちに十八コーティの軍隊と共に、千人の息子達に取り囲まれ、七宝を伴って、上空に舞い上がった。スメール山の斜面に沿って飛んでいると、[146]マーンダータ王は、花環がついているよう〔に満開〕で、美しく艶やかな木々を見た。[147]そして見ると、夜叉ディヴァウカサに告げた。

「ディヴァウカサよ、花環がついているよう〔に満開〕で、美しく艶やかな木々は何だ」

「大王よ、あれは、ウッタラクルに住んでいる人々にとって、衣の生る如意樹であります。そのお蔭でウッタラクルに住んでいる人々は如意樹衣を〔縫製せずに〕着られるのです。大王も、その同じ場所に行って、如意樹衣をお召しになられますように」

〔それを〕聞くと、マーンダータ王は大臣達に告げた。

「軍曹達よ、お前達は、花環のついた色とりどりの美しい木々を見たか」

「はい、大王よ」

「軍曹達よ、あれはウッタラクルに住んでいる人々にとって、衣の生る如意樹であるが、そのお蔭でウッタラクルに住んでいる人々は如意樹衣を〔縫製せずに〕着られるのだ。お前達もそこに行って、如意樹衣を着るがよい」

スメール山の斜面に沿って飛んでいると、マーンダータ王は真っ白な地所を見た。[148]そして見ると、夜叉ディヴァウカサに告げた。

「ディヴァウカサよ、あの真っ白な地所は何だ」

「大王よ、あれは、ウッタラクルに住む人々にとって、耕作・種蒔き不要な実の米粒[149]ですが、そのお蔭でウッタラクルに住む人々は、耕作・種蒔き不要な実の米粒を食べているのです。大王もそこに行って、耕作・種蒔き不要な実の米粒をお召し上がり下さい」[150]

マーンダータ王はウッタラクル大陸に行った。マーンダータ王はウッタラクル大陸に留まった。マーンダータ王はウッタラクル大陸で自らの軍隊を指揮した。[151]そこで自らの軍隊を指揮している間に、六人の帝釈天が死没した。その時、マーンダータ王は夜叉ディヴァウカサに告げた。

「〔我々の〕支配していない大陸は他にどこかあるか」

「大王よ、ありませんが、三十三天の神々は長寿で、美しく、多くの楽を有し、高層の宮殿で久しく生活しているらしいのです。いざ大王は三十三天を見に行かれますように」

その時、ムールダータ王はこう考えた。〈我が閻浮提は栄えて繁盛し、平和で食物に恵まれ、多くの人々で賑わっている。〔また〕私には七宝がある。[152]さらに私は、勇敢で勇ましく、容姿端麗にして、敵の軍隊を粉砕する千人の息子達に恵まれている。〔また〕私は、七日間、後宮に黄金の雨[153]を降らせたこともある。[154]私はプールヴァヴィデーハ大陸を支配し、アパラゴーダーニーヤ大陸を支配し、ウッタラクル大陸では我が軍隊を指揮した。三十三天の神々は長寿で、美しく、多くの楽を有し、高層の宮殿で久しく生活しているらしい。今、私は三十三天を見に行こう〉と。

マーンダータ王が〔そのような〕心を起こすや否や、直ちに十八コーティの軍隊と共に、千人の息子達に取り囲まれ、七宝を伴って、上空に舞い上がった。

山の王スメールは七つの黄金の山に囲まれているが、その時、王は黄金より成るニミンダラ山に留まっていた。彼がそこで自らの軍隊を指揮している間に、六人の帝釈天が死没した。彼はニミンダラ山から黄金より成るヴィナタカ山に移住した。彼がそこで自らの軍隊を指揮している間に、六人の帝釈天が死没した。彼はヴィナタカ山から黄金より成るアシュヴァカルナギリ山に移住した。彼がそこで自らの軍隊を指揮している間に、六人の帝釈天が死没した。彼はアシュヴァカルナギリ山からもまた黄金より成るスダルシャナ山に移住した。彼がそこで自らの軍隊を指揮している間に、六人の帝釈天が死没した。彼はスダルシャナ山から黄金より成るカディラカ山に移住した。彼がそこで自らの軍隊を指揮している間に、六人の帝釈天が死没した。彼はカディラカ山から黄金より成るイーシャーダーラ山に移住した。彼がそこで自らの軍隊を指揮している間に、六人の帝釈天が死没した。彼はイーシャーダーラ山から黄金より成るユガンダラ山に移住した。彼がそこで自らの軍隊を指揮している間に、六人の帝釈天が死没した。〔そして彼〕はユガンダラ山から上空に舞い上がった。そこにあるスメール〔の登り口〕の階段では、五百人の聖仙達が瞑想していたが、(155)彼らは王がやって来るのを見た。彼らは言った。

「おい、皆、あの戦争好きの王がやって来るぞ！」

そこにはドゥルムカと呼ばれる聖仙がいたが、彼は手で水を一掬いして投げつけると、軍隊は邪魔された。さて先頭には大臣宝が進んでいたが、彼は聖仙達に言った。(156)

「バラモンよ、怒りを抑えよ。かくなすも無駄なり。(157)あのお方はムールダータ王なるぞ。我等はヴァイシャーリーの鷺(158)にあらず」(159)

その時、王はそこに近づいて「軍隊は何によって邪魔されたのだ」と言うと、〔大臣宝〕は「大王よ、軍隊は聖仙達によって妨害されました」と答えた。後に「あの聖仙達にとって、最も大切なものは何だ」(160)と王が言うと、「聖仙達が最も大切にしているものは弁髪です」(161)と大臣宝は言った。そこで王は「聖仙(162)達の弁髪を粉々に引き千切れ！　そして我が軍隊は空を飛んで行け」と言った。その聖仙の弁髪は粉々に引き千切られ、ムールダータ王の軍隊は空を飛んで出発した。

山王スメールは〔水面から〕八万ヨージャナ下にある黄金造りの大地の上に位置しており、高さは水面から八万ヨージャナであるから、上から下までは十六万ヨージャナある。両側は八万ヨージャナ、周囲は三十二万ヨージャナ[163]である。四宝より成り、美しく、見目麗しく、麗しく、その頂上には三十三天の都城スダルシャナ[164]がある。三十三天には、五〔種〕の守護者が配置されている。水中に住む龍、カロータパーニ[165]神、マーラーダーラ[166]神、サダーマッタ[167]神、それに四大王天である。〔さて〕かのムールダータ王の軍隊は水中に住む龍によって邪魔された。そしてムールダータ王がその場所にやって来きて「軍隊は何によって邪魔されたのだ」と言うと、彼らは「大王よ、水中に住む龍によってであります」と答えた。王は言った。

「畜生どもが私と戦うだと！　では、その同じ水中に住む龍達を我が従者とせよ」

こうして龍達がムールダータ王の前方を行進した。龍達[168]が進んでいくと、カロータパーニ神達に出くわした。かくして龍達はカロータパーニ神達と交戦し、再び軍隊は邪魔された。ムールダータ王が「軍隊は何によって邪魔されたのだ」と言うと、彼らは「大王よ、カロータパーニ神達によってであります。奴らによって軍隊は邪魔されました」と答えた。ムールダータ王は言った。

「その同じカロータパーニ神達をも我が従者とせよ」

こうして彼らは前方を走り回った。その後、彼らが龍達と共に進んでいくと、マーラーダーラ神達に出くわした。マーラーダーラ神達が「お前達は何を走り回っているのだ」と彼らに尋ねると、彼らは「あの人間の王が来られたのだ」と答えた。こうして龍と〔カロータパーニ〕神は彼らに出くわしたために[169]、再びその軍隊は邪魔された。そしてムールダータ王がその場所に行って「お前達、これは一体何事だ[170]」と言うと、「大王よ、マーラーダーラ神達によって〔邪魔されました〕」と彼らが答えた。王は言った。

「その同じマーラーダーラ神達をも我が従者とせよ」

こうしてマーラーダーラ神達は、その龍や〔カロータパーニ〕神達と共に前方を走り回った。彼らが走り回っていると、サダーマッタ神達に出くわした。その龍やサダーマッタ神達が「お前達は何を走り回っているのだ」と彼らに尋ねると、その龍やカロータパーニ神を始めとする神々は「あの人間の王が来られたのだ」と答えた。[171]こうして再び龍やカロータパーニ神を始めとする神々は、サダーマッタ神達と交戦し、軍隊は邪魔された。そしてムールダータ王がその場所に行って「軍隊は邪魔されたが、これは一体何事だ」と言うと、彼らは「大王よ、あのサダーマッタ神達〔のせい〕なのです」と答えた。王は言った。

「その同じサダーマッタ神達を我が従者とせよ」

こうしてサダーマッタ神達は、その龍や神々と共に前方を走り回った。彼らが走り回っていると、四大王天に出くわした。彼らが「お前達はどうしてここにやって来たのだ」と言うと、そこで前方を進んでいた従者の龍や神々は「あの人間の王が来られたのだ」と言った。四大王〔天〕達は考えた。〈彼は福徳で誉れ高き人だ。彼には逆らえぬ〉と。

そこで四大王〔天〕達は三十三天に「皆さん、人間の王ムールダータがお出でになりました」と告げた。三十三天は考えた。〈彼は福徳で誉れ高き人だ。彼には逆らえぬ。手厚く彼をお出迎えしよう〉と。そこで、かの三十三天〔の神〕々は手厚く出迎えた。

ムールダータ王がスメール山の頂上に登ると、青々として背が高く、雲の筋のような木々の列が見えた。そして見ると、夜叉ディヴァウカサに告げた。

「ディヴァウカサよ、あの青々として背が高く、雲の筋のような木々の列は何だ」

「大王よ、あれは〔三十三〕天にとってパーリジャータカと呼ばれる天の木であり、そこで三十三天は、雨期の四ヶ月間、天界における五欲の対象を備え、具足しながら、遊び、戯れ、快楽に耽るのです。大王もまたそこに行って、天界における五欲の対象を備え、具足しながら、遊び、戯れ、快楽に耽って下さいませ」

聞くと、ムールダータ王は大臣達に告げた。

「大臣達よ、お前達は、青々として背が高く、雲の筋のような森が見えるか」

「はい、大王よ」

「あれはパーリジャータカと呼ばれる天の木であり、そこで三十三天は、雨期の四ヶ月間、天界における五欲の対象を備え、具足しながら、遊び、戯れ、快楽に耽るのだ。軍曹達よ、お前達もまたそこに行って、天界における五欲の対象を備え、具足しながら、遊び、戯れ、快楽に耽るがよい」

ムールダータ王はスメール山の頂上に登ると、雲の頂きのように真っ白な背の高いものが見えた。そして見ると、夜叉ディヴァウカサに告げた。

「ディヴァウカサよ、あの雲の頂きのように真っ白な背の高いものは何だ」

「大王よ、あれは三十三天にとってスダルマンという天界の集会堂ですが、あそこに三十三天や四大王〔天〕が集い集まって、神々と人々の利益と法とを思惟し(172)、思議し、吟味するのです。大王もまたそこにお出掛け下さい」

聞くと、ムールダータ王は大臣達に告げた。

「大臣達よ、お前達は、あの雲の頂きのように真っ白な背の高いものが見えるか」

「はい、大王よ」

「あれは三十三天にとってスダルマンという天界の集会堂であり、そこに三十三天や四大王〔天〕が集い集まって、神々と人々の利益と法を思惟し、思議し、吟味するのだ。大臣達よ、お前達もまたそこに行くがよい」

〔さて〕三十三天にはスダルシャナと呼ばれる都城があり、長さ二千五百ヨージャナ、幅二千五百ヨージャナ、周囲一万ヨージャナで、黄金より成る七重の塀でぐるりと囲まれている。それらの塀は二ヨージャナ半(173)の高さであり、それらの塀には金・銀・瑠璃・水晶という四種から成る笠石が取り付けられ、(174)〔塀の〕上には一つの休憩室が設置してある。(175)都城スダルシャナ内の大地は、美しく、麗しく、綺麗で、多彩で、実に多彩で、それぞれ百一もの美しい鉱物でキラキラしており、(176)トゥーラ綿やカルパーサ綿のように柔らかく、実に柔らかくて、足を下ろすと沈み、足を上げると浮き上がる。

〔地面〕には膝まで天の曼陀羅華が大量に敷き詰めてある。そして風が吹くと、古い華は吹き払われ、新しい華が撒かれる。都城スダルシャナには九百九十九(177)の門があり、それぞれの門には、紺色の服を着て、弓矢を手にした夜叉達(178)が五百人ずつ武装して立っている。三十三天を守護し、護衛し、(179)美しくするために。

都城スダルシャナには縦二千五百ヨージャナ、幅十二ヨージャナの道があり、美しく、麗しく、綺麗で、黄金の砂が敷かれ、栴檀香の水が撒かれ、黄金の網で覆われている。周囲には様々な蓮池が作られ、その蓮池には金・銀・瑠璃・水晶という四種から成る煉瓦が〔周囲に〕積まれている。その蓮池の階段は金・銀・瑠璃・水晶という四種から成り、その蓮池は金・銀・瑠璃・水晶という四種から成る手摺りで取り囲まれている。手摺りの土台が金製であれば、手摺り〔を補強する〕縦横の棒は銀製、手摺りの土台が銀製であれば、手摺り〔を補強する〕縦横の棒は金製、また手摺りの土台が瑠璃製であれば、手摺り〔を補強する〕縦横の棒は水晶製、手摺りの土台が水晶製であれば、手摺り〔を補強する〕縦横の棒は瑠璃製である。(180)その蓮池は蜂蜜のように甘くて(181)冷たい水を満々と湛えている。

〔その蓮池〕は青蓮華・黄蓮華・赤蓮華・白蓮華によって覆われ、種々の水鳥達が思い思いの姿を取り、愛らしく心地よい声で(182)囀っている。周囲には、様々な、花を咲かせる木々や実を付ける木々がよく育ち、美しい形をしていて、花環が垂れ下がっている。それはあたかも、熟練した花環職人、あるいは花環職人の弟子によって見事に仕上げられた花環、あるいは最高級の耳飾り[183]の如くである。〔一方〕地上に棲む様々な鳥達も思い思いの姿を取り、愛らしく心地よい声[184]で囀っている。

都城スダルシャナには、青・黄・赤・白の四種より成る如意樹がある。如意樹から四種の高級な布が、〔また〕その高級な布から青・黄・赤・白の四種の如意樹衣ができ上がる。神や女神がそれを欲しいという心を起こすや否や、それが手に現れる。〔また〕手用・足用・体内用・体外用[185]という四種の飾りが生る木々がある。神や女神がそれを欲しいという心を起こすや否や、それが手に現れる。

笛・三弦琵琶・琵琶・竪琴[186]という四種の楽器を付けた木々[187]があり、神や女神がそれらを欲しいという心を起こすや否や、それが手に現れる。そしてまた青・黄・赤・白の四種より成る飲物[188]もあり、神や女神がそれらを欲しいという心を起こすや否や、それが手に現れる。〔そこにはまた〕マドゥ酒・マーダヴァ酒[189]・カーダンバリー酒・パーリパーナ酒があり[190]、家・高閣・館・楼閣の中庭[191]・窓・天窓[192]もあって、女達の集まりで輝き[193]、天女が集団で給仕し、楽器が色々と演奏され、飲食物も完備している[194]。そこで三十三天は、遊び、戯れ、快楽に耽り、自らの福徳の果報を享受しているのである[195]。

三十三天にはスダルマンと呼ばれる天の集会堂があり、縦三百ヨージャナ、横三百ヨージャナで、周囲は全部で九百ヨージャナあり[196]、美しく、見目麗しく、綺麗で、水晶から成り、その都城からは、四ヨージャナ半、上方に位置している。そこに設(しつら)えられた三十三天の座は、インドラに付き従う三十二天と、三十三番目として神々の主であるシャクラの座とである。その同じ神々の最も末尾にムールダータ王の座席が設えられた。その後、三十三天がムールダータ王に贈物を持ってやって来た。福徳によって誉れ高き有情達[197]〔も〕次第にそこに入ってきた。残りの者達は外に立っていた。そこでマーンダータ王は考えた。〈これらの座は〔神々のために〕設えられたものであり、最後に残ったのが私の座に違いない〉と。

223

その時、ムールダータ王はこう考えた。〈ああ、願わくば、神々の主シャクラが半座を以て私を招待せんことを！〉と。〔このような〕心を起こすと同時に、神々の主シャクラがマーンダータ王に半座を与えた。ムールダータ王は神々の主シャクラの半座に向かった。ムールダータ王と神々の主シャクラとが同じ座に坐ると、〔二人には〕いかなる区別・差異・相違もなかった。すなわち、神々の主シャクラが瞬きをしないことを除けば、身長・身幅・容姿の素晴らしさ・母音の調子や子音の調子[198]に至るまで〔差が〕なかった。ムールダータ王が三十三天の中に住している間に、三十六人の帝釈天が死没した[199]。

さてそこの神々には、神とアスラとの間に戦争があり、そのうちアスラ達が負けたら、後に彼らはアスラの町にある門を閉め[200]、神々の五人の守護者[201]が負けたら、同様に彼らも神の町にある門を閉めるのである[202]。かくして[203]、その神々とアスラ達とは互いに戦争を始めた。そこでムールダータ王は三十三天に言った。

「お前達、激しい争いが起こっているが、これは一体どうしたのだ」

三十三天は答えた。

「我々の五人の守護者達があのアスラ達に敗れたので、我々は門を閉めたのです」

そこでムールダータ王は言った。

「従者達よ、お前達は弓を持ってこい」

こうして彼に弓が渡された。その後、彼は弓を握り、弓弦の音を出した。アスラ達は、彼の弓弦の音を聞いた。そして聞くと、アスラ達は「一体誰があの弦の音を出したのだろう」と言った。彼らはムールダータ王の弦の音であると聞いた。彼らはその言葉を聞くと、腰を抜かしてしまった。その後[204]、ムールダータ王はアスラ達に負けた神々と自らの軍隊とを武装し、神の町から出ていった。戦争しているその神々とアスラ達の戦車は上空に留まっており、それらの〔戦車の〕うち、それぞれ誰のが優れている・劣っている、ということはなかったが、ムールダータ王のが、すべてのアスラ達のよりも上に位置して留まっていたのは当然である。そこでかのアスラ達は「我々の上空にいるのは誰だ」と言った。その後、彼らは「あれはムールダータという人間の王である」と聞いた。その後[205]、彼らは考えた。〈あの有情は福徳の異熟によって誉れ高き人で、そのお方の戦車が我々の上に留まっているのだ〉と。

彼らは打ち負かされ、敗れ、敗北し、打ちのめされて、アスラの女達が〔住む〕町[206]に逃げていった。その後、ムールダータ王が「誰の勝利だ」と言うと、大臣達が「大王の勝利でございます」と言ったので、王は〈私は三十三天よりも優れている〉と考えた。〔また〕ムールダータ王はこう考えた。〈私[207]にはあの閻浮提があり、七宝もあり、〔また〕千人の息子達もいる。また七日間、後宮に黄金の雨を降らせたこともあるし、プールヴァヴィデーハ大陸やアパラゴーダーニーヤ大陸をも征服し、ウッタラクル〔大陸〕では我が軍隊をも指揮した。〔さらに〕私は三十三天に入り、スダルマンという天の集会堂に行って、神々の主シャクラから半座を与えられた。ああ、私は神々の主シャクラをこの場から死没させ、私だけが神々と人々とに王権・主権・統治権を発揮したいものだ！〉と。ムールダータ王が〔このような〕心を起こすや否や、その神通力を失い[208]、閻浮提へと舞い戻ってしまったのである。

彼は激痛に襲われ、死に至る激しい苦を感じていた。その時、政権を担い、政策を担当して生計を立てていたムールダータ王の大臣衆[209]や首相達は[210]、ムールダータ王のもとに近づいた。近づくと、ムールダータ王にこう言った。

「大王がお亡くなりになりますと、残された国民は『ムールダータ王がお亡くなりになる時の遺言は何でしたか』と質問してくるでしょう。〔そのように尋ねる者達に対し、我々は何と返答すればよいのでしょうか[211]〕」

「大臣達よ、もしも私が死んだ後、誰かがお前達のもとにやって来て、『ムールダータ王がお亡くなりになる時、何と言われましたか[212]』と質問してきたら、彼らにこう言え。『お前達よ、ムールダータ王は七宝を具足し、人間の四神力[213]を以て四大陸における王権・主権・統治権を発揮し、三十三天にも昇られ、五つの欲望の対象に満足することなく亡くなられた」[214]

欲望はカールシャーパナの雨に満足せず。賢者は欲望が楽少なく苦多きものと弁え、天界の諸欲にも喜びを見出さず、正等覚者の声聞は渇愛の滅を楽しむ。ヒマラヤと同じ黄金の山ありしも、その財は一人の人間に〔さえ〕充分ならず、と知りて修行を積め。苦がそれ〔欲望の対象〕より生起す、と知る者がなどて諸欲に喜びを見出さん。思慮深き者はこの世の生存の構成要素を矢の先[215]と考え、まさにその制御のために学ぶべし[216]。

[217]さて人々はムールダータ王が病に罹って危篤状態にあると聞いたので、大臣達や村人[218]、そして何百千もの有情達がムールダータ王を見舞いに〔王のもとに〕近づくと、王はまさにその人々に次のような法を説いた。〔すなわち〕諸欲における過失を語り、家を住処とする〔生活〕の過失と、同じく欲望を厭離すべきことを説くと、幾百千もの有情達が聖仙達のもとで出家し、家を住処とする〔生活〕を止めると森に身を寄せるようになった。聖仙達は出家して四梵住を修習した結果、欲〔界〕における欲望の対象への欲を断じ、そこ〔四梵住〕に久しく住していたので、梵天界〔の神々〕と同類の者として生まれ変わったのである。

さてアーナンダよ、子供の遊びをして遊んでいたムールダータは、皇太子位、偉大なる王位、ジャンブ大陸、プールヴァヴィデーハ大陸、アパラゴーダーニーヤ大陸、ウッタラクル〔大陸〕、黄金より成る七つの山、そして最後には三十三天まで昇ると、その間に百十四もの帝釈天が死没したのだ。比丘達よ、神々の主シャクラの寿命の量はというと、人間の百年[219]が三十三天の一昼夜、三十昼夜で一ヶ月、十二ヵ月で一年として、三十三天の寿命は天界の千年である。それは人間界での計算によると、三千六百万年[220]になるのだ。

アーナンダよ、ムールダータ王が三十三天に昇って、〈ああ、願わくば、神々の主シャクラが半座を以て私を招待せんことを〉という心を起こした時に、神々の主シャクラだったのは、比丘カーシャパである。アーナンダよ、ムールダータ王が〈私は神々の主シャクラをこの場から死没させ、私だけが神々と人々とに王権・主権・統治権を発揮したいものだ〉という心を起こした時に、神々の主シャクラだったのは、実は正等覚者カーシャパである。誉れ高き有情（インドラ）に対して怒りの心を起こしたが、そのために彼は神通力を失い[221]、閻浮提に戻ると激痛に襲われ、死に至る激しい苦を感じた。アーナンダよ[222]、その時その折にムールダータ王だったのはこの私である。

[223]アーナンダよ、その時、私は実に貪・瞋・痴を有し、解脱しておらず、生・老・病・死・愁・悲・苦・憂・悩を定めとしていながら、臨終の時に、何百千もの有情が家を住処とする〔生活〕を捨て、聖仙のもとで出家し、欲〔界〕における欲望の対象への望みを断じ、そこ（四梵住）に久しく住すると、梵天界に生まれ変わるような法話をしたのだ。今、一切知者であり、無上智とその対象における自在を獲得し、般涅槃しようとする〔私〕は、何百千という神々を〔四〕諦に安住させるような、〔また〕何百千という聖仙達が「さあ、比丘達よ」と言われて出家したが、彼らが勤め励み精進した結果、一切の煩悩を断じて阿羅漢性を獲得するような、〔また〕多くの天・ナーガ・ヤクシャ・ガンダルヴァ・アスラ・ガルダ・キンナラ・マホーラガ達を〔三〕帰・〔五〕学処に安住させるような、〔また〕ヴァイシャーリーに住む何百千もの有情達の中で、ある者達は預流果に、ある者達は一来果に、ある者達は不還果に安住し、ある者達は出家して阿羅漢性を獲得し、ある者達は声聞の悟りに、ある者達は独覚の悟りに、ある者達は正等菩提に心を起こし、ある者達が〔三〕帰・〔五〕学処を授かるような、そのような法を説いたのである。

疑念を生じた比丘達は[224]、あらゆる疑念を断じて下さる仏・世尊に尋ねた。

「大徳よ、ムールダータ王は、いかなる業を為したがために、その業の異熟として心を起こすや否や、七日間、後宮に黄金の雨を降らせたのですか」

世尊は言われた[225]。

比丘達よ、かつて過去世において、サルヴァービブーと呼ばれる如来・阿羅漢・明行足・善逝・世間解・無上士・

調御丈夫・天人師・仏・世尊が世に現れた[226]。ちょうどその時、ある組合長の息子は結婚したばかりだった。その地域では、贈物と共に夫のもとに嫁ぐ新婦[227]は、四宝より成る花を撒かれ、〔それを〕身に着けて、夫のもとへ与えられるのが習わしであった。さて〔新〕婦は夫を連れて自分の家に行った。そしてその組合長の息子は四宝より成る花を手に取り、乗物に乗ると、自分の家に向かった[228]。彼が向かっていた時、正等覚者サルヴァービブーが地方を遊行しながら、次第に目の前に近づいてきた。彼は三十二の偉人相で美しく飾られた、容姿端麗の〔仏〕を見ると、激しい浄信を起こした。かくして心に浄信[229]を起こした彼は、乗り物から降り、その四宝より成る花を、その世尊に撒いた。正等覚者サルヴァービブーは、それが車輪と同じ大きさになるように[230]加持した。それは天蓋となって〔天空に〕留まり[231]、〔仏〕が進めば随行し、〔仏〕が立ち止まれば止まったのである。浄信を起こした彼は詩頌を唱えた。

「この偉大なる布施により、我は世間において[232]自在者・仏とならん。そして我は〔自ら〕渡り、過去の勝者の王達が渡せざりし大群集を〔彼岸に〕渡さん[233]。我は偉大なる聖仙の世尊サルヴァービブーに、大層心を喜ばする花[234]を撒いたり。そして我はこの最上の悟り[235]を欲し、ここに広大な誓願を立てたり」

他[236]ならぬこの私の業の異熟として、私は〔今生では〕吉祥なる無上菩提を獲得し、〔過去世では〕偉大な力を誇るムールダータ王として、七日間、黄金の雨を降らせたのだ。またその同じ業の異熟として、私の都城も黄金や金でできていた。マハースダルシャナ〔王〕には、クシャーヴァティーと呼ばれる美しい町があった。

[237]疑念を生じた比丘達は、あらゆる疑念を断じて下さる仏・世尊に尋ねた。

「大徳よ、ムールダータ王は、いかなる業を為したがために、その業の異熟として四大陸で王権・主権・統治権を行使し、三十三天まで昇って行ったのですか」

世尊は答えられた。

かつて比丘達よ、過去世において、ヴィパッシンと呼ばれる如来・阿羅漢・正等覚者[238]が世に現れた。ある時、その正等覚者ヴィパッシンは、地方を遊行しつつ、次第して王都バンドゥマティーにやって来た。さて正等覚者ヴィパッシンは、午前中に衣を身に着け、衣鉢を持って、バンドゥマティーに乞食に出掛けた。さて、そこにいたウットカリカ[239]と呼ばれる商人は、容姿端麗なる世尊ヴィパッシンを見て並々ならぬ浄信を起こした。浄信を起こすと、ムドガ豆を一握りして取り出し、彼の鉢に投げ入れた。するとムドガ豆の四粒は鉢の中に入り、一粒は〔鉢受けの〕輪に当たって地面に落ち、残りは鉢までまったく届かなかった。届かぬまま、地面に落ちたのである。それから、浄信を起こした商人は誓願を立てた。

「この偉大なる布施により、我は世間において自在者[240]・仏とならん。そして我は〔自ら〕渡り、過去の勝者の王達が渡せざりし大群集を〔彼岸に〕渡さん」

世尊は言われた。

「その時その折のウットカリカという商人こそ、この私である。浄信を起こした私はムドガ豆を一握りして取り出し、正等覚者ヴィパッシンの鉢に投げ入れると、そのうち四粒の豆は鉢に入り、残りは地面に落ちたが、その業の異熟により、四大陸で王権・主権・統治権を行使したのだ。またその〔一粒〕は鉢受けの輪に当たって地面に落ちたが、その業の異熟として三十三天に昇って行ったのだ。比丘達よ、もしもその豆が地面ではなく鉢の中に落ちていたら、神々[241]と人々の間で王権・主権・統治権を行使していただろう。その時その折の商人ウットカリカこそ、あのムールダータ王である。その時その折のムールダータ王こそ、この私である[242]。このように大悲を有する仏・世尊に供養すれば、非常に大きな果報・大きな利益・大きな光輝・大きな繁栄があるから[243]、何をすべきかというと[244]、お前達は仏・法・僧に対して供養し、そして正しく誓願すべきである[245]」

以上、吉祥なる『ディヴィヤ・アヴァダーナ』における「マーンダータ・アヴァダーナ」第十七章。

文献

❶MSV i 92.16-97.8 (GBM 166a[1000]4-167a[1002]5) [210.13-226.11]. Cf. AvK 4 ; Ja 258 ; DN ii 102.2-121.2, MPS 202-224 [200.21-208.26] ; GBM 1350.1-1374.11 ; 1432.1-1451.8 [214.20-228.19] (parts of this avadāna) ❷1035 Ne 236a5-240a2 ; 6 Da 247b2-252a2 [200.21-209.4], 1030 Ge 158a6-171a1 ; 1 Kha 169b7-182b3 [210.13-226.11] ❸『根本説一切有部毘奈耶雑事』巻三十六 (T. 1451, xxiv 387c4-389a2) [200.21-209.2] ; cf.『長阿含経』巻二―三 (T. 1, i 15b16-17a7) ;『仏般泥洹経』巻上 (T. 5, i 164c25-167c6) ;『般泥洹経』巻上 (T. 6, i 180b9-183a19) ;『大般涅槃経』巻上 (T. 7, i 191b4-193a21) [200.21-209.2].『根本説一切有部毘奈耶薬事』巻十二 (T. 1448, xxiv 56b4-57a15) [210.13-226.11] ; cf.『中阿含経』巻十一 (T. 26, i 494b10-496a13) ;『六度集経』巻四 (T. 152, iii 21c9-22b15) ;『頂生王故事経』(T. 39, i 822b-824a) ;『文陀竭王経』(T. 40, i 824a-825a) [210.13-226.11] ;『頂生王因縁経』(T. 165, iii 393a-406b) [210.13-228.19] ❹雑事＝『根本説一切有部毘奈耶雑事』; 薬事＝『根本説一切有部毘奈耶薬事』; 因縁経＝『頂生王因縁経』.

注

（1） Divy. と MSV とに共通する説話が存在する時は、MSV の説話が Divy. のそれに先行することはすでに明らかにした。この章も、前半のブッダ入滅に至る経緯を伝える話は雑事に、後半のマーンダータ王説話は薬事にその起源を求めることができる。MSV から説話を借用して独立した説話を新たに構成する場合、それに沿ってその体裁を整えることがある。本章では、特に出だしの部分には改変が加えられ、evaṃ mayā śrutam から始まり、その後も若干の改変を被っている。以下、MPS と雑事の Tib. と漢訳を掲げる。Divy. との違いを確認されたい。なお MPS は雑事の Tib. にほぼ逐語的に一致する。

tatra bhagavān āyuṣmantam ānandam āmantrayate/ āgamayānanda yena vaiśālī/ evaṃ bhadantety āyuṣmān ānando bhagavataḥ pratyaśrauṣīt/ atha bhagavān vṛjiṣu janapadeṣu caryāṃ caran vaiśālīm anuprāpto vaiśālyāṃ viharati markkaṭahradatīre kūṭāgāraśālāyām/ atha bhagavān pūrvāhṇe nivasya pātracīvaram ādāya vaiśālīṃ piṇḍāya prāviśad āyuṣmatānandena paścācchramaṇena/ (15.1-5)

de nas bcom rdan 'das kyis tshe dang ldan pa kun dga' bo grong hkyer yangs pa can gang na bar 'dod do zhes bka' stsal pa dang/ btsun pa de bzhin bgyi'o zhes tshe dang ldan pa kun dga' bos bcom ldan 'das las mnyan te/ de nas bcom ldan 'das yul 'bri dzi nas ljongs rgyu zhing grong khyer yangs pa can du byon te yangs pa can gyi spre'u rdzing gi 'gram khan bzangs brtsegs pa'i gnas na bzhugs so// de nas bcom ldan 'das snga dro sham thabs dang/ chos gos mnabs lhung bzed bsnams te/ yangs pa can du zhabs 'bring ba'i dge slong kun dga' bo dang bsod snyoms la zhugs so// (236a6-8; 247b3-5)

爾時世尊告具寿阿難陀曰。我今欲往広厳城。時阿難陀聞仏教已。即随仏後至広厳城住重閣堂。於小食時著衣持鉢入城乞食。時阿難陀随仏而去（387c4-7）

（2）Tib. を見ると、「内衣と法衣とを身に着けられ、鉢をお持ちになると」（236a7; 247b5）とあり、Skt. と異なる。雑事も「著衣持鉢」（387c6）とし、二種の衣には言及しないが、手にしたのは鉢のみとする点で Tib. に一致する。同様の表現は本章の終わりの部分にも見られるが、そこでの Tib. は「内衣を身に着けられ、衣鉢をお持ちになると」（170b1-2; 182a3）とする。

（3）bhaktapiṇḍapātapratikāntaḥ. 第2章や第36章の表現 bhaktapiṇḍapātraḥ pratikāntaḥ（39.20-21, 516.5）に従い、これを bhaktapiṇḍapātraḥ pratikāntaḥ に改める。

（4）Tib. はここに「足を洗い」（236a8; 247b6）を付加し、雑事も「洗足已」（387c8）とする。MPS にこの記述はない。

（5）cāpāla; tsa pa la; 取弓。以下、固有名詞は、Skt.; Tib.; 雑事、の順とする。

（6）saptāmraka; shing a mra bdun po; none.

（7）bahupattraka; bu mang po; none.　Tib. は bahuputtraka で理解しているようだ。

（8）gautamanyagrodha; gau ta ma'i shing nya gro dha; none.

（9）śālavanam.　Tib. は「沙羅双樹」（236b2; 247b7）とのみし、vana の訳を欠く。雑事に相当箇所はない。MPS は Divy. に同じ。

（10）dhurānikṣepana; brtson pa gtong ba; none.　（11）makuṭabandhana; cod pan 'ching ba; none.

（12）Tib. は「世尊の両足を頭に頂いて礼拝すると、一隅に立った。一隅に立つと」（237a2; 248b2）をここに付加する。雑事も「頂礼仏足。在一面立。合掌恭敬白言」（387c21-22）、MPS も bhagavatpādau śirasā vanditvaikānte 'sthāt/ ekāntasthitaḥ (16.1) とするので、Divy. だけがこの一節を欠くことになる。

（13）Tib. はブッダがマーラに返答する前に、「世尊はこう考えられた。〈これは邪悪なマーラであることは明白であり、このように化身で近づいてきた〉。こうお考えになると、邪悪なマーラにこう言われた」（237a3-4；248b3）をここに付加するが、この記述はTib. のみで、他の文献には見られない。

（14） eko 'yaṃ bhadanta samayaḥ. SPEYER は下線部を ukto に訂正している。その根拠としてパーリの涅槃経の相当箇所に bhāsitā kho panesā bhanta bhagavatā vācā とあることを指摘しているが、これに相当するのはこの後の bhagavān evam āha（202.10）であるから、彼の指摘はまったく的はずれである。MPS の相当箇所は写本が欠損して確認できないが、Tib. も btsun pa dus gcig na（237a4；248b4）、雑事も「大徳。往者一時」（387c24）とするので、この訂正は採らない。

（15） ここでは MPS も śrāvakāḥ（16.8）、雑事も「聖衆声聞弟子」（387c27）にしか言及しないが、Tib. のみ「声聞・比丘・比丘尼・優婆塞・優婆夷」（237a6；248b6）とする。これ以降も、両 Skt. 資料と雑事とは「声聞」と「比丘・比丘尼・優婆塞・優婆夷」とを別出するが、Tib. のみ一度にすべてを列挙する。

（16） vinītā viśāradāḥ. MPS はこれを vyaktā medhāvinaḥ（16.8）とする。Tib. は gsal ba/ shes rab tu ldan pa（237a6；248b6）とするので、MPS に近い。雑事は「智慧通達聡明辯了」（387c27-28）とする。

（17） saha dharmeṇa. Tib. のみこれを「法に順じ、律（'dul ba）に順じて」（237a7；248b6）とし、律にも言及する。

（18） alaṃ svasya ..... samyaksaṃprakāśitam（202.13-16）. 以下、MPS はほぼ Divy. と同内容であるが、Tib. はこれを「私は、多くの神と人とに利益を増進し促進するために、諍論を浄めるための梵行が流布することがない間は」（237a7；248b7）とし、Skt. 資料と伝承が異なる。雑事は「顕揚聖教能流通者。又諸苾芻苾芻尼鄔波索迦鄔波斯迦。亦未能得堅修戒品。令我梵行得広流布。利益多人及諸天衆者」（387c28-388a2）とし、これも独自の伝承となっている。

（19） bhadanta. MPS（16.9）にもこの語は見られるが、Tib. にはこれに相当する訳がない。雑事は「大徳世尊」（388a3）とする。

（20） utpannotpannānāṃ parapravādināṃ. Skt. では utpannotpannānāṃ が直後の parapravādināṃ を修飾することは明らかだが、Tib. は「賢明で賢く智慧を備えた声聞達（中略）が次々と現れ」（237a8；249a1）とし、声聞乃至優婆夷を修飾する語として解釈している。この語は直前にも同じ文脈で用いられているが、その時は「次々と現れてくる他学派の論者達に」（237a6-7；248b6）とし、Skt. と同じ理解を示している。　（21） vārṣikāṇām. 「雨期」に言及するのは Divy. のみである。

（22） hṛṣṭaḥ tuṣṭaḥ pramudita udagraḥ prītisaumanasyajātaḥ. このうち MPS は pramudita を欠き、Tib. は prītisaumanasyajātaḥ に相当する訳を欠く。雑事は単に「情生歓喜」（388a10-11）とする。

（23） atha bhagavata ..... -vaineyaḥ śrāvakeṇa（202.28-203.3）. 以下は Divy. にしか見られない文章である。内容的にもまったく文脈から外れるもので、いかなる理由でこれがここに紛れ込んだのか分からない。

(24) samādhiṃ samāpadyeyam. MPS はここを「神力の行を行使しよう (ṛddhyabhisaṃskārān abhisaṃskuryām)」(16.13) とする。Tib. は rdzu 'phrul gyi mngon par bya ba mngon par bya (237b4 ; 249a5) とし、MPS に一致する。一方、雑事は「入如是定」(388a11-12) とし、Divy. と同じ理解を示す。なお、この後の jīvitasaṃskārān adhiṣṭhāya āyuḥsaṃskārān utsṛjyeyam に関しては、倶舎論に「経に曰く」として、bhagavān jīvitasaṃskārādhiṣṭhāyāyuḥsaṃskārān utsṛṣṭavān (AKBh 44.6-7) という形で引用されている。

(25) samādhiṃ samāpannaḥ. ここも先ほどと同様に MPS は ṛddhyabhisaṃskārān abhisaṃskaroti (16.14) とする。しかし Tib. はここを「三昧に入る」(237b4 ; 249a5) とし、ここでは Divy. に一致する訳を示す。雑事も「入定」(388a13) とする。

(26) samanantarādhiṣṭhiteṣu jīvitasaṃskāreṣu. MPS はここを「寿行を放棄されるや否や (samanantarotsṛṣṭāyuḥsaṃskāreṣu)」(16.14) とする。Tib. も tshe'i 'du byed spangs ma thag tu de'i tshe (237b5 ; 249a5-6) とし、MPS を支持する。ただ、このあとの記述を見てみると、Divy. 以外の資料では「寿行を放棄した時の描写」しか説かないが、Divy. は内容が増広し、ブッダが「命行を保持した時の描写」と「寿行を放棄した時の描写」とを別出するために、このような表現になったものと考えられる。なお、雑事は「于時」(388a13) とするのみである。 (27) devadundubhayaḥ. 直訳「天の太鼓」。

(28) kāmāvacareṣu ..... -bhāṇḍāni parāhatāni (203.11-14). 以下の部分がすでに指摘した増広部分である。

(29) abhinat kośaṃ ivāṇḍasaṃbhavaḥ. Tib. はこれを「卵から出てきた如くである」(237b6 ; 249a7) とする。雑事は「如鳥破於殻」(388a17) とし、Tib. より Skt. に近い。

(30) samanantarotsṛṣṭeṣv ..... svabhavanam anuprāptāḥ (203.19-204.3). 以下、Divy. のみ増広。

(31) sāyāhne 'tisaṃlayanād vyutthāya. Tib. は phyi dro nang du yang dag 'jog las langs te (237b6 ; 249a7)、雑事も「時具寿阿難陀於日晡時従宴坐起」(388a18) とし、Divy. に一致するが、MPS はこれを欠く。なお、Speyer (XX) は下線部を pratisaṃlayanād に改めているので、これに従う。

(32) bhadanta. MPS も bhadanta (17.2) とするが、Tib. は「世尊よ」(237b7 ; 249b1)、雑事も「世尊」(388a19) とし、伝承が異なる。

(33) mahataḥ pṛthivīcālasya. MPS のみここが増広し、mahāpṛthivīcāla ulkāpātā diśodāhā antarīkṣe devadundubhayo 'bhinadanti (17.2) とする。 (34) Tib. はここに「夜に」(237b8 ; 249b2) を置く。漢訳はこれを「有時」(388a22) とする。

(35) MPS (17.8) のみ「アーナンダよ」を欠く。以下、第二の因縁から第八の因縁に至るまで、同じ箇所で MPS は「アーナンダよ」を出さない。Tib. はすべての箇所にこれを出し、雑事は第四の因縁以降は「広如上説」で省略されるが、それまでは「阿難陀」を出す。

(36) Divy. は神しか出さないが、MPS はここを bhikṣuṇī devatā vā (17.7) とし、比丘尼にも言及する。Tib. も dge slong ma 'am/ lha yang rung (238a2；249b4)、さらには雑事も「若苾芻尼及諸天衆」(388a27) とし、MPS に一致する。

(37) Divy. ではこの第二の因縁の箇所に限って ānanda を欠くが、他の箇所では説かれていること、また Tib. も kun dga' bo (238a3；249b4)、雑事も「阿難陀」(388a28) とするので、この語を補う。

(38) atha. Divy. には不相応な位置に atha がある。MPS はこれを atyarthaṃ (17.9) とする。Tib. もここを「激しく (shin tu) 震動し」(238a3；249b5) とし、雑事は「大地振動」(388b2) とするのみで手がかりは得られないが、MPS の読みの方が文脈に合うので、atyarthaṃ に訂正する。

(39) Skt. 資料はどちらも同じ伝承を保持しているが、Tib. はこの後に「神の容姿と威光とは〔その〕輝きに圧倒され」(238a4；249b6) という一節が付加されている。雑事も「倍勝天光」(388b2-3) とし、類似の表現が見られる。

(40) tayā anyonyaṃ sattvaṃ dṛṣṭvā. これに相当する部分が Tib. にはなく、その代わりに「〔暗くて〕自分の手を摑んでも見えない」(238a5；249b7) という表現が見られる。雑事は「欲見自手尚不能覩。因光照了互得相見」(388b5-6) とするから、前半が Tib. に、後半が Skt. に一致し、雑事は両者を合わせた内容を有している。

(41) bodhisattvaḥ. Tib. はこれを byang chub sems dpa' <u>de dag</u> (238a6；250a1) とし、複数形が用いられている。この後、第五番目の因縁を説く箇所で、もう一度「菩薩」が使われるが、そこでは byang chub sems dpa' (238a7；250a2) とし、単数形を取る。

(42) atha. これも MPS (17.13) と Tib. の shin tu (238a6；250a1) により、atyarthaṃ に訂正。

(43) 以下、MPS は pūrvavat (17.15) で省略し、Tib. (238a6；250a1) も雑事 (388b9) も MPS 同様、反復される表現を省略する。

(44) anuttaraṃ jñānam. MPS はこれを anuttarāṃ samyaksaṃbodhim (17.15) とし、Tib. もこれに呼応して bla na med pa yang dag par rdzogs pa'i byang chub (238a7-8；250a2) とする。雑事は「正等覚」(388b10) とし、「無上」はないが、MPS の伝承に一致する。

(45) atha. 前に倣って atyarthaṃ に訂正。　(46) これ以降も、反復される表現は Divy. 以外の資料では省略されている。

(47) triparivarta<u>dvādaśākāraṃ</u>. SPEYER は下線部を -dvādaśāraṃ (twelve spokes) に訂正している。MPS は写本の欠損で確認できないが、Tib. は <u>rnam pa</u> bcu gnyis (238b1；250a4) とするので、この訂正には従わない。雑事はこの訳を欠く。

(48) これ以降も、反復される表現は Divy. 以外の資料では省略されている。

(49) Divy. は一貫して繰り返しの表現を省略することなく記載するが、第七番目と第八番目の因縁に関しては、省略に関して事情が異なる。つまりMPSおよびTib.と雑事とは、これまでのように pūrvavat 等で繰り返しの表現を省略するのではなく、繰り返しの表現自体が存在しない。たとえば、MPSでは ulkāpātā diśodāhā antarīkṣe devadundubhayo 'bhinadanti/ ayaṃ saptamo hetuḥ saptamaḥ pratyayo mahataḥ pṛthivīcālasya/（17.19-20）となっており、Tib.（238b2-3；250a5-6）も雑事（388b15-16）もこれに準ずる。（50） atha. 前に倣って atyarthaṃ に訂正。（51） 本章注（49）参照。

（52） kalpāvaśeṣam. MPSも kalpāvaśeṣam（18.4）とするが、Tib.は「一劫の間（bskal par）」（238b8；250b4）とする。雑事は「過一劫」（388b27-28）とし、Skt.に一致する。

（53） bhāṣeta tathāgatas tāṃ vācaṃ yā syād dvidhā. 直訳「如来は二様に分かれるような言葉を語る」。さてこの下線部に関して伝承が二つに別れる。まずDivy.に一致するのは雑事で、「諸仏如来言有二不」（388c1-2）とする。これに対しMPSは「如来は二重の異熟を有するような（dvaidhavipākyā）言葉を語る」（18.8）とし、Tib.も問題の箇所を tshig rnam par smin pa gnyis su 'gyur ba（239a1；250b5）とする。なお第4章には「如来」の語源解釈に基づき、如来が「真実を語る者」であることが説かれている。

（54） Tib.のみここに「そこで世尊は同志アーナンダに言われた」（239a2；250b6）を置く。

（55） upasaṃkrāntaḥ/ upasaṃkramya. Tib.は gshegs te（239a5；251a2）のみとし、動詞を一つ省略する。

（56） adhruvā. Tib.はこの訳を欠く。

（57） viramantu［Ex. conj.; virantu MSS］. MPSはこれを、virantum（19.6）とする。この方が直前の alam と相性がよいので、これを virantum に訂正する。また yāvad alam eva bhikṣavaḥ sarvasaṃskārān saṃkaritum alaṃ viramatum［← viramantu］（207.23-24）に相当するTib.はなく、その代わりに「比丘達よ、一切の有為を厭離し、捨離し、解脱を求めよ」（239a6；251a3）という一節が置かれるが、雑事も「深可厭捨而求解脱」（388c10）とし、Tib.の伝承に一致する。

（58） me 'tyayāt. これは他の資料には見られないDivy.独自の表現である。

（59） yathaiva tatra ..... samyaksaṃprakācitam（207.28-208.2）. 以下、MPSはこれを「この梵行が永く存続し、多くの人々の利益のために、多くの人々の安楽のために、世間を憐愍せんがために、神と人間との利得と利益と安楽のためになるように（yathedaṃ brahmacaryaṃ cirasthitikaṃ syāt tad bhaviṣyati bahujanahitāya bahujanasukhāya lokānukampāyārthāya hitāya sukhāya devamanuṣyāṇāṃ）」（19.7）とする。なお、下線部は -prakāśitam の誤植と思われるので、これに改める。

（60） etarhi bhikṣavo dharmā. MPSはここを katame te dharmā（19.8）とし、Tib.も chos de gang zhe na（239a8；251a6）、雑事も「云何勝法」（388c14）とし、MPSの katame という読みを支持している。文脈から考えても、ここに疑問詞のある方が相応しいので、Divy.の読みを etarhi bhikṣavaḥ katame dharmā に改める。

(61) MPSのみこれ以降をpūrvavad yāvad devamanuṣyāṇām（19.8）で省略する。

(62) MPSのみime te dharmā dṛṣṭadharmahitāya saṃvartante pūrvavad yāvad devamanuṣyāṇām（19.10）で省略する。

(63) この前にMPSは「その時、世尊は同志アーナンダに告げられた（tatra bhagavān āyuṣmantam ānandam āmantrayate）」（20.1）とし、Tib. もde nas bcom ldan 'das kyis tshe dang ldan pa kun dga' bo la bka' stsal pa（239b4；251b3）、また雑事も「仏告阿難陀」（388c20）とし、いずれもMPSに一致する。

(64) kuṣṭha［← kuśi］；kus ta［P. ti］；重患。Divy. の読みはD写本に基づくもので、B写本はkuśila、A・C写本はkuśalaとし、混乱が見られるが、MPSはこれをkuṣṭha（20.2）とし、Tib. および雑事はMPSの読みを支持するので、kuśiをkuṣṭhaに訂正する。

(65) ここにMPSは「同志アーナンダは、世尊が全身を右に向け、象のような目差しで見られたのを見た。見ると（adrākṣīd āyuṣmān ānando bhagavantaṃ dakṣiṇena sarvakāyena nāgāvalokitena vyavalokayantaṃ dṛṣṭvā punar）」（20.5）を置く。Tib. もこれに対応するtshe dang ldan pa kun dga' bos bcom ldan 'das g-yas phyogs su sku thams cad kyis phyogs te/ bal glang lta ba bzhin mthong ngo// mthong nas（239b5-6；251b4-5）という文が見られるが、雑事は「時阿難陀白言」（388c23-24）とのみ記し、Divy. に一致する。

(66) tathāgatā arhantaḥ samyaksaṃbuddhāḥ. MPSも同じ読みを示し、Skt. 資料は一致するが、Tib. は「如来・正等覚者」（239b6；251b5）とし、阿羅漢を欠く。雑事は単に「如来」（388c24）とする。この直後の用法も同じであるが、雑事はこれを「我」（388c25）とする。

(67) tathāgatasya. MPSの写本は欠損していて確認できないが、Tib. はこれを「如来・正等覚者」（239b7-8；251b7）、雑事は「如来応正等覚」（388c26-27）とする。

(68) tathāgataḥ. MPSはこれをsaṃbuddhaḥ（20.8）とする。Tib. および雑事はこの訳を欠く。

(69) nirvāṇāya gamiṣyati mallānām upavartanaṃ yamakaśālavanam. Divy. はこれを散文とするが、MPSはこれをnirvāṇāya prayāto 'yaṃ mallānām upavartane（20.10）とし、韻文として理解する。Tib. もmal lya rnams kyi nyen 'khor na// sā la zung gcig 'tshal drung du// mya ngan 'da' phyir deng gshegs so//（240a1-2；252a2）、また雑事も「今欲詣彼双林処　壮士生地証無余」（389a2）とし、MPSに一致するので、ここではMPSの読みを採る。

(70) これ以降、マーンダータ王の過去物語までの部分はDivy. のみの増広であり、MPSおよびTib. や雑事はそれに相当する話が存在しない。これら三つの資料では、ブッダがクシュタ村に行ってからの話が続いている。

(71) sthavira-. これまでアーナンダのことをāyuṣmatという呼称で呼んでいたが、ここで突然sthaviraという呼称が現れる。本章注（70）で指摘したとおり、ここはDivy. のみの増広箇所であるから、この部分が別の資料から補われたか、あるいは編纂者の独創によるためかは、現段階では審らかでないが、いずれにせよ、アーナンダの呼称が突然変わることは、ここに何らかの説話の断層があると考えられる。 （72） 定型句9E（聞法の果報）。

（73） このアーナンダの発言内容も、本章内ではトレースできない事柄に言及しており、他文献からのコピー・アンド・ペーストである可能性が極めて高い。また、この会話文の文頭にpaśya bhadanta yāvat tvamという表現が見られるが、下線部が意味不明である。よって、ここではこれを省略して訳す。

（74） これ以降の説話は薬事に対応する。薬事においてマーンダータ王の過去物語が説かれるに至った経緯を知るには、この説話の少し前にある貧女一灯の説話（第7章）に遡らなければならない。ここでは、ブッダに対する僅かな布施で無上正等菩提の記別を授かろうとしたプラセーナジット王を諫める目的で様々なブッダのジャータカが説かれているが、その一つにこのマーンダータ王説話がある（『説話の考古学』（129–134）参照）。ただしMSVはvistareṇa māndhātṛsūtraṃ madhyamāgame rājasaṃyuktakanipāte (93.10) として、また薬事は「如中阿笈摩王法相応品中広説」（56b11–12）として、共に詳細を省略するが、Tib. は省略することなく、ほぼDivy. に一致する。また漢訳では因縁経が比較的よくDivy. に一致するので、この両資料をDivy. のSkt. につきあわせて、和訳を試みる。

（75） 本来この話はブッダがプラセーナジット王に対して説く形式を取るが、ここでは前半の話の流れからして、ブッダがアーナンダにこの物語を説くことになっているので、Divy. では対告者がアーナンダに変更されているが、Tib. および漢訳では対告者がプラセーナジット王であり、「大王よ」という呼びかけが頻出する。このように、Divy. がMSVから説話を借用するにあたっては、文脈に合わせて巧みに表現を変えている説話もあるが、なかには非常に不注意な借用もあり、これがDivy. とMSVとの前後関係を明らかにする手がかりともなる。『説話の考古学』（116–134）参照。

（76） Tib. は「人間の寿命が無量歳の時」（158a7；169b7）という一節を付加する。薬事も「人寿無量歳時」（56b4）、因縁経も「人寿無量歳」（393a20）とする。

（77） upoṣadha；gso sbyong 'phags；長浄；布沙陀。以下、固有名詞は、Skt.；Tib.；薬事；因縁経、の順とする。

（78） MSVはここにgauraḥ kanakavarṇaś chatrākāraśirāḥ pralambabāhur vistīrṇalalāṭaḥ uccaghoṣaḥ [uccaghoṇaḥ, GBM 166a5] saṃgatabhrus tuṅganāsaḥ（93.2-3）を置く。これは定型句3H（誕生）であり、Tib. もpags pa'i mdog gser 'dra ba/ mgo gdugs ltar 'dug pa/ lag pa ring ba/ dpral ba'i dbyes che ba/ smin ma 'zar ba/ sna'i gzangs mtho ba/ yan lag dang nying lag thams cad dang ldan pa（158a8-b1；170a1-2）とし、薬事も「不白不黒。如真金色。頭如傘蓋。手臂繊長。額広平正。眉連如月。鼻高且直」（56b6-8）、因縁経も「身如金色頭有旋文。猶如妙蓋。双臂牖長額広平正眉復延袤。鼻高脩直。身分上下皆悉具足」（393a23-26）とするが、Divy. ではこの定型句の一部が省略されている。

（79） samanvāgatḥ. MSV はこれを samalaṃkṛtagātraḥ（93.4）とし、Tib. も kun nas brgyan pa'i lus dang ldan pa（158b1；170a2）とする。薬事は「具三十二丈夫相」（56b8）として Divy. に一致するが、因縁経は「有三十二大丈夫相荘厳其身」（393a26）とし、MSV に一致する。

（80） MSV はここに jātamātraḥ kumāro 'ntaḥpuraṃ praveśitaḥ（93.4）を置く。Tib. も byung ma thag tu btsun mo'i 'khor gyi nang du bkri ba dang（158b1；170a2）とし、薬事も「生已入宮」（56b8）、因縁経も「童子生已乃入宮中」（393a26-b1）とする。

（81） ṣaṣṭistrīsahasrāni. 数に関しては統一がない。MSV は「八万の女性（aśītiḥ strīsahasrāṇi）」（93.5）、Tib. も「八万人」（158b2；170a2）とするが、薬事は「八万四千」（56b9）とする。一方、因縁経は「六万宮女」（393b1）とし、Divy. の記述に一致する。

（82） sarvāsāṃ stanāḥ <u>prasrutāḥ</u>. これに対応する箇所がないので、MSV の読みは確認できないが、SPEYER は他文献の用例を根拠に下線部を prasnutāḥ と読むべきであるとする。Tib. は zags pa（158b2；170a3）とし、TSD は prasrutāḥ を支持しているように思われるが、これだけでは決定できない。両方とも近い意味で使われ、どちらでも大差はないと思われるが、ここでは他文献の用例を引用している SPEYER の読みを採る。

（83） ekaikā <u>kathayanti</u>. SPEYER は下線部を kathayati に訂正しているが、ekaika はしばしば複数として使われるので、この訂正には従わない。

（84） ここは彼の名前の由来を二つの違った側面から説明する箇所であるが、Divy. は ekaikā kathayanti māṃ dhaya māṃ dhaya/ mūrdhato jāto mūrdhāta iti saṃjñā saṃvṛttā/ māṃ dhaya māṃ dhaya māndhāta iti saṃjñā saṃvṛttā/ anye kathayanti kecin mādhāta iti saṃjānīte とし、これに従って訳せば「〔彼女らは〕めいめいに「私のを吸って、私のを吸って」と言った。頭から生まれたので「ムールダータ」という名が付いた。「私のを吸って、私のを吸って」から「マーンダータ」という名が付き、他の者達は〔そう〕呼んだし、ある者達は「マーダータ」と呼んだ」となり、二つの異なった命名の由来が混乱し、不自然な話の展開となる。これに相当する MSV を見ると、ekaikā strī kathayati mān dhāya mān dhāya iti/ tasya māndhātā māndhāteti samjñā saṃvṛttā/ anye kathayanti/ mūrdhnā jātas tasmād bhavatu kumārasya mūrdhāta iti nāma/ tatra kecin māndhāteti jānate kecin mūrdhāta iti（93.6-9）とあり、二つの異なった命名の由来が整然と区別され、話の展開が自然である。Tib.（158b2-3；170a3-4）は MSV の Skt. にほぼ逐語的に一致するし、薬事（56b10-11）も簡素な表現ながら MSV の Skt. に一致する。したがってここでは、

MSV に従って和訳する。

（85） māndhātasya kumārasya ..... chakrāś cyutāḥ（210.21-23）．以下、MSV はこれを「詳細は中阿含・王相応集中のマーンダートゥリ経にあり。マーンダートゥリ王子が王子の遊びをしている間に六人の帝釈天が死没し、同様に皇太子位に就いた時に六人、王位に就いた時に六人、閻浮提の国々を統治した時に六人〔帝釈天が死没した〕。そして彼が心を起こすと同時に宝石の雨や衣の雨が、また後宮には黄金の雨が降った」（93.10-14）、薬事は「如中阿笈摩王法相応品中広説。頂生王子。与諸童子。遊戯時間。経六天帝釈報尽命過。後為太子。復経六箇天帝命過。登政王位。復経六帝釈命過。於贍部洲。以法他世。内宮雨天衣服。外雨金宝」（56b11-16）とするように、「中阿含」に言及し、またその内容も Divy. と異なる。Tib. は「中阿含」に言及せず、内容も Divy. に一致する。

（86） Tib. は「マーンダータ王子」（158b4；170a4）とする。因縁経は単に「太子」（393b6）とする。

（87） Tib. は「ウポーシャダ王」（158b4；170a4）、因縁経も「布沙陀王」（393b7-8）とする。

（88） mūlapattragaṇḍapuṣpabhaiṣajyaiḥ. Tib. はこれを「根・茎・葉・花・実の薬で」（158b4-5；170a5）とし、Skt. とは「葉」と「茎」の順番が違うのと、Tib. では Skt. にない「実」が付加される。因縁経は「以華菓根苗薬餌」（393b8）とする。

（89） tatas tair ..... pitā kālagataḥ（210.25-27）．これ以降、ここに相当する Tib. は「彼（父王）は大臣達に告げた。「お前達よ、今すぐ王の灌頂を以て王子を灌頂せよ」。「畏まりました」と大臣達は使者を送り、「ウポーシャダ王が病気に罹られましたので、『王子を呼び寄せ、王位の灌頂を受けさせよ』と命じられました。王子は今すぐお戻り下さい」と伝言した。彼が出掛けると、ウポーシャダ王は死んでしまった」（158b5-7；170a5-6）とする。因縁経も「其王即勅諸臣佐言。汝等速為太子授王灌頂。臣佐受命即遣使人詣太子所。謂太子言。父王寝疾拯療無損。呼命太子。今可速来授王灌頂。使届中途王身已謝」（393b9-13）とし、Tib. に一致する。

（90） deva. 彼はまだ王になっていないが、deva と呼ばれている。Tib. および因縁経は、本章注（89）で指摘したように、伝承が違うので、ここでは参考にならないが、本章注（91）により、Tib. に従って「王子」と訳しておく。

（91） deva. ここもマーンダータが deva と呼ばれているが、Tib. はこれを「王子よ（gzhon nu）」（158b7；170a7）とし、因縁経も「太子」（393b14）とするので、これを Tib. に従って訳す。以下、四箇所（211.2, 5, 7, 9）において deva が見られるが、すべて「王子」と訳しておく。

（92） この後、Tib. は「〔彼は〕その同じ場所に留まった。大臣達は再び集まり、ある大臣が使者を送ると、〔彼は〕そこに行って告げた」（158b8；170a7-b1）を置く。因縁経も「時諸臣佐衆議。一人近侍大臣詣太子所。白言」（393b16-17）とし、Tib. に一致する。

（93） ratnaśilayā deva ..... saṃñjā saṃvṛttā（211.4-12）．この後、Tib. は「「大王よ、王位の灌頂には多くのものを必要とします。宝の地面、獅子座、日傘、王冠、そして腕環が用意された王宮の中で王位の灌頂を行う必要があります。それゆえに王子はそのような場所に行って下さいませ」。彼は言った。「私が法に則って王位を受けると〔人々が〕見るならば、すべてがこの同じ場所にやって来ることになろう」。マーンダータ王子の従者でディヴァウカサという夜叉は宝の地面と獅子座とをその場所に運んだ。王宮に住んでいた者達も傘・王冠・腕環を携えて、それぞれその同じ場所にやって来た。王宮の者達がそれぞれやって来たので、その場所の名前は「サーケータ、サーケータ」となったのである」（159a1-4；170b1-4）とし、因縁経（393b19-26）もこれに一致する。

(94) divaukasa；lha gnas；空居；禰舞迦。 (95) sāketa；gnas bcas；none；none.

(96) Tib. は Skt. に一致するが、因縁経は「我今何用人間繒帛。為灌頂法繫於我頂。若我応統正法王位。必有天妙繒帛而為繫頂」（393b29-c2）とし、内容が異なる。

(97) これ以降、Tib. と順番が異なる。Tib. は「玉女宝、長者宝、第七に大臣宝」（159a6-7；170b6）とする。因縁経は「玉女宝。主蔵神宝。主兵神宝」（393c4-5）とし、最後の二つは Divy. や Tib. の伝承と異なる。

(98) これ以降、MSV および薬事にも同様の話が見られるが、その伝承は Divy. や Tib. と異なり、「ちょうどその時、ヴァイシャーリーにはドゥルムカと呼ばれる聖仙がおり、五神通を有していたが、彼の隠棲処には常に鳥達が啼き喚いていた。禅定には音が邪魔になるので、彼は心一境性を獲得することができなかった。そこで彼は鳥達を呪いにかけた。「奴らの翼が折れるように」と。その後、マーンダータ王は〔そのことを〕聞いた。聞くと、〈その聖仙は無慈悲な奴だ〉と考えて言った。「奴を我が領土に住まわせてはならない」と。〔聖仙〕は考えた。〈あの王は四洲を統治している。私はどこに行くべきか〉と。彼はスメールの森に行って留まった」（93.15-94.3）とする。薬事は「爾時広厳城側。有五仙人。名曰醜面。所居之処。諸鳥乱鳴。仙人不忍。遂呪誓之。使其諸鳥。翅羽皆落。時曼陀多王聞念曰。此無悲心。何容住此。便即駆遣。令出其界。仙作是念。王王四天。我何処居。便即詣於妙高山所。山下層住」（56b16-21）とする。

(99) prabhūtāḥ pakṣiṇo mṛgāś ca. Tib. はこれを「多くの鳥達も」（159a8；170b7）とし、鹿（あるいは四足獣）には言及しない。因縁経も「多諸飛鳥鷺鷥等類」（393c9-10）とし、具体的な鳥名には言及するが、四足獣には触れない。

(100) avatīryamāṇā avatīryamāṇāḥ. Tib. はこれを「〔空中を〕旋回しながら」（159a8；171a1）とする。因縁経はこれに相当する訳を欠く。 (101) durmukha；rang bzhin ngan；醜面；醜面。Skt. と両漢訳は一致するが、Tib. のみ別伝承となっている。

(102) uktam. Tib. はここを「呪いをかけた」（159b1；171a1）とし、ここは本章注（98）で紹介した MSV の中の śāpo dattaḥ（93.18）に一致する。薬事も「遂呪誓之」（56b17）とし、因縁経も「即以呪句呪」（393c11）とする。

(103) pādoddhārakeṇa. 直訳「足を上げながら」。

(104) Tib. はここに「邪魔された聖仙達が彼らに呪いをかけ」（159b3；171a3）を置く。因縁経も「仙人恚怒呪」（393c15）とする。

(105) tatra gacchata yatrāhaṃ na vasayāmi. 内容は同じだが、Tib. はこれを「お前達は私の国に留まってはならぬ」(159b4；171a4) と表現し、因縁経も「仙衆速離我境」(393c17) とし、Tib. に近い。

(106) これも本章注 (105) と同じ。ただし因縁経はこれを省略する。

(107) uktāḥ. ここでこの語は相応しくない。Tib. を見ると、brtson pas (159b7；171a6) とあるので、これより yukta という Skt. が想定される。因縁経も「発起」(393c22-23) とするので、uktāḥ を yuktāḥ に改める。

(108) mantrajā [Sic all MSS -jā : Qu. -jña ?]. Tib. を見ると、これに相当する箇所は shed las skyes (159b7；171a6) とあり、これから manuja という Skt. が想定できる。manu は thought や mental faculty の意味もあるので、「視察し、査察し、調査する」ことから彼らの名前を語源解釈する文脈にも合うように思われる。したがってここでは mantrajā を manujā に改めて和訳する。

(109) mūrdhatena. mūrdhātena の誤植と思われるので、これに改める。

(110) pṛṣṭāḥ. この語も文脈に合わないので、Tib. を参照すると、mthong nas (160a3；171b2) とあり、dṛṣṭāḥ の誤りと思われる。因縁経も「見」(394a2) とするので、dṛṣṭāḥ に改める。

(111) rājñābhihitam. 内容は同じだが、Tib. は「大臣達に言った」(160a3；171b2) と表現する。因縁経も「問諸近臣言」(394a3) とし、Tib. に近い表現を取る。

(112) rājñā tena. Tib. は「マーンダータ王は」(160a4；171b3) とするが、因縁経は「王」(394a5) とする。

(113) ここに iti があるが、意味不明につき省略する。

(114) sūtreṇa prayojanam. Tib. はこれを「糸が必要なために、綿を紡いでいるのでございます」(160a7；171b5) とし、因縁経はさらに詳しく「取綿紡線将成氎㲲」(394a12) とする。

(115) manuṣyāḥ kartiṣyanti. Skt. は動詞の目的語である sūtram を欠くが、Tib. は「人が綿糸を (ras skud) 紡いでいるのか」(160a7；171b6) とするので、これを manuṣyāḥ sūtraṃ kartiṣyanti に訂正する。

(116) atha rājño māndhātasyaitad abhavat. Tib. および因縁経はこれに相当する訳が見出せず、したがって王の思念の内容である〈人々は私の福徳の力によるものであることに気づいていない〉と〈我が閻浮提は、栄えて繁盛し、(後略)〉とが繋がっている。

(117) ここも順番が異なる。順番は Tib. (160b4；172a3) および因縁経 (394a29) とも本章注 (97) に同じ。

(118) antaḥpure. Tib. はこれを「王宮内に」(160b5；172a4) とし、因縁経も「宮中」(394b3) とする。

(119) saptāham. Tib. はこの訳を欠くが、因縁経は「七日」(394b3) とする。

(120) hiraṇyaṃ varṣam. Tib. はこれを「宝石の雨が」(160b5；172a4) とする。一方、因縁経は「雨金銭」(394b3) とし、Divy. に

近い。 (121) Tib. はここに「王宮内に」(160b6; 172a4) を置く。因縁経も「於宮中」(394b4) とする。

(122) sattvasya. Tib. および因縁経にはこの訳が見られない。

(123) devasya cāsmākaṃ ca. Divy. に従えば、「大王と我々のであります」となるが、文脈から考えれば、ここは「大王のであります」と答える方がよい。Tib. はここを「大王のでございます (lha'i lags so)」(160b7; 172a5) とし、因縁経も「天子福力」(394b7-8) とするので、下線部を省略する。

(124) rājā mūrdhātaḥ. Tib. は単に「王」(160b7; 172a5) とし、因縁経も「王」(394b8) とする。

(125) pūrvam eva. Tib. および因縁経にはこの訳が見られない。

(126) rājño mūrdhātasya. Tib. は「マーンダータ」(161a1; 172a7) とし、「王」を欠く。因縁経には相当箇所なし。

(127) rājñā mūrdhātena. Tib. は単に「王は」(161a1; 172a7) とするが、因縁経は「頂生王」(394b12) とし、Divy. に一致する。

(128) paścāt. Tib. および因縁経にはこの訳が見られない。ここでの paścāt は空間的に「背後から」と訳すべきか。

(129) -manuṣyaḥ svayaṃ nu. 下線部が文脈に合わない。Tib. はここを「大王はそこに行かれて (lha der gshegs te)」(161a3; 172b1)、因縁経も「王応往彼」(394b16) とし、いずれの資料にも svayaṃ に相当する訳が見出せない。SPEYER は同様の表現が本章内に存在することから (214.26, 215.5-6, etc.)、これを -manuṣyaś ca/ yan nu とするので、彼の訂正に従う。

(130) vṛṣṭaṃ me saptāham antaḥpure hiraṇyavarṣam. ここも先ほど同様、Tib. は「我が王宮内に、七日間、宝石の雨を降らせ」(161a5; 172b3)、因縁経は「宮中。又雨金銭七日」(394b19) とする。

(131) aṣṭādaśabhir bhaṭabalāgrakoṭibhiḥ. 数に関しては異読がある。因縁経は「十八倶胝」(394b21-22) とし、Divy. に一致するが、Tib. は「八十万コーティ」(161a6; 172b4) とする。この傾向はこれ以降も保持されるので、一々注記しない。

(132) samanuviṣṭavān rājā mūrdhātaḥ pūrvavidehaṃ dvīpam. Tib. ではこの表現が増広し、「あたかも、福徳を行い、善を積み、大神通力・大威神力を持った有情が、自ら福徳の果報を享受している如く、マーンダータ王は、何年、何百年、何千年、何百千年もプールヴァヴィデーハ大陸を支配した」(161a7-8; 172b5-6) となっている。因縁経は「彼頂生王於其洲中。治化人民多百千歳。随彼衆生各各所作福行善力。神通威徳自受福果」(394b23-25) とし、Tib. に近い。

(133) sa rājā. Tib. は「マーンダータ王は」(161b1; 172b6) とし、因縁経も「頂生王」(394b27) とする。

(134) divaukasa. Tib. および因縁経にはこの訳が見られない。

(135) santi ca me ..... -pramardakānām (214.29-215.1). 以下、Tib. にはこれに相当する訳がないが、因縁経は「七宝千子」(394c4-5) とし、簡素な表現ながら、上記の Skt. に相当する部分は存在する。

(136) ここも本章注(120)と同じように、Tib. は「宝石の雨を」(161b4；173a2)、因縁経は「雨金銭」(394c5)とする。

(137) yathāpi tan- ..... -phalaṃ pratyanubhavataḥ (215.2-4). 以下、これが説かれる位置が Divy. と Tib. および因縁経とで異なる。Tib. も因縁経も、これに相当する訳を、この後の「マーンダータ王はアパラゴーダーニーヤ〔大陸〕を支配した」を増広する中で説く。その代わり、Tib. はここに「私はプールヴァヴィデーハ大陸に行って、何年、何百年、何千年、何百千年も私はプールヴァヴィデーハ大陸を支配したが」(161b4-5；173a2)という文を置く。因縁経も「我復至此東勝身洲。治化人民多百千歳」(394c5-6)とする。 (138) ṛddhaṃ ca ..... -janamanuṣyaṃ ca (215.4-6). 以下、Tib. および因縁経はこの訳を欠く。

(139) anuśāsti rājā māndhātāparagodānīyam. Tib. はここを「あたかも、福徳を行い、善を積み、大神通力・大威神力を持った有情が、自ら福徳の果報を享受している如く、マーンダータ王は、何年、何百年、何千年、何百千年もアパラゴーダーニーヤ大陸を支配した」(161b7-8；173a4-5)とする。因縁経は「彼頂生王於其洲中。治化人民多百千歳。随彼衆生各各所作福行善力。神通威徳自受福果」(394c9-11)とする。

(140) pṛcchati. Tib. は「言った」(161b8；173a6)とし、因縁経も「謂(中略)言」(394c13)とする。

(141) āgato 'smi pūrvān [Ex. conj.; pūrvā AB]. これに相当する訳は Tib. にも因縁経にもなく、pūrvān はA・B写本の pūrvā から校訂者が推測した読みであり、問題がある。ここでマーンダータ王の進路を整理しておくと、まずは南の閻浮洲から出発し、東の勝身洲に行き、そこからさらに西の牛貨洲にやって来たのであるから、現在いる牛貨洲へは東の勝身洲から来たことになるので、pūrvān を pūrvāt に改めて和訳する。

(142) Tib. はここに Skt. の「栄えて繁盛し、平和で食物に恵まれ、多くの人々で賑わっている(ṛddhaṃ ca sphītaṃ ca kṣemaṃ ca subhikṣaṃ cākīrṇabahujanamanuṣyaṃ ca)」に相当する 'byor pa dang/ rgyas pa dang/ bde ba dang/ lo legs pa dang/ skye bo dang/ mi mang pos gang la (162a1；173a6-7)を置く。因縁経は「内外周遍其相四方。人民熾盛安穏豊楽。又復国土城邑厳麗。所居人衆妙色可観」(394c15-17)とし、さらに詳細な表現を取る。

(143) Tib. は「そこにも(der yang)行かれ」(162a2；173a7)とする。因縁経も「往彼」(394c18)とする。

(144) santi me ..... -pramardakānām (215.17-19). 以下、Tib. はこれに相当する訳を欠くが、因縁経は「七宝千子」(394c19-20)とする。

(145) śrūyate uttarakurur nāma dvīpaḥ kiṃcāpi te manuṣyā amamā aparigrahāḥ. Divy. はこれだけの簡素な表現であるが、Tib. はこれを「私はプールヴァヴィデーハ大陸に行って、何年、何百年、何千年、何百千年も私はプールヴァヴィデーハ大陸を支配し、私はアパラゴーダーニーヤ大陸にも行って、何年、何百年、何千年、何百千年も私はアパラゴーダーニーヤ大陸を支配したが、ウッタラクル大陸は、栄えて繁栄し、平和で食物に恵まれ、多くの人々で賑わい、またその人々は「私のもの」という意識や所有意識もないと聞いた」（162a3-6；173b1-4）とする。なお、因縁経は「又往東勝身洲。而復至此西牛貨洲。治化人民多百千歳。今又復聞須弥山北外。大海中有倶盧洲」（394c20-22）とし、やや簡素な表現となっている。

(146) 以下、Divy. では最初に「如意樹衣」、その後で「耕作・種蒔き不要な実の米粒」の話を出すが、Tib. および因縁経ではこの順番が入れ替わる。

(147) adrākṣīt. Divy. は単に「見た」とするが、Tib. はこれを「遠くから（rgyang ring po kho na nas）見た」（162b3-4；174a2）、また因縁経も「遙見」（395a8）とするので、本来ここに dūrād eva があったと考えられる。

(148) śvetaśvetaṃ pṛthivīpradeśam. Tib. はこれを「白い地所・白い地面を」（162a7；173b5）とし、若干表現が異なる。因縁経は「彼地白色」（394c25）とする。以下同じ。

(149) taṇḍulaphalaśālim [Sic MSS]. この語順では訳し難い。Tib. はこれを 'bras sā lu'i 'bru（162a8；173b6）と訳し、これに従えば、phalaśālitaṇḍulaṃ という語順になるので、今はこれに従って訳す。

(150) この後、Tib. は Skt. にはない文章「マーンダータ王は〔それを〕聞いて大臣達に言った。「軍曹達よ、お前達は地所が白く地面が白くなっているのが見えるか」。「大王よ、見えます」。「軍曹達よ、あれはウッタラクルの人々にとって、耕作・種蒔き不要の実である米粒であり、そのお蔭でウッタラクルの人々は耕作・種蒔き不要の実である米粒を食べているので、お前達もそこに行って、耕作・種蒔き不要の実である米粒を食べるがよい」」（162b1-3；173b7-174a2）を置く。因縁経（395a2-7）も、これに相当する訳が見られる。如意樹衣の場合にも、王は夜叉の説明を受けた後、家臣に同様のことを勧めていることから考えれば、本来は Divy. にもこのような文章があった方がよい。

(151) samanuśāsti rājā māndhātā uttarakurau dvīpe svakaṃ bhaṭabalāgram. Tib. はこれを「あたかも、福徳を行い、善を積み、大神通力・大威神力を持った有情が、自ら福徳の果報を享受している如く、マーンダータ王は、何年、何百年、何千年、何百千年もプールヴァヴィデーハ大陸で自らの軍隊を指揮した」（162b7-8；174a6-7）とし、描写が詳細になっている。

(152) Tib.（163a3-4；174b2-3）は七宝の一々の名前に言及するが、因縁経は「七宝」（395b1）のみを出し、個々の名前には触れない。

(153) 本章注(120)(136)と同様に、Tib. は「宝石の雨が」（163a4-5；174b4）とし、因縁経も「雨金銭」（395b1）とする。

(154) Tib. はここに「私はプールヴァヴィデーハ大陸にも行って、何年、何百年、何千年、何百千年も」（163a5；174b4-5）を置く。同様に、アパラゴーダーニーヤ大陸（163a6；174b5）とウッタラクル大陸（163a6-7；174b5-6）の場合も、同じ箇所に同様の一節を置く。因縁経は「又往東勝身洲西牛貨洲。今又至此北倶盧洲」（395b1-2）とし、Divy. に近い。

(155) dhyāpayanti. Tib. はこれを「住んでいて」(163b7；175a6) とする。

(156) tena ṛṣayo 'bhihitāḥ. Tib. は Divy. に一致するが、MSV はこれを「従者である夜叉ディヴァウカサは〔それを〕見て詩頌を唱えた (divaukaso yakṣaḥ purojavo dṛṣṭvā gāthāṃ bhāṣate)」(94.11) とし、薬事も「時有薬叉。名曰空居。常前而行。仙見是事為説伽陀」(56b25-26) として MSV に一致する。ところで Divy. の校訂者はこれ以降を散文として処理しているが、MSV や薬事はこれ以降を韻文として処理しているし、Tib. もこれを韻文とするので、ここでもこれ以降を韻文として扱う。

(157) naitat sarvatra sidhyati. MSV (94.12) もこれと同じ読みを示すが、Tib. はこれを「それはまったく成就している ('di ni kun la 'grub pa yin)」(164a1；175b1) とし、Skt. のように否定辞が見られない。しかし文脈から考えれば、ここに否定辞は必要であろう。薬事も「無有一切得成就」(56b27) とし、Skt. の読みを支持する。

(158) vaiśālikā vakāḥ. Tib. は bya gar (164a1；175b1) とし、意味不明である。bya gag/ bya dkar であれば、鳥名を意味する語となる。薬事は「広厳諸鳥類」(56b28) とし、ほぼ Skt. に一致する。

(159) tasmiṃ śāsane [sāsane MSS]. ここで śāsane は不相応であるから、省略する。薬事はこの訳を欠くが、Tib. はこれを「その場所に (phyogs der)」(164a1；175b1)、因縁経も「漸至其所」(397c7) とする。

(160) kiṃ eṣaṃ ṛṣiṇāṃ sarvaṃ priyam [sarvapriyam?]. MSV は kiṃ teṣāṃ ṛṣiṇāṃ priyam (94.15) とし、sarvaṃ を欠く。Tib. も「あの聖仙達の間では、何が好まれているのだ」(164a2；175b2) とし、薬事も「此仙愛楽何物」(56c1) とするので、MSV に一致する。これに対し因縁経は「此諸仙衆於諸愛中何為最上」(397c8-9) とし、Divy. に近い。もしも sarvaṃ を入れるのであれば、下線部の読みは、校訂者が指摘するように、sarvapriyam に改める方がよい。よって、これに改める。

(161) jaṭā ṛṣiṇāṃ sarveṣṭāḥ. MSV はここを deva jaṭāḥ (94.15) とするのみで、ここでも sarva に相当する訳がない。Tib. は「大王よ、弁髪を大切にしています」(164a2；175b2) とし、MSV よりは詳細な内容であるが、しかし sarva に相当する訳は見られない。薬事は「愛人髪髻」(56c1) とし、Tib. に近い。一方、因縁経は「仙尊所愛辮髪為上」(397c9-10) とし、またもや Divy. に近い読みを示す。

(162) riṣiṇāṃ jaṭāḥ ..... vihāyasena prasthitam (217.27-218.1). 以下、この部分の伝承が Divy. と MSV とで大きく食い違う。すなわち MSV の内容は「「彼らの弁髪を引き千切れ。そして私の従者にせよ」。こうして彼らの弁髪は引き千切られ、彼らは手に弓矢を持つと、前方を走り始めた。玉女宝は告げた。「大王よ、あの聖仙達は苦行者であるのに、どうして彼らを解放してやらないのですか」。王は彼らを解放した。彼らは再び精進して五神通を証得した」(94.16-95.3) とあり、Tib. (164a3-4；175b2-4) も因縁経 (397c10-14) も薬事 (56c1-6) もこれに一致する。このあと MSV は龍王ナンダ・ウパナンダとの交戦を説くが（薬事も同じ）、

Tib. は「マーンダータ王は再び軍隊と共に上空に舞い上がって出発した」(164a4-5；175b4)、因縁経も「彼頂生王与自勝力兵衆。挙身空中漸復前進」(397c15-16) とし、Divy. に一致する。

(163) viṃśatyadhikāni trīṇi yojanaśatasahasrāṇi. このまま読めば「二百三十万ヨージャナ」となるが、Tib. はこれを「三十二万ヨージャナ (dpag tshad sum 'bum nyi hkri)」(164a6；175b5) とし、「二」と「三」とは共通するものの、数量的に大きな違いが見られる。因縁経は「三十二万由旬」(397c17) とし、Tib. に一致する。文献上の問題はともかく、この前の「両側は八万ヨージャナ」という記述から考えると、一辺が八万ヨージャナの四角形であれば、数字の上では周囲三十二万ヨージャナでなければならないので、Tib. および因縁経の読みが正しい。ここではこの数字を優先させ、Skt. の読みを dvātriṃśadyojanāyutāni に改める。

(164) trayastriṃśānāṃ sudarśanaṃ nāma nagaram. Tib. はこの訳を欠く。

(165) karoṭapāṇi；lag na yol go thogs pa；none；堅首?。 Mvy. (3150) には karoṭapāṇi の訳として lag na gzhong thogs を挙げるが、yol go も「器皿」の意味なので、内容的には同じものを意味すると考えられる。漢訳の「堅首」に関しては不明。なお Divy. はこれを「神 (deva)」とし、因縁経も「天」とするが、Tib. は「夜叉 (gnod sbyin)」とする。

(166) mālādhāra；phreng thogs；none；持鬘。 (167) sadāmatta；rtag tu myos；none；常驕。

(168) teṣām nāgānām ..... balāgraṃ stambhitam (218.15-17). 以下、Tib. はこれを「やがてその龍達がマーンダータ王の前方を進みながら、カロータパーニ神達の前にやって来ると、彼ら (カロータパーニ神) は彼ら (龍) に尋ねた。「お前達よ、どうして前進しているのだ」。彼らは答えた。「ここに人間の王がやって来られたのだ」。その時、その龍達とカロータパーニ神達が退歩したので、再び軍隊は邪魔された」(164b1-3；176a1-3) とする。因縁経 (398a24-b1) もこの Tib. にほぼ一致する。

(169) yatas taiḥ saṃbhūya nāgair devaiś ca. Tib. はこれを「その時、神と龍とは再び退歩したので」(164b5；176a5) とする。因縁経は「時持鬘天王即復遮止不令前進」(398b6-7) とする。

(170) kim etad bhavantaḥ. Tib. はこれを「この軍隊は何によって邪魔されたのだ」(164b6；176a5) とする。因縁経は「何不進耶」(398b7-8) とし、Tib. に近い。

(171) yato bhūyaḥ ..... miśrībhāvaṃ kṛtvā (219.2-3). 以下、Tib. はこれを「そこで彼らは退歩したので」(164b8；176a7) とする。因縁経は「時常驕天王即復遮止不令前進」(398b12-13) とする。

(172) arthaṃ ca dharmaṃ ca cintayanti. Tib. は「神々と人々の利益を考え」(165b3；177a3) とし、dharma の訳が見られない。因縁経は「思惟観察称量世間。若天若人諸所有事」(398c10) とし、artha のみを訳しているようである。

(173) 因縁経のみ高さを「一由旬半」(398c19) とする。

(174) ṣoḍakāḥ. 意味不明の語であり、Tib. はこれを cog [P. lcog] (165b7; 177a7) と訳す。Mvy. (5529) は lcog に相当する Skt. を koḍhaka/ khoḍaka/ khoṭaka とし、BHSD ではこれを kṣoḍaka としても挙げている。BHSD はこれを wall-coping/ encolosure on a wall とし、Tib. は「尖塔 (lcog)」とするが、ここでは BHSD の意味に従って訳す。因縁経は「女牆」(398c20)、すなわち「城壁の上の低い垣根」とする。

(175) ūrdhvī ekā nibaddhā saṃkramaṇakā. Tib. はこれを「上を見たり下を見たりする円窓も取り付けられた」(165b8; 177a7) とし、漢訳は「復有重牆通往来道」(398c21) とする。

(176) ekaikacitradhātuśatena [Sic D: ekaiva dhātu- A, ekaivādhātu- BC] vicitraḥ. Tib. はこれを「百一の顔料で美しくなり (tshon brgya rtsa gcig gis bkra bar byas pa)」(165b8; 177b1) とする。Tib. には tshon という語が見られるが、通常は raṅga/ rāga 等の訳と考えられ、dhātu の訳ではない。しかし顔料は鉱物質の粉であるから、この点では dhātu との接点は見出せる。しかし、Tib. 訳者が原本にあった dhātu を tshon と訳したか、あるいは Tib. 訳者が見た原本に dhātu はなく、別の語が用いられていたかは判断できない。一方、因縁経は「有百一種采絵厳飾」(398c22) とし、別の理解を示すが、「百一」という数字は一致する。この部分は写本に乱れがあり、ほかにも A: ekaiva dhātu- あるいは B/C: ekaivādhātu- という異読が存在するので、この原文の読みを B・C 写本のように改める。

(177) 因縁経のみ「一千一門」(398c25) とし、またその門の描写「其一一門長二由旬半。闊半由旬。皆以牛頭栴檀香木所成。彼一一門金銀瑠璃頗胝迦宝間錯荘厳。状如星象及半月相」(398c25–28) が続く。

(178) cittakalāpāni [Qu. citra-]. これでは意味が取れない。Tib. を見ると「矢・弓 (?) を持った (mda' gzhu skyes skor thogs pa)」(166a2; 177b3) とし、下線部の意味は不明だが、これを除くと、Mvy. (5005) から dhanuṣkalāpaka という Skt. が想定されるので、ここでは Tib. に従って訳す。因縁経は「五百青衣夜叉。身被甲冑」(398c29) とするのみである。Tib. の下線部は、文脈からすれば「武器に類するもの」でなければならないが、直訳すれば「褒美のようなもの」となる。想像力を逞しくすれば、「勲章のようなもの」かも知れない。さらなる考察が必要である。

(179) atyarthaṃ. この語の前後を見ると、ārakṣaṇārtham atyarthaṃ śobhanārtham とあるので、atyarthaṃ だけが浮いているのが分かる。Tib. はこれを「護衛するために (bskyab pa .... 'i phyir)」(166a3; 177b3) とするので、これを guptyarthaṃ に改める。因縁経は「作守衛。又能護持三十三天。諸天子衆作諸善利」(398c29–399a1) とし、厳密なことは言えないが、傍線部から見て「護持」の方がこれに相当しそうである。

(180) vedikāyāḥ sphaṭikamayā sūcī ālambanam adhiṣṭhānam/ sphaṭikamayā vaiḍūryamayī sūcī ālambanam adhiṣṭhānam. こ

れに対応するTib. や因縁経を見ると、このDivy. の表現が極めて断片的な部分しか書写されていないことが分かる。したがってここでは、Divy. の欠損部分をTib. から補って和訳する。Tib. および因縁経の原文は以下のとおり。なお下線部はDivy. のSkt. と対応する箇所を示している。

rdzing bu de rnams kyi them skas rnam pa bzhi po gser las byas pa dang/ dngul las byas pa dang/ bai ḍū rya las byas pa dang/ shel las byas pa yin no// rdzing bu de rnams lan kan rnam pa bzhi po gser las byas pa dang/ dngul las byas pa dang/ bai ḍū rya las byas pa dang/ shel las byas pas bskor cing/ gser las byas pa'i lan kan gi gzungs gser dang/ gdang bu dang/ lan kan gyi rten ma dngul las byas pa dang/ dngul las byas pa'i lan kan gyi gzungs gser dang/ gdang bu dang/ lan kan gyi rten ma gser las byas pa dang/ bai ḍū rya byas pa'i lan kan gyi gzungs gser dang/ gdang bu dang/ lan kan gyi rten ma shel las byas pa dang/ shel las byas pa'i lan kan gyi gzungs gser dang/ gdang bu dang/ lan kan gyi rten ma bai ḍū rya las byas pa yin no// (166a5-8; 177b5-178a1)

池之四面有四梯陛。金銀瑠璃頗胝迦成。彼池沼中有四宝台。金銀瑠璃頗胝迦等間錯荘厳。若金為台即銀為柱及以梁棟。若銀為台即金為柱及以梁棟。若瑠璃為台即頗胝迦為柱及以梁棟。若頗胝迦為台即瑠璃為柱及以梁棟（399a5-11）

(181) ambunā. この直前にも「水」を意味するvāriṇāがあるので、ここで再び同じ意味内容のambunāは相応しくない。Tib. を見ると、「それらの池は蜂蜜のように甘く（mngar）冷たい水で満たされ」（166a8; 178a1）とあるので、madhunāというSkt. が想定される。因縁経も「清凉甘美水満池中」（399a11）とするので、ambunāをmadhunāに改める。

(182) valgusvarair manojñasvaraiḥ. Tib. はこれを「愛らしく、心地よく、心に染み入るような音声で」（166b1; 178a2）とし、「声」の形容詞がSkt. よりも一つ多い。因縁経は「出妙音声。謂高遠声。悦意声。美妙声等」（399a13-14）とし、ここでも三種の声に言及している。

(183) ここでSkt. は「花環（mālā）」と「耳飾り（avataṃsaka）」とに言及するが、Tib. は「耳に付けるための花環」（166b2; 178a3）とし、Skt. の二つを合わせたような訳になっている。因縁経は「安布盤結成鬘」（399a15-16）とする。

(184) Skt. は先と同じ表現だが、Tib. は「愛らしく、心地よい音声で」（166b2; 178a3）とし、形容詞が一つ減っている。因縁経は「出妙音声」（399a17）とし、三種の声には言及しない。

(185) guhyāḥ prakāśitāḥ. Tib. はこれを「下半身の飾りと光を放つ飾り（smad kyi rgyan dang/ snang bar bya ba'i rgyan no）」（166b5; 178a5）とする。前者の「下半身の飾り」はよいとして、後者をSkt. の文字どおりに解釈しているが、これではguhyaとprakāśitaとがまったく別物になってしまう。ここは対句になっていると考えられるので、ここではSkt. の意味内容から前者を

「体内用」、後者を「体外用」と解した。なお因縁経は「身荘厳妙好之具」(399a23) とし、手がかりは得られない。

(186) veṇuvallarisughoṣakā. Skt. では「四種類」と言いながら、実際に言及される楽器は三つである。Tib. は「琵琶・笛・三弦琵琶・堅琴 (pi bang dang/ gling bu dang/ pi bang rgyud gsum pa dang/ sgra snyan rnams)」(166b5–6; 178a6) とする。Skt. の sughoṣaka は楽器の名前には違いないが、具体的にどのような楽器かは不明である。ただこの Skt. の直訳である Tib. の sgra snyan は「琵琶／弦楽器」を意味する。また因縁経を見ると「簫笛琴箜篌」(399a20–21) とし、「箜篌」がこれに相当するが、これも琵琶あるいはハープのような弦楽器を意味する。ここでは「琵琶」を補い、veṇu-vallari-vīṇā-sughoṣakā として和訳する。

(187) vādyabhāṇḍavṛkṣā. Skt. はこれらの楽器が「木に生る」とするが、Tib. は先ほど見たように、楽器の名前に言及するだけで、それが「木に生る」とは説かない。しかし、文脈からすれば、これらは「木に生る」と解する方がよいであろう。因縁経も「種種妙音楽樹」(399a20) とする。

(188) sudhā. Tib. は「天の食物 (lha'i kha zas)」(166b6; 178a6) とする。因縁経は「蘇陀味食」(399a25) とし、蘇陀は sudhā の音写と見られるが、全体としては「食物」を意味していると考えられる。

(189) madhumādhavaḥ. Tib. はこれを「マドゥ酒とマーダヴァ酒 (sbrang rtsi'i btung ba dang/ ma dha ba'i btung ba dang)」(166b8; 178b1)、因縁経も「末度漿。摩達網漿」(399a27) とするので、madhu mādhavaḥ に改める。

(190) この酒に関する記述は、Tib. のみ説かれる場所が異なり、この直後の建物の記述の後に置かれる。

(191) prāsādā svāsanakā [prāsādāmbāsanakā MSS]. BHSD は写本の読みを支持するが、明確な意味は出していない。そこで Tib. を見ると、「中庭 (khyams)」(166b7; 178a7) とする。因縁経は「復有種種殊妙荘厳殿堂楼閣」(399a28–29) とし、問題の訳を特定できない。よってここでは、prāsāda を生かして「楼閣の中庭」としておく。

(192) saṃkramaṇakāḥ. BHSD はこの語を rest-hause/ private pavillion と理解する。一方、Tib. は「天窓 (mthongs khung)」(166b7; 178a7) と訳している。saṃ√kram の語源 (to traverse/ pass through) から考えれば、BHSD よりは〔光を〕通過させる「天窓」の方が理に適った解釈のように思われるので、ここは Tib. に従って訳す。

(193) nārīgaṇavirājitam. Tib. はこれを「女達の集団と天女達の集団が集う場所があって」(166b7–8; 178b1) とし、この後の天女の集団 (apsaraḥsaṃgha-) に関連づけて訳す。因縁経は「諸天女衆或処其中安隠而坐」(399a29) とし、天女にしか言及しない。

(194) upetam annapānam. Tib. はこれに対応する訳を欠くが、因縁経は「豊諸飲食」(399b2) とし、Skt. に一致する。

(195) この後、因縁経 (399b5–402b6) は三十三天の東の宝車園 (caitraratha)、南の麤堅園 (miśra)、そして北の歓喜園 (nandana) に関しても詳細な記述を見せる。そしてスダルマンの説明に入る前に、シャクラの象である「愛囉嚩拏 (airāvaṇa)」にも言及する。

(196) 因縁経のみ「高さ」にも言及し、「高三百五十由旬」(402c11-12) とする。なお、先ほどスメール山の周囲を問題にした時、一辺が八万ヨージャナであることから周囲を三十二万ヨージャナと算出したが、同じ理屈で言えば、ここは周囲が千二百ヨージャナでなければならない。しかし、いずれの資料も九百ヨージャナとする。

(197) puṇyamaheśākhyāḥ. Tib. は「福徳の異熟によって (rnam par smin pas) 誉れ高い」(167a4; 178b4-5) とする。因縁経には対応箇所がない。

(198) svaraguptyā svaragupter. 難解な箇所である。BHSD は svaragupti を form of voice と解釈するが、これが二度使われると、いかに解釈すべきであろうか。Tib. はこれを smra dngags (167a7; 179a1) とする。gupti の訳は見出せないし、複合語になってはいるが、smra と dngags はいずれも言葉や話に関連するので、Skt. に対応しているように思われる。因縁経はこれを「大小身相容止威光音声語言及荘厳具」(403b4-5) とし、正確にどれがどの語の訳かを見定めることはできないが、傍線部がこれに対応するとすれば、これも概ね Skt. に一致する。ただ Skt. の読みであれば、同じ単語が二度使われているので、変化を付ける必要がある。ここでは訂正を最小限度に押さえ、svaragupty-asvaragupter すなわち「母音の調子や子音の調子」と解釈しておく。

(199) 因縁経のみ「経六帝釈滅」(403b7) とする。

(200) dvārāṇi badhnanti. Tib. のみ「門を破って塀の際をうろうろするのである」(167b1; 179a2) とする。

(201) devānām api pañca rakṣāḥ. Tib. は単に「神々が」(167b1; 179a2) とし、因縁経も「天」(403b10) とする。

(202) dvārāṇi badhnanti. ここも本章注 (200) に同じ。

(203) teṣāṃ evaṃ ..... guṇaśabdaḥ kṛtaḥ (222.27-223.4). 以下、Tib. はこれを「さてアスラ達は四支より成る軍隊を編成し、五人の守護者を倒して、神々の主シャクラの近くに闘いにやって来ると、夜叉達は神々の主シャクラに言った。「カウシカよ、申し上げます。アスラ達が五人の守護者を倒して近づいてきております。あなたはなすべきことをなし、準備をして下さい」。そこで神々の主シャクラは四支より成る軍隊を編成し、アスラと戦うべく伏せているのを、マーンダータ王が見て言った。「〔ここに〕留まられよ。私が参ろう」。シャクラが言った。「そうして頂こう」。こうしてマーンダータ王は八百千コーティの軍隊と共に上空に舞い上がると、弓を引く音がした」(167b2-5; 179a3-6) とする。因縁経 (405a2-8) も概ねこの伝承に一致するが、この前段に関してはさらに詳細な描写を示す。

(204) paścād rājā ..... kāyaṃ saṃnahya (223.7-9). 以下、Tib. はこれを単に「やがてマーンダータ王は出ていった」(167b6; 179a7) とする。因縁経はこの部分を欠く。

(205) paścāt. Tib. はこれを「聞くと」(167b8; 179b1) とする。因縁経には正確にここに対応する箇所がない。

(206) asurīpurī-.　Tib. はこれを「アスラ達の住処」（168a1；179b2）、因縁経は「退入自宮」（405a16）とする。

(207) etad asti ..... -balāgram adhiṣṭhitam（223.20–24）．以下、Tib. は Skt. よりも詳細な内容になっている。Divy. が表現を簡略化させているとも言えるが、Tib. の内容は「私には、栄えて繁盛し、平和で食物に恵まれ、多くの人々で賑わう閻浮提があるし、私には、プールヴァヴィデーハ・アパラゴーダーニーヤ・ウッタラクル〔大陸〕もある。私には七宝がある。すなわち、輪宝、象宝、馬宝、珠宝、玉女宝、長者宝、そして七番目に大臣宝である。私には、勇敢で勇ましく、容姿端麗にして、敵の軍隊を粉砕する千人の息子達もいる。私の王宮内には、七日間、黄金の雨を降らせ」（168a2–5；179b3–6）となっている。因縁経は「我已統治南贍部洲。東勝身洲。西牛貨洲。北俱盧洲。具足七宝及有千子。最上色相勇猛無畏能伏他軍。又於宮中雨金銭七日」（405a19–22）とし、分量的には Divy. と Tib. との中間に位置する。

(208) tasmād ṛddhitaḥ paribhraṣṭaḥ.　Tib. はこれを「その威厳は損なわれ」（168a7；179b7）とする。因縁経は「神通威力即便滅失」（405a25）とし、Skt. と Tib. の両方に接点を持つような訳になっているが、薬事は「失神通」（56c25）とし、Skt. に一致する。

(209) -gaṇa-.　Tib. はこれを「占星術者」（168a7；180a1）とし、-gaṇaka- として理解する。因縁経ではこれに対応する明確な訳が特定できないが、占星術者等の訳は存在しない。

(210) mūrdhātasyāmātyagaṇamahāmātyā rājyakartāro mantrasahajīvinaḥ.　ここでは下線部を、その前の語全体を修飾する語として理解したが、Tib. は「政権を担っている首相と、政策を担当して生活していた者達は（rgyal srid ’bul ba’i sna chen po la gtogs pa dang/ gsang sngags kyis lhan cig ’tsho bar byed pa rnams）」（168a7–8；180a1–2）とし、rājyakartāro を mahāmātyā のみにかけ、また mantrasahajīvino を独立させて訳している。因縁経には対応する訳が見出せない。

(211) Skt. は「質問してくるでしょう」だけで終わり、この後いきなり王の指示が説かれるが、文の繋がりとしては拙い。Tib. を見ると、「質問してくるでしょう」に続いて、de skad du ’dri ba de dag la bdag cag gis ji skad du lan gdab par bgyi（168b1；180a2–3）という文が続くが、これで初めて話の流れが良くなる。因縁経も「当云何答」（405b1）とあるので、ここでは Tib. よりこの部分を〔　〕に補って訳す。

(212) kiṃ bhavanto rājñā mūrdhātena maraṇasamaye vyākṛtam.　Tib. も因縁経もこの訳を欠く。

(213) 因縁経のみ具体的にその内容を説く。

何等為四。頂生大王得寿命長久住世間。総経一百十一有四帝釈謝滅。是為第一寿命神力。又頂生王最上容儀殊妙可観。超人状貌具天色相。是為第二色相神力。又頂生王諸所受用皆悉具足。少病少悩色力康彊。飲噉味全食銷無患。不冷不熱時序合度。随所資治悉獲安楽。是為第三無病神力。又頂生王一切人衆見者愛楽瞻仰無厭猶子恋父。又復王者撫育人民生喜楽心如父愛子。或時王出游観園苑謂御者言。汝可徐徐駕車而進。使其容緩人獲観瞻。又復衆人告御者曰。仁者。駕車幸当徐進。令我盤桓覩王相好。是為第四愛楽神力（405b3-16）

(214) Tib. はここに「〔王は〕詩頌も説かれた」（168b3；180a4）、因縁経も「将謝世時説伽陀曰」（405b18）とする。

(215) upadhim. Tib. はこれを「財産（nor dag）」（168b5；180a6）とする。因縁経は「貪等」（405b26）とする。仏典においてこの語は、訳にあるとおり「〔存在の〕土台（構成要素）」を意味し、また「〔それに対する〕執着」をも意味するし、また「物質的な物」をも意味するので、Tib. および因縁経は同じ upadhi を異なった理解に基づいて訳出したものと考えられる。なお薬事は「蔭根」（57a5）と訳す。

(216) この詩頌は Udv（ii 17-20）とパラレルである。以下、両者を比較する。Udv は二段下げて示す。

na kārṣāpaṇavarṣeṇa tṛptiḥ kāmeṣu vidyate/
　　na kārṣāpaṇavarṣeṇa tṛptiḥ kāmair hi vidyate/
alpāsvādān bahuduḥkhān kāmān vijñāya paṇḍitaḥ//
　　alpāsvādasukhāḥ kāmā iti vijñāya paṇḍitaḥ//（17）Cf. Dhp 186；Ja ii 313.18-19.
api divyeṣu kāmeṣu ratiṃ naivādhigacchati/
　　api divyeṣu kāmeṣu sa ratiṃ nādhigacchati/
tṛṣṇākṣaye rato bhavati samyaksaṃbuddhaśrāvakaḥ//
　　tṛṣṇākṣayarato bhavati buddhānāṃ śrāvakaḥ sadā//（18）Cf. Dhp 187；Ja ii 313.20-21.
parvato 'pi suvarṇasya samo himavatā bhavet/
　　parvato 'pi suvarṇasya samo himavatā bhavet/
nālam ekasya tad vittam iti vidvān samācaret//
　　vittaṃ taṃ nālam ekasya etaj jñātvā samaṃ caret//（19）Cf. SN i 117.1-2.
yaḥ prekṣati duḥkham ito nidānaṃ kāmeṣu jātu sa kathaṃ rameta/
　　duḥkhaṃ hi yo veda yato nidānaṃ kāmeṣu jantu sa kathaṃ rameta/
loke hi śalyam upadhiṃ viditvā tasyaiva dhīro vinayāya śikṣet//
　　upadhiṃ hi loke śalyam iti matvā tasyaiva dhīro vinayāya ṣikṣet//（20）Cf. SN i 117.3-6.

なお、MSV（96.12-19）はほぼ Divy. に一致する。

(217) Tib. (168b6-8; 180a7-b2) および因縁経 (405b27-c7) では、この詩頌の後、さらにマーンダータ王の教誡が続くが、この部分がDivy. においては省略されている。

(218) amātyā janapadāś ca. Tib. はこの訳を欠く。因縁経は「国中一切人民」(405c8) とする。

(219) varṣam ekaṃ. Divy. はこれを「一年」とするが、Tib. はこれを「百年」(169a5; 180b6) とし、因縁経も「百年」(405c19) とする。倶舎論は「人間の百年 (varṣaśataṃ) が三十三天の一昼夜である」(AKBh 173.18-19) と規定しているので、varṣam ekaṃ を varṣaśataṃ に改める。

(220) tisro varṣalakṣāḥ [varṣakātmajāḥ D] ṣaṣṭiś ca varṣasahasrāṇi [varṣaśatasahasrāṇi B]. Divy. の読みに従えば、「三十六万年」となるが、これは「人間界の一年を三十三天の一昼夜」として計算した場合である。しかし注 (219) においてこの「一年」を「百年」に改めたので、それに伴い、この数字も修正を必要とする。計算を優先させれば、ここは「三千六百万年」にならなければならない。因縁経はこれを「三倶胝六百万歳」(405c21-22) とし、ピタリとこれに合う。ところがTib. は「三コーティと六万歳」(169a6; 180b7) とし、計算が合わない。よってこれを tisro varṣakoṭyaḥ ṣaṣṭiḥ ca varṣaśatasahasrāṇi と改める。

(221) tasmād ṛddheḥ paribhraṣṭaḥ. ここも本章注 (215) 同様、Tib. は「財産 ('byor pa)」(169b1; 181a3) とするが、因縁経は「神力」(405c29) とし、今度は完全に Skt. に一致する。

(222) Tib. は「大王よ、どう思うか (ji snyam du sems)」(169b2; 181a3-4) とし、傍線部が Skt. には見られない。なお、ここで「大王よ」とあるのは、根本有部律においては、すでに指摘したように、ブッダがプラセーナジット王に対して語る体裁を取っているために、出てきた呼称であり、Divy. ではこれを「アーナンダ」に代え、上手く編集している。

(223) tatra tāvan ..... -śikṣāpadāni gṛhītāni (225.23-226.11). 以下、この部分は Divy. のみの増広である。

(224) Tib. はこれを「〔プラセーナジット〕王は (rgyal po)」(169b3; 181a5) とし、因縁経も「憍薩羅国主勝軍大王」(406a5) とするが、Divy. は定型表現に代えている。

(225) bhagavān āha. Tib. はこの訳を欠くが、因縁経は「仏言」(406a7) とし、Divy. に一致。 (226) 定型句 5A (過去仏)。

(227) pratipradīyate [pratipādiyati MSS]. この語の意味は明確であるが、その形が問題だ。SPEYER は写本の読みを重視し、pratipādyate を示唆する。この方が写本の読みに近く、意味的にもよい。よって SPEYER の訂正に従う。

(228) śvaśuragṛham [svasura- MSS]. これは「義父の家に」を意味し、文脈に合わない。まずここで新郎と新婦の動きだけを整理すると、「新婦が新郎を連れて自分の家に行く。そこで新郎は贈物と新婦とを受け取り、自分の家に戻る」ということになるから、ここで「新郎が義父の家に戻った」とするのはおかしい。Tib. はここを「自分の家に」(169b7; 181b1) とし、文脈に合う。因縁経は

「乗車而帰」（406a13）とし、「自分の家」はないが、「帰」とあるので、当然自分の家に帰ったと考えられる。よって、これを svagṛham に改める。

(229) adhiṣṭhitāni tathā ..... tiṣṭhatas tiṣṭhanti（227.1–2）. 以下、同様の表現は次章にも見られる。Cf. Divy. 251.23–25.

(230) abhinivṛttāni. SPEYER（XVIII）に基づき、abhinirvṛttāni に改める。

(231) tāni vitānaṃ baddhvā. これに相当する訳は Tib. にも因縁経にもない。

(232) sugataḥ. Tib. はこれを「世間において（'gro ba'i nang du）自在者・仏になりますように」（170a3；181b4）とし、因縁経も「得仏世間自然智」（406a20）とするので、これは jagataḥ であった可能性が高い。よって、これに改める。

(233) この詩頌は次章に平行文があるが（245.26–28）、そこでは散文として処理されている。

(234) puṣpaiḥ sumanoramaiḥ. Tib. は「素晴らしい金の華」（170a4；181b5）とし、傍線部が Skt. にはない。因縁経は「悦意華」（406a22）とし、Skt. に一致する。

(235) agrabodhim. Tib. は「この最上の地位を（go 'phang mchog 'di）」（170a4；181b5）、因縁経は「無上道」（406a23）とする。

(236) tasyaiva karmaṇo ..... purī babhūva（227.12–16）. 以下、Tib. は「まさにこの福徳の異熟として、かのマハースダルシャナの都城も黄金から成り、大層美しくあり、クシャーヴァティーと呼ばれる町になった。大王よ、どう思うか。その時その折にかの組合長の息子だったのは、この私である。私は正等覚者サルヴァービブーに浄信を生じ、四宝から成る華を撒いたが、その業の異熟として、私の王宮内に、七日間、黄金の雨を降らせたのだ」（170a5–7；181b5–7）、因縁経は「仏言。大王。彼頂生王以是因故。於自宮中雨金銭七日」（406a24–25）とする。さて Tib. は傍線部を韻文とし、Divy. の tasyaiva karmaṇo ..... purī babhūva（227.14–16）にほぼ一致する。

(237) bhikṣavaḥ saṃśayajātāḥ ..... bhagavantaṃ pṛcchanti（227.17–18）. 以下、Tib. はこの訳を欠く。因縁経は「爾時勝軍大王復白仏言」（406a26）とする。

(238) Tib. は如来十号に関して「正等覚者・明行足・善逝・世間解・調御丈夫・無上士・天人師・仏・世尊」（170a8–b1；182a1–2）を出す。

(239) utkarika；none；広作。Skt. は固有名詞を出すが、Tib. は「豆を売る商人」（170b2；182a3）とし、普通名詞とする。

(240) sugataḥ. これも本章注（232）に基づき、jagataḥ に改める。

(241) Tib. はここに「その業の異熟として」（170b8；182b1–2）を置く。因縁経は「後必報応為天中主」（406b16）とし、傍線部がこれに相当しそうだが、明確なことは分からない。

(242) yo mūrdhāto rājāham eva sa tena kālena tena samayena. これに相当する訳は Tib. にも因縁経にも見られない。通常、過去物語(1)のさらなる過去物語(2)が説かれる場合、連結は一回のみであるが、このように過去物語(2)の人物を過去物語(1)の人物に連結し、さらにその人物を現在の人物に連結するのは極めて異例である。

(243) atyarthaṃ mahāphalā bhavanti mahānuśaṃsā mahādyutayo mahāvaistārikāḥ. ここには四つの項目が出てくるが、Tib. は 'bras bu dang phan yon shin tu chen po (171a1; 182b2-3) とし、後の二つを欠く。因縁経は「得大果報具大名称有大威光」(406b19) とし、最後の一つを欠いているようだ。 (244) kiṃ karaṇīyam. Tib. および因縁経はこの訳を欠く。

(245) buddhe dharme saṃghe kārāḥ karaṇīyāḥ samyakpraṇidhānāni ca karaṇīyāni. Tib. はこれを「仏・世尊に供養を捧げるべきであると学ぶべきである」(171a1; 182b3) とし、因縁経は「其有智者。於仏世尊随力所応修諸施行。如其所説当如是学」(406b19-21) とし、Tib. に近い。

第18章　母と通じ、阿羅漢を殺し、両親を殺したダルマルチ

この章では、三つの違った過去世における主人公ダルマルチとブッダとの出会いが説かれているが、いずれの物語も特徴的かつ個性的である。最初の過去物語では塔の造り方に関する詳細な記述が見られるし、二番目の過去物語は燃灯仏授記を扱うが、その白眉は第三番目である。ここではダルマルチが母と通じた後、父殺し・阿羅漢殺し・母殺しと悪事を重ね、終には精舎に火を放って多くの比丘を焼死させる放火殺人鬼になりさがっており、その業の果報として長きに亘り地獄に堕ちたことは言うまでもないが、しかしそんな彼が最後に阿羅漢になることができたのは、三帰依、あるいは「ブッダ」という声を聞くことがきっかけになっている。大乗仏教のように直ちに成仏はできないが、これは彼のような極悪人でも阿羅漢になれる可能性を示している点で、小乗的な「救い」の物語とも解釈できるのである。

このように私は聞いた。[1]ある時、世尊はシュラーヴァスティー郊外のジェータ林・アナータピンダダの園林で時を過ごしておられた。ちょうどその時、五百人ほどの商人達が品物を携え、村・市場・小村・町・王都を次第に通過し、大海の岸にやって来た。彼らは大海を渡る船を首尾よく手に入れたが、商人達は大海を見て心が動揺し、〔大海を〕渡ることができなかった。そこで商人達は船頭に、「おい君、[2]大海の長所をありのままに説明してくれないか」[3]と言った。そこで船頭は説明し始めた。

「汝等閻浮提の人々よ、聞くがよい。この大海には次のような宝がある。すなわち、宝珠・真珠・瑠璃・螺貝・碧

玉・珊瑚・銀・金・瑪瑙・琥珀・赤珠・右巻貝である。このような宝によって、自分自身・両親・妻子・男奴隷・女奴隷・人夫・使用人・友人・大臣・親類・親戚の者達を心行くまで満足させ、また時には供養に値する沙門やバラモンに対して、〔天〕上に導き、幸福をもたらし、安楽を結実させ、来世には天界に生まれさせてくれる布施を捧げたい者は、財産〔を獲得する〕ために、大海を渡れ！」

こう言われると、繁栄を望み、没落を好まぬ有情達は皆、それを聞いて大海を渡る決心をした。こうしてその船はあまりに多くの人と多すぎる荷物とで満杯になったため、その場に沈みかけたので、船頭が「〔こんな重みには〕耐えられませぬ」と言うと、商人達は言った。

「今、誰に『船から降りてくれ』と言えばよいのだろうか」

その商人達が船頭に「大海の短所をありのままに説明してくれないか」と言うと、船頭は説明し始めた。(4)

「汝等閻浮提の人々よ、聞くがよい。この大海には、次のような世にも恐ろしい大恐怖がある。すなわち、大魚の恐怖、巨大魚の恐怖、波の恐怖、亀の恐怖、〔船が〕暗礁に乗り上げる恐怖、〔船が〕水中に沈没する恐怖、水中にある〔岩〕山に〔船が〕衝突する恐怖、暴風の恐怖、また財産を強奪する青い服の海賊達もやって来る。だから自分の命を顧みず、両親・妻子・男奴隷・女奴隷・人夫・使用人・友人・大臣・親類・親戚の者達、それに麗しき閻浮提を見捨てる決心のある者は大海を渡れ！」(5)(6)

――勇敢な者は少なく、臆病な者は多い。(7)――

それを聞くと、「そうなのか、そうなのか」と口々に叫びながら、多くの者達がその船から降り、一部の者達〔だけ〕が残った。そこでその商人達は船のロープを一本切り離した。その後、順番に二本三本とすべてのロープを切り離したのである。それらが切り離されると、その船は偉大な船頭に操られ、強力な風に煽られて、空の雲が大風に煽られるように速く進み、やがて宝島に到着した。その船頭はその場所に到着した〔商人〕達に言った。

「この宝島には宝に似た〔偽物の〕水晶があるから、あなた方が閻浮提に戻った時に後悔せぬよう、吟味に吟味を重ねて〔本物を〕手に入れよ。また、この同じ〔島〕にはクローンチャ・クマーリカーという女[8]がいて、彼女達は男を捕まえると、その同じ場所で石をぶつけて〔人を〕災難に陥れる。またその同じ場所には〔人を〕酔わせる実が生（な）り、それを食べた人は七昼夜の間、眠ったままである。そしてその宝島で七日が過ぎると、非人女達は〔人の存在に〕耐えられなくなって、逆風を起こし、それによって船は運び去られてしまう。それはあたかも、目的を果たせなかった人々の〔船の〕如くに〔空しい〕。皆さんはそれを取って食べてはならぬ」

それを聞くと、商人達は心を引き締め、細心の注意を払っていた。そしてその宝島に上陸すると、苦心して宝を探し、次から次へと吟味してから宝をその船に積み込んでいったが、それはあたかも、大麦、大麦の実、ムドガ豆、黒豆を〔積み込んでいるか〕の如くであった。船を一杯にすると、彼らは閻浮提に向かって吹く順風に乗って[9]出発した。

――さて大海には三層に分かれて生物が住んでいる。第一〔層〕には、百ヨージャナ、二百・三百〔乃至〕七百ヨージャナ[10]の体をした〔魚〕がおり、第二層には、八百ヨージャナの体、九百・千乃至千四百ヨージャナの体をした〔生物〕が、第三層には千五百ヨージャナ乃至二千百〔ヨージャナ〕の体をした〔生物〕がいる。

そしてその大海の魚達は互いに互いを食べ合う。第一地に住む〔魚〕達は第二地に住む〔魚〕達に食べられ、第二地に住む〔魚〕達は第三地に住む〔魚〕達に食べられる。そこにはティミンギラと呼ばれる〔怪〕魚が第三の水層から浮かび上がってきて、上方の水層[11]に依って泳ぎ回る。奴が口を開ける時、大海から水が凄まじい勢いで引き込まれ、〔開いた〕口めがけて押し寄せる。その水の塊に引き込まれた魚・亀・怪魚・鰐・マカラ魚[12]等の魚の類は、〔奴の〕口から腹に落ちていく。このように泳ぎ回っている奴の体のうち、頭は遠くからだと天まで届く山のように見て取れる。また奴の両目は遠くからだと空に〔輝く〕二つの太陽のように見て取れる。――

かくして、その商人達が遠くから〔辺りを〕見渡し、その大海の様子を見渡して考え始めた。〈おい皆、あの太陽が二つ昇っているのは、一体何だ〉と。彼らがそう考えていると、その船はそれの口めがけ、急激に吸い込まれ始めた。船が[13]急激に吸い込まれていくのを見、〔また〕二つの太陽が昇っているのを考えると、彼らは背筋が寒くなった。

「おい皆、この世の終わりには[14]七つの太陽が出現[15]するというのを聞いたことがあるだろう。今、ちょうどその太陽が現れたのかもしれないぞ！」

そこで船頭は疑念を生じた彼らに言った。

「皆、ティミンギラのことを聞かれたことがあろう。これがティミンギラの恐怖だ。皆、あれを御覧なされ。水〔面〕から浮かび上がった山のようなものが見えよう。あれが奴の頭だ。また他にも赤珠の連なりが見えよう。あれが奴の両唇だ。他にもまた、あの白い花環が見えよう。あれが奴の歯列だ。あれを御覧なされ。遠くからだと太陽のように見えるが、あれが瞳だ」

さらにその船頭は商人達に言った。

「皆、お聞きなされ。今や我々がこの恐怖から逃れ得るような生き残りの方法は我々に一つもない。我々全員に死が近づいている。では今、皆さんはどうすればよいのか。祈願によってこの大恐怖から我々を救って下さる神が誰かいるなら、あなた方の中でそのような神を信仰している方は、それに祈願せよ。それ以外に生き残る方法は何もない」

すると死の恐怖に戦(おのの)く商人達は、シヴァ・ヴァルナ・クヴェーラ・偉大なインドラ・インドラの従〔神〕等の神々に対し、命を守ってもらおうと祈願し始めた。しかし彼らがいくら祈願しても、〔神が〕その死の恐怖から特に命を守ってくれるようなことは何もなく、相変わらずその船は水の勢いで押し流され、ティミンギラの口めがけて吸い込まれつつあった。[16]

さてそこには一人の優婆塞が乗っていたが、彼が言った。

「皆、我々はこの死の恐怖からまったく逃れられそうにない。全員死ぬに違いない。しかし全員で声を合わせて『仏に帰命いたします』と叫ぼうではないか。どうせ死ぬなら、仏を念の対象として死のう。善趣に行けるかもしれぬ」

こうしてその商人達は声を合わせて「仏に帰命いたします」と〔言い〕、全員で平伏(ひれふ)した。すると、ジェータ林におられた世尊は超人的で清浄な天耳〔通〕でその声を聞かれた。そして聞かれると、世尊はその声をティミンギラに聞こえるように加持された。その「仏に帰命いたします」という叫び声を聞くと、奴には忍耐の心が湧き起こり、〔商人達を呑み込むのを〕躊躇(ためら)った。〈おお、仏が世に出現されたのか！「仏・世尊に帰命いたします」という叫び声を聞いておきながら、私は〔彼らを〕食物として食べてはいけない〉と。〔ティミンギラ〕は〔さらに〕考え始めた。〈もしも私が今、突然口を閉じたら、船は水の勢いで押し戻されて難破するし、彼らの多くは命を落としてしまう。いざ私はゆっくりとした動作で、じわじわと口を閉じよう〉と。

こうしてティミンギラはゆっくりとした動作で、じわじわと自分の口を閉じていった[17]。その後、船はその大きな怪魚の口から逃れ、順風に乗って岸に到着したのである。さてその商人達は岸に着くと、宝物を荷車・駱駝・牛・驢馬等にぎっしりと積み込み、村・市場・小村・町等を次第に通過してシュラーヴァスティーに到着した。彼らはそこに行くと考えた。〈船はあのお方の御名〔を称えること〕によって航海を成功させて戻ってきたのであるから、そのお方にこそこれらの宝物をお渡しするのが道理というもの。いざ我等はこれらの宝物を仏・世尊に布施しよう〉と。

彼らはその宝物を持つと、次第して世尊のもとに近づき、世尊の両足を頭に頂いて礼拝すると、世尊に申し上げた。

「世尊よ、我々が大海を船で渡っていると、怪魚ティミンギラのせいでその船は流され、死に直面した時、一心に世尊を念じ、御名を称えましたところ、〔船〕はその大きな怪魚の口から逃れられました。こうして、世尊よ、我々は航海を成功させ、平穏無事にここへ戻ってきたのです。船は〔仏の〕御名〔を称えること〕によって航海を成功させて戻ってたのですから、それ〔宝物〕はそのお方にお渡しするのが道理というもの。また我々は世尊の御名を称えることで死の恐怖から救われたのですから、我々のこの宝物は世尊が納受されるべきでございます」

世尊は言われた。

「私は〔五〕根・〔五〕力・〔七〕菩提分という〔真の〕宝物を証得しているのに、如来にとって〔そんな〕陳腐な宝物が何になろう。愛し子達よ、もしも我々の教えに従って出家することを望んでいる者は来るがよい」

そこで彼らは考えた。〈皆、我々が命拾いをしたのも、すべて仏・世尊の威光があってのことだ。だから我々はこれらの宝物を捨て、世尊のもとで出家しよう〉と。

後で彼らはその宝物を、両親・妻子・男奴隷・女奴隷・人夫・友人・大臣・親類・血縁の者達に、文句の出ないように分配すると、出家した。出家すると、彼らは勤め励み精進して、―乃至― 阿羅漢性を証得した。

すると、疑念を生じた比丘達は、あらゆる疑念を断じて下さる仏・世尊に尋ねた。

「世尊よ、あの商人達は、いかなる業を為し積み上げたがために、その業の異熟として世尊を悦ばせ、不快にさせることがなかったのですか(18)」

世尊は言われた。

かつて比丘達よ、正等覚者カーシャパが世に出現した。そして彼の教えに従って、その同じ彼らは出家した。そこで出家したものの、いかなる徳の集まりも(19)獲得しなかった。ただ同行者達が口にし、暗唱し、自ら読誦した〔教え〕を除いては。彼らは死ぬ時にこのような誓願を立てた。「我々は正等覚者カーシャパに師事して〔彼の教えを〕口にし、暗唱し、自ら読誦したが、いかなる徳の集まりも獲得しはしなかった。〔しかし〕この業の異熟として、我々は正等覚者カーシャパが授記されたシャーキャムニと呼ばれる正等覚者を未来世において悦ばせ、不快にさせることがないように」と。

世尊は言われた。

「比丘達よ、どう思うか。過去世に正等覚者カーシャパの教えに従って出家した五百人の比丘こそ、これら[20]五百人の比丘達である。そしてあの時、彼らの諸根が成熟したために、今、阿羅漢性を証得したのだ。一方、「仏」という声を聞いて〔商人達を〕食べるのを躊躇った、大海のティミンギラと呼ばれる巨大魚は、生まれつき食欲が旺盛だったので、飢えの苦痛に耐えられずに死没し、臨終を迎えたが、〔その後〕彼は、シュラーヴァスティーの、六業に専念するバラモンの家に再生した。〔さて〕彼のその体だが、死体は大海に浮かび上がってきた。そして自分の住処の近くに漂っていた〔死体〕の〔悪〕臭に耐えきれなくなった龍達が〔それを〕別の場所に放り投げた。それが放り投げられた所の近くにも同じ龍の住処があり、彼もまた〔悪〕臭に耐えられず、別の場所に〔それを〕放り投げた。こうして次から次へと放り投げられ、その死体は〔ついに〕大海の岸に運ばれてきた。その後すぐに〔満ち〕潮に押し上げられ、陸地に打ち上げられたのだ。そしてそれを多くの鳥・禿鷹・犬・ジャッカルといった肉食獣等や鳥達、さらに虫達がそれぞれに這い上がってきて食べているうちに、真っ白の骨・頭蓋骨・腐った肉が残ったのである」

さて、このシュラーヴァスティーに住む[21]、そのバラモンの妻が妊娠したちょうどその時[22]、彼女に胎児が宿ったことで、彼女は空腹の苦痛に激しく苛まれながら、「あなた、お腹が空いて苦しいの」と主人に告げた。このように彼女が言うと、主人は「さあ、お前、我が家にあるすべての飲食物を食べなさい」と言った。彼女は食べ始めた。彼女はその飲食物をすべて平らげたが、一向に満足しなかった。再び主人に「あなた、ちっとも満腹になりませんわ」と言った。そこで彼は近くに住む隣人・友人・親類の者達のもとから飲食物を乞い求めて彼女に与えた。彼女はそれも平らげたが[23]、一向に満腹感が得られなかったので、再び主人に言った。

「あなた、ちっとも満腹になりませんのよ」

このようなわけで、そのバラモンは心を動揺させ、〈皆、彼女の腹に子供が誕生したが、その誕生が原因で彼女が満腹にならないなんて、これは一体どうしたことだ〉と落胆してしまった。そのバラモンは謎を解くために〔妻を〕占い師達に見せ、医者等の霊能者達に〔尋ねた〕。

「皆さん、診てくれ。妻は大病を患ってしまったのか。あるいは霊に憑依されてしまったのか。それとも他〔に原因〕があるのか。この症状よりすれば(24)、彼女に死相が現れたのだろうか」

〔そう〕聞かされて、彼らはそれなりの治療を施したが、そのバラモンの妻の諸根に何の異常も認めなかった。彼女の諸根に何の異常も認めなかったので、その医者・占い師・霊能者・治療者達はそのバラモンの妻に「あなたは何時からそんなに食欲旺盛になったのですか」と訊くと、彼女は「妊娠すると同時に、こんな症状が現れたのです」と答えた。そこで占い師・学者・治療者達は言った。

「何か特別にそのような病気が彼女にあるのではなく、霊の憑依による病状(25)が生じたのでもない。胎児のせいで、あれほど食欲旺盛になったのだ」

こうして事の次第を知ったバラモンは安心したが、その妻はいかなる時も飲食物によって満腹感を得ることは決してなかった。次第して臨月になると、息子が生まれた。その子が生まれるや否や、バラモンの妻の空腹の苦しみはおさまった。その子は生まれるなり大変な空腹感に苛まれ、空腹感に苛まれている彼に母は乳を与え始めたが、その子は乳を飲んでも、まったく満足しなかった。後にそのバラモンと妻とは、近くに住む隣人や親類の者達の中の若い女達(26)にお願いし、その子に乳を含ませてやった。しかしその子は彼女達全員の乳を吸っても、満腹にはならなかった。後にバラモンは、子供のために牝羊を購入した。その子はその牝羊の乳も人間の乳も含んだが、まったく満足しなかった。

〔さて〕時々、比丘達や比丘尼達が乞食のためにその家に入っては説教をしていたので、その子はその説教を耳にし、その間は泣かずに聞き耳を立て、黙ってその法話を聞いていた。そして比丘達や比丘尼達が帰ってしまうと、再び喉の渇きによる苦に苛まれて泣き出した。〈おお、この〔子〕は法を悦んでいる！〉と彼らは考え、彼はダルマルチ（法悦）と命名された。

さてその子は、半月、一ヶ月と、次第に時が過ぎても食べてばかりで、飲食物に満足した時など一度もなかった。また特定の年齢になると、両親は彼に乞食用の器を与えた。

「さあ、坊や、お前はこの乞食用の器を持ち、シュラーヴァスティーを歩き回って乞食し、食事をしておいで」

そこでその子は乞食用の器を持ち、シュラーヴァスティーを歩き回って乞食した。歩き回って食べに食べたが、満足せぬまま家に戻ってきた。そこで彼は考えた。〈私はいかなる業を為し、その業の異熟として、何時まで経っても満足する食物が得られないのだろうか〉と。彼はがっかりして考え込み始めた。〈私は火の中に身を投じようか、あるいは水の中に身を投じようか、はたまた投身〔自殺〕をしようか〉と考えながら立ち竦んでいる彼を、優婆塞が見た。彼は〔ダルマルチ〕に言った。

「君はどうしてそんなに塞ぎ込んでいるのだ。さあ、君は大神通力・大威神力を持つ偉大なブッダの教えに従って出家しなさい。そしてそこで出家し、善法を積めば、今生で積み上げられた不善法は減少するだろう。もしも徳の集まりを確実に獲得したならば、君の輪廻も終わるに違いない」

さて優婆塞に激励されたその人格者（ダルマルチ）はジェータ林に行った。ジェータ林に行くと、そこで〔経典の〕暗誦・読誦・作意に専心する比丘達を見て激しい浄信を生じた。彼はある比丘に近づくと、こう言った。

「聖者よ、出家したいのです」

すると比丘が「両親の許可を貰ってきたかい」と尋ねたので、彼は「私は両親の許可を貰っていません」と答えた。彼らは彼に言った。

「さあ、愛し子よ。両親に許可を貰ってきなさい」

こうして彼は両親のもとで許可を求めると、両親は「さあ、愛し子よ、思ったとおりにおし」と言ったので、彼は許可を得て比丘のもとに戻り、次いで比丘は彼を出家させた。

――さてそこにいる比丘達は、ある時は乞食し、ある時は〔信者に〕招待されるのである。――

乞食に出掛けた日、彼は師匠に「愛し子よ、満腹になったかね、ならなかったかね」と訊かれたので、彼は師匠に「満腹になりません」と答えた。そこで師匠は彼について〈年若くして出家した彼は、食欲が旺盛なために、満腹にならないのだ〉と考えた。彼は乞食で得た自分の食物からも〔ダルマルチの分を〕分け始めた。そして再び「愛し子よ、今度は満腹になったか」と尋ねると、彼は師匠に「満腹になりません」と答えた。

こうして、師匠はそれを聞くと、仲のよい他の共住比丘達に声をかけ始めた。同輩の師匠、同輩の教師、そして他にも仲のよい比丘達が〔食物を〕集め始めた。彼らのもとから〔食物を〕貰っても決して満腹にならなかった。また〔信者に〕招待されて食事をする時もまったく同様に、彼らは彼のために〔食物を〕集めた。施主も〔それに〕気づき、彼のためにおかわりを次から次へと献上しにやって来た。飲物を出す時もまったく同様に、おかわりを彼に献上した。しかし、その出家者は一時たりとも飲食物で腹を満たすことはなかった。

さてある時、ある長者がブッダを上首とする比丘の僧伽を招待した。世尊は午前中に衣を身に着け、衣鉢を持つと、比丘の僧伽と共に〔長者の〕屋内に入られたが、ダルマルチは精舎で物品の管理をするように仰せつかっていた。さてそのシュラーヴァスティーにはある長者が住んでいたが、彼は〈ブッダを上首とする比丘の僧伽に食事を出す者は、たちどころにして財産を増やすのだ〉と考えた。かくして、彼は五百人分の比丘の食物を用意し、超美味で清浄な食物を自分の荷車に積み込み、あらゆる種類の〔必需品〕を携えると、友人や親戚の者達を従者とし、〈私は、仏を上首とする比丘の僧伽に食事を差し上げよう〉と精舎に向かって出ていったが、当のジェータ林には比丘達がまったくいないのに気がついた。彼がそこらを彷徨（さまよ）っていると、物品の管理をしていたダルマルチを見た。長者は彼に言った。

「聖者よ、比丘達はどこに行かれたのですか」

　彼は言った。

「食事の招待を受け、〔信者の〕屋内に入られました」

　長者はそれを聞くと、がっかりしてしまった。〈残念なことだ。これでは我々の骨折りも無駄になってしまった〉と考えると、ダルマルチに「聖者よ、とにかくあなただけでも召し上がって下さい」と言うので、彼は「立派なお方よ、もしもあなたが下さるのなら」と答えた。そこで長者は〔食事の量を〕考え、一人の比丘に充分なだけの飲食物を荷車から取ってきて、ダルマルチに給仕し始めた。ダルマルチが食べ始めると、それはすっかりなくなったが、満腹にはならなかった。長者は〈彼は満腹ではない〉と考え、「聖者よ、まだお食べになりますか」と言うと、彼は「立派なお方よ、もしもあなたが下さるのなら」と答えた。そこで長者は、さらに荷車から比丘二人に充分なだけの食物を取り出して給仕し始めた。こうしてダルマルチはそれも食べたが、まったく満腹にはならなかった。長者はさらに〈彼は満腹ではない〉と考えて、「聖者よ、まだお食べになりますか」と言うと、彼は「立派なお方よ、もしもあなたが下さるのなら」と答えた。

　こうして荷車から飲食物を取り出して、比丘三人に充分〔な量〕を再び給仕し始めた。ダルマルチはそれも食べたが、まったく満腹にはならなかった。「聖者よ、まだお食べになりますか」と尋ねられると、彼は「もしもあなたが下さるのなら」と答えた。こうして長者は〔荷車〕から飲食物を取り出して、比丘四人に充分〔な量〕を再び給仕し始めた。ダルマルチはそれも食べたが、まったく満腹にはならなかった。「聖者よ、まだお食べになりますか」と尋ねられると、彼は再び「もしもあなたが下さるのなら」と言った。こうしてまた五人の比丘が飲食すれば満足する分量を荷車から取って給仕し始めたが、それを食べてもまったく満腹にはならなかった。―乃至―　十人の比丘が飲食

434

すれば満足する分量を取って給仕し始めたが、〔それを〕食べても満腹にはならなかった。そこで彼は考えた。〈奴は人間ではない。人間に化けているのだ。そう言えば、ジェータ林にはニーラヴァーサスの〔従者である〕五百の夜叉によって占領されてしまったと聞いたことがある。奴はその一人に違いない〉と。こう考えると、子供達を家に帰し始めた。「お前達は早く家に帰れ！　生きるか死ぬか〔の目に合うの〕は私だけで沢山だ」と。

彼は身内の者達も帰し、死の恐怖に脅えながらも、その荷車から飲食物を取り出して給仕し始めると、彼は遠慮なく食べた。長者は「聖者よ、大急ぎで受け取って下さい」と言った。そこでダルマルチは早く受け取って食べ始めた。長者は大急ぎで給仕すると、その食物を荷車ごと残らず渡してしまい、恐怖に襲われていたために、布施〔の果報〕が廻向されるのも聞かず、大急ぎで「〔では〕聖者よ」と挨拶し、後を振り向くことなく都城に直行した。

その都城から乞食で得た食物を持ち帰った比丘がいたが、〔ダルマルチ〕は彼の食物も取り去り、それも平らげてしまった。生まれてこの方、ダルマルチは何時も満腹になったことがなかったが、その日は彼の食物で満腹になった。

さてその長者が都城に入ろうとしていた時、比丘の僧伽に取り囲まれてやって来る世尊と鉢合わせになった。長者は世尊に申し上げた。

「世尊よ、私は〈仏を上首とする比丘の僧伽に食事を差し上げよう〉と、仏を上首とする比丘の僧伽のために、五百人の比丘を満足さるほどの飲食物を荷車に積み込み、ジェータ林に出掛けました。しかしそこに比丘の皆さんはおられず、私は一人の比丘を見かけただけでした。彼は『仏を上首とする比丘の僧伽は食事に招待され、〔信者の〕屋内に入られました』と言うのです。この私はこう考えました。〈とりあえず、この方一人だけでも食べて頂こう〉と。こうして私は彼に〔最初は〕徐々に、〔最後には〕そのすべての飲食物を荷車ごと差し上げましたが、彼は完全にすべて平らげてしまったのです。世尊よ、彼は人間なのですか、はたまた人間ではないのですか」

世尊は言われた。

「長者よ、あれはダルマルチと呼ばれる比丘だ。喜びなさい。今日、彼はお前の飲食物に満足し、阿羅漢性を証得するだろう」

その後、世尊はジェータ林に戻られた。世尊は〈毎日、それほど沢山の食物で、あのダルマルチを扶養しようとするあの施主は〔将来〕何になるのだろうか〉と考えられた[30]。それから世尊が「ダルマルチよ、お前は大海を見たことがあるか」と言われると、彼は「世尊よ、ございません」と答えた。そこで世尊は言われた。

「私の衣の裾を摑むがよい。そうすれば私はお前に大海を見せてやろう」

こうしてダルマルチは世尊の衣の裾を摑んだ。すると、心を起こすと同時に世尊は翼を広げた白鳥の王のように〔空高く舞い上がり〕、ダルマルチを連れ、神通力で大海の岸に到着した。そして彼がティミンギラという怪魚だった時の骸骨がある場所に彼を連れて行き、〔そこに〕立たせて彼に「さあ、愛し子よ、作意して考えてみよ」と言った。そこでかのダルマルチはそれ〔骸骨〕について熟慮し始めた。〈これは何だ。木材か、骸骨か、あるいは木の板であろうか〉と。彼はそれがはっきりと分からず、〔その〕先端を調べ始めたが、はっきりと分からなかった[31]。彼はあちこちとそれに沿ってそれを調べているうちに疲れてしまい、〔それが〕どこまであるかは分からなかった。彼はこう考えた。〈これが一体何であるかはっきりと知ることはできない。また〔この〕端に辿り着くこともあるまい。私は戻り、そのことについて世尊にお尋ねしよう〉と。

こうして彼は世尊のもとに行き、世尊に尋ねた。

「世尊よ、これは一体何なのですか。私にはそれがはっきりと分かりませんでした」

そこで世尊が彼に「愛し子よ、骸骨である」と言われると、彼は「世尊よ、このような骸骨が〔この世の〕生物なのですか」と訊くので、世尊は答えられた。

「ダルマルチよ、生存〔を繰り返すこと〕には〔もういい加減に〕愛想をつかすがよい。生存のための資具には〔もうぃい加減に〕愛想をつかすがよい。これはお前の骸骨だ」

その世尊の言葉を聞くとダルマルチは心を動揺させ、「こんなものが私の骸骨なのですか！」と言うと、〔世尊は〕彼に「ダルマルチよ、これはお前の骸骨なのだ」と言われた。そのように〔真実を〕聞かされると、彼はひどく動揺してしまった。[32]そこで世尊は彼に「ダルマルチよ、これこれのことを作意するがよい」と教誡を与えた。こう言われると、世尊は翼を広げた白鳥の王のように〔空高く舞い上がり〕、神通力でジェータ林に到着された。

さてダルマルチは熟慮し、作意を修しながら、煖位・頂位・忍位・世第一法へと進み、見道・修道〔によって〕預流果・一来果・不還果を獲得した後、阿羅漢性を獲得して阿羅漢となった。三界の貪を離れ、土塊も黄金も等しく、虚空と掌とを等しく見る心を持ち、斧〔で切られて〕も栴檀香〔を塗られて〕も同じことで、[33]貪愛と憎悪とを断滅し、智で[34]〔無明の〕殻を破り、〔三〕明・〔六〕通・〔四〕無礙解を獲得し、有・利得・貪・名声から顔を背け、インドラ神やインドラ神に付き従う神々に供養され、恭敬され、礼拝される者となったのである。[35]

彼は自分の前世について考え始めた。〈一体私はどこから死没し、どこに生まれ変わったのか〉と。何百という〔自己の〕生涯を見渡すと、〔その間ずっと〕地獄・畜生・餓鬼〔界〕で生まれ変わり死に変わりしていた。彼はこう考えた。〈もしも世尊が私のことを考えて下さらなかったならば、私は未来世でも輪廻していたところであった〉と。

こうして〔ブッダに値遇しなかった時に〕自分の来世の生の相続〔がどうなっていたか〕を見てみると、どこまでも途切れることなく無間に地獄・餓鬼への再生へと繋がっていた。彼はそう考えると、〈ああ、世尊は私に何となし難いことをして下さったのか！　たとえ世尊が私一人だけのために、無上正等菩提を得られたとしても、それは実に大いなる恩寵だ。何千もの有情達が悪趣に堕せんとするのを阻止して下さることは言うに及ばぬ〉〔と思った。〕

こうしてダルマルチは、世尊に見える（まみえる）ために、神通力でジェータ林に向かった。ちょうどその時、世尊は何百もの比丘の衆会の前に坐って法を説いておられた。その時、ダルマルチは世尊に近づいた。近づくと、世尊の両足を頭に頂いて礼拝し、一隅に坐った。一隅に坐った〔ダルマルチ〕に世尊が「ダルマルチよ、久しぶりであるな」と言われると、ダルマルチは「世尊よ、お久しぶりでございます」と答えた。世尊が〔また〕「ダルマルチよ、実に久しぶりであるな」と言われると、ダルマルチも〔また〕「世尊よ、実にお久しぶりでございます」と答えた。世尊が〔さらにまた〕「ダルマルチよ、実に誠に久しぶりであるな」と言われると、ダルマルチも〔さらにまた〕「世尊よ、実に誠にお久しぶりでございます」と答えた。そこで疑念を生じた比丘達は、あらゆる疑念を断じて下さる仏・世尊に尋ねた。

「世尊よ、まさにこのシュラーヴァスティーに生まれ、この同じシュラーヴァスティーで出家し、どこから来たわけでもなく、どこに行ったわけでもなく、この同じ場所にじっとしていたのに、世尊はダルマルチに『ダルマルチよ、久しぶりであるな。ダルマルチよ、実に久しぶりであるな。ダルマルチよ、実に誠に久しぶりであるな』と言われました。世尊は何を密意して〔そう〕言われたのですか」

こう言われて、世尊は比丘達に告げられた。

「比丘達よ、私は〔彼の〕現在を密意して言ったのではなく、過去を密意して言ったのだ。私は〔彼の〕過去を密意してそう言ったのである。比丘達よ、ダルマルチの過去における業の顛末に関して、法話を聞きたいか」

「世尊よ、〔今や〕その時です。善逝よ、〔今こそ〕その折です。世尊はダルマルチに関して、比丘達に法話をして下さい。比丘達は世尊に耳を傾け、〔それを〕心に留めるでありましょう」

比丘達よ、かつて過去世の最初の阿僧祇〔劫〕に、クシェーマンカラと呼ばれる如来が世に出現した。彼は明行足・善逝・世間解・無上士・調御丈夫・天人師・仏・世尊であった。そして彼は王都クシェーマーヴァティーに身を寄せて時を過ごしていた。さてそのクシェーマと呼ばれる王が政治を司っていた。またその王都クシェーマーヴァティーには、ある商人の組合長が住んでいた。三ヶ月間[36]、彼は比丘の僧伽と共に正等覚者クシェーマンカラに対し、あらゆる資具で奉仕した。その時、その組合長は考えた。〈品物を携えて大海を渡ろう。そしてそこから宝を持ち帰り、〔今度は〕五年間、僧伽に奉仕しよう〉と。こう考えると、彼は品物を携えて村・市場・小村・町・都を順次通過し、大海に到着すると銅鑼を鳴らし、大海を渡る船で大海を渡った。彼が大海を渡っている時、正等覚者クシェーマンカラは仏としての義務をすべて果たすと、無余なる涅槃界に般涅槃した。彼が般涅槃すると、自己を調御した比丘達〔も〕般涅槃した。般涅槃した彼の教えは七日後に消えてしまった。

さて神や精霊の加護もあり、その組合長は航海を成功させて大海から帰航した。上陸すると、順次、その宝物を荷車・駱駝・牛・驢馬に積み込んで出発した。そして彼は道を進みながら、「皆さん、王都クシェーマーヴァティーには、クシェーマンカラと呼ばれる正等覚者がおられるか」と訊くと、「その世尊・正等覚者クシェーマンカラなら般涅槃された」と彼らは答えた。彼はそれを聞くと強い衝撃を受け、気絶して大地に倒れた。その後、水を掛けられると息を吹き返して正気に戻り[37]、再び立ち上がって「皆さん、世尊はともあれ、彼のお弟子さん達は御存命か御存知かな」と尋ねると、彼らは答えた。

「自己を調御した比丘達も般涅槃された。そして仏・世尊クシェーマンカラが般涅槃されて七日後、その教えも消えてしまった。クシェーマ王は、正等覚者クシェーマンカラのために、さえない塔を建てられたよ」

そこで組合長は〔王都に〕戻り、人々に「皆さん、かの仏・世尊のために何らかの塔が建立されたのか」と尋ねると、彼らは「クシェーマ王はさえない塔を建てられたよ」と答えた。彼はこう考えた。〈私は正等覚者クシェーマンカラのためにこの黄金を持ち帰ったが、彼は般涅槃されてしまった。いざ私はちょうどこの黄金でかの仏・世尊のためにもっと素晴らしい塔を建立しよう〉と。こう考えると、彼はクシェーマ王に奏上した。

「大王よ、私は正等覚者クシェーマンカラのためにこの黄金を持ち帰りましたが、世尊は般涅槃されておりました。大王よ、今もしもあなたがお許し下されば、私はこの黄金で世尊のためにもっと素晴らしい塔を建立したいのですが」

王は彼に「好きなようにするがよい」と言った。この後、都城の近くに住んでいたバラモン達は皆集まって来て、その偉大な組合長のもとに行くと、言った。

「おい、偉大な組合長よ、クシェーマンカラ仏が世に出現する前は、我々が世間に供養されるべき存在であったが、彼が出現するや、彼が〔世間に〕供養されるべき存在となった。しかし今や彼は般涅槃したのであるから、我々こそが供養されるべきである。その黄金を我々によこせ」

彼が彼らに「私はお前達にこの黄金をやるつもりはない」と言うと、彼らは「もしも我々にくれないのなら、我々もお前の願い事を叶えてやらないからな」と言った。そのバラモン達は大勢であったが、組合長には少しの従者しかいなかったので、このように彼らに反対されると、彼は思いどおりにその黄金で塔を建立することができなかった。そこで、組合長は王のもとに行って訴えた。

「大王よ、バラモン達のせいで思いどおりにその塔を建立することができません」

そこで王は彼に自分の家来である一人当千の猛者を与えた。そして自分の家来にこう命じた。

「もしこの偉大な組合長が塔を建立している時に誰かが邪魔したら、お前はそいつを大きな棍棒で懲らしめてやれ！」

「畏まりました、大王よ」と、一人当千の猛者は王に同意して出ていった。そして出ていくと、そのバラモン達にこう言った。

「お前達よ、よく聞け。私は王に『あの偉大な組合長が塔を建立している時に誰かが邪魔したら、お前はそいつを大きな棍棒で懲らしめてやれ』と遣わされた、あの組合長の下僕だ。もしもお前達を大きな棍棒で懲らしめてやるからな！」

そんな一人当千の猛者の〔言葉〕を聞くと、バラモン達は怖じ気づいてしまった。

一方、偉大な組合長は〈この黄金はその中心部に納まるようにしよう〉と考えると、その塔の四方すべてにそれぞれ階段を作り始めた。—乃至— 順番に第一の基壇、それから次に第二、それから第三の基壇、さらには続いて覆鉢(ふはつ)が〔作られた〕。そのような塔の覆鉢は傘竿(さんかん)[38]が内部から姿を現した辺りに作られた。その後、そのできたての覆鉢の上に平頭(ひょうず)が作られ、次いで標柱が建てられ、樋には大きな珠宝が取り付けられた。さてそこに〔塔が〕作られている時、下僕である一人当千の猛者は、〈今これに危害を加える者は誰もいないだろう〉と考えると、安心して、ある所用のため地方に出掛けていった。

一方、その偉大な組合長はその塔の四面に〔全部で〕四つの門衛室を作らせ、〔また〕四面に四つの大塔を作らせた。すなわち、生誕・正覚・転法輪・涅槃〔塔〕である。またその塔の中庭には宝の石が積まれた。そして四方には、四つの付属の建物が作られ、四方に沿って蓮池も作られた。そしてそこには水中に生息する様々な花が植えられた。すなわち、芳しく甘美な香りを漂わせる青蓮華・黄蓮華・赤蓮華・白蓮華であった。さらに蓮池の岸辺には陸地に生息する様々な花が植えられた。すなわち、あらゆる季節に応じて花や実を付けるアティムクタカ・チャンパカ・パータラー・ヴァルシカー・マッリカー・スマナス・ユーティカー・ダートゥシュカーリン樹の花である。[39]

塔を供養するため〔塔の付近に〕常駐を命じられた塔奴が施与され、[40]螺貝や太鼓といった楽器も寄贈された。そしてその塔を香・焼香・花環・抹香で供養する人達が〔あち〕こちの町や領土からやって来て、香・焼香・花環・抹香でその塔を供養した。そしてもしも南風が吹けば、〔その〕南風によって〔運ばれる〕あらゆる種類の花の香りで、その塔と〔塔〕の中庭は満たされ、生気を帯びる。同様に西風が吹けば、次第にまた吹いてきた風によってその塔と

〔塔の〕中庭は、種々の香や花環で満たされ、生気を帯びるのである。

さてあらゆる種類のもので飾られ完成したその塔に、一人当千の猛者が戻ってきた。彼はあらゆる種類のもので飾られ完成したその塔を見ると、「この塔に供養を捧げると、何が得られるのだ」と言うので、組合長は仏の実例を挙げ始めた。

「〔仏〕のように三阿僧祇〔劫〕の間、精進し、努力すれば、無上菩提が得られる」

彼はそれを聞くと、意気消沈し、やる気をなくし、「私に無上正等菩提を得ることなどできぬ」と言った。そこでその組合長は〔次に〕独覚の実例を挙げ始めたが、同様に一人当千の猛者は、その特質ならびに実例を聞いても心を落ち込ませて、「私はその独覚の悟りさえも得られそうにない」と言った。そこで偉大な組合長は、声聞の特質や実例を挙げ始め、「せめてそれにでも心を向けよ[41]」と言った。そこで一人当千の猛者が「偉大な組合長よ、一体あなたはどの悟りに〔心を〕向けられたのか」と言うと、偉大な組合長は「無上菩提に心を発したのだ」と答えた。一人当千の猛者は言った。

「もしあなたが無上菩提に心を発されたのなら、私はあなたの声聞になろう。あなたは私の面倒を見て下さらぬか」

そこで組合長は彼に言った。

「ああ、お前は実に多くの過失を犯してきた。しかしながら、お前は『仏が世に出現された』という声を聞けば、〔仏を〕思い出すように！」

さて、その組合長はその塔を作り終えると、〔塔を〕繁々と眺めながら、〔仏に見立てられた塔の〕両足に平伏して[42]誓願した。

「この偉大なる布施により、我は世間において自在者・仏とならん。そして我は〔自ら〕渡り、過去の勝者の王達が渡せざりし大群集を〔彼岸に〕渡さん[43]」

世尊は言われた。

「過去世の組合長こそ、この私であり、その時は菩薩行に専念していたのである。その時その折の一人当千の猛者こそ、このダルマルチである。こうして私は、最初の阿僧祇にこのダルマルチと会っていたのだ。それを密意して、『ダルマルチよ、久しぶりであるな』と言ったのだ。だからダルマルチ〔もそれを〕知って、『世尊よ、お久しぶりでございます』と答えたのである」

さて[44]第二〔の阿僧祇劫〕に、ディーパンカラと呼ばれる正等覚者が世に出現した。彼は、明行足[45]・善逝・世間解・無上士・調御丈夫・天人師・仏・世尊であった。ある時、正等覚者ディーパンカラは、地方を遊行しながら、王都ディーパーヴァティー[46]に到着した。王都ディーパーヴァティーでは、ディーパ[47]と呼ばれる王が政治を司っていた。そこは栄えて繁盛し、平和で食物に恵まれ、多くの人々で賑わっていた[48]。そこでディーパ王は、正等覚者ディーパンカラが意を決して都城に入られたので、〔彼を〕招待した。さてそのディーパ王にはヴァーサヴァと呼ばれる隣国の王がいたが、〔ディーパ王〕は〔ヴァーサヴァ王〕に使者を送った。「おいで下さい。正等覚者ディーパンカラが意を決して〔我が〕都城に入られたので、私は〔彼を〕招待しました。我々は彼を供養しましょう」と。

その時、ヴァーサヴァ王は十二年間祭式を挙行し、祭式の終わりに王は五つの大いなる供物を用意した。すなわち、(1)黄金の水差し、(2)黄金の杯、(3)四宝から成るベッド、(4)五百カールシャーパナ、(5)あらゆる飾りで荘厳された少女、である[49]。

ちょうどその時、他の地方には二人の青年僧が住んでいた。そして彼らは師匠[50]からヴェーダを学んでいた。二人は〈先生には先生に〔相応しい〕施物を、師匠には師匠に〔相応しい〕施物を献上するの当然だ〉と考え、思案していた。そして二人は、「ヴァーサヴァ王は祭式の終わりに〔王は〕五つの大いなる供物を用意され、〔ヴェーダを〕暗誦することのできるバラモンが〔それを〕貰える」と聞くと、二人はこう考えた。〈我々はそこに行ってその供物を頂こう。我々以上に多聞で〔ヴェーダを〕暗誦できる者などいないはずだ〉と考えると、ヴァーサヴァ王の大都城に向けて出発した。その時、その王に神が告げた。

「スマティ[51]とマティ[52]という二人の青年僧がやって来るが、その二人のうち、スマティにその供物を与えよ。大王よ、あなたはこのように十二年間、祭式を挙行したが、その福徳の果報よりも遙かに大きな〔果報の〕拠り所である青年僧スマティに大いなる供物を与えなさい」

王は考えた。〈神々でさえも彼らのためを思って知らせてきたくらいであるから、二人はきっと人格者に違いない〉と。すると、その王は凛々しく美しい青年僧二人がやって来るのを遠くから見た。そして二人がその祭式〔場〕に到着すると、列をなすバラモン達のために設(しつら)えられた座のうち、最上の座に昇って坐った。そこでヴァーサヴァ王は二人を見てこう考えた。〈神々が告げたスマティと呼ばれる〔青年僧〕は彼に違いない〉と。その最高の座に近づいて、王が青年僧スマティに「あなたがスマティであるか」と尋ねると、彼は「私です」と答えた。そこでヴァーサヴァ王は青年僧スマティを最上の座でもてなすと、五つの供物を与えた。青年僧スマティは水差し等の四つの大いなる供物を受け取ったが、少女という供物一つは受け取らなかった。彼は言った。

「私は梵行を修する者です」

しかし、その少女は凛々しく美しい青年僧スマティを見ると、一目惚れして恋に落ち、その青年僧スマティに「バラモンよ、私をお受け取り下さいませ」と言ったが、彼は「受け取れません」と答えた。こうして、その少女は、〈これは供物だ〉と思って〔彼女を〕喜捨した王に二度と受け取ってもらえず、また青年僧スマティにも受け取ってもらえなかったので、ディーパ王の都城ディーパヴァティーに行った。彼女はそこに行くと、身体からその自分の装飾品を取り外し、花環職人に渡した。

「この私の装飾品で買えるだけの青蓮華を、毎日、神のために捧げて下さいませ」

こうして彼女はその黄金の飾りを差し出すと、神の従者となったのである。

一方、青年僧スマティはその四つの大いなる供物を持って師匠のもとに戻った。戻って、師匠にその四つの大いなる供物を献上すると、それらの中から師匠は三つを取り、五百カールシャーパナはスマティに与えた。

さてスマティは、その同じ夜、十の夢を見た。(53)〔すなわち〕(1)大海〔の水〕を飲み、(2)大空を飛び、(3)あれほど偉大な力と威力とを持つ太陽と月とを掌で摩り、(4)撫で回し、王の車に(5)仙人、(6)白い象、(7)白鳥、(8)獅子、(9)大岩、(10)山を繋ぎとめた、という〔夢である〕。彼はそれを見ると、目覚めた。目覚めると、〈誰がこの私の夢を説明できるだろうか〉と考えた。そこからあまり遠くない所に、五神通を持つ聖仙が住んでいた。そこで青年僧スマティは疑念を晴らすため、聖仙のもとに行った。スマティはその聖仙に挨拶すると、夢のことを報告し、「この私の夢を説明して下さい」と言うと、その聖仙は言った。

「私にはそのような夢を説明することはできぬ。都城ディーパーヴァティーに行くがよい。そこでは、ディーパ王が、意を決して都城に入られた正等覚者ディーパンカラを招待されたが、彼がその夢を説明して下さるじゃろう」

その頃、ヴァーサヴァ王はディーパ王に同意し、八十人の大臣や友人に取り囲まれながら、王都ディーパーヴァティーに到着した。一方、ディーパ王は〈七日後に正等覚者ディーパンカラの、意を決しての入城を実行しよう〉と、あらゆる領土や町からあらゆる花を集め始めた。そしてディーパ王が正等覚者ディーパンカラの、意を決しての入城を実行することになっていたちょうど同じ日に、スマティもまたその同じ場所にやって来たが、そこでは王があらゆる花を集めさせていた。また神の従者となったその少女は花環職人のもとに行き、「私に青蓮華を下さいな。神に捧げようと思うのよ」と〔言うと〕、花環職人は「今日、王はディーパンカラを都城にお迎えするため、一切合切の花を持っていかれたよ」と答えた。彼女は言った。

「もう一度、その蓮池に二人で行ってみましょうよ。もしも私の福徳により、まだ引き抜かれていない青蓮華があったら、取って欲しいの」

スマティの福徳により、その蓮池には七輪の青蓮華が現れた。そこで花環職人が行ってみると、彼は〔青蓮華〕を見た。そして見ると、少女は花環職人に「あの蓮華を引き抜いて下さいな」と言ったが、花環職人は「私にはできん。私は王家からお咎めを受けることになるからなあ」と答えた。そこで彼女は言った。

「あなたはつい先程、すべての花を引き抜いて、王に差し上げたんじゃなかったの」

花環職人が「差し上げたさ」と言うと、少女は「私の福徳で〔蓮華〕が現れたんだから、引き抜いて私に下さいな」と言った。花環職人が「どうして王家に知られることなく、〔蓮華〕を〔王都内に〕持ち込めようか[54]」と言うと、少女は「おじさん、引き抜いて。水瓶に〔隠し〕入れて持ち込むつもりよ」と言った。それを聞くと、花環職人は〔蓮華〕を引き抜いてその少女に与えた。彼女はそれを手にすると、水瓶に〔隠し〕入れ、その水瓶に水を満たして、町に出掛けていったのである。

一方、スマティもその場所に到着した。彼は〈私は仏・世尊を拝見しておきながら、どうして供養せずにおられようか〉と考えた。彼はあらゆる花を探すことに懸命になり、あちこちの花環職人の家の辺りを彷徨(さまよ)っていたが、一つの花さえ手に入らなかった。その後、彼は車に乗って町から出ると、園林から園林へと花を求めて歩き回ってみたが、一つの花も手に入らなかった。こうして彼はうろうろしながら、その園林にやって来た。すると、その少女[55]がその園林から青年僧スマティめがけてやって来た。その時、〔彼の〕福徳で〔彼女の〕青蓮華がその水瓶から浮かび上がってきた。そこでスマティはそれを見ると、少女に言った。

「私にその蓮華を譲ってくれないか。その代金として私から五百カールシャーパナを取るがよい」

少女はスマティに言った。

「あの時、あなたは私を受け取ってくれなかったのだから、今、蓮華を欲しがっても駄目よ。私は上げませんからね」

こう言うと、〔さらに〕青年僧スマティに「あなたはこれで何をしようと言うの」と訊くので、スマティは「私は仏・世尊を恭敬するのだよ」と答えた。その後、少女は言った。

「お金が私にとって何になりましょう。もしもあなたがこの蓮華を布施した果報として、〔未来世に〕代々私を妻として求めて下さり、またその布施をされる時に、もしも〔未来世に〕代々私を妻にしたいと誓願して下さるのなら、私は仏のために〔蓮華を〕捧げましょう」

スマティは言った。

「我々は布施を喜ぶ者だ。自分の子供でも自分の肉でも喜捨してしまうぞ」

そこで、少女はスマティに「あなたはそのような誓願を立てて下さい。その〔誓願の〕せいで後にあなたが〔私を喜捨するよう〕求められたら、あなたは私をその方に与えて下さって結構です」と言った。こう言うと、少女はスマティに五つの蓮華を与え、二つは自分用に取っておいた。そして彼女は詩頌を唱えた。

「貴方は導師たる仏にお会いし、誓願されよ。さすれば妾は永遠に貴方の妻となり、共に法を行ずる者となら
ん」

〔一方〕かの王は〔都城〕にある、あらゆる石・砂利・瓦礫を取り除かせ、旗・幟・門を建て、布・紐を懸け、香水・抹香を撒いた。〔また〕都城の門から精舎に至るまで、石・砂利・瓦礫を取り除かせ、幢・幡・門を建て、布・紐を懸け、香水・抹香を撒いた。そして王は百本の骨を広げた傘を持つと、正等覚者ディーパンカラに会いに出掛けた。同様に〔彼の〕大臣や、〔また〕ヴァーサヴァ王もまったく同様に大臣達と共に会いに出掛けた。ディーパ王は

仏・世尊の両足に平伏して、「世尊よ、町にお入り下さいませ」と奏上した。

　そこで世尊は比丘の僧伽に恭敬されながら町に入ろうとし、〔町を〕目指して出発し、ディーパ王は百本の骨を広げた傘を正等覚者ディーパンカラに翳した。大臣や大臣に伴われたヴァーサヴァ王もまったく同じようにした。世尊は神通力で一人一人が〈私は世尊に傘を翳しているのだ〉と思えるように加持した。その時、世尊はこのような壮麗さを以て人々の中に入った。そこで世尊は意を決して門の敷居に足を下ろした。世尊が門の敷居に足を下ろしたまさにその直後、大地が六種に振動した。〔すなわち〕揺れ、揺れ、揺れ動き、激しく揺れ、振え、振え、振え動き、激しく振え動いたのである。

——諸仏(57)・諸世尊が意を決して門の敷居に足を下ろすと、様々な希有未曾有法が現れることになっている。〔すなわち〕狂者達は正気を取り戻す。盲人達は目が見えるようになる。聾人達は耳が聞こえるようになる。唖人達は口が利けるようになる。体の不自由な者達は歩けるようになる。妊娠した女の胎児に知的障害があった場合〔胎児の知能〕が回復する。枷や鎖に繋がれた有情達の束縛がなくなる。生生世世に憎み合ってきた者達はその瞬間に慈しみの心を起こす。子牛達は紐を切って母親と会う。象が鳴き、馬が嘶き、牛は吠える。鸚鵡・鶴・郭公・共命之鳥が甘美に囀る。〔誰も〕演奏していないのに楽器が美しい旋律を奏でる。小箱に入っていた飾りが綺麗な音を出す。浮いている地所は下がり、沈んでいる〔地所〕は上がる。石・砂利・瓦礫は取り除かれ、神々が天空から神々しい青蓮華・黄蓮華・赤蓮華・白蓮華・沈水香末・白檀香末・零陵香末・タマーラ樹の葉を撒き、神々しい曼陀羅華を降り注ぐ。東方が浮くと西〔方〕が沈み、西〔方〕が浮くと東〔方〕が沈む。南〔方〕が浮くと北〔方〕が沈み、北〔方〕が浮くと南〔方〕が沈む。中央が浮くと周囲が沈み、周囲が浮くと中央が沈む(58)。——

　さてその王都ディーパーヴァティーでは、何百千もの有情達が花・焼香・香で供養を捧げた。またスマティと少女も蓮華を持って正等覚者ディーパンカラのもとに近づこうとしたが、そこでは供養しようとする大群集が〔仏の〕周りを取り囲んでいたので、世尊に近づけなかった。世尊は考えた。〈青年僧スマティは、この大群集よりもさらに多くの福徳を生ずるに違いない〉と。こう考えて、猛烈な大風雨を化作した。するとその大群集は〔仏の周りに〕隙間を空けた。隙間が空いたので、青年僧スマティは美しい容貌の世尊を〔間近に〕見ると、激しい浄信を生じた。そして浄信を生じると、その五つの蓮華を世尊に向かって撒いた。すると、世尊・正等覚者ディーパンカラは、[59]それが車輪ほどの大きさの天蓋となって〔天空に〕留まり、〔仏〕が進めば随行し、〔仏〕が立ち止まれば止まるように加持した。その有り様を見て少女も浄信を生じ、二つの蓮華を世尊に向かって撒くと、世尊はそれも車輪ほどの大きさの天蓋となって〔仏の両〕耳の辺りに留まるように加持した。

さて、その場所には猛烈な風雨のために泥濘ができた。その後、青年僧スマティは泥濘(ぬかる)んだ大地に立っている仏・世尊に近づくと、[60]その泥濘んだ場所に〔自分の〕弁髪を拡げ、[61]世尊の前で詩頌を唱えた。

「賢者を悟らせる人よ、もしも我が覚って仏になれるなら、生・老を終わらせる人よ、[62]我が弁髪を両足で踏み行かれんことを！」

そこで正等覚者ディーパンカラは、青年僧スマティの弁髪に両足を下ろしたが、青年僧スマティの背後にはぴったりと付き随うように青年僧マティが立っていた。彼は腹を立てて世尊ディーパンカラに言った。

「おお、見よ、あの正等覚者ディーパンカラは、青年僧スマティの弁髪を獣のような足で踏みつけたぞ[63]！」

その後、正等覚者ディーパンカラは青年僧スマティに記別を授けた。

「汝は人間存在に身を委ね、身を寄せ、[64]世間を利益せんがため、存在感ある師となるべし。シャーキャムニという名の、シャーキャ族の息子として、三界の中で最も優れた者、世間の光明と〔なるべし〕」

さて青年僧スマティが正等覚者ディーパンカラに授記されると同時に、彼は七ターラの高さだけ上空に舞い上がった。そして彼の弁髪は下に落ち、さらに優れた別の弁髪が現れた。大群集は上空に留まっている彼を見た。そして見ると、「彼が無上智を獲得する時、我々は彼の声聞になりますように」と誓願した。また、その少女も誓願した。

「貴方は導師たる仏にお会いし、誓願されよ。さすれば妾は永遠に貴方の妻となり、共に法を行ずる者とならん。貴方が世間における最上の導師・等覚者になられる時、その時に妾は貴方の声聞とならん。青年僧を見て、何百何千もの〔人々〕は、すべて未来世で〔貴方の〕声聞とならんことを切望せり。上空に留まれる貴方が世間における最上の導師・等覚者になられる時、その時に我等は貴方の声聞とならん」

さて、青年僧スマティが正等覚者ディィーパンカラに授記された時、ディィーパ王が彼の弁髪を拾い上げると、ヴァーサヴァ王は「その弁髪を私に下さらないか」と言った。そこでディィーパ王は彼に与えた。〔ヴァーサヴァ〕王は受け取って髪の数を数えてみると、八万本あった。王の大臣達は言った。

「王よ、我々に一本一本の髪をお与え下さい。我々は〔髪〕の塔を作りたいのです」

王は自分の大臣達に一本一本の髪を与えた。その大臣達は自分達の領地に戻ると、塔を建立した。

青年僧スマティが無上正等菩提の記別を受けた時、ディィーパ王、ヴァーサヴァ王、それに多くの町人や村人達は、未来世における〔彼の〕徳を考慮して、あらゆる資具を〔彼に〕与えた。その後、青年僧マティは「私は無上正等菩提の記別を受けたが、君は何に心を起こしたのだ」と言われると、彼は「青年僧スマティよ、私は〔自分で自分を〕傷つけてしまった」と言った。〔スマティ〕が「一体どのようにして〔自分を〕傷つけたのだ」と言うと、彼は答えた。

「正等覚者ディィーパンカラが君の弁髪を両足で踏み行かれた時、私は腹を立てて『正等覚者ディィーパンカラは獣のような足で、学識あるバラモンの弁髪を踏みつけたぞ』と〔悪〕言を発してしまったのだ」

そこでスマティは彼に「おいで。我々二人は仏・世尊のもとで出家しよう」と言った。それから、スマティとマティの二人は正等覚者ディィーパンカラの教説に従って出家した。そして出家すると、スマティは三蔵を学習し、衆会を法によって利益した。そして青年僧スマティは死没して兜率天衆に生まれ変わり、青年僧マティは死没して地獄に生まれ変わったのである。

世尊は言われた。

「その時その折のヴァーサヴァ王こそ、ビンビサーラ王である。その時その折の八万人の大臣こそ、今の八万人の神々である。〔また〕ディーパーヴァティーの住民こそ（欠損）[65]。少女こそ、このヤショーダラーであり、スマティこそ、この私である。その時、私は菩薩行に専心していた。マティこそ、このダルマルチであり、第二の阿僧祇〔劫〕で、このダルマルチは私に会っていたのだ。これを密意して私は『ダルマルチよ、久しぶりであるな。ダルマルチよ、実に久しぶりであるな』と言ったのだ」

また[66]その後、第三の阿僧祇〔劫〕に、クラクッチャンダと呼ばれる正等覚者が世に現れた。彼は明行足・善逝・世間解・無上士・調御丈夫・天人師・仏・世尊であった。さて[67]その王都には、ある大商主が住んでいた。そして彼は〔自分の〕家に相応しい家から妻を迎えた。彼は彼女と共に遊び、戯れ、快楽に耽っていた。彼が〔妻と〕遊び、戯れ、快楽に耽っていると、息子が生まれた[68]。その長者は信心家であったので、ある阿羅漢の比丘が彼に家で教えを授けていた。ある時、長者は妻にこう言った。「我々には、借金を増やし財産を食い潰す〔子供〕が生まれた。妻よ、商人の定めとして[69]、私は今から商品を携えて外国に行くぞ[70]」

こうして彼は欲に目が眩み[71]、品物を携えると、かなり遠くの国に出掛けていったので、随分長い間、彼の消息はもたらされなかった[72]。

一方、その間にその子は大きく成長し、美しく、見目麗しく、凛々しくなった。その後、彼は「母さん、僕達の家で〔代々〕営まれてきた[73]仕事は何なの」と母親に尋ねると、彼女は「坊や、あなたの父さんは商売を営んでいたのよ」と答えた。

そこでその子も商売を営み始めた。一方、母は〔夫〕に対する欲情に苛まれつつ、〈誰にも気づかれずに私がこの欲情を癒すよい手だては何かないかしら〉と考え始めた。こう彼女は考えながら、次のように心を決めた。〈そうだ、息子がいいわ！　愛欲を求め、我が〔息子〕とこそ交わって欲情を癒せば[74]、誰にも怪しまれずに済むし〉と。

そこで彼女は老婆を二度三度と呼んで食事を出しては、その後で新しい服を着せてやった。その老婆が彼女に「一体どうして贈物等や厚遇を以て私をもてなすのじゃ」と言うと、彼女は気を許されたと見て老婆にこう言った。

「婆様、私の願いを聞いて下さい[75]。私は激しい欲情に苛まれています。どうか私を憐れんで、男を世話して頂けないかしら。身内の男で、人に怪しまれないような男がよいのですが」

老婆は言った。

「この家にはそのような男は見当たらぬし、また人に怪しまれず、〔あんたに〕好意を寄せている男も〔ここには〕出入りしておらぬ。私が口を利いてやれるような男といえば誰になるかのう」

そこで商人の妻が老婆に「もしもそうするのに相応しい男が他にいなければ、他でもない私の息子がいいわ[76]。あの子なら世間は怪しまないでしょう」と言うと、老婆は彼女に「どうしてお前は息子と愛の戯れに耽ろうとする！　他の男と愛の戯れを経験するのが適切であろうに」と言った。そこで商人の妻が「他に身内の男がいないのですから、私の息子でよいではありませんか」と言うと、その老婆は「お前の好きにするがよい」と答えた。それから、その老婆はその商人の息子の所に行くと、「お前さん、あんたは若くて美しい。もう結婚しておるのかな、あるいはまだかな[77]」と尋ねると、彼は彼女に「それは一体何のことだ[78]」と答えたので、その老婆は言った。

「お前さんはそのように男前で若い。その年なら若い娘と遊び、戯れ、快楽に耽っているのがお似合いだ。なのに愛欲に耽らず、手を拱いているのかい」

それを聞くと、商人の子は羞恥と慚愧の念に心を畏縮させ、その老婆の言葉に耐えることができなかった。その後、老婆は二度も三度もその子に「若い娘がお前に心を焦がしておるのじゃ」と言った。商人の子は二度も三度も言われているうち、その老婆に「婆さん、〔あなたは〕その若い娘に私の風体について話したのか」[79]と言った。そこで老婆は答えた。

「私はお前さんの風体を彼女に話したが、[80]彼女は『〔そのような〕風体なら』[81]と〔同衾を〕私に約束した。その娘はひどく恥ずかしがり屋で何も話さんじゃろう。また体には〔何も〕纏っておらぬが、お前は彼女の声の詮索に骨折るでないぞ」[82]

そこで商人の子が老婆に「我々はどこで交わればよいのだ」[83]と言うと、彼女は「私の家でじゃ」と答えた。彼が「あんたの家はどの辺りにあるのだ」と言うので、老婆は彼に家を教えた。さてその老婆は商人の妻のもとに行き、「あんたの息子を説得してきたよ」と語ると、彼女は言った。

「どこで交わればよいのでしょうか」

「私の家でだ」

さてその子は仕事を終えて家に戻ってきた。順次、食事を済ますと母に「出掛けてきます。友人の家で泊まってきますから」と言った。すると母も「いってらっしゃい」と彼を許した。許しを得た子は老婆の家に行った。その子はその家に行くと、愛の戯れの時を待ち焦がれていた。時は夜、個々のものが明確には判別できない〔暗さの〕時、[84]その母はその同じ家で商人の子〔である息子〕と愛の戯れを経験するため、その同じ場所に出掛けていった。そしてその家に行くと、ものの形が知覚されない夜半、[85]密会という方法で不正にも不法にも〔自分の〕息子と快楽に耽り始めた。そして彼女は夜の愛の戯れを経験すると、夜明け前で真っ暗闇の夜中、物の形が見えない頃に自分の家へ戻った。

一方、商人の子も愛の戯れを経験すると、夜明け頃に品物の置いてある店に行き、家の仕事をした。このように二度も三度もその老婆の家で愛の戯れを経験していたが、このように長時に亘って息子と愛の戯れを続けていくうちに、[86]母は考え始めた。〈後どれくらい人目を忍んで、私は他人の家で愛の戯れを経験しなければならないのかしら。何とかして私はこの家で〔息子〕と愛の戯れを経験できるような、[87]そのような愛の戯れの方法をそろそろ考えなきゃ〉と。

こう考えると、その同じ老婆の家に行って息子と愛の戯れを経験し、〔いつもと〕まったく同じように、夜明け前の、まだ真っ暗闇の時に、彼女はその子の外套を着ると、頭上に巻く自分の絹布は〔そこに〕置いて、自分の家に戻った。一方、その子は、夜明け時、ソファーの上に置いてあった、その〔娘の〕頭に巻く絹布は見えたが、自分自身の外套が[88]見当たらず、その同じ場所にその〔絹〕布を見ると、〔それを〕置き去りにして店に行き、別の一対の〔服〕を着ると、自分の家に戻った。そしてそこに戻ってみると、ちょうど自分の着ていた外套を母が頭に被っているのを見た。そして見てから、母に「母さん、あなたの頭の覆いはどこで手に入れたのですか」と尋ねると、彼女は言った。

「今でも私はあなたの母よ。こんなに長い間、あなたは私と愛欲を享受していたのよ。今でも私はあなたの母よ」

こうして商人の子はそのような母の言葉を聞かされると、心に動揺を覚え、気絶して地面に倒れてしまった。そこで母は瓶の水を彼に掛けてやった。水を掛けられると、その子はしばらくしてから息を吹き返した。母が「どうして落ち込んでいるの。お前は私の言葉を聞いても心をしっかり保つのよ。お前は決して悲しんだりしては駄目よ」と元気づけると、その子は母に「どうして私が落ち込み、気絶せずにおれましょうか！　だって私はこのような悪業を犯してしまったのですからね」[89]と言った。そこで彼女は彼に言った。

「そんなことでお前は心を傷めるんじゃないよ。というのは、女性は道と同じで、たとえば父さんが行くのとまったく同じ道を息子が行ったとしても、その道は〔父に〕随って行く息子に過失をもたらさないの。女性もまったく同じよ。また女性は沐浴場と同じで、[90]父さんが沐浴する沐浴場とまったく同じ場所で息子が沐浴しても、その沐浴場は沐浴している息子に対して過失をもたらさないわ。女性もまったく同じよ。それに遠い外国では、(91)父親が不正にも〔女〕と性交したら、息子もその同じ女と性交するのが至極当たり前のことになっているくらいよ」

このように、あらゆる種類の宥め賺しの言葉で母に憂いを晴らしてもらった商人の子は、母と共にその不義なる罪に再び激しい貪りの心を起こした。

さてその商人は家に「妻よ、元気で、機嫌良く、大いに頑張っていてくれ。私も〔この〕手紙に引き続いて直に戻るよ」という内容の手紙を送った。商人の妻は手紙の内容がそのようなものであることを聞き、狼狽して考え始めた。〈私は長い間、彼の帰りを待ち焦がれていたけど、その間、彼は帰ってこなかったのに、こんな成り行きで私が息子と懇ろになった今、彼が帰ってくる。ここに帰ってくる前に、私が〔彼の〕命を奪う手だては何かないかしら〉と。

こう考えると息子を呼び、「お前の父さんが戻ってくるって(92)手紙をよこしてきたよ。私達が今、何をすべきか分かるだろ。(93)お前は行って、父さんが帰ってくる前に殺すんだよ」と言うと、彼は「どうして私は父さんを殺せようか」と答えた。彼は父親殺しを決心しなかったので、母は何度も何度も続けざまに言った。彼は続けざまに言われていると、愛欲に絆されて父親を殺す決心をした。

――「実に欲望に耽る者にとって、どんな悪業でもできないことはない(94)」と私は説く。――

そこで彼が「どんな手段で殺そうか」と言うと、彼女は「私はあの手段を使うわ」と言った。こう言って毒を持ってくると、小麦粉に混ぜてケーキを焼き、また毒の入っていないケーキも焼いた。それから、その子を呼んで言った。「さあ、お行き。こっちが毒入りのケーキでこっちが毒入りでない方。〔これを〕持って父さんのもとに行き、何も疑わずに食事をしている〔父さん〕にこの毒入りのケーキを渡して、自分は毒入りでない方を同じ場所で食べるのよ」

こうしてその子は、手紙を運んできた男と一緒にそのケーキを持って出発した。父のもとにやって来ると、父は自分の息子が美しく男前で立派になっているのを見て、至極喜び、元気にしていたかどうかを尋ねると、商人達に「皆、これが我々の息子だ」と紹介した。その子は、〈父さんは、どこにいても僕のことを気に掛けてくれていたんだなぁ〉と考えると、父に「父さん、ケーキは母さんからの贈物だよ。父さん、これを食べて」と言った。その後、彼は父と一緒に同じ〔弁当〕箱[95]をつついて食事をしながら、父に毒入りのケーキを与え、自分は毒入りでない方を食べた。こうして彼の父はその毒入りのケーキを食べて死んだ。そして彼の父が死んだ[96]時、その子が悪業をなしたことには誰も気づかず、怪しまなかった。

その後、好人物で愛情深い友人であった商人達は〔彼の死を〕悼み、その商人の商品や黄金をその子に与えた。その子は父が手に入れた商品や黄金を持って自分の家に帰った。彼が自分の家に帰ってくると[97]、母は人目を忍んで息子と不義に耽るのを喜ばなくなった。そして浮かない様子で息子に言った。

「後どれくらい、私達はこのように人目を忍んで愛の戯れを経験しなければならないの。さあ私達はこの土地から別の土地に行って、堂々と、びくびくせずに、夫婦と呼ばれて快適に暮らしましょうよ」

こうして二人は家を引き払い、友人・身内・親類の者達を捨て、昔から〔雇っていた〕女奴隷・男奴隷・人夫達を見捨て、沢山の財産と黄金とを抱えて他の地方に行った。その地方に行くと、二人は夫婦と呼ばれながら、愛の戯れを経験したのである。

しばらくすると、ある時、阿羅漢の比丘が地方を遊行しつつ、その土地にやって来た。彼はそこを乞食して歩いた後、道端に腰掛けていると、商人の常として[98]商売を営んでいるその子を見た。そして見ると、健康を祈って言葉を交わしながら「君のお母さんがお元気でありますように」と言った。するとその子は、その阿羅漢がそのように〔心を込めて〕挨拶したのを聞くと、酷く心を動揺させ、自ら犯した悪業に怯えながら、考え始めた。考えた末、彼は母のもとに行って知らせた。

「ある修行者がやって来て、彼は我々の家に近づいて来る。彼はこの土地で『彼女はその子の母である』と見破るに違いないよ。しかし僕達はここで夫婦として通っている。どうしたら彼を殺せるだろうか」

その後、二人は〈この家に彼を招待し、彼が食事をしているところを殺してしまおう〉と考えた。それから二人はこう考えると、その阿羅漢の比丘を屋内に招待して食事を出し始めた。その子は刀を隠し持つと、阿羅漢に食事を出すため、母と協力して家の中に〔他の〕人がいないようにした。そしてその阿羅漢の比丘は食事を終え、その家から落ち着いた足取りで出て行った。そこでその子は彼が屋内から落ち着いた足取りで出て来るのを確認すると、〔彼の〕背後に回り込み、彼の体に刀で切りかかると、命を奪ってしまったのである。

――欲望の対象は塩水と同じだ。飲めば飲むほど喉の渇きを増大させる。(99)――

その子の母は不義にも息子に従いつつ、〔一方では〕その同じ町に住む商主の息子と密通し、不義に執心した。その子はそのような経緯に気づいた。そこでその子はその母親に「母さん、そんな悪事を働くのは止めて！」と言った。その商主の息子に執心する彼女は、二度も三度も注意されたが、止めなかった。そこで彼は鞘から刀を抜いて母親の命を奪ってしまったのである。彼に三つの無間〔業〕が揃った時、神々は人々に告げた。

「奴は父を殺し、阿羅漢を殺し、母を殺した罪人だ。地獄に落ちる業の助けとなる三つの無間業が為され、積まれたぞ！」

すると、それを聞いて、その土地の人々はその土地から彼を追放した。その土地から追放されると、彼は思案し始めた。彼は仏教に多少の好意を持っていたので、〈さあ、これから私は出家しよう〉と考えたのである。そこで彼は精舎に行くと、比丘のもとに近づき、「聖者よ、私は出家したいのです」と言った。その後、その比丘が「お前は父を殺してはおらぬな」と言うと、彼は比丘に「私は父を殺しました」と言った。その後、さらに彼は「お前はとまれ母を殺してはおらぬな」と訊かれると、彼は「聖者よ、私は母を殺しました」と答えた。彼はさらに「お前はとまれ阿羅漢を殺してはおらぬな」と訊かれると、彼は「阿羅漢を殺しました」と答えた。そこでその比丘は彼に言った。「なされた業のどれ一つとっても、お前は出家に相応しくない。〔三つ〕揃った場合など言うに及ばぬ。愛し子よ、立ち去れ！　私はお前を出家させるわけにはゆかぬ」

こうしてその男は別の比丘のもとに行って、「聖者よ、私は出家したいのです」と言った。そこで彼はその比丘からも順次質問をされた後に断られた。その後も別の比丘のもとに行くと、彼にもまったく同じように出家を乞うたが、彼にも同様に順次質問された後に断られたのである。彼は二度も三度も出家を乞うているのに、比丘達が出家させなかったので、腹を立てて考え始めた。〈私は万人に開かれた出家を乞うているのに、認められないなんて！〉と。

そこで比丘達が寝ている間に、彼はその精舎に火を放った。その精舎に火を放つと、別の精舎に行った。そこにも行くと、彼は比丘達に近づき、出家を乞うた。彼らにも同じように順次質問された後に断られた。そこでもまったく同じように気分を害されて火を放った。その精舎でも、有学・無学を問わず、多くの比丘達が焼け死んだ。このように彼が多くの精舎に火を放っていると、あらゆる所に「斯(か)く斯く然々(しかじか)の悪業をなす男が、比丘達に出家を認められず、精舎と比丘達に火を放っているぞ！」という声が発せられた。

そしてその男は別の精舎に向かった。さてその精舎には、本性が菩薩で三蔵に精通した比丘が住んでいたが、彼はそのようななし難き業をなす男がこちらにやって来ると聞いた。そこでその比丘は、その男がそこに到着する前に、その精舎で待ち構えていた。比丘はその男に会うと、「御仁よ、これは一体何事だ」と言った。すると男は彼に「聖者よ、私は出家を認めてもらえないのです」と言うので、その比丘は「愛し子よ、来なさい。私がお前を出家させてやろう」と答えた。その後、その比丘はその男の頭髪を剃り落とすと、袈裟衣を与えた。それから、その男は「聖者よ、私に学処を授けて下さい」と言うと、その比丘は答えた。

「お前に学処が何の役に立とうか。お前は常に『仏に帰命します、法に帰命します、僧に帰命します』と言っておればよいのだ[100]」

その後、比丘はその男に説法し始めた。

「お前は斯く斯く然々の悪業をなす有情であるが、もしも何時か『ブッダ』という言葉を聞いたならば、お前は記憶を取り戻すように！」

こうしてその三蔵に精通した比丘は死没し臨終を迎えると、天に生まれ変わり、またその男は死没し臨終を迎えると、地獄に生まれ変わったのである[101]。

そこで世尊は言われた。

「比丘達よ、どう思うか。過去世における、その時その折の三蔵に精通した比丘こそ、この私である。母・父・阿羅漢殺しという悪業を為した有情こそ[102]、このダルマルチである。このように私は第三の阿僧祇〔劫〕でも、このダルマルチと会っていたのだ。だから私はこれを密意して、『ダルマルチよ、久しぶりであるな、実に久しぶりであるな、実に誠に久しぶりであるな』と言ったのである。比丘達よ、私が三阿僧祇〔劫〕に亘り、六波羅蜜やその他の数百千という難行によって無上正等菩提を獲得するまでの間、ダルマルチはほとんど例外なく地獄や畜生〔界〕で苦しみを受けてきたのだ」

世尊がこう言われると、かの比丘達は歓喜し、世尊の説かれたことに満足した。

「ダルマルチ・アヴァダーナ」第十八章。

文献

❶None. Cf. AvK 89; Mv. i 231.17-243.11 [246.5-254.2], 243.12-248.4 [254.3-261.24, 228.22-233.16, and 234.4-241.16]; GBM 1354.4-1358.8 [254.4-262.6]; 1474.1-1483.8 [254.4-260.11] ❷None ❸None. Cf.『増一阿含経』巻十一（T. 125, ii 597a22-599c4),『過去現在因果経』巻一（T. 189, iii 620c23-623a23),『仏本行集経』巻三（T. 190, iii 665a7-667c19),『四分律』巻三十一（T. 1428, xxii 782a26-785c22) [246.5-254.2] ❹SILK = Jonathan SILK, "The Story of Dharmaruci: In the *Divyāvadāna* and kṣemendra's *Bodhisattvāvadānakalpalatā*—With a Preliminary Study of Two Mahādeva Fragments in the Schøyen Collection—,"（近日中に発表の予定。掲載雑誌は未定）; 増一＝『増一阿含経』; 因果経＝『過去現在因果経』; 集経＝『仏本行集経』; 四分＝『四分律』.

注

（1） Divy. では現在物語から、第一・第二・第三の過去物語と話が続くが、Mv.では Divy. の第二の過去物語「燃灯仏授記」と第三の過去物語「ダルマルチ両親殺害と阿羅漢殺し」が同じ生涯に連続して起こった話として説かれ、最後にダルマルチが怪魚として再生する現在物語に繋がっていくので、Divy. とは現在物語の位置がまったく逆になる。

（2） 以下、第35章（502.3 ff.）に同様の話が存在する。

（3） bhūtaṃ. 第35章では yathābhūtaṃ（502.4）とするので、これに改める。

（4） bhūtaṃ varṇam. これを yathābhūtam avarṇam に改める。第35章注（306）参照。

（5） 第35章はここに「超巨大魚の恐怖（timitimiṅgilabhayam)」(502.19-20）を置く。

（6） vyavasthito. この文脈でこの語は相応しくない。この少し前に mahāsamudre vyavasitāḥ samavataritum（229.14-15）という表現が見られるが、おそらくこの vyavasthito も文脈から考えて vyavasito であろう。vy-ava√sā は不定詞と共に用いられ「～することを決心する」の意味に取れるので、この場合もこの後の不定詞 parityaktum と相性がよい。よって vyavastito に改める。

（7） alpāḥ śūrā bahavaḥ kātarāḥ. Cf. Divy. 502.25.

（8） striyaḥ. 第35章はこれを「羅刹女（rākṣasyaḥ)」(503.8）とする。

（9） 'nukūlaṃ jambudvīpābhimukhena vāyunā. 下線部の格が問題である。このままであれば、副詞で「滞りなく」等と訳さざるを得ないが、ここでは文脈からして「風」を修飾する形容詞として理解する方がよさそうだ。よってここでは 'nukūlena に改める。

（10） dvistriyojanaśatikāḥ. 下線部の読みがあやしい。この後の第二層や第三層の表現を見れば、少ない方の数字を二、三度繰り返し、その後 yāvat で省略してその層の最大の数字を出すという形式を取っているので、それに倣えばこの下線部も dvitriyāvatsapta- となるべきであるから、このように改める。

(11) uparimandakaskandham. このまま読むと「上方〔の流れ〕のゆるやかな〔水〕層に」となるが、SPEYER はこれを uparimaṃdakaskandham に訂正している。この方が文脈に合うので、これに従う。

(12) matsyakacchapavallabhakaśuśumāramakarādyāḥ. Cf. Divy. 105.27.

(13) te vahanaṃ .... saṃvega utpannaḥ (231.11-13). 以下の文では、文法的に下線部が浮いてしまうので、SPEYER はこれを teṣāṃ に改めている。よってここでもこの訂正に従う。 (14) kalpasaṃvartanyām. 直訳「壊劫には」。

(15) 壊劫における七つの太陽の出現に関しては以下の資料を参照。Cf. AN iv 100 ff.;『中阿含経』「七日経」(T. 26, i 428c7 ff.);『薩鉢多酥哩踰捺野経』(T. 30, i 811c ff.).

(16) Mv. にも同様の表現「〔水面から〕口を出すと、〔怪魚〕は言った。「長者よ、この船は海の口に落ちてしまった。今、なすべきことをなすがよい。もうお前達に命はない」。そこで彼らは、それぞれの神や神格に祈った。ある者達はシヴァに、ある者達はヴァイシュラヴァナに、ある者達はスカンダに、ある者達はヴァルナに、ある者達はヤマに、ある者達はドゥリタラーシュトラに、ある者達はヴィルーダカに、ある者達はヴィルーパークシャに、ある者達はインドラに、ある者達はブラフマンに、ある者達は海の神格に」(Mv. i 245.5-9) が見られる。

(17) Mv. の記述は「同志プールナカが精神を集中させていくと、五百人の従者を引き連れた長者スタパカルニが窮地に陥っているのを見た。彼はトゥンダトゥリカ山より上空に舞い上がり、大海に〔漂う〕スタパカルニの船の上空に留まった。かの五百人の商人達はすべて合掌すると立ち上がり、「世尊よ、世尊よ、我々はあなたに帰依いたします」〔と叫んだ〕。長老は言った。「私は世尊ではない。私は声聞なのだ。皆は声を一にして〝仏に帰命いたします〟と叫びなさい」。〔そこで〕かの五百人の商人達はすべて「仏に帰命いたします」と叫んだ。〔すると〕「仏」という声がティミティミンギラの耳に届いた。彼はその声を聞くと、無量無数劫の昔、青年僧メーガのもとで「ディーパンカラ仏」という声を聞いた、そ〔の声〕が大海でティミティミンギラとなった彼に〔再び〕現前してきた。「仏」という声は無益ではないので、その時、かのティミティミンギラとなった彼は〈仏が世に出現され、我々は悪趣に落ちたのだ〉と考えた。そこで彼は再びまた恐れをなし、口を〔静かに〕閉じたのである」(Mv. i 245.9-19) となっている。文脈は違うが、いずれも「仏(ブッダ)」という音を怪魚が耳にしたことがきっかけで、前世の記憶が蘇り、その結果、商人達は難を逃れている点は一致している。なお、有部系の文献における「ブッダ」という音の持つ呪術的な側面に関してはすでに論じたが(『説話の考古学』(359-368))、大衆部系の文献にも、この用例のように、「ブッダ」という音の持つ呪術的な用法が認められる。ここの後にも散文で「比丘達よ、「ブッダ」という音は無益で〔あるはずが〕ない。それは苦を滅するまで発動する」(Mv. i 246.13) と説かれる箇所も存在する。（18）定型句6A（業報の原理）。

（19）kaścit tadrūpo guṇagaṇaḥ. 直訳すれば「そのようないかなる徳の集まり」となり、文脈からして下線部がまったく浮いてしまうので、この語を省略する。（20）etāvanty etāni. SPEYERは下線部をetāny eva tāniに訂正しているので、これに従う。

（21）asyāṃ ca śrāvastyāṃ ca. SPEYERは下線部が余分であるとして省略しているので、これに従う。

（22）yadā ..... tadeva (234.17-18). SPEYERは下線部をtadaivaに訂正しているので、これに従う。

（23）avahṛtya. これでは意味をなさないので、SPEYERはこれをabhyavahṛtyaに訂正している。同様の動詞はこの直前で二回使われているので（234.21, 22）、これに改める。

（24）anenopakrameṇa. upakramaは通常beginning/ approach/ work/ plan/ treatment等を意味するが、いずれもここでは意味をなさない。BHSDはこれをviolence/ attackと解釈するが、これもこの文脈では通じないように思われる。この後、二度同じ単語が現れる。最初はtathāvidha upakramaḥ kṛtaḥ (235.4)とあるが、ここは「治療」と訳せば意味が通る。二番目は医者達が彼女に「あなたは何時からそんなに食欲旺盛になったのですか」と質問したのに対し、彼女は「妊娠すると同時に、evaṃvidha upakramaḥが現れたのです」と答えている。この二つの文脈を手がかりにすれば、この語を「症状」と訳せば、二つの文脈で意味をなす。よってこの語を一応このように理解しておくが、さらなる考察が必要である。

（25）bhūtagrahāveśo bādhakāra. SPEYERに従い、bhūtagrahāveśābādhakāraに訂正する。

（26）tiraskṛtaprātiveśyasajanayuvatyaḥ. SPEYERは下線部を-svajana-の誤りであるとする。この方が文脈に合うし、また同様の表現tiraḥprātiveśyasuhṛtsvajanādibhyaḥ (234.24)もこの前に見られるから、この訂正に従う。

（27）dharmaśravaṇakathām. 下線部の存在理由が不明である。ここでは下線部を省略して訳す。

（28）āhāraṃ kṛtyaṃ. SPEYERはこれをāhārakṛtyaṃに訂正しているので、これに従う。

（29）mahātmā. ここでなぜダルマルチをmahātmanと呼んでいるかは不明であり、唐突な感じがする。

（30）定型句8A（救済）の冒頭に「さて諸仏・諸世尊が分からないことや見ていないことや知らないことや識別できないことは何もない」とあるように、通常はブッダは一切知者であるから、このような疑念は起こらないはずである。疑念を持って質問する時も、定型句8H（知って尋ねるブッダ）にあるように、「本当は知っている」ことを強調することを忘れないので、ここでのこのような用法は異例であるし、この件に関してはその施主の行く末が語られることもないので、文脈上このブッダの疑念は浮いてしまう。不可解な文である。（31）copalabdham [Sic MSS]. これでは意味が通じない。ここでは文脈を重視し、nopalabdhamに改める。

（32）ativasaṃvignaḥ. 文脈からativa saṃvignaḥに改める。（33）第8章注（20）参照。

(34) 'vidyā-. 定型表現につき、これを vidyā- に改める。 (35) 定型句 7C（阿羅漢）。

(36) saṣṭiṃ traimāsān sārdham. 下線部の意味が不明であり、何らかの欠損が想定される。翻訳不能につき、これを省略して訳す。

(37) tasmāc ca jalābhiṣekeṇa pratyāgataprāṇo jivita. SPEYER は下線部を paścāc ..... pratyāgataprāṇajīvita に訂正しているが、刊本のままでも読めないことはない。

(38) bhūpasyāṇḍaṃ [Sic MSS : Qu. stūpasyāṇḍam ?]. 校訂者に従い、stūpasyāṇḍaṃ に改める。なお、この辺りの塔の部位の名称に関しては、杉本卓洲『ブッダと仏塔の物語』（Tokyo,2007,43-52）を参考にした。

(39) 広律には造塔に関する記述が見られ、『摩訶僧祇律』（T. 1425, xxii 497b18 ff.）、『五分律』（T. 1421, xxii 173a3 ff.）、『四分律』（T. 1428, xxii 956c2 ff.）、『十誦律』（T, 1435, xxiii 415c3 ff.）、そして『根本説一切有部毘奈耶雑事』（T. 1451, xxiv 291c2 ff.）にその記述が見られるが、この部分に関しては、なぜか大衆部系の『摩訶僧祇律』の記述が最も Divy. に近いので、以下その内容を紹介する。

塔四面造種種園林。塔園林者。種菴婆羅樹閻浮樹頗那娑樹瞻婆樹阿提目多樹斯摩那樹龍華樹無憂樹。一切時華。是中出華応供養塔（中略）四面作池。種優鉢羅華波頭摩華拘物頭分陀利種種雑華（498a29-b13）

(40) stūpadāsadattāḥ [-dāsādattā MSS]. 写本の読みを生かし、これを stūpadāsā dattāḥ と区切って読む。

(41) praṇidhatsva cittam. 本来 pra-ṇi√dhā は「置く／向ける」を意味する語であり、仏典でも瞑想する時の姿勢を描写する際に「背筋を真っ直ぐに伸ばし（ṛjuṃ kāyaṃ praṇidhāya）」という表現が見られるように、この意味で用いられることもあるが、仏教独自の用法として「誓願する」の意味でも使われることがある。特にここでの用例のように、citta と共に用いられ、「心を向ける」となった場合、それは「誓願」の意味に近くなると考えられる。初期経典にも同様の用例を指摘することができる。平岡聡「浄土経典にみられる二種の誓願説―〈無量寿経〉を中心として―」『仏教大学大学院研究紀要』（16, 1988, 37-64）参照。

(42) pādayor nipatya. 仏塔に向かって誓願するのであるから、「両足に平伏して」という表現は違和感を覚えるが、仏塔が手足を備えた色身の仏として機能する点に関してはすでに論証した。平岡聡「色身として機能するブッダのアイコン―仏塔を巡る説一切有部の律と論との齟齬―」『櫻部建博士喜寿記念論集―初期仏教からアビダルマへ―』（Kyoto, 2002, 185-198）参照。

(43) 刊本ではこれが散文として処理されているが、前章（227.4-7）ではこれが韻文として扱われていたので、ここでもそう理解する。なお、この中の sugataḥ を jagataḥ に改める。第17章注（232）（240）参照。

(44) 以下、この第二の過去物語では燃灯仏授記が説かれる。これに関しては田賀龍彦（『授記思想の源流と展開―大乗経典形成の思想史的背景―』（Kyoto, 1974, 129-169））が詳細に論じており、燃灯仏授記を説く仏典はかなりの数に上るが、それらの資料のうち、

Mv. と増一（T. 125, ii）のみがダルマルチとの関連で燃灯仏授記を扱っているので、この資料を中心に、四分、因果経、集経などをDivy. と比較していく。

(45) vidyācaraṇasaṃyaksaṃbuddhaḥ　この直前に dīpaṅkaro nāma saṃyaksaṃbuddho とあるので、ここで再び下線部の表現が用いられることはおかしい。vidyācaraṇa- に続くのは saṃpannaḥ でなければならない。よって、これに改める。

(46) dīpāvatī.　増一はこれを「鉢摩大国」（597b18）とし、四分は「蓮花」（782b1）とするので、その Skt. は padma を含む名前であると推定できるが、Divy. の Skt. とは合わない。一方、Mv. は dīpavatī（i 232.7）、因果経も「提播婆底」（621a15）とし、Divy. に一致する。集経は名前を出さない。

(47) dīpa.　Mv. は arcima（i 232.11）、四分は「勝怨」（782a27）とするが、因果経は「灯照」（621a14）、増一は「光明」（598b16）とするので、この二つが Divy. に一致する。集経は王の名前に言及しない。　(48)　定型句 2B（王国の繁栄）。

(49) ここで彼は後に蓮華を購入する資金を手に入れている。文脈は違うものの、この五つの品目を増一は「五百両金及金杖一枚。金澡缶一枚。牛千頭」（598a6-7）とし、四品目しかないが、この後「五百両金及金杖一枚。金澡缶一枚。牛千頭。好女一人」（598b10-11）とし、五品目を出す。四分は「以金鉢盛満銀粟。或以銀鉢盛満金粟。并金澡瓶極妙好蓋履屣。及二張好氎。衆宝雑厠杖。并荘厳端正好女。名曰蘇羅婆提」（784a6-9）とするが、これをすべて断り、それと引き替えに「五百金銭」を手に入れている。因果経はこれに言及せず、五百人の外道からの布施で五百銀銭を手に入れている。集経は「清浄傘蓋革屣金杖。金三叉木。金瓶金鉢。上下舎勒。五百金銭」（665b12-14）とする。Mv. はこれに言及しない。

(50) Divy. は師匠の固有名詞に言及しないが、増一はこれを「耶若達」（597b20-21）とする。一方、四分は「珍宝」（784a17）とし、集経も「珍宝」（665a7）とする。

(51) sumati.　Mv. は megha（i 232.1）、増一は「雲雷」（597b25）、また後には「超術」（597c22）と改名している。四分は「弥却」（784a19）、因果経は「善慧」（620c24）、集経は「雲」（665a19）とする。

(52) mati.　Mv. は meghadatta（i 232.1）、増一は「曇摩留支」（599b16）とし、その他の資料には登場しない。

(53) 因果経のみ、夢に関する話が見られる。こちらは夢の数が五つであるが、内容は Divy. にかなり近い。ここでは善慧（sumedha）が五つの夢を見た後、Divy. と同様に仙人とのやり取りを経て（621b26-c16）、普光（dīpaṃkara）如来にその意味を訊くという展開になっている。内容は次のとおり。

爾時善慧比丘。白普光如来言。世尊。我於昔日。在深山中。得五奇特夢。一者夢臥大海。二者夢枕須弥。三者夢海中一切衆生。入我身内。四者夢手執日。五者夢手執月。唯願世尊。為我解説此夢之相。爾時普光如来。答言善哉。汝若欲知此夢義者。当為汝説。夢臥大海者。汝身即時在於生死大海之中。夢枕須弥者。出於生死得般涅槃相。夢太海中一切衆生入身内者。当於生死大海。為諸衆生。作帰依処。夢手執日者。智慧光明。普照法界。夢手執月者以方便智。入於生死。以清涼法。化導衆生。令離悩熱。此夢因縁。是汝将来成仏之相（622c24-623a8）

Divy. は彼が夢見たことを説くに留まり、因果経のようにディーパンカラがその夢の説明をする記述はない。

（54） praveśakāni. SPEYER はこれを praveśitāni に訂正する。ここでは受動の形が相応しいと考えられるので、この訂正に従う。

（55） Divy. は少女の固有名詞を出さないが、Mv. は prakṛti（i 232.16）、増一は「善味」（598c13）、四分は「蘇羅婆提女」（784c10-11）、集経は「賢者」（666c14）とする。因果経は固有名詞を出さない。

（56） mamāpi [mām api ?]. 校訂者に従い、これを mām api に改める。

（57） 以下、Mv. にも簡素ながら同様の表現「また世尊が黄金の蓮華の如き右足を〔都城の〕敷居に下ろすや否や、そこには未曾有なる音が起こった。トランペット、太鼓、鼓、法螺貝、シンバル、そして笛は、人中の最上者（ブッダ）が〔都城に〕入る時、誰も演奏していないのに音を立てた。最高の宝を知る人（ブッダ）が〔都城に〕入る時、都城にある宝石、〔それに〕箱や容器に入っている〔宝石〕も音を立てた」（i 235.11-16）が見られる。燃灯仏授記で説かれる表現は簡素だが、Mv. の他の箇所（i 308.1-15, iii 255.17-256.9）ではかなり Divy. の定型句に近い記述が見られる。『説話の考古学』（202-204）参照。

（58） 定型句 8E（ブッダが都城の敷居を跨いだ時の希有未曾有法）。

（59） tathādhiṣṭhitāni .... tiṣṭhato 'nutiṣṭhanti（251.23-25）. 以下、同様の表現は前章にも見られたが（227.1-2）、このトピックは Mv. にも存在し、韻文と散文とで異なった説かれ方をする。韻文では少女達が森で大量の花を採取してそれを仏に撒き、「そして彼女達の手から放たれた芳しい〔花〕は五色の花衣となって、世間の導師たる世尊〔の体〕に留まった。中に茎を持つ芳しい花は、無礙なる虚空に留まって、〔世尊を〕右繞して礼拝した。世間の光（世尊）が進めば〔花も〕随行し、彼が止まれば〔花も〕止まった。〔その花〕は、神力を持ち、一切を支配する人の威儀路を見逃さなかった」（i 236.9-14）と説かれるが、傍線部が Divy. の表現と重なるのが分かる。また散文では、Divy. のこの部分に対応する内容が説かれているが、その時の描写は「青年僧メーガは、広大な興奮と動揺、広大な歓喜と喜悦を生じると、その五本の蓮華を世尊ディーパンカラに投げ掛けた。するとそ〔の蓮華〕は、光の網の如き〔世尊の〕丸い顔を覆って留まった。少女プラクリティもその二本の蓮華を投げ掛けた。するとそれは空中に留まった。――諸仏・諸世尊は、神力の神変、読心の神変、〔そして〕教誡の神変という三つの神変によって有情達を教導する。―― さて世尊ディーパンカラに対して青年僧メーガが投げた五本の蓮華、少女プラクリティの〔投げた二本の蓮華〕、そして他の人達が投げた〔蓮華〕は、世尊によって加持されると花の天蓋となったが、〔それは〕有情達を教導するために、青年僧メーガに歓喜と喜悦を生ぜしめるためであった。〔その天蓋〕は美しく、見目麗しく、四本の柱を持ち、四つの入口があり、紐や帯の束が吊り下げられていた」(i 238.1-9) となっており、Divy. よりも詳細に表現する。

(60) sumatir māṇavo buddhaṃ bhagavantaṃ sakardamaṃ pṛthivīpradeśam upāgataḥ. これは構文的に見て不可解な文である。というのも、ここには二つの対格、すなわち buddhaṃ bhagavantam と sakardamaṃ pṛthivīpradeśam があるが、両者の関係が不明である。何らかの動詞（あるいはそれに相当する語）が欠落していると考えれば、この二つの対格はそれぞれ別の目的語となり、辻褄が合いそうだが、どのような語を補えばよいかは分からない。

(61) jaṭāṃ [jaṭā MSS] saṃtīrya. SPEYER はこれを jaṭāḥ saṃstīrya に訂正している。この方が文脈に合うので、これに従う。

(62) janmajarāntakām. この性と格とが理解しがたい。この形であれば、女性形の単数・対格であり、この直前の jaṭāṃ を修飾する語と理解せざるを得ないが、意味的にはまったく不相応である。ここではこれを janmajarāntaka とし、ディーパンカラに対する呼格として理解する。こうしても韻律には影響がない。

(63) これに相当する一節を有するのは増一のみであり、ここでは曇摩留支が「此禿頭沙門何忍。乃挙足蹈此清浄梵志髪上。此非人行」(599b17-19) と言っている。

(64) nṛbhavād dhi mukto mukto [This second *mukto* is inserted ex. conj.]. このまま読めば「実に人間存在から解脱し解脱して」と読めるが、文脈からすれば、ブッダは人として生まれ、有情の救済をしなければならないので、この時点では人間存在から解脱してはいけない。よって SPEYER はこれを nṛbhavādhimukto yukto に訂正している。ここでは彼の訂正に従う。

(65) yo ’sau dīpāvatīyako janakāyaḥ. これでこの文は終わっており、校訂者の脚注にあるとおり、連結の文が抜けている。

(66) SILK はこれ以降の Divy. に関し、GBM 写本二つ (Gilgit 1/ Gilgit 2) の読みに基づいて有益な訂正を行っているので、ここでもこれを大いに参照する。なお、これ以外にも適切と判断した場合は、GBM 写本に基づいて適宜訂正を試みるが、その際のローマナイズは SILK に基づく。

(67) 以下、Divy. ではクラクッチャンダに言及した後、突然「王都」に話が移るので、SPEYER は Aś 第50話・第75話にあるように、クラクッチャンダがショーバーヴァティーに滞在していたことに言及する文が欠落していると指摘している。ちなみに、Aś 第50話では「彼は王都ショーバーヴァティーに身を寄せて時を過ごしていた (sa śobhāvatīṃ rājadhānīm upaniśritya viharati)」(i 286.1-2, ii 29.9) という表現が見られる。この表現の前後は buddho bhagavān ..... tasyāṃ ca rājadhānyām とあり、Divy. の表現と完全に一致する。 (68) 定型句 3A (結婚)。

(69) baṇigdharmāṇām. SPEYER はこれを baṇigdharmeṇa に訂正している。これに対し、SILK は -dharman という中性名詞の倶

格 -dharmanā の誤りと見ている。この方が語形的に近いので、この読みに従う。（70）定型句 3M（養育費を稼ぐ父）。

（71）baṇiglokenāvṛto [baṇiglokanāvṛto BCD, baṇiglobhakenāvṛto A]．これを SPEYER は baṇig lobhenāvṛto に訂正しているので、SPEYER に従う。（72）ciram apy āgacchati．SILK に従い、ciraṃ pravṛttir apy āgacchati とし、下線部を補う。

（73）kulārthāgataṃ．SILK に従い、kulānvāgataṃ に改める。

（74）rogavinodakaṃ．SILK に従い、rāgavinodakaṃ に改める。

（75）śṛṇu vijñāpyaṃ．Gilgit 1（1475.2）はこれを śṛṇu me vijñāptiṃ とするので、これを参考に下線部を me vijñaptiṃ に改める。Gilgit 2 はこの部分が欠損。

（76）bhavati．SILK に従い、bhavatu に改める。

（77）pratiṣṭhito 'syārthena．SILK に従い、これを pratiṣṭhito 'sy atha na に改める。

（78）kiṃ etat．Gilgit 2（1354.12）はこれを na とする。Divy. の読みだと、「それは一体何のことだ」となる。これでも意味は通じるが、この直前の質問「結婚しているのかしていないのか」に対する答えとしては、「まだだ」という返答の方が会話の流れとして相応しいし、またこの直後の老婆の会話内容にも上手く繋がる。Gilgit 1 はこの部分が欠損。

（79）saṃnimitte [Sic MSS：Qu. tannimitte]．SILK に従い、maṃnimitte に改める。

（80）tannimittaṃ．SILK に従い、tvannimittaṃ に改める。（81）nimitte na．SILK に従い、nimittena に改める。

（82）vānveṣaṇe．SILK に従い、vācānveṣaṇe に改める。

（83）saṃgataṃ [saṃgataḥ MSS]．SILK はこれを saṃgamo に改めているが、このままでも読めるので、訂正はしない。

（84）niśi kālam apratyabhijñātam/ rūpe kāle．SPEYER はこれを niśi vikāle apratyabhijñātarūpe kāle に訂正するが、SILK は下線部を必ずしも vikāle に変える必要はないとする。ここでは SILK に従い、niśi kāle apratyabhijñātarūpe kāle に訂正する。なお、この後、時間の深まりを表す表現が三つ出てくるので、これを纏めてみる。

①母が出掛けた時――niśi kāle apratyabhijñātarūpe kāle.

②母が息子と情交を始めた時――vikālaṃ avyaktiviṃ bhāvyamāne rūpākṛtau.

③母が帰宅する時――satamo'ndhakāre kālāyāṃ eva rajanyām avibhāvyamānarūpākṛtau.

時系列で見ると、①より②の方が時間的に遅く、夜が深まっているはずであるが、Skt. の表現ではこの違いが明確ではないように思われる。そこで Gilgit 1（1477.3）を見てみると、vikālaṃ abhāvyamāne rūpākṛtau とし、avyaktiviṃ を欠き、bhāvyamāne が abhāvyamāne となっている。この方が①の時と差異化でき、時間の深まりが表現される。なお Gilgit 2（1355.4）は vikāle mavi vibhāvyamā[n].＋とする。

（85） vikālam avyaktim vibhāvyamāne rūpākṛtau. vikālam abhāvyamāne rūpākṛtau に改める。本章注（84）参照。

（86） vartamānena [vartamāne MSS] ratikrīḍākrameṇa. SILK に従い、vartamāne ratikrīḍākrame に改める。

（87） ratikrīḍā bhavema. SPEYER はこれを ratikrīḍām anubhavema に、SILK は ratikrīḍām anubhaveyam に改めているが、ここでは SILK に従う。

（88） uparipravāraṇapotrīm [Ex. conj.; yāntīm A, yontim B, yontīm CD]. SILK に従い、下線部を -pontīm に改める。

（89） manaḥśūkam. SILK に従い、下線部を -śokam に改める。

（90） tīrthasamo 'pi ca mātṛgrāmaḥ. 同様の表現が「クナーラ・ジャータカ」に見られ、「男を喜ばせ、多情で節操がない女を信じるな。喜びを〔男に〕与えても、女自身はすべて遊女であり、沐浴場と同じ（titthasamā）なり」（Ja v 435.22–25）とする。注釈はこれを「「沐浴場と同じ」とは：沐浴場が身分の貴賤に関係なく沐浴する者を拒まないように、女性も、秘密の時間と場所とがあれば、どんな男も拒まない」（Ja v 437.22–24）と説明する。この後にも韻文中に titthasamā hi nāriyo（Ja v 448.20）という表現が見られ、こちらの注釈は「沐浴場のようにすべての人が共有する（titthaṃ viya sabbasādhāraṇā）」（Ja v 449.20）と説明するが、趣旨は同じであろう。こう考えると、「道」も「身分の貴賤に関係なく、歩行者を拒まない」し、「すべての人が共有する」点では沐浴場と同じ性質のものと考えられる。

（91） ペルシャのことか。 （92） āgamiṣyatīti. SILK に従い、āgamiṣyāmīti に改める。

（93） jānase. Divy. は、āgamiṣyāmīti [← āgamiṣyatīti] jānase 'smābhir idānīṃ kiṃ karaṇīyam iti とあるので、jānase の目的節はこの直前の「父が帰ってくるとの手紙をよこした」とも、この後の「私達が今、何をすべきか」ともとれる。SILK は āgamiṣyāmīti jānīse/ asmābhir とするので、kiṃ karanīyam iti の iti を省略すべきであるとするが、ここでは jānase を「私達が今、何をすべきか」にかけて訳す。

（94） kāmān khalu pratisevato na hi kiṃcit pāpakaṃ karma karaṇīyam. 文脈から考えて、下線部は karmākaraṇīyam でなければならない。同様の表現は第37章にも見られるが、そこでは karmākaraṇīyam (565.13) となっているので、これに改める。SPEYER も Aś 第33章に同様の表現が見られることから、この形に訂正している。SILK もこの読みを採る。

（95） ekaphalāyāṃ. SILK に従い、ekaphelāyāṃ に改める。 （96） kāladharmaṇā yuktasya. 直訳「死の定めと結びついた」。

（97） ca gatasya. SILK に従い、cāgatasya に改める。

（98） baṇigdharmaṇā. SPEYER はこの格を baṇigdharmeṇa に改めている。本章注（69）参照。

(99) kāmāś ca lavaṇodakasadṛśā yathā yathā sevyanti tathā tathā tṛṣṇāvṛddhim upayānti. 第35章注(200)参照。

(100) ここでは比丘(ブッダ)が彼(ダルマルチ)の頭髪を剃り、袈裟衣を与えているので、彼の出家は認められている。つまり、沙弥にはなっていると考えられるが、彼は五逆罪を犯しているので、具足戒を受けて比丘にはなれない。ただ、ここで「具足戒を授けて下さい」の代わりに「学処(śikṣāpadāni)を授けて下さい」という表現は異例のように思われる。

(101) Ap(429-431)にはダルマルチの譬喩があるが、ここでは彼の過去世での悪業として「母殺し」にしか言及しない。

(102) Divy. は父殺し・母殺し・阿羅漢殺しの三無間業を犯したことしか説かないが、Mv. ではこれに加えて、僧伽の分裂と仏の体から血を出したこと(i 244.16-17)にも言及し、五無間業すべてを犯したことになっている(i 243.18-244.18)。

第19章　波瀾万丈のジョーティシュカ

Divy. の中では長編のアヴァダーナ説話に属するが、この説話の特徴は過去物語の長さにある。ジャータカ・タイプの説話は別にして、通常アヴァダーナ説話に見られる過去物語は現世の楽果・苦果を説明するためだけに添えられた短いものであるが、ここでの過去物語は刊本で七頁半ほどもあり、またその内容も単に現世の楽果・苦果を説明するものではなく、それだけで独立した物語性を持つ内容になっている。事実、Mv. にはこの過去物語に相当する説話が独立した一つの物語として存在している。さて現在物語に目を移すと、そこには奇想天外な物語が展開し、読者を飽きさせることがない。主人公の誕生に関してのジャイナ僧とブッダとの駆け引きに始まり、主人公ジョーティシュカの蓮からの誕生、ジョーティシュカの様々な超能力の発揮など、様々な要素が絡み合い、そこに有部特有の定型句が随所にブレンドされ、多彩な構成となっている。

仏・世尊は、ラージャグリハ郊外にある竹林のカランダカニヴァーパ(1)で時を過ごしておられた。都城ラージャグリハにはスバドラ(2)と呼ばれる長者が住んでいた。彼は裕福で巨額の財産と巨大な資産とを有し(3)、ジャイナ教の熱心な信者だった。彼は〔自分の家柄に〕相応しい家から妻を迎えた。彼は彼女と遊び、戯れ、快楽に耽っていた。彼が〔妻と〕遊び、戯れ、快楽に耽っていると、しばらくして妻は妊娠した(4)。〔一方〕世尊は午前中に衣を身に着け、衣鉢を持つと(5)、乞食しにラージャグリハに入られた。ラージャグリハを乞食して歩きながら、長者スバドラの家にやって来られた。長者スバドラは遠くから世尊を見た。そして見ると、妻を連れて世尊のもとに近づいた。近づくと、世尊に「世尊よ、ここにいる私の妻が妊娠しました。どちらが生まれるのでしょうか」と申し上げると、世尊は「長者よ、息子が生まれるだろう。彼は家を輝かせ、天界と人界との幸せを享受し、私の教えに従って出家して一切の煩悩を断じると、阿羅漢性を証得するだろう」と言われた。彼は清浄で美味なる軟硬〔二種〕の食物を鉢に満たして世尊に布施した。世尊は「御機嫌よう」と告げ、施食を持って立ち去られた。

そこから遠くない所に〔ジャイナ教の〕賢者[6]が立っていた。彼は考えた。〈我々が食物を貰う家の一軒を沙門ガウタマは改宗させてしまった。沙門ガウタマが何を予言したのか見に行こう〉と。彼はそこに行って尋ねた。

「長者よ、今、沙門ガウタマが来たであろう」

「来られましたが」

「彼は何を予言したのだ」

「聖者よ、私は〔世尊〕に妻をお見せして、『どちらが生まれるのでしょうか』と〔尋ねましたら〕『長者よ、息子が生まれるだろう。彼は家を輝かせ、天界と人界との幸せを享受し、私の教えに従って出家して一切の煩悩を断じると、阿羅漢性を証得するだろう』と仰いました」

占星術に精通していた賢者は白色の〔チョーク〕[7]を取り出して計算し始めると、世尊が予言したことはすべてそのとおりであることが分かった。彼は考えた。〈もしも私が〔この予言を〕事実と認めれば、この長者は沙門ガウタマに益々信心を抱くに違いない[8]。だから、その〔予言の〕うち、ある点は本当であると言い、ある点は嘘だと言おう〉と。こう考えると、両掌を反転させ、顔を顰(しか)めた。長者スバドラが「聖者よ、どうして両掌を反転させ、顔を顰められたのですか」と言うと、彼は「長者よ、その〔予言の〕うち、ある点は真実だが、ある点は嘘だ」と答えた。

「聖者よ、何が真実で、何が嘘なのでしょうか」

「長者よ、奴は『息子が生まれるだろう』と言ったが、これは真実を言っている。彼が家を輝かせるのも真実だ。

『輝かす』とは『火』の〔別〕名なのだ。[9] 不運なこの子は生まれた途端に家を火で燃やしてしまうだろう。奴は『天界と人界との幸せを享受するであろう』と言ったが、これは嘘だ。長者よ、お前は人間でありながら、天界と人界との幸せを享受している人を誰か見たことがあるか。奴は『私の教えに従って出家するだろう』と言ったが、これは真実だ。食物も着物もなくなったら、必ず沙門ガウタマのもとで出家するだろう。〔だが〕一切の煩悩を断じて阿羅漢性を証得するというのは嘘だ。そもそも沙門ガウタマ自身に一切の煩悩を断じた阿羅漢性などないのに、ましてや彼にあるはずがない[10]」

スバドラはがっかりして「聖者よ、私はこれにどう対処すればよいのでしょうか」と尋ねると、賢者は「長者よ、我々は学〔処〕を受持する出家者だ。[11] あなた自身で考えよ」と答えた。こう言うと、立ち去ったのである。スバドラは考えた。〈何としても、こいつを始末せねばならない〉と。こう考えると、彼は〔妻に流産の〕薬を与えたが、その子は最後生だったので、それは彼に〔良〕薬として働いた。長者は彼女の左腹を踏みつけ始めると、その胎児は右腹に移ってしまった。スバドラが右腹を踏みつけ始めると、〔胎児〕は左腹に移ってしまうのであった。

——最後身の有情が漏の滅を得もしないのに、途中で〔命を〕絶たれて死ぬことはあり得ず、起こり得ない。[12] ——

その長者の妻は腹を踏みつけられるので、悲鳴を上げ始めた。近所の人達が〔それを〕聞き、大急ぎでやって来て、「皆、あの長者の奥さんはどうして叫び声を上げげているのだ」と尋ねると、スバドラは「彼女は妊娠しているのです。きっと出産の時に違いありません」と答えたので、彼らは立ち去った。スバドラは考えた。〈ここで女房を痛めつけるのはまずい。人目に付かぬ所に連れていこう〉と。

彼は彼女を人目に付かぬ所に連れていくと、彼女を痛めつけて殺してしまった。彼は〔妻の死体〕をこっそりと家に運び、友人・親戚・親類、それに近所の人達に「皆さん、私の妻は死んでしまいました」と告げると、皆は泣き始めた。彼らは泣きながら、青・黄・赤・白の布で棺を飾り付け、死体遺棄場シータヴァナに運んだ。ジャイナ僧達がそのことを耳にすると、彼らは非常に嬉しがり、満足し、喜んで、傘や幟[13]を立てると、都城ラージャグリハの車道・街路・四つ角・交差点を歩き回りながら、呼びかけた。

「皆、聞け。沙門ガウタマは長者スバドラの妻に『息子が生まれるだろう。彼は家を輝かせ、天界と人界との幸せを享受し、私の教えに従って出家して一切の煩悩を断じると、阿羅漢性を証得するだろう』と予言した。だが彼女は死に、シータヴァナに運ばれた。そもそも木に根自体がないなら、どうしてそれに枝・葉・実が[14]生えようぞ！」

――さて諸仏・諸世尊が[15]知らないことや見ていないことや分からないことや識別できないことは何もない。大悲の持ち主であり、世間の利益に邁進し、唯一の保護者で、[16]止観に住し、[17]三〔業〕の調御に巧みで、[18]四暴流を渡り、四神足という足の裏の上にしっかりと立ち、四摂事に久しく慣れ親しみ、四無畏で自信に溢れ、五支を離れ、五趣を超越し、六支を具え、[19]六波羅蜜を完成し、七[20]菩提分という花に富み、八正道を示し、九次第定に巧みで、十力で力強く、名声は十方を満たし、千もの自在者の中で最も優れている諸仏・諸世尊には、夜に三度、昼に三度、仏眼を以て世間を観察すると、知見が働くことになっている。〈誰が衰え、誰が栄えているのか。誰が不幸に陥り、誰が困難に陥り、誰が危機に陥っているのか。誰が不幸・困難・危機に陥っているのか。誰が悪趣に向かい、誰が悪趣に傾き、誰が悪趣に落ちようとしているのか。私は誰を悪趣から引き上げ、天界や解脱に安住させようか。未だ植えられざる善根を誰に植えようか。すでに植えられた誰の〔善根〕を成熟させようか。すでに成熟した誰の〔善根〕を〔果あるものとして〕解き放とうか〉と。そして〔詩頌〕に曰く。

　魚の住処なる海は岸を越えゆくことあらんも、仏が教化すべき愛し子等の時機を逸することなし。[21]――

　その時、世尊はある場所で微笑された。諸仏・諸世尊が微笑した時には、青・黄・赤・白の光線が〔世尊の〕口から放たれ、ある〔光線〕は下に行き、ある〔光線〕は上に行くことになっている。下に行った〔光線〕は、等活・黒縄・衆合・叫喚・大叫喚・炎熱・大炎熱・無間と、アルブダ・ニラブダ・アタタ・ハハヴァ・フフヴァ・ウトパラ・

パドマ・マハーパドマの諸地獄に[22]行くが、熱地獄には涼しくなって落ちて行き、寒地獄には暖かくなって落ちて行く。これにより〔各地獄に〕特有な有情達の苦しみは和らげられる。彼らは〈おい皆、我々はここから死没してしまったのだろうか、あるいは別の場所に生まれ変わったのであろうか〉と考える。彼らに浄信を生ぜしめんがために世尊が化〔仏〕を放つと、彼らは化〔仏〕を見てこう考える。〈皆、我々はここから死没したのでもなく、別の場所に生まれ変わったのでもない。そうではなく、ここには以前に見たこともない有情がいるが、彼の神通力によって〔各地獄に〕特有な我々の苦しみが和らげられたのだ〉と。

彼らは化〔仏〕に対して心を浄らかにし、地獄で感受すべき業を滅尽すると、天界や人間界に生まれ変わり、そこで〔四〕諦の器となる。

上に行った〔光線〕は、四大王天・三十三天・夜摩天・兜率天・化楽天・他化自在天・梵衆天・梵輔天・大梵天・少光天・無量光天・光音天・少浄天・無量浄天・遍浄天・無雲天・福生天・広果天・無想天・無熱天・善現天・善見天・色究竟天に行って、「無常・苦・空・無我」と声を発し、二つの詩頌を唱える。

「〔精進〕を積め。出家せよ。仏の教えに専念せよ。死の軍隊を打ち破れ。象が葦の小屋を〔踏み潰す〕如く。

この法と律とに従いて放逸なく修行する者は、生〔死を繰り返す〕輪廻を断じ、苦を終わらせん」

さてその光線は、三千大千世界を駆け巡り、それぞれ世尊の背後に随行すると、[23]〔世尊の〕口に消えた。その時、尊者アーナンダは虚心合掌をして世尊に尋ねた。

「種類も様々に、何千色もの美しき〔光の〕束が口より放たれ、それによりて〔十〕方は遍く照らされたり。あたかも太陽の昇るが如く」

そして〔さらに〕彼は詩頌を唱えた。

「高慢より離れ、卑下と驕(おご)りを断じた諸仏は、世間における最高の因なり。法螺貝や蓮の繊維の如く純白なる微笑を、敵を征した勝者達は故なくして現ぜず。沙門よ、勝者の主よ、[24]〔今が〕その時なりと自ら堅固なる智を以て知り、最高の聖者よ、堅固にして浄らかなる最上の言葉を以て、〔微笑の意味を〕聞かんと欲する聴衆に生じた疑念を取り除きたまえ。大海や山の王の如く堅固なる〔大〕師・正覚者達は、故なく微笑を現ぜず。堅固なりし〔諸仏〕が微笑を現じたその意味を、大群集は聞かんと欲するなり」[25]

世尊は言われた。

「そのとおりである、アーナンダよ。そのとおりなのだ。アーナンダよ、如来・阿羅漢・正等覚者達は、因縁なくして〔妄りに〕微笑を現ずることはない。[26]さあ、アーナンダよ、比丘達に『比丘達よ、如来は死体遺棄場へ遊行に行かれる。皆さんの中で、如来と共に死体遺棄場へ遊行に行くことのできる者は衣を執られよ』と告げよ」

「畏まりました、大徳よ」と同志アーナンダは世尊に同意すると、比丘達のもとに近づいた。近づいて、「比丘達よ、如来は死体遺棄場へ遊行に行かれる。皆さんの中で、如来と共に死体遺棄場へ遊行に行くことのできる者は衣を執られよ」

「了解した、同志よ」と同意して、すべての比丘達が世尊のもとに集まってきた。

その時、〔自己を〕調御し、寂静で、解脱し、安穏であり、〔自己を〕調伏し、阿羅漢であり、離貪し、端正なる世尊が、〔自己を〕調御し、寂静で、解脱し、安穏であり、〔自己を〕調伏し、阿羅漢であり、離貪し、端正なる従者を従えている様は、雄牛が牛の集団に、象王が小象の集団に、獅子が牙を有する動物の集団に、白鳥王が白鳥の集団に、ガルダが鳥の集団に、バラモンが弟子の集団に、名医が患者の集団に、勇者が武士の集団に、[27]導師が旅人の集団に、隊商主が商人の集団に、組合長が市民の集団に、城主が大臣の集団に、転輪王が千人の息子に、月が星の集団に、太陽が千の光線に、ドゥリタラーシュトラがガンダルヴァの集団に、ヴィルーダカがクンバータの集団に、[28]クベーラが夜叉の集団に、ヴェーマチトリンがアスラの集団に、シャクラが三十〔三〕天に、ブラフマンが梵衆〔天〕に囲遶されているが如くであった。〔また世尊〕は、凪いだ大洋の如く、水を湛えた大洋の如く、興奮せぬ象王の如くであり、よく調御された諸根によって振る舞いと行動は落ち着いており、三十二の偉人相で完全に装飾され、八十種好で体は[29]光り輝き、一尋の光明で体は飾られ、千の太陽をも凌ぐ光を放ち、宝の山が動いている如く、どこから見ても素晴らしかった。十力、四無畏、三不共念住、そして大悲を具えた〔世尊〕は、アージュニャータ・カウンディンニャ、アシュヴァジット、ヴァーシュパ、マハーナーマン、バドリカ、シャーリプトラ、マウドガリヤーヤナ、カーシャパ、ヤシャス、プールナ等の偉大な声聞達、また別の大きな比丘の僧伽、さらに別の何百何千という生類に取り囲まれながら、大死体遺棄場[30]シータヴァナに向けて出発された[31]。仏の遊行には十八の功徳[32]があるので、何百千という神々[33]も次から次へと世尊の後ろに付き随った。するとシータヴァナへの向かい風が吹き始めた。

　少年二人がラージャグリハから外に出て来て遊んでいた。バラモンの少年とクシャトリヤの少年である。二人のうち、クシャトリヤの少年は信心深かったが、バラモンの少年はそうではなかった。バラモンの少年がクシャトリヤの少年に言った。

「ねえ君、世尊は長者スバドラの奥さんに、『息子が生まれるだろう。彼は家を輝かせ、天界と人界との幸せを享受し、私の教えに従って出家して一切の煩悩を断じると、阿羅漢性を証得するだろう』と予言されたが、彼女は死亡して、死体遺棄場シータヴァナに運ばれたんだ。まさか世尊の言われたことが嘘じゃないだろうね」

　クシャトリヤの少年は詩頌を唱えた。

　　「天空が月や星諸共この〔大地〕に落ち[34]、大地が山や森諸共[35]舞い上がり、大海の水が干上がらんも、偉大な聖仙達が嘘をつくことは決してなし[36]」

　そこでそのバラモンの少年が言った。

「ねえ君、それじゃあ僕達は大死体遺棄場シータヴァナに行って確かめよう」

「君、行ってみよう[37][38]」

二人は出発すると、世尊がラージャグリハから出て来られた。クシャトリヤの少年は世尊を遠くから見た。そして見ると、再び詩頌を唱えたのである。

「謙虚で落ち着いた牟尼が大勢の人々に囲まれておわしまさば、最高の獅子吼をされて[39]敵の集団を論破すること疑いなし。雪の塊の如き涼風がしきりにシータヴァナに向かいて吹きたれば、きっとシャーキャムニの神変を一目見んと多くの神々が押し寄せたるに違いなし[40]」

ビンビサーラ王は「世尊は長者スバドラの奥さんに、『息子が生まれるだろう。彼は家を輝かせ、天界と人界との幸せを享受し、私の教えに従って出家して一切の煩悩を断じると、阿羅漢性を証得するだろう』と予言されたが、彼女は死亡して、死体遺棄場シータヴァナ[41]に運ばれていった。そして世尊は声聞の僧伽と共にシータヴァナに向けて出発された」と聞いた。聞くと、彼はこう考えた。〈世尊は目的もなしにシータヴァナに行かれるはずがない。きっと世尊は、長者スバドラの妻について、教化という大仕事をなさるおつもりだ。私も見てみよう〉と。彼もまた後宮の女達・王子・大臣・市民・村人達に取り囲まれて、ラージャグリハから出て行った。そのクシャトリヤの少年はマガダ[42]のシュレーンニャ・ビンビサーラ王を遠くから見た。そして見ると[43]、再び詩頌を唱えた。

「マガダの王シュレーンニャ[44]も一族郎党を連れてラージャグリハよりおわしまさば、我が心に〈大勢の人々に善きことあるに違いなし〉という確固たる思いが湧いてきたり」

群衆は世尊を見ると、道を開けた。世尊は顔に笑みを浮かべながら、大衆の中に入って行った。ジャイナ僧達は、世尊が顔に笑みを浮かべているのを見ると、〈沙門ガウタマが顔に笑みを浮かべながら大衆の中に入って行ったところを見ると、きっとあの胎児は[45]死んでいないに違いない〉と考えて、彼らは長者スバドラに言った。

「長者よ、あの薄運の子は死んでいないに違いない」

彼が「聖者よ、これにどう対処すればよいのですか」と言うと、「長者よ、我々は学〔処〕を受持する者だ。[46] あなた自身で考えよ」と答えた。彼は妻を薪の上に載せて荼毘に付し始めた。腹の辺りだけを除くと、彼女の体はすっかり焼けた。そしてその母胎が割れると、蓮華が現れ、蓮台の上には、美しく、見目麗しく、男前な男児が坐っていたのである。それを見た何百千もの生類は腰を抜かすほど吃驚してしまった。ジャイナ僧達の自尊心・威厳・尊厳は損なわれた。[47] そこで世尊は長者スバドラに「長者よ、童子を受け取りなさい」と言われた。彼がジャイナ僧達[48]の顔に目をやると、「長者よ、もしもあの燃え盛る薪の中に入って行ったなら、絶対に死んでしまうぞ！」と彼らは言った。[49]彼は受け取らなかった。そこで世尊はジーヴァカ・クマーラブータに[50]「ジーヴァカよ、童子を受け取りなさい」と言われた。彼は〈世尊が私を不可能な仕事につかせることはあり得ず、起こり得ないことだ。取りに行こう〉と考えると、彼は恐れることなく薪の中に飛び込み、〔童子を〕受け取ったのである。

勝者の仰せに従いて、彼が薪の中に分け入り、火中の子を抱きとめし時[51]、大火は勝者の力によりて瞬く間に雪の
塊の如く涼しくなれり。

そこで〔世尊〕は[52]ジーヴァカ・クマーラブータに「ジーヴァカよ、お前はまさか傷ついたり、火傷したりしなかったであろうな」と言われると、彼は言った。

「大徳よ、私は王家に生まれ王家で育てられましたが、世尊が加持された薪ほどの冷たさは、牛頭栴檀の〔軟膏を体に塗った〕時でも感じたことがありませんでした」

そこで世尊は長者スバドラに「長者よ、今こそ[53]童子を抱き取るがよい」と告げたが、彼は邪見に悩乱されていたため、それでも〔童子に〕近づこうとせず、ジャイナ僧達[54]の顔ばかりに目をやると、彼らは言った。

「長者よ、あらゆるものを無きものとしてしまう火にさえも焼かれなかったとは、何と悪運の強い子ではないか。そんな〔子〕を家にでも入れようものなら、必ずやお前の家は崩壊し[55]、お前も殺されてしまうことは多言を要すまい」

――自分よりも愛しいものはない。――

よって彼はそ〔の子〕を受け取らなかった。そこで世尊はビンビサーラ王に「大王よ、童子を受け取るがよい」と告げられると、ビンビサーラ王は恭しく両手を差し延べて受け取った[56]。その後、彼は辺りをぐるりと見渡して、「世尊よ、この子の名前を何と付けましょうか」と尋ねると、世尊は「大王よ、この子は火の中より取り出されたのであるから、子供の名前はジョーティシュカ（火生）がよい」[57]と言われたので、彼は「ジョーティシュカ」と命名された[58]。

そこで世尊はその人々の性質・気質・性格・本性を知ると、彼らに相応しい法を説かれ、それを聞くと、何百という多くの有情は偉大なる卓越性を証得した[59]。ある者達は預流果を証得し、ある者達は一来果を、ある者達は不還果を、またある者達は一切の煩悩を断じて阿羅漢果を証得した。ある者達は煖位の、ある者達は頂位の、ある者達は下品・中品の忍位の善根を生じた。ある者達は声聞の悟りに、ある者達は独覚の悟りに、ある者達は無上正等菩提に心を起こした。ある者達は〔三〕帰し、ある者達は〔五〕学処を授かった。衆会の者達は今まで以上に仏に傾仰し、法に傾注し、僧伽に傾倒するようになったのである[60]。

ビンビサーラ王は子供のジョーティシュカを八人の乳母に委ねた。二人はおんぶし、二人は乳を与え、二人は襁褓の世話をし、二人は遊び相手をした。彼は八人の乳母に養われ、育てられ、ミルク・サワーミルク・バター・チーズ・ヨーグルト、その他にも充分に火を通した特別な食材により[61]、池に生える蓮の如く、すくすくと成長した[62]。

〔ある時〕彼の母方の伯父は商品を携えて他国に出掛けた。彼は〔そこで〕「自分の妹が妊娠すると、世尊は彼女に『息子が生まれるだろう。彼は家を輝かせ、天界と人界との幸せを享受し、私の教えに従って出家して一切の煩悩を断じると、阿羅漢性を証得するだろう』と予言された」と聞いた。彼は商品を売り捌き、見返りの商品を手に入れる[63]と、ラージャグリハに戻ってきたが、彼は自分の妹が死んでしまったと聞いた。そして聞くと考えた。〈世尊は彼女に「息子が生まれるだろう。彼は家を輝かせ、天界と人界との幸せを享受し、私の教えに従って出家して一切の煩悩を断じると、阿羅漢性を証得するだろう」と予言されたが、まさか世尊の言葉が嘘であるはずがなかろうな〉と。

　彼は近所の人々に尋ねた。

「世尊は妊娠した我々の妹に『息子が生まれるだろう。彼は家を輝かせ、天界と人界との幸せを享受し、私の教えに従って出家して一切の煩悩を断じると、阿羅漢性を証得するだろう』と予言されたと私は聞きました。聞いて私達は大層喜んでいたのです。でも彼女は死んだと聞きました。まさか世尊の言葉が嘘であるはずがないですよね」

〔すると〕彼らは詩頌を唱えた。

　「天空が月や星諸共この〔大地〕に落ち、大地が山や森諸共舞い上がり、大海の水が干上がらんも、偉大な聖仙達が嘘をつくことは決してなし。(64)

世尊のお言葉に嘘はありません。どうして世尊が嘘をついたりなさるでしょうか。(65) 彼女は御主人に痛めに痛めつけられて(66)お亡くなりになりましたが、偉大な神通力と威神力とを具えた(67)子供は火に焼かれることもなく、今もなお王家で育てられておいでですよ」

　彼は長者スバドラのもとに行くと、言った。

「長者よ、お前はけしからん事をしてくれたな！」

「何をしたというのです」

「お前はジャイナ僧達に唆され、〔せっかく〕身籠もった我々の妹を痛めつけて(68)殺してしまったであろう。〔幸い〕その子は偉大な神通力と威神力を具えていたから、火に焼かれることもなく、今もなお、王家で育てられている。よって、それはもうよい。もしもお前が子供を連れて戻るのであればよし、もしもそうでなければ、我々はお前を親戚の仲間から叩き出し(69)、アウトカーストに落としてやる！(70) また、車道・市場・四つ辻・道の交差点で、『我々の妹は長者スバドラに殺された。妻殺しの彼に誰も話しかけるな』と誹謗し、王家でお前を罰してもらうぞ！」

彼は〔それを〕聞くと肝を冷やし、〈彼の罵り方からして、[71]彼は必ずそうするに違いない〉と考えると、王の両足に平伏（ひれふ）して言った。

「王よ、私の親戚の者達が『もしもお前が子供を連れて戻るのであればよし、もしもそうでなければ、我々はお前を親戚の仲間から叩き出し、アウトカーストに落としてやる。また、車道・市場・四つ辻・道の交差点で、〝我々の妹は長者スバドラに殺された。妻殺しの彼に誰も話しかけるな〟と誹謗し、王家でお前を罰してもらうぞ』と罵るのです。どうか子供のジョーティシュカを[72]お渡し下さいませ」

王は言った。

「長者よ、私はお前からジョーティシュカを受け取ったのではなく、世尊が私にお預けになったのだ。もしも子供が欲しければ、お前は世尊のもとに行け」

彼は世尊のもとに行くと、両足に平伏して言った。

「世尊よ、親戚の者達が『もしもお前が子供を連れて戻るのであればよし、もしもそうでなければ、我々はお前を親戚の仲間から叩き出し、アウトカーストに落としてやる。また、車道・市場・四つ辻・道の交差点で、〝我々の妹は長者スバドラに殺された。妻殺しの彼に誰も話しかけるな〟と誹謗し、王家でお前を罰してもらうぞ』と罵るのです。どうか子供のジョーティシュカを[73]お渡し下さいませ」

世尊は〈もしもスバドラが子供のジョーティシュカを連れて帰れなかったら、熱い血を吐いて死んでしまうかも知れない〉と考えられた。こう考えられると、[74]同志アーナンダに告げられた。

「アーナンダよ、ビンビサーラ王のもとに行き、私になり代わって〔王の〕健康を祈ったら、『大王よ、長者スバドラにジョーティシュカを[75]お渡し下さい。もしも長者スバドラが子供のジョーティシュカを連れて帰れなかったら、熱ンビサーラ王に言った。

「畏まりました、大徳よ」と同志アーナンダは世尊に同意すると、ビンビサーラ王のもとに近づいた。近づくと、ビンビサーラ王に言った。

「大王よ、世尊があなたの健康を祈っておられました。そして『大王よ、長者スバドラにジョーティシュカをお渡し下さい。もしも長者スバドラが子供のジョーティシュカを得られなかったら、熱い血を吐いて死んでしまうかも知れません』と言われました」

王は言った。

「大徳アーナンダよ、私は仏・世尊に(76)礼拝いたします。世尊が仰せられたとおりにしましょう」

「お元気で(77)」と言って同志アーナンダが退くと、ビンビサーラ王は言った。

「長者よ、私がこの子を育ててきたのであり、私にとって彼は可愛く、愛しい存在だ。もしも彼が毎日三回〔私に〕会いに来るならという条件で、私は子供を渡してやろう」

彼は言った。

「王よ、彼を〔あなたのもとに〕遣ります。(78)他の誰に遣りましょうや」

王は彼をあらゆる飾りで荘厳すると、象の背中に乗せて送り出したのである。

——この世間では、父親が生きている間、息子の名前は知られないことになっている。(79)——

やがてしばらくして長者スバドラが亡くなると、ジョーティシュカが家の跡を継いだ。仏・法・僧に浄信を抱き、仏・法・僧に帰依していた彼は、長者スバドラが妻を殺し(80)た場所に、あらゆる資具を完備した精舎を建立させ、聖なる比丘の四方僧伽(81)に寄進した。

——こういうわけで長老達は「世尊はラージャグリハのムリッディタ・ククシカ（押し潰された母胎）林にて時を過

ごしておられた」と経典を編むのである。——

長者スバドラの使用人で、商品を携えて[82]他国に行っていた者達は、「長者スバドラが死ぬと、子供のジョーティシュカが家を継ぎ、彼は仏・法・僧に浄信を抱き、仏・法・僧に帰依している」と聞いた。彼らは牛頭栴檀から成る鉢を手に入れ、それに宝石を満たして、長者ジョーティシュカに贈物として献上すると、彼はそれを高い柱の上に載せて〔柱を〕立て、鐘を鳴らした。

「誰も梯子や縄梯子や鉤棒を使って[83]これを取ってはならない。沙門であれバラモンであれ、偉大な神通力と威神力を持つ者が神力で[84]取るならば、それはその人のお好きなように」

外道達は[85]朝早く起きて沐浴に出掛けた。彼らは〔鉢〕を見た。見ると、長者ジョーティシュカに「長者よ、これは何だ」と尋ねた。彼が彼らに詳しく説明すると、彼らは「長者よ、あなたは沙門の釈子達に浄信を抱いている。彼らが取るであろう」と言った。こう言って、立ち去ったのである。

しばらくすると、長老の中の長老達が乞食しにラージャグリハに入った。彼らはそれを見た。彼らも長者ジョーティシュカに「これは何だ」と尋ねた。彼がまったく同じように詳しく説明すると、彼らは言った。

「長者よ、たかが鉢のために、どうして自分自身を誇示することができようか。世尊は『比丘達よ、お前達は善事を隠し、悪事を露にして時を過ごせ[86]』と言われているのに」

こう言うと、立ち去った。しばらくして、同志ダシャバラ・カーシャパがそこにやって来ると、[87]「長者よ、これは何だ」と尋ねた。彼が事の詳細を説明すると、同志ダシャバラ・カーシャパは考えた。〈無始の時より積み上げられてきた煩悩の堆積を吐き出し、捨て去り、吐き捨て、遠厭しているこの私を、長者は外道程度の神力の件で呼び出しよったか。だったら、彼の心願を叶えてやるとするか〉と。

彼は象の鼻のように腕を伸ばして鉢を取った。彼はそれを持って精舎に帰ると、比丘達に「長老よ、あなたは〔その〕牛頭栴檀製の鉢をどこから？」と質問を受けた。彼は事の詳細を説明すると、比丘達は言った。
「長老よ、たかが鉢のために[88]神力を披露されたのは、あなたにとって相応しいことであっただろうか」
彼は言った。[89]
「同志諸君、相応しかろうが相応しくなかろうが、もうやってしまったのだ。今さら何ができるというのだ」
比丘達がこの出来事を世尊に告げると、世尊は言われた。[90]
「比丘は、在家者の前で神力を披露してはならぬ。披露すれば越法罪となる。[91] さて鉢には金製・銀製・瑠璃製・水晶製という四種類がある。また他にも真鍮製・赤銅製・白銅製・木製[92]という四種類の鉢がある。このうち、前の四種類の鉢は〔我々が〕備えてはならないものであり、手に入れてはならぬ。手に入れた場合は処分せよ。後の四種類の鉢も備えてはならないが、万が一手に入れた場合は、薬入れとして使用せよ。保有できる鉢は鉄製と土製の二つである」

別の時のことであるが、長者ジョーティシュカに天界と人界との幸せが現れた。ラージャグリハとチャンパーとの中間に徴税所があったが、そこの徴税官が死んでしまった。彼は邪悪な夜叉に生まれ変わり、息子達[93]の夢枕に立った。

「倅達よ、お前達はこの場所に夜叉の祠堂を建立し、そこに鈴を括り付けてぶら下げておけ。誰かが税を払わずに商品を持ち出そうとすれば、その者が戻ってきて税を払うまでその鈴は鳴っているだろう」

彼らはこの夢を親戚や親類の者達[94]に知らせると、日・時・時刻を選んで[95]、その場所に夜叉の祠堂を建立し、そして鈴を括り付けてぶら下げた。

〔さて〕チャンパー[96]にはあるバラモンがいたが、彼は〔自分の家柄に〕相応しい家から妻を迎えた。そのバラモンの妻は考えた。〈〔夫の〕バラモンは色々な方法でお金を稼いでいるが、私は食事する〔だけだ〕。仕事もせずにじっとしていているのは私にとって相応しいことではない〉と。

彼女は市場に行って綿を買うと、それを撚って滑らかな糸を紡ぎ、[97] 腕のよい織物師に千カールシャーパナの価値がある上下服を織らせた。彼女はバラモンに言った。

「あなた、[98] この千カールシャーパナの価値がある上下服を持って市場に行って下さい。もしも誰かがそれを千カールシャーパナで求める人があれば売り、なければ、『〔ろくな〕市場ではない』と叫んで別の場所に行って下さいませ」

彼はそれを持って市場へ出掛けたが、誰も千カールシャーパナで買わなかった。彼は「〔ろくな〕市場ではない」と叫ぶと、その上下服を傘の柄の中に入れ、隊商と共にラージャグリハに向けて出発した。しばらくすると、次第して徴税所に到着し、徴税官が隊商から税を徴収した。〔隊商〕が税を払って出掛けると、鈴が鳴り始めたので、役人達は言った。

「おい皆、あの鈴が鳴っているところからすると、きっと隊商は〔何か〕誤魔化して税を払わなかったに違いない。再度、税を徴収しよう」

その隊商を再び呼び戻して調べたが、課税されていないものは何もなかった。[99] [100] 鈴は鳴りっぱなしだったので、彼らは再度その隊商を呼び戻して調べたが、依然として何もなかった。商人達は[101]「あなた方は我々から〔何かを〕盗もうとしているんじゃないのか。だから何度も何度も〔我々を〕呼び戻しているのだ」と軽蔑し始めた。彼らはその隊商を二つに分けて通過させると、その中にそのバラモンがいない方は〔無事に〕通過したが、もう一方が通過すると、まったく同じようにその鈴が鳴り始めたため、彼らは再び〔徴税官〕に調べられた。[102] 同様に二つのグループに分けていくと、最後にそのバラモンだけが残った。彼らは彼を捕まえると、彼は言った。

「私に〔課税すべき〕ものが何かあるかどうか、調べるがよかろう」

彼らは隅々まで調べた後、彼を解放したが、その鈴は鳴ったままだった。彼らはそのバラモンを呼び寄せて言った。

「おお、バラモンよ、決して徴税しないから、〔真実を〕話してくれ。ただ神がすべてお見通しであるということを知りたいだけなのだ[103]」

彼が「本当に税を取らないな」と言うと、「取らない」と〔言うので〕、彼は傘の柄から上下服を取り出して見せた。彼らは「おい、皆、神がすべてをお見通しであることはこのとおりだ」と、すっかり驚いてしまった。彼らはそこから上服を広げて、神〔像〕に着せた。[104]バラモンが「お前達は『徴税しない』と言っておきながら、今、全財産を奪ったな」と抗議すると、彼らは答えた。

「バラモンよ、私達は取ったのではない。そうではなく、〈神はすべてをお見通しだ〉と考えて、私達は〔神像に〕お着せした〔だけ〕のことだ。持って行くがよい」

彼はそれを取ると、再び傘の柄の中に入れて立ち去り、次第してラージャグリハに到着した。彼は市場で〔上下服を〕[105]広げてじっとしていた。そこでもそれを千カールシャーパナで買い求める者はいなかった。彼はラージャグリハでも、「〔ろくな〕市場ではない」と叫び始めたが、〔その時〕少年ジョーティシュカは象の背中に乗って[106]王家から退出し、市場の中を通って自分の家に戻るところであった。彼は〔その声を〕聞くと、言った。

「皆、なぜバラモンは『〔ろくな〕市場ではない』と叫んでいるのだろう。彼を呼んできてくれ。訊ねてみよう」

彼らが彼を呼んでくると、ジョーティシュカは尋ねた。

「おお、バラモンよ、なぜあなたは『〔ろくな〕市場ではない』と叫んでいるのだ」

「長者よ、千カールシャーパナの価値がある上下服を、誰も欲しがらないのだ」

彼が「持っておいで。私が見てみよう」と言うので、〔バラモン〕が見せると、ジョーティシュカが言った。

「なるほどそのとおりだ。しかしこのうちの一方は新品であるが、もう一方の服は使用済みだ。よって新品の方には五百カールシャーパナの価値があるが、使用済みの方は二百五十だな」

バラモンが「どうしてそうなるのだ」と言うと、ジョーティシュカは「バラモンよ、あなたの目の前で証明しよう。見るがよい」と答えた。彼はその新品の方を上空に放り上げると、それはパッと広がり〔上空に〕留まったが、使用済みの方を放り上げると、それは放り上げた瞬間に落ちてきた。〔それを〕見てバラモンは度肝を抜かれ、「長者よ、あなたは偉大な神通力と偉大な威神力の持ち主だ」と言った。ジョーティシュカは「バラモンよ、もう一度この新品の方を御覧になるがよい(107)」と言って、〔それを〕刺のある囲い(108)の上に投げると、引っ掛かることなく通り抜けた。彼はもう一方を投げると、刺に引っ掛かった。バラモンはさらなる浄信を起こして(109)、「長者よ、あなたは偉大な神通力と偉大な威神力の持ち主だ。お好みの額をお支払い下さい」と言うと、彼は答えた。

「バラモンよ、あなたは客人であるから、それに見合ったおもてなしをする。千カールシャーパナを差し上げよう」

彼は〔バラモン〕に千カールシャーパナを与えると、バラモンはそれを受け取り、立ち去った。その後、ジョーティシュカは使用済みの方を子供に与え、新品の方は〔自分の〕浴衣にしたのである。

さてある時のこと、ビンビサーラ王は大臣の集団に取り囲まれて楼閣の屋上にいたが、屋上に干してあったジョーティシュカの浴衣が風で戸外に飛ばされ、ビンビサーラ王の上に落ちてきた。王は言った。

「諸君、この衣は王に相応しいが、これはどこから〔飛んできたの〕だ」

彼らは答えた。

「大王よ、七日間、マーンダートリ王には黄金の雨(110)が降ったと聞いております。王にも衣の雨が降り始めたということは、もうすぐ黄金の雨が降るのでしょう」

王は言った。

「諸君、長者ジョーティシュカは世尊に『天界と人界との幸せを享受するであろう』と予言された。虚空より落ちてきたこの天界の衣を取っておき、彼が来たら、与えよう」

そして彼らがこんな話をしていると、ジョーティシュカがやって来た。王は言った。

「少年よ、お前は世尊に『天界と人界との幸せを享受するであろう』と予言された。虚空から私に落ちてきた天界の衣を受け取るがよい」

彼は手を差し出して、「王よ、お渡し下さい。拝見致しましょう」と〔言った〕。彼は子細に調べだしたが、やがて〔それは〕自分の浴衣であることが分かった。彼は驚いて[111]言った。

「王[112]よ、これは私の浴衣です。風に飛ばされて、ここに来たのでしょう」

「少年よ、お前に天界と人界との幸せが現れたのだな[113]」

「王よ、現れました」

「少年よ、もしそうなら、どうして私を招待しないのだ」

「王よ、御招待致しましょう」

「さあ、[114]食事の用意をせよ」

「王よ、天界と人界との幸せが現れた者に、どうして食事の用意をする必要がありましょう。食事ならもうすでに用意できております。お出まし下さいませ[115]」

王はジョーティシュカの家に行き、外回りの女中を見ると、目を逸らした。

「大王よ、どうして目を逸らされたのですか」

彼は答えた。

「少年よ、あれは〔お前の〕女だと思うてな」

「大王よ、これは〔私の〕女ではありません。外回りのお女中ですよ」

王は大いに吃驚し、内回りの女中を見ると、再び目を逸らした。まったく同じ質問をされると、王もまったく同じように答えた。ジョーティシュカは言った。

「大王よ、これも〔私の〕女ではありません。そうではなく内回りのお女中ですよ」

彼はさらに吃驚してしまった。[116]その中央入口の広間には、宝石の床が作ってあった。そこには機械仕掛けによって、満々と湛えた水の中を魚が泳いでいるように見えた。中に入ろうとした王は池だと思って[117]履物を脱ぎ始めた。ジョーティシュカが「大王よ、どうして履物を脱がれるのですか」と尋ねると、彼は「少年よ、水を渡らねばならぬであろうが」と答えた。ジョーティシュカが「王よ、それは池ではなく、宝石の床ですよ」と言うと、彼は言った。

「少年よ、魚が泳いでいるように見えるぞ」

「王よ、それは機械仕掛けで魚が泳いでいるように見えるだけなのです」

王は信じなかったが、指輪を投げ入れてみると、それはカラカラと音を立てて地面に落ちていったので、吃驚しながら〔中に〕入り、獅子座に坐った。女達が〔王の〕両足を礼拝しようと近づくと、彼女らは涙を流したので、王は尋ねた。

「少年よ、どうしてあの女達は泣いているのだ」

「王よ、あの者達は泣いているのではありません。そうではなく王の衣には香木の煙が焚き込めてあるので、〔それが目に染みて〕彼女らは涙を流しているのです」

王はそこで天界と人界との幸せでもてなされて心を奪われ、[118]外出することがなかった。王の仕事・王の職務は支障をきたし始めたため、大臣達は王子アジャータシャトルに言った。

「王子よ、王はジョーティシュカの家に入り〔浸り〕、心を奪われておいでです。[119]行って、お知らせ下さいませ」

彼は行くと、〔王〕に言った。

「王よ、ここに来られたきり、腰を落ち着けっぱなしなのは、一体どうしたことです。大臣達は『王の仕事・王の職務は支障をきたし始めた』と申しております」

彼は言った。

「王子よ、お前は一日〔さえも〕政治をすることができぬのか」

「王[120]は何を考えていらっしゃるのです」

「わしがここに来てから〔まだ〕一日だぞ」

「王が〔ここに来られてから〕今日で七日目でございますぞ！」

王はジョーティシュカの顔を繁々と見て尋ねた。

「少年よ、本当か」

「王よ、本当でございます。ちょうど七日目でございます」

「少年よ、どうして昼と夜とが分かるのだ」

「王よ、花が閉じたり開いたり、宝珠が輝いたり輝かなかったり、鳥が啼いたり啼かなかったりすることによってです。夜に咲いて昼は萎れる花もあれば、昼に咲いて夜は萎れる花もあります。宝珠にも夜は輝いて昼は輝かないもの、昼は輝いて夜は輝かないものもあります。夜に啼いて昼には啼かない鳥がいるかと思えば、昼に啼いて夜には啼かない鳥もいます」

王は驚いて言った。

「少年よ、世尊の仰ることに嘘はない。お前は世尊が予言されたとおりで、少しも外れてはおらぬ」

こう言ってジョーティシュカの家から立ち去った。王子アジャータシャトルはジョーティシュカの所有する宝珠を盗んで〔ある〕少年に手渡したが、それは彼が取ったもとの場所に戻ってしまった。アジャータシャトルが「坊主、あの宝珠をもって来い。見てみよう」と言うと、少年は拳を開いて、「王子よ、どこに行ったか分かりません」と言う。彼が〔少年〕を叩き始めると、ジョーティシュカが言った。

「王子よ、どうして彼を叩いているのですか」

「長者よ、私が泥棒なら、こいつは大泥棒だ。私はあなたの宝石を盗んだが、それをこいつがまた盗んだのだ！」

　彼は言った。

「王子よ、あなたが盗んだのでもないし、彼でもありません。そうではなく、あなたが取った〔宝石〕はもとの場所に戻ているのです。ところで王子よ、私の〔家〕はあなたの家ですし、宝石やその他のものも、必要に応じてお好きなようにお取り下さったら結構ですよ」

〔悪事を〕暴かれた[121]彼は〈父が死んで私が王になったら分捕ってやる！〉と考えた。

〔さて〕アジャータシャトルがデーヴァダッタに騙されて、正義の法王たる父を殺害し、自ら王冠を付けて王位に就くと、ジョーティシュカに「長者よ、お前は私の弟だ。家を分けようではないか」と言うので、彼は考えた。〈正義の法王たる父を殺害した[122]彼が、どうして私を殺さないことがあろうか。家を我が家に来させ、〔彼の〕思いどおりに与えてしまおう[123]〉と。こう考えると、言った。

「王よ、もう〔家を〕分けてしまいました[124]。〔さらに〕分ける必要がどこにあるでしょう。〔王〕は私の家にお出で下さい。私はあなたの家に行きますから」

　アジャータシャトルは「結構だ。そうしよう」と言った。〔王〕は彼の家に行き、ジョーティシュカはアジャータシャトルの家に行くと、あの栄華は彼の家から消え、ジョーティシュカのいる方〔の家〕に移った。こうして〔その栄華〕が消えたり現れたりすることが七回に及ぶと、アジャータシャトルは考えた。〈こんなことをしていても私はジョーティシュカの宝石をせしめることはできぬ[125]。別の[126]策を講じよう〉と。

　彼は悪漢[127]を雇い、「さあ、ジョーティシュカの家から宝珠を盗んでこい」と命じた。彼らは縄梯子[128]や鉤棒を使って

〔塀を〕登り始めたが、彼らは楼閣の上にいた後宮の女に見つかってしまった。彼女は「泥棒！　泥棒！」と大声を放つと、ジョーティシュカの耳に届いた。彼が「泥棒よ、止まれ！」と心の底から[129]言葉を発するや、彼らのうち〔塀を〕登っていた者はちょうどその場で動けなくなり、やがて夜が明けると、大勢の人々が彼らを見て言った。

「おい、皆、あの争い好きの王は正義の法王であった父の命を奪い、今度は〔他人の〕家も強奪している。だから私〔の家〕もきっと強奪されるに違いない[130]」

町中が動揺した。[131]アジャータシャトルはジョーティシュカに使者を送った。

「どうか〔彼らを〕解放してくれ。自分のしたことは悪かった」

ジョーティシュカが心の底から「泥棒よ、立ち去れ！」と言うと、彼らは立ち去った。ジョーティシュカは考えた。

〈あの父を殺した男が私を殺さないということがどうしてあり得ようか。世尊は私に「彼は私の教えに従って出家して一切の煩悩を断じると、阿羅漢性を証得するだろう」とはっきり予言された。[132]私は行って出家しよう〉と。

彼はあらゆる種類の財産を、貧しい人・身寄りのない人・不幸な人達に恵み、財産のない者を財産のある者にした。こうして長者ジョーティシュカは、友人・親戚・親類の者達に[133]別れを告げると、世尊のもとに近づいた。近づくと、世尊の両足を頭に頂いて礼拝し、一隅に坐った。一隅に坐った長者ジョーティシュカは世尊にこう申し上げた。

「大徳よ、私は見事に説かれた法と律とに従って出家し、具足戒を受けて比丘になりとうございます。私は世尊のもとで梵行を修したいのです[134]」

世尊は「さあ比丘よ」〔と出家を許す言葉〕で語りかけられた。

「さあ比丘よ、梵行を修しなさい」

世尊の言葉が終わるや否や、彼は剃髪し、衣を身に着け、鉢とそれを載せる輪[135]とをそれぞれの手に持ち、髪と髭とは七日前に剃り落とした〔如く自然で〕、百年前に具足戒を受けた比丘の〔如き〕立ち居振る舞いであった。

「さあ」と如来に言われた彼は、剃髪して衣を身に着けるや、諸根はたちまち寂静となり、仏の意向に従いて衣を身に纏えり。[136]

彼は世尊から教えを受けて勤め励むと、[137]五つの輻を具えた輪廻の輪は実に不安定であることを知り、有為の行く末はすべて衰滅し、衰え、崩壊し、滅び去る性質のものとして〔それを〕打破すると、一切の煩悩を断じて阿羅漢性を証得した。阿羅漢となった彼は、三界の貪を離れ、土塊も黄金も等しく、虚空と掌とを等しく見る心を持ち、斧〔で切られて〕も栴檀香〔を塗られて〕も同じことで、[138]智で〔無明の〕殻を破り、〔三〕明・〔六〕通・〔四〕無礙解を獲得し、有・利得・貪[139]・名声から顔を背け、インドラ神やインドラ神に付き従う神々に供養され、恭敬され、礼拝される者となったのである。[140]

疑念を生じた比丘達は、あらゆる疑念を断じて下さる仏・世尊に尋ねた。

「大徳よ、ジョーティシュカは、いかなる業を為したがために、[141]薪の上に載せられ、天界と人界との幸せを享受し、世尊の教えに従って出家すると一切の煩悩を断じて阿羅漢性を証得したのですか」

世尊は言われた。

「比丘達よ、ジョーティシュカ[142]によって為され積み上げられた業は、資糧[143]を獲得し機縁が熟すと、暴流の如く押し寄せてきて避けることはできないのだ。ジョーティシュカが為し積み上げた業を、他の誰が享受しようか。比丘達よ、為され積み上げられた業は、外の地界・水界・火界・風界で熟すのではない。そうではなく、為され積み上げられた業は、善であれ悪であれ、感覚のある〔五〕蘊・〔十八〕界・〔十二〕処においてのみ熟すのである。

何百千万劫を経ても、業は不滅なり。〔因縁〕和合と時機を得て、必ずその身に果を結ぶ[144]」

比丘達よ、かつて九十一劫の昔、ヴィパッシンと呼ばれる師が世に現れた。彼は如来・阿羅漢・正等覚者・明行足・善逝・世間解・無上士[145]・調御丈夫・天人師・仏・世尊であった。[146]彼は六万二千人の比丘達に囲まれて、地方を遊行しながら、王国バンドゥマティー[147]に到着した。バンドゥマティーでは、[148]バンドゥマティーの園林で時を過ごしていた。ちょうどその時、王国バンドゥマティーでは、バンドゥマト王[149]が国を統治していた。そこは栄えて繁盛し、[150]平和で食物に恵まれ、多くの人々で賑わい、闘争・喧嘩・暴動・騒動は鎮まり、強盗や疫病もなく、[151]米・砂糖黍・牛・水牛に恵まれ、正義の法王は法に基づいて王国を統治していた。[152]〔王〕にはアナンガナ[153]と呼ばれる長者がいた。彼は裕福で巨額の財産と巨大な資産とを有し、広大で多大な富を具え、毘沙門天ほどの財を蓄え、毘沙門天の財に匹敵するほどであった。[154]彼は考えた。〈私は何度も正等覚者ヴィパッシンを屋敷内に招待して食事を差し上げたが、三ヶ月間、あらゆる資具を以てお仕えしたことは今まで一度もない。いざ私は、三ヶ月間、あらゆる資具を以て正等覚者ヴィパッシンにお仕えしよう〉と。

　こう考えると、彼は正等覚者ヴィパッシンのもとに近づいた。近づくと、正等覚者ヴィパッシンの両足を頭に頂いて礼拝し、一隅に坐った。一隅に坐った長者アナンガナを、正等覚者ヴィパッシンは法話を以て教示し、鼓舞し、激励し、勇気づけた。様々な仕方で、法話を以て教示し、鼓舞し、激励し、勇気づけると、沈黙した。[155]その時、長者アナンガナは座から立ち上がって右肩を肌脱ぎ、正等覚者ヴィパッシンに向かって合掌礼拝すると、正等覚者ヴィパッシンにこう言った。

「三ヶ月間、私が衣・食物・臥具・座具・病気に必要な薬といった資具を提供することに、世尊は比丘の僧伽と共に御承諾下さい」

　正等覚者ヴィパッシンは沈黙を以て長者アナンガナに承諾した。その時、長者アナンガナは世尊が沈黙を以て承諾したの知ると、正等覚者ヴィパッシンの両足を頭に頂いて礼拝し、座から立ち上がって退いた。

　バンドゥマト王は、正等覚者ヴィパッシンが六万二千人の比丘達に囲まれて、地方を遊行しながら、王国バンドゥマティーに到着され、バンドゥマティーでは、バンドゥマティーの森で時を過ごしておられると聞いた。そして聞くと、彼はこう考えた。〈私は何度も正等覚者ヴィパッシンを屋敷内に招待して食事を差し上げたが、三ヶ月間、あらゆる資具を以てお仕えしたことは今まで一度もない。いざ私は、三ヶ月間、あらゆる資具を以て正等覚者ヴィパッシンにお仕えしよう〉と。

こう考えると、彼は正等覚者ヴィパッシンのもとに近づいた。近づくと、正等覚者ヴィパッシンの両足を頭に頂いて礼拝し、一隅に坐った。一隅に坐ったバンドゥマト王を、正等覚者ヴィパッシンは法話を以て教示し、鼓舞し、激励し、勇気づけた。様々な仕方で、法話を以て教示し、鼓舞し、激励し、勇気づけると、沈黙した。[156] その時、バンドゥマト王は座から立ち上がって右肩を肌脱ぎ、正等覚者ヴィパッシンに向かって合掌礼拝すると、正等覚者ヴィパッシンにこう言った。

「三ヶ月間、私が衣・食物・臥具・座具・病気に必要な薬といった資具を提供することに、世尊は比丘の僧伽と共に御承諾下さい」

「大王よ、私はお前よりも先に長者アナンガナから招待を受けている」

「世尊よ、〔何卒〕御承諾下さい。私は、長者アナンガナが承諾してくれるように取り計らいます」

「大王よ、もしも長者アナンガナが承諾したなら、私はお前に承諾しよう」

そこでバンドゥマト王は正等覚者ヴィパッシンの両足を頭に頂いて礼拝し、座から立ち上がって退くと、自分の家に向かった。[157] バンドゥマト王は使者を使って長者アナンガナを呼び寄せると、こう言った。

「長者よ、まあ聞いてくれ。そなたよりも先に私が[158]正等覚者ヴィパッシンに食事の供養をし、その後でそなたが正等覚者ヴィパッシンに食事の供養をするのもできぬ相談ではあるまい」

彼は答えた。

「王よ、私はあなたより先に正等覚者ヴィパッシンを招待したのですよ。私こそが〔先に〕食事の供養をいたします」

王は言った。

「長者よ、それはそうかも知れないが、しかしそなたは私の領土に住んでいるのだ。私の方がそなたより先に食事の供養をする権利がないであろうか」

「大王よ、確かに私はあなたの領土に住まわせてもらってますが、先に招待した者こそが食事の供養をするのであり、これについて王がしつこく強要されるのは筋違いです」

「長者よ、私はそなたの好きにはさせぬ。では食事の卓越性で勝った方が、残りの期間、食事の供養をすることにしよう(159)」

「そういたしましょう」と長者アナンガナは同意した。その同じ夜、長者アナンガナは、清浄で美味なる軟硬〔二種〕の食物を用意し、翌朝早起きして、(160)水瓶を設置すると、世尊に使者を送って時を告げさせた。「大徳よ、(161)お時間です。食事の用意ができました。世尊は今がその時とお考え下さい(162)」と。

そこで正等覚者ヴィパッシンは午前中に衣を身に着け、衣鉢を持つと、比丘の衆団(163)に囲遶され、(164)長者アナンガナの食堂(165)に近づいた。近づくと、比丘の僧伽の前に設えられた(166)座に坐った。その時、長者アナンガナは仏を上首とする比丘の僧伽が心地よく坐ったのを確認すると、清浄で美味なる軟硬〔二種〕の食物によって、手ずから喜ばせ、満足させた。様々な仕方で、清浄で美味なる軟硬〔二種〕の食物によって、手ずから喜ばせ、満足させた後、世尊が食事を終えて手を洗い、(167)鉢を片づけたのを見届ける(168)と、彼は一段低い座具を手にして、法を聞くために世尊の前に坐った。(169)(170)その時、正等覚者ヴィパッシンは、長者アナンガナを、法話を以て教示し、鼓舞し、励まし、勇気づけた。様々な仕方で、法話を以て教示し、鼓舞し、励まし、勇気づけると、立ち去った。

同じようにバンドゥマト王も食事を出した。

――まったく同じ文章を〔ここで〕詳細に繰り返すべし。[171]――

バンドゥマト王はどこをとっても食事の卓越性に関して勝てなかったので、[172]頬杖をついて考え込んでしまった。大臣達が尋ねた。

「大王よ、どうしてあなたは頬杖をついて考え込んでいらっしゃるのですか」

彼は言った。

「諸君、食事の卓越性によって、私は我が領土に住まわせてやっている長者に勝つことができなかったのだ。その私がどうして考え込まずにおれようぞ！」[173]

彼らは言った。

「王よ、あの長者には薪がありません。薪を売ることを禁止なさいませ」[174]

王は鐘を鳴らして布告した。「皆の者、我が領内に住む者は誰も薪を売るな。売った者は我が領内に住んではならぬ！」と。

〔薪がなくても〕長者アナンガナは香木で食事を作ったり、また香りのよい胡麻油で衣を湿らせると、〔それを燃料にして〕ケーキ〔の生地〕[175]をかき回し[176]始めた。都城バンドゥマティー全体に芳香が遍満し始めたので、バンドゥマト王が「諸君、この芳しい香りはどこからだ」と尋ねると、彼らは詳しく説明した。彼が「私もそうしよう。どうして私に資力がなかろうか」と言うと、大臣達が言った。

「王よ、何のためにそんなことをなさるのです。[177]あの長者は息子のないまま、やがて死にます。そうすれば〔彼の〕財産はすべて王御自身のものとなりましょう。[178]薪を売ることをお許しなさいませ」

彼は薪を売ることを許した。王が薪を売ることを許したと知ると、長者アナンガナは怒って[179]暴言を吐いた。

「ようやく私には食事を作るための薪[180]が手に入る。これで〔火葬の〕薪を組み、大臣と一緒[181]に彼を荼毘に付してやりたいものだ！」

王は頬杖をついて考え込んでいた。大臣達が「大王よ、どうして頬杖などついて考え込んでいらっしゃるのですか」と尋ねるので、彼が詳しく説明すると、「王よ、心配御無用。大王が長者アナンガナに打ち勝つように、我々が取り計らいましょう」と彼らは言った。

翌日、彼らは石・砂利・瓦礫を取り除き、栴檀の水を撒き、芳しい香炉を備え付け、布・紐・帯を懸け[182]、旗や幟を立て、様々な花を撒き散らして[183]、王国バンドゥマティーをナンダナ園さながらに設え、〔また〕それに匹敵するような、美しく飾り付けられた円形ホール[184]を造らせた。その中には、様々な宝石で飾られ[185]、座席用の布を備えた美しい座が設えられ、〔そこに〕円やかで、柔らかく、芳しい香りを具足し、様々な食物や調味料を具え、見た目は天界の甘露のように絶妙で、三界の尊師に相応しい食事が運ばれてきた。それから、バンドゥマト王に知らせた。

「大王よ、お喜び下さい！　都城はこんなに美しくなり、食事もこのとおりです」

バンドゥマト王は見ると、すっかり驚いてしまった。その後、驚きの心も醒めぬまま、彼は正等覚者ヴィパッシンに使者を送って時を告げさせた。「大徳よ、お時間です。食事の用意ができました。世尊は今がその時とお考え下さい[186]」と。

そこで正等覚者ヴィパッシンは午前中に衣を身に着け、衣鉢を持つと、比丘の衆団に取り囲まれ、比丘の僧伽に恭敬されながら、バンドゥマト王の食堂がある場所[187]に近づいた。近づくと、比丘の僧伽の前[188]に設えられた座に坐った。厳粛な儀式によって灌頂したバンドゥマト王の〔最高の[189]〕象が、正等覚者ヴィパッシンの頭上に百の骨がある傘を翳し、残りの象達は比丘達に〔残りの傘を翳した[190]〕。〔また〕バンドゥマト王の第一王妃は宝石のついた黄金の扇で正等覚者ヴィパッシンを扇ぎ、残りの後宮の女達は残りの比丘達を〔扇で扇いだ[191]〕。

長者アナンガナは「おい、お前、バンドゥマト王が仏を上首とする比丘の僧伽にどんな食事を出しているのか見てこい」と密使を遣った。彼は行ったが、その豪華さを目の当たりにすると、[193]驚きに心を打たれて、その場に立ち竦んでしまった。同様に二人目・三人目が遣られたが、彼もまたその同じ場所に行くと、立ち竦んでしまった。そこで長者アナンガナが自ら出向くと、彼もまたその豪華さを目の当たりにし、すっかり落ち込んで[194]考えた。〈他のものは用意できるが、どうして象や後宮の女に〔まで〕私の財力が〔及ぼう〕か〉と。

こう考えると、家に帰り、門番の男に「おい、お前、もしも誰か乞食者が来たら、彼の求める物を与えてもよいが、中には入れるな」と言いつけ、悲しみ〔に沈むために作られた〕部屋に引き籠もったまま出てこなかった。[195]

——神々の主シャクラの知見は下〔界〕には働く。[196]——

彼は考えた。〈世間における応供者達の中では正等覚者ヴィパッシンが最上者であり、また施主達の中では長者アナンガナ〔が最上者〕である。彼に助け船を出そう〉と。〔こう〕考えると、カウシカはバラモンに変装し、[197]長者アナンガナの家に近づいた。近づくと、門番の男に告げた。

「もし、そなた、長者アナンガナのもとに行って、『カウシカ種のバラモンが門の所にやって来て、あなたに面会を望んでいる』と伝えて下さらないか」

彼は言った。

「バラモンよ、長者は『もしも誰か乞食者が来たら、彼の求める物を与えてもよいが、中には入れるな』と言って、私を〔ここに〕立たせたのです。[198]あなたに必要な物を取ってお帰り下さい。長者があなたに会って何になるのです」

彼は言った。

「もし、そなた、私は何にも要らぬ。私は長者に会いたいだけだ。〔さあ〕行け」

彼が長者アナンガナの所に行って、「御主人、カウシカ種のバラモンが門の所にやって来て、御主人様に面会を望んでおりますが」と知らせると、彼は「おい、お前、彼に欲しい物をやれ。彼がここに入ってきて何になる」と答えた。〔門番〕が「御主人様、私がそう申しますと、彼は『私は何にも要らぬ。私は長者に会いたいだけだ』と言うのです」と言うと、彼は「もしもそうなら、中に通せ」と言った。〔門番の男〕が彼を中に通すと、バラモンは「長者よ、あなたはどうして頬杖をついて考え込んでいるのだ」と言うので、長者は詩頌を唱えた。

「憂いを解いてくれぬ者に憂いを打ち明けるなかれ。憂いを解いてくれる者に〔こそ〕憂いを打ち明けるべし」

シャクラが言った。

「長者よ、あなたの憂いは何なのか話してくれ。私があなたの憂いを解こう」

そこで彼は詳しく話した。すると神々の主シャクラはカウシカ〔種〕のバラモンの姿を消して、本来の姿に戻ると言った。

「長者よ、天子ヴィシュヴァカルマンがお前に力を貸してくれよう」

こう言うと、彼は立ち去った。

さて神々の主シャクラは三十三天に戻ると、天子ヴィシュヴァカルマンに告げた。

「さあ、ヴィシュヴァカルマンよ、長者アナンガナに力を貸してやれ」

「畏まりました、カウシカよ」と、天子ヴィシュヴァカルマンは神々の主シャクラに同意して降臨すると、さらに美しい都城の景観を作り出した。天界の円形ホール〔を造り〕、天界の座を設え、天界の食事を用意した。〔シャクラの〕象アイラーヴァナが正等覚者ヴィパッシンの頭上に百の骨がある傘を翳し、残りの象達は残りの比丘達に〔残りの傘を翳した〕。〔またシャクラの第一妃〕天女シャチーは黄金作りで宝石のついた黄金の扇で正等覚者ヴィパッシンを扇ぎ、残りの他の天女達は比丘達を〔残りの扇で扇いだ〕。

バンドゥマト王は「おい、お前、長者アナンガナが仏を上首とする比丘の僧伽をどんな食事で満足させているのか見てこい[212]」と密使を遣った。その男がそこに行って、その豪華さを目の当たりにすると、[213]その場に立ち竦んでしまった。彼は〔次に〕大臣を遣ったが、彼もその場に立ち竦んでしまった。〔さらに〕王子を遣ったが、彼もその場に立ち竦んでしまった。そこでバンドゥマト王自身が出向いたが、その門の所で立ち竦んでしまった。正等覚者ヴィパッシンは言われた。

「長者よ、バンドゥマト王は真理を知見しているが、お前は彼に暴言を吐いたであろう。彼は〔今〕門の所に立っているから、行って謝りなさい」

彼は外に出て行って謝り、「大王よ、中にお入り下さい。手ずから〔仏に〕給仕なさいませ」と言った。彼は中に入ると、天界の豪華さを見た。そして見ると、[214]すっかり驚いて言った。

「長者よ、あなたこそ、毎日[215]仏を上首とする比丘の僧伽に食事を施すに値する唯一の人だ。我々ではない」

こうして長者アナンガナは、三ヶ月の間[216]、このような豪華さを以て、正等覚者ヴィパッシンを美味なる[217]食事で満足させると、両足に平伏して誓願した。「私は〔あなた〕のような真の応供者に供養しました。私はこの善根によって、裕福で巨額の財産と巨大な資産とを有する家に生まれますように。天界と人界との幸せを享受しますように。〔あなた〕のような徳を得た者となりますように。〔あなた〕のような師を喜ばせ、不快にさせることがありませんように」と。

「比丘達よ、どう思うか。その時その折の長者アナンガナこそ、この善男子[218]ジョーティシュカである。彼[219]は真理を知見したバンドゥマト王に暴言を吐いたが、その業の異熟として、五百生もの間、母親と共に薪の上に載せられ焼かれたのであり、―乃至―　今世においてもまた薪の上に載せられて焼かれたのである。如来[220]ヴィパッシンに供養した後、誓願した業の異熟として、裕福で巨額の財産と巨大な資産とを有する家に生まれて天界と人界との幸せを享受し、私の教えに従って出家すると、一切の煩悩を断じて阿羅漢性を証得したのである。正等覚者ヴィパッシンと同じ速力・同じ力・同じ荷(221)を持ち、まったく同じ共通性を持つ師である私は、彼によって喜ばされ、不快にさせられることはなかったのだ。こういうわけで比丘達よ、完全に黒い業には完全に黒い異熟があり、完全に白い〔業〕には完全に白い〔異熟〕があり、〔黒白〕斑の〔業〕には〔黒白〕斑の〔異熟〕がある。それゆえ比丘達よ、この場合、完全に黒い業と〔黒白〕斑の〔業〕とを捨て去って、完全に白い業においてのみ心を向けるべきである。このように、比丘達よ、お前達は学び知るべきである(222)」

世尊がこう言われると、かの比丘達は歓喜し、世尊の説かれたことに満足した。

以上、吉祥なる『ディヴィヤ・アヴァダーナ』における「ジョーティシュカ・アヴァダーナ」第十九章。

文献

❶ None. Cf. Mv. ii 271.1-276.15 [282.19-289.9]; GBM 1484-1485 (one folio of this Avadāna) ❷1035 De 10b2-28b1(223); 6 Tha 12a3-31a4 ❸『根本説一切有部毘奈耶雑事』巻二—三 (T. 1451, xxiv 210c5-217b19);『光明童子因縁経』(T. 549, xiv 854b-865a) ❹ MSC=Stefan BAUMS, *Manuscripts in the Schøyen Collection・III : Buddhist Manuscripts Volume II*, General Editor : Jens BRAARVIG, Oslo, 2002, 287-302.

注

（1） 漢訳は「竹林園」(210c5) にのみ言及し、「カランダカニヴァーパ」には触れない。
（2） subhadra ; shin tu bzang po ; 善賢。（3） 定型句 2A (富者)。（4） 定型句 3A (結婚)。
（5） nivāsya pātracīvaram ādāya. Tib. は「内衣と法衣とを着られ、鉢をお持ちになると」(12a5) とし、Skt. と違う理解を示す。漢訳は「執持衣鉢」(210c8) とし、pātracīvaram ādāya に相当する訳は見られるが、nivāsya の訳は見られない。

（6） bhūrikaḥ. 校訂者はこれを固有名詞と理解するが、BHSD はこの考えを斥け、intelligent/ wise (man) とする。Tib. は「ジャイナ僧」（12b2）とし、漢訳も「露形外道」（210c15）とし、固有名詞としては理解していない。ここでは BHSD に従う。

（7） śvetavarṇām. 直訳すれば「白色」だが、女性名詞となっている。刊本の索引では astrologer's instrument とやや抽象的な訳を与えているが、BHSD はこれに加えて BÖHTLINGK の訳 chalk を紹介するに留め、特定の訳を与えていない。Tib. はこれを「白色の石綿（rdo rgyus kha dog dkar ba）」（12b5）とするので、総合的に考えてここではこれを「チョーク」と理解しておく。漢訳には対応箇所なし。

（8） abhipraśaṃsyati [abhiprasaṃśyati MSS]. 写本はすべて abhiprasaṃśyati という読みだが、本文の読みに校訂されている。この校訂に従えば、√śaṃs であるから「〔この長者は沙門ガウタマを〕褒めそやすだろう」となるが、√śaṃs には abhi-pra という接頭辞が付される用例はない。そこで Tib. を参照すると、「益々信心を抱くことになるから（je dad par 'ong bas）」（12b6）とあるので、abhi-pra√sad という Skt. が想定され、接頭辞の収まりもよい。漢訳も「倍生尊敬」（210c24）とし、この読みを支持するので、これを abhiprasatsyati に改める。SPEYER もこの読みを採る。

（9） agrejyotir iti saṃjñā. 校訂者はこれを文脈から固有名詞と理解する。しかし、そうすると、これはジョーティシュカのことを意味するから、彼には名前が二つあることになり、明らかに矛盾する。Tib. を参照すると、gsal ba ni me'i ming yin pas（13a1）とし、また漢訳も「言光隆者。是火之異名」（211a2-3）とするので、下線部を agner dyotir に改める。

（10） asya. Tib. はこれを「彼の声聞に」（13a3）とする。漢訳も「況余弟子」（211a9）とし、Tib. の読みを支持する。文脈からすれば、これはジョーティシュカ自身よりは、ブッダの弟子を指すと理解した方がよいと思われるが、これでも読めないことはないので、今は原文どおりに和訳する。

（11） śamānuśikṣās. 本章注（46）に基づき、これを samāttaśikṣās に改める。なお Tib. はこれを「学処を求める（bslab pa bslangs pa）」（13a4）とし、漢訳は「受持禁戒不妄陳説」（211a11）とする。

（12） 倶舎論（AKBh 75.2 ff.）には自殺と他殺のどちらでもない有情が列挙されているが、その中に最後生の有情も含まれており、このサブタイトルはこの有部の教義を前提にしている。Cf. Divy. 174.1-2.

（13） chattrapatākāḥ. Tib. は「傘や旗や幟を」（13b3）とし、三種に言及する。漢訳は「幢幡」（211a25）とし、傘には触れないので、Skt. の伝承に一致する。

（14） śākhāpattraphalam. Tib. はこれを「枝・花弁・葉が」（13b5）、漢訳は「枝葉花果」（211b1-2）とする。

（15） Tib. はこれを単数で出す（13b6）。

(16) Tib. はここに「唯一の勇者、比類なき者、揺るぎないお言葉をもたらす者」(13b6) を置く。漢訳もほぼこれに相当する「雄猛無有二言」(211b4) が見られる。

(17) Tib. はここに「三学において巧みに学び」(13b7) を置く。漢訳もこれに相当する「善修三学」(211b5) が見られる。

(18) Tib. はこれを「三つの律事 ('dul ba'i gzhi gsum) に巧みで」(13b7) とする。漢訳は「善調三業」(211b5) とし、Skt. に近い。

(19) ṣaḍaṅgasamanvāgatānām. Tib. も Skt. を直訳して yan lag drug dang ldan pa (14a1) とするが、漢訳はこれを「六根具足」(211b7) とし、具体的に訳している。

(20) asaṃhatavihāriṇām. この定型句では数字でブッダを形容しているので、文脈からして、数字に言及しないこの読みは問題である。Tib. は「六に常に留まり (drug la rtag tu gnas pa)」(14a1) とし、ここだけ見ると何が六なのかは不明であるが、この直前の「六波羅蜜」を指している可能性もある。しかし、同じ項目が二度使われるのもこの定型句では異例なので、この読みは実に不可解と言わねばならない。第8章注 (6) に倣い、ここでもこの語を省略して訳す。

(21) 定型句 8A (ブッダの救済)。なお、Skt. はここで詩頌を一つしか出さないが、Tib. はこれに加え、さらに次の二つの詩頌を出す。

ji ltar ma ni sdug pa'i bu gcig la// lta zhing de yi srog kyang srung ba ltar//
de bzhin gshegs pa gdul ba'i skye bo la// de bzhin gzigs shing de yi rgyud kyang srung//
thams cad mkhyen pa'i rgyul gnas pa yi// thugs rje'i ba drus ba gshin be'u stor bzhin//
srid pa bgrod dkar 'khyams par gyur pa yi// gdul ba'i sras rnams skyo mi mkhyen par tshol// (14a6-7)

これに相当する Skt. は第8章の定型句 8A (ブッダの救済) に見られる。

yathā hi mātā priyam ekaputrakaṃ hy avekṣate rakṣati cāsya jīvitam/
tathaiva vaineyajanaṃ tathāgato hy avekṣate rakṣati cāsya saṃtatim//
sarvajñasantānanivāsinī hi kāruṇyadhenur mṛgayaty akhinnā/
vaineyavatsān bhavaduḥkhanaṣṭān vatsān pranaṣṭān iva vatsalā gauḥ// (96.7-13)

なお漢訳は「仏於諸有情　慈悲不捨離　思済其苦難　如母牛随犢」(211b19-20) とあるように、後半の Tib. に相当する詩頌しかない。第8章注 (8) 参照。

(22) narakaṃ. narakān に改める。Cf. Aś i 4 fn 7.

(23) 通常、この定型句ではブッダのもとに還ってきた光がブッダのどの身体部位に消えていくかによって授記の内容が異なることを説明する文章が続くが、Skt ではこの部分が省略されている。一方、Tib. (15a3-15b1) および漢訳 (211c7-15) はこれを省略しない。

（24） śramaṇajinendra. これを śramaṇa jinendra に改める。なお、Tib. も漢訳も śramaṇa の訳を欠く。

（25） lavaṇajalā-. Tib. のみこの訳を欠く。 （26） 定型句 8D（微笑放光）。

（27） ivādhvagaṇa- [ivāndhagaṇa- AB]. 第 9 - 10 章注（10）により、ivādhvagagaṇa- に改める。

（28） Tib. はここに「ヴィルーパークシャが龍の集団に取り囲まれているように」（16a5-6）を置く。漢訳にもこれに相当する訳「如広目天王龍衆囲繞」（212a14-15）が見られる。なお同じ定型句の他の用例では virūpākṣa iva nāgagaṇaparivṛtaḥ がある。『説話の考古学』（174-175）参照。

（29） -gātraḥ. Tib. はこれに相当する訳を欠くが、漢訳は「八十種好以自厳身」（212a20）とし、Skt. に一致する。

（30） mahāśmaśānam. Tib. にも漢訳にも mahā- に相当する訳はない。この後（268.26）も同じ。

（31） 定型句 8C（仏弟子達に囲繞されて遊行するブッダ）。

（32） 原文では十八の内容に触れないが、Tib. と漢訳はその項目を列挙する。Tib. は「火・水・獅子・虎・豹・敵の軍勢・盗賊・取税者・船賃・通行税・運賃・人・非人の恐れがない。素晴らしい容姿を見る。妙音を聴く。大光明を見る。一切知者の予言を聞く。法と財とを享受する」（16b3-6）とし、漢訳は「一無王怖。二無賊怖。三無水怖。四無火怖。五無敵国怖。六無師子虎狼悪獣等怖。七無関塞怖。八無津税怖。九無闕防援怖。十無人怖。十一無非人怖。十二於時時間得見諸天。十三得聞天声。十四見大光明。十五聞授記音。十六共受妙法。十七共受飲食。十八身無病苦」（212a28-212b5）とする。これは第 8 章（92.24-93.2）における同様の用例と内容的にほぼ同じである。 （33） devatā-. Tib. は「神と人」（16b6）、漢訳も「人天大衆」（212b5-6）とする。

（34） sacandratāram prapated ihāmbaram. Tib. はこれを「月が星群と共に大地に落ちても」（17a2-3）とし、Skt. と少し表現が異なる。漢訳は「仮使星月皆堕落」（212b15）とし、Tib. に近い。

（35） savanā. MSC はこれを「木々諸共（sanagā）」（1r3）とする。Tib. は nags bcas（17a3）とするので、Divy. に近い。漢訳は「地山林樹」（212b15）とする。 （36） ブッダが嘘をつかないことに関しては、第 4 章参照。

（37） vayasya gacchāmaḥ. これに相当する訳が Tib. には見られないが、漢訳は「答曰共行」（212b18）とし、Divy. に一致する。

（38） vayasya yady evaṃ gacchāmaḥ śītavanaṃ mahāśmaśānaṃ paśyāmaḥ/ vayasya gacchāmaḥ. これを MSC は（vayasya yady evaṃ gacchāmaḥ/ śītava)naṃ śmaśānaṃ gacchāmo vayasya (paśy)ā(ma)ḥ（1r3-4）とする。これを、MSC の中で Baums（297）は “Friend, if that is so, let’s go to the Śītavana funeral ground. Let’s go, friend, let’s see.” と英訳している。つまり、すべてをバラモンの少年が言ったことと理解しているが、漢訳は「若如是者。共往寒林焚屍之処。験其虚実。答曰共行」（212b17-18）として内容は Divy. に一致し、また最後の「共行」はクシャトリヤの少年がバラモンの少年に答えた内容となっている。ここでは漢

訳の理解に従う。 (39) nadasyate. MSC に従い、nadiṣyate (1r5) に改める。

(40) Tib. は「大勢の神々が住処から (gnas nas) 出てきたに違いない」(17a6) とし、傍線部は Skt. に見られない。また漢訳は「無量衆生共瞻仰」(212b23) とし、神をも含む「衆生」という表現を取っている。

(41) Divy. は śmaśānam を欠くが、MSC はこれを出し (1v2)、Tib. も bsil ba'i tshal gyi dur khrod du (17b1) とする。漢訳は「赴喪所」(212b28) とする。この後 (269.15) も同じ。 (42) māgadha-. Tib. も漢訳もこの訳を欠く。

(43) adrākṣīt ..... dṛṣṭvā ca punar (269.18–20). Tib. は「遠くから見て」(17b3) とし、Skt. のように「見る」という動詞を二回使わない。漢訳も「遙見」(212c3) とし、Tib. と同じように一回のみの使用である。

(44) śreṇyo magadhādhipaḥ. Tib. はビンビサーラを「マガダの主で、王の最高者」(17b3) と表現し、漢訳は単に「国主」(212c4) とする。

(45) bodhisattvo. ここにこの語は場違いである。MSC はこれを satvo (1v6) とし、Tib. も sems can (17b5)、漢訳も「此子」(212c8) とするので、sattvo に改める。

(46) śamāttaśikṣās [samātta- ABD, śamātta- C]. MSC はこれを samāptaśikṣā (2r1) とし、BAUMS は BHSD (s.vv. samātta *and* samādatta) に依りながら、これを samāttaśikṣa の誤りと見ている。よってこれを samāttaśikṣās に改める。なお Tib. も bslab pa'i gzhi yang dag par blangs pa (17b6)、漢訳も「奉持禁戒」(212c10) とする。

(47) nirgranthā nipātamadamānā na ca prabhāvāḥ saṃvṛttāḥ. MSC はこれを nihatamadamānaprabhāvāḥ saṃvṛttāḥ (2r3) とする。Tib. は gcer bu bdag gi rgyags pa dang/ nga rgyal dang/ khengs pa dag nyams so (18a1) とし、MSC に一致するので、ここでは MSC の読みを採る。漢訳は「彼諸外道並失威光俱降我慢」(212c15–16) とする。なお SPEYER はこのうちの nipāta- を viyāta- に、また na ca prabhāvāḥ を hataprabhāvāḥ に改めている。

(48) nirgranthānām. Tib. (18a2) はこれを単数とする。漢訳は「長者猶尚觀外道面。露形報曰」(212c17–18) とするので、単数・複数の判断はつかない。

(49) Tib. はここに「こう言われたので」(18a2) を置く。漢訳も「彼聞生怖」(212c18) とし、傍線部は Tib. に近い。

(50) jīvakaḥ kumārabhūta ; 'tsho byed gzhon nus gsos ; 侍縛迦。 MSC は kumārabhūta を kumārabhṛtya (2r5)、Tib. も gzhon nus gsos (18a3) とする。この方が本来の形と思われるが、訂正せずにこのまま読む。なお漢訳は「侍縛迦」(212c19–20) とする。

(51) pratigṛhnataś. MSC はこれを pragṛhṇataś (2r6) とする。この詩形は一句十二音節から成る vaṃśasthavila であるが、Divy. の読みであれば b 句が十三音節となる。MSC の読みであれば、一句十二音節で韻律も整う。よって、これに改める。

(52) MSC はここに (bha)gavāṃ (2v1) を置く。Tib. も bcom ldan 'das kyis (18a4)、漢訳も「爾時世尊告侍縛迦曰」(212c25) とする。 (53) idānīm. Tib. はこの訳を欠くが、漢訳は「汝今可取孩子将帰」(212c28) とし、Skt. に一致する。

(54) ここも Tib. (18a6) は単数とするが、漢訳は「還復迴身観外道面。邪党諸人同時報曰」(212c29–213a1) とし、Skt. と同じ複数扱いである。

(55) utsādayan [utsādaṃ MSS] bhaviṣyasi. MSC はこれを「〔お前の家は〕相続人がいなくなる (uddāyādaṃ bhavati)」(2v4) とする。一方、Tib. はこれを「〔お前の家は〕焼け落ち (tshig cing)」(18a7) とするので、下線部を uddāham/ uddāhayan 等に解釈しているようだ。漢訳は「必見災危」(213a4) とする。なお、SPEYER は写本の読みを生かし、utsādaṃ gamiṣyati に訂正しているので、ここでは SPEYER に従う。

(56) sasaṃbhrameṇa. Skt. の saṃbhrama には「尊敬」と「動揺」の二つの意味があるが、Tib. は「恭しく丁寧に (gus par bsgrims pa dang bcas pas)」(18b1) とあるので前者、漢訳は「驚忙」(213a7) とあるので後者の意味で理解している。

(57) bhavati. MSC はこれを bhavatu (2v6) とし、SPEYER もこれを bhavatu にすべきであると主張する。確かに命名の際には定型句 3 I (命名) に見られるように命令形が用いられるのが普通である。Tib. は gdags so (18b2) として未来形を用い、また漢訳は「可号火生」(213a8–9) とするので、bhavatu に改める。

(58) tasya jyotiṣka iti nāmadheyaṃ vyavasthāpitam. Tib. と漢訳にはこれに相当する訳が見られない。

(59) mahān. ここも Tib. と漢訳にはこれに相当する訳が見られない。 (60) 定型句 9E (聞法の果報)。

(61) uttaptottaptaiḥ. Tib. は「優れに優れた (gtso bo gtso bo)」(19a1) とする。漢訳は「広如余説」(213a15) としてこの部分を省略する。第1章注 (32) 参照。 (62) 定型句 3 J (八人の乳母)。

(63) pratipaṇyam. Tib. はこれを「代価 (rin)」(19a3) とする。漢訳は「易己財貨。更収余物」(213a18–19) とし、Skt. に近い。

(64) 漢訳のみこの詩頌を欠く。

(65) kathaṃ bhagavato bhāṣitaṃ vitathaṃ bhaviṣyati. Tib. も漢訳もこれに相当する訳が見られない。

(66) tathāpakrāntā [tathā prakrāntā A, tathā 'prakrāntā B, tathā 'prakāntā C, tathā prakrāntau D]. 写本が乱れている。文脈からこの語の意味は明白だが、形が不明である。校訂者は索引で apakrānta を abused? とするが、apakrānta にこのような意味はない。BHSD は写本の読みから prakrāntā と読むべきであるとするが (s.v. apakrānta)、これも文脈には合わない。そこで同様の表現を同じ章内で探してみると、この前に tathopakrāntā yathā kālagatā (264.12–13) という表現が見られたので、tathopakrāntā に改める。SPEYER もこの読みを採る。

(67) maharddhiko mahānubhāvaḥ.　この代わりに Tib. は「大変な幸運の持ち主で」(19b1-2) という句でジョーティシュカを形容する。漢訳は「有大威神」(213a28) とするので、Skt. に近い。

(68) tathāpakrāntā [Sic ACD, tathā 'prakrāntā B].　本章注 (66) に従い、tathopakrāntā に改める。SPEYER もこの読みを採る。

(69) vayaṃ tvāṃ jñātimadhyād utkṣipāmaḥ.　Tib. はこれを「私はお前を親戚とも見なさず」(19b4) とする。漢訳は「我当総集所有郷親。擯斥於汝」(213b1-2) とするので、Tib. よりは Skt. に近い。

(70) <u>salokānāṃ</u> pātayāmaḥ.　この後にも同じ表現が繰り返されるが、そこでは下線部が saṃkāraṃ (273.2, 11) とあるので、BHSD はここもその誤りであることを指摘し、pariahhood/ outcaste state を意味すると指摘している。Tib. を見ると、「記録 (or 家系図) からも削除し」(19b4) とし、同様の理解を示す。よってここでは BHSD の指摘に従う。漢訳は「以籌置地数汝無知」(213b2) とする。

(71) yathaiṣa paribhāṣate.　Tib. はこれを「〔彼が〕そのように言ったり書き付けたりしたなら」(19b5) とする。漢訳は「如説苦詞」(213b5) とする。

(72) Tib. はここに「私に (bdag la)」(20a1) を置くが、漢訳は「唯願垂恩放出童子」(213b7) とし、Skt. に一致する。

(73) ここも Skt. には「私に」を欠くが、Tib. は先と同様 bdag la (20a4) を置き、漢訳は「願仏慈悲与我童子」(213b11) とするので、今度は Tib. に一致する。

(74) saṃlakṣayati ..... iti viditvā (273.15-17).　Tib. は「お考えになると」(20a5) とし、動詞は一回しか使われない。漢訳も「世尊念曰」(213b11) とし、動詞の使用は一回である。

(75) Tib. は「子供の (gzhon nu) ジョーティシュカ」(20a5)、漢訳も「火生童子」(213b15) とし、kumāra に相当する語を訳出しているが、原文にはない。

(76) buddhaṃ bhagavantam.　Tib. は bcom ldan 'das la (20b1)、漢訳も「我畔睇世尊足下」(213b17) とし、buddha には言及しない。　(77) Tib. は「大王よ」(20b2)、漢訳も「願王無病」(213b18) とするが、Skt. には王に対する呼びかけの語がない。

(78) Tib. はここに「あなたのもとに遣らなければ」(20b3) を置く。漢訳は長者の返答全体を「不敢違命」(213b21) とする。

(79) ācaritam etallokasya na tāvat putrasya nāma prajñāyate yāvat pitā jīvati.　Cf. Divy. 58.28-59.1, 100.14-15.

(80) patnī.　Tib. は「自分の母を」(20b5) と表現する。漢訳も「於其父害母之地」(213b24-25) とする。

(81) cāturdiśāryabhikṣusaṃghāya.　Tib. は「四方僧伽に」(20b5) とし、-āryabhikṣu- の訳を欠く。漢訳も「四方一切僧衆」(213b26) とし、Tib. に一致する。

(82) paṇyam ādāya. Tib. にはこれに対応する訳がない。漢訳は「他方興易」(213b28) とする。

(83) viṣṭhayā vā śiṭayā vā karkaṭakena vā. ここでは高い柱の上に載せられた鉢を取る道具が三つ列挙されているが、最後の karkaṭaka はよいとして、最初の二つはいずれも難解である。まず最初の viṣṭhā であるが、刊本の索引は rope (?) とする。BHSD はこの解釈を紹介した後、but all that is clear is that it is some means of catching and holding とし、rope と解釈することには慎重である。また BHSD はこれを ciṣṭhayā/ ciṣṭayā (= AMg ciṭṭhā/ = Skt. ceṣṭā) と読む可能性を示し、with movements (of the hands, etc.) という訳を挙げるが、これも疑わしいことを BHSD が指摘している。そこで Tib. を見ると、「梯子 (skas)」(21a1) とする。漢訳は「梯隥」(213c3) とするが、Skt. や Tib. は全部で三つの道具に言及するのに対し、漢訳はこの一語であるから、これが Skt. や Tib. のどれに対応するかは不明であるが、Tib. と近い内容を示している点は注目してよいだろう。Tib. の skas (ka) に対応する Skt. は niḥśreṇī であり、viṣṭhā とは語形的に近いとは言えないが、ここでは Tib. の読みを採用し、これを「梯子」と解釈しておく。また次の śiṭā に関しても刊本の索引は rope (?) とする。Tib. を見ると、ya gad (21a1) とあり、『蔵漢大辞典』によれば「梯子あるいは足置き (skas sam rkang rten)」とする。ところでこの語は第8章 (113.17) にも見られ、そこでは山を越え行く道具として vetraśiṭā という語が出てくるが、そこではこれを「藤の梯子 (藤で編んだ梯子)」と解釈したので、ここでもこれを援用し、「縄梯子」と理解しておく。

(84) ṛddhyā. Tib. も漢訳もこの訳を欠く。 (85) tīrthyāḥ. Tib. のみ「他の (gzhan) 外道達」(21a2) とする。

(86) pracchannakalyāṇair vo bhikṣavo vihartavyaṃ dhūtapāpair. 同様の表現は Divy. の他の説話に二例 (45.3-4, 150.11) 見られるが、ここでの表現では dhūtapāpair の読みが悪い。第12章の用例は vivṛtapāpā (150.11) とするので、これを vivṛtapāpair に改める。Tib.「罪は宣言せよ」(21a4) も漢訳「彰悪」(213c11) もこれを支持する。

(87) Tib. はここに「長者に」(21a5) を置き、漢訳も「問長者」(213c12) とする。

(88) Tib. のみここに「在家者の前で」(21a7-b1) を置く。 (89) kathayati. Tib. も漢訳もこの訳を欠く。

(90) etat prakaraṇaṃ bhikṣavo bhagavata ārocayanti/ bhagavān āha. このような言い回しは律文献に特徴的であり、Divy. にこのような用法が見られることからも、MSV が Divy. に先行することが分かる。第7章注 (33) 参照。

(91) 神通力を行使して鉢を取り、そのことを後にブッダが叱責する話はパーリ律等 (Vin. ii 112.12-14; cf. Ja iv 263.7 ff.; Dhp-a iii 201.23 ff.;『四分律』T. 1428, xxii 946b13 ff.;『十誦律』T. 1435, xxiii 268c12 ff.) に見られる。ただしここで神変を行使するのはピンドーラ・バラドゥヴァージャである。

(92) abhramayam. 下線部は「雲」を意味するので、このままでは意味が取れない。そこで Tib. を見ると、「木製 (shing las byas

pa)」(21b3) とし、漢訳も「諸木」(213c24) とするので、今はこれに従って訳す。 (93) Tib. は単数になっている (21b5)。

(94) Tib. はこれに加えて「友人 (rtsa lag)」(21b6) にも言及する。漢訳は「諸親族」(214a5) とする。

(95) divasatithimuhūrtena. Tib. はこれを「日・時・時刻・曜・星が吉祥な時になった時」(21b6-7) とする。漢訳は「共観要処」(214a5) とする。

(96) Tib. は「都城 (grong khyer) チャンパー」(21b7) とする。漢訳は「占波城」(214a6) とし、Tib. に近い。

(97) taṃ parikarmayitvā ślakṣṇaṃ sūtraṃ kartitam. Tib. はこれを「細棒に据えて紡ぎ」(22a1) とする。漢訳は「撚成細縷」(214a9) とし、Skt. に近い。 (98) brāhmaṇa. Tib. も漢訳もこの訳を欠く。

(99) pratinivartya śulkitaḥ nāsti/ kiṃcid aśulkitaṃ. このまま訳すと「〔隊商を〕呼び戻して課税〔しようと〕したが、〔課税すべきものは〕なかった。〔したがって〕課税はまったくなされなかった」と苦しい訳になる。そこで Tib. を見ると、「呼び戻して探したが、課税されていないものは何もなかった (phyir bkug ste btsal na sho gam ma phul ba 'ga' yang med do)」(22a4-5) とあるので、これに従って原文を pratinivartya pratyavekṣitaḥ/ nāsti kiṃcid aśulkaṃ に訂正する。なお漢訳は「更迴商旅子細捜求。遍察貲財無不税者」(214a18-19) とし、Tib. にほぼ一致する。

(100) Tib. はここに「彼らが進むと」(22a5) を置き、漢訳はこれを「遂放商人」(214a19) とする。

(101) Tib. のみここに「立ち去りながら」(22a5) を置く。 (102) tais te punaḥ pratyavekṣitāḥ. Tib. も漢訳もこの訳を欠く。

(103) devasyaiva sānnidhyaṃ jñātaṃ bhavati. 直訳「神の存在が知られることになる」。Tib. はこれを「おお、バラモンよ、神の加持がそのようであったなら、真実を話してくれ」(22b1) とし、Skt. と内容が異なる。なお漢訳は「汝縦有財我不取分。応為実語勿誑霊祇。我欲表知神明是聖」(214a27-28) とする。

(104) prāvṛtaḥ. Tib. は「見せた」(22b2) とするが、漢訳は「開与神披」(214b2) とするので、Skt. と同じ理解である。

(105) Tib. はここに「その一対の服を (ras zung de)」(22b3) を置く。漢訳も「舒張其畳」(214b6) とするので、この Tib. に相当する yamalī を〔 〕に補う。

(106) hastiskandhābhirūḍhaḥ. Tib. は単に「象に乗って」(22b4) とし、skandha を欠く。漢訳も「乗大象」(214b8) とし、Tib. と同じである。

(107) brāhmaṇa punaḥ paśyainaṃ yo 'sāv aparibhuktakaḥ. Tib. は「再び見よ (yang ltos shig)」(23a1) とし、Skt. の punaḥ paśya に相当する訳しか出さず、また漢訳はこの Skt. に相当する訳がまったくない。

(108) -vāṭasya. Tib. も漢訳もこの訳を欠く。

(109) bhūyasyā mātrayābhiprasannaḥ. Tib. はこれを「その大変な驚きによって浄信を抱くと」(23a1) と訳す。漢訳は「心生希有」(214b17) とするので、Tib. は Skt. と漢訳とを合わせた内容になっている。

(110) hiraṇyavarṣam. Tib. は「宝石の雨が」(23a4) とし、漢訳は「天雨金宝」(214b28) とするので、漢訳は Skt. と Tib. とを合わせた内容になっている。

(111) vismṛtya. このまま訳せば「忘れて」となり、文脈に合わない。Tib. は「少し笑って (cung zad bgad de)」(23a7) とし、漢訳は「遂便微笑」(214c5) とするので、これに相当する Skt. は vi√smi が想定されるが、接頭辞 vi が付されたときは「驚く」の意味になる。ここでは vismitya に改めて和訳する。SPEYER もこの読みを採る。

(112) deva madīyo ..... deva prādurbhūtā (278.23-25). 以下、この部分は漢訳のみ伝承が異なり、「王曾触不。報言已触。白言既捉鄙衣宜可洗手。此非天服是臣浴衣。王曰何以得知。答曰余有一衣与家人著与此相似王可験之。王見是已極生希異。報言童子。汝今豈可人天妙相皆出現耶。答言已出」(214c5-10) とする。

(113) prādurbhūtā. Tib. は「享受したのか (myong bar gyur tam)」(23b1) とするが、漢訳は「出現耶」(214c9-10) とするので、Skt. に近い。 (114) Tib. のみここに「様々な」(23b1) を置く。漢訳も「備辦飲食」(214c11) とし、Tib. に近い。

(115) gaccha. Tib. はこの訳を欠くが、漢訳は「即宜整駕共至家庭」(214c13) とし、表現は詳細だが、内容的には Skt. に一致する。

(116) tasya madhyamāyāṃ ..... -bhramanto dṛśyante (279.5-7). 以下、Tib. はこれを「その中門の方に、宝石でできている蓮池が水に満たされているようなものがあり、そこには、泳いでいるように見える、奇術の技を発揮している（＝機械仕掛けの？）魚達が見えた」(23b4-5) とする。漢訳は「次至中門見琉璃地湛若清池。於其門上置機関魚。影便現内」(214c18-19) とする。

(117) vāpīti kṛtvā. Tib. は「中に入ろうとして」(23b5) とするが、漢訳は「謂是水池」(214c20) とするので、Skt. に一致する。

(118) pramattaḥ. Tib. はこの訳を欠くが、漢訳は「耽欲無厭」(214c28) とし、Skt. に一致する。

(119) pramattaḥ. Tib. はこれを「食事をしていらっしゃいますので」(24a2) とする。漢訳は「耽著欲楽」(215a2) とし、これも Skt. に一致する。

(120) kiṃ devo ..... divaso vartate (279.24-25). 以下、Tib. はこれを「王よ、私は王が七日間〔こちらに〕いらっしゃったと理解していますが、王は一日であるとお考えのようでございますね」(24a3-4) とする。漢訳は「大天言謂唯一日耶。自従出宮以経七日」(215a5-6) とし、各資料とも趣旨は同じだが表現が異なる。

(121) pratibhinnakaḥ. Tib. は「恥をかいて」(24b3)、漢訳は「黙然」(215b2) とし、各資料で理解が異なる。

(122) Tib. はここに「自ら王冠を着けて王位に就いた」(24b4-5) を付加する。漢訳は「其父明王殺而自立」(215b6) とするので、簡素ではあるが、傍線部が Tib. の表現に近い。

(123) ayaṃ madgṛham āgacchatu kāmaṃ prayacchāmi. Tib. はこれを「彼は私の家を乗っ取ろうとしているが、〔私は彼に〕気持ちよく与えるとしよう」(24b5) とする。漢訳は「今此悪王欲奪我宅。先与為允」(215b7-8) とし、Tib. に近い。

(124) vibhaktam eva. Tib. は「これはあなたが自由にできるのに」(24b5) とし、漢訳は「我先有意。宅及財宝悉以持奉」(215b8-9) とする。 (125) śaṅkitaṃ. SPEYER はこれを śakitaṃ に訂正しているので、これに従う。

(126) anyad. MSC (3r4) に従い、anyam に改める。

(127) dhūrtapuruṣāḥ. Tib. は「盗賊」(24b7) とし、漢訳も「窃偸者」(215b14) とする。 (128) śiṭā-. 本章注 (83) 参照。

(129) āśayataḥ. Tib. は「心でも〔そう〕考えて」(25a2) とする。漢訳も「意不令去」(215b16-17) とし、Tib. に近い理解を示す。

(130) tat kiṃ na me mūṣiṣyate. Tib. は「どうして我々は〔こんなことを〕容認できようか」(25a3) とし、Skt. とは伝承が異なる。漢訳も「此過尤深如何可恕」(215b21) とし、Tib. と同じ理解を示す。

(131) purakṣobho jātaḥ. Tib. も漢訳もこの訳を欠く。

(132) Tib. はここに「何としても」(25a5) を置く。漢訳は「我今宜可捨俗出家」(215b26-27) とし、特別この語に相当する訳は確認できない。

(133) suhṛtsaṃbandhibāndhavān. Skt. で言及されるのは suhṛt/ saṃbandhi/ bāndhava の三種であるが、Tib. は「友人・親戚・親類・親族 (or 兄弟) (phu nu)」(25a6) の四種に言及する。漢訳は「諸親朋友知識」(215b29) とし、内容は異なるが、三種の人間に言及しているようだ。 (134) 定型句 7A (出家の表明)。

(135) -kara-. 第2章注 (100) に従い、これを -karaka- に改める。Tib. はこれを「水瓶 (bya ma bum)」(25b2)、漢訳も「瓶」(215c5) とする。

(136) 定型句 7B (善来比丘)。なお、刊本ではこの定型句の最後が散文として扱われているが、これは韻文でなければならない。またこの韻文の nopasthito は nepatthito に改める。なお漢訳はこれを「随仏意皆成」(215c8) とする。第2章注 (102) 参照。

(137) udyacchamānena vyāyacchamānena. 通常ここでは三つの動詞が用いられるが、原文では二つしかない。Tib. は brtsal ba dang/ 'bad pa dang/ bsgrim pa byas pas (25b3) と同じ意味の動詞を三つ重ねている。漢訳も「策励方便勤修」(215c9) とし、三種の動詞を出している。 (138) 第8章注 (20) 参照。

(139) -lābhalobha-. Skt. では並列複合語と考えられるが、Tib. は「欲の獲得 ('dod pa'i rnyed pa)」(25b5) と理解する。漢訳は「於諸名利無不棄捨」(215c16) とするので、この点が確認できない。 (140) 定型句 7C (阿羅漢)。

(141)　Tib. はここに「その業の異熟として母と共に」(25b7) を置く。漢訳は「復作何業。与母一時同焼火聚」(215c20) とし、傍線部は Tib. に一致するが、「その業の異熟として」に相当する部分を欠く。

(142)　Tib. は「善男子 (rigs kyi bu) ジョーティシュカ」(26a1) とする。漢訳は「火生童子」(215c23) とし、「善男子」の語は見られない。有部系の説話文献において「善男子 (kulaputra)」という表現は稀であるが、この説話の最後にある連結では jyotiṣkaḥ kulaputras (289.11) という表現が確かに見られる。一方、漢訳はここでも「善男子」という表現は使っていない。

(143)　-saṃhārāṇi [Sic MSS : -saṃbhārāṇi in pp. 54 &c]. これは定型表現の一部であり、他の用例から見て、これは -saṃbhārāṇi でなければならない。よって、これに改める。

(144)　定型句 6A (業報の原理)。　(145)　Tib. では「無上士」が「調御丈夫」の後に置かれる (26a4)。

(146)　定型句 5A (過去仏)。　(147)　bandhumatī ; rtsa lag can; 親慧。　(148)　bandhumatyām.　Tib. はこの訳を欠く。

(149)　bandhumat ; gnyen ldan ; 有親。なお、Tib. のみ王の形容として「正義の法王」(26a6) を付加する。その代わり、この定型句の最後にある dhārmiko dharmarājā dharmeṇa rājyaṃ kārayati の訳は出さない。　(150)　ṛddham.　Tib. はこの訳を欠く。

(151)　Tib. は「闘争・喧嘩・暴動・騒動・外敵 (phyi dgra)・内乱 (nang 'khrug)・盗賊・飢饉 (mu ge)・病気は治まり」(26a6) とし、傍線の三つが Skt. にはない項目である。漢訳は単に「無諸闘諍」(215c29) とするのみである。

(152)　定型句 2B (王国の繁栄)。

(153)　anaṅgaṇa ; nyes med ; 天分。Tib. 訳は理解できるが、漢訳の「天分」は Skt. の anaṅgaṇa からは導き出せない。漢訳の準拠した原典には別の Skt. が使われていた可能性もある。

(154)　定型句 2A (富者)。　(155)　定型句 9A (ブッダの説法)。　(156)　定型句 9A (ブッダの説法)。

(157)　upasaṃkrāntaḥ.　Tib. はここを song ste phyin nas (27b1) とするので、これから upasaṃkrāntaḥ/ upasaṃkramya という Skt. が想定されるが、原文には upasaṃkramya がない。

(158)　ahaṃ tvatprathamataḥ.　Tib. は「最初に私が」(27b2) とし、Skt. の tvat- の訳を欠く。漢訳も「我欲先請仏僧」(216a23-24) とする。この後にも二回同じ表現が見られるが (284.19, 21)、Tib. および漢訳はそこでも tvat- の訳を欠く。

(159)　yo bhaktottarikayā jeṣyati so 'vaśiṣṭaṃ kālaṃ bhojayiṣyati.　Tib. は「食事の優れている方が先に食事をお出しし、できなかった方は後から食事を出すとしよう」(27b5) とし、Skt. と伝承が異なる。漢訳は「然我与汝隔日設供。若食好者即随其請」(216a29-b1) とし、各資料で微妙に表現が異なるが、Skt. の「残りの期間 (avaśiṣṭaṃ kālaṃ)」に相当する訳は Tib. にも漢訳にも見られず、また文脈から考えても奇妙な表現である。なぜなら、まだどちらもブッダを招待していないからである。何らかの混乱が考えられる。

(160) Tib. はここに「多くの種類の（thabs mang po）座を設え」（27b6）を置く。漢訳はSkt. に一致し、これに相当する訳がない。これは定型表現の一部であるが、定型句によってはここにāsanakāni prajñapyaを置くものもあるが、thabs mang poに相当する語はSkt. には見られない。

(161) bhadanta. Tib. はこちらを「世尊」にし、このあとのbhagavānを「大徳」とする（27b7）。また漢訳は「飲食已辦願仏知時」（216b3-4）とする。

(162) samayo bhadanta sajjaṃ bhaktaṃ yasyedānīṃ bhagavān kālaṃ manyate. 定型表現であるが、Tib. は「昼食の時に招待いたしますので、世尊よ、昼食をお食べになろうと思っていただき、大徳は今、その時が来たとお考えになっていただきたいのでございます」（27b6-7）とする。漢訳は「飲食已辦願仏知時」（216b3-4）とし、Skt. に近い。

(163) bhikṣugaṇa-. Tib. はdge slong gi dge 'dun gyi tshogs（27b7-28a1）とし、bhikṣusaṃghagaṇa-というSkt. を想起させる。漢訳は「僧衆」（216b5）とするのみである。

(164) Tib. はここに「敬われて」（28a1）を置く。漢訳にはこれに相当する訳がない。

(165) bhaktābhisāraḥ. Tib. は「食堂（bkad sa）」（28a1）とする。漢訳は「天分長者家設食之処」（216b5）とし、Skt. に近い表現と考えられる。第3章注（79）参照。

(166) purastād bhikṣusaṃghasya. Tib. は「比丘の僧伽の中央に（gung la）」（28a1）とし、Skt. と理解が違う。漢訳は「就座而坐」（216b6）とし、座が設えられた場所には言及しない。

(167) dhautahastam. Tib. は「御手を隠され（phyag bcabs te）」（28a3）とする。漢訳は「嚼歯木澡漱訖」（216b7-8）とするので、「口を漱いだ」とし、各資料で理解が異なる。

(168) apanīya pātraṃ [Sic MSS]. これは定型表現の一部であり、apanītapātraṃとなるべき箇所である。よって、これに改める。

(169) bhagavataḥ purastāt. Tib. は「正等覚者ヴィパッシンの前に」（28a3）とし、漢訳は「仏前」（216b9）とする。

(170) 定型句9B（食事に招待されるブッダ）。

(171) eṣa eva grantho vistareṇa kartavyaḥ. Tib. はこれを「前の文章とまったく同様に、食事の提供が盛大であったと知るべし」（28a5）とする。漢訳は「便即営辦種種供養広如前説。乃至従座而去」（216b11-12）とする。

(172) na kvacid bhaktottarikayā parājayati/ tataḥ. Tib. は「王と長者の両者の食事は同様に素晴らしく、まったく勝負がつかなかったので」（28a5-6）とし、Skt. の伝承と大きく異なる。漢訳も「如是更番設妙供養。竟無優劣」（216b12）とし、Tib. と同じ立場を取る。

（173）Tib. はここに「頬杖をついて」（28a7）を置く。漢訳は「懐憂耳」（216b16）とするのみであるから、Skt. に一致する。

（174）tasya gṛhapateḥ kāṣṭhaṃ nāsti kāṣṭhavikrayo vidhāryatām. ここには「長者には薪がない」と「薪を売ることを禁止する」という二つの文が見られ、Skt. をそのまま読めば本文に掲げたような訳になるが、Tib. はこの二つの文を因果関係に基づいて解釈し、「薪を売ることを禁止すると、かの長者の薪はなくなるでしょう」（28a7-b1）とする。漢訳は「天分長者家内無樵買而作食。販柴人等皆勿聴売。蒸薪既乏辦食無縁」（216b16-18）とし、Skt. や Tib. よりも詳細に記述するが、今問題にしている二つの文の関係は、傍線で示したように、Skt. に近い。

（175）khādyakāni. 類似する語に khādya があり、「硬物」を意味しそうだが、単純にそうは理解できない。この語は akālakhādyaka として第9章（130.21-22, 23-24）に登場するが、ここには正午を過ぎた後でも出家者が口にすることができる非時食についての記述があり、その具体的な内容は「牛酪・糖丸・糖蜜・飲物」とされるが、これに基づき、BHSD は khādyaka を cake/ delicacy/ confection と理解する。Tib. はこれを「油で炸げた餅（bag tshos）」（28b2）とし、漢訳も「餅食」（216b21）とするので、この理解に近い。

（176）ullāḍayitum. これも難解な語だが、BHSD はこれを stirs (food, in cooking) と理解する。Tib. はこれを「料理する／焼く（btso ba）」（28b2）とし、漢訳は「煮」（216b21）とする。ここでは BHSD の理解に従う。

（177）kasyārthe evaṃ kriyate. Tib. は「そうなさることは相応しくありません」（28b3）とする。漢訳は「王今何故作如斯事」（216b24-25）とし、Skt. に近い。（178）Tib. はここに「王よ」（28b3）を置き、漢訳も「王」（216b26）とする。

（179）cittaṃ pradūṣya. 直訳「心を汚して」。Cf. Divy. 197.25.

（180）bhaktakāṣṭham. Tib. は単に「薪」（28b4）とし、bhakta の訳を欠く。漢訳は「香木」（216b28）とする。

（181）sahāmātyam. Tib. は「母と共に」（28b4）とし、漢訳も「并母一処」（216b28-29）とする。本章の文脈から言えば、主人公のジョーティシュカが母と共に焼かれているから、「母と共に」とする方が本来の形かも知れない。

（182）āmuktapaṭṭadāmakalāpā. Tib. は「布の束は音を出し」（28b6-7）とする。漢訳は「幢幡繒蓋処処皆懸」（216c3-4）とし、次の ucchritadhvajapatākā と合わせたような訳になっている。

（183）定型句 2C（都城の荘厳）。（184）maṇḍavāṭaḥ. 漢訳のみこれを「食堂」（216c5）とする。

（185）Tib. のみここに「宝石と」（28b7）を置く。（186）本章注（162）参照。

（187）本章注（165）および第3章注（79）参照。（188）本章注（166）参照。

(189) Tib. は象の形容として「最高の」(29a5) を付す。漢訳は「大象」(216c13) とし、表現は少し異なるが、比丘達に傘を翳す他の象と区別しようとする点では同じ趣旨と見られる。今は〔 〕にこれを補う。

(190) ここも Tib. の glan po che gzhan dag gdugs gzhan dag 'dzin du bcug go (29a5) を〔 〕に補う。なお漢訳も「自余諸象各持一蓋。以蓋苾芻」(216c14) とし、この部分を省略しない。

(191) ここも同じく Tib. の bsil yab dag gis g-yob tu bcug go (29a6) を〔 〕に補う。漢訳も「自余内人扇苾芻衆」(216c15) とする。

(192) buddha-. Tib. は「世尊」(29a7) とする。漢訳には対応箇所なし。

(193) Tib. はここに「大きな驚きを生じ」(29a7) を置く。漢訳には対応箇所なし。

(194) paraṃ viṣādam āpannaḥ. Tib. は「大きな驚きを生じ」(29b1) とし、漢訳も「深歎希有」(216c20) とし、Tib. に一致する。

(195) Tib. は「〔憂いの部屋に入り〕頬杖をついて物思いに耽った」(29b2) とする。漢訳は「長者入室懐憂而住」(216c23) とするので、Skt. よりは詳しく、Tib. よりは簡素な表現となっている。(196) 定型句 4C (神々の知見)。

(197) kauśiko brāhmaṇaveśam abhinirmāya. Tib. は「自分自身はカウシカ種のバラモン (kau shi ka'i rigs kyi bram ze zhig) に変身し」(29b4) とし、傍線部が Skt. と異なる理解を示す。漢訳は「自化作婆羅門像」(216c27) とするので、Skt. に近い。

(198) sthāpitaḥ. Tib. も漢訳もこの訳を欠く。

(199) Tib. はここに「私はお前に先ほど「乞食者が来たら、彼らが求める物を与えてもよいが、中には通すな」と言わなかったか」(29b6-7) を置く。漢訳は「長者報曰。可語彼人。若有所求随意将去。何須強欲見我身耶」(217a5-6) とし、この Tib. に対応する訳はないので、Skt. に一致する。(200) Tib. はここに「追い返せ」(29b7) を置く。漢訳も「将去」(217a6) とする。

(201) bhoḥ puruṣa yady evaṃ praveśaya. Tib. はこれを「おい、門番よ、行って彼を中に通せ」(30a1) とし、表現が少し異なる。漢訳は「若如是者可使入来」(217a8) とし、bhoḥ puruṣa の訳は欠くが、その後は Skt. にピッタリ一致する。

(202) Tib. はここに「憂いの部屋に入って」(30a1) を置くが、漢訳は「何縁以手支頬似帯憂容」(217a10) とし、この表現を欠くので、Skt. に一致する。

(203) Tib. は「天子」(30a4) を付し、「天子ヴィシュヴァカルマンよ」とする。漢訳は「汝」(217a18) とするのみである。

(204) paraṃ bhadraṃ tava. 直訳すれば「あなたに最高の繁栄が〔あらんことを〕」となるが、Tib. は「よろしいでしょう」(30a4)、漢訳は「善哉」(217a19) とする。

(205) pratiśrutyāgataḥ prativiśiṣṭatarā nagaraśobhā nirmitā. Tib. はこれを「同意すると、彼はそれよりもさらに素晴らしくて美しい都城を化作し (mnyan nas des de bas ches mdzes shing khyad par du 'phags pa'i grong khyer dag mngon par sprul cing)」

（30a4-5）とする。これによれば、前半の pratiśrutyāgataḥ から pratiśrutya tataḥ という Skt. が想定され、tataḥ は直後の比較級 prativiśiṣṭatarā と結びつくことになる。また後半では「都城」の形容句として「素晴らしい」と「美しい」の二つが用いられているから、prativiśiṣṭataraṃ nagaraṃ śobhaṃ（*or* śobhanaṃ）nirmitam という Skt. が想定される。漢訳は「至彼城中随情変化。荘厳衢路奇巧超絶」（217a19-20）とするので、「至」という訳は、Skt. の āgataḥ に相当しそうだ。

(206) Skt. は単に「アイラーヴァナ」という名前を出すだけだが、Tib. はこれを「神々の主シャクラの園林で闊歩する象王」（30a5）と形容する。漢訳は「大象王」（217a22）とし、Tib. のような形容は見られない。

(207) avaśiṣṭā nāgā avaśiṣṭānāṃ bhikṣūṇām. Tib. は「比丘達の頭上にも残りの天界の象たちが残りの傘を翳したのである」（30a6）とし、Skt. のように「比丘達」には「残りの」という形容詞を付さない。漢訳も「其余諸象持蓋苾芻」（217a23）とし、「余」は「諸象」にのみに付されている。

(208) Tib. の lha'i dbang po brgya byin gyi btsun mo dam pa lha mo bde sogs（30a6）を〔 〕に補って訳す。

(209) Tib. の bsil yab gzhan dag gis g-yob tu bcug go（30a7）を〔 〕に補う。漢訳も「自余天女扇苾芻衆」（217a24）とする。

(210) buddha-. ここも Tib. は「世尊」（30a7）とする。漢訳には相当箇所なし。本章注（192）参照。

(211) tarpayati. 密使を使って偵察させる件は前にもあったが、そこで用いられていた動詞は bhojayati（287.5）であった。Tib. は一貫して動詞「食事を出す（gsol ba）」（30b1）を使う。

(212) ここには動詞が必要であるが、原文にはない。以前に使われた同様の表現ではここに paśya（287.4）が使われていたので、単純な書写ミスと思われる。Tib. も「調べてこい（rtogs shig）」（30b1）とするので、これを補って訳す。漢訳には相当箇所なし。

(213) Tib. はここに「大きな驚きを生じ、驚きを伴った心で（ngo mtshar dang ldan pa'i yid kyis）」（30b1）を置く。しかし、以前に使われた同様の表現ではここに vismayāvarjitamanāḥ（287.6）という表現が見られるが、これは Tib. の傍線部に相当するのみで、前半の Tib. に相当する部分はない。なお漢訳は「其使往観見其奇異。遂便忘返」（217a26）とするので、Skt. に近い。

(214) paśyati divyāṃ vibhūtiṃ dṛṣṭvā ca. Skt. は「見る」という動詞を二回使うが、Tib. はここを「〔天界の豪華さを〕見て大きな驚きを生じ」（30b3-4）とし、一回しか使わない。

(215) dine dine. Tib. はこの訳を欠くが、漢訳は「於日日中」（217b3-4）とし、Skt. に一致する。

(216) traimāsyam. Tib. および漢訳にはこの訳がない。

(217) praṇītena. Tib. はこの訳を欠くが、漢訳は「作如是奇妙盛饌」（217b4-5）とするので、Skt. に一致する。

(218) kulaputraḥ. Tib. は「長者」（30b6）とする。漢訳は単に「火生」（217b10）とする。

(219) anena. 今度は Tib. はここを「かの善男子は」(30b6) とする。漢訳は「彼」(217b10) とする。

(220) ここで呼称が「正等覚者」から突然「如来」に代わるのは不可解であるが、Tib. もこれに呼応して de bzhin gshegs pa (30b7) としている。漢訳は「毘鉢尸仏」(217b12) とする。

(221) samadhuraḥ. BHSD によると、dhura は burden/ religious obligation or duty と解釈するが、Tib. はこれを「同じ精進 (brtson 'grus mnyam pa)」(31a2) とする。なお漢訳は「神通道力悉皆平等」(217b16) とし、これからは手がかりが得られない。

(222) 定型句 6B (黒白業)。

(223) 大谷大学所蔵の北京版はこの章を含んでいると思われる函が欠けている。『大谷大学図書館蔵／西蔵大蔵経甘殊爾勘同目録 III』(Kyoto, 1932, 414) 参照。

第20章　極限状態での布施

Divy. には布施を主題とする説話がかなり見られるが、そこに通底しているのは、「何を布施するか」よりも「どのように布施するか」という布施する時の態度や状況が問われることである。王が財力にものを言わせて行う布施よりも、この説話が端的に示しているように、飢饉で食物が不足する中、自らの命を犠牲にしてでも最後の最後の一口を応供者に布施するという極限状態での布施が賞賛されるのである。説話のタイプはジャータカであり、ブッダの本生が王として極限状態における布施を実践する話である。

このように私は聞いた。ある時、世尊は千二百五十人の比丘という偉大な比丘の僧伽と共に、シュラーヴァスティー郊外にある[1]ジェータ林・アナータピンダダの園林で時を過ごしておられた。世尊は、比丘・比丘尼・優婆塞・優婆夷、王・大臣、様々な外道・沙門・バラモン・行者・遊行者、天・ナーガ・ヤクシャ・アスラ・ガルダ・ガンダルヴァ[2]・キンナラ・マホーラガ達に尊敬され、恭敬され、崇敬され、供養されていた。世尊は、天界や人界の多くの優れた衣・食事・臥具・座具・病気に必要な薬といった資具を得てはいたが、蓮が水を〔弾く〕如く、世尊がそれらに染着されることはなかった[3]。

また世尊に対しては、このような広大で素晴らしい賞賛の声や讃歌が四方八方[4]で湧き起こった。「かの世尊は、如来・阿羅漢・正等覚者・明行足・善逝・世間解・無上士・調御丈夫[5]・天人師・仏・世尊である。彼はまさにこの世において、神・マーラ・ブラフマンを含めたこの世間や、沙門・バラモン・神・人間を含めた生類を自ら了知し、証得し、理解し、会得され、[6] 始めも善く、中も善く、終わりも善く、また意義深く、文体も優れた法を説き、[7] 完全で、円満で、清浄で、汚れのない梵行を説き明かされた！」と。

さて、世尊は比丘達に告げられた。

「比丘達よ、[8] 私が布施の果報と布施を分与することの果報の異熟とを知っているように、もしも有情達が布施の果報と布施を分与することの果報の異熟とを知っていたら、供養に相応しい能受者が現れた場合には、最初の一口や最後の一飲みである分からでも〔それを彼に〕布施せず分与せずに〔自分で〕食べたりはしないし、彼らに生じた『吝嗇』が心を支配し続けることもないだろう。だが比丘達よ、私が布施の果報と布施を分与することの果報の異熟とを知っているようには、有情達は布施の果報と布施を分与することの果報の異熟とを知らないから、けちな心で布施せず分与せずに〔自分で〕食べてしまい、彼らに生じた『吝嗇』が心を支配し続けるのである。それはなぜか」

かつて、比丘達よ、過去世において、カナカヴァルナと呼ばれる王がいた。[9] 彼は男前で、見目麗しく、美しく、黄金のような最高の卓越性を具えていた。比丘達よ、カナカヴァルナ王は裕福で巨額の財産と巨大な資産とを有し、多くの富を持ち、[10] 多くの資財と資具とを具え、多大な財・[11] 穀物・金・黄金・珠宝・真珠・瑠璃・法螺貝・璧玉・珊瑚・銀・金を保有し、沢山の象・馬・牛・羊を所有し、[12] 蔵や倉庫は一杯であった。実に比丘達よ、[13] カナカヴァルナ王には、長さは東西十二ヨージャナ、幅は南北七ヨージャナの王都カナカーヴァティーがあり、[14] 栄えて繁盛し、平和で食物に恵まれ、多くの人々で賑わい、麗しかった。[15] カナカヴァルナ王には八万の都城があり、[16] 十八コーティ戸の家族があり、[17] 栄えて繁盛し、平和で食物に恵まれ、多くの人々で賑わっていた。[18] 〔また〕五十七コーティの町があり、栄えて繁盛し、平和で食物に恵まれ、麗しく、多くの人々で賑わっていた。[19] 〔さらに〕六万の山村があり、栄えて繁盛し、平和で食物に恵まれ、[20]多くの人々で賑わっていた。[21]カナカヴァルナ王には一万八千人もの大臣がおり、二万人もの後宮もいた。比丘達よ、[22]カナカヴァルナ王は正義を愛し、法に基づいて政治を行っていた。[23][24]さてある時、カナカヴァルナ王が一人閑処で静思していると、このような思いが心に生じた。〈私は、一切の商人には通行税や出入国税を免じ、閻浮提に住む一切の住民には税金や租税を免じてやろう〉と。

　そこでカナカヴァルナ王は占星師・宰相・大臣・門番・家臣達に告げた。[25]

「私は今日から汝等村の指導者[26]および一切の商人には通行税や出入国税を免じ、閻浮提に住む一切の住民には税金や租税を免じてやるぞ」

　彼はこのようなやり方で[27]長年政治を行ってきたが、ある時、星〔の巡り〕が悪くなり、十二年間、雨が降らなくなってしまった。その時、〔自然〕現象を熟知し[28]、大地や天空のマントラに巧みな[29]占い師[30]のバラモン達が、星・金星・惑星の運行からそれを観て取ると、[31]カナカヴァルナ王のもとに近づいた。近づくと、カナカヴァルナ王にこう言った。

「王よ、お聞き下さい。星〔の巡り〕が悪くなり、十二年の間、雨が降りません」

　その時、カナカヴァルナ王はその知らせを聞くと、[32]涙を流した。

「おお、我が閻浮提の住民達よ、おお、栄えて繁盛し、平和で食物にも恵まれ、美しく、多くの人々で賑わっている我が閻浮提も久しからずして空になり、人っ子一人いなくなってしまうのか！」

　こうしてカナカヴァルナ王はしばらく嘆いた後に、[33]こう考えた。〈裕福で巨額の財産と巨大な資産とを有する者は生き残れようが、貧しくて財産が少なく、食物・飲物・財物の少ない者達は、どのようにして生き残るというのだ〉と。彼は〔さらに〕こう考えた。〈私は閻浮提から〔あらゆる〕[34]食物等を集めよう。[35]閻浮提の住人すべてを数えよう。そして数えたら、〔一人当たりの食物の量を〕見積ろう。見積ったら、あらゆる村・都城・町・村[36]・王都に一つの倉庫を作らせよう。一つの倉庫を作らせたら、閻浮提の住人すべてに等しく食物を分配しよう〉と。

そこでカナカヴァルナ王は、占星師・宰相・大臣・門番・家臣達に告げた。[37]

「さあ、村の長達よ、お前達は閻浮提から食物等を集めて数えよ。数えたら、〔一人当たりの食物の量を〕見積れ。[38]見積ったら、あらゆる村・都城・町・都市・王都に一つの倉庫を作れ」

「畏まりました、王よ」[39]とカナカヴァルナ王に同意すると、占星師・宰相・大臣・門番・家臣達は閻浮提から食物等を集めて数えた。数えると、見積った。見積ると、あらゆる村・都城・町・都市・王都に一つの倉庫を作った。一つの倉庫を作ると、[40]カナカヴァルナ王に近づいた。[41]近づくと、カナカヴァルナ王にこう言った。

「王よ、お聞き下さい。あらゆる村・都城・町・都市・王都にある食物等を集め、集めてから数え、数えてから見積り、見積ってからあらゆる村・都城・町・都市・王都に一つの倉庫を作りました。[42]王は今がその時とお考え下さい」

そこでカナカヴァルナ王は、計算・算術・書記係達に告げて、[43]こう言った。

「さあ、村の長達よ、お前達は閻浮提の住人すべてを数えよ。数えたら、[44]村の長達は閻浮提の住人すべてに等しく食物を分配せよ」

「畏まりました、王よ」[45]と計算・算術・書記係達はカナカヴァルナ王に同意すると、閻浮提の住人すべてを数えた。数えると、カナカヴァルナ王を始めとする閻浮提の住人すべてに等しく食物を分配した。〔これで〕人々は十一年間は生き永らえたが、十二年間は生き永らえなかった。[46]十二年目の一ヶ月目が過ぎると、多くの女・男・少年・少女達は、飢えと渇きで死んでいった。[47]ちょうどその時、カナカヴァルナ王に一マーニカー[48]の食物が残っているのを除けば、食物等は全閻浮提から完全になくなってしまったのである。

ちょうどその時、ある菩薩が〔初発心より〕四十劫を過ぎ去って、[49]この娑婆世界にやって来た。菩薩はある森の茂みで母と息子が性欲に耽っているのを見た。そして見ると、彼はこう考えた。〈おお、この有情達は汚れている！ああ、この有情達は実に汚れている！[50]九ヶ月の間、彼女の胎内に住し、彼女の乳を飲んできた〔息子〕が、その同

294

じ〔母〕にそんなことをするとは[51]！ 不義を犯し[52]、不義なる貪に染まり、邪見を抱き、邪悪なる貪に挫け、母を尊敬せず、父を尊敬せず[53]、沙門を敬わず、バラモンを敬わず、家長に仕えない、あのような有情達など、私には何の用もない。あのような有情達のために、誰が菩薩行を行ずることなどできようか。いざ私は自己のために修行しよう〉と。

こうして菩薩はある木の根元に近づいた。近づくと、その木の根元に坐った。結跏趺坐すると、背筋をピンと伸ばして念を面前に定め[54]、五取蘊における生と滅とを随観しながら、時を過ごしていた。すなわち「これは色である。これは色の生である。これは色の滅である。これは受である。これは想である。これは行である。これは識である。これは識の生である。これは識の滅である」と。彼はこのようにして五取蘊における生と滅とを随観しながら、時を過ごしていると、久しからずして[55]「およそ生ずる性質のものは、すべて滅する性質のものである」と知り、その場で直ちに独覚の悟りを獲得した。さて、世尊となった独覚は縁に従って獲得した法を観察し[56]、その時、詩頌を唱えた。

「執着せる者には愛が生ず。愛に引き続いて苦が生ず。災いは愛の中にあると知り、犀の如くに歩め[57]」

その時、その世尊・独覚はこう考えた。〈多くの有情のために私は難行を実践してきたが[58]、いかなる有情[59]も利益しなかった。今日、私は誰を憐愍すべきか。今日、私は誰の施食を受けて食すべきか〉と。

295

その時、世尊・独覚は清浄で[60]超人的な天眼を以てこの全閻浮提を普く随観したが、その世尊・独覚は、カナカヴァルナ王に一マーニカーの食物が残っているのを除けば、食物等が全閻浮提から完全になくなっているのを見た。彼はこう考えた。〈いざ私はカナカヴァルナ王を憐愍しよう。私はカナカヴァルナ王の住処から施食を受けて食すことにしよう[61]〉と。

そこで世尊・独覚は神力でそこから[62]上空に舞い上がり、美しい体をした鳥のように、神通力で王都カナカーヴァティーに行った。

ちょうどその時、カナカヴァルナ王は楼閣の上にいて、五千人の大臣に取り囲まれていた。ある大臣はその世尊・

独覚が遠くからやって来るのを見た。そして見ると、大臣達に告げた。

「村の長達よ、見よ、見よ。遠くから赤い翼の鳥がこちらにやって来るぞ！」

もう一人の大臣はこう言った。

「村の長達よ、あれは赤い翼の鳥ではなく、〔人の〕精力を奪ってしまう羅刹がこちらにやって来るのだ。我々は奴に食べられてしまうぞ！」

その時、カナカヴァルナ王は両手で顔を擦ると、大臣達に告げた。

「村の長達よ、あれは赤い翼の鳥でもなければ、〔人の〕精力を奪ってしまう羅刹でもない。あれは聖仙であり、我々を憐愍されて、こちらに来られるのだ」

その時、その世尊・独覚はカナカヴァルナ王の楼閣に降り立った。そこで、カナカヴァルナ王は座から立ち上がって(63)世尊・独覚を出迎え、両足を頭に頂いて(64)礼拝し終わると、設えられた座に坐るように勧めた。その時、カナカヴァルナ王は世尊・独覚にこう言った。

「聖仙よ、どうしてここに来られたのですか」
(65)「大王よ、食事をするためだ」
こう言われると、(66)カナカヴァルナ王は泣き出し、涙を流してこう言った。(67)

「おお、私は落ちぶれてしまいました。落ちぶれてしまったのです。〔昔は〕この閻浮提を統治し支配したこともあるのに、(68)〔今や〕一人の聖仙にも食事を差し上げることができないとは！」

その時、王都カナカーヴァティーに住んでいた神が、カナカヴァルナ王の面前で(69)詩頌を唱えた。

「苦とは何ぞ。貧困なり。苦より〔甚だしき〕は何ぞ。それは貧困に他ならず。貧困は死に等し(70)」

その時、カナカヴァルナ王が倉庫の番人に告げた。(71)

「おい、お前、[72]私があの聖仙にお出しする食物が我が家に[73]幾らかあるか」

「王よ、お聞き下さい。食物等は全閻浮提から完全になくなってしまい、ただ王に一マーナカーの食物が残っているだけであります」と彼は答えた。その時、カナカヴァルナ王はこう考えた。〈もしも〔それを〕食べれば生き永らえるし、食べなければ死んでしまうだろう〉と。〔さらに〕彼はこう考えた。〈〔しかし〕[74]食べようが食べまいが、私は〔いずれ〕必ず死ぬのだ。生き永らえる必要はあるまい。今日、我が家に、戒を持し、善法を保てる、かくも〔立派な〕聖仙が〔来られたのに〕、どうして洗ったままの鉢を持ってお帰しできようか[75]〉と。

こうしてカナカヴァルナ王は占星師・宰相・大臣・門番・家臣達を集めると、こう言った。

「村の長達よ、お前達は随喜せよ。これがカナカヴァルナ王の[76]最後の食物の布施である。この善根により、閻浮提に住む人々すべての貧困が断ぜられるように！」

こうして[77]カナカヴァルナ王は大聖仙の鉢を取って一マーナカーの食物を鉢に入れると、両手で鉢を持って跪き、世尊・独覚の右手に鉢を置いた。

――実に世尊・独覚の説法は体でなされ、口でなされるものではない。[78]――

さて世尊・独覚はカナカヴァルナ王のもとから施食を受け取ると、神力でそこから[79]上空に〔舞い上がって〕立ち去った。その時、カナカヴァルナ王は合掌し、視界から〔世尊・独覚〕が見えなくなるまで瞬き一つせずに凝視し続けた。その後、カナカヴァルナ王は占星師・宰相・大臣・門番・家臣達に告げた。[80]

「村の長達よ、それぞれ自分の住処に戻れ。飢えや渇きのために、この楼閣で一人残らず[81]死ぬようなことがあってはならぬ」

彼らはこう言った。

「王に栄光・幸運・繁栄があった時、我々は王と共に[82]遊び戯れておりましたのに、どうして最後の最後で王を見捨てることなどできましょうか」

するとカナカヴァルナ王は号泣し、涙を流した。涙を拭くと、占星師・宰相・大臣・門番・家臣達にこう言った。

「村の長達よ、それぞれ自分の住処に戻れ。飢えや渇きのために、この楼閣で一人残らず[83]死ぬようなことがあってはならぬ」

こう言われると[84]、占星師・宰相・大臣・門番・家臣達は号泣し、涙を流した。涙を拭くと、カナカヴァルナ王のもとに近づいた。近づくと、カナカヴァルナ王の両足を頭に頂いて[85]礼拝し、合掌すると、カナカヴァルナ王にこう言った。

「今日は王に会える最後の日でございます。何か不届きをしてもどうか〔王〕は御寛恕下さいますように」

さて、かの世尊・独覚はその施食を食べた。するとその瞬間、四方からぐるりと四つの雲の帳が現れ、涼しい風が吹き始めると、それは閻浮提から不浄物を吹き払った[86]。そして発達した雲は〔雨を降らせて〕埃を静めた[87]。かくしてその同じ日の後半に[88]、様々な硬食・軟食の雨が降ってきた。軟食とは飯・麦粉・粥・魚・肉であり、硬食とは根・茎・葉・花・実・胡麻・糖丸・粉砂糖・糖密・穀粉[89]であった。[90]その時、カナカヴァルナ王は歓喜し、大喜びし、心を弾ませ、喜び、喜悦を生じ、占星師・宰相・大臣・門番・家臣達に告げた。

「村の長達よ、お前達は見るがよい。早くも今日、〔たった〕一度の施食の芽が出たぞ！　他にも果報があるに違いない[91]」

こうして二日目から七日間に亘って穀物の雨[92]が降った。すなわち、胡麻粒・隠元豆・黒豆・大麦・赤豆・米[93]である。一週間はチーズの雨が降り、一週間は胡麻油の雨が降り、一週間は綿の雨が降り、一週間は様々な種類の綿衣の雨が降り、[94]〔最後の〕一週間は金・銀・瑠璃・水晶[95]・赤真珠・瑪瑙・珊瑚という七宝の雨が降ったが、すべては[96]カナカヴァルナ王の力によるもので、閻浮提の人々の貧困は完全に解消されたのであった。

「実に比丘達よ、お前達には疑いや疑念があるかも知れない。〈その時その折にカナカヴァルナ王[97]だったのは他の者であろうか〉と。こう見てはならない。その時その折のカナカヴァルナ王は、この私である。[98] 比丘達よ、このような観点から次のように理解すべきである。『比丘達よ、私が布施の果報と布施を分与することの果報の異熟とを知っているように、もしも有情達が布施の果報と布施を分与することの果報の異熟とを知っていたら、供養に相応しい能受者が現れた場合には、最初の一口や最後の一飲みである分からでも〔それを彼に〕布施せず分与せずに〔自分で〕食べたりはしないし、彼らに生じた〝吝嗇〟が心を支配し続けることもないだろう。だが比丘達よ、私が布施の果報と布施を分与することの果報の異熟とを知っているようには、有情達は布施の果報と布施を分与することの果報の異熟とを知らないから、けちな心で布施せず分与せずに〔自分で〕食べてしまい、彼らに生じた〝吝嗇〟が心を支配し続けるのである[99]』と。

前世でなされた善悪〔業〕は消滅せず。尊師達への奉仕は消滅せず。聖者達に言いたることは消滅せず。恩を知る人になしたることは決して消滅せず。善くなされし業は美しく、また悪しくなされし〔業〕は醜し。そしてその異熟は存在し、必ず果報をもたらさん[100]」

世尊がこう言われると、比丘[101]・比丘尼・優婆塞・優婆夷・天・ナーガ・ヤクシャ・ガンダルヴァ・アスラ・ガルダ・キンナラ・マホーラガ等、それにすべての衆会は歓喜し、世尊の説かれたことに満足した。

以上、吉祥なる『ディヴィヤ・アヴァダーナ』における「カナカヴァルナ・アヴァダーナ」第二十章。

文献

❶ None. Cf. AvK 42　❷1019 Ke 52b5–57b8；350 Aḥ 50a5–55b7　❸『金色王経』（T. 162, iii 388a–390c）. Cf.『菩薩本行経』巻上（T. 155, iii 109c1–110b18）　❹ None.

注

（1）śrāvastyām.　Tib. のみこの訳を欠く。

（2）asurair　garuḍair　gandharvaiḥ.　Tib. はこれを「ガンダルヴァ・アスラ・ガルダ」（52b7；50b1）とし、順番およびその内容が Skt. と少し異なる。漢訳も「乾闥婆阿修羅迦楼羅」（388a21–22）とし、Tib. に一致する。

（3）定型句 1A（冒頭）。　（4）digvidikṣu.　Tib. はこの訳を欠く。漢訳は「勝善名称普聞世間」（388a25–26）とする。

（5）anuttaraḥ puruṣadamyasārathiḥ.　この順番が Tib. では逆になり、「調御丈夫・無上士」（53a2；50b4）とする。漢訳は「無上士調御丈夫」（388b2）とし、ここでは Skt. に一致する。

（6）svayam abhijñāya sākṣātkṛtvopasaṃpadya pravedayate.　Skt. では動詞が四つ使われ、すべて並列で置かれるが、Tib. はこれを「自らの御神通力で明らかにお知りになられ（rang gi mngon par mkhyen pas mngon sum du mkhyen par mdzad nas）」（53a3；50b5）とする。Tib. の依拠した Skt. がこれと同じ内容なら、動詞の一つである abhijñāya は名詞 abhijñā の具格（abhijñayā）と解釈され、残りの動詞は一つに纏められていることになる。あるいは Tib. の依拠した原典がこの Divy. の Skt. の伝承と異なる可能性も充分考えられる。なお漢訳は「知時所宜」（388b3）とする。

（7）<u>sa dharmaṃ</u> deśayati.　Tib. はこれを「正法（dam pa'i chos）を説き」（53a3；50b5）とし、下線部を saddharmaṃ と理解する。漢訳は「如応説法」（388b3–4）とし、Skt. に近い。

（8）saced bhikṣavaḥ ..... paryādāya tiṣṭhati（290.21–291.4）.　以下、この文章は本章の主題となる重要な教誡であり、連結の部分でも再説させるが、その表現は Tib. と異なるので、以下 Tib. の訳、および漢訳とを示す。

「比丘達よ、私が布施の果報と布施における分与の異熟とを知っているように、有情達も布施の果報と布施における分与の異熟とを知るべきである。最後の最後の一口それさえも、他者に布施せず分与せずに、自分のものとしてはならない。物惜しみという心の汚れを生ずることによって〔ものに〕拘泥していてはならない。比丘達よ、私が布施の果報と布施を分与することの果報の異熟とを知っているようには、有情達は布施の果報と布施における分与の異熟とを知らないので、有情達は最後の最後の一口それさえも、他者に布施せず分与せずに、自分自身で食べてしまうのだ。物惜しみという心の汚れを生ずることによって〔もの

に〕拘泥しているのである」(53a4-8；50b6-51a2)

諸比丘。若有衆生能知布施施果分報。如我所知施果分報於食食時若初食摶若後食摶。不以少分先捨施已則不自食。離嫉心垢則能捨施。諸比丘。若有衆生不知布施施果分報如我所知施果分報。如是衆生若初食摶若後食摶。不以少分捨用施他而便自食。有嫉心垢則不能施（388b6-12）

またこの内容は第32章（470.14-24）でも繰り返して説かれている。

（9） kanakavarṇa；gser mdog；金色。

（10） prabhūta sattvasvāpateyaḥ [satta- ABC]. Tib. の対応箇所は「多くの富」(53b1；51a3) とし、satta/ sattva に相当する訳がない。このあたりの漢訳は「極大富楽有大財宝」(388b15) とし、対応箇所を特定するのは困難だが、少なくとも satta/ sattva に相当する訳はなさそうだ。文脈から考えてもこの語は不相応であるから、ここでは省略し、また prabhūta を複合語にして prabhūtasvāpateyaḥ に改める。

（11） prabhūta- ..... -hiraṇyasuvarṇa- ..... -vaiḍūryaśaṅkha- ..... -jātarūpaḥ (291.8-10). Tib. はこれを「多くの財・穀物・珠宝・真珠・璧玉・珊瑚と、金と多くの銀と」(53b1；51a3-4) とし、下線部の訳が Tib. には見られない。漢訳は「多有銭穀珠及真珠珂宝珊瑚。多有金銀饒生色金」(388b15-17) とし、Tib. に近い。

（12） -eḍakaḥ. Tib. はこれを「牝馬 (rta rgod ma)」(53b1；51a4) とする。漢訳は「多騲馬群」(388b17) とし、正確な意味は不明だが、少なくとも「羊」ではなく「馬」と理解している。

（13） khalu bhikṣavaḥ. Tib. も漢訳もこの訳を欠く。（14） kanakāvatī；gser can；饒金城。

（15） 定型句 2B（王国の繁栄）。（16） aśītir nagarasahasrāṇy abhūvan. 漢訳はこの訳を欠く。

（17） aṣṭādaśa kulakoṭī. Tib. も漢訳もこの訳を欠く。（18） 定型句 2B（王国の繁栄）。（19） 定型句 2B（王国の繁栄）。

（20） Tib. はここに Skt. の ramaṇīya に相当する「麗しく (nyams dga' zhing)」(53b5；51a7) を置く。

（21） 定型句2B（王国の繁栄）。（22） bhikṣavaḥ. Tib. も漢訳もこの訳を欠く。

（23） dhārmiko babhūva dharmeṇa rājyaṃ kārayati. Tib. はこれに「法王 (chos kyi rgyal po)」(53b5；51b1) を加える。漢訳も「善知王法」(388b24) とし、直訳ではないが、dharmarājan に近い訳を出す。この一連の表現は定型句 2B（王国の繁栄）に見られるように、dhārmiko dharmarājo dharmeṇa rājyaṃ kārayati となるのが普通である。

（24） Tib. はここに「カナカヴァルナ王はすべてを布施し、彼は自分の体の肉に至るまで喜捨しないものは何もなかった。その時、人々の寿命は八万四千歳であった」(53b6；51b1-2) を置く。漢訳にもこれに相当する「彼金色王一切所有。皆能捨施無物不捨。乃至身肉。彼時人寿八万四千」(388b25–26) という表現が見られる。

(25) āmantrayate. Tib. はこれを「〔家臣達を〕呼んで (bos te) 言った」(53b8; 51b4) とする。漢訳も「時金色王既思惟已詔喚大臣左右内外諸曹百官。如是勅言」(388b29–c1) とし、Tib. に一致する。

(26) grāmaṇyaḥ. Tib. はこれを「村人 (grong mi)」(54a1; 51b4) とし、漢訳は「一切人民」(388c1) とする。

(27) anekopāyena. Tib. は「このやり方で (thabs 'dis)」(54a1; 51b4) とし、漢訳も「以此方便」(388c3) とするので、これを anenopāyena に訂正して訳す。

(28) lakṣaṇajñāḥ. Tib. は「相を告げ ('don pa)」(54a2; 51b5) とするが、漢訳は「善知相術」(388c6) とし、Skt. に一致する。

(29) bhūmyantarikṣamantrakuśalā nakṣatra-. Tib. は「大地と天空の星と」(54a2; 51b5) とするので、下線部の訳を欠き、その前後を連結して bhūmyantarikṣanakṣatra- とする。一方、漢訳は「善知呪論」(388c6) とするので、これは下線部の訳と考えられるから、Skt. に一致する。 (30) Tib. は「卦師 (mo ba)」(54a2; 51b5) という表現を「占い師」に付加する。

(31) nakṣatraśukragrahacariteṣu tat saṃlakṣayitvā. Tib. はこれを「星と惑星と金星の運行といったすべての相を知ると」(54a2–3; 51b5–6) とする。漢訳は「知太白等衆星行度。既見悪星占相知已」(388c6–7) とし、傍線部の表現は Tib. に近い。

(32) Tib はここに「号泣して」(54a4; 51b7) を置く。漢訳は「悲啼泣涙嗚呼嗟歎」(388c10) とし、さらに詳細な描写となっている。

(33) śocitvā. Tib. はこれを「憂いと落胆とを拭い去って」(54a5–6; 52a1) とする。漢訳は「悲啼止已」(388c14) とするので、Skt. に近い。 (34) Tib. の thams cad (54a7; 52a3) を〔 〕に補う。漢訳も「一切穀食」(388c18–19) とする。

(35) sarvajāmbudvīpān .... māpayeyaṃ māpayitvā (293.16–17). 以下、Tib. はこれを欠き、また下線部を「食物等を集めて」(54a7; 52a3) とする。つまり Tib. は「〔閻浮提の食物等すべてを集めよう。〕食物等を集めて」と続くのである。漢訳は Skt. と説かれる場所は異なるが、これに相当する「閻浮提中一切人民。数知口数計十二年均等与食」(388c21–22) という表現が見られる。

(36) -karvaṭa-. Tib. のみこの訳を欠く。

(37) āmantrayate. 本章注 (25) に同じく、Tib. はこれを「〔家臣達を〕呼んで (bos te) 次のように言ったのだ」(54a8; 52a4) とする。漢訳も「即喚大臣（中略）如是勅言」(388c23–25) とし、Tib. に一致する。

(38) saṃhṛtya gaṇayata gaṇayitvā māpayata. Tib. はこれを「〔食物等を〕集め、〔それを〕拡げよ。そして数えよ。拡げて数えたら」(54b1; 52a5) とする。この同じ表現は、これ以降、二回使われるが、Skt. と Tib. の異同はここと同じであるから、一々注記はしない。漢訳は「一切収撿量知多少」(388c26) とする。 (39) paraṃ deveti. Tib. も漢訳もこの訳を欠く。

(40) ekasmin koṣṭhāgāre sthāpayanti/ ekasmin koṣṭhāgāre sthāpayitvā. Tib. は「一つの倉庫を作って〔中を〕満たした。一つの

倉庫を作って〔中を〕満たすと」（54b3；52a7）とする。漢訳は「一処作倉。然後往到金色王所」（389a2-3）とし、Skt. に近い。
（41） upasaṃkrāntaḥ. 近づいたのは大臣達（複数）であるから、これを upasaṃkrāntāḥ に改める。
（42） ekasmin. Tib. のみこの訳を欠く。
（43） āmantrayitvā. Tib. も漢訳も一貫して「呼んで」（54b6；52b2）、「喚」（389a8）とする。
（44） gaṇayitvā. Tib. はこれを「私に至るまで正しく計算したら」（54b6；52b2-3）、漢訳も「数知口数従我為首」（389a10）とする。
（45） paraṃ deveti. Tib. も漢訳もこの訳を欠く。 （46） dvādaśavarṣaṃ na yāpayanti. Tib. も漢訳もこの訳を欠く。
（47） Tib. はここに「十二年目がやってきた時、残りの二・三・四・五〔乃至〕十一ヶ月の間に、多くの男・女・少年・少女が死んだのである」（55a1；52b5）を置く。表現はこれとは若干異なるが、漢訳も「猶故復有十一月在。処処多有男子婦人。若男若女飢渴欲死」（389a19-21）とする。
（48） ekā mānikā. 正確にはわからないが、mānikā は重さか容積の単位であることは間違いない。これを Tib. は「小斗（bre'u chung）」（55a2；52b6）とし、漢訳は「五升熟飯」（389a23）とする。
（49） -saṃprasthitaḥ. Tib. はこれを「〔四十劫の間〕修行してきた」（55a2；52b6）という表現を取る。漢訳は「経四十劫来行菩薩行」（389a25）とし、Tib. に近い。
（50） kliśyanti ..... saṃkliśyanti（293.21-22）. Skt. は同じ動詞を二回使うが、二番目は接頭辞 saṃ を付し、表現に強弱をつけている。これに対し Tib. は同じ「汚れている（nyon mongs so）」（55a4；52b7）を二回使う。漢訳は「如是衆生極悪煩悩住其脅中」（389a28）とし、この点が確認できない。
（51） kālaṃ kariṣyatīty. このまま訳せば「死んでいくとは」となり、文脈に合わない。そこで Tib. を見ると、「そんなことをする（de ltar byed）」（55a4；53a1）とし、漢訳も「作如是事」（389a29）とあるので、これを evaṃ kariṣyatīty に改める。
（52） adhārmikaiḥ. Tib. はこの訳を欠くが、漢訳は「非法衆生」（389b1）とし、Skt. に一致する。
（53） 「父を尊敬せず」は原文にはないが、Tib. も「父を尊敬せず」（55a5；53a1）、漢訳も「不識父母」（389b2）とする。また文脈から考えて、この句は必要であるから、apitṛjñair をここに補う。
（54） pratimukhaṃ smṛtim upasthāpya. Tib. の対応箇所は「喜と楽と（dga' ba dang bde ba dang）念とを目の当たりに定めると」（55a6-7；53a3）とある。問題は傍線部で、これから推定すると、Tib. は Skt. の pratimukhaṃ を prītisukhaṃ と理解しているようだ。瞑想に入る時の表現としては、原文の pratimukhaṃ smṛtim upasthāpya が自然であり、そこで「喜と楽」に言及することはおかしい。漢訳も「結加趺坐端身正念」（389b7）とし、「喜と楽」には触れない。同じ表現は Divy. 自身の別の箇所にも見られるが（46.4, 339.1, 340.25-26)、そこでも表現はここともまったく同じである。

(55) acirād eva. 訳ではこの副詞を「知り」に懸けて訳したが、Tib. は「およそ生じる性質のものはすべて久しからずして滅する (yun mi ring ba nyid du 'gag pa'i) 性質のものである」(55a8-b1; 53a5) というように「滅する」に懸けて訳している。漢訳は「見此没已未久之間。所有集法一切散滅。既如是知」(389b11-12) とするので、Skt. に一致する。

(56) yathāprāptān dharmān avalokya. Tib. の対応箇所は「この縁に従って獲得された法を観察し (de'i rkyen ji lta ba bzhin gyis/ chos thob pa mthong nas)」(55b1; 53a6) とするので、yathāpratyayaṃ prāptān dharmān avalokya という Skt. が想定される。漢訳も「以是因縁即時獲得縁覚菩提。得菩提已」(389b12-13) とし、後半は少し表現が異なるが、傍線部は Tib. の読みを支持するので、Divy. の書写者が pratyayaṃ を見落とした可能性が高い。よってここではこの語を補って訳す。なお、独覚 (pratyekabuddha) の語源には諸説があり、pratyaya あるいは prāpta との関連で説明されることがある。pratyaya に関しては、大乗仏典が「独覚は十二縁起を覚る」と解釈し、パーリ仏典でも Nidd は両者を関連づけて解釈していることを長崎法潤（「犀角経と辟支仏」『仏教学セミナー』(55, 1992, 1-14)）が指摘している。また阿理生（「paccekabuddha (pratyekabuddha) の語源について」『印度学仏教学研究』(50-2, 2002, 98-102)）は prāpya/ prāptavya に相当する近似形、あるいは同形の俗語形と想定し、また複合語全体を所有限定複合語と解することで、この語を「仏陀〔たること〕が得られるべき者」、「仏陀に達する（成る）であろう者」と解釈する。この解釈であれば「独覚」の意味内容が「菩薩」と重複することになるが、両者の関係については考察がなされていない。平岡聡「独覚のアンビヴァレンス―有部系説話文献を中心として―」『仏教研究』(34, 2006, 133-171) も参照されたい。

(57) これは Sn の詩頌とパラレルである。以下、両者の原文を掲げる。

saṃsevamānasya bhavanti snehāḥ snehānvayaṃ saṃbhavatīha duḥkham/
ādīnavaṃ snehagataṃ viditvā ekaś caret khaḍgaviṣāṇakalpaḥ// (Divy. 294.13-15)
saṃsaggajātassa bhavati sneho snehanvayaṃ dukkham idam pahoti/
ādīnavaṃ snehajaṃ pekkhamāno eko care khaggavisāṇakappo// (Sn 36)

(58) bahūnāṃ me sattvānām arthāya duṣkarāṇi cīrṇāni. Skt. では下線部は明らかに sattva を修飾するが、Tib. は「私は有情達のために多くの難行 (dka' ba mang zhig) を実践してきたが」(55b3; 53a7) とし、duṣkara を修飾する語として理解している。漢訳も「我為衆生作利益故多行苦行」(389b16-17) とし、少し表現が異なるが、Tib. の理解に近い。

(59) sattvasya. Tib. のみこの訳を欠く。　(60) viśuddhena. Tib. のみこの訳を欠く。

(61) kanakavarṇasya niveśanāt piṇḍapātam apahṛtya paribhuñjīya. 下線部を Tib. は「カナカヴァルナ王〔のもと〕にある小斗分

の食物の残りを受け取って」(55b5–6；53b3) とし、Skt. と伝承が異なる。漢訳も「我今当往取金色王一食而食」(389b24) とするので、Tib. の表現に近い。

(62) tata eva. Tib. は「彼のそのような神通力で (de'i rdzu 'phrul 'di lta bus)」(55b6；53b3) とするので、これを tathā 等の語として理解しているようだ。漢訳は「即以神通飛空而去」(389b25) とし、tata eva に対応する訳がない。

(63) āsanāt. Tib. も漢訳もこの訳を欠く。

(64) pādau. Tib. のみ「かの世尊・独覚の (bcom ldan 'das rang sangs rgyas de'i) 両足を」(56a3；54a1) とする。

(65) Tib. はここに「聖仙は言った」(56a4；54a2) を置く。漢訳も「答言」(389c16) とする。

(66) evam ukte. Tib. はこの訳を欠くが、漢訳は「既聞是語」(389c17) とし、Skt. に近い。

(67) evam āha. Tib. のみこの訳を欠く。

(68) -aiśvaryādhipatyaṃ kārayitvā. Skt. では aiśvarya と ādhipatya とが並列しているが、Tib. はこれを「最高の統治権を (dbang phyug dam pa) 発揮しましたが」(56a4–5；54a2–3) とし、ādhipatya に相当する訳が dam pa となっている。漢訳は「此閻浮提富楽自在我已得之」(389c18) とし、また別の解釈をする。

(69) purastāt. Tib. はこの訳を欠く。漢訳は「向金色王」(389c20–21) とし、微妙な訳をしている。

(70) maraṇasamaṃ dāridryam. Tib. は「困窮せる者達は〔その人の〕内部においては (nang na) 死に等しい者であり」(56a6；54a4) とし、傍線部に対応する Skt. がない。漢訳も「所謂貧窮苦」(389c23) とし、Tib. の nang na に対応する語がない。なお Skt. の詩頌は śloka と考えられるが、韻律が乱れており、おまけに d 句が欠けている。この d 句に相当する Tib. は「私は死んでもかまわないが、困窮は望まない (bdag ni shi yang bla yi dbul ba mi 'dod do)」(56a6；54a4) とする。一方、漢訳は、

何法名為苦　所謂貧窮是　何苦最為重　所謂貧窮苦
死苦与貧苦　二苦等無異　寧当受死苦　不用貧窮生 (389c22–25)

とし、詩頌を二つとするが、d 句に相当する Tib. の内容は漢訳にはない。

(71) Tib. は「〔倉庫の番人を〕呼んで (bos nas)、こう言った」(56a6；54a4) とし、漢訳も「詔喚厨宰而問之言」(389c26) とする。

(72) puruṣa. Tib. は「村の長よ」(56a6；54a4) とする。漢訳には呼びかけの言葉自体がない。

(73) mama niveśane. Tib. は下線部の訳を欠く。漢訳は「有飯食不」(389c26–27) とし、niveśane の訳も欠く。

(74) yadi paribhokṣye ..... kālaḥ kartavyaḥ (296.1–2). 以下、Tib. はこれを「もし食べたとしても必ず〔いつか〕私は死ぬのであって」(56a8；54a6) とし、少し表現が Skt. と異なる。漢訳は「若我自食猶不免死。若我不食死則倶然」(390a2–3) とし、三つの

資料の中では最も詳細な描写になっているが、食べる場合と食べない場合を分けて記述している点はSkt. に近いと言える。

(75) mama niveśane ’dya yathādhautena pātreṇa nirgamiṣyati. Tib. はこの訳を欠くが、漢訳は「既来我家。云何令其不得飯食空鉢而出」(390a4-5) とし、Skt. に一致する。 (76) rājñaḥ. Tib. のみこの訳を欠く。

(77) atha rājā ..... pātraṃ pratiṣṭhāpayati (296.8-11). 以下、Tib. はこれを「その時、カナカヴァルナ王は小斗分の食物をかの世尊・独覚の鉢に入れ、かの世尊・独覚の右手に鉢を差し出した」(56b2-3 ; 54b1-2) とする。漢訳は「持一食飯置辟支仏縁覚世尊所持鉢中。如是置已授辟支仏縁覚世尊右手掌中」(390a9-11) とするので、Skt. の表現が最も増広し、Tib. と漢訳の内容が比較的近い。

(78) dharmatā punar bhagavatāṃ pratyekabuddhānāṃ kāyikī dharmadeśanā na vācikī. Cf. Divy. 133.7, 313.12 ; MSV i 252.3-4 ; vii 46.29-30, 160.18-19.

(79) tata eva. Tib. は「そのように (’di ltar) 神通力で」(56b4 ; 54b2) とする。漢訳も前と同じく「即以神通」(390a14) とする。

(80) ここも以前と同じく、Tib. は「呼んで (bos nas) 言った」(56b5 ; 54b3) とするが、漢訳は「時金色王勅諸大臣 (中略) 作如是言」(390a16-18) とし、前と若干表現が異なる。

(81) sarva eva. Tib. はこの訳を欠く。漢訳は「卿等皆去各到自家飢渇餓死」(390a18-19) とし、これに相当する訳はあるが、「立ち去れ」の主語として使われている点がSkt. と違う。また漢訳は「飢渇餓死」に否定辞がないので、「〔さもなくば〕死んでしまうぞ」の意味になる。

(82) devena sārdham. Tib. は「王の足下にあって」(56b6 ; 54b4) とする。漢訳は「与天相随」(390a20) とする。

(83) sarva eva. 本章注 (81) とは異なり、こちらではTib. に thams cad (56b8 ; 54b6) が見られる。漢訳は「卿等皆去各向自家」(390a23) とし、「皆」の用法は前と同じである。なお、この後の表現は「勿令一切於我宮中飢渇餓死」(390a23-24) とし、こちらには否定辞がある。 (84) evam uktāḥ. Tib. も漢訳もこの訳を欠く。

(85) śirasā. Tib. はこの訳を欠くが、漢訳は「既到王所頭面敬礼金色王足」(390a26-27) とし、Skt. に一致する。

(86) jambudvīpād aśuciṃ vyapanayanti. Tib. は「閻浮提を掃除した (’dzam bu’i gling phyags so)」(57a3 ; 55a2) とし、意味的には同じであるが、逐語訳にはなっていない。漢訳は「令閻浮提其地皆浄」(390b2-3) とする。

(87) meghāś ca pravartayantaḥ pāṃśūñ chamayanti. Tib. も漢訳もこの訳を欠く。

(88) tasminn eva divase dvitīye ’rdhabhāge. Tib. は「その区切られた〔それぞれの〕時に」(57a3 ; 55a2) とする。漢訳は「中後半日」(390b4) とし、Skt. に近い。

(89) mūla-khādanīyaṃ skandha° patra° puṣpa° phala° tila° khaṇḍaśarkaraguḍa° piṣṭa°. Tib. は「根 (la phug)・葉 (lo ma)・花

(me tog)・実('bras bu)・胡麻(ti la)・油(ti la mar)・蔗糖(bu ram)・砂糖(kha ra)」(57a4-5；55a3-4)とする。一方、漢訳は「蒲闍那食佉陀尼者。所謂餅根茎葉華果及胡麻等。此佉陀尼如是復有油脂粔粲。此佉陀尼稲米末餅」(390b6-8)とする。

(90) Tib. ではここに「他にも硬食と軟食と、多くの種類の美味しい食の雨が降った」(57a5-6；55a4)を置く。漢訳は「此佉陀尼雨如是等種種食等」(390b8-9)とし、表現は少し違うが、この Tib. に対応しそうな訳を有する。

(91) phalam anyad bhaviṣyati. Tib. はこれを「実と葉と花が後に生るだろう」(57a7；55a5-6)とするが、漢訳は「復有無量余果報在後必当得」(390b12-13)とし、Skt. に近い。

(92) dhānyavarṣam. Tib. は「財と(nor dang)穀物の雨が」(57a7；55a6)とし、傍線部が Skt. にはない。漢訳は「復更異雨種種穀等」(390b14)とし、Skt. に一致する。

(93) tilataṇḍulā mudgamāṣā yavā godhūmamasūrāḥ śālayaḥ. Tib. はこれを「胡麻と米粥と蚕豆と白豆と大麦と小麦と小豆と香稲とあらゆる種類の穀物」(57a7-8；55a6)とし、漢訳は「胡麻。大豆小豆。大麦小麦。江豆豍豆。稲粱米等」(390b14-15)とする。

(94) Tib. はここに Skt. にはない「七日間、様々な種類の食物の雨が降ったのだ」(57b1；55a7)を置く。

(95) vaiḍūryasya sphaṭikasya. Tib. ではこの順番が「水晶と瑠璃と」(57b1；55a7)になっている。漢訳は「毘琉璃。私頗知迦」(390b18)とし、Skt. に一致する。

(96) sarvam ..... jāmbudvīpakānāṃ manuṣyāṇām (297.25-26). Tib. はこれを「閻浮提のすべての人々('dzam bu'i gling gi mi thams cad)」(57b2；55b1)とし、sarvam を manuṣya の形容詞と取る。漢訳も「閻浮提一切人民」(390b21)とし、Tib. と同じ理解を示す。 (97) rājā kanakavarṇaḥ. Tib. のみ下線部の訳を欠く。

(98) Tib. のみ「私自身であると見るべきである(blta bar bya'o)」(57b3；55b2)とする。

(99) Skt. に関しては冒頭部分と表現は同じであるが、Tib. および漢訳は少し異なる表現を取るので、以下、この部分の Tib. の和訳、それに漢訳を掲げる。

「私が布施の果報と布施における分与の異熟とを知っているように、有情達も布施の果報と布施における分与の異熟とを知るべきである。最後の最後の一口それさえも、他者に布施せず分与せずに、自分のものとしてはならない。物惜しみという心の汚れを生ずることによって〔ものに〕拘泥していてはならない。私が知っているようには、有情達は布施における分与の異熟を知らないので、有情達は最後の最後の一口それさえも、他者に布施せず分与せずに、自分自身で食べてはならない。物惜しみという心の汚れを生ずることによって〔ものに〕拘泥していてはならない」(57b3-6；55b2-5)

如是衆生知布施果布施分報。如我所知施果分報。若初食摶若後食摶。不以少分先捨施已則不自食。離嫉心垢則能捨施。如是衆生不知施果布施分報如我所知施果分報。如是衆生若初食摶若後食摶。不以少分分捨施他而便自食。有嫉心垢故不能施（390b25-c1）

(100) Tib. は第二偈を省略する。また漢訳は Skt. の二偈の内容を三偈に分けて説く。内容は以下のとおり。

前作善不善　不失罪福業　親近黠慧者　不失往来業
聖衆中善語　不失語言業　知恩報恩人　不失所作業
善業為端正　不善為鄙陋　二業皆有報　必定実得果（390c3-8）

(101) te bhikṣavo ..... sarvāvatī ca parṣad（298.19-21）. 以下、Tib. はこれを「かの菩薩達、かの比丘達、天・人・アスラ・ガンダルヴァを含む世間は」（57b7-8；55b6）とする。一方、漢訳は「彼諸比丘比丘尼優婆塞優婆夷。天龍夜叉乾闥婆阿修羅伽楼羅緊那羅摩睺羅伽。一切衆会」（390c9-11）とし、Skt. に逐語的に一致する。

第21章　五趣輪廻図を縁として

本章の特徴は、五趣輪廻図の作成方法がその冒頭で説かれている点にある。Divy. 第18章では仏塔の作り方が詳しく説かれていたが、ここで説かれるのは五趣輪廻図という絵画であり、Divy. の中に仏教文献と仏教美術とを橋渡しする説話が存在することは両分野の研究にとって意義深い。さてこの説話はある子供がその五趣輪廻図を目にしたことを縁として仏教に帰依し、貧しいながらに自ら人夫としてお金を稼ぐと、それでブッダを食事に招待するという内容になっている。なおこの説話はSkt. とTib. とで、ストーリー展開そのものは共通するものの、細部においてかなりの差異が確認できる。またTib. のみ過去物語が存在しない。

299

仏・世尊は、ラージャグリハ郊外にある竹林のカランダカニヴァーパで時を過ごしておられた。〔その時〕同志マハーマウドガリヤーヤナは(1)、地獄を遊行したり、畜生〔界〕を遊行したり、餓鬼〔界〕・天〔界〕・人〔界〕を遊行することにしていた。(2)彼は、地獄の有情達が引き裂かれ、引き千切られ、切断され、切り刻まれる等の苦、畜生達がお互いに食べ合う等〔の苦〕(3)、餓鬼達の飢えや渇き等〔の苦〕、神々の〔下界への〕死没・落下・墜落・堕落等〔の苦〕、人間達が〔ものをあくせく〕追い求めることや〔種々の〕(4)災難等の苦を観察して閻浮提に戻ってくると、四衆に告げた。(5)「誰かの共住者や弟子が嫌々梵行を修しているなら、その者は彼を連れて、同志マハーマウドガリヤーヤナのもとに近づくがよい。(6)同志マハーマウドガリヤーヤナが彼を正しく教誡し、教授するであろう」と。

同志マハーマウドガリヤーヤナは〔やって来た〕者を正しく教誡し、[7] 正しく教授した。こうして人々は次から次へと同志マハーマウドガリヤーヤナに正しく教誡され、正しく教授され、意欲的に梵行を修し、そしてより高次の卓越性を獲得した。

ちょうどその時、同志マハーマウドガリヤーヤナは、比丘[8]・比丘尼・優婆塞・優婆夷の四衆に交わって時を過ごしていた。

――諸仏・諸世尊は、知っていながら尋ねることがある。[9]――

仏[10]・世尊は同志アーナンダに尋ねられた。[11]

「マウドガリヤーヤナは四衆に交わって時を過ごしているのか[12]」

彼は答えた。

「大徳よ、同志マハーマウドガリヤーヤナは、地獄を遊行したり、畜生〔界〕を遊行したり、餓鬼〔界〕・天〔界〕・人〔界〕を遊行することにしていますが、彼は、地獄の有情達が引き裂かれ、引き千切られ、切断され、切り刻まれる等の苦、畜生達がお互いに食べ合う等〔の苦〕、餓鬼達の飢えや渇き等〔の苦〕、神々の〔下界への〕死没・落下・墜落・堕落等〔の苦〕、人間達が〔ものをあくせく〕追い求めることや〔種々の〕災難等の苦を観察して閻浮提に戻ってくると、四衆に告げました。『誰かの共住者や弟子が嫌々梵行を修しているなら、その者は彼を連れて、同志マハーマウドガリヤーヤナのもとに近づくがよい。同志マハーマウドガリヤーヤナが彼を正しく教誡し、教授するであろう』と。同志マハーマウドガリヤーヤナは〔やって来た〕者を正しく教誡し、正しく教授しました。こうして人々は次から次へと同志マハーマウドガリヤーヤナに正しく教誡され、正しく教授され、意欲的に梵行を修し、そしてより高次の卓越性を獲得したのです。このような因と縁とによって、同志マハーマウドガリヤーヤナは、比丘・比丘尼・優婆塞・優婆夷の四衆に交わって時を過ごしているのであります[13]」

「アーナンダよ、比丘マウドガリヤーヤナ、あるいはマウドガリヤーヤナに匹敵する者はどこにでもいるわけではない。それでは〔精舎の〕門房に五本の輻のある〔車〕輪を作らせよ[14]」

「門衛室に五本の輻のある〔車〕輪を作らせよ」と世尊に言われても、比丘達はどのようなものを作ってよいやら分からなかったので、世尊は言われた。

「地獄・畜生・餓鬼・天・人間[15]という五趣を作らせよ。[16]そのうち地獄・畜生・餓鬼は[17]〔車輪の〕下に形取り[18]、天・人間は〔車輪の〕上に[19]形取るのだ。〔そして人間界には〕プールヴァヴィデーハ大陸・アパラゴーダーニーヤ大陸・ウッタラクル大陸・ジャンブー大陸の四大陸を描け。中央には貪・瞋・痴を形取るのだ。貪は鳩、瞋は蛇、痴は豚の形で[20]〔表現〕せよ。そしてあの涅槃の円を指し示す仏の像を描け。化生の有情達の死没と再生は、水車を用いて描写せよ。周囲には順逆の十二支縁起を表現せよ。〔また〕すべてのものが無常性に呑み込まれているのを表現すべきであり、さらに二つの詩頌を書き込め。

『〔精進〕を積め。出家せよ。仏の教えに専念せよ。死の軍隊を打ち破れ。象が葦の小屋を〔踏み潰す〕如く。

この法と律とに従いて放逸なく修行する者は、生〔死を繰り返す〕輪廻を断じ、苦を終わらせん[21]』と」

「門衛室に五本の輻のある〔車〕輪を作らせよ」と世尊に言われ、比丘達は〔それを〕作らせると、バラモンや長者達がやって来て尋ねた。

「聖者よ、これは何をお書きになったのか」

「皆さん、我々も知らないのだ」

〔そこで〕世尊は「次々とやって来るバラモンや長者達に対し、門衛室で絵解きのできる比丘を指名せよ」と言われた。「比丘を指名せよ」と世尊に言われると、彼らは見境なしに、馬鹿者・愚者・薄鈍・不器用者達を選出した。彼ら自身が〔絵の意味を〕理解していないのに、どうして次々とやって来るバラモンや長者達に、絵解きができようか。[22]

世尊は「能力のある比丘を指名せよ」と言われた。

〔さて〕ラージャグリハには、ある長者が住んでいた。彼は〔自分の家柄に〕相応しい家から妻を迎えた。彼は彼女と共に遊び、戯れ、快楽に耽っていた。[23] 彼が〔妻と〕遊び、戯れ、快楽に耽っていると、息子が生まれた。[24] 三七・二十一日の間、一日も欠かさず、その赤子のために誕生の儀式をやり終えると、家に相応しい名前が付けられた。[25] 彼は妻に告げた。

「お前、我々には借金を増やし財産を食い潰す〔子供〕が生まれた。私は商品を携えて大海を渡るぞ[26]」

「あなた、そうして下さい」と彼女は答えた。[27] 彼は友人・[28] 親戚・親類の者達に〔別れを〕告げると、身内の者を安心させ、海外に持ち出す商品を携えて、〔吉祥な〕日と時刻を選んで[29] 大海を渡ったが、その同じ〔海〕で帰らぬ人となったのである。

彼の妻の子は、親戚の力・〔他者の〕援助や力添えによって、[30] 護られ、[31] 養われ、成長し、文字を習い、そして文字や言葉に熟達した。[32] 〔ある時〕彼は友達と連れ立って竹林に行き、精舎に入ると、門房に五本の輻のある〔車〕輪が描かれているのを見た。彼が「聖者よ、これは何が描かれているの」と尋ねると、[33] 比丘は答えた。

「坊や、これらは、地獄・餓鬼・畜生・天・人という五趣だよ」

「聖者よ、〔地獄にいる〕者達は、どんな業を為したために、そのような苦しみを受けるの[34]」

彼は答えた。[35]

「[36] 彼らは〔他人の〕命を奪い、与えられざるものを盗み取り、邪な愛欲に溺れ、嘘をつき、〔他人を〕中傷し、暴言を吐き、綺言を発し、他人の財を貪り、有情を殺害しようという意を抱き、邪見を抱く者達である。すなわち、彼らは、このような十不善業道に過度に親しみ、繰り返し、何度も行ったために、このような〔身を〕引き裂かれ、引き千切られ、切断され、切り刻まれる等の苦を受けているんだ」

「聖者よ、それは分かったよ。では、その他の[37]〔畜生界にいる〕者達は、どんな業を為したために、そのような苦しみを受けるの[38]」

「坊や、彼らもまた十不善業道に〔軽度に[39]〕親しみ、繰り返し、何度も行ったために、お互いに食べ合う等の苦を受けるのだよ」

「聖者よ、それも分かった。では、その他の〔餓鬼界にいる〕者達は、どんな業を為したために、そのような苦しみを受けるの」

「坊や、彼らもまた物惜しみし、けちで、資具を〔与えるのを〕惜しんだりする人達だったんだ。つまり[40]、物惜しみに過度に親しみ、繰り返し、何度も行ったために、飢えや渇き等の苦しみを受けるのだよ」

「聖者よ、それも分かったよ。では、その他の〔天界にいる〕者達は、どんな業を為したために、そのような楽しみを受けるの」

「坊や、彼ら[41]は、殺生、偸盗、邪淫、妄語、両舌、悪口、綺語から離れ、他人の財を貪ることなく、有情を殺害しようという意を抱くことなく、正見を抱いている者達だったんだ。つまり彼らは十善業道に過度に親しみ、繰り返し、何度も何度も行ったので、天女と戯れたり、天宮や園林といった[42]楽を受けるのだよ」

「聖者よ、それも分かった。では、その他の〔人間界にいる〕者達は、どんな業を為したために、そのような楽しみを受けることができるの」

「坊や、彼らもまた〔天界にいる者達〕よりも少なく、〔また〕一生懸命ではなかったが[43]、十善業道に親しみ、繰り返し、何度も何度も行ったので、象・馬・車・食物・飲物・寝具・座具・女性・遊興・園林といった[44]楽を受けているのだよ」

「聖者よ、これら五趣のうち[45]、地獄・餓鬼・畜生の三趣は僕にとって好ましくないけれど、天と人〔趣〕は好ましいよね。じゃあ、どのようにこの十善業道を保持し、発動させたらいいの[46]」

「坊や、見事に説かれた法と律とに従って出家し[47]、もしもこの世において完全な智を獲得したならば、それがそのまま苦しみの終わりなんだ。また、かりに結（煩悩）を残して死んだとしても、天〔界〕に生まれ変わることができるんだ。世尊[48]は言われたよ。『賢者は〔出家において〕五つの利益を見つつ、出家を願う者となるべきである。五つとは何か。(1)〔出家すれば〕これらの不共の自利を獲得した者となるだろうと見つつ、賢者は出家を願う者となるべきである。(2)私を奴隷・召使・下僕・従僕・僕使[49]としていた人達から〔今度は逆に〕供養され、賞賛されるべき者となるだろうと見つつ、賢者は出家を願う者となるべきである。(3)私は無上の安穏である涅槃を獲得するだろうと見つつ、賢者は出家を願う者となるべきである。あるいは、(4)無上の安穏である涅槃を獲得せずとも[50]、過失がなければ、天〔界〕への再生があるだろうと見つつ、賢者は出家を願う者となるべきである[51]』と。〔このように〕諸仏と諸仏の弟子達は、様々な方法で出家を賞賛しているんだ」

「聖者よ、見事です。出家したら、何をしなければならないの[52]」

「坊や、命のある限り、梵行を修さなければならないんだよ[53]」

「聖者よ[54]、そんなことはできそうにないよ。他によい方法はないの」

「あるとも、坊や。優婆塞になるといい[55]」

「聖者よ、それだと、何をしなければならないの[56]」

「坊や[57]、命のある限り、殺生、偸盗、邪淫、〔妄語、〕それに蒸留酒・酒・ワイン〔等の酒〕に酔っぱらうことから離れ、〔それらから身を〕護らなければならないんだよ」

「聖者よ、それもできそうにないよ。他によい方法はないの」

「坊や、仏を上首とする比丘の僧伽に食事を差し上げるといい」

「聖者よ、いくらぐらいのお金を使って、仏を上首とする比丘の僧伽に食事を差し上げたらいいの」

「坊や、五百カールシャーパナだよ」

「聖者よ、それならできそうだね」

彼は〔比丘〕の両足に礼拝してから立ち去り、自分の家に近づいた。近づくと、母にこう言った。

「母さん、今日、僕は竹林に行き、そこの〔精舎の〕門の所に五本の輻のある〔車〕輪が描かれているのを見たんだ。そこにはね、地獄・餓鬼・畜生・天・人の五趣が〔書かれて〕あったんだよ。そのうち地獄[58]〔に落ちた〕者達は、〔身を〕引き裂かれ、引き千切られ、切断され、切り刻まれる等の苦しみを受けなければならず、畜生〔界〕の者達はお互いに食べ合う等の苦しみを、また餓鬼〔界〕の者達は、飢えや渇き等の〔苦しみを受けなければならないけれど〕、天〔界〕の者達は、天女と戯れたり、天宮や園林〔といった〕楽を受けることができるし、人間〔界〕の者達も、象・馬・車・食物・飲物・寝具・座具・女性・遊興・園林といった楽を受けることができるんだ。これらのうち、僕にとって三〔悪〕趣は好ましくないけれど、〔残りの〕二趣は好ましいものなんだ。ねえ、〔母さん〕は僕が天に生まれ変わることを望んでいるでしょう」

「息子よ、私はすべての人達が天に生まれ変わることを望んでいるわ。お前は言うに及ばないよ」

「母さん、もしもそうなら、五百カールシャーパナ頂戴。僕は仏を上首とする比丘の僧伽に食事を差し上げようと思うんだ」

「息子よ、私や親戚の力、〔他者の〕援助や力添えによって、お前は育てられ、養われ、育まれてきたんだよ。どうして私に五百カールシャーパナの財産があろうか」

「母さん、もしもないなら[59]、給料の貰える仕事をするよ」

「息子よ、お前はか弱いから、給料を貰える仕事などできやしないよ」

「母さん、行くよ。僕にだってできるんだから」

「息子よ、もしできるんだったら、お行き[60]」

彼は彼女の許しを得ると、[61]人夫達の〔集まる〕通りに出掛けて立っていた。バラモンや長者達は他の人夫を雇ったが、彼に声をかける者は誰もいなかった。彼は一日中そこで時を過ごし、夜になると家に帰った。母は彼に尋ねた[62]。

[63]「息子よ、給料の貰える仕事をしてきたかい」

「母さん、何もしなかったよ[64]。誰も僕に声をかけてくれなかったんだもの」

「息子よ、そんな〔恰好の〕人夫などいやしないよ。息子よ、人夫ってものは[65]、髪はばさばさで、薄汚い服を着てるものよ。もしもお前がどうしても給料の貰える仕事をしたいのなら、そのような恰好に身をやつし[66]、人夫達の〔集まる〕通りに行って立ってなさい」

「母さん、いいねえ。そうするよ[67]」

次の日、彼はそのような姿に身をやつし[68]、人夫の〔集まる〕通りに行って立っていた。その時、ある長者[69]の家が建つことになった。彼は人夫を求めて通りに出掛けた。〔長者〕は彼を避け、他の人夫達を雇った。彼が「長者よ、私も給料を貰える仕事がしたいんだ」と言うと、長者は「坊や、君はか弱い。給料を貰える仕事などできやせんよ」と答えた。

[70]「おじさん、〔おじさん〕は賃金を先にくれるの、それとも後からなの[71]」

[72]「坊や、後からだよ」

[73]「おじさん、先ず今日、僕に仕事をさせてみて、僕が〔おじさんを〕満足させられたら、賃金をくれるかい」

〈彼[74]の言うことも一理ある。先ず今日は様子を見てみよう。もしも仕事ができれば、〔賃金を〕やればいいし、できない場合はやらないまでのことだ〉と彼は考えた。こう考えて、「坊や、おいで。さあ行こう」と言うと、〔長者〕は彼を家に連れて帰ったのである。[75]

〔さて〕他の人夫達は手を抜いて仕事をしたが、彼はてきぱきと仕事を片づけ、その人夫達に教えた。

「我々は、前世の悪行のせいで[76]貧しい家に生まれてきたのです。だから、もしも〔今〕いい加減に仕事をしていたら、この世から死没した後、どんな行く末が待っていると思いますか」

彼らは言った。

「坊や、君は新米だから、我々の指示に従う[77]のが道理というもんだ。おいで。しっかり見てろよ[78]」

彼は民話に精通していた。彼は、人夫達がそれを聞くとやる気が出るような、そのような民話を〔語り〕始めた。彼は物凄い速さで進むと、彼ら〔も〕〈民話を聞き逃してなるものか〉と考え、〔彼の〕直後に従った。[79] その日、人夫達は二倍の仕事をした。[80] 長者は仕事〔の様子〕を調べにその場に来てみると、[81] 二倍の仕事がなされていた。彼は〔現場〕監督に尋ねた。

「おい、君、[82] 君は別の人夫を雇ったのかね」

「御[83]主人様、[84] 雇っておりませんが」

[85]「ではどうして今日、二倍[86]の仕事がなされているのだ」

彼はありのままに報告した。長者はそれを聞くと、[87] その子に二倍の賃金を与えようとした。彼が「おじさん、[88] どうして二日分の賃金をくれるの」と言うと、「坊や、二日分の賃金を上げるのではないのだよ。[89] そうではなく、私は〔君の仕事に〕感心したので、感心したことに対するお礼をするのだよ」と〔長者〕は答えた。[90] 彼は言った。

「おじさん、もしもおじさんが僕〔の仕事〕に感心したのなら、おじさんの家での仕事が終わるまで、おじさんの手元に〔その金を〕置いておいて」

[91]「坊や、そうしよう」

その長者の家[92]が完成した時、その子は賃金を計算し始めたが、五百カールシャーパナに達していなかった。彼が泣き出すと、その長者は言った。

「坊や、どうして泣いているんだ。一ヶ月間、私が〔君の賃金を〕ピン撥ねしたとでも言うのかい」

「おじさん、おじさんは立派な人だもの、どうして僕〔の賃金〕をピン撥ねしたりするでしょう。そうじゃなくて、僕は本当に運が悪いんだ。[93]〈仏を上首とする比丘の僧伽に食事を差し上げ、それによって僕は天に生まれ変わろう〉と、僕は五百カールシャーパナのために給料を貰える仕事を始めたけど、満額にはならなかったんだ。この後も僕は別の場所で給料を貰える仕事をしなければならない」

その長者は前にも増して心を打たれてしまった。[94]彼は言った。

「坊や、もしもそうなら、私が〔不足分を〕補うよ」

「おじさん、〔それでは〕天に生まれ変われないよ」

「坊や、君は世尊に浄信を抱いているかい」

「おじさん、抱いているよ」

「坊や、行きなさい。世尊に尋ねておいで」

彼は世尊のもとに近づいた。近づくと、世尊の両足を頭に頂いて礼拝し、一隅に坐った。[95]長者の子は世尊にこう申し上げた。

「世尊よ、私は声聞の僧伽を従えた世尊に食事の供養をしようと〔考え〕[96]、五百カールシャーパナのために、斯(か)く斯く然々(しかじか)の長者のもとで給料を貰える仕事をしていました。満額にならなかったので、その長者が〔不足分を〕補おうと言ってくれるのですが、世尊よ、どうしたらいいでしょう[97]」

〔世尊〕は答えられた。[98]

「坊や、[99]受け取りなさい。その長者は信心深い人である」

「世尊よ、〔それでも〕僕は天に生まれ変わらないことはないのですね[100]」

「坊や、[101]お前はきっと〔天に〕生まれ変わるよ。受け取りなさい[102]」

彼は大喜びし、[103]世尊の両足を頭に戴いて礼拝すると、世尊のもとから退き、その長者のもとに近づいた。近づくと、[104]長者から五百カールシャーパナを受け取り、母のもとに行って、「母さん、五百カールシャーパナだよ。食事の用意をして！　仏を上首とする比丘の僧伽に食事の供養をするんだ」と言うと、彼女は言った。[105]

「息子よ、我が〔家〕には台所用品・家庭用品・寝具・座具もないんだよ。あの長者こそ多くの台所用品・家庭用品・寝具・座具を持っている上に信心家ときてる。彼の所にこそ行って、頼むがいいさ。彼なら〔食事を〕用意できるよ[106]」

彼は〔長者〕の所に行くと、頭を下げて[107]言った。

「おじさんは五百カールシャーパナをくれたけど、僕の家には台所用品・家庭用品・寝具・座具もないの。どうか僕を憐れみ、[108]〔ここで〕食事の用意をしてもらえませんか。僕が〔ここに〕来て、手ずから仏を上首とする比丘の僧伽に食事を差し出しますから」

長者は[109]〈[110]新築したこの私の家は仏を上首とする比丘の僧伽に〔先ず〕使っていただくべきだ。御世話させて頂こう〉[111]と考えた。こう考えると、彼は言った。

「坊や、いいだろう。〔五百〕カールシャーパナを置いて[112]行け。明日、仏を上首とする比丘の僧伽を招待しなさい。私は食事を用意しよう」

喜びを生じた彼は頭を下げて立ち去り、[113]世尊のもとに近づいた。近づくと、長老達の隅に立って、「[114]この私は、仏を上首とする比丘の僧伽を招待いたします」と言った。世尊はその長者の子に沈黙を以て承諾された。その時、その長者の子は世尊が沈黙を以て承諾されたのを知ると、世尊のもとから退いた。[115] その長者も、その同じ夜、清浄で美味なる軟硬〔二種〕の食事を準備し、[116] 朝〔早く〕起きて、家を掃除し、柔らかい牛糞を塗り込むと、[117] 座席を設(しつら)え、水瓶を設置した。その長者の息子も世尊のもとに行って告げた。[118]「大徳よ、お時間です。食事の用意ができました。世尊は今がその時間とお考え下さい」と。

そこで世尊は午前中に衣を身に着け、衣鉢を持つと、比丘の衆団に取り囲まれ、比丘の僧伽に敬われながら、その長者の家に近づかれた。六群〔比丘〕が「仏を上首とする比丘の僧伽は誰に招待されたのだ」と尋ねると、「斯く斯く然々の長者の息子にですよ」と他の者達が答えた。[119] 彼らは互いに会話した。

「ナンドーパナンダよ、あいつは人夫だぞ。奴に何が布施できると言うのだ。行くぞ。我々は良家に属する家に[120]行って朝食をしよう」

彼らは良家に属する家々に行って「御主人、朝食を作ってくれ」と言うと、「そう致しましょう」と彼らは答えた。[121]

彼らは〔そこで〕朝食を取ったのである。[122]

〔一方〕世尊はその長者の家で[123]比丘の僧伽の前に設えられた座に坐られた。六群〔比丘〕も朝食を済ませると、僧伽の中に坐った。[124] その時、その長者の息子は仏を上首とする比丘の僧伽が心地好く坐られたのを確認すると、清浄で美味なる軟硬〔二種〕の食事によって、手ずから喜ばせ、満足させた。彼が忙しく給仕していると、[125] 六群〔比丘〕が「なんだ、こんなもの」という風に食事をしているのを見た。そして見てから、世尊が食事を終え、手を洗い、鉢を片づけたのを確認すると、[126] 世尊の前に立って言った。

「世尊よ、今、ある聖者は『なんだ、こんなもの』という風に食事をされていましたが、私は天に生まれ変わることができないのでしょうか」

世尊は言われた。

「愛し子よ、[127]寝具・座具の資財による〔供養でも〕君は天に生まれ変わることができる。食物・飲物の資財による〔供養〕は言うに及ばぬ」

そこで世尊はその長者の息子を法話によって教示し、励まし、激励し、鼓舞すると、[128]席から立ち上がって、立ち去られた。

その頃、[129]五百人の商人が航海を成功させ、[130]大海からラージャグリハに到着したが、ラージャグリハは休日になったので、金を払っても何も手に入らなかった。その中には比丘達に食事を供している一人の商人が[131]いたが、彼は言った。

「皆、[132]今日、誰の家で仏を上首とする比丘の僧伽に食事の供養がなされたのかを調べてみよう。そこにはきっと余分な〔食物〕が幾らかあるばずだ」

彼らは[133]次から次へと訊ねて〔その家を〕探しつつ、その長者の家にやって来ると、言った。

「長者よ、あなたは今日、仏を上首とする比丘の僧伽に食事を出されましたね。〔あいにく〕ここでは休日になったので、[134]金を払っても何も手に入りません。もしも余分な〔食物〕が幾らかあれば、売ってくれませんか」[135]

「食事を[136]差し上げたのは私ではありませんよ。そうじゃなくて、あの長者の息子が食事を差し上げたのです。彼に頼んでみるんですな」

彼らはその〔の子〕のもとに行って、訊いた。

「長者の息子さん、食物の残りがあれば、我々に分けて貰えないかい。お金は払うよ」

彼は言った。

「僕は代金目当てに食物を上げるんじゃないですよ。このまま上げましょう」

その食物・飲物に満足した彼らは、長者のもとに行くと、言った。

「長者よ、自分の家で仏を上首とする比丘の僧伽と五百人の商人とを食物・飲物で満足させたあなたは、利益を見事に獲得されましたなあ」
彼は言った。
「仏を上首とする比丘の僧伽を食物・飲物で以て満足させたのは長者の息子ですよ。利益を見事に獲得したのは長者の息子であり、私じゃない」[137]
彼らは尋ねた。
「彼はどの長者の息子さんですか」
「斯く斯く然々の隊商主のですよ」[138]
隊商主は言った。
「皆、彼は私の友人の息子だ。航海中、彼の父親は不幸にして命を落とした。多くの者が一人を助けることはできるが、一人で多くの者は無理だ。ここに大きな布を広げた。お前達の中で残り物のある者はこの布の上に置いてくれ」[139][140][141]
つい先ほど〔彼に〕感心した彼らは隊商主に刺激されたので、彼らは可能な限り珠宝・真珠等の宝を出すと、大きな山のようになった。隊商主が「坊や、お取りなさい」と言うと、彼は「おじさん、僕は代金目当てで上げたわけじゃないよ」と答えたので、隊商主は言った。[142][143]
「坊や、私達は君に代金を払うわけじゃない。もしも代金を勘定したら、一個の宝石で、これくらいの食物なら何百と手に入るさ。そうではなく、我々は君に感心したのだ。我々は感心したことのお礼をするのだよ。お取りなさい」[144]
彼は言った。
「おじさん、僕は天に生まれ変わろうと、仏を上首とする比丘の僧伽に食事を差し上げたんだ。だから、その残りをおじさん達に上げたんだよ。もし〔それを〕受け取ったら、きっと天に生まれ変わることができなくなっちゃうよ」[145]
隊商主は言った。[146]

「坊や、[147] 君は世尊に浄信を抱いているかい」

「おじさん、[148] 抱いているよ」

「行きなさい。世尊に尋ねておいで」

彼は世尊のもとに近づいた。近づくと、世尊の両足を頭に頂いて礼拝し、一隅に坐ると、その長者の息子は世尊にこう申し上げた。

「世尊よ、僕は仏を上首とする比丘の僧伽に食事を差し上げ、残った食物を[149]商人達に上げましたが、彼らは僕に感心し、そのお礼をくれると言うのです。僕はそれを受け取った方がよいのでしょうか、あるいはよくないのでしょうか[150]」

世尊は言われた。[151]

「もしも彼らが感心し、その礼をくれると言うのなら、[152] 受け取るがよい」

「世尊よ、天に生まれ変わらないというようなことがあっては困るのですが」

「愛し子よ、これは花〔報〕だ。他にも果〔報〕があるだろう」と世尊が言われると、彼は世尊の言葉を信用し、大喜びで戻ると、[153] その宝を受け取ったのである。

一方、ラージャグリハでは息子のないまま組合長が亡くなった。そこでラージャグリハに住む市民達は[154]一同に会して、「皆さん、組合長が亡くなった。我々は誰を〔新しい〕組合長[155]に任命しようか」と話し合うと、その中のある者達が「福徳で誉れ高き人だ[156]」と言った。別の者達が「我々はどのようにして〔そんな人物を〕見つけ出せばよいのだ」と訊くと、「様々な色の種を調理鍋に入れ、〔そこから〕同じ色の種〔だけ〕を[157]取り出した者を組合長に任命すればよい」と彼らは答えた。彼らは様々な色の種を調理鍋に入れ終えると言った。[158]

「皆[159]、この鍋から同じ色の種〔だけ〕を取り出した者が組合長に任命されるのだ。お前達の中で、我こそ隊商主の地位を得ようと思っている者は取り出してみよ」

彼らは取り出し始めた。すべての者は様々な色〔の種〕を取り出したが、その長者の息子は同じ色〔の種だけ〕を[160]取り出した。市民[161]や村人達は言った。

「皆、彼が福徳で誉れ高き人だ。全員で彼を組合長に任命しよう」

そのうち、ある者達が言った[162]。

「皆、奴は雇われ者だぞ。どうしてそんな奴を組合長に任命できようか」

「ではもう一度、試してみようではないか」と別の者達が言ったが[163]、彼は三回も続けて同じ色の種〔だけ〕を取り出してみせた[164]。彼らは言った。

「皆、非人[165]も彼の証人だ。さあ来い[166]。彼こそ〔組合長に[167]〕任命しよう」

彼らが彼を組合長[168]に任命すると、その長者は〈彼は私の人夫として仕事をしていたが[169]、実は彼は福徳で誉れ高き人だったのだ。彼に結婚の世話をしてやらねばならない〉と考えた。〔長者〕はあらゆる飾りで荘厳された娘[170]を正妻として彼に与えた。すると、その家は非常に裕福になった[171]。このように突然財産が生じたので、彼は「長者サハソードガタ、長者サハソードガタ[172]」と呼ばれるようになったのである。彼は考えた。〈我々に[173]幸運・幸福・繁栄が何かあるとすれば、それはすべて仏・世尊のおかげだ。私は再び仏を上首とする比丘の僧伽を屋内[174]に招待して、食事を差し出そう〉と。こう考えると、彼は世尊のもとに近づいた。近づくと、世尊の両足を頭に頂いて礼拝し、一隅に坐った。一隅に坐った長者サハソードガタを、世尊は法話を以て教示し、鼓舞し、激励し、勇気づけられた。様々な仕方で、法話を以て教示し、鼓舞し、激励し、勇気づけられると、沈黙された[175]。その時、長者サハソードガタは座から立ち上がって右肩を肌脱ぎ、世尊に向かって合掌礼拝すると、世尊にこう申し上げた。「明日、世尊は屋敷内にて比丘の僧伽と共に食事されますことを私に御承諾下さい」と。

世尊は沈黙を以て長者サハソードガタに承諾された。その時、長者サハソードガタは世尊が沈黙を以て承諾されたのを確認すると、世尊の両足を頭に頂いて礼拝し、世尊のもとから退いた。さてその同じ夜、長者サハソードガタは清浄で美味なる軟硬〔二種〕の食事を用意し、翌朝早起きして、座席を設え、水瓶を設置すると、世尊に使者を送って時を告げさせた。「大徳よ、お時間です。食事の用意ができました。世尊は今がその時とお考え下さい」と。[176]

そこで世尊は午前中に衣を身に着け、衣鉢を持つと、比丘の衆団に囲遶され、[177]長者サハソードガタの家に近づかれた。近づかれると、比丘の僧伽の前に設えられた座に坐られた。その時、長者サハソードガタは仏を上首とする比丘の僧伽が心地好く坐られたのを確認すると、清浄で美味なる軟硬〔二種の〕食事によって、手ずから喜ばせ、満足させた。様々な仕方で、清浄で美味なる軟硬〔二種〕の食事によって、手ずから喜ばせ、満足させた後、世尊が食事を終えて手を洗い、鉢を片づけられたのを見届けると、[178]一段低い座具を手にして、[179]法を聞くために世尊の前に坐った。[180]世尊は〔彼の〕[181]性質・気質・性格・本性を知ると、四聖諦を洞察させる、彼に相応しい法を説かれ、それを聞くと、[182]長者サハソードガタは[183]二十の峰が聳える有身見の山を智の金剛杵で粉砕し、預流果を証得した。[184]〔四聖〕諦を知見した彼は、三たび喜びの声を上げた。[185]

「大徳よ、[186]世尊が我々に[187]して下さったことは、母・父・友・身内・親類・王・神・先祖・沙門・バラモン[188]も我々にしてくれなかったことです。血と涙の海は乾き、骨の山を越え、悪趣への門は閉じ、天界と解脱への門は開き、我々は[189]天人〔界〕に安住いたしました。[190]私は〔涅槃への〕入り口を潜り抜けたのです。[191]この私は仏・世尊[192]と法と比丘の僧伽とに帰依いたします。そして今日から命のある限り、死ぬまで、浄信を抱いた[193]優婆塞として私を護念したまえ[194]」

その時、世尊は長者サハソードガタを法話を以て教示し、鼓舞し、励まし、勇気づけられた。様々な仕方で、法話を以て教示し、鼓舞し、励まし、勇気づけられると、[195]座から立ち上がり、退かれた。

疑念[196]を生じた比丘達は、あらゆる疑念を断じて下さる仏・世尊に尋ねた。

「大徳よ、長者サハソードガタは、いかなる業を為したがために、人夫として仕事をし、〔また〕突如として一財産を築いて真理を知見したのでしょうか」

世尊は言われた。

「比丘達よ、長者サハソードガタ自身によって為され積み上げられた業は、資糧を獲得し機縁が熟すると、暴流の如く押し寄せてきて避けることはできないのだ。長者サハソードガタが為し積み上げた業を、他の誰が享受しようか。比丘達よ、為され積み上げられた業は、外の地界・水界・火界・風界で熟すのではない。そうではなく、為され積み上げられた業は、善であれ悪であれ、感覚のある〔五〕蘊・〔十八〕界・〔十二〕処においてのみ熟すのである。

何百千万劫を経ても、(197)業は不滅なり。〔因縁〕和合と時機を得て、必ずその身に果を結ぶ(198)」

比丘達よ、かつてある村に長者が住んでいた。彼は裕福で巨額の財産と巨大な資産とを有し、広大で多大な富を具え、毘沙門天ほどの財を蓄え、毘沙門天の財に匹敵するほどであった(199)。彼は〔自分の家柄に〕相応しい家から妻を迎えた。彼は彼女と遊び、戯れ、快楽に耽っていた。彼が〔妻と〕遊び、戯れ、快楽に耽っていると、妻は妊娠した。八、九ヶ月が過ぎると彼女は出産し、男児が生まれた(200)。三七・二十一日の間、一日も欠かさず、赤子のために誕生の儀式をやり終えると、家に相応しい名前が付けられた(201)。彼は〔大切に〕育てられ、育まれて大きくなったのである。ある時、〔季節は〕春となり、木々が満開になると、その長者は、鵞鳥・帝釈鴫・孔雀・鸚鵡・鷺・郭公・共命鳥が囀る森の茂みを〔通り〕、身内の者達を従えて、園地に出掛けた。

――諸仏が〔世に〕現れない時には独覚達が世に現れる。彼らは貧しく哀れな者達を憐れみ、人里離れた場所で寝起きや食事をし、世間で唯一の応供者なのである(202)。――

やがてある独覚が地方を遊行しつつ、その村に到着した。〔独覚〕は人里離れた場所で寝起きして生活をするので、彼は小村にはまったく入らず、その園林に近づいた。その長者は、美しい体をし、落ち着いた立ち居振る舞いで園林に入ってくる独覚を見た。そして見ると喜悦を生じ、大急ぎで出迎えに行ったが、独覚は〈この園林は混雑している。別の場所に行こう〉と考えた。こう考えて、引き返し始めると、その長者は〔独覚の〕両足に平伏して言った。

「聖者よ、どうして引き返されるのですか。あなたは食を、私は福徳を求める者です。どうかこの園林で時をお過ごし下さい。私は食事〔を差し出すこと〕によって、[204]不自由のないように致します」

——立派な人は他人を憐れむ心を起こし、饒益することに専心するものである。——

彼は〔長者〕を憐れむ心を起こし、まさにその園林で時を過ごし始めると、〔長者〕も食事によって彼を援助し始めたのである。

さてある時、その長者はある別の村に野暮用ができた。彼は妻に告げた。

「お前、私は某甲の村に野暮用ができた。私はそこに出掛けるよ。お前は食物や飲物に関して、あの立派な出家者に不自由のないようにして差し上げなさい」

こう言って、彼は出掛けた。次の日、その長者の妻は朝〔早く〕起きると、彼のために食物や飲物を用意し始めた。息子が彼女に「母さん、誰のために食物・飲物を用意しているの」と訊くと、彼女は答えた。

「息子よ、園林には心を静めた出家者がおられるが、彼のために用意をしているのよ」

彼が怒って「母さん、彼はどうして人夫の仕事でもして食事をしないの！」と言うと、彼女は「息子よ、そんなことを言ってはいけません。その業の異熟は好ましくありませんよ！」と言った。彼は止めるように言われても止めなかった。やがてその長者が戻ってくると、妻に告げた。

「お前、お前は食事に関して、彼に御不自由をおかけしなかっただろうな」

「はい、あなた。でもあの子が彼に暴言を吐きましたのよ」

「何と言ったのだ」と彼が言うと、彼女は詳細に説明した。彼は考えた。〈あの修行者は傷つかれた。私は行ってあの立派な人に許しを乞おう。〔機会を逃して〕永遠に傷つけたままにしておいてはならない〉と。

こう考えると、彼はその子を連れて独覚のもとに近づいた。独覚は長者が息子を連れて[205]やって来るのを見た。彼は考えた。〈いついかなる時でも、あの長者は誰かを連れてやって来たことがない。[206]一体これはどうしたことだ〉と。

――精神を集中しないと、声聞や独覚の知見は働かない。[207]――

彼は精神を集中し始めた。精神を集中させると、〔その理由が〕分かった。

――立派な人は、言葉ではなく体で説法する。[208]――

彼は〔長者〕を憐れみ、翼を広げた白鳥の王のように空高く舞い上がると、光・熱・雨・稲光の神変を現し始めた。[209]

――神通力は即座に凡夫を回心させる。[210]――

息子を連れた彼は、木が根元から切り倒されたように[211]〔その独覚の〕両足に平伏した。それから、その子は鳥肌を立てて[212]言った。

「真実のお方よ、応供者よ[213]、降りてきて下さい、降りてきて下さい。愛欲の泥沼に沈んでいる私の手を引っぱり上げて下さい！」

彼はそ〔の子〕を憐れんで降りてきた。その長者の息子は確固たる意向を以て〔独覚の〕両足に平伏し、誓願し始めた。「私はあなたのような真に布施に値するお方に暴言を吐きましたが、その業を所有することがありませんように。また今〔あなたに対して〕心を浄らかにしましたが、私はこの善根によって裕福で巨額の財産と巨大な資産とを有する家に生まれますように。またあなたのような諸徳を獲得した者となり、〔あなた〕よりもさらに優れた師を喜ばせ、不快にさせることがありませんように」と。

「比丘達よ、どう思うか。その長者の息子こそ、この長者サハソードガタである。彼は独覚に暴言を吐いたので、五百生もの間、人夫として生まれ、―乃至―　この世でも人夫として仕事をしたのである。またその同じ〔独覚〕に対して心を浄らかにし誓願を立てたので、彼は突如として財産を築き、私のもとで真理を知見したのだ。そして彼は百千劫の独覚よりも遙かに優れた師である私を喜ばせ、不快にさせることがなかったのである。こういうわけで比丘達よ、完全に黒い業には完全に黒い異熟があり、完全に白い〔業〕には完全に白い〔異熟〕があり、〔黒白〕斑の〔業〕には〔黒白〕斑の〔異熟〕がある。それゆえ比丘達よ、この場合、完全に黒い業と〔黒白〕斑の〔業〕とを捨て去って、完全に白い業においてのみ心を向けるべきである。このように比丘達よ、お前達は学び知るべきである[214]」

先ずはこのようなことが起こったが、まだ仏・世尊は声聞達の律に関する学処を〔制定されたの〕ではなかった[215]。

「サハソードガタスヤ・プラカラナ・アヴァダーナ」第二十一章。

文献

❶None. Cf. GBM 1486–1487. 4 (end of this Avadāna)　❷1032 Ñe 106a7–113b6 ; 3 Ja 113b3–122b1　❸『根本説一切有部毘奈耶』巻三十四（T. 1442, xxiii 810c21–814b23）　❹None.

注

（1）仏典において、他趣を訪問する仏弟子といえばマウドガリヤーヤナであり、このDivy. のSkt. も漢訳も彼のみに言及するが、Tib. ではこのマウドガリヤーヤナにシャーリプトラが加わり、「同志シャーリプトラとマハーマウドガリヤーヤナの二人」（106a7 ; 113b3）というように二人の名前が併記される。一々注記しないが、この後Skt. でマウドガリヤーヤナが登場する箇所はすべて「シャーリプトラとマウドガリヤーヤナ」となっており、しかも順番は必ずシャーリプトラが先に言及される。

(2) Skt. はマウドガリヤーヤナが地獄を始めとする五趣のそれぞれの苦を具に観察し、閻浮提に戻ってくると、四衆に「誰かの共住者や弟子が嫌々梵行を修しているなら云々」と告げているが、Tib. は「地獄・畜生・餓鬼・天・人〔界〕の遊行に出掛け、その二人はそこを通過して閻浮提に戻ってくると、四衆に地獄の有情達が引き裂かれ、引き千切られ、切断され、切り刻まれる等の苦（中略）人間達の貪求や執着等の苦を説明し、「誰かの共住者や弟子が云々」」(106a7-b4；113b4-114a1) とし、五趣におけるそれぞれの苦が説かれる文脈が Skt. と Tib. で異なる。この点に関して漢訳は Skt. に近い。

(3) Skt. は畜生・餓鬼・天における「苦 (duḥkha)」の語を省略するが、Tib. は五趣すべてにおいてこの訳を省略しない。

(4) -vyasana-. Tib. はこれを「執着 (chags pa)」(106b2；113b6) とする。漢訳は「殺罰」(811a2) とし、Skt. に近いと思われる。

(5) 漢訳のみここに「於四衆中普皆宣告。諸人当知。如我所見五趣差別。苦楽之報皆悉不虚。汝等応信。勿致疑惑。受苦報者悪業所招。謂殺盗邪婬乃至邪見。不敬三宝欺慢尊親。無慈愍心不持禁戒。由斯悪行得苦異熟。受楽報者善業所感謂不殺盗乃至不邪見。崇信三宝敬重尊親。具慈愍心奉持禁戒。由斯善行得楽異熟。諸人聞已歎未曾有。悉皆挙手高声唱言。善哉聖者能為我等盲冥之輩。但見現在不覩未来。親於五趣観善悪事。還来相告。我等始知報応影響必不唐捐。従今已去改悪修福。希生善道不堕悪趣」(811a3-14) という文章を置き、そのような苦の原因となった悪業を詳細に説いている。またこれに続く Skt. の「誰かの共住者や弟子が嫌々梵行を修しているなら云々」という文は、Skt. および Tib. ではマウドガリヤーヤナ (Tib. はシャーリプトラとマウドガリヤーヤナ) が語ったことになっているが、そうだとすると、この直接話法では一人称が使われるべき所に「同志マハーマウドガリヤーヤナ」が主語として使われていることになり、違和感を覚える。漢訳は「是時四衆既自聞已皆作是念。我之男女或弟子等常為悪業。不勤修習清浄梵行。欲令棄捨諸悪業故。悉皆将至聖者大目乾連処。令其聴法。既聞法已冀修善行。免堕悪趣証殊勝果」(811a14-18) とし、傍線で示したように、問題の文章は四衆が考えた内容として説かれているので、この方が文脈上、自然である。何らかの混乱が想定される。

(6) Tib. はここに「二人のもとに近づき、近づいたならば、同志シャーリプトラとマハーマウドガリヤーヤナの二人に教導をお願いし、教誡をお願いすれば」(106b3；113b7-114a1) を置く。

(7) avavāditāḥ [avabodhitāḥ A, om. C, avavoditaḥ D]. ava√vad の過去受動分詞の正しい形は avoditāḥ であると SPEYER は指摘している。よって、これに改める。

(8) catasṛbhiḥ parṣadbhir .... upāsakair upāsikābhiś ca (299.13-15). 以下、Tib. は単に「四衆に取り囲まれて坐っていた」(106b5；114a3) とする。漢訳は「四衆雲集来聴法要」(811a18-19) とする。

(9) 定型句 8H (知って尋ねるブッダ)。Tib. のみこれを欠く。漢訳は「世尊知而故問」(811a19) とし、対応する訳は存在するが、Skt. のようにサブタイトルという文脈では説かれておらず、またこの定型句に続く「仏・世尊は同志アーナンダに尋ねられた」とを合わせたような訳になっている。

(10) buddhaḥ. Tib. はこの訳を欠く。 (11) pṛcchati. Tib. は「言われた」(106b6; 114a3) とする。

(12) Tib. はこれを「アーナンダよ、比丘シャーリプトラとマウドガリヤーヤナの二人が四衆に取り囲まれて坐っているのは、いかなる因であり、いかなる縁であるか (rgyu ni gang yin/ rkyen ni gang yin)」(106b6; 114a3-4) とする。漢訳は「何故大目乾連処四衆雲集」(811a20) とし、Skt. に近い。ただ Skt. では、この後のアーナンダの答えの中に「大徳よ、このような因と縁とによって (ayaṃ bhadanta hetur ayaṃ pratyayo yena)」(300.4) とあるので、ブッダの問いに Tib. のような内容の Skt. が本来あった可能性は充分ある。 (13) ここも Tib. は本章注 (8) と同じ内容である (107a4-5; 114b3-4)。

(14) kārayitavyam. Tib. は「描くことを許す」(107a6; 114b4-5) とする。漢訳は「勅(中略)画」(811a25-26) とし、Tib. に近い。

(15) Tib. は「地獄・畜生・餓鬼・天・人間」の五趣すべてに「趣」(107a6-7; 114b5-6) を付す。漢訳には対応箇所なし。

(16) Tib. のみここに「比丘達はどこにどれを描くべきか分からなかったので、世尊は言われた」(107a7; 114b6) という一文を置く。

(17) Tib. はここに「趣」(107a7; 114b7) を置く。

(18) adhastāt. Tib. は「隅に (mthar)」(107a7; 114b6) とする。漢訳は「地獄」と「畜生・餓鬼」とを分け、「下画捺洛迦。於其二辺画傍生餓鬼」(811a28-29) とするので、Skt. と Tib. とを合わせたような内容になっている。

(19) upariṣṭād devā manuṣyāś ca. Tib. のみこの訳を欠く。

(20) rāgaḥ pārāvatākāreṇa dveṣo bhujaṅgākāreṇa mohaḥ sūkarākāreṇa. Tib. はこの訳を欠く。漢訳は少し場所は異なるが「初作鴿形表多貪染。次作蛇形表多瞋恚。後作猪形表多愚痴」(811b3-5) とし、対応する訳が見られる。

(21) この詩頌に関しては、第4章注 (15) 参照。

(22) Tib. はここに「〔と〕考えて」(107b6; 115a7) を置く。つまり Tib. は Skt. の「彼ら自身が〔絵の意味を〕理解していないのに、どうして次々とやって来るバラモンや長者達に、絵解きができようか」をブッダが考えた内容として理解する。これに対し、Skt. の文脈ではこの文はサブタイトル的な内容となる。漢訳にはこれに対応する訳がない。

(23) sa tayā sārdhaṃ krīḍati ramate paricārayati. Tib. はこの訳を欠く。漢訳はここを単に「娶妻未久便誕一男」(811c7) とするが、この後「顔容端正人所楽見」(811c7) とし、定型句 3H (誕生) に対応しそうな訳を出す。

(24) 定型句 3A (結婚)。 (25) 定型句 3I (命名)。なお Tib. も漢訳もこの定型句を欠く。

(26) 定型句 3M (養育費を稼ぐ父)。Skt. には ṛṇaharo とあるが、これでは「借金を取り去る」の意味になり、文脈に合わない。これは定型表現であり、ṛṇadharo に改める。なお Tib. は「我々の財産を奪い、資産を奪う者が生まれたので」(107b7; 115b1) とする。

漢訳は「賢首我今有子。多有費用。宜入大海経求珍貨」(811c8-9) とする。

(27) sā kathayati. Tib. はこの訳を欠く。漢訳は「妻告言」(811c9) とし、Skt. に一致する。

(28) suhṛtsaṃbandhi- …. mahāsamudragamaniyam (301.12-13). 以下、Tib. も漢訳もこの訳を欠く。

(29) divasatithimuhūrtena. Tib. も漢訳もこの訳を欠く。

(30) hastabalena. Tib. はこれを lag stobs kyis (107b8; 115b2) と直訳するが、漢訳は「或仮宗親。或以自力」(811c10-11) とする。

(31) pālitaḥ. Tib. はこれを「食べさせ」(107b8; 115b2) とする。漢訳は「長養小児」(811c11) とし、この後の poṣitaḥ saṃvardhito に対応する訳しか出さない。

(32) lipyām upanyasto lipyakṣareṣu ca kṛtāvī saṃvṛttaḥ. Tib. は「文字や音節を学び始め、彼は民話 ('jig rten gyi gtam rgyud) に熟達したのである」(107b8-108a1; 115b2-3) とし、傍線部が Skt. には見られない。しかし、この後、この説話では長者の子が人夫として雇われ、巧みにこの「民話」を駆使して仕事の能率を上げているところからすれば、Skt. も Tib. のように、ここで「彼が民話に熟達した」ことに言及しておく方が後段との繋がりはよくなると考えられる。漢訳は彼の勉学そのものに言及しないが、その代わりに漢訳では「以孤貧養育名曰貧生」(811c11-12) とし、彼の名前の由来を説いている。

(33) Tib. はここに「比丘に」(108a1; 115b3) を置く。漢訳は Skt. と同じく「比丘」には言及しない。

(34) kiṃ ebhiḥ karma kṛtaṃ yenaivaṃvidhāni duḥkhāni pratyanubhavanti. Tib. はこれを「彼らはいかなる業を為し、その業の異熟によって地獄に生まれ、今、引き裂かれ、引き千切られ、切断され、切り刻まれる等の苦を受けるの」(108a2-3; 115b4-5) とする。漢訳も「此捺洛迦有情。曾作何業受斯斬斫碎身等苦」(811c17-18) とし、Tib. に近い。なお Skt. では地獄・畜生・餓鬼の三悪趣に関する子供の質問はすべて「どんな業を為したために、そのような苦しみを受けるの」で統一されているが、Tib. および漢訳は、すでに説かれた「畜生達がお互いに食べ合う等の苦、餓鬼達の飢えや渇き等の苦」という具体的な苦に言及しながら、この地獄の箇所と同じように「彼らはいかなる業を為し、その業の異熟によって〜に生まれ、〜という苦を受けるの」という形で質問がなされる。これに関しては一々注記しない。

(35) sa kathayati. Tib. はこの訳を欠く。漢訳は「苾芻報曰」(811c18) とし、Skt. に近い。

(36) Tib. はここに bhadramukha に対応する bzhin bzangs (108a3; 115b5) が見られ、漢訳もこれに対応する「賢首」(811c18) を置く。またこの後の ete prāṇātipātikā …. mithyādṛṣṭikāḥ (301.22-25) に対応する訳が Tib. および漢訳にはない。

(37) gatam etad ebhir anyaiḥ. Tib. も漢訳も下線部の訳を欠く。以下、すべてこの表現は Tib. および漢訳には存在しない。これに関しては一々注記しない。

（38） kiṃ karma kṛtaṃ yenaivaṃvidhāni duḥkhāni pratyanubhavanti. Tib. はこれを「彼らはいかなる業を為し、その業の異熟によって畜生に生まれ、今、互いに食べ合う等の苦を受けるの」（108a4-5；115b6-7）とし、漢訳も「此傍生趣。曾作何業受斯負重相食等苦」（811c20-21）とする。

（39） 地獄と畜生とを分けるポイントは十不善業道の行い方の軽重にある。Skt. では地獄の場合は atyartham āsevitā bhāvitā bahulīkṛtā と表現し、畜生の場合はこの中の「過度に」を意味する atyartham を外しただけの表現で、メリハリの効いた表現ではない。これに対し、Tib. では地獄の場合はこの Skt. を直訳するが、畜生の場合は Skt. にはない「ほんの少し、ごく僅かに」（108a5；115b7）という表現を付してコントラストをつける。また漢訳も地獄の場合は「以極重心」（811c18-19）、畜生の場合は「以軽微心」（811c21-22）と対照的な訳を出す。

（40） api matsariṇa āsan kuṭkuñcakā āgṛhītapariṣkārās tat. Tib. はこの訳を欠く。一方、漢訳は「賢首此由慳悋己物不肯恵施。見他施時便為遮止。於三宝処父母親族無分布心。数習不已。由彼業力今受斯苦」（811c24-26）とし、Skt. や Tib. と違った伝承を示す。

（41） ete prāṇātipātāt ..... samyagdṛṣṭayaḥ/ tat（302.7-9）. 以下、Tib. も漢訳もこの訳を欠く。なお漢訳は「此由以慇重心修十善業。敬信三宝受持禁戒。由彼業力今得生天受勝妙楽」（811c28-29）とし、十善業道に傍線部の善業を加える。

（42） divyastrīlalitavimānodyāna-. Tib. および漢訳にはこの訳がない。

（43） tanutarā mṛdutarāḥ. 三悪趣の場合とは違い、Skt. は天と人との違いを明確に意識していることがこの用語から窺える。Tib. は逆にこれを「少しだけ（chung du）」（108b2；116a5）としか訳していない。漢訳は天の場合を「以慇重心」（811c28）とし、人の場合は「以軽微心」（812a3）とし、三悪趣の場合と同様に違いを意識して訳している。

（44） hastyaśvarathānnapānaśayanāsanastrīlalitodyāna-. Tib. も漢訳もこの訳を欠く。なお漢訳は「由彼業力今得人身受処中楽。而有馳求活命等苦」（812a3-4）とし、楽と同時に苦にも言及する。

（45） āsāṃ pañcānāṃ gatīnām. Tib. はこれを単に「このうち」（108b2；116a5）とする。漢訳はこの訳を欠く。

（46） tat katham ete daśa kuśalāḥ karmapathāḥ samādāya vartayitavyāḥ. Tib. はこれを「聖者よ、私はどのような業を為せば、それによって私は天に生まれるの」（108b3；116a6）とする。漢訳も「聖者我作何業生彼天中」（812a5-6）とし、Tib. に一致する。

（47） svākhyāte dharmavinaye pravrajya. Tib. は「世尊のもとで出家した上で梵行を修しなさい。そうすれば」（108b3-4；116a7）とする。一方、漢訳は「汝若能於仏正教中善説法律而出家者。於現世中策励修習。断諸煩悩尽苦辺際」（812a6-8）とし、傍線部は Skt. に一致するが、点線部は一致しない。

（48） uktaṃ hi bhagavatā ..... buddhaśrāvakaiś ca（302.22-303.6）. 以下、Tib. および漢訳にはこれに相当する訳がない。

(49) nayena kāmaṅgamas [kāmagamaḥ C]. 対応箇所がないので、Tib. も漢訳も参考にできない。BHSD は下線部を going according to the desire (of someone else, sc. a master) / a servant と解するが、その場合 nayena が浮いてしまう。一方、SPEYER はこれを na yenakāmaṅgamas の複合語として nayenakāmaṅgamas とし、not allowed to go where one likes と解する。ここでは SPEYER に従い、「僕使」と意訳しておく。

(50) anuprāpnuvato. 文脈から考えて、これは ananuprāpnuvato でなければならないので、これに改める。SPEYER もこの読みを採る。 (51) 五番目が欠けている。

(52) ārya śobhanaṃ kiṃ tatra pravrajyāyāṃ kriyate. Tib. は「聖者よ、どれくらいなの」(108b5；116b1) とするが、漢訳は「聖者若出家者当作何業」(812a9-10) とし、下線部以外は Skt. に近い。

(53) bhadramukha yāvajjīvaṃ brahmacaryaṃ caryate. 先ほどの質問の相違によって、その答えも Tib. は Skt. と異なり、「坊や、生きている限りだよ」(108b5；116b1) となる。漢訳は「乃至命終無虧梵行」(812a10) とし、Skt. に近い。

(54) ārya. Tib. も漢訳もこの訳を欠く。

(55) upāsako bhava. Tib. は「世尊のもとで、まず梵行の基礎 (tshang par spyod pa'i gzhi dag [P. lnga tshangs par spyod pa'i slab pa'i gzhi dag]) を授かりなさい」(108b5-6；116b1) とする。漢訳は「若受八支及五学処為近住近事」(812a11-12) とし、Skt. と Tib. とを足したような内容になっている。

(56) ārya kiṃ tatra kriyate. Tib. は「聖者よ、どれくらいの期間なの」(108b6；116b2)、漢訳は「此作何事」(812a12) とする。

(57) bhadramukha yāvajjīvaṃ ..... prativiratiḥ saṃrakṣyā (303.9-11). 以下、Tib. はこれを「坊や、生きている限りだよ」(108b6；116b2)、漢訳は「若一日夜或至尽形。不殺盗婬不妄語等」(812a12-13) とする。

(58) tatra nārakā ..... dve abhiprete (303.19-24). 以下、Tib. はこの訳を欠く。漢訳も五趣における苦の具体的な説明は省略するが、最後の一文 āsāṃ mama tisro gatayo nābhipretā dve abhiprete に相当する訳「下三悪趣我所不欲。上之二趣心有愛楽」(812a19-20) は存在する。

(59) yadi nāsti. Tib. はこの訳を欠くが、漢訳は「若貧無者。我当傭力求覓金銭」(812a25-26) とし、傍線部の如く、Skt. に近い。

(60) putra yadi śakto 'si gaccha. Tib. も漢訳もこの訳を欠く。

(61) sa tayānujñātaḥ. Tib. はこれを「彼女は彼が強情なのを知って許すと」(109a3；116b7) とする。漢訳は「母見慇懃即放令去」(812a27-28) とする。

(62) sa mātrā pṛṣṭaḥ. Tib. は「母は彼を発見して (mthong nas) 尋ねた」(109a4；117a1) とする。漢訳は「母問曰」(812b1) とし、

Skt. に一致する。

(63) Tib. はここに「子は言った」(109a4；117a1) を置く。漢訳は「答言」(812b2) とし、Tib. に一致する。

(64) kiṃ karomi. 直訳「何ができたというのです」。Tib. も漢訳もこの訳を欠く。

(65) sphaṭitapuruṣā. ここで突然 sphaṭita なる語が現れるが、これに対応する Tib. は gla mi (109a5；117a2) であり、Skt. の bhṛtakapuruṣa に対応する訳としてここまで使われている。漢訳も「母曰豈有作人如汝束帯。凡作人者」(812b2-3) とし、Skt. の bhṛtakapuruṣā に改める。

(66) īdṛśaṃ veśam āsthāya. Tib. は指示代名詞で省略せず、前出の「髪はばさばさで、薄汚い服を着て」(109a5；117a2) を繰り返す。漢訳はこの部分を省略している。 (67) amba śobhanam evaṃ karomi. Tib. も漢訳もこの訳を欠く。

(68) tādṛśaṃ veśam āsthāya. 先ほどと同様に、Tib. は指示代名詞で省略しない (109a6；117a2-3)。漢訳は「如母所説。著麁衣服住作行中」(812b4-5) とする。

(69) gṛhapateḥ Tib. は Skt. の śreṣṭhin に対応する tshong dpon (109a6；117a3) と訳す。漢訳は「長者」(812b5) とし、Skt. に一致する。 (70) Tib. はここに「子は言った」(109a7；117a4) を置く。漢訳は「答曰」(812b8) とし、Tib. に近い。

(71) āhosvit paścāt. Tib. も漢訳もこの訳を欠く。

(72) Tib. はここに「組合長は言った」(109a7-8；117a4) を置く。漢訳は「長者曰」(812b8-9) とし、「組合長」と「長者」の違いはあるが、両者は一致する。

(73) Tib. はここに「子は言った」(109a8；117a4) を置く。漢訳は「貧生曰」(812b9) とし、Tib. に近い。

(74) sa saṃlakṣayati ..... āgacchāma iti (304.17-20). 以下、Tib. も漢訳もこの訳を欠く。

(75) Tib. はこの後、「その子はその組合長の家で、賃金のために仕事をし始めたのである」(109a8；117a5) を付加する。漢訳もこれにほぼ対応する「長者将帰令其作務」(812b10-11) という訳を出す。

(76) tāṃś ca bhṛtakān samanuśāsti/ vayaṃ tāvat pūrvakeṇa duścaritena. Tib. は「彼らは彼に言った。「坊や、お前はどうして手を抜いて仕事をしないんだい」。子は言った。「おじさん、私は (kho bo) 前世の悪業のせいで云々」」(109b1；117a5-6) とし、Skt. と内容が異なる。一番大きな相違は、傍線で示したように、Skt. と Tib. とで主語が異なる点にある。漢訳は「諸人報曰。観汝形勢未解客作。但可度日。何苦自身。貧生報曰。兄等知不。我由悪業」(812b12-14) とし、Tib. に一致する。

(77) asmākaṃ pṛṣṭhato gamiṣyasi. 直訳「我々の後について来る」。

(78) āgaccha paśyāma. Tib. はこの訳を欠く。漢訳は「諸人報曰。汝今未解且事勤労。不久之間懶劇於我」(812b14-16) とし、Skt.

や Tib. と伝承が異なる。

(79) tasyātisvāreṇa .... śroṣyāma iti (304.28–29). 下線部の読みが問題である。BHSD (s.v. atisvāra) はこれを atitvareṇa の誤りではないかと見る。Tib. は「人夫達も聞いたことのない伝承なので、怪訝に思って彼の後から大急ぎで (myur ba myur bar) 付いていったために」(109b3; 117b1) とし、Skt. と少し表現が異なるが、myur ba myur bar がこれに相当しそうであり、BHSD の示唆を支持する。この方が文脈に合うので、これに改める。なお、漢訳は「為諸作者巧説当機。諸人楽聞執作随走欲聴其話。不暇徐行」(812b16–17) とする。この表現から考えると、彼らが行っていたのは、建設に直接関わる仕事というよりは、建設資材あるいは廃材の「運搬の仕事」と考えられる。

(80) taddviguṇaṃ karma kṛtam. Tib. は単に「仕事を沢山した」(109b3–4; 117b1) とする。漢訳は「一日之作比余両倍」(812b18) とし、Skt. に一致する。

(81) Tib. はここを「長者の日課は午後 (phye ma red kyi dus) の仕事を調べることだったので、その組合長は夕方に (dgongs kar) やって来て仕事を調べてみると」(109b4; 117b1–2) とし、傍線で示したように、Skt. には見られなかった時間の描写が見られる。漢訳も「長者至暮自来検察」(812b18–19) とする。 (82) bhoḥ puruṣa. Tib. も漢訳もこの訳を欠く。

(83) Tib. は「彼は言った」(109b5; 117b2) を置く。漢訳は「報言」(812b20) とし、Tib. に一致する。

(84) ārya. Tib. も漢訳もこの訳を欠く。 (85) Tib. のみここに「組合長は言った」(109b5; 117b3) を置く。

(86) dviguṇam. Tib. はここも「多く」(109b5; 117b3) とする。漢訳は「両倍於前」(812b21) とし、Skt. に一致する。

(87) tena yathāvṛttam ārocitam/ śrutvā. Skt. はこのように内容を省略するが、Tib. は「彼は言った。「この長者の子が無病でありますように。この〔子〕は民話に精通していて、〔そして〕この〔子〕は民話を話しながらてきぱき仕事をすると、他の人夫達も民話を聞き逃すまいと、大急ぎで彼の後についていきながら仕事をしたので、今日は仕事が沢山片づいたのです」」(109b5–6; 117b3–4) とする。漢訳は「其当作人以事具告。長者聞已極生歓喜」(812b21–22) とし、傍線部を除くと、Skt. に一致する。

(88) tāta. Tib. も漢訳もこの訳を欠く。 (89) putra na dvidaivasikāṃ dadāmi. Tib. も漢訳もこの訳を欠く。

(90) sa kathayati. Tib. はこの訳を欠くが、漢訳には「長者曰」(812b23) とある。

(91) Tib. はここに「組合長は言った」(109b8; 117b6) を置く。漢訳も「長者曰」(812b25–26) とする。

(92) tasya gṛhapateḥ. Tib. も漢訳もこの訳を欠く。 (93) aham eva mandabhāgyaḥ. Tib. も漢訳もこの訳を欠く。

(94) bhūyasyā mātrayābhiprasannaḥ. Tib. はここを「その組合長は〔仏教に〕浄信を抱いていたので、彼は言った」(110a2–3; 118a1) とし、Skt. と表現がやや異なる。漢訳はこれに対応する訳を欠く。

(95) Tib. はここに「一隅に坐ると」(110a4；118a3) を置く。漢訳はこれに対応する訳がないので、Skt. に一致する。

(96) bhagavantaṃ śrāvakasaṃghaṃ bhojayiṣyāmiti. Tib. はこの訳を欠くが、漢訳は「我為供仏僧衆」(812c7) とし、Skt. に一致する。

(97) bhagavan kim. Tib. は bhagavan の訳を欠き、またこれを「受け取るべきでしょうか」(110a5；118a4) とする。漢訳はさらに詳しく「為当取耶為不取耶」(812c9-10) とする。 (98) āha. Tib. のみこの訳を欠く。

(99) vatsa. Tib. はこの訳に、bhadramukha に対応する bzhin bzangs (110a5；118a4) を使う。漢訳は「童子」(812c10) とする。

(100) mā deveṣu nopapatsye. これを Tib. は「私は天に生まれなくなるのですか」(110a5-6；118a4) とし、漢訳は「他物相助恐不生天」(812c11) とする。 (101) vatsa. Tib. のみこの訳を欠く。

(102) gṛhāṇa. Tib. はこの訳を欠く。漢訳もこの訳を欠くが、ブッダの説明自体は「童子汝初発心当生天処。何況捨施不生天耶」(812c11-12) と一番詳細である。 (103) parituṣṭaḥ. Tib. のみこの訳を欠く。

(104) yena sa gṛhapatis tenopasaṃkrāntaḥ/ upasaṃkramya. Tib. はこの訳を欠く。漢訳は「至長者家取五百金銭」(812c13) とし、Skt. に近い表現を取る。

(105) sā kathayati. Tib. のみこの訳を欠く。 (106) śaknoty asau saṃpādayitum. Tib. のみこの訳を欠く。

(107) śiraḥpraṇāmaṃ kṛtvā. Tib. も漢訳もこの訳を欠く。 (108) mamānukampayā. Tib. も漢訳もこの訳を欠く。

(109) Tib. はここに「浄信を抱いていたので」(110b1；118b1) を置く。

(110) mamedaṃ gṛham .... paribhuktaṃ bhaviṣyati (306.11-12). 以下、Tib. はこれを「新築した私の家で仏を上首とする比丘の僧伽が食事をお食べになるとよい」(110b1-2；118b1-2) とする。漢訳も「我造新宅得供仏僧斯成善事」(812c21-22) とし、Tib. に一致する。 (111) pratijāgarmi. Tib. も漢訳もこの訳を欠く。

(112) putra śobhanaṃ sthāpayitvā kārṣāpaṇān. Tib. は「置いて (zhog ste)」(110b2；118b2) とし、下線部の訳を欠く。ただ Skt. の śobhanaṃ の位置が少し気になる。というのは、本章注 (110) で見た Tib. に legs so、また漢訳に「善事」とあるので、この Skt. の śobhanaṃ は本来、この前の文、すなわち長者の心中を説明する文脈で説かれていた可能性がある。Tib. は「置いて」の目的語を出さないが、漢訳は「汝可留物」(812c22) とし、Skt. とは違う理解を示す。

(113) sa saṃjātasaumanasyaḥ śiraḥpraṇāmaṃ kṛtvā prakrāntaḥ. Tib. はこれを「その長者の子は組合長の手に五百カールシャーパナを渡すと」(110b2；118b2-3) とする。漢訳は「彼貧生留物而去」(812c23) とする。

(114) Tib. はここに「世尊よ」(110b3；118b3) を置く。漢訳も「世尊」(812c24) とする。

(115) bhagavato 'ntikāt prakrāntaḥ. Tib. は「世尊の両足を頭に頂いて礼拝すると、退いたのである」(110b4；118b4-5) とする。漢訳も「礼足而去」(812c26) とし、Tib. に一致する。

(116) śuciṃ praṇītaṃ khādanīyaṃ bhojanīyaṃ samudānīya. Tib. はこれを単に「食事を準備し」(110b5；118b5) とする。漢訳は「具辦種種上妙飲食」(812c27) とし、Skt. に一致する。

(117) gṛhaṃ saṃmārjitaṃ sukumārī gomayakārṣī dattā. これは Skt. にのみ見られる表現である。なおこれは定型句の一部であるが、このような表現は他の定型句には見られず、極めて異例である。

(118) tenāpi gṛhapatiputreṇa gatvā bhagavata ārocitam. Tib. も漢訳もこの訳を欠く。さて、ブッダに時を告げる人間が各資料で異なる。Skt. は本文にあるように長者の子であるが、Tib. (110b5；118b5) はこれを組合長とする。漢訳 (812c28-29) は組合長が使者を使って時を告げさせている。なお、Tib. はブッダに時を告げる際の表現が「〔長者は〕世尊に「招待いたしますので、大徳よ、お昼の一時をお貸し下さいませ」とお願いしてから、「世尊は今その時になったとお考え下さい」と招待した」(110b5-6；118b5-6) となっており、Skt. と表現が異なる。 (119) apare kathayanti. Tib. はこの訳を欠く。漢訳は「報言」(813a2-3) とする。

(120) kulopakagṛheṣu. BHSD は upaka を belonging to/ suitable と理解し、kulopaka (Pāli. kulūpaka) を belonging to a family = family associate, said of a monk who is regularly supported by a certain family と解釈する。一方、Tib. はこれを「家として認められる家 (khyim du 'gro ba'i khyim)」(110b7；119a1)、漢訳は「相識処」(813a4) とする。

(121) te kathayanti. Tib. はこの訳を欠く。漢訳はこの後の evaṃ kurma iti に対応する訳も欠く。

(122) purobhaktakā. Tib. はこれを khye'u tshus (110b8；119a2) とする。明確な意味は分からないが、「軽食」というほどの意味か。漢訳は「小食」(813a4) とする。

(123) bhagavāṃs tasya gṛhapater niveśane. Tib. は「さて世尊はその組合長の食堂に近づかれ、到着すると」(110b8；119a2) とする。一方、漢訳は「爾時世尊。并諸大衆至長者家。各洗足已就座而坐」(813a5-7) とし、各資料で理解が異なる。

(124) saṃghamadhye niṣaṇṇāḥ. Tib. は「その同じ場所に行って坐った」(111a1；119a3) とする。漢訳はこの訳を欠く。

(125) satatapariveṣaṇaṃ kurvāṇaḥ. Tib. はこれを「彼がそこを歩いていると」(111a2；119a3-4) とする。漢訳はこの訳を欠く。

(126) bhagavantaṃ viditvā dhautahastam apanītapātram. Tib. はこの訳を欠く。漢訳にはこれに対応する訳があるが、ただし場所はこの少し後 (813a11-12) に置かれる。

(127) vatsa. ここも Tib. はこの訳に、bhadramukha に対応する bzhin bzangs (111a3；119a5) を使う。ただし漢訳は「賢首」(813a10) とするので、ここでは Tib. に一致する。

(128) dharmyayā kathayā saṃdarśya samādāpya samuttejya saṃpraharṣya. これは定型表現の一部だが、通常は dharmyayā kathayā saṃdarśayati samādāpayati samuttejayati saṃpraharṣayati/ anekaparyāyeṇa dharmyayā kathayā saṃdarśya samādāpya samuttejya saṃpraharṣya と表現されるべきところである。Tib.（111a4-5；119a5-7）はこの本来の Skt. にピッタリ一致する。なお漢訳は「仏為宣説示教利喜従座而去」（813a13）とする。

(129) atrāntare. Tib. のみこの訳を欠く。 (130) saṃsiddhayānapātrāṇi. Tib. も漢訳もこの訳を欠く。

(131) bhaṇig bhikṣugocarikaḥ. 下線部は BHSD によると、providing susutenance とするので、今はこれに従う。Tib. はこれを「比丘の行動パターンを知っている商人（tshong pa dge slong gi rgyus shes pa zhig）」（111a6；119b1）、また漢訳は「中有一人。曾近苾芻諳知法式」（813a17）とし、理解が異なる。

(132) bhavanta āgamayata ..... -dharmakaṃ bhavati（307.21-23）. 以下、Tib. はこれを「皆、聞いてくれ。仏を上首とする比丘の僧伽が食事をされた家には、きっと余分な食物・飲物が少しはあるはずだから、そこに行って代価を払って〔食を〕求めよう」（111a6-7；119b1-2）とする。漢訳は「宜可散問。今朝何処供仏及僧。其家必有余残飲食。我等往彼而求覓之」（813a18-19）とし、傍線部は Skt. に、点線部は Tib. に一致する。

(133) te śravaṇa- ..... upasaṃkrāntāḥ kathayanti（307.23-25）. 以下、Tib. はこれを「彼らは言うと、とある組合長の家で仏を上首とする比丘の僧伽が食事を食べられたと聞き、彼らは商品を携えてそこに行くと、言った」（111a7-8；119b2）とする。漢訳は「訪知某甲長者之宅已供仏僧。我等往彼当以価直而求贖之。即便至舎白言」（813a19-21）とする。

(134) iha parva pratyupasthitam iti. Tib. は「我々五百人の商人は大海からラージャグリハに集まって来ましたが、ラージャグリハは休日になり」（111a8；119b3）と詳細に、また漢訳は「仏僧食訖必有余残。求贖多少」（813a21-22）とし、最も簡略に説く。

(135) mūlyena dīyatām. 直訳「お金は〔払います〕から、分けて頂けないでしょうか」。

(136) na mamaitad ..... gatvā kathayati（307.28-308.4）. 以下、この部分は Skt. と Tib. で話の展開が異なる。Tib. は「組合長は言った。「皆さん、ちょっと待って下さい」と。彼は長者の子のもとに行って話した。「坊や、五百人の商人達が大海からラージャグリハにやって来たが、ラージャグリハは休日になり、売られているものは何も手に入らなかったので、彼らは腹を空かし、食物・飲物を求め、次第してここに集まって来たので、余食があれば〔彼らに〕売ってやってくれないか」。子は言った。「おじさん、私は金のために上げるのではなく、布施という法のためにこうして上げるのだから、彼らにいてもらって下さい」。組合長はその商人達のもとに行くと、その子は食物・飲物で彼らを満足させた。商人達は身体を満足させ、感興の言葉を発した」（111b1-4；119b4-7）とする。一方、漢訳は「長者報言。非是我食。是此少年所設飲食。商人就彼同前求覓。貧人報曰。我不須銭直爾相恵。時彼商人悉皆恣食。

既飽満已咸並称歎。白長者曰」（813a22-25）とし、Skt. に一致する。

(137) anena gṛhapati- ..... na mayā（308.6-8）. 以下、Tib. はこれを「皆さん、それは私の食ではなく、この長者の子の食ですよ」（111b5；120a1）とする。漢訳は「比非我食。是此少年所設供養」（813a27）とし、Tib. に一致する。

(138) sārthavāhasya. Tib. は「長者」（111b6；120a1）、漢訳も「長者」（813a28）とする。

(139) Tib. はここに「彼らの隊商主が言った。「おお、彼は私の友人の子だ」。他の者達が言った。「だったら彼は我々の叔父だ」。他の者達が言った。「だったら彼は我々の孫だ」」（111b6-7；120a1-2）を置く。漢訳は「此人即是我知識之子」（813a29）とのみ表現し、Skt. に一致する。 (140) tasya pitā ..... vyasanam āpannaḥ（308.10-11）. 以下、Tib. も漢訳もこの訳を欠く。

(141) tad ayaṃ paṭakaḥ prajñaptaḥ. Skt. ではこれが隊商主の発言の中で説かれるが、Tib. は「多くの者が一人を救えるが、一人で多くの者は救えない」で隊商主の発言を切り、そして「彼は坐具（?）を広げて宝を置くと言った」（111b7；120a2-3）とする。漢訳も「便以大畳敷之于地。并安珍宝普相告曰」（813a29-b1）とし、Tib. に一致する。

(142) te pūrvam ..... rāśiḥ saṃpannaḥ（308.13-15）. 以下、Tib. はこれを「ある者はそこに宝石を一つ置き、ある者は二つ置き、ある者は沢山置き、こうしてそこには宝石の山ができたので」（111b8；120a3-4）とする。漢訳は「須臾之間便成宝聚」（813b3）とする。

(143) tāta. Tib. は「皆さん（bhavantaḥ）」に対応する she ldan dag（112a1；120a4）を使う。漢訳はこの訳を欠く。

(144) yadi ca mūlyaṃ gaṇyate. Tib. も漢訳もこの訳を欠く。

(145) tātā mayā ..... yadi grahīṣyāmi（308.20-22）. 以下、Tib. はこの訳を欠く。漢訳は「我今設食求覓生天。仁雖見恵我不敢取。勿縁此故障我生天」（813b6-7）とし、Skt. に近い表現を取る。 (146) sārthavāhaḥ kathayati. Tib. のみこの訳を欠く。

(147) putra. Tib. も漢訳もこの訳を欠く。 (148) tāta. Tib. も漢訳もこの訳を欠く。

(149) mayā buddhapramukhaṃ bhikṣusaṃghaṃ bhojayitvā yad annapānam avaśiṣṭaṃ tat. Tib. は下線部の訳を欠く。漢訳は「我向設供尚有余食」（813b10）とし、簡略ではあるが傍線部がこれに対応する。また Skt. の点線部を Tib. は「食物と飲物（bza' ba dang btung ba）」（112a4；120a7）とする。漢訳は点線部で示したように、Skt. に一致する。

(150) āhosvin na. Tib. のみこの訳を欠く。 (151) bhagavān āha. Tib. のみこの訳を欠く。

(152) yadi prasannāḥ prasannādhikāraṃ kurvanti. Tib. も漢訳もこの訳を欠く。代わりに Tib. は「坊や」（112a4；120b1）を置く。

(153) bhagavadvacanābhisaṃpratyayāt parituṣṭena. Tib. も漢訳もこの訳を欠く。

(154) rājagṛhanivāsinaḥ paurāḥ. Tib. はこれを「資産家・組合長・隊商主達が」（112a5；120b2）とする。漢訳は単に「衆人」（813b16）とする。

(155) Tib. のみ「都城の組合長」(112a6; 120b3) とする。 (156) Tib. はここに「有情」(112a6; 120b3) を置く。

(157) ekavarṇāni. Tib. は「すべて (sha stag) 同じ色の〔種〕を」(112a7; 120b4) とする。Skt. でもこれは複数形で示されているから、種が一つではないことは理解されるが、しかし Tib. のように「すべて」という語を付すことで、「一つも間違えずに」というニュアンスが強まり、文脈にはより一層合うことになるが、これが本来 Skt. にあって Divy. の書写者が書き落としたのか、あるいは Tib. の付加なのかは判断できない。漢訳は Skt. と同じである。 (158) ārocitaṃ ca. Tib. も漢訳もこの訳を欠く。

(159) bhavanto ya .... sa uddharatv iti (309.12-14). 以下、Tib. も漢訳もこの訳を欠く。 (160) 本章注 (157) に同じ。

(161) paurajānapadāḥ kathayanti .... śreṣṭhinam abhiṣiñcāmaḥ (309.15-17). 以下、Tib. も漢訳もこの訳を欠く。

(162) tatraike kathayanti. Tib. は「彼らは言った」(112a8; 120b5) とする。漢訳は「而僉議曰」(813b23) とする。

(163) apare kathayanti/ punar api tāvaj jijñāsāmaḥ. Tib. も漢訳もこの訳を欠く。

(164) tena yāvat trir apy ekavarṇāny uddhṛtāni. ここを Tib. は「彼らは三回も同じことを繰り返したが、他の者達がすべて雑色の種を取り出したのに、その長者の子は一色の種すべてを取り出したので」(112a8-b1; 120b5-6) とする。漢訳は「便令三取皆得純色」(813b24) とし、Skt. に一致する。

(165) manuṣyakā. BHSD は Divy. のこの用例を男性名詞の「人」と解釈するが、これに対応する Tib. は「非人 (mi ma yin pa dag)」(112b1; 120b6) であり、また漢訳も「天神」(813b25) とするので、本来これは amanuṣyakā であった可能性が高い。またこの方が文脈に合うので、この読みに改める。 (166) āgacchata. Tib. も漢訳もこの訳を欠く。

(167) Skt. はこの語を欠くが、Tib. はここに tshong dpon (112b1; 120b7) を置く。漢訳も「尊首」(813b26) とする。

(168) Tib. は「都城の組合長」(112b1-2; 120b7) とする。漢訳は単に「首望」(813b26) とし、Skt. に一致する。

(169) yad apy anena mama bhṛtikayā karma kṛtaṃ tathāpi. Tib. はこの訳を欠く。漢訳はこの長者の考えた内容自体の訳を欠く。

(170) Tib. のみ「自分の娘を」(112b2; 121a1) とする。 (171) prabhūtaṃ svāpateyam. これを prabhūtasvāpateyam に改める。

(172) sahasodgata; 'phral la mthos; 善生。なお、Tib. も漢訳も gṛhapati の訳を欠く。またこれ以降、一々注記しないが、Skt. と漢訳は「サハソードガタ」の肩書きとして「長者 (gṛhapati)」を、Tib. は「組合長 (tshong dpon)」を用いる。

(173) asmākam. Tib. は「私の家に」(112b3; 121a2) とする。漢訳も「我宅中」(813c1) とし、Tib. に一致する。

(174) antargṛhe. Tib. は「別宅に」(112b4; 121a3) とする。漢訳は「宅中」(813c2) とし、Skt. に一致する。

(175) 定型句 9A (ブッダの説法)。 (176) この表現も Tib. は本章注 (118) に同じ。

(177) Tib. はここに「比丘の僧伽に敬われながら」(113a3; 121b3) を置く。なお漢訳はこの部分を「広説如前」(813c9) で省略する。

(178) viditvā dhautahastam apanītapātram. Tib. は「手を隠し、鉢を置かれたのを確認すると」（113a5；121b5）とする。漢訳は「見収鉢已」（813c9）とする。

(179) Skt. では長者だけが法を聞くために坐ったことになるが、Tib. は坐った主語を「夫妻二人」（113a5；121b5）とする。漢訳は Skt. に一致し、彼の妻には言及しない。 (180) 定型句 9B（食事に招待されるブッダ）。

(181) ここも Tib. は「組合長サハソードガタ夫妻二人の」（113a6；121b6）とする。漢訳は「彼長者」（813c10-11）とし、Skt. に一致する。 (182) yāṃ śrutvā. Tib. も漢訳もこの訳を欠く。

(183) ここも Tib. は「組合長サハソードガタ夫妻二人は」（113a6；121b6）とする。漢訳はここで初めて「夫婦二人」（813c12）という表現を取る。 (184) 定型句 9C（預流果）。 (185) trir udānam udānayati. Tib. も漢訳もこの訳を欠く。

(186) Tib. はここに「私は善知識である世尊におすがりし」（113a7；121b7-122a1）を置く。漢訳も「我逢世尊大善知識故」（813c16）とし、Tib. に一致する。

(187) idam asmākaṃ …. bhagavatāsmākaṃ kṛtam (310.30-311.3). 文脈からすれば下線部は単数でなければならず、Tib. も単数とするが、これは定型表現の一部として固定化している。第2章注（172）参照。

(188) この順番を Tib. は「父・母・王・天・先祖・沙門・バラモン・親戚・友人・親族の者達」（113a8-b1；122a1-2）とする。漢訳も「父母高祖人王。及諸天衆沙門婆羅門。親友眷属」（813c14-15）とし、Tib. に近い。

(189) Tib. はここに「地獄・畜生・餓鬼からは足を引き抜き」（113b1-2；122a3）を置く。漢訳も「於地獄傍生餓鬼趣中抜済令出」（813c16-17）とし、Tib. に一致する。

(190) Tib. はここに「輪廻は終わり、無始時来、積み上げられた、二十の峰が聳える有身見の山を智の金剛で粉砕し、預流果をこそ得て」（113b2；122a3-4）を置く。漢訳も「無始積集所有身見。悉皆除滅獲得初果」（813c18-19）とし、Tib. に近い。

(191) abhikrānto [abhikānto AB] 'haṃ bhadantābhikrānta. これを bhadantāham atikrāntābhikrānta に改める。第2章注（176）および第4章注（39）参照。

(192) buddhaṃ bhagavantam. Tib. は buddham の訳を欠いて「世尊」のみとするのに対し、漢訳は bhagavantam の訳を欠いて「仏」のみとする。

(193) abhiprasannam Tib. はこれを「肺を繋ぎ止めて（glo ba thag nas）」（113b4；122a5）と表現する。

(194) 定型句 9D（預流者の歓声）。なお優婆塞の条件として、漢訳は三帰に加えて「始従今日乃至命終。受五学処不殺生乃至不飲酒」（813c21-22）とし、五戒の遵守を挙げる。

(195) dharmyayā kathayā saṃdarśya samādāpya samuttejiya saṃpraharṣya. これは定型表現の一部であり、本来は dharmyayā kathayā saṃdarśayati samādāpayati samuttejayati saṃpraharṣayati/ anekaparyāyeṇa dharmyayā kathayā saṃdarśya samādāpya samuttejiya saṃpraharṣya と表現されるところであり、下線部が省略されている。Tib. もこれに対応する箇所が存在するので（113b4-5；122a5-7)、この部分を補って訳す。なお漢訳は「爾時世尊為彼夫婦宣説法要。示教利喜得勝果已」(813c23-24）とする。

(196) これ以降、Tib. は最後の iyaṃ tāvad utpattir na tāvad buddho bhagavāñ śrāvakāṇāṃ vinaye śikṣāpadam まで省略され、過去物語の導入および過去物語そのものと連結とが存在しない。漢訳は Skt. に一致する。

(197) kalpakoṭiśataiḥ. 他の定型句ではここを kalpaśataiḥ とするものもある。漢訳は「仮令経百劫」(814a2）とし、kalpaśataiḥ の方の伝承に一致する。 (198) 定型句 6A（業報の原理)。 (199) 定型句 2A（富者)。

(200) 定型句 3A（結婚)。 (201) 定型句 3I（命名)。 (202) 定型句 5B（独覚)。

(203) prāntaśayanāsanasevinas te na/ so 'praviśyaiva. 下線部の読みが乱れている。ここは Tib. が存在しないので、漢訳を見ると「人間遊行至斯聚落。於日初分著衣持鉢欲行乞食。復自思念。我今何故為難満身辛苦入村多処求食。宜住園内。若有節会人来。随彼所施用自充足」(814a11-14）とし、これと比較すると、Skt. は内容が省略されている印象を持ち、この省略のために原文の混乱が惹起されたと考えられるが、この内容からだけでは原形を再構築できない。ここでは文脈を重視し、とりあえず prāntaśayanāsanasevī tena so 'praviśyaiva として翻訳する。

(204) viharapiṇḍakena. SPEYER はこれを vihara piṇḍakena に訂正するが、これはすでに刊本の ERRATA の中で訂正されている。

(205) ātmanā dvitīyam. 直訳「自分自身を二人目にして」。

(206) ātmanā dvitīyam āgacchati. SPEYER は下線部を dvitīya に改めているので、これに従う。

(207) 定型句 7D（阿羅漢の知見)。

(208) kāyikī teṣāṃ mahātmanāṃ dharmadeśanā na vācikī. Cf. Divy. 133.7, 296.11-13；MSV i 252.3-4；vii 46.29-30, 160.18-19.

(209) 漢訳は「現大神通作十八変。上騰紅焔下流清水。巻舒自在令生深信」(814b3-4）と傍線部にあるように具体的な神変の数に言及するが、その内容は点線で示したように、そのうちの三つしか説かれない。なお十八神変の具体的な内容に関しては『摂大乗論』や『瑜伽師地論』等の大乗論書にその説明が見られるが、たとえば『瑜伽師地論』はこれを「謂十八変。一者振動。二者熾然。三者流布。四者示現。五者転変。六者往来。七者巻。八者舒。九者衆像入身。十者同類往趣。十一者顕。十二者隠。十三者所作自在。十四者制他神通。十五者能施辯才。十六者能施憶念。十七者能施安楽。十八者放大光明」(T. 1579, xxx 491c6-12）と説く。

(210) āśu pṛthagjanasya ṛddhir āvarjanakarī. Cf. Divy. 133.9–10, 192.8, 539.4–5, 583.14.

(211) samūlanikṛtta [-nikṛnta MSS] iva drumaḥ sa putraḥ. SPEYER はこれを sa mūlanikṛtta iva drumaḥ saputraḥ に訂正しているので、これに従う。

(212) āhṛṣṭaromakūpaḥ. 同様の表現は有部系の説話文献において「ブッダ」という音が呪術的な音として機能する用例にも認められ、そのパトス的特徴を指摘したが（『説話の考古学』(359-368)）、ここでも同様の表現が認められることは、神変が知的にではなく情的に有情に働きかけることを示している。

(213) sadbhūtadakṣiṇiya. SPEYER に従い、sadbhūta dakṣiṇīya に改める。 (214) 定型句 6B（黒白業）。

(215) このような表現も、Divy. が律文献から抜き取られたことを如実に物語っている。

第22章　自らの頭を布施する王

これは典型的なジャータカタイプの物語で、ブッダの高弟シャーリプトラとマウドガリヤーヤナの二人がブッダよりも先に死を迎えたことに関連して説かれる。過去物語ではブッダがチャンドラプラバ王として自らの頭を刎ねて邪悪なバラモンに布施することが説かれ、第32章と並んで、Divy. においては血生臭い話となっているが、このような血生臭い自己犠牲の話は北路（西北インド）と深い関連にあることが指摘されており、この説話も西北インドで成立した可能性が高いと言える。

このように私は聞いた。ある時、世尊はラージャグリハ郊外にあるグリドラクータ山で[1]、千二百五十人の比丘という偉大な比丘の僧伽と共に[2]時を過ごしておられた。その時、疑念を生じた比丘達は、あらゆる疑念を断じて下さる仏・世尊に尋ねた。

「おお、大徳よ、〔なぜ〕同志シャーリプトラとマウドガリヤーヤナは、父[3]（釈尊）の死をまだ迎えていないにもかかわらず、その前に無余涅槃〔界〕に般涅槃されたのですか」

「今、ここで比丘達よ、実にシャーリプトラとマウドガリヤーヤナの二人の比丘が、貪・瞋・痴を厭離し、生・老・病・死・憂・悲・苦・悩という絶望より完全に解脱し、渇愛なく[4]、執着なく、一切の自我意識・所有意識・自惚れ・固執という随眠を捨て去り、仏を上首とする[5]比丘の僧伽が存続している時、〔彼ら〕二人がまだ父（私）の死を迎えていないにもかかわらず、その前に無余涅槃〔界〕に般涅槃したということが、どうして希有なることであろうか。

過去世において、シャーリプトラとマウドガリヤーヤナの二人は、まだ貪・瞋・痴を厭離せず、生・老・病・死・憂・悲・苦・悩という絶望より完全に解脱しないまま、私に対して心を浄らかにし、死没すると、[6]欲界を超越し、梵天界に生まれ変わったが、まだ彼らは父（私）の死を迎えていなかったのだ。[7]そ〔の話〕を聞くがよい」

比丘達よ、かつて過去世において、北路にバドラシラー[8]と呼ばれる都城・王都があった。そこは栄えて繁盛し、平和で食物に恵まれ、多くの人々で賑わい、[9]縦十二ヨージャナ、幅十二ヨージャナの正方形で〔四面には〕四つの門があり、[10]整然と区画され、[11]〔家は〕高い弓状門[12]・円窓・天窓・欄干[13]によって飾られ、種々なる宝石[14]で満たされ、一切の財貨がよく繁栄した商人の家が並び、[15]王・大臣・長者・組合長・人民・規範を重んじる人々の住処[16]であり、[17]〔また〕琴・竹笛・太鼓・鈴・三絃琴[18]・大太鼓・小太鼓・鼓・法螺貝が鳴り響いて[19]いた。

[20]またその王都には、沈水香[21]・栴檀香・抹香、[22]それにあらゆる季節の花の香りが様々な風に運ばれ、実に心地好く、[23]〔香りを載せた〕風は道路・四つ辻[24]・路の交差点を吹き抜けた。またそこは象・馬・車・歩兵の〔四支より成る〕軍隊を備え、馬車で飾られ、路地や大通りは広くて非常に美しく、[25]色とりどり[26]の旗や幡が立てられ、〔家には〕弓状門・円窓・半月窓[27]が作られ、神々の家のように素晴らしかった。

〔王都〕は青蓮華・黄蓮華・赤蓮華・白蓮華等の芳香を放つ[28]水生の花[29]によって飾られ、[30]実に甘美で澄み渡った冷水を湛える蓮池[31]・湖・[32]池・泉によって荘厳され、シャーラ樹・ターラ樹・タマーラ樹・カルニカーラ樹[33]・アショーカ樹・ティラカ樹・プンナーガ樹・ナーガケーシャラ樹[34]・チャンパカ樹・バクラ樹・アティムクタカ樹・パータラ樹[35]の花によって覆われ、[36]〔また〕雀・鸚鵡・鷺・郭公・孔雀の群れ[37]や共命鳥が囀る森・林・園林によって飾られていた。[38]

[39]そして王都バドラシラーには、マニラトナガルバ[40]と呼ばれる、ある王の園林があった。〔そこも〕様々な花・実・木・枝で美しく、池もあり、白鳥・鴨・孔雀・鸚鵡・鷺・郭公・共命鳥といった鳥達が甘美な声で囀っており、大層

美しい所であった。王都バドラシラーは〔かくの如く〕非常に美しい所だったのである。

王都バドラシラーには、チャンドラプラバ[41]と呼ばれる王がいた。彼は男前で、見目麗しく、美しく、天眼[42]を有し、〔全世界の〕四分の一[43]を〔支配する〕転輪〔王〕であり、正義を愛する法王であり、閻浮提において王権・主権・統治権を発揮し、自ら光明を放つので[44]、実にチャンドラプラバ王が歩む時、暗闇は消え失せてしまった。〔それは〕宝石、灯明、あるいは松明が〔彼の〕前にもたらされているからではなく、あたかも月の円盤から光線が〔放たれている〕如くに、チャンドラプラバ王自身の体から光明が出ているからであった。こういうわけで、チャンドラプラバ王には「チャンドラプラバ（月光）」という名前が付いたのである。

さてその時[45]、かの閻浮提には王都バドラシラーを始めとする六万八千の都城があった。〔それらの都城〕は栄えて繁盛し[46]、平和で食物に恵まれ、多くの人々で賑わっていた。またその時、[47]閻浮提の住民は税・租税・通行税を課せられず、田畑を所有し、柔和であった。〔また人が沢山住んでいたので〕村・町・王国・王都は、鶏が一飛びするほど〔の短い距離〕であった[48]。またその時の浮閻提の人々の寿命の長さは四万四千歳であった。チャンドラプラバ王は菩薩であり、一切を布施し、一切を喜捨して、執着するところがなく、執着せずに〔何でも〕喜捨し、大いなる喜捨に専心していたのだ[49]。

〔さて〕彼は王都バドラシラーから外出すると、四つの都城の門[50]に四つの大供犠場を作り[51]、傘・幡・柱[52]・幟を空高く掲げた。その後、黄金の太鼓を打ち鳴らし[53]、布施をして福徳を積んだ[54]。すなわち、食物を求める者達には食物を、飲物を求める者達には飲物を、硬食・柔食・花環・塗香[55]・衣・臥具・座具・背もたれ、家・灯明[56]・傘・車・荘厳具・装飾品、銀粉を一杯に満たした金皿と金粉を一杯に満たした[57]銀皿、真鍮の乳桶が用意された黄金の角を持つ牛[58]、あらゆる飾りで荘厳された童子[59]や童女を〔求める者達に与えた〕。

続いて、様々な色をし、様々な地方でとれた、種々様々な衣を布施として与えた。すなわち、絹・中国産の絹衣・

洗い抜かれた絹衣[60]、羊毛と絹から成る美しい衣[61]、アパラーンタカ産の衣[62]、樹皮衣[63]・木皮衣[64]・毛織衣、宝石や金の外套・絹衣・麻衣などであった。チャンドラプラバ王は、一切の閻浮提の人々が裕福になり、巨額の財産と巨大な資産とを築くまで、施物を与えた。

チャンドラプラバ王は、[65]一人の人間も歩かなくて済むように、象・馬・車・日傘を施物として与えた。閻浮提の人々は皆、象の背中に乗ったり、四頭の馬を繋ぎ、上には金や銀から成る日傘が備え付けられた車に乗って、遊園から遊園へ、村から村へ[66]と移動した。さて、チャンドラプラバ王はこう考えた。〈私が少しばかりの布施をして何になる。いざ私は自分の服・荘厳具・装飾品[67]とまったく同じものを布施[68]しよう。しからば、閻浮提の人々は皆、王の遊びを満喫できるぞ〉と。

こうしてチャンドラプラバ王は閻浮提の人々[69]に王冠・ターバン・服・荘厳具・装飾品[70]を与えた。すなわち彼は首飾り・腕飾り・腕輪・瓔珞・半瓔珞[71]等を施物として与えたのである。チャンドラプラバ王は王に相応しい衣・荘厳具・王冠・ターバンを布施したが、その結果、閻浮提の人々は皆、王冠を持つ者、ターバンを有する者となり、閻浮提の人々は皆、チャンドラプラバ王とまったく同じ姿になった。

その後、チャンドラプラバ王は、六万八千の都城[72]に鐘を鳴らして布告した。「皆の者、閻浮提の住民は皆、私が生きている限り、王の遊びを満喫せよ！」と。

その時、閻浮提の人は[73]チャンドラプラバ王が鐘を鳴らして布告したのを聞くと、一人残らず王の遊びを満喫し始めた。彼らは、幾千もの琴・竹笛・太鼓・鈴・三絃琴・大太鼓[74]・小太鼓・鼓・銅鑼[75]・法螺貝や、幾百もの楽器の音が流れる中、腕輪・瓔珞・宝珠[76]・真珠の飾り・耳飾りを付けると、ありとあらゆる飾りで飾られた若い美女の集団に取り囲まれて[77]、王の繁栄を享受していた。

さてその時、閻浮提の人々が王の遊びを満喫していると、琴・竹笛・太鼓・鈴・三絃琴・大太鼓[78]・小太鼓・鼓[79]の音や銅鑼・竹笛[80]が六万八千の都城に響き渡り、さらにチャンドラプラバ王の[81]四つの大供犠場では[82]黄金の太鼓が打ち鳴らされるや、うっとりするような心地好い音[83]が響き渡り、それによって閻浮提全域に心地好い音が響いた。[84]ちょうど、三十三天の中にある神々の町で舞踊・歌・楽器の音が鳴り響いているのとまったく同じように、その時その折、閻浮提の住人達は皆、歌と楽器の音で専ら楽を享受し、大層悦楽に浸っていたのである。

ちょうどその時、王都バドラシラーには七百二十兆[85]の人々が住んでいたが、彼らにとって[86]チャンドラプラバ王は、好[87]ましく、慕わしく、心に叶う存在であり、彼らは彼の容姿・容貌・行相・相貌[88]を繁々と見て飽くことがなかった。

さてチャンドラプラバ王が大供犠場に出掛けた時、何百千劫那由多[89]の人々が〔彼を〕見て、こう言った。「おお、あのチャンドラプラバ王は神の子であり、[90]この閻浮提で王権を発揮しているが、実にチャンドラプラバ王のような容姿や相貌をした人はいない[91]！」と。チャンドラプラバ王[92]がどこを見ようと、幾千もの女達は「あのお方を夫とする女の人達は幸運ね」と〔王を〕見つめた。「だってそれは〔その女性に〕浄らかな心があればこそであり、[93]それ以外にはあり得ないわね」〔と別の者は言った〕[94]。このようにチャンドラプラバ王は見目麗しかった[95]のである。

チャンドラプラバ王には一万二千五百人の大臣[96]がいた。彼らのうち、マハーチャンドラ[97]とマヒーダラ[98]という二人が筆頭の大臣であった。二人は聡明で、智者であり、賢く[99]、また諸徳に関して[100]〔他の〕どの大臣達よりも優れており、すべてを任され、王をよく導き[101]、王をよく護り、王はあらゆる仕事に関して心配することがなかった。

また筆頭大臣マハーチャンドラは、「皆の者、閻浮提に住む者達は[102]、この十善業道を受持しなさい」と、しばしば閻浮提の人々を十善業道を実践するようにしむけたが、筆頭大臣マハーチャンドラの命令や指示は、転輪王の命令や指示の如くであった[103]。筆頭大臣マハーチャンドラにとってチャンドラプラバ王[104]は好ましく、慕わしく、心に叶う〔存在〕であった。彼は〔王〕の容姿・容貌・相貌を繁々と見て飽くことがなかったのである[105]。

さてある時、筆頭大臣マハーチャンドラは、煙のような姿の悪鬼達がチャンドラプラバ王の頭を持ち去る夢を見た。

そして目覚めた彼は恐れ戦き、毛[106]が逆立った。〈何としてもチャンドラプラバ王の頭を求める者がやって来ぬようにせねばならぬ。王は何でも布施し何でも喜捨され、貧者・孤児・困者・乞食・物乞いに、〔王〕が[107]喜捨されないものは何もないからな〉と。彼は閃いた。[108]〈私はチャンドラプラバ王に〔この〕夢を知らせるべきではない。だが〔万が一のため〕宝石で作った頭を作らせ、蔵や倉庫に入れて安置しよう。もしも誰か王の頭を求める者が来たら、私は奴が宝石作りの頭を欲しがるようにしむければよい〉と。こう考えると、彼は宝石で作った頭を作らせ、蔵や倉庫に入れて[109]安置した。

別の時、筆頭大臣マヒーダラは、チャンドラプラバの家に置いてあった、ありとあらゆる宝石でできた衣が[110]百に引き裂かれてしまう夢を見た。そして見ると、彼は恐れ戦き、動揺して、〈絶対にチャンドラプラバ王の王権を絶やしたり、〔王の〕命を妨げることがあってはならぬ〉[111]と〔考えた〕。彼は占い師で予言者の[112]バラモン達を呼んで、「皆さん方、[113]私は斯く斯く然々の夢を見た。占って欲しい」[114]と言うと、その占い師で予言者の[115]バラモン達[116]は説明した。「あなたが[117]見た夢から判断すると、間もなくチャンドラプラバ王の[118]頭を乞う者がやって来ます。そしてその者は王都バドラシラーに入ってくるでしょう」[119]と。

こうして筆頭大臣マヒーダラは夢の説明[120]を聞くと、頬杖をついて考え込んだ。〈慈しみを本性とし、〔大〕悲を具え、[121]有情を愛するチャンドラプラバ王に、無常性の力が余りに早く近づきすぎてしまった!〉と。

さて〔また〕別の時、一万二千五百人の大臣達は、[122]チャンドラプラバ王の四つの供犠場にあった傘・幡・幟がカロータパーニ夜叉達に引きずり降ろされ、黄金の太鼓が壊される、という夢を見た。そして見ると、彼らは恐れ戦き、動揺した。〈大地を守護し、慈しみを本性とし、〔大〕悲を具え、[123]有情を愛するチャンドラプラバ王に、何としても無常性の力を近づかせてはならぬ。我々は絶対に大王と離れたり、分かれたり、離散してはいけない。閻浮提が保護者を失い、救済者を失ってはならない〉と。

チャンドラプラバ王は〔そのことを〕聞いた。彼は聞くと、[124]六万八千の都城に鐘を鳴らして布告した。「皆の者、私が[125]生きている限り、閻浮提の住民は皆、王の遊びを満喫せよ。お前達が夢幻の如き心配をして何に[126]なる！」と。

チャンドラプラバ王が鐘を鳴らして布告したのを聞くと、閻浮提の住民は皆、王の遊びを満喫し始めた。〔再び〕彼らは、幾千もの琴・竹笛・太鼓・鈴・三絃琴・大太鼓・鼓・銅鑼[127]・法螺貝や、幾百もの[128]楽器の音が流れる中、腕輪・瓔珞・宝珠・真珠の飾り・耳飾りを付けると、[129]ありとあらゆる飾りで飾られた若い美女の集団に取り囲まれて、[130]王の繁栄を享受していた。

さてその時、[131]閻浮提の人々が王の遊びを満喫していたが、琴・竹笛・太鼓・鈴・三絃琴・大太鼓・鼓・小太鼓の音が、また六万八千の都城では銅鑼・竹笛の音が、[132]さらにチャンドラプラバ王の[133]四つの大供犠場では黄金の太鼓が打ち鳴らされるや、うっとりするような心地好い音が響き渡り、それによって閻浮提全域に心地好い音が響いた。ちょうど、三十三天の中にある[134]神々の町で舞踊・歌・楽器の音が鳴り響いている[135]のとまったく同じように、[136]その時その折、閻浮提の住人達は皆、歌〔と楽器〕の音で専ら楽を享受し、大層悦楽に浸っていたのである。

ちょうどその時、ガンダマーダナ山[137]には、幻術の儀軌を知るラウドラークシャ[138]と呼ばれるバラモンが住んでいた。バラモンのラウドラークシャは、王都バドラシラーのチャンドラプラバ王が「私は一切の布施者である」と〔宣言したことを〕聞き、[139]〈いざ私は行って、頭を乞い求めよう〉と自ら考えた。〔また〕彼はこう考えた。〈もし彼が一切の布施者であるなら、彼は私に頭を布施するはずだが、〔最も〕可愛く、愛おしく、好ましく、大切な最高の部分、つまり頭を喜捨することは至難の業であり、あり得ないし、不可能だ。これはあり得ぬ〉と。こう考えると、ガンダマーダナ山から降りていった。その時、ガンダマーダナ〔山〕に住んでいた神々は泣き出した。「ああ、残念だ。慈しみを本性とし、〔大〕悲を具え、[140]有情を愛するチャンドラプラバ王に、無常性の力が〔こんなにも早く〕近づいてしまったとは！」と。

321

ちょうどその時、閻浮提全土は乱れに乱れ、煙の闇に覆われ、流れ星が流れ、地平線は赤みを帯び、空中では天の太鼓が鳴り響いたのである。[141]

さて、王都バドラシラーからそう遠くない所に、五神通を具えた聖仙が住んでいた。彼は名前をヴィシュヴァーミ[142]トラと言い、五百人の従者を有し、慈しみを本性とし、〔大〕悲を具え、有情を愛していた。[143]その時、閻浮提全土が混乱しているのを見ると、[144]その聖仙は弟子達に告げた。

「弟子達よ、知るがよい。[145]今、閻浮提全土は乱れに乱れ、煙の闇に覆われ、偉大な力を持った[146]太陽や月でさえも光らず、照らず、輝かない。きっと、どなたか偉大なお方に厄難が起こるに相違ない。なぜなら、[147]キンナラの集団と森の神々は慟哭し、天空に留まれる神々は[148]怨嗟の声を上ぐ。[149]月は照らず、千の光線を放つ〔太陽〕も輝かず、今やここでは楽器の音[150]さえも聞かれず。[151]花[152]や実を付けし木々の集まりは、風に揺られずして[153]大地に倒る。げに恐ろしき声がしかと[154]聞かれるよりすれば、身の毛もよだつ[155]厄難が町で起こるに違いなし。バ[156]ドラシラーに住むことを喜ぶ人々は皆、苦を抱え、激しき憂いの矢に打たれ、喉や口は震える。[157]また月の如き顔の若き美女等は豪奢な家の中で泣き崩れ、またすべての者等は悲嘆に暮れて嘆く。死体遺棄場での如く。それ[158]ゆえ、[159]町の住人等は皆、鬱積せる苦を心に宿す。[160]手を挙げて間断なく泣き叫ぶ人々の未曾有なる声は、〔他の〕音をかき消す。[161]雲[162]は雷鳴を轟かせども雨降らず、池は干上がる。[163]風[164]で破壊される水上の船の如く大地は揺れ、塵混じりの暴風が吹き荒ぶ。[165]実[166]に今、不吉な相は数多し。[167]ゆえに我等はここより吉方に行くに如かず。[168]

322

実に弟子達よ、チャンドラプラバ王の四つの[169]大供犠場にある黄金の太鼓が打たれているのに、もはや心地好い音は流れ出ない。おお、きっとバドラシラーで大災が起こるに違いない！」

その時、バラモンのラウドラークシャは王都バドラシラーに到着した。その後、都城に住んでいた神がバラモンのラウドラークシャを遠くから見ると、チャンドラプラバ王のもとに近づいた。近づくと、チャンドラプラバ王にこう言った。

「王よ、申し上げます。今、王の〔頭を〕[170]乞う者がやって来ます。残忍かつ凶暴で、付け入る隙を狙い窺っている彼は王の頭を乞い求めています。ですから、大王は有情達のために御自身をお護り下さいますように」

その時、チャンドラプラバ王は〔自分の〕頭を乞う者のことを聞くと心を喜ばせ、驚きで目を丸くすると、神に告げた。

「神よ、立ち去れ[171]！　もしも彼がやって来たら、私は、彼が長きに亘って希望していた望みを叶えてやるとしよう」

その時、神はそのようなチャンドラプラバ王の決意を知ると、苦しみ、落胆し、自責の念に駆られ[172]、たちどころに消えてしまった。

その時、チャンドラプラバ王はこう考えた。〈私は、食[173]物を求める者達には食物を、飲物を求める者達には飲物を、衣・金・黄金・宝珠・真珠等を求める者達にはそれを与えてきたが、これに関して何の不思議があろう。いざ私は乞う者達には自分の体さえも喜捨するぞ〉と。

さて、バラモンのラウドラークシャは南の都城門から入ろうとすると、神に足止めを食らった。

「立ち去れ、邪悪なバラモンよ、入るな！　愚か者め、今どうしてお前は、慈しみを本性とし、〔大〕悲を具え、有情を愛し[174]、多くの[175]徳を具足し、閻浮提を守護し、過失がなく、〔人に〕危害を加えることのないチャンドラプラバ王の頭を切り落とそうとする[176]。恐ろしき心をした[177]邪悪なバラモンよ、入ってはならぬ[178]！」

チャンドラプラバ王は「私の〔頭を〕乞う者が、都城の門で神に足止めを食らっている」という事情を聞いた。聞くと、彼は筆頭大臣マハーチャンドラに告げた。

「聞け、マハーチャンドラよ。私の〔頭を〕乞う者が、都城の門で神に足止めを食らっている。さあ早く私のもとに連れて来い！」

「畏まりました、王よ」と、筆頭大臣マハーチャンドラはチャンドラプラバ王に同意すると、都城の門に赴き、その神に言った。[179]

「神よ、お聞きなさい。そのバラモンを中に入れよ。チャンドラプラバ王が彼をお呼びだ[180]」

すると、都城に住んでいた神は筆頭大臣[181]マハーチャンドラにこう言った。

「聞け、マハーチャンドラよ。そのバラモンは恐ろしい心をし、血も涙もなく、[182]チャンドラプラバ王を殺そうと[183]バドラシラーにやって来たのだ。そんな邪悪な奴を迎え入れて何になる。[184]奴は[185]王に近づき、頭をくれと言うのだぞ！」

そこで筆頭大臣マハーチャンドラは神に言った。

「神よ、私はあのバラモンが王の頭を取れない手だてを考えているのだ」

その後、筆頭大臣マハーチャンドラはバラモンのラウドラークシャを連れて都城に入り、宝石の管理人達に[186]「お前達、宝石で作った頭を持って来い。私はバラモンにくれてやる」と命じると、倉庫の管理人達は王門に、宝石で作った頭を山と積み上げた。筆頭大臣マハーチャンドラはバラモンのラウドラークシャに宝石で作った頭を指さした。

「偉大なバラモンよ、お前は宝石で作った多くの頭を取るがよい。さらに私は取れる限りの[187]黄金や金をお前に与えよう。[188]お前はそれで、子供の、いや孫の代まで生活できるぞ。お前に髄・鼻洟・脂肪の詰まった王の頭が何になる！」

こう言われて、バラモンのラウドラークシャは筆頭大臣[189]マハーチャンドラにこう言った。

[190]「私は宝石で作った頭や黄金に用はない。そうではなく、私は大地の守護者・一切布施者の頭を求めて、〔彼の〕もとにやって来たのだ」

こう言われると、筆頭大臣のマハーチャンドラとマヒーダラは頬杖をつき、〈今、〔その〕時がやって来たのか！〉と考え込んでしまった。その時、その事情を聞き知ったチャンドラプラバ王は、使者を送って[191]筆頭大臣のマハーチャンドラとマヒーダラを呼びつけ、「彼を私のもとに連れて来なさい。私は彼の望み[192]を叶えてやろう」と言った。こう言われると、筆頭大臣のマハーチャンドラとマヒーダラは涙で顔を曇らせ、痛々しげに嘆き悲しみながら、〈慈しみを本性とし、〔大〕悲を具え、[193]有情を愛し、多くの[194]徳を具足し、智に熟達し、天眼を有する王に無常性の力が近づいた。今日、我々は王と分かれ、離れ、別離し、離れ離れになってしまうのだ！〉と知ると、王の両足に平伏(ひれふ)し、一隅に坐った。その時、すべてを喜捨するチャンドラプラバ王は、特別な喜捨を[195]しようとして、遠くからそのバラモンに告げた。

「さあ、バラモンよ、お前は乞い求めよ。[196]望むものを取るがよい」

その時、バラモンのラウドラークシャはチャンドラプラバ王のもとに近づいた。近づくと、チャンドラプラバ王に対し、「栄あらんことを。長寿あらんことを」と祈って、こう言った。

[197][198]「心優しき人よ、[199]善き人よ、菩薩よ、一切智性を[200]求めつつ、汝は無垢なる法に住したり。我に頭を与えよ。大悲を本性とする心を持つ者よ、[201]今[202]我に〔頭を〕布施し、我を満足させよ[203]」

その時、バラモンからそのような言葉が発せられたのを聞くや、チャンドラプラバ王は心を喜ばせ、喜びに目を見開くと、バラモンのラウドラークシャに言った。[204]

「おお、これはよい[205]！　バラモンよ、[206]さあどうか、誰に邪魔されることもなく、最高の支分である頭を取れ！」

そして言った。[207]

「たとえ[208]一人息子の如く大切なものならんも、[209]汝はこの我が頭を[210]取れ！　汝の望みが早く実を結べよかし。我は
　頭の布施で悟りを得ん」

こう言うと、彼は自分の頭から[211]自ら王冠を外したが、チャンドラプラバ王が頭上から王冠を外すや否や、閻浮提のすべての人々の頭にあった王冠も落ちてしまった。[212]そして王都バドラシラーの四方に流星が落ち、空が赤味を帯びると、[213]都城の神々は声を上げた。「邪悪なバラモンがあのチャンドラプラバ王の頭を刎ねようとしている！」と。

それを聞くと、[214]筆頭大臣のマハーチャンドラとマヒーダラは、そのようなチャンドラプラバ王の[215]体の布施を知ると、涙で目を曇らせ、チャンドラプラバ王の両足にしがみついて言った。

「王よ、[216]かくの如く絶妙な〔王の〕お姿を拝見できる人々は幸せです！」

　面と向かって〔王に〕見られていたその二人は、チャンドラプラバ王に対しては心を清浄にし、また[217]バラモンのラウドラークシャに対しては慈しみの心を起こして、〈無類の徳を有する王[218]がお亡くなりになるのを見ることなど、私達にはできぬ〉と〔思った〕その瞬間に死没し、[219]欲界を越えると、梵天界に生まれ変わった。〔一方〕そのようなチャンドラプラバ王の決意を知り、そして都城に住む神々の悲痛な声を聞くと、[220]地上の夜叉達[221]や空中の夜叉達は「おお、痛ましや！　今、チャンドラプラバ王は〔己が〕体を放棄しようとされている！」と泣き出した。その頃、王宮の門には何十万もの有情達が集まってきた。するとバラモンのラウドラークシャは、その大勢の人々の集まりを見て、チャンドラプラバ王に言った。

「王よ、お聞き下さい。[222]私は大勢の人々の集まりの面前で、王の頭を取ることはできませぬ。もしもあなたが頭を下さるなら、人気のない所に行きましょう」

　こう言われて、チャンドラプラバ王はバラモンのラウドラークシャに「偉大なるバラモンよ、結構だ。お前の思惑が成就し、[223]望みが成満されるように」と告げた。

　[224]すると、チャンドラプラバ王は王座から立ち上がり、鋭利な刀を執ると、マニラトナガルバ園に向かった。その時、そのようなチャンドラプラバ王の決意を知ると、王都バドラシラーでは、何十万もの有情達が泣きながら次から次へと〔王の〕後ろに従った。チャンドラプラバ王は集まった多くの人々が泣いているのを見た。そして見ると、〔彼らを〕慰めようとして、[225]「善法に対して放逸なく励むのだぞ」と遺言した。簡略に説法し終えると、彼はバラモンのラウドラークシャを連れ、マニラトナガルバ園に入った。チャンドラプラバ王がマニラトナガルバ園に入るや否や、王

都バドラシラーの傘・幡・幟は(226)マニラトナガルバ園に向かって靡いた。

それからチャンドラプラバ王がマニラトナガルバ園の門を閉じると、バラモンのラウドラークシャに(227)「さあ、バラモンよ、私の頭を取るがよい」と告げた。こう言われると、バラモンのラウドラークシャはチャンドラプラバ王に「私は王の頭を刎ねることができません」と言った。

さて(228)そのマニラトナガルバ園の中央にはクラバカ花や年中〔花を咲かす〕チャンパカ樹が生えていたが、チャンドラプラバ王は利剣を手にすると、年中〔花を咲かす〕チャンパカ樹のもとに近づいた。その時、その園に住む神々は、(229)チャンドラプラバ王がそのように自分の体を(230)喜捨するのを知って泣き出し、こう言った。

「邪悪なバラモンよ、過失がなく、〔人に〕危害を加えることもなく、多くの人々を愛し、(231)多くの(232)徳を具えたチャンドラプラバ王の頭を、お前は今どうして刎ねようとする！」

すると、チャンドラプラバ王は神々を止めに入った。

「神々よ、私の頭を求める者の邪魔をするな。それはなぜかというと、神々よ、かつて〔ある〕神は私の頭を(233)求める者の邪魔をして、その神は多くの非福を生じてしまった。それ(234)はなぜか。もしもその神が邪魔をしなかったならば、私はもっともっと早く無上智を獲得していたからだ。(235)よって(236)私はお前〔達〕に言う。『お前〔達〕は私の頭を求める者の邪魔をするな』と。お前〔達〕の(237)〔住む〕この同じマニラトナガルバ園で、私は千回も頭を喜捨してきたが、誰も私の邪魔をしなかった。だから、神よ、お前〔達〕は私の頭を求める者の邪魔をするな。神よ、(238)私が雌虎に自分自身を喜捨し、〔また〕頭の(239)喜捨という一つ〔の布施行〕によって、(240)四十劫の間〔菩薩道を〕進んできた菩薩マイトレーヤをがっかりさせたのも、(241)この場所なのだ」

その時、その神々はチャンドラプラバ王の偉大な神通力を知ると、その王に対して最高の浄信を抱き、黙っていた。

すると、チャンドラプラバ王は正しい誓願を立て始めた。「皆の者、聞くがよい。十方に留まり住する神・(242)アスラ・

ガルダ[243]・ガンダルヴァ・キンナラ達よ、私はこの遊園で喜捨をするが、喜捨の最たるものは[244]自分の頭の喜捨である。私がこの真実〔語〕を以て自分の頭を喜捨するのは、王位のためでもなく、天界のためでもなく、財産のためでもなく[245]、シャクラの地位のためでもなく、梵天[246]の地位のためでもなければ、転輪王の国土のためでもない[247]。そうではなく、何としても私は無上正等菩提を正等覚した後、調御されざる有情を調御し、寂静ならざる〔有情〕を寂静ならしめ[248]、〔彼岸に〕渡らざる〔有情〕を渡らしめ、解脱せざる〔有情〕を解脱させ、安穏ならざる〔有情〕を安穏ならしめ、般涅槃せざる〔有情〕を般涅槃させよう。この真実により、真実語により[249]、努力が報われるように。そして入滅した〔私〕[250]が芥子の実ほどの大きさの遺骨になるように。そしてこのマニラトナガルバ園の中央に、どの塔よりも優れた大きな塔が建つように。また体の疲れた[251]有情達が[252]塔に礼拝しようとやって来て、遺骨を蔵する[253]、どの塔よりも優れたこの〔塔〕を見たら、彼らは疲れを癒すことができるように。私が入滅しても[254]、〔その〕塔には人々がやって来て、〔塔を〕供養し、必ず天界や解脱に確定した者達となるように！」と。

このように正しい誓願をすると[255]、そのチャンパカ樹に〔自分の〕髪を結わえて、バラモンのラウドラークシャに言った[256]。

「さあ、来るがいい、偉大なるバラモンよ。〔私の頭を〕取れ。〔他の者は〕私の邪魔をしてはならぬ！」

そこでチャンドラプラバ王は自分の体の勢力と精力とを振り絞り、そのバラモンに〔大〕[257]悲を伴った慈心を起こすと、頭を刎ねてバラモンのラウドラークシャに与え、息絶えた。彼は極めて優れていたので[258]、梵世を越えて偏浄天衆に生まれ変わった。

さてチャンドラプラバ王が[259]頭を喜捨するや否や、この三千大千世界は三度[260]揺れ、強く揺れ、激しく揺れ、動き、強く動き、激しく動き、振動し[261]、強く振動し、激しく振動した[262]。そして天空に留まっていた神々は[263]、天の青蓮華・黄蓮華・赤蓮華・白蓮華、アガル樹の抹香・タガラ樹の抹香・栴檀の抹香、タマーラ樹の葉[264]、天の曼陀羅華[265]を撒き始めた。

また彼らは天の楽器を奏で始め、さらに衣を撒いた。[266] その後、バラモンのラウドラークシャは〔王の〕頭を手にして園から出ていったが、[267] その時、その中にいた何十万もの有情達は叫び声を上げた。

「おお、悲しいかな！　あらゆる人の望みを叶えて下さる王が殺された！」[268]

その後、ある者達は大地に倒れて転げ回り、[269] ある者達は腕を突き上げて号泣し、ある女達は髪を振り乱して泣き叫んだ。また何十万もの者達が集まってきたが、そのうち、ある者達はその同じ場所に坐ると禅定に入り、その同じ場所で死を迎えると、チャンドラプラバ王と同類の状態である偏浄天衆に生まれ変わった。別の者達は禅定に入ると、その同じ場所で死を迎え、光音天衆に生まれ変わった。[270] ある者達は初禅に入って死を迎えると、梵天界と同類の状態に生まれ変わった。別の者達は集まると、あらゆる香木で薪を積み上げて[271] チャンドラプラバ王の遺体を荼毘に付し、遺骨を金の箱に入れると、四つの大通りが交差する所に舎利塔を建立した。そして傘・旗・幡を建て、香・花環・焼香・灯・花で[272] 供養し、チャンドラプラバ王に対して自らの心を浄らかにすると、[273] 彼らは死を迎え、欲〔界〕繋の六天[274] に生まれ変わった。そして、そ〔の塔〕を供養した者達は全員、[275] 天界や解脱が確定した者達となったのである。

「実に比丘達よ、お前達には疑念や疑いがあるかも知れない。[276] その時その折に北路のバドラシラーと呼ばれる王都だったのは他の場所であろうか、と。しかしそう考えてはならない。それはなぜか。その時その折のバドラシラーと呼ばれる王都こそ、このタクシャシラーだからだ。比丘達よ、お前達には疑念や疑いがあるかも知れない。その時その折[277] にチャンドラプラバ王だったのは他の者であろうか、と。しかしそう考えてはならない。それはなぜか。その時その折のチャンドラプラバ王こそ、この私だからだ。[278] 比丘達よ、お前達には疑念や疑いがあるかも知れない。その時その折にバラモンのラウドラークシャだったのは他の者であろうか、と。しかしそう考えてはならない。それはなぜか。その時その折の〔バラモンのラウドラークシャこそ、〕このデーヴァダッタだからだ。[279] 比丘達よ、お前達には疑念や疑いがあるかも知れない。その時その折に筆頭大臣のマハーチャンドラとマヒーダラだったのは他の者であろうか、と。しかしそう考えてはならない。それはなぜか。その時その折のマハーチャンドラとマヒーダラこそ、このシャーリプトラとマウドガリヤーヤナだからだ。(280) その時もこの二人は、父（私）の死を迎えていないにもかかわらず、その前に〔自分の〕死を迎えたのである」

世尊がこう言われると、かの比丘達や他(281)の天・ナーガ・ヤクシャ・ガンダルヴァ・アスラ・ガルダ・キンナラ・マホーラガ等は歓喜し、世尊の説かれたことに満足した。

「チャンドラプラバ・ボーディサットヴァチャルヤー・アヴァダーナ(282)」と名づくる第二十二章。

文献

❶None. Cf. GBM 1487.4-1507.3 (complete); HJM 5; MJM 48; AvK 5 ❷1017 Ke 24a4-33b2; 348 Aḥ 22a4-31b3 ❸『月光菩薩経』(T. 166, iii 406b-408b). Cf.『六度集経』巻一 (T. 152, iii 2b27-c20);『大方便仏報恩経』巻五 (T. 156, iii 149b28-150b29);『仏本行経』巻五 (T. 193, iv 89a13-b15);『賢愚経』巻六 (T. 202, iv 387b3-390b12);『菩薩本縁経』巻中 (T. 153, iii 62c19-64c17);『大宝積経』巻八十 (T. 310, xi 462a2-3);『護国尊者所問大乗経』巻二 (T. 321, xii 5b27-c3);『経律異相』巻二十五 (T. 2121, liii 137a4-c4) ❹HARTMANN=Jens-Uwe HARTMANN, "Notes on the Gilgit Mnuscript of the Candraprabhāvadāna," *Journal of the Nepal Research Centre* 4 (Humanities), 1980, 251-266.

注

（1）gṛdhrakūṭe parvate. Tib. は「竹林のカランダカニヴァーパで」(24a4; 22a5) とする。漢訳は「竹林精舎」(406c2) とし、Tib. に近い。

（2）mahatā bhikṣusaṃghena sārdham ardhatrayodaśabhiḥ. Tib. はこの訳を欠く。漢訳は「与大苾芻衆」(406c2-3) とする。

（3）tatprathamataraṃ .... pitṛmaraṇam āgamitavantau (314.16-18). 以下、Tib. はこれを「主が般涅槃されることに耐えられな

かったので、〔すでに〕いらっしゃる、仏を上首とする比丘の僧伽に先んじて般涅槃されたことは希有なることですね」（24a6-7；22a6-7）とする。漢訳は「時舎利弗。大目乾連。前詣仏所。五体投地。礼仏足已。白仏言。世尊。我等今者不忍見仏入於円寂。而於此時。先入滅度」（406c3-6）とする。各資料間に伝承の相違が確認できるが、最も瞠目すべきは下線部の表現である。Skt. によれば、これを「父（pitṛ）」とするが、Tib. は「主（gtso）」とし、漢訳は「仏」とする。つまり Tib. と漢訳とは表現が違うものの、その意味するところは「ブッダ」で一致している。これに対し、Skt. は「父」とするので、文字どおりシャーリプトラとマウドガリヤーヤナの「父」を意味するのか、あるいは仏弟子を意味する「釈子（śākyaputra/ śākyaputrīya）」の逆の表現と見るべきか判断に苦しむ。文脈からすれば、これは「ブッダ」である方が望ましいが、しかしブッダのことを「父」と呼ぶ用例は奇異な印象を与える。ここでは文脈を重視し、これを「ブッダ」と理解する。

（4） nistṛṣṇau nirupādānau ..... -ābhiniveśānuśayau（314.21-22）．以下、Tib. はこの訳を欠く。漢訳は「貪瞋痴等。諸漏断尽。所作已辦。梵行已立。不受後有」（406c10-11）とする。

（5） buddhapramukhe ..... pitṛmaraṇam āgamitavantau（314.22-24）．以下、Tib. はこれも「主が般涅槃されることに耐えられなかったので、仏を上首とする比丘の僧伽が住するよりも先に般涅槃したことがどうして希有であろうか」（24a8-b1；22b2）とする。漢訳には対応箇所なし。　（6） Tib. はここに「一切の」（24b3；22b4）を置く。漢訳には対応箇所なし。

（7） na tv eva pitṛmaraṇam āgamitavantau. Tib. は「主の死を見届けることに耐えられなかったので死に」（24b2-3；22b4）とする。漢訳には対応箇所なし。　（8） bhadraśilā；rdo bzangs；賢石。　（9） 定型句 2B（王国の繁栄）。

（10） caturdvārā. Tib. はこの訳を欠く。漢訳は「於城四門」（406c19）とし、Skt. に一致する。

（11） savibhaktā. Tib. はこれを shin tu rnam par 'byes pa（24b4；22b5）とし、これから suvibhakta という Skt. が想定される。この方が文脈に合うので、suvibhaktā に改める。SPEYER もこの読みを採る。漢訳には対応箇所なし。

（12） uccaistoraṇa-. uccatoraṇa- に改める。　（13） -vedikā-. Tib. も漢訳もこの訳を欠く。

（14） Tib. はここに「商品や」（24b5；22b6）を置く。漢訳はこの訳を欠く。

（15） sasusamṛddhasarvadravyabaṇigjananiketā. Tib. も漢訳もこの訳を欠く。

（16） -nītimaulidharāṇām. 直訳「道徳を頭に頂く人々の（or 道徳を王冠として保持する人々の）」。なお Tib. はこれを「人々は政府の流儀に合わせて住し（mi rnams gzhung lugs la gnas pa）」（24b5-6；22b6）とする。GBM は下線部を欠くが、HARTMANN はこの方が本来の形であり、Divy. が誤って増広したと指摘する。これ以降、GBM の引用は HARTMANN のローマナイズに基づく。

（17） -rāṣṭrikanītimaulidharāṇām āvāsaḥ. Tib. は「市民で一杯に満たされ、〔人々は規範に住し〕」（24b5；22b6）とする。漢訳には

対応箇所なし。　（18）-vallarī-.　Tib. はこの訳を欠く。漢訳には対応箇所なし。

（19）Tib. はここに「常に」（24b6；22b7）を置く。漢訳には対応箇所なし。

（20）Tib. はここに「比丘達よ」（24b6；22b7）を置く。この後も Tib. は随所にこの語を用いるが、Skt. の過去物語ではまったく用いられていない。なお、この異同に関しては一々注記しない。

（21）Tib. はここに「タガラ香」（24b6；22b7）を付加するが、漢訳はこの訳を欠き、Skt. に一致する。

（22）Tib. のみここに「鬱金香・花香〔等〕芳香ばかりがあって」（24b7；22b7）を置く。

（23）nānāvātasamīritā atiramaṇīyāḥ.　Tib. は下線部の訳を欠く。漢訳は「微風時起。吹其香気」（406c21-22）とする。

（24）Tib. はここに「狭路」（24b7；23a1）を付加する。漢訳には対応箇所なし。

（25）yugyayānopaśobhitā　vistīrṇātiramaṇīyavīthīmahāpathā.　Tib. はこれを「乗物・馬車・路・大通りは美しくされ」（24b8；23a2）とし、漢訳は「街巷道陌。掃灑清浄」（406c20）とする。

（26）-vicitra-.　Tib. はこの代わりに「日傘（gdugs）」（24b8；23a2）を置く。漢訳は「竪立幢幡」（406c20）とし、Skt. の vicitra および Tib. の gdugs に相当する訳を欠く。　（27）Tib. はここに「天窓」（24b8；23a2）を付加する。漢訳には対応箇所なし。

（28）-puṇḍarīkāṇi surabhi-.　この辺りは実に長い複合語が続き、文の主語を見失ってしまいそうになるが、ここでは女性名詞の rājadhānī が主語であることを確認した上で、以下、これに基づき訂正を加えていく。まずはこの部分であるが、SPEYER はこれを -puṇḍarīkādisurabhi- に訂正しているのでこれに従う。

（29）surabhijalajakusuma-.　Tib. も漢訳もこの訳を欠く。

（30）-parimaṇḍitāni　svādu-［-parimaṇḍitā　'tisvādu-?］.　校訂者も脚注で指摘しているが、SPEYER に従い、これを -parimaṇḍitā 'tisvādu- に改める。

（31）svādusvacchaśītalajalaparipūrṇapuṣkiriṇī.　GBM（1488.7）はこれを nāgendranarendrābhyudgatasaraḥpuṣkariṇī- とする。一方、Tib. は「蓮池」等を修飾する句を「龍王や山王よりも深い（klu'i dbang po dang/ ri'i rgyal po las mngon par mthon［D. 'thon］pa'i）」（25a1；23a3）とする。HARTMANN は GBM の narendra に相当する Tib. の ri'i に mi'i との混乱を見る。また Tib. の klu'i dbang po をある山の名前として理解する可能性を示唆する。漢訳には対応箇所なし。なお、atisvādusvaccha- ..... -prasravaṇopaśobhitā に相当する Tib. は、Skt. の utpalapadmakumudapuṇḍarīkāṇi の前に置かれている。

（32）-puṣkiriṇī taḍāgo-.　ここは同類の語が並列で並んでいるので、これを puṣkiriṇītaḍāgo- に改める。

（33）-sūtra-.　ここにこの語は場違いである。Tib. にも漢訳にもこれに対応する訳が見られないので省略する。

（34） -nāgakeśara-. Tib. はこの訳を欠くが、漢訳は「龍花樹」（406c25）とする。

（35） -pāṭalā-. Tib. はこれを「タマラ」（25a2；23a4）とする。漢訳は「播吒羅樹」（406c25-26）とし、Skt. に一致する。

（36） -saṃchannakalaviṅka-. これを -saṃchannā kalaviṅka- に改める。

（37） -varhigaṇa-. Tib. は下線部の訳を欠く。漢訳には対応箇所なし。

（38） -vanaṣaṇḍodyānaparimaṇḍitā. Tib. は「様々な木で荘厳されて麗しく、麗しい遊園は目の前にあり」（25a3；23a5）とする。漢訳は「於諸樹間」（406c27）とする。

（39） bhadraśilāyāṃ ca ..... atiramaṇīyam eva（315.23-26）. 以下、Divy. はここでマニラトナガルバ園林の描写を出すが、GBM（1502.7 ff.）および Tib.（31a6 ff.；29a7 ff.）は Divy. の manorathā iti（325.7）の後にこれを出す。その代わり Tib. はここに王都バドラシラーの描写の続きとして「比丘達よ、バドラシラーはこのように極めて麗しかった」（25a3-4；23a5-6）とする。漢訳は「如是富貴。種種裝嚴」（406c29）とする。本章注（224）参照。

（40） maṇiratnagarbha［← maṇigarbha］; nor bu dang rin po che'i snying po；摩尼宝蔵。これは刊本は maṇigarbhaṃ とするが、maṇiratnagarbhaṃ でなければならないので、これに訂正する。 （41） candraprabha；zla 'od；月光。

（42） Tib. はここに「宿命〔通〕」（25a4；23a6）を付加する。漢訳も「有天眼宿命通」（406c14）とし、Tib. に一致する。

（43） caturbhāga-. Tib. は「一洲の（gling gcig pa'i）」（25a4；23a6）とし、意味は同じだが、異なった表現を使う。これに対し、漢訳は「統領四洲六万八千国土」（406c16-17）とし、Skt. や Tib. とは異なった理解を示す。

（44） kāritavān svayaṃprabhuḥ/ na khalu. GBM（1489.3）は kāritavān/ svayaṃprabhaḥ［*corr.* -prabho］na khalu とする。この方が文脈に合うので、これに改める。Tib. も rang la 'od yod pas（25b5；23a7）とする。漢訳には対応箇所なし。

（45） tena khalu samayena. Tib. は「その時その折に」（25a6-7；23b1-2）とする。この Tib. に対応する Skt. は tena kālena tena samayena であるが、この後も Tib. は連結でよく用いられるこの表現を過去物語の中で多用する。有部系の説話文献において、この表現が過去物語で用いられることは稀であると考えられる。以下、この異同に関しては一々注記しない。

（46） sphītāni. Tib. はこの訳を欠く。漢訳は不明。

（47） Tib. はここに「チャンドラプラバ王の」（25a7-8；23b2）を置く。漢訳には対応箇所なし。

（48） kukuṭasaṃpātamātrāḥ. Tib. はこれを「鶏の声を有し」（25a8；23b3）とする。漢訳には対応箇所なし。

（49） niḥsaṅgaparityāgī ca mahati tyāge vartate. Tib. はこの訳を欠く。漢訳には対応箇所なし。なお、下線部は単なる誤植と思われるので、-pari- に改める。

(50) nagarasya caturṣu nagaradvāreṣu.　Tib. はこれを「都城の東方に」(25b2；23b4-5)、漢訳は「於市肆街巷及城四門」(407a1) とする。　(51) catvāro mahāyajñavāṭā māpitāḥ.　Tib. も漢訳もこの訳を欠く。

(52) -yūpa-.　Tib. はこの訳を欠く。漢訳には対応箇所なし。

(53) suvarṇabhery asaṃtāḍya [Sic MSS : Qu. bherīḥ saṃtāḍya ?].　GBM (1490.1) はこれを suvarṇabheryaḥ saṃtāḍya とするので、これに改める。

(54) ここに Tib. は「同様に都城の南・西・北でも布施をし、福徳を積んだ。交差点でも布施をして福徳を積み」(25b3；23b5-6) を置く。　(55) Tib. はここに「灯明・香」(25b4；23b6) を付加する。漢訳には対応箇所なし。

(56) -pradīpa-.　Tib. はこの訳を欠く。漢訳には対応箇所なし。

(57) suvarṇaparipūrṇāḥ.　この表現はこの直前の rūpyacūrṇaparipūrṇā とパラレルであり、下線の cūrṇa がここでは欠けている。Tib. も「金粉 (phye ma) で一杯に満たされた」(25b5；23b7) とあるので、この語を補って訳す。漢訳には対応箇所なし。

(58) kāmadohinyaḥ.　これに対応する Tib. は「真鍮の乳桶 (khar po'i bzho snod rnams)」(25b5；23b7) とし、kaṃsadohinyaḥ という Skt. が想定される。同様の表現は Gv に見られ、そこでは「〔善財童子〕は黄金の角と蹄とを有し、真鍮の乳桶 (kaṃsado-hāni) が用意された何千もの牛が、貧しい有情達をもてなすために留め置かれているのを見た」(Gv 164.15-16) とあり、傍線部がここでの表現と極めて近いことが分かる。よって、kāmadohinyaḥ を kaṃsadohinyaḥ に改める。なお、この Gv 第18章ではマハープラバ王および彼の都城が説かれるが、王の名前といい、そこで説かれる都城の描写といい、Divy. の本章と親近性が認められるので、何らかの関係があったと考えられる。　(59) kumārāḥ.　Tib. はこの訳を欠く。漢訳には対応箇所なし。

(60) -dhautapaṭṭavastrāṇi.　これに対応する Tib. は「宝の衣」(25b6；24a1-2) とする。漢訳には対応箇所なし。

(61) ūrṇādukūlamayaśobhanavastrāṇi.　これに対応する Tib. は「絹 (du gu la)」(25b6；24a2) であり、下線部の訳しかない。漢訳には対応箇所なし。

(62) aparāntaka-.　これに対応する Tib. は mri gā pā na (25b6；24a2) であるが、意味不明で還梵できない。漢訳には対応箇所なし。

(63) -phalaka-.　Tib. はこの訳を欠く。なお Mvy. (9192) によると、これに対応する Tib. は sgrog gu'i rten ma/ sgro'u'i rten pa である。漢訳には対応箇所なし。

(64) -haryaṇī-.　BHSD も意味不明とする。対応する Tib. は bag le pa (25b7；24a2) なので、Mvy. (5871) に従い、これを -vakkali- に改める。漢訳には対応箇所なし。

(65) Tib. はここに「この閻浮提では」(25b8；24a4) を置く。漢訳には対応箇所なし。

(66) Tib. はここに「都城から都城へ」(26a2; 24a5) を付加する。漢訳には対応箇所なし。

(67) vastrālaṃkārāṇy abharaṇāni. Tib. はこれを「衣や荘厳具や〔それと〕同様のもの (cha bzhag rnams)」(26a3; 24a5–6) とし、傍線部の理解が Skt. と異なる。漢訳には対応箇所なし。

(68) Tib. はここに「閻浮提の人々にも」(26a3; 24a6) を置く。漢訳には対応箇所なし。

(69) Tib. はここに「全員」(26a4; 24a6) を置く。漢訳には対応箇所なし。 (70) 本章注 (67) に同じ。

(71) -ādīn. Tib. はこの語を用いず、その代わりに「真珠の首飾りと王に相応しいもの」(26a4–5; 24a7) を置く。漢訳には対応箇所なし。 (72) aṣṭaṣaṣṭiṣu nagarasahasreṣu. Tib. は「王都バドラシラーに」(26a6; 24b2) とする。漢訳には対応箇所なし。

(73) Tib. はここに「全員」(26a7; 24b3) を置く。漢訳には対応箇所なし。

(74) -bherī-. Tib. はこの訳を欠く。漢訳には対応箇所なし。 (75) -tāla-. Tib. はこの訳を欠く。漢訳には対応箇所なし。

(76) Tib. はここに「半瓔珞」(26a8; 24b4) を付加する。漢訳には対応箇所なし。

(77) sarvālaṃkāravibhūṣitapramadāgaṇaparivṛtāḥ. Tib. はこれを「飾りで荘厳し、少女の集団に取り囲まれて (rgyan gyis brgyan la bud med kyi tshogs kyis yongs su bskor nas)」(26b1; 24b4) とし、sarvālaṃkāravibhūṣitāḥ pramadāgaṇaparivrtā と理解する。漢訳には対応箇所なし。 (78) -bherī-. Tib. はこの訳を欠く。漢訳には対応箇所なし。

(79) Tib. はここに「法螺貝」(26b2; 24b5) を付加する。漢訳には対応箇所なし。

(80) tālavaṃśa-. Tib. はこの訳を欠く。漢訳には対応箇所なし。

(81) ここでの Skt. は rājñaś を欠くが、Tib. は rgyal po zla 'od (26b2; 24b6) とし、またこの後に説かれる平行文では rājñaś candraprabhasya (320.12–13) とするので、この語を補う。

(82) mahāyajñavāṭiṣu. Tib. はこれを「布施場 (sbyin gtong gi gnas)」(26b2; 24b6) とする。これに関する Skt. と Tib. の異同はこの後も続くが、一々注記はしない。漢訳には対応箇所なし。

(83) varṇamanojñaśabdaḥ [Sic MSS: Qu. valgur manojña-?, Cf. infra]. 写本はすべてこの形をとるが、校訂者は脚注で valgur manojña- という読みを示唆している。Tib. を見ると「このような心地好い音」(26b3; 24b6) とし、問題の箇所は 'di lta bu'i と訳しているので、evam/ evaṃrūpa といった Skt. が想定される。語形的には evaṃrūpa の誤写の可能性もあるが、Tib. に依る限り、valgur という読みは支持できない。ただこの後、これと同じ表現が繰り返される箇所があり、そこでは valgur manojñaḥ (320.14) とあり、またこれに対応する Tib. も「甘美で (snyan cing)」(28a4; 26a7) とあるので、ここも校訂者の示唆した読みに従って和訳しておく。 (84) tena sarvo jambudvīpo manojñaśabdanādito 'bhūt. Tib. はこの訳を欠く。漢訳には対応箇所なし。

(85) dvāsaptatir ayutakoṭīśatāni.　この数字についてSkt.では、dvāsaptati（72）×ayuta（10,000）×koṭi（10,000,000）×śata（100）＝720,000,000,000,000という計算になる。これに対しTib.（26b4；24b7-25a1）は、bye ba（10,000,000）×stong（1,000）×dung phyur（100,000,000）×bdun bcu rtsa gnyis（72）＝72,000,000,000,000,000,000という試算になり、また漢訳（407a11-12）は七十二（72）×百（100）×千（1,000）×那由他（100,000,000,000）＝720,000,000,000,000,000とし、七十二は共通するが、総計では各資料に大きな開きが見られる。

(86) teṣām.　Tib.はこの訳を欠くが、代わりに「当然のことながら（chos nyid kyis）」（26b5；25a1）を置く。漢訳には対応箇所なし。

(87) iṣṭo babhūva ..... upayānti sma（318.7-8）．以下、Tib.はこれを「美しく、男前で、麗しく、また大勢の人々に気に入られていた。また男も女も見飽きないほどの喜びを得た」（26b5-6；25a1-2）とする。漢訳には対応箇所なし。

(88) -sthairyam.　この後にも同様の表現が見られるが、そこではこれに相当する語が -saṃsthānam（318.27）となっており、これに対応するTib.もdbyibs（27a5；25b1）とする。この方が文脈に合うので、これに改める。Tib.および漢訳には対応箇所なし。

(89) -niyuta-.　Tib.はこれを「無量の」（26b6；25a2）とする。漢訳には対応箇所なし。

(90) devagarbhaḥ.　Tib.は「神となって（lha zhig 'ongs nas）」（26b7；25a2-3）とする。漢訳には対応箇所なし。

(91) na khalu manuṣyā īdṛgvarṇasaṃsthānāḥ.　Tib.は「このような容貌（gzugs）・容姿・相貌は閻浮提の（'dzam bu'i gling ba'i）人々にはあることがない」（26b7；25a3）とし、傍線部がSkt.にはない。漢訳には対応箇所なし。

(92) rājā candraprabhaḥ.　Tib.はこの訳を欠く。漢訳には対応箇所なし。

(93) tac ca śuddhair manobhiḥ.　Tib.はこれを「心の浄らかな者達だけが〔彼を夫に〕できるが（sems dag pa rnams kyis rnyed kyi）」（26b8；25a4）とする。Skt.がśuddhamanobhiḥであれば、Tib.の解釈は可能である。

(94) Tib.のgzhan zhig gis smras pa（26b8；25a4）を〔　〕に補う。

(95) darśanīyaḥ.　Tib.は「神のように見えた」（26b8-27a1；25a4）とする。漢訳には対応箇所なし。

(96) 漢訳のみ「二千五百大臣」（407a12-13）とする。

(97) mahācandra；zla ba bzang po；大月。Skt.と漢訳とは一致するが、Tib.を還梵すると、sucandraとなり、Skt.と一致しない。しかし、この直後Tib.はzla ba bzang po（27a2-3；25a6）をもう一度用いるが、その後は彼の名前をzla ba chen po（27a4；25a7）とし、Skt.に一致する。　(98) mahīdhara；sa 'dzin；持地。

(99) vyaktau paṇḍitau medhāvinau.　Tib.はこれを「聡明で、名声と智を有し」（27a2；25a5）とする。漢訳は二人を「容貌端正。福徳淳厚。智慧深遠。高才博識」（407a13-14）と形容する。

(100) guṇaiḥ. Tib. はこの訳を欠く。漢訳には対応箇所なし。

(101) sarvādhikṛtau rājaparikarṣakau. Tib. は「すべて〔の行為〕に関して自在であり、王に可愛がられ」(27a2; 25a5) とする。漢訳には対応箇所なし。 (102) Tib. はここに「生きている限り」(27a3; 25a6) を置く。漢訳には対応箇所なし。

(103) yādṛśī ca rājñaś cakravartino 'vavādānuśāsanī. Tib. はこの訳を欠く。漢訳には対応箇所なし。

(104) rājā candraprabhaḥ. Tib. は「転輪王チャンドラプラバ」(27a4; 25a7) とする。漢訳には対応箇所なし。

(105) この後、Tib. は「〔見ても飽きることがなく〕一瞬たりとも彼は中断することがなかった」(27a5; 25b1) を付加する。漢訳には対応箇所なし。 (106) Tib. はここに「〔体が〕硬直し」(27a6; 25b2) を置く。漢訳にはこれに相当する訳はない。

(107) Tib. はこれに「布施されないものや」(27a7; 25b3) を付加する。漢訳には対応箇所なし。

(108) tasya buddhir utpannā. Tib. も漢訳もこの訳を欠く。 (109) prakṣipya. Tib. はこの訳を欠く。漢訳には対応箇所なし。

(110) sarvaratnamayaḥ potaś candraprabhasya kulasthaḥ. Tib. はこれを「チャンドラプラバ王の宝石の〔如き〕御頭が」(27b1; 25b5) とし、漢訳は「見月光身。四体分散」(407a21) とし、各資料で理解が異なる。

(111) mā haiva. Tib. は「〔命を妨げる〕恐れがある (grang)」(27b2; 25b5) とする。

(112) vipaścikāś [vipañci- MSS]. BHSD (s.v. vipañcika) に基づき、これを写本どおり vipañcikāś に改める。

(113) bhavantaḥ. Tib. はこの訳を欠く。漢訳には対応箇所なし。

(114) nirdoṣaṃ [Qu. nirdeśaṃ ?] kuruta. Hartmann は、GBM (1494.6) に svapno dṛṣṭaḥ vyākuruta、GBM (1494.7) に yādṛśī [*corr*. yādṛśaḥ] svapnanirdeśa iti na cireṇa とあるので、校訂者の nirdeśaṃ という示唆は正しいとする。Tib. も lung ston cig (27b3; 25b6)、漢訳も「占夢凶吉」(407a22) とするので、この訂正に従う。

(115) vipaścikaiś [vipañci- MSS]. 本章注 (112) に基づき、vipañcikaiś に改める。

(116) brāhmaṇair naimittikair vipañcikaiś [← vipaścikaiś]. Tib. は下線の訳を欠く。漢訳は「婆羅門曰」(407a22) とする。

(117) tvayā. Tib. も漢訳もこの訳を欠く。 (118) candraprabhasya. Tib. も漢訳もこの訳を欠く。

(119) sa cāsyām eva bhadraśilāyāṃ rājadhānyām avatariṣyatīti. Tib. はこれを「以上のように説明いたします」(27b3-4; 25b7) とする。漢訳はいずれに相当する訳もない。

(120) svapnanirdeśam. Tib. は「この言葉を」(27b4; 25b7) とし、漢訳は単に「聞已」(407a23) とする。

(121) Tib. はここに「一切の」(27b4; 25b7) を置く。漢訳には対応箇所なし。

(122) 漢訳のみ「一万三千五百親位大臣」(407a24-25) とする。

(123) Tib. はここにも「一切の」(27b7；26a3) を置く。漢訳には対応箇所なし。

(124) tena śrutvā. Tib. はこの訳を欠く。漢訳には対応箇所なし。

(125) aham. Tib. はこの語を欠くが、漢訳は「尽我寿命」(407a28) とし、Skt. に一致する。

(126) māyopamaiḥ svapnomapaiś cintitaiḥ. 下線部は svapnopamaiś の間違いかと思われ、HARTMANN はこれを svapnopamaiś の誤植とするので、下線部をこれに改める。さて、Skt. では māyopamaiḥ と svapnopamaiś とが並列で置かれるのに対し、Tib. はこれを「幻の如き夢のことを考えて」(28a1；26a4-5) と理解し、この方が意味的にはよい。なお GBM (1495.6) は単に svapnaiś とする。漢訳には対応箇所なし。 (127) -tāla-. Tib. はこの訳を欠く。漢訳には対応箇所なし。

(128) -śataiḥ. Tib. は「千の」(28a2；26a6) とする。漢訳には対応箇所なし。

(129) keyūrahāramaṇimuktābharaṇakuṇḍaladharāḥ. Tib. はこれを「黄金の腕輪・瓔珞・半瓔珞の宝珠の耳飾りを付けて」(28a2-3；26a6) とする。漢訳には対応箇所なし。

(130) sarvālaṃkāravibhūṣitapramadāgaṇaparivṛtāḥ. Tib. の理解 (28a2-3；26a6) は本章注 (77) に同じ。漢訳には対応箇所なし。

(131) jambudvīpakānāṃ ..... -paṭahaśabdaḥ (320.10-11). 以下、Tib. はこれを「閻浮提では歌舞音曲の声が」(28a3；26a7) とする。漢訳には対応箇所なし。

(132) tāsām eva śabdanirghoṣo. この辺りの表現は前にも出てきたが、そこではこれに対応する表現が tālavaṃśanirghoṣo となっていた。Tib. は「笛が常に吹かれ (gling bu nges par 'bud pa dang)」(28a4；26a7) とし、刊本の読みよりは tālavaṃśanirghoṣo に近いので、この読みに改める。漢訳には対応箇所なし。

(133) rājñaś candraprabhasya. Tib. はこの訳を欠く。漢訳には対応箇所なし。

(134) anyataraṃ. 前出のパラレルでは、この語が abhyantaraṃ (318.2) となっており、Tib. も nang na (28a5；26b1) とするし、さらに GBM (1496.2) も abhyantaraṃ とするので、これに改める。

(135) nṛttagītavāditam. ここも前出のパラレルでは、nṛttagītavāditaśabdena nirnāditam (318.2-3) とあったので、これに改める。Tib. も glu dang/ gar dang rol mo'i sgra grags pa (28a5；26b1) とする。

(136) tasmin kāle ..... 'tyarthaṃ ramate (320.16-18). 以下、Tib. はこの訳を欠く。漢訳には対応箇所なし。

(137) gandhamādana；spos ngad ldang；香酔。 (138) raudrākṣa；drag po'i mig；悪眼。

(139) Tib. のみここに「聞くと」(28a6；26b2) を置く。

(140) Tib. はここに「一切の」(28b1；26b4) を置く。漢訳は「利楽群生」(407b6) とする。

(141) antarīkṣe devadundubhayo 'bhinadanti. Tib. はこれを「空中では神々が悲しんだ」(28b2；26b5) とする。漢訳には対応箇所なし。 (142) viśvāmitra；sna tshogs bshes gnyen；弥湿嚩弭怛囉。

(143) maitrātmakaḥ kāruṇikaḥ sattvavatsalaḥ. Tib. は「慈と悲とを本性とし、一切の有情を愛する」(28b3；26b6) とし、少し Skt. と表現が異なる。漢訳は「常以慈愍。護念衆生」(407b11) とする。

(144) ākulam. Tib. は「乱れに乱れているのを」(28b4；26b6) とする。漢訳は「見此徴祥」(407b11) とする。

(145) māṇavakā jānīta. Tib. は「息子よ、お前達は知っているか」(28b5；26b7) とする。漢訳には対応箇所なし。

(146) mahānubhāvau. Tib. はこの訳を欠く。漢訳には対応箇所なし。

(147) GBM の第一偈は次のとおり。

rudaṃti kinnaragaṇā vanadevatāś ca dhigdhiḥ karoti {//} amarā gagane sthitāś ca
candro na bhāti na vibhāti sahasraraśmir naivādya vāditaravo 'pi niśāmyate 'tra// (1497.2-3)

a・d 句に相当する詩頌が MJM にあることを HARTMANN は指摘している。内容は以下のとおり。

rudanti karuṇālāpaiḥ sarvāś ca vanadevatāḥ// (156)
nāpy etarhi mahotsāhavādyaśabdo niśāmyate/ (157)

(148) devagaṇā api tasthuḥ. このまま訳すと、「神々の集団も立ち止まれり」となるが、これでは文脈に合わない。GBM はこれを amarā gagane sthitāś ca とし、Tib. も nam mkhar gnas pa'i lha rnams kyang ni dmod par byed (28b5-6；27a1) とするので、これに改める。漢訳には対応箇所なし。

(149) vanadevatāś ..... utsṛjanti (321.10). SPEYER は韻律の関係でこれを vanadevatā ..... utsṛjati とするが、HARTMANN は主語が複数であるから、動詞の人称語尾も三人称複数でなければならないとする。utsṛjanti に対応する GBM はこれを karoti (三人称単数) とし、これも数が合わない。また三人称複数の kurvanti にすると、韻律が乱れるので、BHSG (207) 等に依りながら、kar-onti という読みを示唆する。こうすれば韻律と三人称複数の人称語尾とが両立するので、これに従う。

(150) naiva vādyavāditaravo. HARTMANN に従い、GBM の naivādya vāditaravo という読みを採る。Tib. も deng ni rol mo brdungs kyang sgra ni (28b6；27a1) とするので、これに改める。漢訳には対応箇所なし。なお、SPEYER は韻律の関係で naiva を khe に改めている。 (151) niśāmyate 'tra/. SPEYER に従い、niśāmyate 'tra// に改める。

(152) GBM の第二偈は次のとおり。

ete 'pi pādapagaṇāḥ phalapuṣpanaddhā bhūmau patanti anilena anīri[tā](ni) saṃ(śrū)yate dhvanir iyaṃ ca yathātibhīmo vyaktaṃ bhaviṣyati pure vyasanaṃ sughoraṃ// (1497.3-4)

a・c句に相当する詩頌がMJMにあることをHARTMANNは指摘している。内容は以下のとおり。

ete 'pi pādapāḥ sarve phalapuṣpair viyogitāḥ bhayaśabdo 'pi prodgītaṃ nūnaṃ rājño bhaved vipat// (157)

(153) pavanair api cālitāni//. GBMはこれをanilena anīri[tā](ni)とし、Tib.もrlung gis ma bskyod bzhin du (28b6; 27a2) とするので、これに改める。なお、SPEYERは下線部をcālitā na/に訂正している。漢訳には対応箇所なし。

(154) vyakto. GBMはこれをvyaktaṃとし、またSPEYERもこれをvyaktaṃに訂正しているので、これに従う。一方、Tib.は「あちこちで ('di 'ang kun du)」(28b7; 27a2) とする。漢訳には対応箇所なし。

(155) mahāntam [Sic MSS]. これでは格が合わない。GBMはこれをsughoraṃとし、Tib.もmi zad (28b7; 27a2) とするので、これに改める。漢訳には対応箇所なし。

(156) ete bhadraśilā- ..... śmaśāne yathā (321.14-18). 以下、GBMにはこの詩頌がない。Tib.もこの訳を欠く。HARTMANNはこの詩頌が後代の挿入であると指摘する。漢訳には対応箇所なし。 (157) -kaṇṭhānanā. SPEYERに従い、-kaṇṭhānanāḥ/に改める。

(158) GBMの第三偈は次のとおり。

tatkāraṇena punavāsijanāḥ samagrāḥ saṃpiṇḍitaṃ manasi duḥkha[m idaṃ vahanti]

ukrośatām anasi baddhakṛtāgrahastaiḥ vaisvaryam apratisamaṃ niruṇaddhi vācaṃ// (1497.4-5)

(159) kiṃ kāraṇaṃ. これは文脈に合わない。GBMはこれをtatkāraṇenaとし、Tib.もrgyu des (28b7; 27a2) とするので、これに改める。漢訳には対応箇所なし。

(160) vadanti. GBMではこの部分が欠損しているので、HARTMANNはV-Divy.よりvahantiを補っている。Tib.も'jog pa (28b7; 27a3) とするので、これに改める。漢訳には対応箇所なし。

(161) aniśam ardhakṛtāgrahastair aiśvaryam apratisamaṃ niruṇaddhi vācam. c・d句も難解である。aniśamに相当するGBMはanasiで意味不明だが、Tib.はこれをsnying (28b8; 27a3) とするので、HARTMANNはurasiというSkt.を推定している。またardhakṛtāgrahastairに関してもGBMのbaddhakṛtāgrahastaiḥと同様に理解し難いが、MJMの相当箇所にはūrdhvakṛtāgrahastairとあるので、この読みの方が適切であると指摘する。またMJMはaiśvaryamをvākyamとすることも指摘している。HARTMANNは半ばTib.に依りながら訳しているが、ここではaniśam ūrdhvakṛtāgrahastair vākyam apratisamaṃ niruṇaddhi vācaṃとして訳す。なおTib.は「手を胸に叩きつけ、髪はぼさぼさで、言葉は止み」(28b7-8; 27a3) とする。漢訳には対応箇所なし。

(162) GBM の第四偈は次のとおり。

candrānanāś ca prarudanti nāryaḥ paurāś ca sarve karuṇaṃ ru[danti
ete payo]dā ninadaṃty atoyā jalāśayāḥ śoṣaṃ upāgatāś ca// (1497.5-6)

なお、Divy. および MJM では、GBM の a・b 句が省略されている。

(163) śokam [Qu. śoṣam ?] amī vrajanti. GBM はこれを śoṣam upāgatāś ca とし、Tib. も nye bar skams pa nyid du gyur (29a1; 27a4) とするので、これに改める。漢訳には対応箇所なし。

(164) GBM の第五偈は次のとおり。

śailāṃ vanāni ca dahaṃti bhṛṣaṃ hutāśā{ḥ} adhyākulāḥ pratigṛhaṃ manujā rudaṃti
bhūr naur i[vāmbhasi cacā]la samīraṇāstā{ḥ} vātāḥ pravanti ca kharā{ḥ} rajasā vimiśrāḥ// (1497.6-7)

ここも Divy. および MJM では、GBM の a・b 句が省略されている。

(165) bhuvor ivāmbhasi ca vālasamīraṇāstā [vavālahamī- D]. GBM はこれを bhūr naur i[vāmbhasi cacā]la samīraṇāstā{ḥ} とし (ただし HARTMANN は cacāla を Tib. より補う)、Tib. も chu la rlung gis bskyod pa'i gru bzhin sa rnams g-yos pa dang (29a1-2; 27a4-5) とするので、GBM の読みを採る。

(166) GBM の第六偈は次のとおり。

aśivāni nimittāni pracurāṇi hi sāṃpratam
kṣemāṃ diśam ato 'smākam ito gaṃtuṃ kṣamaṃ bhave[t//] (1497.7)

(167) pravarāṇi. SPEYER はこれを pravartante に訂正しているが、GBM は pracurāṇi とし、Tib. もこれを rnam mang ste (29a2; 27a5) とするので、GBM に従う。漢訳には対応箇所なし。

(168) kṣemo. GBM は kṣamaṃ とし、Tib. は shin tu rigs (29a2; 27a5) とするので、これに訂正する。SPEYER もこのように訂正している。漢訳には対応箇所なし。 (169) mahā-. Tib. はこの訳を欠く。漢訳には対応箇所なし。

(170) Tib. はここに「御頭 (dbu)」(29a5; 27a7) を置く。文脈からすれば、この語はここに必要と考えられるから、この語を〔 〕に補って訳す。漢訳には対応箇所なし。

(171) gaccha. Tib. はこれを「恐れるな」(29a6; 27b2) とする。漢訳には対応箇所なし。

(172) vipratisāriṇī. Tib. はこの訳を欠く。漢訳には対応箇所なし。

(173) annam annārthibhyo ..... tadarthibhyaḥ (322.15-16). 以下、Tib. はこれを「財・金・食物を求める者達に食物を与えた」(29

a8；27b3）とする。漢訳には対応箇所なし。　(174)　sattvavatsalasya.　Tib. はこの訳を欠く。漢訳には対応箇所なし。

(175)　aneka-.　Tib. は「無量の（dpag tu med pa）」（29b2；27b4）とする。漢訳には対応箇所なし。

(176)　chetsyati [Sic MSS].　GBM（1498.8）には chetsyasīti とあるので、-sī- が省略されてこの形になったと HARTMANN は指摘する。よって、これに改める。

(177)　raudracitta.　この語は Skt. では所有限定複合語でバラモンを修飾し、呼格であるが、Tib. はこれを直前の śiraś chetsyati に懸け、「どうして残忍な心で（drag po'i sems kyis）頭を刎ねようとするのか」（29b2；27b5）とし、具格として理解する。漢訳には対応箇所なし。　(178)　mā praviśa.　Tib. は「入らずに立ち去れ」（29b2-3；27b5）とする。漢訳には対応箇所なし。

(179)　tāṃ devatām uvāca.　Tib. は「その都城の神を制して（bzlog ste）」（29b5；27b7）とする。漢訳は「白守門天人」（407b24）とし、Skt. に一致する。

(180)　praviśatv eṣa brāhmaṇo rājā candraprabha enam āhvāpayata iti.　Tib. は「王はそのバラモンを呼んでおられるから、そのバラモンを離しなさい」（29b5；27b7）とする。漢訳には対応箇所なし。

(181)　agrāmātyam.　Tib. はこの訳を欠く。漢訳には対応箇所なし。

(182)　Tib. はここに「残忍な心で」（29b6；28a1）を置く。漢訳には対応箇所なし。

(183)　Tib. はここに「王都」（29b6；28a1）を置く。漢訳には対応箇所なし。

(184)　kim anena durātmanā praveśitena.　Tib. は「その邪悪な性根をした奴があなたに何をしてくれるというのだ」（29b6-7；28a1-2）とする。漢訳には対応箇所なし。　(185)　Tib. はここに「チャンドラプラバ」（29b7；28a2）を置く。漢訳には対応箇所なし。

(186)　ratnadharān.　Skt. は複数だが、Tib. は rin po che'i mdzod pa la（29b8；28a3）とし、単数にする。漢訳には対応箇所なし。

(187)　yāvadāptam.　Tib. は「必要な分だけ」（30a2；28a4）とする。漢訳には対応箇所なし。

(188)　anuprayacchāmi.　Tib. は「やるから、持っていけ」（30a2；28a4）とする。漢訳は「俱奉施之」（407c1）とし、Skt. に近い。

(189)　agrāmātyam.　Tib. はこの訳を欠く。漢訳は「婆羅門言」（407c1-2）とし、目的語そのものを出さない。

(190)　Tib. のみここに「マハーチャンドラよ、御承知おき下さい」（30a3；28a5）を置く。

(191)　dūreṇa.　GBM（1500.3）は dūtena とし、Tib. も pho nyas（30a6；28a7）とするので、これに改める。漢訳には対応箇所なし。

(192)　manoratham.　Tib. は「長期に亘り望んでいた（yun ring po nas mngon par 'dod pa'i）望みを」（30a6；28b1）とし、傍線部が Skt. にはない表現である。漢訳には対応箇所なし。

(193)　Tib. はここに「一切の」（30a7；28b2）を置く。漢訳には対応箇所なし。

(194) aneka-. Tib. は「無量の（dpag tu med pa）」（30a8；28b2）とする。漢訳には対応箇所なし。

(195) paramatyāgaprativiśiṣṭaṃ tyāgam. GBM（1500.7）はこの部分を sarvaparityā(gī) prativiśiṣṭaṃ tyāgaṃ とする。Tib. も thams cad yongs su gtong ba/ shin tu khyad par can gton zhing（30b1；28b3）とするので、これに改める。漢訳には対応箇所なし。

(196) yacchatāṃ [Sic MSS]. 校訂者は脚注で ucyatāṃ という読みを、一方 SPEYER は yācyatāṃ という読みを示唆する。SPEYER の方が文脈に合うので、これに訂正する。なお、GBM にはこれに対応する語がなく、Tib. もこの訳を欠く。漢訳には対応箇所なし。

(197) 刊本では散文として処理されているが、SPEYER はこれを詩頌として理解する。GBM も Tib. も漢訳もこれを韻文とするので、これに従う。なお、GBM の詩頌は次のとおり。

dharme sthito ’si vimale śubhabudhisatvaḥ sarvajñatām abhilaṣaṃ hṛdayena sādho
mahyaṃ śiraḥ sṛja mahākaruṇātmacetaḥ sarvasvadānaniratā hi bhavaṃti satvāḥ//（1501.1-2）

(198) Tib. はここに「菩薩はあらゆるものの喜捨に必ずや喜びを感じ」（30b3；28b5）を置く。これに相当するのが GBM の d 句であり（本章注（197）参照）、これが Tib. では a 句の位置を占める。漢訳には対応箇所なし。

(199) hṛdayena sādho. Tib. も漢訳もこの訳を欠く。

(200) śubhabudhisattvasarvajñatām. SPEYER に従い、śubha bodhisattva sarvajñatām に改める。なお Tib. は「最上の（dam pa）」（30b3；28b5）という形容詞を「一切智性」に付す。漢訳は「安住最勝清浄法」（407c7）とし、śubha を dharma の形容詞とする。

(201) mahākāruṇāgracetā. GBM は mahākaruṇātmacetaḥ とし、Tib. もこれを thugs rje’i bdag nyid thugs ldan（30b3；28b5）とするので、下線部を -ātmaceto に改める。漢訳には対応箇所なし。

(202) bhavādyaḥ. SPEYER に従い、bhavādya に改める。

(203) mahyaṃ dadasva mama toṣakaro bhavādya [← bhavādyaḥ]. Divy. と GBM ではこの d 句の内容が大きく異なる（本章注（197）参照）。Tib. はこの訳を欠く。漢訳には対応箇所なし。

(204) Tib. はここに次の「たとえ一人息子の如く」で始まる詩頌を置く。

(205) hantedam. Tib. はこの訳を欠く。漢訳には対応箇所なし。

(206) brāhmaṇa. Tib. は「偉大なバラモンよ」（30b6；28b7）とする。漢訳には対応箇所なし。

(207) āha ca. Tib. はこの訳を欠く。漢訳には対応箇所なし。

(208) ここも刊本では散文として処理されているが、SPEYER はこれを詩頌として理解する。Tib. も漢文もこれを韻文とするので、これに従う。なお、GBM の詩頌は次のとおり。

pitur hy ahaṃ yady api caikaputras tathāpi me śīrṣam idaṃ gṛhāṇa
tvaccintitānāṃ saphalatvam asti śiraḥpradānād dhi labheya bodhiṃ// (1501.2-3)

なおGBMはこの後にもう一つ詩頌を置く。

kāmaṃ kariṣyami na kṛtyam anena kiṃci⟨d⟩ mastiṣkaśoṇitavasāśirasā mama tvaṃ
(yady arthi)tā tu śirasā tava māmakena hanta pratīccha saphalo 'stu mamātisargaḥ// (1501.3-4)

Tib. もこれに相当する詩頌 nga'i mgo klad pa khrag dang zhag 'di yis// khyod kyi 'dod pa'i bya ba ci yang mi byed kyang// khyer te khyod la nga yi mgo gang dgos gyur pa'i// yid la reb 'bras bcas khyod ni dga' bar shog// (30b5-6; 28b7) を置く。一方、漢訳には散文として「勿嫌我頭。骨髄膿血。皮肉相連。無有清浄。而即施之。満汝本願」(407c12-14) という表現が見られる。

(209) priyo yathā yady api caikaputrakaḥ. Tib. はこれを「父の一人息子が確かに私であっても」(30b4; 28b6)、漢訳は「父母所生不浄身」(407c10) とする。

(210) kharpam [kharparam D]. SPEYER に従い、śīrṣam に改める。

(211) svaśirasaḥ. Tib. はこの訳を欠く。漢訳には対応箇所なし。

(212) maulaya iti śirasaḥ patitāḥ. この中の iti が何とも場違いである。GBM (1501.6) はこれを mauliḥ śirasthaḥ [*corr*. śiraḥsthaḥ] patitaḥ とし、Tib. もこれに対応して mgo la yod pa'i cod pan rnams kyang lhung bar gyur to (30b7; 29a1) とするので、これに改める。漢訳は「頭冠悉皆落地」(407c15) とする。 (213) diśodāhāḥ. Tib. はこの訳を欠く。漢訳には対応箇所なし。

(214) tac chrutvā. Tib. は「すると (de nas)」(30b8; 29a2) とする。漢訳には対応箇所なし。

(215) Tib. はここに「自分自身の」(30b8; 29a3) を置く。漢訳には対応箇所なし。

(216) dhanyās te ..... vā drakṣyanti (324.21-22). 以下、GBM は「再び王を見る者達は世間において幸せです (dhanyās te puruṣā loke ye devaṃ puna [*corr*. punar] drakṣyaṃti)」(1502.1) とし、Tib. も gang lha yang mthong ba 'di ni 'jig rten na skyes bu skal ba can yin no (31a1; 29a3) とする。漢訳には対応箇所なし。

(217) raudrākṣe ca ..... devasyānityatāṃ draṣṭum iti (324.23-25). 以下、Tib. はこれを「〔バラモンと王を〕見ながら、〈某はバラモンのラウドラークシャに慈心を起こしたり、また王の無常性を見ることなどできぬ〉」(31a2; 29a3-4) とし、傍線部の理解が Skt. と異なる。一方、漢訳は「不忍見王捨棄身命」(407c16) とし、傍線部の訳を欠く。

(218) nirupamaguṇādhārasya. Tib. はこの訳を欠く。漢訳には対応箇所なし。

(219) Tib. はここに「一切の」(31a2; 29a4) を置く。漢訳は「自尽其寿。以善根力。生大梵宮」(407c17) とし、欲界に言及しない。

(220) tāṃ ca nagaranivāsinīnāṃ devatānām ārttadhvanim upaśrutya. Tib. も漢訳もこの訳を欠く。
(221) bhaumā yakṣāḥ. 漢訳はこれを「菩摩夜叉」(407c18) とし、固有名詞として理解している。
(222) yat khalu deva jāniyāḥ. Tib. は「もしも王がお許し下さるのでしたら」(31a5; 29a6) とする。漢訳には対応箇所なし。
(223) Tib. はここに「自身の」(31a6; 29a7) を置く。漢訳には対応箇所なし。
(224) ここに Tib. は「比丘達よ、王都バドラシラーの中にはマニラトナガルバと呼ばれる遊園があり、様々な木々で美しく麗しく、鸚鵡・鷺・郭公・孔雀・共命鳥・雀達が心地好い声で囀り、麗しい森の集団を有し、その遊園の中央にある欄楯の真ん中にはチャンパカ樹が生えていた」(31a6-8; 29a7-b2) というマニラトナガルバ園の描写を置く。GBM (1502.7 ff.) もこれと同じである。これほど詳細ではないが、漢訳にも「我有一苑。名摩尼宝蔵。花果茂盛。流泉浴池。種種荘厳。最為第一」(407c22-23) という表現が見られる。文脈から考えれば GBM や Tib. の位置の方がよい。本章注 (39) 参照。
(225) Tib. はここに「お前達よ」(31b2; 29b4) を置く。漢訳には対応箇所なし。
(226) chattrāṇi dhvajapatākāś ca. Tib. はこれを「インドラの旗と幟は」(31b3-4; 29b5) とする。漢訳には対応箇所なし。
(227) raudrākṣam. Tib. はこの訳を欠く。漢訳には対応箇所なし。
(228) maṇiratnagarbhasya ..... campakavṛkṣo jātaḥ (325.23-24). 以下、これに相当する Tib. の一部は本章注 (224) で示した箇所にある。GBM も Tib. に同じ。
(229) devatāḥ. Skt. は複数だが、Tib. は lha mos (31b6; 29b7) とし、単数とする。漢訳には対応箇所なし。
(230) svaśarīra-. Tib. は「自分自身」(31b6; 29b7) とする。漢訳には対応箇所なし。
(231) mahājanavatsalasya. Tib. はこの訳を欠く。漢訳には対応箇所なし。
(232) aneka-. Tib. はこれも「無量の (dpag tu med pa)」(31b7; 30a1) とする。漢訳には対応箇所なし。
(233) uttamāṅgam. 直訳すれば「最高の支分」であり、比喩的に「頭」をも意味するので、ここでは「頭」と訳したが、Tib. は「最高の支分である頭 (yan lag gi mchog mgo)」(31b8; 30a2) とする。
(234) tat kasya ..... kṛto 'bhaviṣyan (326.3-4). 以下、Tib. はこの訳を欠く。漢訳には対応箇所なし。なお、最後の 'bhaviṣyan は 'bhaviṣyan の間違いと考えられるので、これに改める。
(235) mayā laghu laghv evānuttarajñānam adhigatam abhaviṣyat. Tib. はこれを「私は無上智を遅れて獲得することになるのだ」(32a1; 30a2) とする。漢訳には対応箇所なし。
(236) ataś ca tvām ..... -āntarāyaṃ kuruṣveti (326.5-6). 以下、Tib. はこの訳を欠くが、漢訳は「莫作是言障礙勝事」(408a1) とし、

Skt. に近い表現が見られる。 (237) te. Tib. も漢訳もこの訳を欠く。

(238) eṣa eva devate sapṛṣṭhībhūto [Sic MSS] maitrīyo yo [maitrīyaḥ yaḥ ABC, maitrīyaḥ syād D]. 以下、Divy. の読みが不明である。ここに maitrīya なる語が見られるが、BHSD は if the text is correct という前提で Maitrīya would seem to be the name of Maitreya in an earlier birth とする。このまま読めば「捨身飼虎」の主人公はマイトレーヤとなるが、そのような伝承は管見の及ぶ限り存在しない。そこで GBM を見ると、esa eva devate sa pradeśo yatra mayā (1504.4 ff.) とし、Tib. (32a2-3；30a3-4) もこれに一致する。よってここでは GBM の読みを採る。

(239) Tib. はこれを「身体 (lus)」(32a3；30a3) とする。漢訳には対応箇所なし。

(240) ekena. Tib. はこの訳を欠く。漢訳には対応箇所なし。

(241) avapṛṣṭhīkṛtaḥ. BHSD はこれを with back turned away (from the world) と解するが、用例は Divy. のこの箇所のみである。接頭辞の ava に注目すれば、「背中を下にする」すなわち「倒れる」の意味になり、「頭を布施して大地に倒れる」という状況は文脈に合うような気がするが、詳細は審らかでない。これに対し、HARTMANN は第32章の tadā me bhikṣavaś catvāriṃśatkalpasaṃprasthito maitreyo bodhisattva ekena galaparityāgena paścānmukhīkṛtaḥ (481.4-5) を手がかりに、この語の意味を outrun/ surpassed と理解する。言語的に考えると、これは ava-pṛṣṭhī√kṛ であるから、「背中を下にする」が原意である。すると「落胆する／がっかりする」という意味になり、この文脈に合う。これをさらに発展させれば、HARTMANN の言う outrun/ surpassed に近くなる。自信はないが、ここではこの意味で理解しておく。なお Tib. は phyir 'dums par byas pa (32a3；30a4) とし、phyir は -pṛṣṭhī- の訳と考えられるが、その詳細な意味は不明。漢訳には対応箇所なし。

(242) daśadikṣu sthitāḥ. Tib. はこれを「遊園の集まりに住する」(32a4；30a5) とする。漢訳には対応箇所なし。

(243) -āsuragaruḍa-. Tib. はこの代わりに「ナーガ・ヤクシャ」(32a4；30a5) とする。漢訳は文脈は少し違うが「月光天子。復告天龍八部一切賢聖」(408a5-6) とする。

(244) asmin tyāgaṃ [tyāge ?]. GBM は atityāgam (1504.7) とする。Tib. も「喜捨の中でも甚大なる喜捨は (gtong ba'i yang shin tu gtong ba)」(32a5；30a5) とし、これと同様の表現を取る。この方が文脈に合うので、これに改める。漢訳はこの訳を欠く。

(245) bhogārthāya. Tib. も漢訳もこの訳を欠く。

(246) Tib. はここに「マーラのためでもなく」(32a6；30a6) を置き、漢訳も「不求魔王」(408a7) とし、Tib. に一致する。

(247) cakravartivijayāya. GBM は cakravarttiviṣayārthāya (1504.7) とし、Tib. も 'khor los sgyur ba'i yul gyi phyir (32a6；30a6) とする。これに類する表現は第32章に二つ見られるが、そこでは rājñāṃ cakravartināṃ viṣayārthaṃ (473.24-25) および

rājacakravartiviṣayārtham（478.25-26）とするので、下線部を -viṣayārthāya に改める。漢訳は「不求輪王」（408a6）とする。

(248) aśāntāñ chamayeyam. Tib. はこの訳を欠く。なお漢訳は「令未受化者迴心受化。已受化者速得解脱。得解脱者円証寂滅究竟彼岸」（408a8-10）とし、Skt. や Tib. のように各項目を並列するのではなく、関連させて説いている。

(249) 以上の内容は、第32章（473.23 ff.）に見られるルーパーヴァティーの真実語の内容とほぼ一致する。

(250) GBM のみここに me（1505.2）を置く。

(251) śāntakāyā. GBM は śrāntakāyā（1505.3）とし、Tib. もこれを lus ngal ba（32b1；30b2）とする。この後、塔を見た者が「疲れを癒す（viśrāntā）」という表現が見られるが、文脈からしてもこの読みの方がよいので、これに改める。漢訳には対応箇所なし。

(252) Tib. はここに「大きな」（32b1；30b2）を置く。漢訳には対応箇所なし。

(253) dhātuparaṃ. GBM は dhātudharam（1505.3）とし、Tib. も sku gdung 'jog pa（32b2；30b2）とするので、これに改める。漢訳には対応箇所なし。 (254) parinirvṛtasyāpi. Tib. は「疲れが癒えてから」（32b2；30b2）とする。漢訳には対応箇所なし。

(255) evaṃ samyakpraṇidhānaṃ kṛtvā. Tib. は「と言ってから」（32b3；30b3）とする。漢訳は「作是語時」（408a14）とし、Tib. に近い。

(256) raudrākṣaṃ brāhmaṇam uvāca. Tib. は「バラモンを呼んで言った」（32b3；30b3）とする。漢訳には対応箇所なし。

(257) karuṇā-. Tib. は「大悲」（32b4；30b4）とする。漢訳には対応箇所なし。

(258) praṇītatvāt. Tib. は「極上の（phul du byung ba'i）偏浄天衆」（32b5；30b5）とし、この語を後の śubhakṛtsne devanikāye の形容詞として理解している。漢訳には対応箇所なし。

(259) rājñā candraprabheṇa. Tib. はこの訳を欠く。漢訳には対応箇所なし。

(260) triṣ-. Tib. はこの訳を欠く。漢訳は「六種」（408a16）とする。

(261) vyadhitaḥ. GBM は vyathitaḥ（1505.8）とし、Tib. も g-yos（32b6；30b5）する。この方が文脈に合うので、この後の二つも含め、全体を vyathitaḥ pravyathitaḥ saṃpravyathito に改める。漢訳には対応箇所なし。

(262) Skt. は三種の動詞（√kamp/ cal/ vyath）の過去受動分詞に、二種の接頭辞（saṃ/ saṃ-pra）を付したものを加え、全部で九種の変化形を出すが、Tib. は三種の動詞（'gul/ ldeg/ g-yos）に、一種の接頭辞（rab tu）を付したものを加え、全部で六種の変化形を出す（32b5-6；30b5）。漢訳は「六種振動」（408a16）とするが、Skt. や Tib. のように具体的な震動の内容には言及しない。なお一般的に世界が震動するのは「六種」であるから、この意味では Tib. の表現の方が適切であろう。なお Skt. の「三度」というのは揺れ方の種類（つまり三種類の動詞）に言及したものと考えられる。

(263) Tib. はここに「「おお！」と声を発した。空中の神々も」(32b6；30b6) を置く。つまり Tib. は天空の神々と空中の神々とを別出し、天空の神々は悲嘆の声を発し、空中の神々は花を撒くというように役割を分けている。漢訳は「天人讃言。善哉善哉。今月光天子当得成仏。復雨優鉢羅花」(408a17-18) とし、声（ただしここでは悲嘆の声ではなく感嘆の声となっている）を発する主体と花を降らす主体とは同一とする。(264) tamālapattrāṇi. Tib. も漢訳もこの訳を欠く。

(265) Tib. はここに「大曼陀羅華」(32b7；30b7) を付加する。漢訳はこの訳を欠く。

(266) Tib. は「天の楽器を奏でる」ことの前に「衣を撒く」ことを説き (32b7-8；30b7)、Skt. と順番が異なる。漢訳には対応箇所なし。

(267) udyānāt. Tib. は「マニラトナガルバ園から」(32b8；30b7) とする。漢訳には対応箇所なし。

(268) sarvajanamanorathapāripūrakaḥ. Tib. はこの訳を欠く。漢訳には対応箇所なし。

(269) parivartante. GBM はこの語を欠く。Tib. もこの訳を欠く。漢訳には対応箇所なし。

(270) apare prathama- ..... -sabhāgatāyām upapannāḥ (327.22-23). 以下、Tib. でこれに相当する訳は、ここではなく、「チャンドラプラバ王に対して自らの心を浄らかにすると」の後である（ただしそこでは「初禅」とは言わない）。漢訳には対応箇所なし。

(271) sarvagandhakāṣṭhaiś citāṃ citvā. Tib. はこれを「あらゆる香を備えた死体遺棄場の木を積んで」(33a3；31a3) とする。漢訳は「即以旃檀香木」(408a20) とする。

(272) dīpaiḥ puṣpaiḥ. Tib. はこれを「楽器で」(33a4；31a4) とする。漢訳には対応箇所なし。

(273) sva-. Tib. はこの訳を欠き、その代わりに「ひたすら (gcig tu)」(33a4；31a4) とする。漢訳には対応箇所なし。

(274) Tib. はここに「このように厭離して禅定に入り、禅定に入った者は死を迎えて梵世に生まれた。ある者達はチャンドラプラバ王は見えなかったので、憂いに打たれて」(33a4-5；31a4-5) を置く。漢訳には対応箇所なし。

(275) yaiś ca tatra kārāḥ kṛtāḥ sarve te. Tib. は「そこで死を迎えた (dus byas pa) 者達も全員」(33a5；31a5) とし、下線部を kālāḥ と理解しているようである。漢訳には対応箇所なし。

(276) syāt khalu yuṣmākaṃ bhikṣavaḥ kāṅkṣā vā vimatir vā. Tib. は下線部の訳を欠く。漢訳はバドラシラーとタクシャシラーとの同定そのものを欠く。なお、これ以降、Tib. は下線部の Skt. を、kiṃ manyadhve に相当する「これをどう思うか (de ji snyam [du] sems)」と訳すが、一々注記はしない。

(277) anyaḥ sa ..... kasya hetoḥ (328.5-7). 以下、Tib. はこの訳を欠く。同様の表現はこの後に二回見られ、いずれもその訳を欠くが、一々注記はしない。漢訳には対応箇所なし。

(278) Tib. のみここに「その時その折、菩薩行に専心し、自らマニラトナガルバ園でバラモンのラウドラークシャに頭を喜捨したのだ」

(33a7；31a6-7) を置く。

(279) eṣa eva sa tena kālena tena samayena devadatto babhūva. 連結でのこのような表現は、現在物語の人物名と過去物語の人物名とが併記されて同定されるのが普通だが、ここでは、過去物語の人物名が欠けている。Tib. は「あのバラモンのラウドラークシャだったのはデーヴァダッタであり、その時その折にバラモンのラウドラークシャだったのだ」(33a8；31a7) とし、漢訳も「悪眼婆羅門者。今提婆達多是」(408a26-27) とするので、欠けている部分を〔 〕に補って訳す。

(280) tadāpy etau ..... ārāgitavantāv iti (328.16-17). 以下、Tib. はこれを「この二人は私が般涅槃するのに耐えられなかったので、私自身が死ぬのを見なくても済むように先に死没したのである。今生でも私が般涅槃するのに耐えられず、私自身が死ぬのを見なくても済むように先に般涅槃したのだ」(33b1-2；31b1-2) とする。漢訳は「由是因縁。先於仏前。而請入滅」(408a27) とする。

(281) anye ca deva- ..... -mahoragādayaḥ (328.18-19). 以下、Tib. も漢訳もこの訳を欠く。

(282) Tib. の経名は「チャンドラプラバ・アヴァダーナ (zla 'od kyi rtogs pa brjod pa)」(24a3-4；22a4-5) であり、Skt. の -bodhisattvacaryā- の訳を欠く。漢訳は「月光菩薩経」とする。

著者略歴

平 岡　聡（ひらおか　さとし）

1960年　京都市に生まれる
1983年　佛教大学文学部仏教学科卒業
1987年　米国ミシガン大学アジア言語文化学科に留学（1989年まで）
1988年　佛教大学大学院文学研究科博士課程満期退学
1994年　京都文教短期大学専任講師
1996年　京都文教大学人間学部専任講師
現　在　京都文教大学教授，博士（文学：佛教大学）
著　書　『説話の考古学─インド仏教説話に秘められた思想─』
　　　　（2002，東京：大蔵出版）
連絡先　〒611-0041　京都府宇治市槇島町千足80　京都文教大学
　　　　E-mail : hiraoka@po.kbu.ac.jp

ブッダが謎解(なぞと)く三世(さんぜ)の物語　上
『ディヴィヤ・アヴァダーナ』全訳

2007年11月10日　初版第1刷発行

著　者　　平岡　聡
発行者　　青山賢治
発行所　　大蔵出版株式会社
〒113-0033　東京都文京区本郷3-24-6-404
TEL.03-5805-1203　　FAX.03-5805-1204
http://www.daizoshuppan.jp/
印刷所　　中央印刷(株)
製本所　　(株)難波製本
装　幀　　(株)ニューロン

ISBN 978-4-8043-0568-4 C3015

関連書籍のご紹介

説話の考古学―インド仏教説話に秘められた思想―

平岡　聡　著

本体一〇、〇〇〇円

『ディヴィヤ・アヴァダーナ』全訳に至るまでの基礎的考察を収めた研究編

文献そのものの成立と、各話の内容・定型句についての詳細な分析を行うとともに、そこに表われる業・再生に関する考え方や仏陀観などを通じて古代インドの仏教事情の解明を試みる。

本訳各章を読み進めるために必備のガイドブック!!

（価格は税別。二〇〇七年一一月現在）